兴皖学术文库
（第九辑）

全面深化改革与安徽实践

安徽省社会科学界第九届(2014)学术年会文集

安徽省社会科学界联合会　编

安徽省社会科学界第九届(2014)学术年会组织机构名单

组织委员会

主　　任　刘飞跃

委　　员　(以姓氏笔画为序)

丁忠明　卜幼凡　王先俊　王佛生　王林建
王群京　刘　毅　庆承松　李　中　李仁群
李必方　李琳琦　宋　蓓　陈初升　范恒森
施立业　姚佐文　顾党胜　高开华

秘 书 长　宋　蓓

学术委员会

主　　任　刘飞跃

副 主 任　王先俊　李仁群　宋　蓓　姚佐文

委　　员　(以姓氏笔画为序)

王玉斌　王兆良　孙　超　朱士群　朱立军
宋　宏　张启兵　周翔飞　施立业　黄志斌
程继新

秘 书 长　程继新

前　言

安徽社科界学术年会自2006年创办以来，以推进科学发展、服务安徽崛起为己任，强化学术引领，整合社科资源，凝聚学界力量；以“多学科、高层次、权威性、品牌化”为目标，每年精心设计主题，开展论文征集和集中研讨交流，注重学术创新及转化应用，推出了一大批具有较强理论创新意义和实际应用价值的学术成果，营造了浓厚的学术研究与交流氛围，有力地推动了学术研究和学科建设，为安徽社科事业的繁荣发展和美好安徽建设做出了积极贡献。经过精心打造，年会的整体影响力和品牌辐射力都得到了明显提升，已经成为我省社科界一年一度标志性的学术盛会，优秀成果结集出版的《兴皖学术文库》，也成为我省社科界一年一度的学术精品。

全面深化改革是当代中国发展的主旋律，是当今时代的最强音。2014年学术年会以“全面深化改革与安徽实践”为主题，以深入贯彻党的十八届三中、四中全会精神为主线，突出全面深化改革这一时代主题，紧扣安徽实际，强化问题意识，重点围绕安徽改革发展的重大理论与实践问题开展研究，注重学术创新及成果转化应用。学术年会采取学术专场和年会大会适度集中的形式进行研讨。学术大会由省社科联主办，“创新国家治理与完善制度体系”、“经济改革牵引与全面小康建设”、“价值观引领与软实力提升”等三个专场由省社科联分别与安徽大学、安徽农业大学、安徽省马克思主义学会联合主办。

本届学术年会得到学术界同仁的热烈响应，共收到论文近400篇，经各专场专家委员会和年会学术委员会两轮严格评审，评选出60篇优秀论文参加学术年会大会交流，同时将它们按学术专著范式汇编成册，公开出版。

本届学术年会和本文集的编辑出版，得到了中共安徽省委宣传部的重视和关心，得到了安徽大学、安徽农业大学、安徽省马克思主义学会等单位的支持和帮助，得到了我省广大社科工作者的热情参与；同时，合肥工业大学出版社的领导和编辑对论文集的编辑出版付出了辛勤劳动，在此一并表示衷心感谢！

目 录

第一专场

创新国家治理与完善制度体系

第二专场

经济改革牵引与全面小康建设

第三专场

价值观引领和软实力提升

第一专场

创新国家治理与完善制度体系

孟子"理想社会"观与当代中国的"善治"

顾友仁

摘　要:对于理想社会的追求,是孟子毕生的向往。限于世势,孟子的理想社会观在当时无法实现,但其在经济、政治、文教、社会以及自然等层面的理论建树却颇为丰硕。孟子的理想社会观主要立足于其"性善论",以"民本"思想和"浩然正气"学说为支撑。在当代,认真审视和深入解读孟子理想社会观的精神实质,诠释并创造性地转化其理论精华,对于我们实践"以人为本"的执政理念,建构"人本中国""道德中国""美丽中国",推进当代中国"善治"之步伐具有重要价值。

关键词:孟子;理想社会观;善治

春秋战国,是我国历史上一个典型的动荡之世。在这个诸侯争雄、战争频仍,"天下方务于合纵连横,以功伐为贤"《史记·孟子荀卿列传》的时代。面对着"争地以战,杀人盈野;争城以战,杀人盈城"《孟子·离娄上》的残酷现实和"民有饥色,野有饿殍"《孟子·梁惠王上》的社会灾难,为了实现自己止乱息争、平治天下的政治抱负和济世救民的家国情怀,作为儒家继孔子之后最为重要的旗帜性人物,孟子于不惑之年开始周游列强,与宋、齐、梁、滕等国国君纵论治国平天下的策略,努力以自己"王道之治"的施政理念游说各国,以取信于君王,平息战火,解民于倒悬。但是,弱肉强食的客观历史情势和"霸道"的肆虐,却让他的政治主张因为"迂远而阔于事情"《史记·孟子荀卿列传》而屡屡碰壁,他所描绘的理想社会之图景也始终没能变成现实。怀着那份执着,晚年的孟子回乡著书立说、开坛授徒,系统整理并宣传自己的社会理想,最终给我们留下了一份宝贵的思想遗产。如今,两千多年的治乱兴衰已然逝去,但孟子的社会理想却没

作者简介:顾友仁,男,(1973—),安徽寿县人。安徽大学科学发展观研究中心暨马克思主义研究院副教授,安徽省孟子思想研究会理事,法学博士,硕士生导师,南京大学哲学系在站博士后。研究方向:中国传统文化、思想道德教育。

有随着时光的流逝而湮没。相反,在华夏大地经由大乱而走向大治的崭新时代,在中华民族阔步走向伟大复兴的世纪征程中,孟子的理想社会观恰如一朵长盛不衰的奇葩,其理论的花蕾在我们实现中国特色社会主义共同理想的历史实践中绽放,不断为我们提供着思想的营养和现实的启示。

一、孟子“理想社会”观的基本图式

孟子生于邹,幼时母教谨严,留有“孟母三迁”的佳话,弱冠之时赴鲁求学,旦夕勤学不辍达二十载,成就深厚的儒学素养。时值战国中叶,诸侯蜂起,逐鹿中原。当此社会急剧变革的动荡之世,孟子对动辄“具数十万之兵,旷日持久数岁”《战国策·赵策二》的群雄争战极为痛心,怀揣仁义建国的政治抱负,他不厌其烦地奔波于列国之间,殚精竭虑地宣讲自己的施政理念和社会理想。基于当时的社会现实,孟子的主张并没有被各诸侯所采纳。但是,作为一个杰出的思想家和战略家,孟子对于其理想社会观的理论建构在先秦,乃至于在整个中国传统政治思想史上都是首屈一指的,其丰富的内容、严密的逻辑和完善的话语系统也始终是学界关注和解读的对象。就其基本体系而言,孟子的理想社会观主要涵涉经济、政治、文教、社会和生态等五个层面,其中不乏彰显规律性的思想颗粒,值得我们去不断地追问和反思。

(一)井田恒产的经济观是孟子理想社会观的前提条件

“夫仁政,必自经界始。经界不正,井地不钧,谷禄不平。是故暴君污吏必慢其经界。经界既正,分田制禄可坐而定也”《孟子·滕文公下》。在孟子看来,理想社会的建构始于经济基础,而经济建设的要务当属地界的划分。地界不清,不仅会影响地方官吏的俸禄,而且会直接导致土地的兼并,从而有害于社会秩序的稳定。只有实行井田制,清晰界定土地的边界,然后辅之以“请野九一而助,国中什一使自赋”《孟子·滕文公上》,即征收低廉的赋税,方能有利于在国民中合理分配负担,从而推动生产的发展,凝聚民心,形成“死徙无出乡,乡田同井,出入相友,守望相助,疾病相扶持”《孟子·滕文公上》的社会愿景。井田制的建立,构成了孟子经济观的重要基础。从此出发,他进一步描绘其经济发展的理想目标,即“制民之产”《孟子·梁惠王上》,也就是说要使百姓拥有能够维持生活的固定的产业。对于孟子来说,之所以提出这一目标,是因为“民之为道也,有恒产者有恒心,无恒产者无恒心。苟无恒心,放辟邪侈,无不为已”《孟子·滕文公上》。可见,民众没有恒产的结果是很可怕的。那么,孟子之“恒产”的标准是什么呢?他在跟梁惠王对话时给出了答案,那就是“必使仰足以事父母，俯足以畜妻子，乐岁终身饱，凶年免于死亡"《孟子·梁惠王上》。需要指出的是，我们这里所说的井田制和恒产论是孟子针对有生产能力的一般家庭而言的。众所周知，任何国家都有身处弱势的边缘人群。对此，孟子也有考虑，他指出，鳏寡孤独是"天下之穷民而无告者。文王发政施仁，必先斯四者"《孟子·梁惠王下》。他又说，"禹思天下有溺者，由己溺之也；稷思天下有饥者，由己饥之也"《孟子·离娄下》，即保障弱势群体的生存权利和生活质量是国家领导者应有的责任。此外，孟子经济观的开明之处还在于他并不轻视商业。他曾经夸赞周文王治理西岐时"关市讥而不征"《孟子·梁惠王下》，并将"商贾皆欲藏于王之市，行旅皆欲出于王之途"《孟子·梁惠王上》作为国家兴盛的重要标志加以强调，这种眼光和远见在中国传统社会是非常可贵的。

（二）博爱和平的政治观是孟子理想社会观的关键要素

"今王发政施仁，使天下仕者皆欲立于王之朝，耕者皆欲耕于王之野……天下之欲疾其君者皆欲赴朔心于王。其若是，孰能御之？"《孟子·梁惠王上》孟子认为，一个政权能否稳定和强大，民心的向背至关重要。"桀纣之失天下，失其民也；失其民者，失其心也。得天下有道：得其民，斯得天下矣。得其民有道：得其心，斯得民矣"《孟子·离娄上》。既如此，如何才能得民心呢？孟子的建议是爱民，因为"《太誓》曰：'天视自我民视，天听自我民听'"《孟子·万章上》。"天意"即"民意"，国君的地位取决于天愿和民意。那么，如何做到爱民呢？孟子认为，天子必须践行"民所欲，与之聚之。所恶勿施尔也"《孟子·梁惠王下》的行事原则。为此，国君首先要体恤百姓，推行"仁政"。"王如施仁政于民，省刑罚，薄税敛，深耕易褥"，从而使"壮者以暇日修其孝悌忠信，入以事其父兄，出以事其长上"，结果便"可使制挺以挞秦楚之坚甲利兵矣"《孟子·梁惠王上》。也就是说，仁政既出，即可无敌于天下。另外，孟子还强调，要做到爱民，君王必须践行"生道"，不嗜杀戮。因为，"盖好生恶死，人心所同。故人君不嗜杀人，则天下悦而归之"[1]206-207。基于此，孟子对春秋时的诸侯混战极为反感，并发出"春秋无义战"《孟子·尽心下》的断言。他严肃地批评肆意发动战争的诸侯们是"率土地而食人肉"《孟子·离娄上》、"率兽而食人也"《孟子·梁惠王》，并警告"杀人之父，人亦杀其父；杀人之兄，人亦杀其兄"《孟子·尽心下》。当然，需要指出的是，孟子所反对的战争，是诸侯间的不义之战，而对于那些正义的战争，他则加以肯定。"诛一夫纣，未闻弑君也"《孟子·梁惠王下》。在孟子看来，衡量战争正义与否的标准，便是能否得到人民的支持。"国人皆曰可杀，然后察之，见可杀焉，然后杀之"《孟子·梁惠王下》。这种辩证的杀戮观，也是孟子政治观的重要特色。

（三）居仁由义的文教观是孟子理想社会观的价值基础

"人之有道也，饱食、暖衣、逸居而无教，则近于禽兽"《孟子·滕文公上》。对于孟子来说，经济的富足、政治的昌明仅仅构成了国君安邦定国之基，理想社会的建构还需依赖文化教育，以规范人们的言行。那么，以什么来教化民众，以提高其心性修养呢？孟子指出："人之所以异于禽兽者几希，庶民去之，君子存之。舜明于庶物，察于人伦，由仁义行，非行仁义也"《孟子·离娄下》。他又指出："君子所性，仁义礼智根于心"《孟子·尽心上》。可见，仁义不仅是人兽相辑别的标准，而且也是成就君子的道德内涵和文化教育的核心要素。基于此，孟子十分强调仁义的作用。"仁则荣，不仁则辱"《孟子·公孙丑上》；"三代之得天下也以仁，其失天下也以不仁"《孟子·离娄上》。因此，"王何必曰利？亦有仁义而已矣"《孟子·梁惠王上》。何谓仁义？孟子认为，"仁，人心也；义，人路也"《孟子·告子上》。即，"仁"是为仁之心，"义"是成就"仁心"的路径。"居仁由义，大人之事备矣"《孟子·尽心上》。然而，在现实生活中，为什么那么多人没成为君子呢？原因在于，其为"仁"之心失落了。而"舍其路弗由，放其心而不知求，哀哉！"《孟子·告子上》正是为了解决这一问题，孟子阐明了其文教观的本质，"学问之道无他，求其放心而已矣"《孟子·告子上》。在孟子看来，与作为"王道之始"的政经建设相比，发展文教更为重要。"善政不如善教之得民也。善政民畏之，善教民爱之；善政得民财，善教得民心"《孟子·尽心上》。所以，"不教民而用之，谓之殃民。殃民者，不容于尧舜之世"《孟子·告子下》。如何发展文教事业？孟子的建议是兴办学校，即"设为庠序学校以教之。庠者，养也；校者，教也；序者，射也"《孟子·尽心上》。通过学校教育，达到使民众"人伦明于上，小民亲于下"《孟子·滕文公上》的目的，以建构人人知仁守礼的文明社会。

（四）亲睦友善的社会观是孟子理想社会观的重要依托

"仁也者，人也。合而言之，道也"《孟子·尽心下》。"仁"不仅是孟子文化教育观的基本价值取向，而且是其协调人我、群己之关系，推进社会和合的治国之道。在孟子看来，作为社会和合之本的"仁"，首先体现在每个人都应该具有的道德自觉上。这种自觉，在本质上是一种社会责任感，它同时也受到个体自我意识的支配。"为长者折枝，语人曰'我不能'。是不为也，非不能也"《孟子·梁惠王上》。孟子十分强调这种责任感的社会价值，认为离开了它，就会出现"人将相食"《孟子·梁惠王上》的悲惨局面。孟子不仅重视个体责任意识在推进社会和合中的重要性，而且更为关注群体和谐的价值。他明确指出："天时不如地利，地利不如人和"《孟子·公孙丑下》。那么，如何实现"人和"的目标呢？孟子的主张是人们之间的"敬"与"爱"。"爱人者，人恒爱之；敬人者，人恒敬之"《孟子·离娄下》。这种互敬与互爱，自国君以至黎民，概莫能外。就君臣关系而言，孟子认为应该"欲为君者尽君道；欲为臣者尽臣道"《孟子·离娄上》。所谓"君道"，即"尊贤使能"，使"俊杰在位"《孟子·公孙丑上》；而"臣道"，即能"以舜之所以事尧”的方式“事君”《孟子·离娄上》。就君民关系而言，孟子呼吁国君“与民同乐”。“为民上而不与民同乐者，亦非也。乐民之乐者，民亦乐其乐；忧民之忧者，民亦忧其忧”《孟子·梁惠王上》，其结果“然而不王者，未之有也”《孟子·梁惠王上》。至于民众之相互关系，孟子的建议是“推己及人”，即“老吾老，以及人之老，幼吾幼，以及人之幼”《孟子·梁惠王上》。如此，便能成就一个“父子有亲，君臣有义，夫妇有别，长幼有序，朋友有信”《孟子·滕文公上》的和合社会，“天下”即“可运于掌”《孟子·梁惠王上》。

（五）知天事天的自然观是孟子理想社会观的战略支撑

“天之生物也，使之一本，而夷子二本故也”《孟子·滕文公上》。大千世界，诸般事物，虽然万千变化，但其终极根源皆为自然。孟子认为，人类与自然浑然一体，天地乃生生之源。因此，夷子视他人之亲如己亲，“二本”实为“一本”。在孟子看来，自然界是人类的生命之本，“民非水火不生活”《孟子·告子上》，“五谷熟而民人育”《孟子·滕文公上》，“七年之病，必求三年之艾也”《孟子·离娄上》。不仅如此，自然界还是人类的智慧之源。他曾以水为喻，有源之水，“源泉混混……盈科而后进，放乎四海”，“苟为无本”，则“其涸也，可立而待也”《孟子·离娄下》。对于水来说，有本不竭，无源则涸。做人也如此，应脚踏实地，不为虚名所惑，即“声闻过情，君子耻之”《孟子·离娄下》。既然自然界对人类如此重要，那么我们就应加以善待。“君子之于物也，爱之而弗仁；于民也，仁之而弗亲；亲亲而仁民，仁民而爱物”《孟子·尽心上》。也就是说，人类之爱，“不仅应体现在有血缘关系的亲人与民众上，还要推及其他有生命的个体上，这就是把人伦道德推衍到生态环境中”[2]218。那么，我们如何来爱这个包罗万物的自然呢？孟子的答案是“知天”和“事天”。所谓“知天”，是认识和把握天的运行规律。“天之高也，星辰之远也，苟求其故，千岁之日至，可坐而致也”《孟子·离娄下》；“天不言，以行与事示之而已矣”《孟子·万章上》。天虽玄妙莫测，却有规律可循。我们可以通过观察自然之天的种种现象，即“行”与“事”，以求“知天”。“知天”后，还要“事天”，即尊重而不忤逆天道，按照天的运行规律行事。“不违农时，谷不可胜食也；数罟不入洿池，鱼鳖不可胜食也；斧斤以时入山林，材木不可胜用也”《孟子·梁惠王上》，只有使民以时、取物有节，才是丰收的保证。孟子还以大禹治水疏而不堵、揠苗助长徒劳有害来说明这一道理。当然，孟子在强调顺天而行时，也十分肯定人之主观能动性的发挥，“今有璞玉于此，虽万镒，必使玉人雕琢之”《孟子·梁惠王下》。在他看来，“知天”和“事天”的最高境界是天道与人道的融合。“君子所过者化，所存者神，上下与天地同流”《孟子·尽心上》。人们在日常所思所行中笃求与天地的默契，在追求天人合一的美好境界中，实现人在自然中诗意的栖居，可谓孟子自然观的核心要义。

二、孟子"理想社会"观的理论基础

孟子的理想社会观，具体诠释了战国时代儒家学派在面对满目的战火和残酷的杀戮时，对于其心目中之理想社会的理性思考和价值定位。作为先秦儒家继孔子之后的又一位巨擘，孟子对于理想社会的追求不仅基于特定的时代背景和历史经纬，而且有着深厚的理论根基。我们知道，就其基本价值取向而言，先秦儒学注重以"仁"为核心，构建其道德大厦和理论体系。这一点，孟子也不例外。"仁也者，人也。合而言之，道也"《孟子·尽心下》。人与仁的契合，谓之道。孟子主张经由"仁"心的培育而充分彰显人的良善之性，再由人之善性的张扬进而推动弘扬人道的"仁政"理念的践行，以成就国家的昌盛与社会的和谐。这种治国理政、导引社会之"道"，便是孟子营造美好社会的基本依托，也是其建构理想社会观的理论支点。

（一）人性本善理论是孟子理想社会观的逻辑起点

孟子的理想社会观最初发轫于其"性善论"。所谓"性善论"，其立论的指向是人性问题，也即人的本质问题。在孟子看来，自从作为一个高等级的生物来到这个世界以后，人类区别于动物界的地方是非常少的，所谓"人之所以异于禽兽者几希"《孟子·离娄下》。他进而指出，人之所以为人并区别于动物界的根本标志，在于其拥有天生的善性，即"恻隐之心""羞恶之心""辞让之心""是非之心"《孟子·公孙丑上》。孟子将此四"心"凝练为"仁""义""礼""智"之"四端"，并指出，这是人与生俱来的道德本性的体现，即"人之有是四端也，犹其有四体也"《孟子·公孙丑上》；"仁义礼智，非由外铄我也，我固有之也"《孟子·告子上》。对于此"四端"之性质，孟子将其归结为"良知"和"良能"，即人所"不虑而知"及"不学而能"《孟子·尽心上》的先天禀赋。孟子认为，由于以"四端"为核心的良善之本性在人身上普遍存在，"凡同类者，举相似也"《孟子·告子上》；因此，就个人成长而言，如果我们每个人在日常生活中都能认识、理解并积极践行此"四端"，那么便不仅有利于我们的自我身心之和谐，达至"人皆可以为尧舜"《孟子·告子下》的人生境界，而且也有利于我们协调群己、人与社会以及人与自然之关系。就国家治理而言，如果执政者能够将此"四端"之心"扩而充之"，全面运用于国家和社会事务的管理过程之中，则足以推动国家与社会的整体和谐，终至成就"保四海"《孟子·公孙丑上》、"王天下"《孟子·尽心上》之大业。当然，这里需要指出的是，从社会心理学的视域来看，孟子的人性本善理论及其"圣人与我同类者"《孟子·告子上》之观点所讲的人的这种天生的德行，在本质上只是一种处于萌芽状态的心理预设，属于一种“应然”，孟子将其称为“大体”，与“大体”相对的是“小体”《孟子·告子上》，即人的生物学意义上的耳目口腹之欲望。孟子强调：“从其大体为大人，从其小体为小人”《孟子·告子上》，即人们涵养其“大体”与“小体”的程度不同，其所成就的道德境界也就相应地不同。就每一社会个体而言，只有加强道德教化并经由个人的主观努力，才能超凡脱俗，成就道德之自我。对于统治者而言，则须将为人之善性推展至为政之德言与仁行，即“以不忍人之心，行不忍人之政”《孟子·告子上》。那么，到底如何才能实现这种由善性到善政的转化，以成天下之治呢？孟子给出的答案是，君王要认真体悟并真正践行民贵君轻的施政思想。

(二)民贵君轻思想是孟子理想社会观的价值依据

对于“民”的关注，可谓孟子思想中的重要特色。据统计，在《孟子》中，“民”字先后出现达199次之多。当然，孟子对“民”的重视，不仅体现在其提及的次数，更体现在他对于国君、政权及民众之关系的价值定位上。孟子在仔细考察其所生活的时代以及前世社会之历史变迁的基础上，明确提出了“民为贵，社稷次之，君为轻”《孟子·尽心下》的思想。他指出：“诸侯危社稷，则变置。牺牲既成，粢盛既洁，祭祀以时，然而旱干水溢，则变置社稷”《孟子·尽心下》。又云：“君有大过则谏，反覆之而不听，则易位”《孟子·万章下》。即在主要由国君、诸侯、政权和民众所组成的社会图谱序列中，“君”和“社稷”皆可视具体情境而变换更易，唯独“民”没有选择或更换的余地。基于此，他做出了“得乎丘民而为天子”《孟子·尽心下》的价值判断。孟子之所以提出这一“重民”思想，主要是基于其对民心向背与国家存亡之密切关系的理性认知。他非常重视人的因素对国家的意义，深刻分析了桀纣灭国的根源在于因暴虐而“失其民也”。在此基础上，孟子得出了“得天下有道，得其民，斯得天下矣”《孟子·离娄上》的结论，并进而提出“天时不如地利，地利不如人和”《孟子·公孙丑下》的战略思想。既然民众对于国家社稷如此重要，那么如何才能得到民众的拥护呢？孟子认为，“得其民有道：得其心，斯得民矣”《孟子·离娄上》。而“得其心”的“道”则在于“所欲与之聚之，所恶勿施尔也”《孟子·离娄上》。也就是说，执政者要想真正得到民众的拥护，就必须从满足其需要出发，以获得民心的皈依。为了得民心，孟子建议执政者首先在制定和实施政策时，要考虑民众的利益，而不能做忤逆民意的“贼仁”和“贼义”之事。孟子将“贼仁”和“贼义”的君主称为“一夫”《孟子·梁惠王下》，认为民众可得而诛之。在孟子看来，顾及民利是得民心的要务，但并不是全部。执政者要想得民心，还须尊重民意和处理好君臣之关系。他在同齐宣王探讨日常选人用人及断案用刑问题时便指出：“国人皆曰贤，然后察之；见贤焉，然后用之”；“国人皆曰可杀，然后察之；见可杀焉，然后杀之”《孟子·梁惠王下》。

孟子还高度重视君臣关系的处理，认为“君之视臣如手足，则臣视君如腹心；君之视臣如犬马，则臣视君如国人；君之视臣如土芥，则臣视君如寇雠”《孟子·离娄下》。通过这一表述，孟子形象地将道义渗透于君臣关系之中，指出了二者关系的相对性。孟子的这一观点以及他对于君民之关系的处理原则，在先秦时期是极富远见的，这也是其建构心中之理想社会的重要价值基础。

(三)浩然之气学说是孟子理想社会观的内在动力

如果说“人性本善理论”为孟子勾勒其理想社会之蓝图提供了某种可能性，“民贵君轻思想”又使其理想社会的建设有了路径依赖的话，那么“浩然之气学说”则是孟子实现其社会理想的动力源泉。“何谓浩然之气”？对于公孙丑的这个问题，孟子的解释是“难言也”《孟子·公孙丑上》。在他看来，这种“气”是一种纯粹精神性的东西，它“至大至刚，以直养而无害”《孟子·公孙丑上》。因此，人们只能用心灵去感悟，而无法用言语来描摹。孟子指出，对于每个人来说，这种“浩然之气”又是一种精神境界或人生追求的标志，它“塞于天地之间”，“配义与道”，“是集义所生者”《孟子·公孙丑上》，即这种气之所以浩浩然充沛于天地之间，显得刚劲而有气魄，给人以精神的支撑和行为的导引，是因为它涵蓄仁义，集义而成，并且是唯义是从的。“无是，馁也”《孟子·公孙丑上》。如果没有“义与道”的充盈与推展，人们就会退缩气馁，无所作为，最终难成大器，更遑论为构建理想社会建功立业了。由此可见，涵养“浩然之气”不仅是个人成长成才的需要，也为孟子之理想社会建设所必需。那么，如何培养“浩然之气”呢？孟子提出了三条路径，即“直养而无害”、“有事而勿正”《孟子·公孙丑上》和“操存夜气”《孟子·告子上》。孟子认为，在孕育“浩然之气”的过程中，人们首先要做到的便是“直养而无害”，即在日常生活中毫不犹豫地摈弃一切丑恶、消极等负面因素的干扰，以真诚无私的态度去促进良善、积极和正面因素的累积，以期玉成道德之自觉。“有事而勿正”是孟子的第二条建议，即养气必赖于实际的作为，而且我们在实践的过程中，不能无视规律，刻意追求结果，即“心勿忘，勿助长也”《孟子·公孙丑上》，否则只能事与愿违，事倍而功半。为了培养“浩然之气”，孟子还十分看重夜半的反省。他称之为“存夜气”，即在每日夜半之时，面对寂寥之万籁，平心静气，思忖白昼所历经的一切纷扰，摈弃庸烦俗怨，返璞归真，推动“平旦之气”《孟子·告子上》和“夜气”的融合，以恢复善性，从而为“浩然之气”的形成夯实基础。需要指出的是，在涵育“浩然之气”的过程中，孟子在重视发挥人之主观能动性的同时，并没有忽视或否认客观环境的影响作用。他尤其强调艰难和险恶之环境对于个人成长的正面价值。孟子曾说过：“人之有德慧术知者，恒存乎疢疾。独孤臣孽子，其操心也危，其虑患也深，故达。”《孟子·尽心上》即那些德才兼备的人，常常是成长于灾患之中，常怀忧患之心的孤臣孽子，往往更明白事理。孟子还曾以“掘井”为例，来说明孕育“浩然之气”的复杂性和长期性以及我们应有的态度。“有为者辟若掘井，掘井九轫而不及泉，犹为弃井也”《孟子·尽心上》，即养气如掘井，必须持之以恒，不可半途而废。在孟子看来，虽然培养“浩然之气”的过程是艰辛的，但是经过我们的努力是完全可以实现的。孟子将成就并胸怀“浩然之气”的人称为“大丈夫”，并认为只有具有“大丈夫精神”的人才能做到“富贵不能淫，贫贱不能移，威武不能屈”《孟子·滕文公下》，成为建设理想社会的推动力量。而那些唯利是图的“贱丈夫”《孟子·公孙丑下》、趋炎附势的“小丈夫”《孟子·公孙丑下》及蝇营狗苟的“齐良人”《孟子·离娄下》，则是很难为社会良性发展做出贡献的。

三、孟子“理想社会”观的当代启示

理想，就其本质而言，是一种观念的上层建筑，它不仅立足并反映一定的社会实际，而且超越于现实生活，彰显了人们对于未来发展趋势及其前景的一种理性认识和预期。从其主体和价值指向来看，理想包含个人理想、社会理想及人类理想等，但在一般情况下，三者是相辅相成、相互映射的，并共同构成了不同社会乃至整个人类的价值系统。在此意义上，作为一种基于个人认知的思想观念和价值取向，孟子的理想社会观同时也是先秦时期儒家学派对于当时社会以及人类发展之价值判断的反映，具有较为宽广的理论视野和明确的价值定位。然而，由于孟子生活在一个以征伐和利益为鹄的时代，穷兵黩武、变乱分裂的主流社会生态决定了其祖述“唐虞三代之德”《史记·孟子荀卿列传》，倡行“仁政”的治国方略，在当时是无法满足那些笃信“丛林法则”[3]92-97的诸侯们之实际需要的，这也在某种程度上注定了其社会理想的历史命运。但是，社会是不断向前发展的。在人类进入新世纪的时代背景下，随着全球范围人的意识的觉醒以及人类生存繁衍与生态有序进化之间矛盾的不断加剧，尤其是随着市场经济时代我国社会经济发展与政治进步、物质文明与精神文明、社会文明与生态文明建设之间种种问题和困惑的出现，孟子理想社会观中的相关思想和理论越来越彰显出其独到的价值。诚如冯友兰先生所言：“孔丘讲‘仁’及‘忠恕’，在个人修养方面讲的较多。孟轲则应用之于政治及社会”[4]314-315。以理想社会观为核心的孟子思想之精华对于我们在当代推动“善治”步伐，促进中国社会健康、全面和可持续发展具有重要启示。

（一）孟子理想社会观的人民性对当代“人本中国”建设的启示

从孟子的基本思想倾向来看，关注、重视人，促进人民的生存与发展可谓执政者的首要义务。在孟子关于其理想社会的理论图谱之中,无论是井田恒产的经济观,还是博爱和平的政治观,都是基于保障人民利益以巩固君王统治之客观需要的。孟子之所以能在当时提出这一重要思想,主要源于其对自西周以后中国社会之治乱兴衰以及君民关系之历史演变的深刻反思。我们知道,在整个中国传统社会,国君在国家中的地位是至高无上的。与此相对应,“君本”思想在我国先秦时期思想界的核心话语地位也是毫无疑问的。在此时代背景中,孟子关于“民之憔悴于虐政,未有胜以此时者也”《孟子·公孙丑上》的呐喊以及对于以“仁”为魂、以民为本的施政方案的建构,不仅为我们开辟了一个在等级森严的传统社会透视君民关系的崭新维度;而且,其“取人民之观点以言政”[5]62,试图“把政治从以统治者为出发点,以统治者为归结点,彻底扭转过来,使其成为一切为人民而政治”[6]198的人本政治的价值取向,对于我们在新时期构建以人为本的社会主义社会也具有重要启发。早在170年前,马克思和恩格斯便指出,“历史不过是追求着自己目的的人的活动而已”[7]295。正是这些“从事实际活动的人”,构成了我们认识历史和人类社会的“出发点”[8]525。近百年来,在马克思主义的指导下,中国共产党带领全国各族人民克服千难万险,终于迎来了人民当家做主的新时代。特别是进入新世纪以来,随着党和国家“以人为本,科学发展”的经济理念和“立党为公,执政为民”之政治方针的确立,更为人民之利益的保障提供了政策依据。然而,毋庸讳言,不均衡的城乡、地区经济发展步伐和长期封建专制传统之影响的客观存在,对于新时期“人本中国”建设的阻碍也是显而易见的。马克思主义唯物史观认为,经济基础决定上层建筑。“人本中国”的本质在人民当家做主。而人民当家做主的政治地位,则要靠坚实的经济基础来保证。基于此,新时期党和国家践行以人为本的施政理念,必须首先重视和有效改善民生,在当前推进新型城镇化建设的过程中,要关注并妥善处理好农民以及城镇居民的土地、养老、教育、医疗和就业等一系列相关问题,切实提高人民的幸福感和归属感。在改善民生的同时,执政党还需始终自觉加强自身建设,贯彻落实群众路线,克服“四风”[9],杜绝腐败,选好、用好和管好干部,做到清廉、务实、科学和高效执政,建设高度的社会主义物质文明和政治文明。

(二)孟子理想社会观的伦理性对当代“道德中国”建设的启示

对人的关注与诠释不仅是孟子思想的基本向度,同时也是其理想社会观的理论支点。同孔子等先秦儒家大多数贤哲一样,孟子心目中的人是生而具有道德之天性的,即善心。由善心而生发仁义礼智之善端,是为善性。在此彰显善性的“四端”之中,仁是统帅及核心,也是儒家“最高的道德”[10]582范畴。孟子强调,就人之本性而言,成就“至仁”《孟子·尽心下》之人生境界是有可能的，但需经过后天的道德形塑和熏陶，依赖于文教事业的发展。而随着以仁为核心的善性的成型及其在每一社会个体及整个社会群体中的延展，仁君贤臣及仁人志士便可出现，以仁政和善治为特征的“王政”《孟子·梁惠王下》时代的来临便可预期，社会的和乐与美满便可实现，这是孟子在其居仁由义的文教观和亲睦友善的社会观中所秉持的基本信念。由此可见，在孟子所构想的理想社会蓝图之中，以“善”为表征的道德是至高无上的。正如有学者所言，这种“道德重于权势”[11]193的社会，在本质上“乃是发于各人内心之善的互相扶助的社会；即是把个人与群体，通过内心的善性，而不是仅靠强制的法律，以融合在一起的社会”[12]162。这种社会理想及其对于伦理道德的高度重视，虽然在先秦“未必有多大作用”，但其在“理论上”的“重要意义”[11]193确是无可否认的。中华民族五千年文明的薪火相传，世人公认的文明、礼仪之邦美誉的获得，以及华夏子孙永远难以割舍的民族情和家国意的形成，与孟子理想社会观中所倡导的这种道德意识不无关系。马克思曾说过，“人的本质”，“在其现实性上，是一切社会关系的总和”[13]501。而道德，作为“一种本身神圣的独立范畴”[14]472，在协调和维系社会关系中的历史作用也是世所共知的。孟子理想社会观的可贵之处，就在于其确认并充分肯定了这种道德的价值。也正是在这个意义上，我们批判继承并创造性转化其理想社会观中的伦理精华，以服务于正处于重大转型期的中国社会的道德建设事业便具有显著意义。在当代中国，基于国内外种种消极因素的影响，无论是就每一个体，还是社会整体而言，道德意识的淡薄、伦理规范的缺失已成为不争的事实，拜金主义、利己主义和极端个人主义的泛滥以及作为其产物的经济生活中的假冒伪劣、坑蒙拐骗，政治生活中的贪污腐败、徇私枉法，文化生活中的低级趣味、庸俗媚俗，社会生活中的冷漠封闭、公德沦丧等问题的日益凸显，已引起党和国家的高度关注。大力发展文化教育事业，切实增强社会公民的道德意识、塑造道德行为、形成道德自觉，建构“道德中国”之大厦，捍卫中华民族的精神长城，建设高度的社会主义精神文明和社会文明，已成为全体中国人民的基本共识。而这，也正是孟子理想社会观之伦理基因的当代价值所在。

（三）孟子理想社会观的生态性对当代“美丽中国”建设的启示

对于人的关注和社会道德的建构，可谓孟子推动其理想社会建设的重要抓手。但是，作为先秦时期仅次于孔子的典范性人物，孟子的理论视野和思想阈限并没有止步于此。他进而以苍生为念，从人之“类本质”[15]163的高度，对于人类生存发展与自然环境之关系进行了全面审视。孟子先以楚子“学齐语”《孟子·滕文公下》的譬喻，来说明周遭环境对于人性发展和人类成长的重要影响，进而以“牛山之木”《孟子·告子上》的类比，来突出尊重自然、呵护环境的意义，并以“苟得其养，无物不长；苟失其养，无物不消”《孟子·告子上》之论断来表达其深切的生态认知。为了实现人类健康发展与自然有序进化的双赢，孟子一如中国传统思想家们的致思理路，首先提出了“内在超越”的建议，主张将人之良知、善性推己及人，再延及万物，从而在“不断突破自我限制”，达到“自我完善”[16]121的同时，促进人伦道德在生态演化进程中的渗透，并经由“取物以时”“取物有节”《孟子·梁惠王上》等实践，来达至天人合一的境界。可贵的是，孟子之知天事天的自然观并未局限于此，他进而将对生态环境的保护提升至法律的高度，力主对“辟草莱、任土地者”《孟子·离娄上》处以重刑，试图用刚性的法规约束世人行为，以维护人类共同的家园。这种发端于两千多年前的生态情怀及其所展现出的理性光辉，是值得我们称道的。历史已证明并将会继续印证，任何人类文明的孕育、发展、丰富和完善都离不开生态环境的支撑。因此，人们通常所说的“尊重天道，服从自然规律，保持生态系统的平衡”，其实不过是在维持我们“人类自身”[17]203的存在而已。然而，众所周知，在迈入新世纪的今天，生态环境的恶化及其严重后果，已成为时刻高悬在整个人类头上的“达摩克利斯之剑”[18]114。在过去的世纪，我们在贪婪地追求和尽情地享受工业文明所带来的种种便利和舒适的同时，也在不知不觉地毁灭着自己的家园。就中国而言，在经济粗放式发展时期，由于发展的压力大大超过环保的需要，我们在事实上存在着一边高喊不走西方国家“先污染后治理”之老路，一边仍然在有意无意地重蹈西方工业发展模式之覆辙的现象，并已经为此付出了绝大的代价。马克思曾说过：“不以伟大的自然规律为依据的人类计划，只会带来灾难。”[19]430随着后工业时代的到来，西方开始反思其工业化进程中的诸般失误，并着手解决生态问题。我国在加快推进新型工业化和城镇化的进程中，也开始提出“努力建设美丽中国，实现中华民族永续发展”[20]的伟大战略。亡羊补牢，犹未晚矣。认真分析并祛除孟子生态思想中不合时宜的消极成分，继承并大力弘扬其超越于历史的生态意识及生态法治理念，切实增强全国人民的生态观念，建立健全并严格执行保护生态的法律法规及体制机制，“走向社会主义生态文明新时代”，“给子孙后代留下天蓝、地绿、水净的美好家园”[20]7是我们必须肩负的历史责任。

要而言之，孟子的理想社会观虽诞生于先秦，但由于其包含了关于人类社会发展路径之规律性的认知，因而具有穿越时空的价值。就其理想社会观的整个体系而言，孟子关于人类社会之经济发展、政治进步、文教繁荣、社会和谐及生态平衡等问题的思考及其理论建树无疑是极为深刻和丰硕的。虽然由于历史的缘由，孟子在其生活的时代没有机会去验证其理论的力量。但是，人类数千年的治乱兴衰已经并且正在不断地展示着其思想的独特魅力。

在新的时代,我国已经迎来实现中华民族伟大复兴的历史性机遇。而历史,归根结底是由人民创造的。在新的阶段,"我们的人民热爱生活,期盼有更好的教育、更稳定的工作、更满意的收入、更可靠的社会保障、更高水平的医疗卫生服务、更舒适的居住条件、更优美的环境,期盼着孩子们能成长得更好、工作得更好、生活得更好"[21]。为此,我们需要大力建设高度的社会主义物质文明、精神文明、政治文明、社会文明和高度的社会主义生态文明。马克思主义一再强调,理论来自于实践,但理论同时也是用于指导人们之实践的。在新的历史时期,系统整理孟子理想社会观理论体系之精华并采取有效措施推进其创造性的转化,以服务于当代中国特色社会主义事业的伟大实践,有效推进当代中国治理体系和治理能力的现代化步伐,依然是我国学界和每一位理论工作者光荣而艰巨的历史使命。

参考文献:

[1] 朱熹. 四书章句集注[M]. 北京:中华书局,1983:206-207.

[2] 朱贻庭. 儒家文化与和谐社会[M]. 上海:学林出版社,2005:218.

[3] [英]霍布斯. 利维坦[M]. 黎思复,黎廷弼,译. 北京:商务印书馆,1985:92-97.

[4] 冯友兰. 三松堂全集(第八卷)[M]. 郑州:河南人民出版社,2001:314-315.

[5] 萧公权. 中国政治思想史[M]. 北京:新星出版社,2005:62.

[6] 黄克剑,林少敏. 徐复观集[M]. 北京:群言出版社,1993:198.

[7] 中共中央编译局. 马克思恩格斯文集(第一卷)[M]. 北京:人民出版社,2009:295.

[8] 中共中央编译局. 马克思恩格斯文集(第一卷)[M]. 北京:人民出版社,2009:525.

[9] 习近平. 深入扎实开展党的群众路线教育实践活动,为实现党的十八大目标任务提供坚强保证[N]. 人民日报,2013-6-19(1).

[10] 张岱年. 张岱年全集(第三卷)[M]. 石家庄:河北人民出版社,1996:582.

[11] 刘泽华. 中国政治思想史(先秦卷)[M]. 杭州:浙江人民出版社,2002:193.

[12] 徐复观. 中国人性论史(先秦卷)[M]. 上海:上海三联书店,2001:162.

[13] 中共中央编译局. 马克思恩格斯文集(第一卷)[M]. 北京:人民出版社,2009:501.

[14] [美]弗吉利亚斯·弗姆著,戴杨毅、姚新中等译. 道德百科全书[M]. 长沙:湖南人民出版社,1988:472.

[15] 中共中央编译局. 马克思恩格斯文集(第一卷)[M]. 北京:人民出版社,2009:163.

[16] 陆自荣. 儒家和谐合理性[M]. 北京:中国社会科学出版社,2007:121.

[17] 朱贻庭. 儒家文化与和谐社会[M]. 上海:学林出版社,2005:203.

[18] 梁丹. 点睛之笔——两希典故[J]. 黑龙江教育学院学报,2009,(8):114.

[19] 中共中央编译局. 列宁全集(第五十八卷)[M]. 北京:人民出版社,1990:430.

[20] 胡锦涛. 坚定不移沿着中国特色社会主义道路前进 为全面建成小康社会而奋斗——在中国共产党第十八次全国代表大会上的报告[N]. 人民日报,2012-11-18(1).

[21] 习近平. 始终与人民心相印共甘苦——中共中央总书记习近平在十八届中央政治局常委与中外记者见面时讲话[J]. 人民论坛,2012,(33):7.

论大数据时代背景下安徽审判公开信息化平台建设

郜志强 吴俊明

摘 要：以信息化引领社会治理体系和治理能力现代化，是创新社会治理的一项重大课题，司法公开作为维护司法公正、保障公民合法权益、促进社会公平正义的必要手段，对实现社会治理的信息化有着举足轻重的作用。然而在已经来临的大数据时代，网络舆论监督蓬勃发展，司法公正的实现正面临来自负面网络舆情的巨大困境与挑战。面对这一日益凸显的发展趋势，加强司法公开信息化平台建设，以公开促公正，以公正促和谐，是积极应对网络舆论监督的正确途径。努力加强大数据时代背景下的我省审判公开的信息化平台建设，不仅是对审判权进行有效监督的时代要求，更是实现"公众在每一个司法案件中都感受到公平正义"目标的使然。

关键词：社会管理；大数据时代；司法公开；信息化平台

"正义是社会体制的第一美德，就像真实是思想体系的第一美德一样"[1]。2007年，党的十七大报告强调，"必须在经济发展的基础上，更加注重社会建设，着力保障和改善民生，推进社会体制改革，扩大公共服务，完善社会管理，促进社会公平正义"。社会的公平、公正不可能自发实现，必须由有效的社会治理作为保障，随着信息技术的迅猛发展，其深刻影响已经深入到社会生活的各个方面，也必将引领社会治理方式的信息化变革。我省长期以来都致力于社会治理的信息化建设，如近年来，芜湖市坚持科技引领、信息支撑，以社会服务管理信息化平台建设为载体，创新治理方式，激发社会活力，显著提升了社会治理能力。而在这一过程之中，审判公开信息化平台建设作为社会治理的一种重要方式和手段，则起到了至关重要的作用。审判权的可

作者简介：郜志强，男，安徽阜阳人，安徽师范大学法学院2012级宪法与行政法研究生；
吴俊明，男，安徽太湖人，安徽师范大学法学院副教授、硕士生导师。

贵价值就在于能以司法的理性约束大多数人的任性，从而使得规则得到遵守，公平与正义得以实现。我省构建的以“安徽法院网”为代表的司法公开信息化网络平台，已取得了良好的社会效果（如：司法公开信息数量明显增加、司法公开范围与力度进一步加大、公众对审判公开的期待基本得到了满足等），但亦存在不足。

一、我省司法公开信息化平台建设现状

（一）司法公开三大信息化平台建设

为满足社会公众对司法公开的新期待，适应大数据时代司法公开信息化发展的新趋势，最高人民法院继2009年公布《最高人民法院关于司法公开的六项规定》，对立案公开、庭审公开、执行公开、听证公开、文书公开和审务公开等六个方面做出具体规定，并在全国范围内确定100家司法公开示范法院，制定严格的《司法公开示范法院标准》后，又于2013年印发了《关于推进司法公开三大平台建设的若干意见》（以下简称《意见》）和《最高人民法院关于人民法院在互联网公布裁判文书的规定》（以下简称《规定》）两个规范性文件，要在全国法院系统内推行审判流程、裁判文书、执行信息三大信息化平台司法公开综合改革试点。建构司法公开三大信息化平台的基本目标就是要“通过建设与公众相互沟通、彼此互动的信息化平台，全面实现审判流程、裁判文书、执行信息的公开透明，使司法公开三大平台成为展示现代法治文明的重要窗口、保障当事人诉讼权利的重要手段、履行人民法院社会责任的重要途径。通过全面推进司法公开三大平台建设，切实让人民群众在每一个司法案件中都感受到公平正义”①。我省高级人民法院为切实贯彻落实全国法院司法公开工作推进会精神，加快我省法院司法公开三大平台建设，进一步提高办案质量，促进司法公正，提升司法公信力，根据《意见》和《规定》，结合全省法院工作实际，于2013年2月制订了《关于推进司法公开三大平台建设实施方案》，对三大平台建设的具体内容、工作机构以及工作步骤与时间安排等都做了详尽的规定，有效指导着我省司法公开信息化平台的建设工作。

（二）我省司法公开信息化平台建设的进展与存在的问题

2013年初，安徽省高级人民法院决定在全省法院范围内开展为期三年的审判管理规范化、信息化、科学化“三化”年活动，将在全省法院建设科技法

① 最高人民法院：《关于推进司法公开三大平台建设的若干意见》

庭、推进档案数字化建设、升级改版审判流程管理软件、建设执行指挥中心等，并以保障执法办案为主旨，基本完成了高清视频会议项目和远程提讯项目建设，有力提升全省法院信息化建设与应用水平，在推动深化司法公开工作、促进司法公信力的提高方面取得了实质性进展。

“安徽法院网”是我省最主要的司法公开信息化网络平台，网站建设相对完善，包括了安徽法院、司法公开、裁判文书、执行在线、网上直播、法苑视频、法院新闻、信访诉讼等十八大板块，包含了司法审判的各个程序，内容丰富，方式便捷，有效地扩大了司法信息的公开渠道、公开力度与公开范围（见图1）。

图1　安徽法院网首页①

“司法公开”“裁判文书”与“执行在线”三大板块，是我省推进三大信息化平台建设的工作实践，三大板块各有特色。其中“司法公开”，将全省范围内各市县近期发生的具有代表性的案件，按照刑事审判、民事审判、行政审判、大案要案四类，分别进行公开，方便了社会公众的查询。而在“安徽法院”这一大板块中，则包含了全省16个地市，125个法院网站的链接，通过这一平台，可以快速便捷地进入省内任一地方法院官网，了解各地法院信息与司法动态。“信访诉讼”则被打造成了“安徽省人民法院诉讼服务在线平台”，通过这一平台，社会公众可以进行网上信访、网上立案、预约法官、预约阅卷、判后答疑等各项在线诉讼服务，只需要登录网上信访平台，注册账号，填写申诉信访信息，提交相应材料，完成网上信访登记后，就可以随时随地查询信访办理进程和知道办理结果（见图2）。

① http://www.ahcourt.gov.cn/index.html，2014年6月17日访问。

图 2　诉讼服务在线平台首页①

由上可见，近年来我省司法公开信息化平台建设取得了一定成效，但由于受多种因素制约，存在问题亦比较突出。

1. 信息公开的范围依然有限

从范围上来看，司法公开包括审判信息公开和审务信息公开。当前法院比较关注审判信息公开，而对与审判工作有关的其他管理活动的审务信息则公开较少，甚至没有公开。而现有的公开内容，实际上只是在技术改进或制度细化后公开了本来就应该公开的司法信息，其实质是在落实虚置的法律规定。这固然是一种进步，但诸如心证公开、不同裁判意见公开等具有实质意义的创新，却未见尝试和探索。这不仅仅是我省在司法公开信息化方面存在的问题，而是全国法院系统普遍存在的问题。

2. 各地法院司法公开信息化建设不均衡

由于经济水平、司法观念、法官素质等因素的影响，我省各地法院网站的建设情况也呈现出一定程度的差距，各市中级人民法院和较富裕区县的基层人民法院网站已经普遍建立并且建设情况较好，而经济发展落后地区的人民法院网站建设情况则参差不齐。并且相较于沿海经济发达地区，如上海、广东、江苏等地，我省法院网站建设还存在不小的差距。

3. 法院审判信息公开不及时

审判是诉讼的核心环节，审判信息公开也是司法公开制度中最为重要的一项内容。在审判信息公开中，开庭公告的公开情况相对良好，如合肥市中级人民法院就会提前在网站上，将包括案号、案由、当事人、审判长、合议庭、地点、日期、时间等信息予以公告。但是，旁听规则和程序、裁判文书等的公

① http://101.226.243.225:8009/,2014 年 6 月 17 日访问。

开情况却不甚理想。以裁判文书公开情况为例，虽然各地法院网站都设立了有效的裁判文书板块，但是这些公开的裁判文书中，及时更新的裁判文书所占的比例却非常低，有的法院公开的还是两三年前的裁判文书。如安徽法院网最近一次更新裁判文书还是在2013年12月9日①。不及时更新裁判文书，不仅不利于法制宣传和统一裁判标准，也不利于公众对法官秉公判案的监督，不能形成有效的倒逼机制，以发挥公众对案件公正审判的监督作用。

二、大数据时代我省审判公开信息化建设所面临的机遇与挑战

对于大数据的基本概念，学界尚存有很多的疑问和争议，百度百科将大数据定义为“所涉及的资料量规模巨大到无法透过目前主流软件工具，在合理时间内达到撷取、管理、处理并整理成为帮助企业经营决策更积极目的的资讯”[2]。由此可以看出，大数据表示庞大的数据规模，且具有多样性、价值性和高速性的特点。在大数据时代，信息数据正以前所未有的速度在不断地增长和累积，这不仅使得人们获取信息资源变得更为廉价与便捷，而且各种信息数据将紧密联系在一起，通过对一种数据进行分析处理，就能判断另一种数据结果是否存在。因此，在大数据时代，数据将作为一种资源，用来辅助处理其他诸多领域的问题。司法信息作为诸多信息数据中的一种，若能抓住大数据时代所带来的发展机遇，必然能够使我省司法公开信息化得到巨大的发展，但同时，结合我省的具体情况，也应当对其所带来的挑战有着清醒的认识。

（一）面临的机遇

审判公开制度是规制司法权行使的重要手段，它让权力在阳光下透明运行，从而在最大程度上压缩了审判权被滥用的空间，而在实现方式上，它以社会公众的正义感知为判定标准，因此，审判公开制度能否使社会公众更为容易、及时、全面地获取司法公开信息，成为这一制度发展的关键所在。而随着现代信息技术的迅猛发展，大数据将传统媒体、网络媒体与自媒体②有机结合，共同构成了现代信息社会的新媒体格局，这使得信息数据“打破了传统媒体对舆论的控制和对信息的垄断，传播方式体现出很强的开放性、快捷性、交互性、隐匿性和海量性”[3]。在大数据时代，人们通过电脑、手机、网络等新型

① http://www.ahcourt.gov.cn/sitecn/cpws/list.html，2014年6月17日访问。
② 平台包括：博客、微博、微信、百度官方贴吧、论坛/BBS等网络社区。

传播媒介，随时随地都能获取各种信息数据，甚至足不出户，就能了解各种社会动态。审判公开应抓住这一机遇，利用好各种信息公开方式，特别是互联网的应用，积极实现审判公开的信息化，让立案、审判、执行等各个阶段都呈现在公众面前，从而让公众更为全面正确地了解审判内容以及运作程序。

另外，当今社会审判信息的公开方式在不断创新，文字、音频、视频、动画等形式可以让各个年龄段的公众自由选择，而利用大数据超强的数据分析与整理能力，不但可以深层解读各种纷繁复杂的审判信息，以便公众吸收了解，还可以集中分析公众对各类审判信息的关注程度以及对某些审判案件判决结果的满意程度、接受程度，获取公众的信息反馈，调查民意，这不仅可以促进审判公正，因为“在任何社会司法公正都要反映民意，因为在绝大多数案件中，公众对是与非、善与恶都存在这一些基本的判断，如果司法的裁判与民意完全背离，则很难说是完全公正的”[4]，还会让审判公开有的放矢，有针对性地进行审判信息公开工作，以减少审判资源不必要的消耗。

（二）面临的挑战

首先，当事人信息保护问题。大数据时代虽然可以让审判信息得到广泛传播以及被公众轻易获取，但同时，也对当事人的相关隐私保护提出挑战。在审判公开中，不可避免地会出现案件当事人以及相关人员的个人信息，单个地点的个别信息可能不会暴露当事人的隐私，但是如果将某个当事人的很多单独行为聚集在一起时，他的隐私就很可能会暴露，而且这种隐私的泄露往往是个人无法预知和控制的。例如在现实中通过所谓“人肉搜索”等方式往往就能快速、准确地得到当事人不愿公开的信息结果，因此，大数据时代的隐私保护面临着技术和人力层面的双重考验。

其次，过分监督办案流程问题。法院审判公开信息化完全建立后，法官办案的每一个细节都会被完整地记录下来，上级领导可以据此对法官做出综合评价。但是，审判活动强调法官独立办案，通过电子平台、互联网对法官办案流程的过分监督，可能会使法官倍感压力，从而只考虑如何应付领导监督，甚至可能还会为了使案件的审理过程更符合规定，避免自身利益受到影响，在录入有关信息时抱有利己的思想，使案件档案“格式化”，即录入时对有关信息依照法律法规规定的标准进行筛选。这样做，在影响法官独立办案能力的同时，势必也会造成虚假审判信息的泛滥，削弱法院的公信力。

最后，也是最为关键的一点，即网络舆论影响审判公正的问题。现代信息技术的迅猛发展，网络的广泛普及性与匿名性，在使社会公众更容易获取审判公开信息的同时，也更容易对某些社会关注度高的审判案件进行不负责任的任意评论，甚至还会在传播的过程中对案件事实进行虚构、夸大，进而影响案件的公正审理。以"李某某案"为例,在案件尚未审结之前,各不同利益主体就开始利用微博、网络、电视等信息平台对案件侦办的各个过程妄下定论,妄图给审判的正当程序施加巨大的社会舆论压力,从而影响案件的正常审理,干涉审判公正。"西方把新闻媒介通过报道和评论影响审判的现象称为'媒介审判',反对'媒介审判'是两大法系共同的原则"[5]。因此,怎样避免"媒介审判"对审判公正的影响,也将成为大数据时代审判公开信息化的一大挑战。

三、如何在大数据时代背景下强化我省审判公开信息化平台建设

我省审判公开信息化平台建设,既需要有规范统一的制度支持,又要有切实可行的实践参与,特别是在大数据时代,二者紧密相连,缺一不可。

(一)强化审判公开的制度建设

目前我国主要依靠各地法院内部的指导性文件推动审判公开工作的开展,缺乏统一明确具体的衡量标准以及考核模式,责任机制也不清晰,难以从整体上对审判公开制度进行有效规范。因此,在难以制定全国性规范文件的前提下,我省可以制定适用于省内的审判公开统一性文件,将审判公开制度化。该规范文件不仅应对审判公开进行系统的制度设计,实现公开的统一化和标准化,明确考核与责任双重机制,还应予以审判公开诉讼程序保障。因为严谨公平的程序是制度理性的基础,并且在我国诉讼法中已经对诉讼公开的相关内容做出明确规定,当事人在诉讼中有获取相关审判信息以及对相关审判活动进行监督的权利,那么不妨将不当公开或不依法公开的情形作为程序错误处理,从而将其纳入诉讼程序,在不额外耗费审判资源的基础上实现审判公开的程序保障。

(二)继续扩大审判公开范围

国外目前审判公开的范围主要有庭审公开、证据公开、卷宗公开、心证公开、裁判不同意见公开和裁判文书上网等。最高人民法院《关于审判公开的六项规定》构建了审判信息全面公开的总体框架,也突破了一些事实不公开的习惯做法。但是,除了这些外部信息之外,审判信息还包括大量的内部相关信息。

在审判实践中,大部分审判机关对于审判结果有决定性影响的内部意见(如会议纪要、审委会纪要、请示意见、合议庭不同意见等)均作为或者视为秘密文件不对外公开。诚然,部分内部意见确实因涉及国家秘密而不得公开,但也应认识到,大部分的内部意见文件主要是针对法律适用等方面的问题,

它们与社会公众的切身利益密切相关，是社会公众有权获取的重要审判信息。因此，除确实涉及国家秘密不宜公开的内部信息外，其余均应及时向社会公开，从而使社会公众的知情权得到保障，也更有助于社会公众对法院审判流程的监督。

（三）依靠三大平台，努力打造综合性审判公开信息化平台

大数据时代的到来使得信息传播和获取的成本大大降低，而网络则在审判公开信息化方面具有难以替代的优势，世界上许多国家都将法院网站作为审判公开的第一平台。如新西兰法院网站就是一个综合性很强的法院网站，不仅集中了最高法院、上诉法院、高等法院、地区法院和受理就业、家庭、生产、环境等特殊问题的专门法院系统的全部信息，而且对具体案件的审理情况，如案件事实、证据公示、法律适用考量与解释等，以及案件判决结果的公开也非常全面及时。任何有需要的公民都可以在新西兰法院网站免费下载包含案件审理全部原始信息的相关文件，既有利于公众了解相关案件的审理情况，普及法律知识，也便于公众对法院工作的监督。

近年来，我省各级法院虽然建立起了官方网站以及统一性的安徽法院网，但由于各种原因，发展并不均衡，也存在了许多不足，在这里我们可以借鉴新西兰的法院建设经验，依靠审判公开三大平台，完善我省的法院网站建设。审判公开三大平台是以各地人民法院网站为基础，通过互联网聚合联通的三大板块，功能上各有侧重，资源上互联互通，内容上互为补充，既是人民群众在打官司过程中最关心的三个关键环节，又是制约和影响审判公正的三个关键节点。因此，依靠三大平台的“安徽法院网”可以与全国各地各级人民法院的数据对接，实行审判数据实时共享。这不仅方便了公众对全国各地审判公开信息的查询和了解，还能在一定程度上有效缓解审判信息在传播过程中可能出现偏差的问题。而对于这一网站平台的监督和评价则由社会公众与人大代表共同进行，通过对各个法院审判公开信息数据的分析，形成一套指数化的综合评价系统，以对其公开信息的真实性、准确性以及完整性等进行考核。在这个审判信息公开网站系统中，不仅审判信息能够得到充分、有效、及时的公开，公民的知情权也能够得到有效保障，同时还可以将零散分布于网络、论坛的公众意见、民意反馈、审判诉求等信息进行集中整理、集中分析与集中解答，提高审判效率，在维护审判公信力的同时，也能积极回应大数据时代网络舆论监督的新要求，避免“媒介审判”对审判程序的不良影响，实现社会公平正义。

另外，还要广泛使用微博、语音电话、短信平台等载体，拓宽审判公开的广度与深度，实现审判公开信息化的双向互动。

结　语

审判作为维护社会公平正义的最后一道防线，决定了其更容易成为大数据时代网络舆论所关注的焦点，特别是在当前我国经济社会正处于社会矛盾多发、社会问题突出的转型时期，依法治理，实现审判公正，必然成为社会公众的普遍追求。因此，加强大数据时代下我省审判公开信息化平台建设，不仅是保证审判公正、维护审判公信力的重要途径，而且是实现社会有效管理、赢得公众信赖、推进我省社会管理信息化进程的重要方式。

参考文献：

[1] [美]约翰·罗尔斯．正义论[M]．何怀宏等译．北京：中国社会科学出版社，1988：1.

[2] 百度百科．大数据．http://baike.baidu.com/subview/6954399/13647476.html.

[3] 广东省高级人民法院．司法公正与网络舆情[M]．北京：法律出版社，2013：8.

[4] 王利明．司法改革研究[M]．北京：法律出版社，2001：151.

[5] 魏永征，张咏华，林琳．西方传媒的法制、管理和自律[M]．北京：中国人民大学出版社，2003：133.

党内协商民主与民主集中制统一关系研究

朱兆华

摘　要:中国共产党的党内协商民主是党内民主的重要实现形式,能充分体现马克思主义政党的本质,其实质就是为广大党员参与党内事务提供广阔的渠道和制度平台。民主集中制作为党的根本组织原则和领导制度,是民主基础上的集中和集中指导下的民主相结合,其实质是保障权利与规范权力的有机统一。党内协商民主和民主集中制不是非此即彼、两极对立的关系,两者具有内在的统一性。党内协商民主与民主集中制具有目标的一致性、价值的同构性和功能的互补性。

关键词:党内民主;协商民主;民主集中制;关系

一、问题的提出

本文是以中国共产党党内民主为特定研究对象的。对党内民主问题的研究可以追溯到20世纪初的西方理论界,当时研究成果多集中在党内民主与政党组织结构关系上。1902年奥斯特罗果尔斯基(Ostrogorski)在《民主政治与政党政治》一书中指出,组织与政治活动的理想相互矛盾,组织是走向专制的通道。1911年米歇尔斯(Michels)在《现代民主制度的政党社会学》一书中提出了"寡头统治铁律",强调正是政党的组织本质推动其官僚化过程,从而走向民主的反面,政党在"反寡头化的过程中自己走向了寡头化"。1919年韦

基金项目:2014年安徽省哲学社会科学规划项目(AHSKY2014D151)

作者简介:作者简介:朱兆华(1967—),女,安徽铜陵人,中共安徽省委党校科社研究部副教授,安徽师范大学政治学院博士生,研究方向为当代中国民主政治与政党政治。

伯(Weber)在《经济与社会》一书中指出,在近几十年中,所有政党按其内部结构,都向着官僚体制的组织过渡。这类党内民主"悲观论"似乎过于极端,但所展示的问题却是中肯的,即政党组织是政党采取共同行动和维持集体安全的重要保障,同时,也与党内民主之间存在一定的张力。与此类"悲观论"相反,20 世纪中期以后,一些学者从更加宏观的视角,关注党内民主与民主政体的关系,对党内民主做出了肯定的评价。1951 年迪韦尔热(Duverger)在《政党》一书中,看到了竞争性的政治逻辑对党内组织形式的影响,认为民主的原则要求党的各级领导都经由选举产生,要求他们经常更替,具有集体的性质并受组织规则的约束。1996 年艾伦·韦尔(A. Ware)在《政党和政党制度》一书中,明确支持起源于竞争性模型的党内民主,认为政党竞争不会削弱公正的偏好聚合功能,党内民主可以促进党内权力的良性竞争,使领导人接受其成员的监督,从而避免政党竞争中的一些与民主不一致的现象。与这些基于选举竞争模式的观点相比,另有一些学者把协商民主理论引入党内民主,更加有力地支持了党内民主"肯定论"。协商民主注重通过公开讨论和辩论形成理性偏好,从而使偏好的形成内生于政治过程。1982 年帕尼比昂科(Panebianco)的《政党:组织与权力》一书,在不否认竞争选票必要性的前提下,揭示了组织决策的过程,认为组织决策一般是组织内部协商的结果,是组织内众多行为者互惠影响的结果。1999 年图瑞尔(Teorell)在《为党内协商民主辩护》一文中,认为协商民主的逻辑要求党内行为与党外行为一致,只要政党领袖与民众协商,那么也有理由要求他们与其党员协商。显然,无论是基于选举竞争模式还是基于协商民主理论的党内民主"肯定论",都是囿于西方民主政治的理论框架,以西方政党政治的实践为研究对象,偏重从政治环境上对党内民主进行分析,而回避从政党组织的本来面目去研究党内民主与政党组织之间究竟是否存在正向关联性。我们认为,由于党内民主与国家民主具有同质性,把协商民主理论导入党内民主,并以平等协商、常态参与、理性责任、制度程序等理念和原则对政党内部"寡头"或精英的自由加以规制,可以有力地支持党内民主"肯定论"。然而,"源于国家之民主理念及制度,唯必须有所修正,务必考虑政党之功能及特性后,才予援用"①。简言之,国家与政党也存在本质的差异,协商民主理论能否在党内完全适用,或在多大程度上适用,自然成为疑问,这正是本文试图探讨的问题。

进入 21 世纪,随着中国的影响日益扩大和党建科学化水平的提高,不少国外学者开始关注中国共产党的党内民主问题。沃马克(Womack,2004)强

① [英]哈耶克:《哈耶克文集》,邓正来译,北京:首都经济贸易大学出版社,2001 年,第 36 页。

调,谈论没有党内民主的政党-国家民主可能毫无意义,中国共产党的先锋队性质决定了党内民主在政党-国家民主中扮演重要角色。布斯林(Breslin,2003)认为,领导人意识到不平等、腐败和环境恶化问题的增长将会削弱他们的地位,党内民主被视为一种回应觉察到的社会不满,并提高执政能力的途径。哈尔蒂希(Hartig,2008)进而指出,党内民主的理想模式的核心包含了党员参与、透明度以及为党员提供对党内重大议题发表个人看法、意见的可能性;民主在中国的语境不能等同于西方民主理念,所有发展民主的方法都是在中国共产党设定的框架之内实施的。上述观点包含了丰富的党内协商民主思想,也似乎关照到了党内民主的限度,但这些观点大多是把党内民主仅仅看作应对外部环境的权宜之计,没能看到中国共产党发展党内民主的内在动力和战略考量。与国外学者形成鲜明对比的是,国内学者更加关注对政党本质的回答和对中国共产党党内民主特性的研究。可贵的是,国内已有一些研究成果开始涉及党内协商民主与民主集中制的关系问题。在这些成果中,一些观点强调民主集中制规定了党内协商民主的限度,认为仅以一般民主发展为原则的党内民主发展可能会改变政党的内部结构和功能,甚至改变政党本身的性质(林尚立,2002),所以,在借鉴协商民主合理成分时,应充分认识它与党内民主的差异性以及后者的特殊性,重视民主集中制这一根本组织原则和领导制度(黄俊尧,2008);还有一些观点意识到党内协商民主与民主集中制的相互促进关系,认为党内协商民主与民主集中制并不矛盾,它们是党内生活不可分割的两个方面(高勇泽,2008),民主集中制是党内协商民主的重要制度资源,它的完善有助于建立科学合理、规范有序的协商制度(范明英,2008);更有一些观点指出了两者协同发展的现实路径,认为必须上下联动、相互配合,侧重点应该是建立基层党内协商民主制度,包括基层党组织的党务公开制度、重大事项的民主讨论制度、定期工作报告制度以及领导班子的民意测验制度等等(许耀桐,2012)。显然,国内一些学者已经意识到,唯有把党的根本组织原则和领导制度——民主集中制与党内协商民主有机结合,才能体现出中国共产党党内民主的特有秉性。但是,从目前研究现状来看,对党内协商民主与民主集中制的关系研究还是比较分散的,尚未进行系统的研究,也没有专门的研究成果。现有研究的不足,正是本文力图有所突破之处。

二、党内协商民主与民主集中制基本内涵的理论分析

在中国,党内协商民主的实践早就存在于党的建设之中,但自觉地认识它,并形成明确的概念,还只是近几年的事。马克思主义政党的本质是党内

平等。进一步思考，本质这样深刻的东西怎么体现出来呢？这就涉及内容和形式这对范畴。只有反映事物本质的内容找到合适的形式，才能使揭示事物发展规律并指出事物发展可能性的本质转化为现实性，即使本质得到实现。党内民主是体现马克思主义政党本质的重要内容。“民主已经成了无产阶级的原则，群众的原则。即使群众并不总是很清楚地懂得民主的这个唯一正确的意义，但是他们全部认为民主这个概念中包含着社会平等的要求”①。《中国共产党章程》规定：“必须充分发扬党内民主，尊重党员主体地位，保障党员民主权利，发挥各级党组织和广大党员的积极性创造性。”②那么，党内民主的要求又如何实现呢？这是党内民主实现形式所要回答的问题。从民主内容与民主形式的辩证关系上看，党内民主体现为党内选举民主与党内协商民主前后相继、优势互补、共生发展的过程。在这里，本文仅探讨“党内协商民主”的内涵。作为30多年来一个新兴的国际性学术研究热点，协商民主力图解决多元社会中民主的持续性困境，将政治民主化的重点从投票选举引向自由平等的讨论和协商，从注重民主的结果转向更加关注民主的过程，表明当今世界的民主政治进入一个更加精细化的发展阶段。党内协商民主是将协商民主一词引入党内民主而形成的一个全新概念。任何对当代中国民主化进程的探讨，都必须首先正视中国共产党在中国持续执政的事实，并把这一事实作为考量中国政治发展的基本变量。林尚立认为，协商民主的展开，不论组织体系还是程序进程，都必须以中国共产党为核心。李君如强调，应该进一步完善中国共产党的党内民主，形成党内协商民主机制，发挥好党的领导核心作用。显然，在中国发展协商民主，离不开党内协商民主建设。本文认为，所谓党内协商民主，就是以承认党内差异为前提，以走向团结统一为目标，既从实体性意义上确认党内民主是尊重党员主体地位、保障党员民主权利的一种政治状态和政治原则，更从程序性规范上强调党内民主是党员参与党内选举、党内决策、党内监督等党内政治生活各环节的一种动态过程，主张通过理性讨论、对话交流、平等协商的党内民主形式，就共同关注或关系共同利益的问题达成共识，最大限度地缩小差距、增进互信、凝聚力量。深入思考的问题是，协商民主能在多大程度上契合党内民主？党内协商民主在空间和主体上的内在规定性又如何界定？党内协商民主所强调的参与的广泛性和持续性，也可能带来一些政治风险，如何防范风险？这些问题的提出，要求发展党内协商民主必须高度重视党的民主集中制，如果放弃该原则，就会改变党的

① 《马克思恩格斯全集》第2卷，北京：人民出版社，1957年，第664页。
② 《中国共产党章程》，北京：人民出版社，2012年版，第9页。

性质。

党内民主是体现党内平等的政治原则和政治形态，它反映在组织原则和组织形态上就是坚持民主集中制。民主集中制的重要功能是使党内民主在组织上得到体现，没有民主集中制，党内民主就会缺少组织保障。马克思主义政党是一个政治组织，有其特定的理念、宗旨、纲领与使命，要求组织成员行动具有一致性。党员是为共同的政治信仰而自愿加入这一组织的，所以，党员在党内又必须服从组织需要。《中国共产党章程》明确规定："党是根据自己的纲领和章程，按照民主集中制组织起来的统一整体。"①中国共产党自成立之日起，就把民主集中制作为自己的组织原则。1927 年 6 月党的第五届中央政治局会议通过的《中国共产党第三次修正章程决案》第一次把民主集中制载入党章，此后在历次制定或修改的党章中都对民主集中制做出阐述。1992 年十四大党章将民主集中制表述为，"民主基础上的集中和集中指导下的民主相结合"，至此，形成了关于民主集中制的完整的"二十字"定义，一直沿用到十八大党章里。十四大党章还全面阐述了民主集中制的"六条基本原则"，既坚持了"四个服从"，又特别强调"党禁止任何形式的个人崇拜。要保证党的领导人的活动处于党和人民的监督之下"。随后修改的党章在"六条基本原则"部分又增加了集体领导、党务公开等相关内容，使民主集中制的民主内容和集中要求都得到体现。我们党总是能根据不同历史时期所面临的外部环境、历史任务、党内状况运用民主集中制的根本原则制定规范党内政治生活、处理党内关系的基本准则和具体制度，从原则与制度的结合上构建了民主集中制严密完整的理论和实践体系。在长期的实践中，党虽然积累了贯彻民主集中制的成功经验，但也有民主集中制遭到严重破坏的沉痛教训。令人深思的是，即便是在改革开放以后的历史新时期，随着指导思想和工作重心的转移，在"当前这个时期特别需要强调民主"的背景下，在"党内民主是党的生命"的共识下，依然存在发扬民主不够、正确集中不够等诸多问题。导致这些问题的原因，不是我们不强调民主集中制的重要性，也不是我们不懂得民主集中制的实质在于民主，关键是在民主集中制运行过程中，没有实现实体民主与程序民主的有效结合。实体民主强调民主是一种状态，党内民主是党内的一种政治状态，它强调的是党员作为党内民主的主体，享有充分的民主权利，权力的运行是以权利为基础的，为防止权力异化，必须对权力加以约束和规范，以保障党员的权利。就实体意义而言，民主集中制谈的就是权利与权力之间关系问题。程序民主强调民主是一种过程，权利的保障和权力

---

① 《中国共产党章程》，北京：人民出版社，2012 年版，第 14 页。

的规范只有在这种过程中才能实现。尽管党的民主集中制是由科学定义、基本原则和制度规范所构成的完整的体系，它并不是民主制和集中制的简单相加，但是，从程序意义上看，民主集中制有着相互统一的两个过程，即"民主过程"和"集中过程"，民主集中制的有效运行就是要通过链条式的民主过程，实现保障权利和规范权力的统一。党内协商民主作为党内民主的有效实现形式，一般被视为一种程序民主形式。在实践中把协商民主嵌入民主集中制既有的制度结构中，借助于协商民主的体制机制，有助于消解民主集中制在运行中的某些张力，达到既能充分发扬民主，又能保证正确集中的理想状态。

三、党内协商民主与民主集中制统一关系的多维视角

党内协商民主与民主集中制是相容还是相悖，是目前党内民主研究中备受关注的话题。协商民主试图在理论与实践两个方面使协商的价值与民主政治的核心原则——政治平等相契合。党内协商民主作为党内民主的有效实现形式，特别强调广大党员平等地参与党内政治生活的各个方面，以切实保障党员的民主权利，实现党内的政治平等。当然，这种参与又是"有序"的参与，之所以能够保证"有序"，是因为党内协商民主不仅具有平等性、公开性、自主性的特征，同时也具备理性、责任性和共识性的特征。在票决民主下，投票是秘密进行的，没有什么东西能够阻止投票者纯粹根据自身利益进行投票，个人或团体不必要向任何人证明其出于自身利益的投票是正当的；而在公共讨论和协商中，参与者明白，人们不愿意支持纯粹自私的提案，因此，参与者唯恐表现出自私自利的倾向，他们中的大多数人能够从公共利益而不是狭隘利益角度来证明其行为的正当性。这种不希望表现出自私或自利的理性暗含着希望达成一致的共识性，也能逻辑地推导出利用公共利益鼓励具有公共精神的理由和建议的责任性。况且，中国共产党是基于政治理念大致一致而自愿结合的组织，党员是具有觉悟的分子，理应明白，在党内的讨论和协商中，党员个人利益的诉求并不能在党内进行所谓的"博弈"，只能在党内法规允许的范围内表达，并加以整合。在党内政治生活中，一些人之所以把党内协商民主与民主集中制对立起来，除了不能准确理解党内协商民主的科学内涵之外，还有一个很重要的原因，即对民主集中制的误读，以及民主集中制在实践中的某些异化。其实，在党内民主建设中，党内协商民主与民主集中制是相辅相成、协同一致的。

（一）党内协商民主与民主集中制具有目标的一致性

随着中国社会转型和利益结构的调整，党内出现利益主体多元化和利益

矛盾复杂化的局面，党员个人利益要求、利益归属、利益动机已不能同利益关系较为单一、利益分配以行政指令为主的战争年代或计划经济时代相比了。如何保证党内的利益诉求得以充分表达，又如何有效加以整合呢？多元的利益主体和利益差异要求党内民主的体制机制对解决差异做出积极回应。如果对这些差异有意无意地加以回避，如果以党内服从为名义对党员的正当利益诉求置之不理，就会造成党内矛盾的积累和不良情绪的堆积，进而破坏党内和谐与团结。不同于选举民主通过"聚合"机制区分利益归属，以少数服从多数的原则确认诉求，党内协商民主能使各级党组织、广大党员和干部在强调共同利益的基础上，通过"协商"机制，尊重差异、弥合分歧，尽可能实现各不同利益主体转变偏好，将利益矛盾和冲突降低到最低程度，也能避免选举民主过程中由于漠视少数所引发的不满与抗争而可能导致的不和谐局面。党内协商民主把统一的意见和意志的形成过程视为协商的目标，并赋予民主过程以规范性，使协商成为一种制度化的过程，并借助制度平台实现各级党组织和党员干部利益关系的协调与整合，达到党内的和谐稳定与团结统一。

贯彻落实民主集中制所要达到的目标，就是要造成"又有集中又有民主，又有纪律又有自由，又有统一意志、又有个人心情舒畅、生动活泼，那样一种政治局面"。之所以能够形成"六有"局面，是因为民主集中制是"民主基础上的集中和集中指导下的民主相结合"的根本组织原则和领导制度。民主集中制的"民主"，就程序意义而言，是选举民主与协商民主的有机结合。选举民主的重要功能是落实党员的选举权，厘清党内权力的授受关系，保证党内权力的合法性。但是，党内民主不仅仅只体现为党员选举权的落实以及党组织的选举过程，还要保障党员的知情权、参与权、监督权，提高党员对党内事务的参与度，充分发挥党员在党内政治生活中的主体作用。在这里，协商民主应该是更为有效的实现形式。协商民主理论认为，"当一种民主体制的决策是通过公开讨论——每个参与者都能够自由表达，同样愿意倾听并考虑相反的观点——作出的，那么，这种民主体制就是协商的"[①]党内协商民主的运行过程，就是广大党员自由讨论、集思广益、比较鉴别、明辨是非形成科学决策的过程；就是开展批评与自我批评，积极营造讲真话、讲实话的良好氛围的过程；就是集体讨论决定重大问题，在党的委员会内部协调关系、消除分歧，形成生动活泼政治局面的过程。民主集中制的"集中"，一方面是指民主要在集

① David Miller. "Is Deliberative Democracy Unfair to Disadvantaged Groups?" in Democracy as Public Deliberation: New Perspectives [M]. Edited by Maurizio Passerin Dentreves, Manchester University Press, 2002: 201.

中指导下进行。由于党员数量庞大,质量参差不齐,在参与党内活动的过程中提出的诉求和采取的行动可能与党的整体目标和长远利益相冲突,这里就涉及党内民主的限度问题。如果离开集中的指导,民主就可能演变成极端民主化和无政府主义。另一方面,"集中"也是指民主基础上的正确集中。党内民主对统一意志的追求形成了对集中的内在要求。就组织原则而言,《中国共产党章程》把集中概括为"党员个人服从组织,少数服从多数,下级组织服从上级组织,全党各级组织和全体党员服从党的全国代表大会和中央委员会"[①]。这"四个服从"从组织原则上保证了正确的集中,维护了党的团结统一。

(二)党内协商民主与民主集中制具有价值的同构性

价值是主体与客体之间的一种特殊关系,反映的是客体的存在、属性与功能对于客体的目的和需要的满足。"社会主义协商民主"概念在党的十八大报告上明确提出,其突出的亮点是强调了人的参与的意义和价值,标志着我国社会主义民主政治建设正走向真理性与价值性的统一。中国共产党党内协商民主旨在为广大党员平等参与党内事务提供广阔的渠道和制度平台,以实现"保障党员民主权利"和"尊重党员主体地位"的党内民主的内在要求。当然,以民主集中制为根本原则的党内协商民主具有不同于一般协商民主的特殊性,党内协商民主必须始终以维护党的团结和统一为目标,其彰显的人本主义与集体主义相统一的价值取向与党的民主集中制具有同构性。人本主义以平等的理念为逻辑前提,体现在党内就是所有党员尽管有职务级别的差别和角色定位的不同,但在政治地位上是平等的,在权利义务上是统一的。党内协商民主以行之有效的民主形式保障党员的各项民主权利,使党员的主体地位得到充分体现。同时,我们也应该看到,党员权利的行使必须在党的纪律范围内进行,决不允许将党员的权利凌驾于党的组织纪律之上。党内协商民主就价值层面而言,是对人本主义与集体主义关系的一种价值定位,其理论基础是协商民主所具有的集体理性特质。"协商过程的政治合法性不仅仅出于多数的意愿,而且还基于集体的理性反思结果,这种反思是通过在政治上平等参与尊重所以公民道德和实践关怀的政策确定活动而完成的"[②]。既然公共协商的结果来自于集体理性,那么,协商过程的所有参与者都有义务遵守这些结果。在党内协商民主的过程中,由于党员共享同样的集体目标、道德价值和世界观,这种具有集体主义价值取向的集体理性是有现实的

① 《中国共产党章程》,北京:人民出版社,2012 年版,第 14 页。

② 陈家刚:《协商民主与当代中国政治》,北京:中国人民大学出版社,2009 年版,第 92 页。

可能性的。

集体主义之所以是党的民主集中制的主要价值取向，是由马克思主义政党的本质特性决定的。党的民主集中制是以实现党的纲领政策和人民利益为重任，健全民主集中制是为了坚持党的领导，最大限度地发挥党组织的整体功能，实现党员的共同理想和各族人民的共同奋斗目标。从这个意义上讲，民主集中制不仅仅是根本的组织原则和领导制度，也是理想信念和价值追求。民主集中制具有集体主义价值取向的整体功能主要是通过其“集中“的过程得以体现，集中凝聚了集体智慧，集中需要大局意识和整体意识，集中的主体是集体领导而不是个人领导，通过集体领导，形成集体决策。正确的集中能抵制个人主义、本位主义、小团体主义和地方保护主义，科学的集中能防止集中狭隘化和碎片化。但是，在民主集中制的实际运行中，却总是存在“正确集中不够”的一系列问题，诸如一些部门“一把手”打着集中的旗号掌控绝对权力，存在重大问题个人说了算的现象，集体领导难以落实到位；一些领导干部利用服从组织的名义对党员进行管控，压制不同意见，虚化党员的主体地位等等。导致这些现象的一个很重要的原因，就是对“集中”的误读，仅仅把集中理解为权力的行使，而没有意识到集中也是对权力的规范；仅仅把集中看作是对权利的限制，而没有认识到集中也是对权利的保障。正确的集中，不是以否定党员的个人价值为代价的，而必须以充分发扬民主为前提。随着“保障党员民主权利”和“尊重党员主体地位”明确写进党章，反映了中国共产党党建理念从“组织本位”向“党员主体”的重大转变。这一转变的意义在于，在强调党员服从大局、无私奉献的同时，不能忽视党员的个人利益、个人愿望和个性需求。民主集中制的“民主”过程，是党员平等参与党内事务，充分行使知情权、参与权、选举权、监督权的过程，是对关系党员利益诉求及时予以解决，使广大党员心情舒畅、奋发有为，使党永葆活力的过程。这一过程是人本主义思想中“以人为本”理念的生动体现。

（三）党内协商民主与民主集中制具有功能的互补性

民主集中制能有效防范党内协商民主可能带来的一些风险。党内民主是什么？党内民主不是别的，它是由党的性质、宗旨和奋斗目标所决定的内在本质性的东西，党内民主是党的生命。那种认为发展党内民主会引发一些风险的观点，在理解上不是十分准确。党内民主与党内民主实现形式并非一回事，不当的党内民主实现形式确实可能带来一定的风险。党内协商民主要求以讨论交流、协商对话、批评审议等形式表达诉求，参与并影响决策，言论开放和政治环境的宽松，在各抒己见、议而不决的情况下，容易造成思想理论、纲领路线、方针政策方面的分歧，影响党的团结和统一；党内协商民主强调党员广泛参与党内事务，如果相应的制度机制不能加以积极引导，容易造成参与无序或参与狂热，势必造成民主泛化、组织本位淡化和领导权威降低的风险。政党不是一般的社会组织，而是具有高度政治性和目的性的组织，这种组织性质决定了党内协商民主的发展不是没有原则的，不是没有限度的。民主集中制是党赖以建立和发展的最基本的制度保证，其功能意义主要在于规范了党内生活的基本准则，并且无论是集中之前的充分酝酿和民主协商，还是民主基础上的集体理性，都体现了丰富的协商民主精神，所以，坚持民主集中制，可以使党内协商民主积极有序地发展。

党内协商民主能有效克服民主集中制在实践中的不足。发展党内协商民主必须高度重视民主集中制，这已是共识。但是，如果过度强化党内以“四个服从”为原则的单向式的集中统一，也极易模糊甚至颠倒党内权力的授受关系。民主集中制的本意既要通过民主方式体现党员主体地位，又不能削弱党员对党组织、下级对上级的服从关系。但是，由于受到历史传统、客观环境、思维与行为方式惯性等因素的影响，对党内集中、党内服从要求较多，对民主重视不够，特别是对通过民主的方式形成共识、达到集中统一认识不到位。党内协商民主作为党内民主的一种实现形式，其应有的功能决定了它能有效克服民主集中制在运行中存在的不足。协商民主理论认为，当协商过程促进利用批判理性而赤裸裸的权力时，它才是有用的。如果鼓励发展党内协商民主，势必能通过程序民主的完善确保党员的平等参与、党员与党组织的协商对话、党组织之间的平等交流，从而使党内不同的利益诉求、特别是广大党员的意见和要求得到充分尊重。在此基础上，按照“四个服从”原则进行集中，才能克服民主集中制运行中的“家长制”和个人专断。协商民主理论强调，公开性具有监督官僚权力的能力。党内协商民主要求党内事务公开和透明，目的是保障党员的知情权和监督权，在一定程度上起到制约集权、限制党委和“一把手”权力膨胀的作用。在党内民主建设中引入协商民主，还能够不断增强广大党员和领导干部的民主意识，养成民主的习惯和作风。为克服缠绕在民主集中制贯彻过程中的“官本位”意识和特权思想提供良好的政治文化氛围。

社会阶层分化视域下执政党的利益整合机制研究

黄佳豪

摘　要：社会转型期利益主体多元化和利益诉求多样化的复杂局面，对执政党的利益整合机制提出了新的要求。在利益整合机制的建设过程中，必须遵循效率与公平并重的原则、统筹兼顾的原则和合理有序的原则。在各项原则的指导下，建立健全科学有效的、“五位一体”的利益整合机制，对利益分化进行有效协调，解决利益分化所产生的矛盾，保证整个社会的良性运行与协调发展。

关键词：阶层分化；执政党；利益整合

随着改革开放的进一步深入和社会主义市场经济体制的逐步建立，中国社会正经历着一场前所未有的深刻变革。城乡二元对立的社会结构向多元社会结构的剧烈变迁，使传统社会中简单的社会群体迅速出现分化，新社会阶层不断涌现，传统阶层社会经济地位逐步下降，由此产生了各种新的不同的利益需求和利益矛盾。面对社会转型期利益主体多元化和利益诉求多样化的复杂局面，执政党必须进行有效的利益整合，妥善协调利益关系，统筹兼顾不同阶层和群体的利益。这直接关系到党的阶级基础尤其是群众基础的巩固，也是对党自身执政能力与执政水平的重大考验。因此，如何对利益整合进行科学而准确的定位，并寻求比较现实的途径加以实现，不仅具有十分重要的理论意义，而且具有十分重要的现实意义。

作者简介：黄佳豪，男，湖南永州人，安徽建筑大学城市管理研究中心副教授，博士，硕士生导师，主要从事社会政策研究。

一、阶层分化和利益分化的基本表现

（一）二元社会结构演变为多元社会结构

在我国漫长的社会发展过程中，社会分化的程度一直很低。新中国成立后，形成了单一的公有制结构、高度集权的政治经济体制以及城乡二元对立的社会格局。社会结构中只剩下两个基本阶级，即工人阶级和农民阶级，以及一个阶层，即知识分子阶层。在单一的所有制制度条件下，这一城乡二元对立的社会格局一直处于一种超稳定状态，"两个阶级、一个阶层"的社会结构延续近三十年的时间。始于20世纪70年代后期的经济政治体制改革在加速我国现代化进程中，推动了我国由自给、半自给的商品经济社会向社会主义市场经济转型，由农业社会向工业社会转型，由乡村社会向城镇社会转型，从封闭、半封闭社会向开放型社会转型，从伦理型社会向法理型社会转型①。伴随着社会转型和体制转轨，我国社会的阶级阶层结构也发生了显著的变化，除传统的两大阶级、一个阶层外，工人阶级和农民阶级中分化出了一些新的阶层和群体，使我国的阶级阶层结构呈现出多元化、复杂化的特点。过去以政治身份和户籍身份等为依据的社会分化机制逐步让位于以职业为基础的新的阶层分化机制。新的社会阶层结构出现并趋于稳定，意味着传统的城乡二元社会结构已经演变为多元社会结构。这一社会结构的巨大变化，则是中国共产党在新的历史条件下进行利益整合的总的时代背景。

（二）新社会阶层具有强烈的政治诉求

党的十一届三中全会以后，我国开始了改革开放，开始建立社会主义市场经济体制，随着基本经济制度、经济体制、产业结构的变化，以个体户、私营企业主、民营和外资企业管理技术人员等为主体的新社会阶层也得以在这个历史时期应运而生。目前，新社会阶层人数已经超过1.5亿，掌握或管理着10万亿元左右的资本，是一支建设中国特色社会主义事业的重要力量。经济实力的壮大催生了新社会阶层作为社会人的政治自觉性，政治参与的愿望渐趋增强，但从实际情况来看，新社会阶层成员的政治地位一直未能与其经济地位相匹配。新社会阶层的有序政治参与有利于我国的经济发展、政治稳定和民主进步；而如果不高度重视新社会阶层的政治参与诉求，或因制度化政治参与渠道不畅通而造成参与不足，以及不加限制允许其政治参与而造成参

① 袁方等．社会学家的眼光：中国社会结构转型[M]．北京：中国社会出版社，1998：182.

与过度等，都会严重影响社会的稳定，不利于民主的发展。如何满足新社会阶层的政治诉求，正确引导其广泛进行政治参与，都是对中国共产党利益整合能力的一大挑战。

（三）传统阶层社会经济地位迫切需要保护

我国是工人阶级领导的、以工农联盟为基础的人民民主专政的社会主义国家。这一国体及其产生的政体由宪法和法律确认和规定下来。工人阶级的领导地位和作用体现为工人阶级当家做主的地位，体现为工人阶级在国家和社会事务、经济和文化事业上真正行使了管理权。改革开放以后，国有企业的改革与现代企业制度的建立，必然对一些人浮于事的企业进行调整。大量的工人下岗失业，生活困难，政治权利受到了很大的限制，以前享受的崇高地位逐步滑落①。同时，随着社会主义现代化建设的发展和产业结构的调整，特别是科学教育文化事业的迅猛发展及社会管理、社会服务事业的蓬勃兴起，传统的工人阶级队伍出现了“智能化”“白领化”的趋势，工人阶级队伍中不仅包括从事体力劳动的产业工人，而且包括领导干部、管理人员、科技人员和从事脑力劳动的白领工人等，而后一部分人员的数量正在不断增加，发挥的作用也日显重要。传统意义上的工人阶级的社会经济地位呈下降趋势。

改革开放以前，农民在我国社会成员构成中占绝对优势，农民还是在党的领导下进行革命和建设的人数最多的依靠力量。随着联产承包责任制的推行，农民的生活状况发生很大的变化，他们是改革最早的受益者。随着工业化与城镇化进程的推进，农民阶级本身也分化成多个阶层。大部分农民仍然以种植业和养殖业为谋生手段，属于农业劳动者阶层，还有一部分农民分化为农民工、乡镇企业管理者和乡镇企业职工、农民知识分子、个体户、私营企业主、农村管理者等群体。在农村的社会阶层中，农业劳动者阶层所拥有的文化资源与经济资源无法与其他社会阶层相提并论，同时几乎不拥有任何组织资源，这就决定了这一阶层在整个社会阶层结构中都处于较低的收入水平和较低的社会地位。

工人和农民在过去是革命和建设的主力军，在目前和今后一个较长时期仍然是我国社会主义现代化建设的重要参与者，仍是中国共产党的主要执政基础与社会依靠力量。在未来的社会经济发展过程中，产业工人和农民的阶层利益应当得到保护和提升。

（四）阶层分化过程中社会矛盾大量凸显

阶级阶层关系的分化与组合是社会发展进程普遍发生的现象，也符合人

---

① 黄健．传统工人阶级的象征化与新工人阶级的再造．http://lib.zjdx.gov.cn/zdnews/view.asp? id=1512，2011-7-3.

类发展进步的趋势。但必须看到，社会结构分化本身是一种利益的分化，分化的过程也就是利益在社会各阶层以及阶层内部间的重新分配和调整，由此引发的社会利益矛盾和利益冲突明显增加。从当前来看，由于阶层分化而带来的这些矛盾和冲突主要有以下几种：

一是由于贫富差距的存在而出现的分配领域的矛盾。鼓励一部分人、一部分地区先富起来，先富带动后富，最终实现共同富裕。这一政策在改革开放初期对于打破中国经济发展的桎梏，让经济得以迅速发展，起到了巨大的作用。现在的问题是，我国地区、城乡、行业、群体间的收入差距不断加大，分配格局失衡导致部分社会财富向少数人集中，"马太效应"显著，收入差距已经超过基尼系数标志的警戒"红线"，由此带来的诸多问题正日益成为社会各界关注的焦点。

二是干群关系紧张。在我国从计划经济体制向市场经济体制转变的改革过程中，由于政治体制改革明显滞后，制度架构很不完善，对权力缺乏有力的监督和制约，一部分领导干部贪污腐化，公仆意识淡薄，大搞形式主义、官僚主义，并利用职权侵害群众的合法权益，这引起人民群众强烈的不满，导致干群之间的矛盾与对立，群众对政府的信任度下降。

三是非公有制经济尤其是私营经济中存在着私营企业主阶层与雇员阶层之间的矛盾。中共十一届三中全会后，非公有制经济开始得到恢复和发展。非公有制经济的发展打破了公有制经济一统天下的格局，增强了经济活力，促进了公有制企业特别是国有企业的改革，并已成为吸纳社会新增劳动力就业的主渠道。在非公有制经济稳步发展的同时，客观上也产生了私营企业主阶层与劳动者阶层在工作时间、工资待遇、薪酬福利、劳动条件、劳动保护、劳动强度、工作环境、管理方法等方面的矛盾。在现阶段，私营经济中的劳资矛盾已经凸显，全国群体性事件最高时一年多达 10 万件，而珠三角地区的情况较为突出。

二、利益整合的基本理论原则

社会阶层利益整合的原则是社会阶层利益整合活动的核心，并统摄着整个利益协调过程，决定着人们对各社会阶层利益协调途径和手段的选择。

（一）效率与公平并重的原则

效率与公平是人类社会永恒追求的两大理想目标。胡锦涛同志于 2006 年 6 月 22 日在美国耶鲁大学的演讲中，特别提出我国要"实现物质和精神、民主和法制、公平和效率、活力和秩序的有机统一”。党的十七大报告再次提出“初次分配和再分配都要处理好效率和公平的关系,再分配更加注重公平”。党的十八大报告也明确提出“初次分配和再分配都要兼顾效率和公平,再分配更加注重公平”。效率与公平既对立又统一,效率是公平的前提和基础,公平是效率的保证。效率与公平,走向任何一个极端都会导致社会的不稳定。

(二)合理有序的原则

中国共产党在整合社会阶层利益时必须遵循合理有序的原则。合理是指按照国情、实际情况对社会各阶层进行利益整合;有序是指在社会阶层利益整合中必须有计划、有步骤,分阶段和循序渐进地进行,而不可操之过急。遵循合理原则要求坚持从实际出发,有针对性地进行,按照循序渐进的思路进行。

(三)统筹兼顾的原则

改革开放之后,随着市场经济的发展,邓小平说:“我们必须按照统筹兼顾的原则来调节各种利益的相互关系。”①党的十七大报告提出:“必须坚持统筹兼顾”,“既要总揽全局、统筹规划,又要抓住牵动全局的主要工作、事关群众利益的突出问题。”②党的十八大报告指出:“要更加自觉地把统筹兼顾作为深入贯彻落实科学发展观的根本方法。”可见,统筹兼顾要求执政党在整合社会各阶层利益矛盾时不能为了一个阶层的利益而牺牲或抛弃另一个阶层的利益,而应兼而顾之,这样,既可发挥各阶层的整体功效,又可促进各阶层优势互补。

三、利益整合机制创新的路径

中国改革开放30多年来,社会矛盾的尖锐化、利益关系的复杂化、利益诉求的多样化,利益群体、社会阶层的更大分化以及社会政治稳定局势的严峻化,所有这一切都要求执政党加强利益整合的机制建设。

(一)利益价值引导机制

在社会变革的多重转型期,不同的社会阶层具有不同的利益选择与追求。必须加强对不同的社会阶层利益观念的引导,形成有效的利益引导机

① 邓小平文选(第2卷)[M]. 北京:人民出版社,1994:27.

② 中国共产党第十七次全国代表大会文件汇编[G]. 北京:人民出版社,2007:16.

制，使人们在利益目标、利益价值及利益道德方面形成正确的导向①，为利益整合创造良好的舆论氛围。

在对各社会阶层利益整合时，应采取多样化策略来对各社会不同阶层进行正确有效的利益导向：要从价值观念上引导新社会阶层正确地认识自身利益，自觉在一个合理合法的框架内从事追求利益的活动，引导他们形成与社会主义市场经济、社会主义核心价值理念相适应的利益观；要引导社会各阶层人们正确看待当前社会阶层利益分化现象的必然性，正确认识和逐步适应因主客观能力、条件等不同而导致的阶层利益分配差异的客观性；要引导人们树立合法合理与公平公正的利益获取观念，破除忽视个体利益、主张国家和集体利益至上的利益主体观，树立国家、集体和个体利益兼顾的利益主体观。破除耻于言利与见利忘义的利益取舍观，树立义利并重与义先利后的利益取舍观；要规范和引导社会各阶层在利益追求中通过合法正当的途径和方法去追求个人及本阶层利益，在道德和法律允许范围内获取个人及本阶层利益，防止在阶层利益获取过程中的非法手段；要引导社会先富阶层增强利益共享和社会责任意识，使其充分认识到没有后富阶层的小康，先富阶层就不会拥有一个稳定的、可持续的社会环境。

（二）利益表达机制

在利益矛盾已经成为我国社会主导性矛盾的情况下，要协调和整合各方面的利益关系，必须构建一种顺畅、有效的利益表达机制，引导各利益群体以理性、合法的形式表达利益诉求。各阶层广泛参与的利益表达机制是缓解政治压力、实现政治体系有效运作的一种良好方式，同时也是增进社会各阶层相互了解彼此利益需求、减少各阶层之间的隔阂与对立的有效途径。

进一步建立和完善信息公开制、行政听证制以及同民众对话制度，保证群众能通过合法规范的渠道、程序表达和维护自身利益；实行重大信访问题领导负责制度，将政法委、纪委、人事、组织与信访等单位的力量整合起来，设立联合接访中心，各部门联动处理，形成"大信访"格局；要加强和完善人民代表大会制度和中国共产党领导的政治协商会议制度，增强中下阶层在人民代表和政协委员中的声音；要充分利用电视、报纸、杂志、互联网等大众传媒的广泛宣传性与开放性，建立、健全大众传媒的组织机构和体制，积极建立"社区网""民情网"，设立"人民心声""百姓呼声""在线投诉"等电话专线，开通"市长信箱""人民意见征集信箱"等邮件的绿色通道，健全社会各阶层的利益诉求渠道；鼓励大专院校、研究部门和政府的政策研究室以专项课题的形式，

① 陈立林．利益关系的协调与整合——构建社会主义和谐社会的时代课题［J］．广西社会科学，2006，(12)．

深入群众进行民情调查，撰写出政策咨询报告，这既可以反映社会各阶层的利益诉求，又可以为政府决策提供参考依据；有意识地扶持一些行业协会的建立和发展，通过在行业协会中发展党员，建立党组织等措施，加强对各行业协会组织的领导，引导各行业协会组织，通过正常的渠道反映自己群体的意愿。

（三）利益分配机制

当前中国在利益分配中存在的最大问题是利益分配在不同群体间极为不平衡，突出地表现为收入分配差距过大，收入分配秩序不规范。利益分配是调整社会阶层利益关系的最重要最直接的制度，关系到能否保证各社会阶层的根本利益，关系到能否调动各社会阶层的积极性、主动性、创造性。在社会转型期，利益分配集中体现为收入分配。

要进一步规范收入分配秩序，坚决打击、取缔非法收入，规范灰色收入，逐步形成公开透明、公正合理的收入分配秩序①；坚持并完善以按劳分配为主体，多种方式并存的分配制度，坚持劳动、管理、技术、资本等生产要素按贡献参与分配，在经济发展的基础上，加快调整国民收入分配格局，加大收入分配调节力度，扩大中等收入阶层比重，提高低收入阶层的收入水平，有效调节过高收入，逐步扭转地区之间和部分社会成员收入分配差距扩大的趋势；初次分配和再分配都要处理好效率和公平的关系，再分配更加注重社会公平。规范垄断行业的利益分配机制，完善对垄断行业工资总额和工资水平的双重调控政策。逐步提高居民收入在国民收入中的比重，提高劳动报酬在初次分配中的比重。保障城乡低收入困难群众基本生活，让低收入群体有一个基本的收入保障，逐步提高扶贫标准和最低工资标准，建立企业职工正常增长机制和支付保障机制。

（四）利益补偿机制

社会弱势阶层是执政党立足的重要社会基础，是社会稳定、政权稳固的支持者。因此，要从维护社会公平正义、促进社会稳定发展的目的出发，针对在社会发展过程中因宏观的社会政策缺失或微观的个体不利因素而受到利益损害的阶层或个人，尽快建立一套与社会主义市场经济体制相适应的、社会保障制度为主的利益补偿机制。

要逐步完善城乡医疗救助制度，扩大大病救济覆盖面，对社会弱势阶层要实现重点医疗救助，有针对性地解决他们的医疗难题，感受到社会温暖，增强他们的生活信心；农民工社会保障政策既要立足于现有的城镇和农村社会

---

① 温家宝．关于发展社会事业和改善民生的几个问题[J]．求是，2010，(7)．

保障制度框架,统筹兼顾,同时又要具有因人因地差异的弹性机制;完善征地程序,提高征地补偿标准,提升征地补偿的合理性、合法性和公平性,增强征地补偿与安置工作过程中的公众参与性。制定《失地农民社会保障法》,相应建立失地农民的社会保障制度,并将失地农民纳入城镇就业范畴,加强职业培训与扶持,妥善安置失地农民再就业;国家要出台倾斜性住房政策,加强社会弱势阶层的住房保障体系建设;进一步完善居民最低生活保障制度,扩大覆盖面,将社会弱势阶层最大限度地纳入最低生活保障,逐步提高保障水平,建立一个不至于绝望的生存底线;大力加强有关困难群众利益的立法建设,尽快出台一系列完整的《社会救济法》《社会福利法》等,从而形成一套完整的《社会保障法典》;大力发挥非政府机构和社会志愿者的支持作用,鼓励创建各种民间团体,设立基金会,发展慈善机构;推进失业保险制度改革,建立失业保险与再就业的联动机制,在保障下岗失业人员基本生活的基础上提升其市场竞争能力,做到“扶上马”再“送一程”。

(五)利益冲突化解机制

阶层间的利益矛盾日趋增多,屡见不鲜的“开发商与农民的土地纠纷”、“垄断行业与开放行业的冲突”以及“劳资纠纷”等等,就是这些矛盾的公开体现。尽管这些矛盾是人民内部矛盾,都是经济利益之争,但是如果不能有效化解,就有可能转变成严重的社会冲突和政治危机。

建立、健全灵敏有效的社会矛盾预警机制,分析以往社会矛盾发生的原因、频率、发展趋势,力求在社会矛盾处于潜伏时期,及时察觉、预告有关迹象,并予以恰当处置,努力掌握矛盾调节的主动权①;充分尊重、维护和满足包括新社会阶层在内的最广大人民群众的利益要求,切实保障他们的合法权益,解决好他们的实际困难;鼓励有余力的新阶层发展慈善事业,从而一定程度上改变富人“为富不仁”的形象,减少社会中的“仇富”心理,一定程度上消解利益冲突;注意运用利益冲突的多种调解方式,既可以通过经济、法律、行政等手段来实现,也可以借助社会组织的力量,通过社会管理创新来完成;鼓励新闻媒体加强对社会各阶层利益诉求情况的宣传报道,形成独特的利益诉求媒体反馈机制;充分整合法院、司法、社区、行业协会、社团和企业等方面的力量,形成“上下联动、内外结合、左右协调”的运行机制。鼓励社区居委会与社区法律义工服务站联手,借助社区网格化管理信息系统,及时掌握社区纠纷情况,形成矛盾纠纷预防和风险评估机制,提出预防和化解方案,将矛盾和风险消解在社区层面。

① 李培林等. 重视整体和谐下的不稳定因素[J]. 中国政治,2007,(7).

总之,在这种社会结构急速转型的背景下,执政党必须遵循效率与公平并重、统筹兼顾、合理有序原则,从战略的高度来协调与整合社会各阶层的利益关系,建立健全科学有效的、互相紧密联系的利益整合体系,化解社会阶层的利益矛盾,缓解阶层利益冲突,把不同的社会阶层利益整合为统一的有机整体,共同致力于中国特色社会主义现代化建设的伟大实践。

安徽省农民市民化进程中的基本公共服务财政政策研究

汪文志

摘　要:党的十八大提出,要有序推进农业转移人口市民化,努力实现城镇基本公共服务常住人口全覆盖。安徽省"十二五"时期加速城镇化发展的总体要求,就是以农民市民化为核心,促进人的全面发展。文章深刻剖析安徽省农民市民化过程中基本公共服务存在的问题,并提出财政支持农民市民化相关对策建议,为支持农民市民化提供新的思路。

关键词:农民市民化;基本公共服务;政策研究

改革开放以后,随着城镇化和工业化的快速发展,越来越多的农村剩余劳动力转移到城镇和非农产业就业,他们广泛地分布于我国国民经济的各个行业,是我国产业工人的重要组成部分,为我国工业化、城镇化和现代化进程做出了特殊的重要贡献。但在城乡二元制改革尚未取得根本突破的现实背景下,他们却是生活在城市边缘的弱势群体。他们虽然已经在非农产业就业并在城镇生活,但身份仍然是农民,不能同时获得城市居民身份,无法融入城市,平等地享受与市民一样的公共服务和社会福利待遇。如果大量的农民工长期停滞在农民工状态而未能市民化,不但会影响城镇经济的健康发展,而且会成为和谐社会建设的重要隐患。因此,解决好农民工市民化问题,对于推进新型城镇化、扩内需促消费和统筹城乡发展等方面都有着重要的理论意义和现实意义。农民市民化是解决中国农民问题的根本出路。

作者简介:汪文志,男,安徽省财政科学研究所研究室副主任,助理研究员。

一、具有安徽特色的农民市民化道路

一是打造改革试验区推进市民化。以合肥市、芜湖市、马鞍山市、铜陵市、淮南市、淮北市和郎溪县6市1县为城乡一体化综合配套改革试验区，以财政、土地、户籍等为突破口，加大推进义务教育、医疗卫生、就业社保等基本公共服务并轨，5年间农村劳动力向非农产业转移就业超过1000万人。

二是推进区域战略提升市民化。完善合肥经济圈、皖江城市带、皖北城市群的“一圈一带一群”的省域城镇空间格局，结合皖江城市带承接产业转移示范区、合芜蚌自主创新综合试验区、加快皖北发展三大战略平台建设，着力发展安徽特色新型城镇化，提升农民市民化程度。皖江区提升基本公共服务质量，扩展城镇容居量，推进本地人口充分就地城镇化，同时吸纳皖北皖西等其他地区人口及周边省份的转移人口市民化，成为我省农民市民化的主要载体；皖北区采用增长培育和县城突破策略，鼓励人口的就地市民化和异地市民化并重；皖南山区及皖西大别山区以特色城镇化为核心，通过保护生态和文化环境，促进人口的适度城镇化，实行就地市民化。

三是大力发展小城镇促进市民化。按照市政标准改造与完善小城镇基础设施，重点发展200个左右特色小城镇，成为统筹城乡发展的重要节点，基础设施日趋完善，基本公共服务水平不断提高，对农民市民化的吸引力和聚集功能不断增强，成为皖南和皖西促进农民市民化的核心。

四是着力推进新农村建设引导市民化。通过推进城镇基础设施向农村延伸、公共服务向农村覆盖、现代文明向农村辐射，逐步实现城乡基本公共服务均等化，促进城乡一体化发展。以中心镇、中心村为载体，大力实施农村危房改造、村庄整治和美好乡村建设，引导农民适度集中居住，强化基础设施和公共服务建设，打造10000个左右新型农村社区，引导和吸引农民就地市民化。

二、财政支持市民化进程中基本公共服务存在的问题

一是财政体制不健全。目前，财力与事权相匹配的财政体制尚未形成，财力与事权不匹配，难以调动地方政府投入和提升基本公共服务的积极性，现行转移支付中专项转移支付繁杂、规模过大，转移支付资金分配上也未充

分考虑市民化导致的人口流动因素,不利于实现基本公共服务均等化。同时,政府间事权划分不清,基本公共服务投入过度依靠省及省以上财政,地方财政特别是县级财政实际投入较少。如2012年安徽省城乡居民医疗保险基金财政补贴144.17亿元,其中省及省以上财政补贴126.25亿元,占财政补贴的87.5%,市县财政投入为12.5%;全省筹集公共就业服务资金26.4亿元,其中省及省以上投入20.5亿元,占资金的77.65%,市县财政投入为22.35%,城乡居民养老财政补贴、基本公共卫生服务、城乡低保、残疾人福利等项目地方财政投入情况也与以上两项目大致相当,市县财政对省及省以上财政依赖性较强。

二是财政投入压力大。农民市民化的成本支出是一个长期的过程,短期看主要支出是义务教育、保障性住房和基础服务设施,远期看主要支出是养老保险和养老服务。实现基本公共服务均等化需巨大的财力支撑。据测算,省会城市合肥的农民市民化成本约人均15.49万元,如按照每年20万农民进城市民化计算,全市农民市民化年度新增加成本约300亿元,到2020年约2400亿元,2030年达到5400亿元。按同口径计算,2012年合肥用于义务教育、保障性住房、医疗和养老、各种民政救助和社会管理、基础设施等方面财政支出为113亿元左右,如按年增长20%计,每年增加22.6亿元,与市民化每年所需的实际成本相比,财政投入捉襟见肘,地方现有财力难以保障农民市民化进程的资金需求。

三是投入结构严重失衡。长期以来,安徽省基本公共服务供给也呈现二元化的特征,政府基本公共服务支出主要集中在城市。城市基本公共服务主要由政府供给,而农村基本公共服务则从农村税费改革前主要依靠"三提五统"由农民自我负担,到现在主要采取"一事一议"等方式筹集。政府投入的"城市偏好",导致城乡投入失衡,各类社会资源主要集中在城市,特别是集中在大中城市和中心城市,城乡居民在享受基本公共服务方面存在严重的不均等现象,如城乡居民人均医疗卫生费用差异为4.1∶1,中、小学生均公用经费分别为3.39∶1和3.24∶1。大中小城市、城镇之间基本公共服务能力差距大,小城镇公共服务基础薄弱,政府在公共卫生、教育文化、就业服务、基本社会保障等方面投入有限,服务能力和容纳能力极有待提高。

四是资金绩效不明显。基本公共服务具有鲜明的区域特征和阶段性特征,不同地区、不同阶段公众的基本公共服务需求都有所侧重与不同。现行的财政投入方式未能有效体现在全省区域发展战略中,不同区域促进农民市民化基本公共服务的重点领域和重点环节,支持的重点不突出,效果不明显;同时支持市民化的资金管理分散,资金和项目分散在多个部门、形成多个环节，没有形成合理的投入机制、管理机制和问责机制，资金效率不明显，难以有效发挥财政资金的引导和带动作用。

三、支持市民化基本公共服务的财政政策建议

（一）完善财政体制，促进有效投入

一是明确财政支出责任。合理界定各级财政在市民化过程中的基本公共服务支出责任，着重围绕义务教育、基本医疗卫生、社会保障等领域的基本公共服务项目，将支出责任重心向县乡级以上转移。厘清政府和市场的关系，市民化过程中的社会事务，市场不能有效解解决的，财政就必须逐步到位；可以通过市场机制解决的，应由市场解决；介于二者之间的，财政要发挥资金和政策作用，积极引导社会资金投入，实行政府购买服务。二是理顺政府间财政分配关系。完善省与市县政府间收入的划分，建立县级政府稳定收入来源，切实增强县以下基层地方政府在农民市民化过程中提供基本公共服务的保障能力。逐步取消专项拨款配套资金制度，探索省或省以上对重点贫困县市民化基本公共服务的直接供给。同时，促进生产型税收向消费型税收的转变，增强流入城市吸引人口定居的动力。三是完善财政转移支付制度。逐步建立以实现基本公共服务均等化为目标的财政转移支付制度，健全转移支付体系，清理整合并压缩专项转移支付，扩大一般性转移支付规模。通过一般转移支付，实现市县财力的均等化；通过专项转移支付，保障基本公共服务的均等化；改革以户籍人口为依据的政府间财政转移支付制度，根据事权属性，综合考虑户籍人口、常住人口和农民市民化程度对基本公共服务的影响，及时调整资金配备，满足农民市民化在基础建设、公共设施、社会保障等方面的需求，提升基本公共服务能力。四是优化和整合财政支出结构。建立基本公共服务经费保障机制，逐步提高农民市民化基本公共服务支出比重，以基本公共服务项目标准为基础，确保用于市民化基本公共服务预算的刚性增长。同时，要整合基本公共服务资金，对现有财政支持市民化公共服务资金来源渠道、规模、期限等进行全面的调查摸底、清理归类；对已经到期，绩效不明显的专项资金原则上予以取消；对资金用途和扶持对象基本相同或相近的专项资金，进行归并整合，形成支持合力。

（二）拓宽投资渠道，合理分担成本

一是积极引导社会资金。发挥财政资金的引导和调控作用，鼓励社会资金参与市民化基本公共服务设施建设和运营管理；大力推行政府购买、特许

经营、合同委托、服务外包、土地出让协议配建等方式提供基本公共服务；合理利用财政补贴供给方和补贴需求方的调节手段，探索财政资金对社会办基本公共服务机构的扶持，采取财政直接补贴需求方的方式，增强公民享受服务的选择权和灵活性，促进基本公共服务机构的公平竞争。二是稳步推进农民原有农村资产的转化。赋予农民对承包土地、宅基地、农房和集体资产股权更大的处置权，通过市场化手段，将农民在农村占有和支配的各种资源转变为资产，并将这种资产变现为可交易、能抵押的资本，让农民带着资产进城，从而跨越市民化的成本门槛，更好地享受基本公共服务。

（三）分类分项投入，提高资金绩效

根据全省不同区域经济发展水平和农民市民化的特点，遵照提供市民化公共服务项目需求程度，对基本公共服务实施分类指导、分项投入，以提高资金的绩效，彰显财政资金用急、用需和引导作用，提高资金的使用绩效。皖江城市带承接产业转移示范区承接东部地区产业转移，是全省农民市民化的重要承载区，应发挥基本公共服务在产业转移中的基本保障作用，突出人才培养和人力资源开发，突出就业创业，加快公共就业服务体系建设；突出社会保险关系转移接续，提高基本公共服务的质量，扩大农民市民化容载量，为市民化提供便捷的基本公共服务。皖北区基本公共服务投入以保障和改善民生为重点，提升保障能力，一是突出农村社会保障制度体系建设，逐步提高保障水平；二是推动职工基本养老保险重点向农民工和灵活就业人员覆盖。通过完善公共服务体系建设，提高均等化服务水平，提高城镇的吸引力。同时，为农民异地市民化提供条件。皖南区围绕“旅游”“文化”核心，大力推进公共就业服务体系建设，促进灵活就业和自主创业；有重点地将城乡居民、农民工、灵活就业人员各类群体纳入相应的社会保障体系；发展徽州特色文化，完善应急救助体系，着力培育“两新”组织，提升基本公共服务能力，促进农民就地市民化。

（四）促进综合改革，推进政策实施

一是促进户籍制度改革。完善落实户口迁移政策，逐步剥离附加在户籍中的基本公共服务权益及福利待遇，将享受基本公共服务政策及福利待遇与户籍管理相脱钩，使户籍管理制度回归原有的户籍管理功能，突破户籍与福利合一的社会管理制度，逐步实行新老市民享受同等或大致相当的基本公共服务。二是促进社保制度完善。按照实施城镇化战略和有效促进农民市民化的要求，进一步完善社会制度，逐步做到制度统一、项目统一、程序统一，以及标准的逐步衔接，实现社保制度城乡一体化。三是加强土地制度改革。在保障农民能够真正行使对其承包土地占有、使用、收益和处分权利的前提下，大力培育完善农村土地市场，采取具体措施鼓励、优先扶持愿意而且有离农能力的那部分农村人口退出耕地，让土地收益返还成为农民财产性收入和持久性收入的一部分，并使之逐步向常规的社会保障转移。四是促进社会组织培育。大力培育社会组织，灵活运用公共就业政策，加快社会工作专业人才培养；建立专业人员引领志愿者服务的机制，积极发展慈善事业，充分发挥慈善在农民市民化公共服务提供和筹资等方面的作用。

浅析全面深化改革总目标的内涵

万 师

摘 要：中国共产党十八届三中全会提出了全面深化改革的总目标是完善和发展中国特色社会主义制度，推进国家治理体系和治理能力现代化。中国特色社会主义制度，有力推进并系统保证国家治理体系的构成，而且加强国家治理能力现代化的实现。

关键词：国家治理体系；国家治理能力现代化；全面深化改革总目标

党的十八届三中全会提出了全面深化改革的总目标，它是自十一届三中全会做出了把党和国家工作的重心转移到经济建设上来、实现改革开放的历史性决策之后，又一重大战略部署，《中共中央关于全面深化改革若干重大问题的决定》明确指出："全面深化改革的总目标是完善和发展中国特色社会主义制度，推进国家治理体系和治理能力现代化。"[1] 它是其中的最大亮点之一，它昭示了我国35年来的改革，在领域上继续拓展，在程度中逐步加深，在层次上不断提升，也是我国改革进入新的阶段、达到新的高度历史性跨越和根本性的标志。因此，最大限度地凝聚理解改革、支持改革、参与改革的正能量，就必须正确把握全面深化改革总目标的内涵。

一、推进国家治理体系和治理能力现代化的制度保证

中国特色社会主义制度。

科学合理的制度既是推进国家治理体系和治理能力现代化的前提，又是推进国家治理体系和治理能力现代化的产物，对于推进国家治理体系和国家

作者简介：万师（1965—），男，安徽无为人，哲学硕士，中共马鞍山市委党校哲学副教授，研究方向：中国现代文明与法治建设研究。

治理现代化具有深远而决定性的推动作用。因此,推进国家治理体系和国家治理能力现代化,必须建立在中国特色社会主义制度的基础之上。也就是说,我们花大气力提倡的推进全面深化改革,其目的就是着力解决当前我国在发展过程中所面临的一系列突出的矛盾与问题,不断推进中国特色社会主义制度自我完善和发展。因此,改革开放之所以是我们党在新的时代条件下带领人民进行的新的伟大革命,是当代中国最鲜明的特色,也是我们党最鲜明的旗帜,是因为我们党领导全国人民在改革开放方向上没有丝毫动摇,牢牢坚持走中国特色社会主义道路。"所有的决策都是在一个前后背景下做出的,这一背景会强烈地影响决策的形成。人们甚至可能会有理由这样说,决策,至少是主要决策,都是由前后背景构成的——就像马克思所做的那样"[2]。因此,我们正确把握全面深化改革的总目标,推进国家治理体系和治理能力现代化,就是立足坚持中国特色社会主义制度,这就是我国推进全面深化改革的背景,也是我们在其他方面进行决策的基础,正如习近平总书记所指出的那样:"这次全会(主要指中国共产党的十八届三中全会——引着注)在邓小平同志战略思想的基础上,提出要推进国家治理体系和治理能力现代化。这是完善和发展中国特色社会主义制度的必然要求,是实现社会主义现代化的应有之义。"[3]

(一)中国特色社会主义制度是我国根本的政治制度

改革开放的目的就是改变那些束缚社会生产力发展的东西,我国经历了35年的改革开放,从农村的家庭联产承包责任制到城市的国有企业建立现代企业制度,从坚持计划经济到发展社会主义市场经济,我国的改革涉及方方面面,中国人民的面貌、社会主义中国的面貌、中国共产党的面貌发生了翻天覆地的变化。这些巨大进步都是在坚持中国特色社会主义制度的基础上所取得的。我们的国家治理体系和治理能力,从总体上来说,还完全适应我国经济社会发展的客观要求。党的领导、人民当家做主和依法治国的有机统一是我国最大的政情,我国的国家治理体系和治理能力现代化就是在坚持中国特色社会主义制度基础上进行的。坚持和完善中国特色社会主义制度是国家治理体系和治理能力现代化的前提,中国特色社会主义制度规定了国家治理体系和治理能力现代化的性质和发展方向。因此,"中国特色社会主义之所以具有蓬勃的生命力,就在于它是实行改革开放的社会主义,是通过改革开放自觉地实现社会主义制度的自我完善和发展;我国改革开放之所以能够健康发展,就在于它是社会主义的改革开放,目的是巩固和发展社会主义"[4]。

(二)中国特色社会主义制度是我们面对改革难题的动力之源

习近平总书记在亚太经合组织工商领导人峰会上演讲时指出:"我们认

识到,改革开放是一场深刻革命,涉及重大利益关系调整,涉及各方面体制机制完善。中国改革已进入攻坚期和深水区。”[5] 当前我们在推进改革开放和社会主义现代化建设中所肩负任务的艰巨性和繁重性世所罕见。“国务院发展研究中心曾预测,1 个农民工变成城市居民要花 2.4 万元,2.6 亿农民工哪怕 1/10‘市民化’就要花 6300 亿元,相当于中国 2012 年 GDP 的 1.2%”[6]。特别是经过 35 年的改革开放,中国特色的社会主义现代化进入了一个新的发展阶段。社会中不同的利益群体已经形成,各种利益冲突日益明显,社会不公平现象突出,生态环境急剧恶化,不稳定因素急速增多,现存的许多体制机制严重阻碍社会进步,凡此种种都意味着我们在国家治理体制和能力方面,正面临诸多新的严峻挑战。同时,“中国是一个大国,决不能在根本性问题上出现颠覆性的错误,一旦出现就无法挽回、无法弥补”[5]。这一切都表明,要克服困难,战胜一切艰难困苦,减少失误与不足,都需要改革的信心与勇气去面对,真正给我们以制度保障的就是要“四个坚持”。相比当前形势的发展与任务的不断变化,相比经济社会发展的客观要求,相比各族人民的迫切期待,相比当今世界日趋激烈的国际竞争压力,我国在国家治理体系和治理能力方面,经过社会主义建设时期和改革开放 35 年的实践,已经积累了丰富的经验,但是社会是发展的,时代在变化,因此国家治理体系和治理能力方面还有这样那样的不足,有许多亟待改进的地方。同时也要看到,国家治理体系和治理能力建设是一个不断调适的过程。真正实现社会和谐稳定、国家长治久安,还要进行长期不懈的努力,从各个领域逐步推进国家治理体系和治理能力现代化。

(三)逐步增强完善和发展中国特色社会主义制度的理论自信

我们党在全国执政并建立社会主义基本制度,实现了我国历史上最深刻、最伟大的社会变革,开始探索适合中国国情的国家治理之路,建立了具有中国特点的国家治理体系,特别是创建了人民民主专政制度、人民代表大会制度、中国共产党领导的多党合作和政治协商制度、民族区域自治制度等。虽然也发生了严重曲折,但在国家治理体系和国家治理能力上积累了宝贵经验,取得了重大成果。党的十八届三中全会就是要从制度上、从体制机制上去深化改革,这种改革所面临的困难和艰难是前所未有的。同时,完善和发展中国特色社会主义制度是我国这场全面而深刻改革的制度基础,所以说,制度是发展与前进的动力之源,也是坚定不移立志改革的方向保障,是进行改革性质的界定。这就是说,我们所进行的改革是坚持中国特色社会主义的实践过程,这就需要我们不断地从理论上加以总结、发展与提炼,再用以指导我们的继续实践,使得改革开放的伟大活动既坚持了中国特色的社会主义,也丰富和发展了当代马克思主义的理论宝库,更不断完善和发展了中国特色社会主义制度的理论武器,增强了理论的自信。而这种理论自信更是从我国改革开放的伟大实践中不断增强的。正是因为改革开放的巨大成就,成为中国特色社会主义的理论来源,从而坚定了我们坚持中国特色社会主义制度的自觉性。当前我国政治稳定、经济发展、社会和谐、民族团结,同世界上一些地区和国家不断出现乱局形成鲜明对比。实践表明,我国的国家治理体系和治理能力总体上是良好的,是适应我国国情和发展要求的。

二、正确理解“国家治理体系”与“国家治理能力”的相互关系

十八届三中全会把完善和发展中国特色社会主义制度、推进国家治理体系和治理能力现代化确立为全面深化改革的总目标。这是我们党探索社会主义社会治理取得的最新成果,是领导改革开放的经验总结和认识结晶,反映了对完善和发展中国特色社会主义制度的高度自觉。那么,我们应该如何把握“国家治理体系”与“国家治理能力”两者之间的关系呢?

(一)必须厘清“国家治理”“政府治理”“社会治理”三者的关系

十八届三中全会审议通过的《中共中央关于全面深化改革若干重大问题的决定》中多次提到了“国家治理”“政府治理”“社会治理”的政治理念。要正确理解这三个政治理念,必须要搞清楚国家、政府和社会之间的关系,那样就能够准确理解“国家治理”“政府治理”“社会治理”的政治理念,分辨清楚它们之间的关系。“国家和政府的区别集中体现在:国家是特定社会中享有主权的政府组织,而政府则是行使国家主权的机关,政府代表国家行使主权。某种程度上可以说国家包括政府,政府只是作为国家要素之一的国家主权的执行者,国家与政府不是同一层次上的概念。国家权力与政府权力也不是同一层级的,国家拥有的主权高于政府的执行权,政府行使而享有之权”[7]。同时,“作为政治组织,国家拥有政治统治和管理的权力,以建立一定的政治秩序,作为社会共同体,国家只能在其社会领域内对特定的人产生影响。二者结合的结果是国家权力在特定的领域内对特定的人产生强制作用”[7]。由于社会、国家、政府的关系错综复杂,很难以一个统一的标准来将它们厘清,即使某人厘清了,也很难得到别人的认同。因而,为了研究的需要,笔者暂时将这三者的关系界定为:社会包括国家、政府,国家也包括政府。这样,“政府治理”包含在“国家治理”中,“国家治理”和“政府治理”包含在“社会治理”中,“国家治理”处在“社会治理”与“政府治理”的中间环节,处理好了“国家治

理”,对上可以影响“社会治理”,对下可以带动“政府治理”。从上述分析中,笔者认为,党中央提出的“推进国家治理体系与治理能力现代化”的目标,其中突出“国家治理”这个政治理念,就是抓住了问题的关键,就是抓住了主要矛盾的主要方面,起到统领全局的功效。

(二)正确理解“国家治理体系与治理能力现代化”

党的十八届三中全会内容宏阔,精神博大精深,需要全面把握,不能以偏概全、大而化之。但在实际的学习过程中,人们出现了一些理解上的失误,这样就不利于对党的十八届三中全会精神的融会贯通。比如,将“国家治理体系与治理能力现代化”,理解为“国家治理体系”与“国家治理能力现代化”这两个方面,大谈特谈这两者的关系等等。这样的理解应该说是错误的,因为不能只提倡“国家治理能力”方面的“现代化”,而忽略了“国家治理体系”方面的“现代化”状况,如果只有“国家治理能力”的“现代化”,而没有“国家治理体系”的“现代化”,那样,“国家治理能力”能够实现真正的“现代化”吗?这是由于“国家治理体系”制约着“国家治理能力”,只有好的“国家治理体系”,才能真正谈得上提倡良好的“国家治理能力”。因此,只讲“国家治理能力”的“现代化”,而不提倡“国家治理体系”的“现代化”,不能真正实现“国家治理体系”与“治理能力”的“现代化”,即使实现了现代化的“国家治理能力”,那也是不完整的现代化治理,也是有缺陷的治理,或者说,也是低水平的“国家治理”。同时,不能将“国家治理能力现代化”理解为“政府治理能力现代化”,这是因为“政府治理能力现代化”包含在“国家治理能力现代化”的范畴之内,只有搞好了“国家治理能力现代化”,才能有利于“政府治理能力现代化”,不能将两者倒置,甚至错位,这样也不利于事业的发展和治理的完成。“所谓国家治理体系和治理能力的现代化,就是使国家治理体系制度化、科学化、规范化、程序化,使国家治理者善于运用法治思维和法律制度治理国家,从而把中国特色社会主义各方面的制度优势转化为治理国家的效能。推进国家治理体系和治理能力的现代化,要求我们及时更新治理理念、深入改革治理体制、丰富完善治理体系、努力提高治理能力”[8]。

(三)认真把握“国家治理体系”与“国家治理能力”之间的关系

“国家治理体系”与“国家治理能力”是矛盾的统一体,也就是说,它们是矛盾的两个方面,而这两个方面是不可分割、相辅相成的。只有具备了科学的“国家治理体系”,才有可能产生良好的“国家治理能力”;只有不断提高“国家治理能力”,才能真正发挥“国家治理体系”的效能。这里所说的“国家治理体系”是指一个国家的制度体系,“国家治理能力”是指一个国家制度执行能力,“国家治理体系”与“国家治理能力”的结合,实际上就是一个国家通过国家治理的方式,将一个国家的制度体系在国家生活中有效而合理地加以执行,最终达到治理国家的目标。同样,推进"国家治理体系的现代化"与增强"国家治理能力的现代化",也是同一过程中相辅相成的两个方面,有了良好的"国家治理体系",才能提高"国家治理能力";反之,只有提高"国家治理能力",才能充分发挥"国家治理体系"的效能。

总之,"推进国家治理体系和治理能力现代化,是为了治理的体系与能力与时俱进,跟上时代步伐,实现治理范式的转型升级,实现治理能力的大幅提升,更好发挥制度优势,把制度优势转化为治理各种国家事务的效能。二者一脉相承、有机统一"[9]。因此,"国家治理体系"是"国家治理能力"的前提,"国家治理能力"是"国家治理体系"的实现形式,要真正实现"国家治理能力现代化",就必须建立一套具有现代化的、合法合理的、完整有效的"国家治理体系"。

三、用中国特色社会主义制度建设推进国家治理体系和治理能力现代化

"治理"范畴是20世纪末政治学中刚刚兴起的范畴,它不同于政治学已经流行的"统治"范畴;人们管理社会、国家或者政府的方法,从"统治"范畴发展到"治理"范畴,它反映了人类政治发展的普遍趋势,而治理体制和治理行为主要体现了国家的治理制度与治理实践的关系,或者是治理方法与治理能力之间的关系。这些手段或者方法与制度,无论什么社会政治体制,无论谁执政,人们都需要依靠它们来加强对社会、国家甚至政府的治理。从统治、管理到治理,这是一场涉及国家、社会与个人之间思维变革,也是一次涉及社会、国家与政府之间关系的调整与制度重塑。对于"国家治理体系",应该如何去把握,或者说怎样正确把握它与中国特色社会主义制度的关系?

所谓"国家治理体系",它是指"在党领导下管理国家的制度体系,包括经济、政治、文化、社会、生态文明和党的建设等各领域体制机制、法律法规安排,也就是一整套紧密相连、相互协调的国家制度"[3]。推进国家治理体系建设并实现现代化,是全面深化改革总目标的重要内容之一,也是发展和完善中国特色社会主义制度的基本途径。

首先,就其内容而言,"国家治理体系"是在中国共产党领导下管理国家的制度体系,包括各领域的体制机制、法律制度安排,如行政体制、经济体制和社会体制等,是各个领域行使国家权力、治国理政方略的综合体现。它是

对国家治理体系的制度性建设的总的概括、总的归纳，这个制度体系的内容，基本上可以概括为：推进法治中国建设；实行有效的政府治理；改进社会治理方式，实现政府治理和社会自我调节、居民自治良性互动，坚持系统管理、综合管理、依法管理、源头管理；推动社会组织依法自治；完善事业单位法人治理体系建设；完善各类学校内部分类治理的体系建设；加强环境治理，建立比较完善的环境体系。一句话，在中国特色社会主义制度的框架内，从政治、经济、文化、生态、社会等方面构建一系列制度体系，构成国家治理体系的内容。

其次，就其特点而言，“国家治理体系”政治理念特点有：第一，国家治理体系范围具体而全面，国家治理比政府治理、党的治理、城市治理、宏观调控等范畴的内涵都要丰富得多，而且“国家治理体系”包括的范围也更全面，更加具体。第二，国家治理体系主体多元共治，多元的主体包括社会、国家、政府、市场、社会组织与个人，政府内部的党、人大、政府、政协之间等等，这些主体既有交叉，也有重复，因此，在加强国家治理体系主体的联系时，要注意他们之间的协调与配合，做到分工有序、高效一致。第三，国家治理体系方式协商民主。按照平等团结的原则，在政治、经济、社会、文化、生态等领域，建立健全协商机制，扩大民主参与，促进社会公平发展。第四，国家治理体系制度成熟稳定。到2020年形成的不是过渡性、临时性的。一个成熟的国家，国家治理以及体制和制度要相对稳定，就构成要素，包括治理主体、治理手段及治理效果三个方面。

再次，就其内涵而言，党的十八届三中全会首次提出“国家治理体系”的概念，其核心内涵是党的领导、人民当家做主、依法治国的有机统一，具体包括强化执政党的领导地位，进一步建设人民民主和以法治为基础建立规范的国家治理体系等目标，其中依法执政、依法行政、依法治国的水平是国家治理体系现代化的重要标志。

所谓“国家治理能力”，是指“运用国家制度管理社会各方面的事务能力，包括改革发展稳定、内政外交国防、治党治国治军等各个方面”[3]。国家治理能力，是运用国家制度管理社会各方面事务，使之相互协调、共同发展的能力，包括改革发展稳定、内政外交国防、治党治国治军等各个方面。推进国家治理体系和治理能力现代化，既要加强制度建设，更要把治理能力建设摆在更加突出的位置。

由此可知，“中国特色社会主义制度”与“国家治理体系和治理能力现代化”的辩证关系，在于“国家治理体系中起支架作用的是治国理政的制度体系，既包括人民代表大会制度这一根本政治制度和中国共产党领导的政治协商制度、民族区域自治制度、基层群众自治制度等基本政治制度，中国特色社会主义法律体系,公有制为主体、多种所有制经济共同发展的基本经济制度,也包括经济、政治、文化、社会、生态、党建等各个领域的制度安排。治理能力则是我们运用这些制度包括体制机制管理国家事务治国理政的能力。有了好的治理体系,才能提高治理能力;提高治理能力,才能发挥治理体系的效能。推进国家治理体系和治理能力的现代化,是继'四个现代化'后我们党提出的又一个'现代化'战略目标,是推进社会主义现代化题中应有之义,是完善和发展中国特色社会主义制度的必然要求"[9]。

参考文献:

[1] 中共中央关于全面深化改革若干重大问题的决定[M]. 北京:人民出版社,2013:3.

[2] [挪威]乔根·兰德斯(Jorgen Randers). 2052:未来四十年的中国与世界[M]. 秦雪征,谭静,叶硕,译. 南京:译林出版社,2013:14.

[3] 习近平. 切实把思想统一到党的十八届三中全会精神上来[N]. 人民日报,2014-01-01(02).

[4] 中共中央关于全面深化改革若干重大问题的决定(辅导读本)[M]. 北京:人民出版社,2013:64.

[5] 习近平. 深化改革开放 共创美好亚太——在亚太经合组织工商领导人峰会上的演讲[N]. 人民日报,2013-10-08(03).

[6] 没有比脚更长的路[N]. 人民日报,2013-11-13(05).

[7] 朱光磊. 现代政府理论[M]. 北京:高等教育出版社,2006:18,18.

[8] 江必新. 推进国家治理体系和治理能力现代化[N]. 光明日报,2013-11-15(01).

[9] 王比学. 实现国家治理现代化——专访"加快建设法治中国研究"课题组首席专家、最高人民法院副院长江必新[N]. 人民日报,2013-12-03(02).

当前社会阶层固化了吗？

——从社会流动看当代社会阶层变迁

顾　辉

摘　要：当前阶层固化问题成为舆论热点，但是学术界缺乏基于大规模调查基础上的科学研究。文章使用了中国妇女社会地位调查第一期（1990年）、第二期（2000年）和第三期（2010年）数据，通过分析认为，没有足够证据表明当前社会阶层固化了，社会结构仍保持着足够的开放性，但是一些情况表明，社会阶层出现了固化的趋势。

关键词：社会流动；社会阶层结构；阶层固化

当前"寒门焉能出贵子"成为坊间热议的话题，不少学者质疑社会出现了阶层固化，认为舆论中涌现的"×二代""拼爹""蚁族"等热词反映了阶层固化的趋势。2010年《人民日报》发表了通讯《社会底层人群向上流动面临困难》，指出高等教育的成本收益比较使教育失去了对底层群体的吸引力，家庭背景使底层群体失去了就业的竞争力，底层社会难以实现向上的社会流动[1]，由此揭开了家庭背景与阶层流动关系的热烈讨论。与此同时，《新华每日电讯》刊载了评论员文章《分配正义与阶层固化》[2]；《广州日报》以"我们向上流动的路越来越窄？"为题，刊文质疑"阶层固化"挑战中国[3]；蔡志强从社会政策的视角，在《学习时报》发表了《社会阶层固化的成因与对策》[4]；《时事报告》发表了专家访谈《防止"阶层固化"促进社会流动》[5]，纵论当前阶层固化趋势、原因与对策；《人民日报》于2011年又以该主题刊文《寒门子弟向上通道越来越窄》[6]。这些文章普遍认为，当前社会向上流动困难，阶层出现了固化趋势。与传媒上当前阶层固化的热烈讨论不同，学术界对阶层固化的研究尽管开展得较早，但研究的数量和深度都不够，而且多数文章为规范性研究，缺少大规模调查为基础的实证研究，因此，深刻理解当前社会阶层

作者简介：顾辉（1979—），男，安徽社科院社会学所，副研究员，博士。

结构变迁和社会流动的特点趋势,有必要从理论和实证两个方面把握社会阶层固化的深刻内涵,并做出科学合理的判断。

一、阶层固化的含义

尽管"阶层固化"一词被广泛应用,但是学术界仍缺乏对它从学理上进行阐释。有学者从现象出发,认为阶层固化就是指代际流动和代内流动趋于停滞,尤其在代际流动上极为缓慢,使得社会呈现出封闭性[5]。李煜认为,从社会流动角度定义阶层固化,是指跨阶层的社会流动愈来愈难:处于相对弱势的阶层难于向上流动,而相对强势的阶层子弟能轻易停留在其父辈的社会经济地位上[7]。熊志强认为阶层固化不是说没有社会流动,只是这种流动是一种复制式流动,它是社会流动的一种特殊状态或非正常状态[8]。蔡志强归纳对当前社会阶层状态的三种观点,即碎片化、断裂化、层理化。尽管判断上存在差异,但都承认了社会出现了阶层固化[4]。有学者从造成阶层固化的原因出发,强调代际流动机制中先赋因素(家庭背景)的作用,认为阶层固化就是子女的阶层地位取决于父母的阶层地位,社会阶层结构代际继承与复制严重,从而使得底层人士向上流动的渠道被阻断[9]。顾骏从"二代"现象引发了对"阶层固化"的理论理解,认为阶层固化就是父母的阶层地位决定了子女的阶层地位,社会阶层结构实现了接近原样的代际复制,底层人士向上流动的通道被堵住了[10]。刘宏伟等认为"阶层固化"是指社会阶层分化严重,导致社会阶层间的流动减少,父母的阶层地位决定了子女的阶层地位,不平等在代际被固定化的现象[11]。李煜分析了造成阶层固化的机制,指出制度因素在阶层固化中的作用,认为不仅家庭背景,当前改革遗留的身份分层(户籍身份)对个人的命运仍有决定性的影响,个人改变自己社会地位还存在制度性的障碍[7]。刘宏伟则认为阶层固化是阶层流动出现了以契约制为原则回退到以身份制为原则[11]。也有一些学者强调资源分配对阶层固化的影响,认为当社会阶层之间在诸多特定资源或机会分配方面的相对差异稳定下来,特别是一些特定人群对那些重要的社会资源和机会具有相对垄断权力,而另一些人被阻隔在外的时候,社会阶层就固化了[12]。

直观地理解,阶层固化指各阶层之间的流动受阻,社会成员被固定在一定的社会阶层内。它通常包含两个方面,一方面是指下一代难以跳出父辈的阶层范围,即代际继承性强;另一方面是指子代凭借自己的努力和能力,在职业生涯中难以实现地位的上升,即代内流动受阻。从社会学上理解,阶层固化是以阶层为基础的垂直社会流动减少，个人社会地位获得越来越受到家庭背景的决定性影响。具体而言，它包含以下几层意思：一是同一社会阶层内部一致性和阶层认同增强，这尤其表现在阶层内部形成了具有阶层特征的生活方式、文化模式[13]。不同阶层之间社会资源占有差异性增大，阶层隔阂日益明晰。二是阶层之间的垂直流动开始减缓，尤其是上升的社会流动越来越困难。社会上层越来越封闭，对社会中下层的排斥性增强。三是影响个人社会地位获得的社会流动机制中，家庭背景的作用得到强化，自致性因素的作用减弱，一些制度设置阻碍了合理的社会流动。社会学家通常用开放或封闭来衡量一个社会的各个阶层接受或排斥其他阶层流入或流出的程度；在判断社会流动的状态时，社会学家还通常用循环或再生产来衡量不同阶层之间的代际关系。阶层固化意味着社会阶层出现了封闭的倾向；而在代际社会流动中，阶层固化意味着一定程度上的阶层再生产。

从社会流动角度判断阶层固化，需要从理论上澄清几点：

(一)影响社会流动的有两种基本因素

一是社会结构变迁，尤其是产业结构变化带来的劳动力就业结构的改变，使原先处于较低社会阶层的劳动者有机会进入具有较高职业地位的就业岗位，从而实现阶层上升流动，这种社会流动称为结构性流动，如当前农民向产业工人的职业过渡。结构性流动受到经济发展环境的影响，当产业结构变化或技术革命提供更多的劳动就业机会时，结构性流动就会增加；反之，当经济发展放缓，社会提供新增就业岗位受到抑制时，结构性流动就会减少。二是社会开放性程度。即由于社会阶层接纳或排斥其他阶层成员进入而实现的社会流动，它因为能够反映出社会开放或封闭程度，从而揭示出阶层关系变化的实质，因此更受到研究者的重视，这种流动称之为循环流动，或纯流动。从社会流动角度理解阶层固化需要区别这两种类型社会流动的影响，既要考虑到宏观的经济环境，更要关注公正、和谐的阶层关系。

(二)影响社会流动有三种机制并对应三种理想类型

一是基于能力主义的绩效原则强调个人自致性因素对社会地位获得的影响。这种理想的社会流动模型中，流动机会将完全按照个人的内在素质、能力和工作技能来分配，不同阶层的子女均能平等地参与向上流动的竞争，家庭背景对个人的流动不具影响力。二是基于社会不平等结构的家庭地位继承模式，这种模式强调家庭背景对子代社会地位获得的决定性影响，父代的社会资源通过各种形式转化为子代的竞争优势，从而实现子代对父代社会地位的继承。三是国家(政治)制度调节模式，国家依靠强有力的政治力量，往往伴随特定的意识形态，通过制定政策改变了社会流动的社会条件和流动方向,进而决定个人、群体的社会地位变化[14]。这种理想类型较为明显地表现在我国计划经济时期国家依意识形态对不同群体社会地位的制度安排。目前我们处在市场经济环境下,但是制度性力量的作用仍然有较强的惯性,如户籍制度、教育制度、所有制制度等仍然对个人社会地位获得的具有重要的影响。

任何社会的流动都是三种流动机制混合作用的结果。在市场竞争较为充分的社会,绩效原则的流动模式占主导。但是并非这种社会就不会产生阶层固化。不考虑经济结构等因素影响的情况下,基于个人天然禀赋和能力的不同,整个社会结构会形成一定的阶层秩序,并保持一定程度的稳定性。这种情况下社会流动的减缓是建立在个人能力竞争基础上的,较为容易获得社会的普遍认同。但是当社会不平等结构下的家庭地位继承模式占主导时,家庭背景主导了个人社会地位的获得,破坏了基于能力主义的绩效原则对合理社会流动的促进作用,社会流动减缓造成社会阶层固化,容易引起底层社会精英的不满。而国家政策的调节,关键看这种调节是基于绩效原则还是平均主义原则,抑或是强化了先赋因素的影响。

二、阶层固化的理论基础

韦伯较早阐述社会阶层固化现象,但是他使用社会封闭(social closure)来指代这种现象。按照韦伯的说法,社会封闭是指一种社会过程,通过这种过程,社会集体企图把奖酬和机会限制在合适人选的有限范围内,并以此再最大化自身的奖酬。帕金(Frank Parkin)发展了这一概念,他明确提出了社会封闭的两种基本技术方式,即社会排斥与社会团结。社会排斥是占主导地位的社会封闭方式,主要通过设定社会成员资格的身份制度来实现,主要分为集体排斥(如种族)和个人排斥(如文凭)。而社会团结是被排斥群体的集体反映,它可以经过社会组织或动员内固群体力量从而增强与社会上层的谈判能力,以增加被排斥群体的报酬份额。社会排斥和社会团结都增强了社会封闭性,从而强化了阶层内部关系,明晰了阶层界限,促使阶层固化[15]。吉登斯用"结构化"来阐释社会封闭和阶层固化现象。他在分析阶级结构时指出,在社会流动通路被封闭的地方,阶级就被结构化了。社会阶级结构化的实现途径中,有一种是中介型结构化(mediate structuration),即指人们通过各自的市场能力将自己的社会阶层成员资格再生产。在市场化体系中,阶级结构化通过三种结构安排来实现,即他所说的邻接型结构化(proximate structuration):企业内部的劳动分工,使体力劳动和非体力劳动产生了事实上的分离;企业内部权威的分配强化了以财产为基础的机构化;不同阶层之间在消费模式、生活方式上的差异[16]。

讨论工业社会的社会结构开放性(循环或再生产),西方学术界形成了两种基本的理论取向。功能主义理论以工业化、现代化和科技发展为背景,认为经济和技术的合理性特征将导致社会结构具有更多的流动性和开放性,并随着工业技术向全球扩散。就社会流动而言,新产业的涌现和大规模科层化组织的发展使得产业工人和管理岗位大幅增加,职业结构的重塑使人们在代际和个人工作历程中职业流动或社会位置的流动,特别是向上流动的数量与传统社会相比较达到更高的水平,工业化的发展必然带来更多的社会流动。工业化和技术内在理性特征决定了教育在个人职业地位获得中具有重要作用,个人能力和教育作为工业化普遍化的地位获取机制,意味着在社会地位获得中代际关系将不占主导,社会机会向不同社会背景的社会成员开放,整个社会的机会结构变得更为平等,社会呈现出一种越来越开放的趋势[17]。工业化逻辑下的社会流动性遭到了经验研究的修正,其中较为著名的有 David L. Featherman, F. Lancaster Jones 和 Robert M. Hauser 的国际比较研究,他们的研究结果表明,当社会实现了工业化后,其社会流动模式就稳定了下来,在不同的工业化社会中会表现出很高的相似性。社会流动的趋势并非工业化-技术理性的功能需求的必然结果,工业化社会中的社会分层模式变迁更多地受到多种政治、社会、文化的因素影响[18]。在对功能主义社会流动理论观点的批评中,社会冲突取向的理论观点强调工业社会中的阶层结构的再生产。他们认为,工业化和技术发展并没有真正带来相对流动机会和社会开放性的增加,阶级阶层之间的界限仍然非常清晰和深刻。工业化-功能主义理论所强调的高流动率,一方面是产业结构、职业结构变化的结果;另一方面,这些流动主要发生在相邻的阶级位置之间,帕金称之为"缓冲地带",因而大多数属"短距离"而非"长距离"的阶级流动。吉登斯等的研究也指出,在社会阶级结构的顶端存在着相当程度的代际封闭,在阶级结构的下端,工人阶级或农民很难跨越阶级界限流动到社会上层,小资产阶级也呈现出高度的稳定性,只有在中间阶层内部,以及中间阶级与下层阶级的交界处,可以发现大量的社会流动现象[17]。在那些高度工业化的市场经济社会,阶级阶层结构仍然保持着并不断地再生产。

关于转型时期中国社会分层模式变迁的讨论也形成了两种倾向的观点和理论。最早关注中国从再分配经济向市场经济转型过程中阶层结构变化的倪志伟(Nee,1996)提出了精英循环命题,认为市场机制的引入和应用范围扩大，将削弱再分配权力的地位，使权力精英的地位下降，与此同时，新的机会结构的形成将使那些在再分配经济体制中处于底层的弱势群体实现社会地位的向上流动，从而实现阶层的循环流动[19]。这个观点提出后，大量的经验研究提出了不同的看法，这些观点大部分认同“精英再生产”命题，认为在向市场转型过程中，再分配权力通过各种途径继续保持着持久优势，精英阶层在相当程度上实现了社会地位的再生产。大陆学者对改革以后精英阶层社会流动的认识多认同“精英再生产”，李路路等学者认为，在市场转型过程中，中国不同类型的精英群体通过排斥非精英群体进入的方式在代际实现了人员的自由交换。这些不同类型的精英群体之间互相渗透，并已形成了一个团结的、合作的、没有分割的精英阶层，实现了精英阶层的再生产[20]。李春玲也认为，当前的社会经济分层出现了结构化趋势，优势阶层的代际继承性增强，家庭出身背景对个人的上升流动和地位获得的影响越来越强[21]。李煜也认为改革开放之后家庭背景对子女初职获得的影响上升[22]。杨建华等对浙江的调查分析认为，当前政治精英和文化精英通过阶层继承和代际转化而实现了精英阶层再生产，而经济精英则通过自身阶层内部的继承而实现再生产[23]。在对精英阶层的封闭性做出判断的基础上，国内学者对其他阶层的开放性也做出了不同的论述。一方面，学者肯定了社会结构总体上的开放性，如张翼认为，伴随着城市化和工业化，农民阶层快速向工人阶层转化，而随着高等教育的普及，白领阶层也迅速扩张[24]。课题组对重庆市的调查发现，职业或阶层的代际继承在向市场经济社会过渡时期依然存在，但趋势在弱化[25]；研究者对浙江的调查也发现，社会总体流动率高，呈整体向上流动的趋势[23]。这都说明社会系统的开放度进一步提高。另一方面，学者也在不断提示社会结构开放的同时出现了封闭的趋势。如张翼就强调阶层结构流动呈现最明显的特征为垂直社会流动在上升中有所闭合，农民阶层的代际继承性越来越低，白领阶层的代际继承性却大大增强了[24]。李路路指出，当前阶层流动中带有普遍性的模式，即在阶层分析框架中存在的体力劳动者与非体力劳动者之间的分界、农民阶层与非农劳动者之间的分界，以及自雇佣者阶层的自我封闭性[26]。李煜将配对的内婚性程度作为社会开放性的指标，指出改革开放以来婚姻自致性匹配度大幅度提高，先赋性匹配呈现倒 U 形的小幅波动。这一结果暗示当前不平等结构传递的特征为“父系再生产强化”模式，而社会开放性程度可能将有所下降[27]。本文对阶层固化操作化基础上，从社会流动率变化、阶层边界和社会流动机制角度考察当前社会阶层的开放性，以观察社会阶层的固化状况。

三、研究假设和操作化

社会流动研究关注的是社会成员或群体在不同社会地位之间的转变,其中职业阶层地位的转变是社会流动研究的焦点。社会流动研究包含着两个紧密相关的研究主题,一是流动性研究,致力于探究职业结构从上到下的垂直流动程度和模式;另一个是地位获得研究,致力于回答哪些因素影响了社会流动并呈现出不同的模式。社会流动研究两方面的内容包含着不同的研究思路和过程。

阶层流动性可以从几个不同角度来考察:第一个区分是垂直流动还是水平流动。垂直流动是指职业位置变高或变低的社会流动,垂直流动有利于人们了解社会职业阶层体系的开放性程度,因此更易受到关注。在垂直流动中,又分为上升流动和下降流动。上升流动就是从低职业地位向高职业地位的流动,反之则是下降的流动。第二个区分是结构性流动和循环性流动。结构性流动是由于职业结构变迁而引起的流动,如产业工人需求增加引起农民向工人的流动。循环流动则是由职业结构中上下交换性变动而引起的流动,这种流动能够反映出社会机会平等的程度,因此更受到关注。第三个区分是代际流动和代内流动。代际流动通常通过比较父母和子女的职业地位来进行研究,代内流动则通过比较个人职业生涯中的职业地位变化进行研究。代内流动和代际流动都可以反映出分层系统的开放性程度,但大多数研究着力于代际流动,因为从父母到子女的职业地位的可继承性被视为辨别先赋还是自致的关键指标[28]。衡量职业阶层地位的流动性指标中,总流动率是指发生垂直流动的比率,它与继承率(指代际流动中)或同职率(指代内流动中)相对应,两者的和为100%。总流动率为上升流动率和下降流动率的和,也是结构性流动率和循环流动率的和。

社会地位获得研究关注影响社会流动的原因,其中核心的问题是社会个体的努力影响了他的社会流动,还是家庭背景影响了他的社会流动。前者被称为“自致性因素”,在地位获得模型中通常以教育程度和政治表现作为衡量指标;后者被称为“先赋性因素”,主要通过父母的职业地位、教育程度等指标呈现。理论上,越是先赋性因素对个人地位获得的影响大,社会阶层的封闭性越强,阶层固化明显。而自致性因素主导的社会,意味着较大的个人选择自由和发展空间。同时,中国社会转型的特殊性,使得国家的制度/政策对于个人社会地位的变迁发挥着重要的影响力,在转型过程中,政策力量的变化对于社会阶层的开放性有着怎样的影响也将作为考察的重要内容。涉及对个人社会地位获得影响的重要制度/政策变量,包括户籍制度和所有制制度。

职业结构构成了现代工业社会分层纬度的主要基础。帕金(Frank Parkin)强调,职业才是阶级结构的支柱[29]。学术界使用较多的是参考英国社会学家戈德尔索普(John Goldthorpe)的职业分类框架而设定的职业阶层序列。本研究结合以往的研究,以国家统计局职业大类为基础,结合这些职业所占有的资源状况以及职业声望,把职业地位定义为由高到低的八个等级序列:国家管理者阶层、企业负责人、专业技术人员、办事人员、商业人员、体力劳动者、农业劳动者、失业半失业人员。国家管理者阶层,是指国家机关、党群组织和事业单位的负责人,还包括团级及以上级别军官、地方单位科级以上警官等。企业负责人阶层,主要是指各类企业或其职能部门中担任领导职务,具有决策、管理权的人员,既包括国有、集体及其控股企业中的中高层管理者,也包括三资企业、大中型私营企业中的中高层管理者以及个体私营企业主等。专业技术人员主要在企事业单位专门从事科学研究和专业技术工作的人员。办事人员既包括在机关事业单位从事行政业务和行政事务的工作人员和警察、军人等(公务员),也包括在各类企业从事行政业务和行政事务性的工作人员。商业人员主要是指商业服务业中的小业主、合伙人和经理人员等。体力劳动者主要包括各类产业工人、商业服务业中的受雇人员,也包括一些从事简单体力劳动和打零工的临时工作人员。农业劳动者是指主要从事农林牧副渔业生产的人员。失业半失业人员主要是指无稳定性工作或暂时没有工作的人员。在这里,国家管理者和企业负责人拥有较多的权力资本和经济资本,是优势阶层;专业技术人员、办事人员、商业人员是社会中间阶层;体力劳动者和农业劳动者是社会中下层,失业半失业人员是社会底层。

根据上述对阶层固化的定义,我们主要从阶层流动性、阶层边界和社会流动机制三个方面提出研究假设。我们认为,分析结果越支持研究假设,就越能说明社会阶层处于固化的状态。研究总假设为:改革开放以来,我国社会阶层越来越固化。具体的研究假设包括以下内容:

1. 阶层流动性减弱假设

(1)代际流动性减弱假设

① 总流动率逐渐减小,代际继承率逐渐增大。

② 上升流动率逐渐减小,下降流动率逐渐增大。

③ 纯流动率逐渐减小,纯流动率在总流动中的比重逐渐减小。

(2)代内流动性减弱假设

① 总流动率逐渐减小,同职率逐渐增大。

② 上升流动率逐渐减小,下降流动率逐渐增大。

③ 纯流动率逐渐减小,纯流动率在总流动率中的比重逐渐减小。

(3)优势阶层的继承性增强假设

优势阶层的代际继承率逐渐增大。

2. 阶层界限假设

(1)代际流动中,长距离流动比重逐渐减少,短距离流动比重增加。

(2)代内流动中,长距离流动比重逐渐减少,短距离流动比重增加。

(3)不同阶层之间在流动距离、流动方向上存在显著性差异。

(4)不同阶层之间在经济资源、教育资源和权力资源占有上存在显著性差异。

3. 流动机制假设

影响个人社会阶层地位获得的因素中,先赋性机制的作用在增强,自致性因素在减弱。

(1)随着时间推移,影响个人社会阶层地位获得的先赋性因素作用增强,自致性因素作用减弱。

(2)随着年龄减小,影响个人社会地位获得的先赋性因素作用增强,自致性因素作用减弱。

四、数据来源

本文数据采用中国妇女社会地位调查第一、二、三期调查数据。中国妇女社会地位调查是由全国妇联组织调查实施的全国性调查。三期调查分别于1990年、2000年和2010年开展,调查采用分层分阶段不等概率(PPS)抽样方法。调查分为全国样本和省级样本,本文使用的为全国样本。1990年全国样本23740份,其中女性占52.5%,男性占47.5%;农业户口占50.8%,非农业户口占49.2%。2000年全国样本19449份,其中女性占54.4%,男性占45.6%,农业户口占53.6%,非农业户口占46.4%。2010年全国样本26160份,其中女性占51.6%,男性占48.4%,农业户口占53.5%,非农业户口占46.5%,35岁以下占28.1%,36~55岁占55.0%,56岁以上占16.9%。

五、统计结果

(一)社会流动率分析

代际流动中,总流动率表明子代阶层地位与父代相比发生了改变的比率,它与世袭率恰好相反,世袭率表明子代继承了父代阶层地位的比率。从表1反映的流动率来看,2000年的代际总流动率比1990年略有增加(提高4.1个百分点),但是从2000年到2010年,代际总流动有了较大幅度的增加,10年提高了20.8个百分点。调查数据分析结果不支持代际流动性减弱假设①,从1990年到2010年,代际总流动率逐渐增加,与之相对应的代际继承率则逐渐下降。

表1　代际流动率(父母职业–本人现职)(%)

调查年份	世袭率	总流动率	结构流动率	纯流动率	上升流动率	下降流动率
1990	68.8	31.2	9.0	22.2	18.5	12.7
2000	64.7	35.3	18.8	16.5	29.3	6.0
2010	43.9	56.1	28.9	27.3	31.6	24.6

注:由于计算四舍五入误差,本文前后数据可能存在一定的差异,差距在±0.1范围内为正常误差。

从流动方向上看,代际流动中的上升流动率反映出子代的阶层地位超过了父代地位的比率,这一比率2000年比1990年提高了10.8个百分点,但2010年比2000年仅增加了2.3个百分点。与此同时,下降流动出现了U形波动,从1990年到2000年下降了6.7个百分点,到2010年大幅增加到了24.6%,比2000年提高了18.6个百分点。由此可见,数据反映出代际上升流动逐渐增大,不支持代际流动性减弱假设②中代际上升流动率下降假设。但是代际下降流动率总体上在增长,数据部分支持了代际流动性减弱假设②中下降流动率增大假设。进入21世纪的10年间,在总流动率大幅增加的同时,上升流动率和下降流动率都有所增加,但2000年之后出现了分化,即上升流动仅略有增加,而下降流动却大幅增加。进一步分析显示(见表2),2010年与2000年相比,父母阶层地位为专业技术人员、办事人员(这两个阶层都是中间阶层),其子女阶层下降的比例有了较大的增长;其次是农业劳动者阶层的子女阶层地位下降的比例也有较大的增长。这也说明了代际流动中,中间阶层向下流动趋势增强,一部分社会中下层逐渐被推向社会底层并且不断地扩大着底层群体的数量。但相比较国家管理者和企业负责人,社会中下层的下降流动率仍处于较低水平。

表2　相对父母阶层地位子女阶层地位下降的比例(%)

	父母阶层地位	2000年	2010年
优势阶层	干部	93.6	95.9
	企业负责人	92.7	89.9
中间阶层	专业技术人员	55.9	75.1
	办事人员	42.8	57.7
	商业人员	51.4	51.9
中下层	体力劳动者	27.0	22.1
	农业劳动者	4.2	13.2

从流动性质上看,改革开放以来,随着我国经济发展引起的就业结构变化,结构性流动的比例逐渐增大,从1990年的9%增加到2000年的18.8%,2010年增加到28.9%。结构流动率增长说明,到了2010年,超过一半(28.9%/56.1%)的代际阶层地位变化是由经济发展和社会结构变迁引起的。从纯流动率看,基于社会阶层地位上下交换引发的社会流动,2000年比1990年下降了5.7个百分点,但2010年比2000年上升了10.8个百分点。纯流动在总流动中的比重,从1990年的71.2%(22.2%/31.2%),减小到2000年的46.7%(16.5%/35.3%)、2010年的48.7%(27.3%/56.1%)。因此,数据分析不支持代际流动性减弱假设③中的纯流动率减小假设,也不支持纯流动率在总流动率中比例减小假设。我们发现,与结构流动率相比,纯流动的变化不大。由于纯流动能够从根本上反映出社会地位结构对不同阶层成员的开放性,纯流动率的变化不大说明当前社会阶层结构的流动性更多地为经济发展和科技进步引起的就业结构等变化引起的,不同阶层交换社会成员形成的循环性流动尽管有了增加,但增加幅度不大,说明当前社会结构的开放性是有限的。

代内流动反映了个人职业生涯中社会地位变化状况,代内流动率越高,说明改变自身职业阶层地位的机会越多。从表3反映的情况看,1990年,82.6%的调查对象当时的职业地位与其第一次工作时的职业地位相同,2000年这一水平下降到63.6%,2010年下降到了41.3%,与此同时,职业生涯发生流动的比例相应地逐渐上升。可见,调查数据不支持代内流动性减弱假设①,随着年代的推移,代内流动率逐渐增高,到2010年,近6成社会成员与第一次工作时相比改变了职业地位。

表3　代内流动率(初职-现职)(%)

调查年份	同职率	总流动率	结构流动率	纯流动率	上升流动率	下降流动率
1990	82.6	17.5	6.5	11.0	13.3	4.1
2000	63.7	36.3	10.2	26.1	23.3	13.0
2010	41.3	58.7	16.9	41.8	39.5	19.2

从流动方向上看,职业地位上升的流动逐渐增加,2000年比1990年增加了10个百分点,2010年比2000年增加了16.2个百分点。与此同时,下降流动率也相应增加,但增加幅度比上升流动率小。2000年比1990年增加了8.9个百分点,2010年比2000年增加了6.2个百分点。可见,代内流动性减弱假设②得到了部分支持,代内上升流动并没有出现逐步下降,而是有了较大的增加;下降流动率逐渐增加,支持了代内流动性减弱假设②后半部分的假设。

从流动性质看,结构流动率和纯流动均逐渐增大,从1990年到2010年,结构流动率分别增加了3.7和6.7个百分点,纯流动率分别增加了15.1和15.7个百分点,纯流动率的增加幅度明显大于结构流动率增加幅度。从流动率绝对数来看,纯流动率均高于结构流动率,到2010年,纯流动率是结构流动率的2.5倍。这也说明,在代内流动中基于职业地位交换带来的社会流动占主流,而社会结构变迁引发的代内流动仅占不到3成。可见,代内流动性减弱假设③没有得到支持,代内纯流动率没有逐步减小,纯流动在总流动中的比重也没有逐步减小,而是出现了相反的趋势。

总的代际世袭率反映了整个社会"子承父业"的总体状况,分阶层的代际世袭率则有利于各个阶层之间的比较,从而区别不同阶层的阶层固化程度。从表3反映的情况看,从1990年到2010年,国家管理者的代际世袭率逐渐下降(由于1990年绝大部分企业仍是全民所有制,企业负责人具有干部身份,所以职业分类中没有区分国家管理者和企业负责人),到2010年出身于国家管理者家庭的调查对象,仅有4.2%仍为国家管理者,而且国家管理者的代际世袭率是所有阶层中最低的。企业负责人的代际世袭率有所不同,2000年其代际世袭率为2.1%,到了2010年这一比例提高到8.2%。随着私营企业的接班潮来临,未来企业负责人的代际世袭率还会有所提高。可见,优势阶层的代际世袭率并不一致,优势阶层的继承性增强假设得到部分支持,企业负责人的代际世袭率增高了,但是国家管理者(即党政领导干部)的代际世袭率却下降了。

我们进一步分析其他阶层的代际世袭率。表4的数据显示,从1990年到

2010 年,中间阶层的代际世袭率虽有变化,但是变化幅度并不大,基本稳定在 20% ~30% 之间,而体力劳动者的代际世袭率也基本稳定在 40% ~45% 之间。农业劳动者的代际世袭率变化较大,1990 年农业劳动者中,70.5% 的调查对象从事着与父亲一样的职业,但是到了 2010 年,这一比例下降到了 51.6%,下降了 18.9 个百分点,但是由于农业劳动者的人口基数大,这些流动出的农业劳动者阶层的人口,成为其他社会阶层尤其是城市体力劳动者阶层的主要来源。从同年代的不同阶层比较来看,代际流动总体上呈现阶层地位越高代际继承率越低的趋势,这一趋势在 2010 年的调查中表现得更为明显,除失业半失业阶层外,优势阶层的代际继承率最低,中间阶层其次,中下层代际继承率最高。这说明,当前我国优势阶层保持着较高的开放性,尤其是国家管理者阶层,国家的干部人事制度从某种程度上贯彻了社会流动的绩效原则,有利于这一阶层保持来源的多样性。

表 4　不同阶层的代际世袭率(%)

调查年份	优势阶层		中间阶层		中下层		底层	
	国家管理者	企业负责人	专业技术人员	办事人员	商业人员	体力劳动者	农业劳动者	失业半失业者
1990	7.8		28.6	20.1	18.5	45.2	70.5	13.5
2000	7.3	2.1	23.4	16.3	24.2	40.6	79.2	17.1
2010	4.2	8.2	21.5	24.1	23.9	44.3	51.6	16.1

(二)阶层界限分析

区分阶层之间的界限是阶级阶层分析的基础,韦伯强调用身份群体区分阶级共同体,维系这种共同体的界限包括生活方式、正式的教育、职业声望等[13]。马克思主义传统的阶级阶层研究更强调阶级阶层意识,马克思就强调从“自在阶级”到“自为阶级”的转变过程,视阶级意识为阶级形成的标识之一[30]。阶层固化过程也是阶层界限逐渐形成过程,这种界限既包含客观的指标和客观关系,也包括主观指标和主观关系,如相似的行为模式和意识观念、共同的利益行为和阶级行动等。本文对阶层界限的分析,主要从社会资本角度,围绕经济资源、教育资源和权力(政治)资源的占有量分析各阶层之间的差异性。同时,本文还从社会流动距离角度来认识阶层界限,阶层界限的日渐明晰并非意味着没有阶层流动,而是短距离的流动成为主流,长距离的流动日渐稀少[31]。

表 5 反映了相对于父母职业阶层地位的本人职业地位变化状况。从数据分布看,上升流动和下降流动都围绕着没有发生阶层变化(即阶层继承)状态,随着阶层距离的增加其发生阶层流动的比例逐渐减小。各年份中,阶层

继承的比例最高，其次是上升或下降了1个阶层地位的比例。1990年，上升1个阶层地位的比例占调查对象的9.1%，高于该年度发生其他阶层变化的比例；同样，2000年上升1个阶层地位的比例为14.8%，2010年为15.7%，在各地位变化的比例中均最高。各年份下降1个阶层地位的比例均低于上升1个阶层地位的比例，说明在短距离流动中，上升的流动仍是主流。但我们也发现，2000年上升1个阶层的流动比例比下降1个阶层的流动高出11个百分点，而到了2010年仅高出3.5个百分点，说明即使短距离的代际社会流动也出现了上升流动收窄的局面。进一步分析发现，代际上升了3个及3个阶层以上长距离流动的比例，1990年、2000年和2010年分别为8.0%、8.1%和9.2%，而下降了3个及3个以上阶层的流动分别为5.7%、0.6%和7.4%。2010年，长距离流动无论上升流动还是下降流动都增强了，而长距离的上升流动和下降流动的差距却在缩小，说明进入新世纪以来，我国的社会阶层流动出现了复杂的局面，短距离流动增长的同时，长距离流动也在增长，尤其是下降的长距离流动也出现了较大幅度的增长（2000年长距离下降流动为0.6%，而2010年为7.4%）。总体而言，当前的代际流动8成以上为2个和2个阶层以下（包括未发生流动）的短距离阶层流动。数据分析部分支持了阶层界限假设（1），即支持了短距离阶层流动增加的假设，但是没有支持长距离流动减少假设。

表5　代际阶层流动距离分布（本人阶层–父母阶层）

阶层距离	1990年	2000年	2010年
下降7个阶层	0	0	0.2
下降6个阶层	0.4	0	0.4
下降5个阶层	1.8	0.1	1.4
下降4个阶层	1.7	0.1	2.1
下降3个阶层	1.8	0.4	3.3
下降2个阶层	1.9	1.5	4.9
下降1个阶层	4.3	3.8	12.2
没有阶层变化	68.8	64.7	43.8
上升1个阶层	9.1	14.8	15.7
上升2个阶层	2.4	6.4	6.8
上升3个阶层	2.1	2.9	4.8
上升4个阶层	2.2	3.2	3.1

（续表）

阶层距离	1990 年	2000 年	2010 年
上升 5 个阶层	2. 8	1. 5	0. 8
上升 6 个阶层	0. 8	0. 5	0. 5
上升 7 个阶层	0. 1	0. 1	0
合　计	100. 0	100. 0	100. 0

代内流动距离（表 6）表现出与代际流动距离相似的特点，短距离流动是代内流动的主流。具体而言，1990 年、2000 年和 2010 年上升 2 个阶层以下的代内流动比例分别 8%、18. 3% 和 31. 9%，下降 2 个阶层以下的代内流动比例分别为 2. 9%、9. 3% 和 15. 6%。与此同时长距离的上升流动比例分别为 5. 3%、5% 和 7. 7%，下降的长距离流动比例分别为 1. 3%、3. 7% 和 3. 6%。可见，9 成以上代内流动为短距离或零距离（未发生阶层改变）流动。数据部分支持了阶层界限假设（2），即短距离的代内流动逐渐增加，但不支持长距离代内流动减少假设。随着时间推移，代内长距离流动和短距离流动都有了增长。同时，上升的短距离流动是代内流动的主流，但下降短距离流动增长也不容忽视。

表 6　代内阶层流动距离分布（现职阶层–初职阶层）

阶层距离	1990 年	2000 年	2010 年
下降 5 个阶层	0. 6	0. 1	0
下降 4 个阶层	0. 4	1. 9	1. 1
下降 3 个阶层	0. 3	1. 7	2. 5
下降 2 个阶层	0. 6	1. 1	3. 2
下降 1 个阶层	2. 3	8. 2	12. 4
没有阶层变化	82. 5	63. 7	41. 3
上升 1 个阶层	6. 1	13. 5	21. 4
上升 2 个阶层	1. 9	4. 8	10. 5
上升 3 个阶层	1. 9	2. 5	5. 1
上升 4 个阶层	1. 6	1. 9	1. 9
上升 5 个阶层	1. 5	0. 4	0. 5
上升 6 个阶层	0. 3	0. 2	0. 2
合　计	100. 0	100. 0	100. 0

我们从不同阶层的角度观察代际流动距离，以便比较各阶层的代际来源和阶层固化程度。以2010年的数据为例(见表7)，从方差分析看，各阶层相对于父代的阶层流动距离存在显著性差异，说明各阶层流动路径并不相同。首先，国家管理者阶层相对于其父代阶层地位平均上升了4.4个阶层，其95%置信区间为4.1~4.7，也就是说，国家管理者多数来自于比自己阶层地位低4.1至4.7个阶层地位的家庭(介于体力劳动者和农业劳动者)。数据分析显示，国家管理者阶层13.7%来自体力劳动者家庭，49.1%来自于农民家庭。同样，企业负责人平均来自于比自身阶层地位低3.2个阶层地位的家庭，专业技术人员低2.2个阶层。阶层地位变化最小的为农民，平均而言其阶层地位仅变化了0.1个阶层，说明农业劳动者阶层的继承率很高。我们同样对1990年数据和2000年数据进行分析，方差分析均表明不同阶层的代际流动距离存在显著性差异，其呈现的阶层流动规律为越是高的阶层，其跨越阶层流动的距离越大，农业劳动者阶层距离最小。这说明，社会中上层具有较高的长距离流动，其阶层来源更多为社会中下层，社会中上层对社会中下层保持了较高的开放性。

表7　2010年各阶层代际流动距离统计描述和1990年、2000年和2010年方差分析

本人阶层	N	均值	标准差	标准误	均值95%置信区间		极小值	极大值
					下限	上限		
国家管理者	213	4.4205	2.12055	0.14542	4.1338	4.7071	0.00	7.00
企业负责人	291	3.2810	1.94201	0.11381	3.0570	3.5050	-1.00	6.00
专技人员	1944	2.2081	1.94002	0.04400	2.1219	2.2944	-2.00	5.00
办事人员	1949	1.2714	1.90492	0.04315	1.1867	1.3560	-3.00	4.00
商业人员	1986	0.9190	1.59701	0.03584	0.8487	0.9892	-4.00	3.00
体力劳动者	6264	0.0530	1.50868	0.01906	0.0157	0.0904	-5.00	2.00
农业劳动者	9183	-0.1825	0.85016	0.00887	-0.1999	-0.1652	-6.00	1.00
失业半失业	3535	-1.7551	1.47816	0.02486	-1.8039	-1.7064	-7.00	0.00
总数	25364	0.1160	1.80431	0.01133	0.0938	0.1382	-7.00	7.00

ANOVA方差分析：

2010年：组间平方和32468.05，自由度7，均方4638.29，F值2347.33，显著性水平0.000。

2000年：组间平方和22231.36，自由度7，均方3175.90，F值6327.49，显著性水平0.000。

1990 年：组间平方和 23311.313，自由度 7，均方 3330.188，F 值 1932.644，显著性水平 0.000。

对不同阶层资源占有量的方差分析表明，不同阶层成员的个人年总收入存在显著性差异（1990 年、2000 年和 2010 年个人总收入方差分析显著性均小于 0.001）。同样，不同阶层受教育年限、担任班组长或村民小组长以上负责人的比例也存在显著性差异。因此，假设 2.4 得到了数据支持，各阶层在经济资源、教育资源和权力资源上存在显著性差异。数据表明，上述三种资源占有最高的阶层分别为企业负责人阶层、专业技术人员阶层和国家管理者阶层，农业劳动者阶层和失业半失业人员阶层上述资源占有量最少。

（三）流动机制分析

个人社会阶层地位获得同时基于先赋因素和自致因素，但是考察社会的开放性程度，我们所关心的是先赋因素和自致因素的确切比例问题，其中人们关注的核心是家庭背景对个人取得社会地位有多大影响，父母的社会阶层与子女的社会阶层的相关性有多大。同时中国国家主导的社会转型的国情也要求我们深入探讨改革 30 多年以来不同时期的制度安排在个人社会地位获得中是否具有恒定的影响。阶层地位相关性分析表明（如图 1 所示），从 1990 年到 2010 年，代际阶层地位的相关性经历了 U 形波动，1990 年阶层地位相关性最高，肯德尔相关系数为 0.364（显著性水平为 0.000，说明相关是显著的），2000 年代际阶层地位相关性大大降低，仅为 0.042，但父母阶层地位和子女阶层地位之间的相关性依然显著，2010 年，代际阶层地位相关性有了回升，但仍没有回到 1990 年水平。代际相关性说明，父母的阶层地位与子女的阶层地位具有高度的内在联系，也就是说父母的阶层地位显著地影响了子女的阶

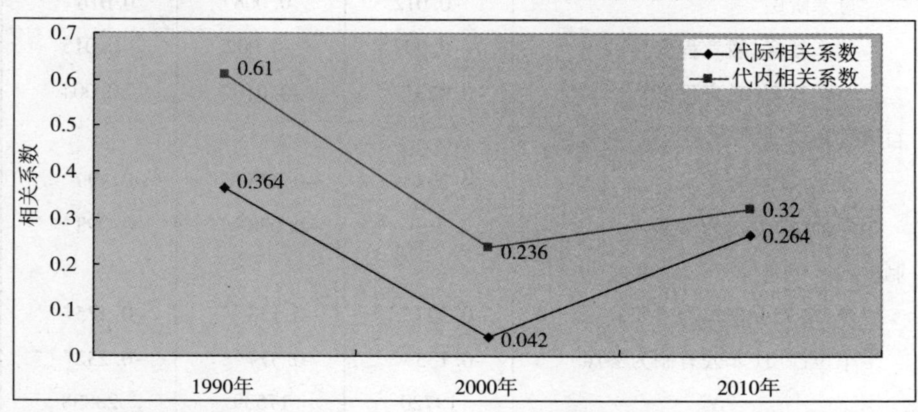

图 1　代际（父母职业–本人职业）和代内（现职–初职）阶层地位（Kendall）相关关系

**. 在置信度（双测）为 0.01 时，相关性是显著的。

层地位。总体上而言,父母阶层地位越高子女的阶层地位也越高,但就两者的相关程度而言,2010 年父母阶层地位与子女阶层地位的相关程度有所上升。代内阶层地位的相关性也表现出与代际阶层地位一致的趋势,1990 年的代内阶层地位相对较高的相关性说明代内垂直流动不多,个人职业生涯处于相同阶层地位的概率高,2000 年这一概率有了较大下降,但 2010 年,代内阶层地位相关性又有了回升。

个人地位获得的回归分析(见表 8)显示,性别和年龄对个人地位获得始终有显著的影响,但影响方向上略有变化。与男性相比,女性在获取较高职业地位上始终不具有优势;而就年龄而言,1990 年的数据表明,年龄越大越容易获得高社会地位,但 2000 年和 2010 年出现了相反的趋势。这可能的原因是 1990 年处于市场经济改革之前,在以公有制成分为主体的体制内论资排辈仍影响着个人地位的晋升。性别和年龄虽然在一些研究中视为先赋因素,但个人的性别和年龄更具有不可抗拒性,所以我们的分析作为控制变量,而它们在模型中的解释力较小,1990 年至 2010 年分别为 0.9%、1.2%和 1.8%。

表 8　个人阶层地位获得影响因素 OLS 回归分析(标准回归系数)

自变量	1990 年模型	2000 年模型	2010 年模型
控制因素			
性别(女性为参照)	-0.031***	-0.046***	-0.081***
年龄	-0.094***	0.026***	0.03***
先赋因素			
父亲阶层	0.104***	0.045***	0.049***
母亲阶层	-0.012	0.008	0.016**
父亲教育(教育程度)	-0.007	-0.002	0.015
母亲教育(教育程度)	-0.023***	-0.016*	0.004
自致因素:			
教育(受教育年限)	-0.293***	-0.225***	-0.299***
党员(非党员为参照)	—	-0.088***	-0.098***
制度因素:			
户口(农业户口为参照)	-0.327***	-0.153***	-0.175***
单位性质(非公有制为参照)	-0.135***	-0.377***	-0.232***
N	19720	17539	23838
R_2	0.428	0.473	0.422

注:***:$P<0.001$;**:$P<0.01$;*:$P<0.05$。

先赋因素中，父亲的职业地位对子女阶层地位获得始终具有显著影响。2010年，母亲的阶层地位也开始对子女阶层地位获得产生了显著影响。父亲的教育对子女阶层地位获得始终不具有显著影响，而母亲的教育在1990年和2000年都具有显著影响，但到了2010年这种显著影响消失了。我们从标准回归系数来看，1990年父亲阶层地位对子女阶层地位获得的影响力排在影响因素的第4位，2010年排在第6位。而模式解释力的R方表明，1990年，先赋性因素对个人地位获得的解释力是15.3%，2000年和2010年分别为11.3%和11.1%，解释力下降了。可见，先赋因素尤其是父亲的阶层地位对个人地位获得仍具有重要的影响，但是从不同年代的比较发现，这种影响力并没有增强，反而随着时间推移影响力有所减弱。

从自致性因素对个人地位获得的影响来看，教育对个人地位获得的影响始终是显著的。1990年模型中，教育对个人地位获得的影响程度小于户口因素（教育标准回归系数绝对值小于户口的绝对值），而到了2010年，教育成为首位的影响因素。党员身份对个人阶层地位获得的影响在2000年和2010年模型中都是显著的（1990年问卷中没有问及党员身份问题）。从模型解释力来看，自致性因素的解释力为14.6%，2000年和2010年分别为20.8%和22.8%，可见自致因素对个人地位获得的解释力逐渐增强，说明教育和党员身份对个人地位获得的影响力在提高。因此我们认为调查数据不支持流动机制假设（1），从1990年到2010年，先赋性因素对个人地位获得的影响力有所减弱，而自致性因素的影响有所增强。同时我们也应该看到，户口和单位性质对个人社会地位获得始终有显著的影响，说明国家制度安排对个人的命运仍有十分重要的影响力。

我们对2010年的数据分年龄组进行回归分析（见表9）比较。性别对不同年龄组个人地位获得都具有显著性影响，相比男性而言，女性获得高阶层地位更为不利。年龄因素对于36～55岁中年组和35岁以下青年组有显著影响，但作用方向有所不同。青年组中年龄越大获得地位越高，而中年组则相反。

表9　2010年个人阶层地位获得影响因素OLS回归分析（标准回归系数）

自变量	35岁以下	36～55岁	56岁以上
控制因素			
性别	-0.088***	-0.07***	-0.100***
年龄	-0.061***	0.034***	-0.011
先赋因素			

（续表）

自变量	35 岁以下	36～55 岁	56 岁以上
父亲阶层	0.063***	0.035***	0.069***
母亲阶层	0.022*	0.009	0.038**
父亲教育	0.01	0.016	0.005
母亲教育	0.023	−0.026**	−0.021
自致因素：			
教育	−0.343***	−0.300***	−0.262***
党员	−0.025*	−0.109***	−0.119***
制度因素：			
户口	−0.123***	−0.16***	−0.271***
单位性质	−0.235***	−0.226***	−0.255***
N	7022	13131	3703
*R*2	0.407	0.418	0.497

注：***：$P<0.001$；**：$P<0.01$；*：$P<0.05$。

先赋因素中，父亲的阶层地位对个人地位获得始终有显著影响，母亲的阶层地位在56岁以上老年组和35岁以下青年组中有显著性影响。母亲教育仅对中年组有显著性影响。从模型解释力来看，老年组中先赋因素对个人地位获得影响解释力为9.6%，中年组是9.8%，青年组是14.5%，随着年龄下降，先赋因素解释力略有增加。

自致因素中教育对个人阶层地位获得始终有显著的影响，而且在青年组中，教育的影响程度已经排在第一（标准回归系数最大），说明教育对个人地位获得的影响增强了。党员身份对个人地位获得的影响虽然在不同年龄组中都具有显著性，但是青年组中这种显著性略有下降。从模型解释力来看，老年组、中年组和青年组自致因素的解释力分别为24.1%、24.2%和19.5%，随着年龄下降解释力略有下降，但是下降主要是因为党员身份对个人地位获得的影响力减弱了，教育的作用不但没有减弱反而增强了。同时我们也看到，制度性因素中的户口因素以及是否党员等政治身份对青年组的影响力下降了（从老年组到青年组制度性因素解释力分别为12.7%、6.1%和4.8%），说明国家的制度安排和政治影响对个人命运的作用减弱了，而个人社会地位获得的影响力更集中在个人教育状况和父母的阶层背景因素上。因此，流动机制假设（2）得到了部分支持，即家庭背景尤其是父母的阶层地位对个人地位获得的影响力增强了,但是教育对个人地位获得的显著性也在增强,没有证据支持自致性因素对个人地位获得的影响力下降了。

六、结论与讨论

当前社会阶层流动的复杂图景让我们很难一言蔽之地概括社会阶层结构的现状与趋势。人们总是会问:当前社会阶层固化了吗？最简单的回答为:没有足够证据表明当前社会阶层固化了,社会结构仍保持着足够的开放性,但是一些情况也表明,社会阶层有固化的趋势。

首先,相较于改革开放之初,当前的社会阶层结构开放程度大幅提高了。最为明显的证据是社会总流动率有了大幅提升,与之相对应,社会继承率大幅下降,到了2010年,将近6成社会成员不再与父母从事同一职业,其中有将近6成流动到比父母职业地位更高的阶层。代内流动也呈现这种趋势,1990年仅有不到2成的社会成员相比第一份工作改变了其职业地位,但是到了2010年这一比例达到了近6成,其中2/3实现了上升的流动。这些研究与国内一些学者的实证研究相印证,如张翼对2008年中国社科院的中国综合社会调查数据的分析肯定了社会结构开放性的趋势[24],杨建华对浙江的研究也肯定了社会系统的开放性[23]。尤其应当指出,社会上层具有更高的开放程度。无论是国家管理者阶层还是企业负责人阶层,9成以上来自其他阶层家庭,其代际世袭率明显低于其他阶层。就其流动趋势而言,1990年以来国家管理者的世袭率大幅降低,企业负责人世袭率有所增长,但也仅为8.2%。从优势阶层的来源看,以2010年为例,近6成的国家管理者和近5成企业负责人来自社会中下层(体力劳动者、农业劳动者和失业半失业人员阶层)家庭。从影响社会流动的因素上看,家庭背景等先赋因素对于个人社会地位获得尽管仍有着显著的影响,但是相比较1990年,这种影响力有所下降,人们更多地依靠自身努力来实现社会地位的晋升。与此同时,社会制度对个人地位获得尽管仍具有显著影响,但是它对个人命运的羁绊开始松动,政治身份和户口性质对青年人阶层地位获得的影响力开始下降。这些迹象表明,当前社会结构仍保持着较高的开放性,这种开放性为当代青年提供了实现阶层地位理想的机会,尤其是社会上层的开放性,为出身社会中下层的社会成员提供了努力晋升其社会地位的机会。

其次,在肯定社会阶层结构开放性的同时,我们应该敏锐地意识到社会阶层结构出现了封闭的趋势。这些证据包括:

（一）社会流动中上升的流动增长缓慢而下降的流动出现了较大幅度的增长

2000 年下降流动仅占总流动的 17%，而 2010 年这一比例增长到了 43.9%，而且下降流动出现了中层“下流化”和下层边缘化趋势[8]。尽管数据显示优势阶层有最高的向下流动率，但是这些阶层多数流动到社会中间阶层。由于社会优势阶层的人口比例较少，他们的向下流动对整个社会阶层结构的影响不大，而中间阶层向下流动和中下阶层向底层的流动，则会改变整个社会结构，造成庞大的底层群体和中间阶层的空心化。

（二）纯流动在总代际流动中的比重有所减小

纯流动是社会阶层本身封闭或开放程度变化造成的阶层流动，反映了社会流动中机会均等在各阶层中的分布状况。1990 年，社会流动中 7 成以上是纯流动引起的，而到了 2010 年，纯流动仅占 4 成多，与此同时，结构性流动引发的社会流动有了较大的增长。许嘉猷把结构性流动的原因分为经济因素和非经济因素，就经济因素而言，经济发展是导致结构性社会流动的主因；非经济因素主要是政治机构和社会政策，另外教育机会的增加和阶级距离的缩短也被认为是影响结构性社会流动的非经济因素[32]。实际上，改革开放以来我国工业化、城镇化对社会结构最直接的影响是社会就业结构的重组和升级，尤其是我国加入世界贸易组织，出口导向型经济对大量非技术劳动力的需求，直接导致了当今世界上最大规模的人口流动——超过 2 亿农民工游走于城市和乡村之间。而从农业劳动者向体力劳动者的职业地位上升也成为当前最大规模的职业地位变迁。以 2010 年为例，48.1% 的农业劳动者家庭出身的社会成员不再从事农业劳动，其中绝大部分流动为城市体力劳动者和商业人员，从而实现了上升的职业地位流动。此外，十多年以来，随着国内产业结构升级和高等教育大众化，技术性和非体力劳动职业快速增长也为社会成员提供了更多的社会流动机会。结构性流动是以非对称形式发生，它依赖于社会结构调整尤其是产业结构升级创造出新的职业地位空间，因此当社会结构变迁的速度放缓，结构性流动就会减小，这时纯流动对于社会结构保持流动活力就显得意义重大。当前，西方国家金融危机对我国经济的影响还未消除，国内产业升级遭遇到瓶颈，从劳动力密集到资本技术密集的转型以及第三产业的扩展比预想更为困难，国内经济发展将进入低速发展的“新常态”，这使得经济发展持续不断地提供民众向上流动机会的能力在减弱，社会结构变迁滞后对流动机会的制约作用就凸显了出来，如果纯流动不能有相应的增长，人们对上升流动的预期就会现实发生冲突，从而感受到社会阶层日益固化了。

(三)阶层界限日益明晰

这突出表现在社会流动率虽然增长了,但是这些社会流动越来越聚集于短距离的流动。社会流动距离的短化使跨越阶层边界的流动越来越困难,社会结构渐渐形成了体力劳动者和非体力劳动者、体制内劳动者和体制外劳动者的区隔,而且短距离的流动多发生在这些区隔了的群体内部。以2010年为例,国家管理者阶层来自本阶层、专业技术人员和办事人员(包括公务员)家庭的比例仅3成,而这一比例在2000年仅有不到1成。如果我们分体制内和体制外(工作单位类型为党政机关/人民团体和事业单位为体制内),2010年,国家管理者来自上述三个阶层的比例达到了5成。此外,流动方向上也值得关注,相比于2000年,上升的短距离流动仅是略有增加而下降的短距离却有较大的增长,如果如帕金所说,无论上升还是下降,短距离的社会流动有利于形成"社会文化缓冲带"从而大大缓解社会紧张和社会不适应的话[31],那么代际流动中长距离下降流动的增长是否应该引起我们的警惕?社会阶层界限明晰化的另一表现为不同阶层的社会资本差异性显著。我们的分析表明,在客观化的社会资本指标中,经济资本、教育(文化)资本和权力(政治)资本在不同阶层之间的分布差异性明显,国家管理者阶层、企业负责人阶层和专业技术人员阶层在三种资本的拥有量上存在着优势。布尔迪厄特别强调资本的再生性,他以文化资本为例,新的社会阶层会使文化资本再生产出文化资本,以使自己的文化价值体系合法化、特权化[33]。不同阶层在资本类型和数量拥有上的差异,影响了其运用资本维护自身阶层利益的能力,尤其以文化资本为标识的生活方式、消费观念以及价值观等因素,深化了阶层之间的界限。

(四)子女的社会阶层地位与父母的阶层地位相关度有所提高

尽管相比于1990年,子女的阶层地位与父母阶层地位相关度减小了,但与2000年相比还是有较大程度的提高,也就是父母处于较高的社会阶层地位,其子女处于较高阶层地位的可能性更大了。在影响个人职业地位获得的因素中,家庭背景的影响水平随着年代推移虽略有下降,但其影响一直都显著,尤其是父亲的社会阶层地位。而对于青年人而言,虽然教育等自致性因素对个人阶层地位获得的影响在增强,但家庭背景的作用也增强了。可见,阶层固化所强调的家庭背景对子代社会地位获得的影响在改革之后一直没有消失,对于年轻人反而有所强化。尽管制度限制对于青年人的社会流动有所减弱,教育的作用日益重要,但是在贫富差距逐渐扩大、阶层矛盾日益突出、社会结构深层调整的今天,家庭背景的作用更容易受到人们关注并被一些媒体和学者放大。

本文的研究还存在一些不足，上述对阶层固化的判断仅分析了其主要方面，有一些影响阶层固化的细节还有待于深入的分析，比如对教育获得的分析。正如李煜强调，现代社会教育成为代际继承或流动的中介，成为不平等传递的主要途径[34]。那么教育作为自致性因素在个人社会阶层地位获得中扮演着越来越重要作用的同时，教育获得本身又多大程度上受到家庭背景的影响呢？其次，对于阶层界限的判断，本研究仅在社会流动距离和社会资本含量基础上做出判断，但是对于韦伯所强调的身份地位状态下相同身份地位人的行为模式、意识形态，以及阶层阶级意识和阶层阶级行动等方面的研究还需要进一步开拓。此外，阶层固化还不是一个严格的社会学术语，它更多地来自于人们对现象的直接感受和简单判断，因此从社会学视角规范对这一主题的研究还有待于更多的研究加入进来。

参考文献：

[1] 白天亮，曲哲涵．向上流动的路怎样才畅通[N]．人民日报，2010-09-16.

[2] 易艳刚，分配正义与阶层固化，新华每日电讯，2010-5-17.

[3] 杜安娜，我们向上流动的路越来越窄？广州日报，2010-11-3.

[4] 蔡志强，社会阶层固化的成因与对策[J]．学习时报，2011，(6)

[5] 辛明等，防止“阶层固化”促进社会流动[J]．时事报告，2011，(11).

[6] 寒门子弟向上通道越来越窄[N]．人民日报，2011-8-28

[7] 李煜，藉流动机会公平分配打破“阶层固化”[N]．文汇报，2011-9-5.

[8] 熊志强，当前青年阶层固化现象及其原因探讨[J]．中国青年研究，2013，(6).

[9] 杨继绳，张弘．正在固化的社会阶层[J]．社会科学论坛，2011，(11)：128-136.

[10] 顾骏：阶层固化：中国社会面临的现实挑战[N]．文汇报，2011-4-11.

[11] 刘宏伟 刘元芳，基于社会资本视角的阶层固化剖析[J]．天府新论，2012，(6).

[12] 汪慧，王冲．阶层固化背景下底层青年的“中国梦”[J]．当代青年研究，2014，(1).

[13] 李强，社会分层十讲[M]．北京：社科文献出版社，2011.

[14] 李煜，代际流动的模式：理论理想型与中国现实[J]．社会，2009，(6).

[15] 刘精明．国家、社会阶层与教育——教育获得的社会学研究[M]．北京：中国人民大学出版社，2005.

[16] [澳]马尔科姆·沃特斯．现代社会学理论[M]．北京：华夏出版社，2000.

[17] 李路路．再生产的延续[M]．北京：人民大学出版社，2003.

[18] 李路路，边燕杰．制度转型与社会分层：基于 2003 年全国综合社会调查[M]．北京：中国人民大学出版社，2008.

[19] 边燕杰．市场转型与社会分层：美国社会学者分析中国[M]．北京：生活．读书．新知三联书店，2002.

[20] 郑辉，李路路．中国城市的精英代际转化与阶层再生产[J]．社会学研究，2009，(6).

[21] 李春玲．断裂与碎片　当代中国社会阶层分化实证分析[M]．北京:社科文献出版社,2005.

[22] 李煜．家庭背景在初职地位获得中的作用及变迁[J]．江苏社会科学,2007,(9).

[23] 莫艳清,杨建华．市场转型中的社会流动与内在机制:1978—2011——来自浙江省居民社会流动问卷调查的实证分析[J]．浙江学刊,2013,(2).

[24] 张翼．中国社会阶层结构变动趋势研究——基于全国性CGSS调查数据的分析[J]．中国特色社会主义研究,2011,(3).

[25] "重庆市社会阶层状况调查分析"课题组．社会阶层结构、社会流动与社会和谐:自重庆观察[J]．重庆社会科学,2009,(9).

[26] 李路路．再生产与统治——社会流动机制的再思考[J]．社会学研究,2006,(3).

[27] 李煜．婚姻匹配的变迁:社会开放性的视角[J]．社会学研究,2011,(4).

[28] 哈罗德 R. 克博．社会分层与不平等:历史、比较与全球视角下的阶级冲突[M]．蒋超等译．上海:上海人民出版社,2012:409.

[29] 李路路．当代中国城市社会结构:现状与趋势[M]．北京:中国人民大学出版社,2004:20.

[30] 马广海．存在,认同与冲突:转型期我国社会的阶层意识概览[J]．山东社会科学,2011,(5).

[31] Parkin, Frank. 1971. class, inequality and political order: social stratification and communist societies[M]. London: MacGibbon & Kee Ltd..

[32] 许嘉猷．社会阶层化与社会流动[M]．台北:三民书局,1986.

[33] 陈爱国．论布尔迪厄文化资本的形态构造[J]．学术论坛,2006,(6).

[34] 李煜．制度变迁与教育不平等的产生机制——中国城市子女的教育获得(1966—2003)[J]．中国社会科学,2006,(7).

十七届四中全会以来民营企业党建工作难点述评

——兼论全面深化改革时期民营企业党建工作的顶层设计

毛启蒙

摘　要：十七届四中全会以来，各级党委围绕中央关于深化经济体制改革、推进非公经济党建工作的总体要求，积极探索和推进民营企业党建工作，取得了丰富的实践经验和理论成果，为全面深化改革时期助推民营企业党建工作的顶层设计，提供了经验智识的准备和支撑。通过分析十七届四中全会以来关于民营企业党建工作的研究成果，梳理民营企业党建工作中存在的难点问题，从中提炼非公企业党建工作的顶层设计思路，探讨相关思路对安徽经济社会发展、全面深化改革的启示，可能是具有一定意义的。

关键词：民营企业；非公经济；党建工作；研究述评；顶层设计

2009年9月，十七届四中全会通过《中共中央关于加强和改进新形势下党的建设若干重大问题的决定》(以下简称《决定》)提出，将“抓紧在非公有制经济组织建立党组织”作为党在新形势下加强基层组织建设的重要工作，《决定》同时要求，非公有制经济组织“要围绕贯彻党的方针政策、引导和监督遵守国家法律法规、团结凝聚职工群众、维护各方合法权益、促进健康发展等职能探索发挥作用的途径和方法”，积极做好非公有制经济组织的党员发展工作，选配好党组织负责人。2012年5月，中央《关于加强和改进非公有制企业党的建设工作的意见(试行)》(以下简称《意见》)中提出，“非公有制企业党组织是党在企业中的战斗堡垒，在企业职工群众中发挥政治核心作用，在企业发展中发挥政治引领作用”。从《决定》到《意见》，标志着非公经济党建工作成为新形势下党巩固和加强执政基础建设、促进非公有制经济健康发展

作者简介：毛启蒙，男，中国人民大学国际关系学院政治学系博士研究生，安徽省合肥庐阳工业区管委会。

的重要领域。在非公经济中,民营企业是中国特色社会主义市场经济的重要力量和突出代表。2014 年 1 月,安徽省委关于全面深化改革的意见进一步指出,要把发展民营经济摆上更加重要的战略位置,同样也对民营企业党建工作提出了要求,如何将党的组织优势和群众基础转化为民营企业改革发展的动力,增强安徽经济社会战略发展的活力,对于新形势下加强安徽非公企业党建以及经济社会发展研究,将具有一定的意义。

一、民营企业党建工作存在的问题

民营企业是我国非公经济的重要组成部分,与传统国有企业在所有制形式、产权结构和运营管理机制等方面存在显著差异。这种特点使得民营企业党建工作甫一出现,就面临着党建工作如何"嵌入"的张力和冲突问题。十七届四中全会以来,民营企业党建工作在中央有关政策精神统领下,取得了许多积极、创新而有益的工作经验,基本实现了从消灭党建盲点、建章立制到深化发展的阶段转轨,但也根据全面深化改革的要求顶层设计民营企业的党建工作提出了一些新的问题。一方面,具体实践与改革发展要求之间还存在一定的差距,"与民营经济规模的迅速膨胀和社会的快速发展相比","无论在广度上还是在力度上都已经严重滞后,有许多问题亟待解决"[①];另一方面由于议题的交叉性,理论界实务界就党建论党建,缺乏从企业管理的理论和方法方面来研究企业党建[②]的现象还部分存在。具体来说,有以下几个方面:

(一)民营企业党建工作与民营企业主观认知之间的张力

民营企业党建工作的"相对外部性"特质是造成企业不重视、甚至疑惧心理的主因。基于"经济人"假设的效益最大化,是民营企业的根本目标,而党建作为非生产经营性活动,二者之间的张力很容易转化为民营企业对党建工作的排斥、不重视、不支持或疑惧心理,而恰恰又是企业主的态度"对非公有制经济组织能否顺利开展活动起着决定性作用"[③]。

一是"不重视说"或"无用论":朱志发现,一些民营企业存在"重经济,轻思想政治建设,一切以经济效益为首,对能够带来间接经济效益的非生产经

① 魏利霞. 民营企业党建工作存在的问题及解决思路[J]. 中共山西省委党校学报,2010,(3):35.

② 张永明. 非公有制经济组织党建科学化研究[M]. 杭州:浙江大学出版社,2011:14.

③ 张永明. 非公有制经济组织党建科学化研究[M]. 杭州:浙江大学出版社,2011:118.

营活动认识不足”的现象[①]。二是“成本说”或“负担论”:如王慧在重庆调研发现,“无法保障党组织的活动经费”是民企党组织基础条件薄弱的首要特征[②],还有企业主认为“党组织开展活动会占用时间、人力、财力”[③]。三是“关系说”或“意图不明论”:民营企业不清楚党建工作目的,担心党组织与生产经营管理产生冲突,“担心在企业内建立党组织后难以处理好双方关系”,“会给企业的正常生产和经营管理带来麻烦,得不偿失”[④],还有人认为建立党组织是对自己的“监督”“限制自由”等;四是“不稳定说”:如魏利霞说,“有的民营企业主认为企业人员更新快,队伍不稳定,建立党组织无实际意义”[⑤]。

(二)理论界实务界对民营企业党建工作的功能定位模糊

民营企业党建工作的功能定位,直接关系到党组织的工作方向和重点定位。一些企业尽管建立了党组织,也得到了企业主的支持,但不知道该做什么,成为党建工作“边缘化”的原因之一。透过近年来关于民企党建工作功能定位的研究,我们可以发现,功能定位模糊、党组织书记“人人都清楚,但个个都难以说明白”[⑥]的现象还比较突出,从某种意义上来说,定位问题实际上已经成为制约民营企业党建工作的“瓶颈”[⑦]。具体分析相关说法,呈现出两种面向:一是中央对包括民营企业在内的非公经济党建工作功能的定位,经历了不断完善的过程;二是理论界实务界的说法不一而足,主要有以下几种:

(1)“核心说”:即党组织在“企业中”发挥政治核心作用抑或是“企业职工中”的政治核心作用[⑧]。如红旗出版社出版的非公有制企业党建工作教材将非公党组织界定为“党联系党员和职工群众的桥梁和纽带,是党在非公有制经济组织和社会组织的战斗堡垒,是职工群众的政治核心”[⑨]。(2)“维权

---

① 朱志.党的建设是民企发展的助动器——浅谈民营企业党建工作[J].经济师,2010,(7):284.

② 王慧.关于民营企业党建工作的调查与思考——以重庆市民营企业为例[J].探索,2011,(6):37.

③ 本书编写组.最新非公有制经济组织和社会组织工作操作方法与创新实务[M].北京:红旗出版社,2013:27.

④ 魏利霞.民营企业党建工作存在的问题及解决思路[J].中共山西省委党校学报,2010,(3):35.

⑤ 魏利霞.民营企业党建工作存在的问题及解决思路[J].中共山西省委党校学报,2010,(3):35.

⑥ 曾志伟.最新非公有制经济组织和新社会组织党务工作规程方法与案例启示[M].北京:人民出版社,2011:8.

⑦ 张永明.非公有制经济组织党建科学化研究[M].杭州:浙江大学出版社,2011:6.

⑧ 张永明.非公有制经济组织党建科学化研究[M].杭州:浙江大学出版社,2011:85.

⑨ 本书编写组.最新非公有制经济组织和社会组织工作操作方法与创新实务[M].北京:红旗出版社,2013:12.

说”:如韩冬雪结合沙钢党建经验认为,民营企业中党组织的作用要“以工人利益代言人的身份,维护企业中生产者的各项利益”,“党的一个重要任务,就是维护劳动者的现实利益和根本利益”①。(3)“软实力说”:如谢健和王传志在对温州调研基础上提出,党建有助于提升包括企业创新力、文化力以及和谐力在内的软实力②;高国舫提出非公党建引领企业文化建设,是非公党建发展的第三波③。(4)“人才说”:如王晓丽提出以上海多媒体产业园为代表的“人才型党建模式”,强调以产业导向集聚人才,人才集聚提升产业,进而形成“人才+党建”队伍,增强了党组织的凝聚力④。(5)“引导服务促进说”:强调民企党组织引领企业发展方向、服务企业转型升级,以促进企业发展效益来评价党建工作,如刘如光认为,“企业搞得好不好才是衡量、检验企业党建工作好与差的根本标准”⑤。通过理论界、实务界关于民营企业党建工作的功能定位,造成民企党建工作探索,事实上是一种“摸着石头过河”的逻辑。

(三)民营企业党建工作与企业运营管理体系的“脱嵌”现象

民营企业党建工作与企业运营管理体系的“脱嵌”,是影响党建工作绩效的重要原因。民营企业不同于国有企业或集体所有制企业,确保国有资产保值增值、“党管干部”和“双向进入、交叉任职”等原则,基本不适用于民营企业,党组织在企业中“一般没有制度化的安排,党的工作已由国有、集体企业的‘内在要素’演变为一种‘外在要素’”⑥。王世谊也提出,“业主与党务工作者在企业制度安排中处于雇佣与被雇佣的关系,制度动力的不够完善是制约非公有制经济组织中党组织发挥作用的重要原因”⑦。因此,这就引出了党建工作与民企生产运营管理体系“嵌入”的问题。初明利就明确指出,“民营企业党建最突出的问题是未能与企业经济活动紧密结合,特别是在公司治理中位置‘缺失’,导致出现民营企业党组织‘边缘化’现象”⑧。

从相关研究来看,“脱嵌”的现象主要有以下几个方面:一是决策参与的问题,即党组织以何种形式参与企业管理决策。比如魏利霞说,在民营企业

---

① 韩冬雪. 民企党组织如何定位[J]. 人民论坛,2011,(22):65.

② 谢健,付映杰. 民营企业党建与企业可持续发展研究——基于温州34家民营企业的调查[J]. 中共福建省委党校学报,2013,(2):27-29.

③ 高国舫. 非公党建发展第三波——非公党建引领非公企业文化[J]. 长白学刊,2013,(3):64.

④ 王晓丽,孙祎. 非公党建工作创新模式比较研究[J]. 中国劳动关系学院学报,2012,(5):86.

⑤ 刘如光. 民企党建要重视过“五关”[J]. 上海企业,2011,(11):19.

⑥ 张永明. 非公有制经济组织党建科学化研究[M]. 杭州:浙江大学出版社,2011:1-2.

⑦ 王世谊,方世南. 苏南发达地区非公有制经济组织党建运行机制研究[J]. 苏州大学学报(哲学社会科学版),2010,(6):13.

⑧ 初明利. 嵌入公司董事会的民营企业党建机制创新研究[J]. 兰州学刊,2011,(4):1.

中,"重大问题决策权、生产经营指挥权、人财物分配权等都掌握在企业主手里,客观上给党组织履行职责带来了困难"①;尽管也有部分民营企业在"潜入"上取得了比较好的效果,如三一、沙钢集团等,都提到了企业采取推荐优秀党员进入决策层、党委领导班子与管理决策班子交叉兼职等做法②,但他们在企业主经历、转制形式等方面的独特性,决定了其经验具有一定的不可复制性。二是党建与生产经营的关系问题:一些调研发现,党组织活动与企业生产经营之间的节奏问题,往往由于企业生产节奏快,党建工作的时间与场地安排经常与生产经营相冲突。

(四)民营企业党建工作的自身建设中仍存在一些问题

党组织建设是"非公有制经济组织党的建设的根本保证"③,党建工作与企业经营管理的"脱嵌",归根结底在于自身建设存在的问题。通过梳理相关研究可以发现,党组织建设自身问题主要体现在以下几个方面:

一是党性意识弱化、个人意识强化、思想观念僵化、组织观念淡化④,造成了组织管理难的问题。如一些学者就说,国企下岗党员职工在民企工作的"暂时""身在曹营心在汉""脚踏两只船""党内只有义务,没有权利""党内不如党外""端人家碗,受人家管"导致"理不直、气不壮、腰杆子不硬"的现象或心理,农民党员流动性大以及党员职工担心企业主对党员有偏见而做"地下党员"等⑤。王慧在重庆的调查中也发现,社会多元价值和"经济人"意识导致他们对党组织活动漠不关心⑥,张永明也发现,党员流动性大导致了党员数量"朝增暮减"⑦现象,各种形式的"挂名支部""空壳支部""家族支部""流动支部"等问题比较突出。

二是民企党务工作者队伍素质参差不齐,党建工作绩效存在"因人而异""人走茶凉"的现象。"党组织能否赢得业主的尊重和信赖,在职工群众中有

---

① 魏利霞.民营企业党建工作存在的问题及解决思路[J].中共山西省委党校学报,2010,(3):35.

② 参见韩冬雪.民企党组织如何定位[J].人民论坛,2011,(22):65.

③ 张永明.非公有制经济组织党建科学化研究[M].杭州:浙江大学出版社,2011:68.

④ 曾志伟.最新非公有制经济组织和新社会组织党务工作规程方法与案例启示[M].北京:人民出版社,2011:240.

⑤ 参见魏利霞.民营企业党建工作存在的问题及解决思路[J].中共山西省委党校学报,2010,(3):36;张永明.非公有制经济组织党建科学化研究[M].杭州:浙江大学出版社,2011:120;本书编写组.最新非公有制经济组织和社会组织工作操作方法与创新实务[M].北京:红旗出版社,2013:28,等等.

⑥ 王慧.关于民营企业党建工作的调查与思考——以重庆市民营企业为例[J].探索,2011,(6):37.

⑦ 张永明.非公有制经济组织党建科学化研究[M].杭州:浙江大学出版社,2011:83.

没有威信和号召力,关键取决于党组织有没有一支高素质的党务工作者队伍"[①]。但是,尽管近年来各地党委围绕民营企业党务工作者的培养花了很多精力财力,但这支队伍的建设还存在一些问题,如张永明认为,部分地区非公经济组织党务干部配备大大落后于地方经济增长与企业发展,存在重使用轻培养现象;整体文化素质不高、年龄偏大、工作主动性不强等现象比较突出[②],影响了民企党务工作队伍的建设和发展。

三是工作经验缺乏,活动载体少、工作开展乏力。正如刘如光所说,"民企竞争压力大,工作、生产时间难以安排党的活动,党内生活质量难免不受影响"[③]。具体而言,"在相当多的中小民营企业中,党组织工作的主要内容是组织党员学习、收缴党费、研究党员发展问题",在自身建设、定位、履职以及围绕经营管理开展工作、协调与企业主关系方面缺乏经验[④],这也是贯穿近年来民企党建工作中的主要问题。

(五)民营企业党建工作仍缺少有效的指导和管理

由于民营企业在经济性质和管理方式的特殊性,因此,民营企业党建工作的组织指导和管理体系也因地因企而异。尽管十七届四中全会以来,各地围绕加强非公企业党组织建设就相关联络、管理和指导机制等问题进行了许多探索,形成了许多不同的经验,但是,在具体的工作中,也存在一些问题。

一是主管党组织不够重视,有效的工作方式方法比较缺乏。如周晓华指出,"一些单位和部门对加强非公企业党建工作重要性认识不足,未纳入议事日程,工作抓得不紧,推进力度不大。尤其是在国有企业改制进程中,上级主管部门往往只注重企业经营机制的转换,对党组织建设有所忽视,不能保证党建工作的连续性和稳定性"[⑤]。初明利也指出,"民营企业基层党组织与上级党工委之间往往是松散的工作关系,容易出现工作目标不清,管理职责不明,缺乏拓展党建工作新领域的主动性和创新性等问题"[⑥]。

二是民营企业所在地党委的"两撤"现象还存在,即"撒胡椒面"式组建,组建以后"撒手不管"。党建指导联络机制形同虚设,"只开花不结果"、组织

① 本书编写组. 最新非公有制经济组织和社会组织工作操作方法与创新实务[M]. 北京:红旗出版社,2013:90.

② 张永明. 非公有制经济组织党建科学化研究[M]. 杭州:浙江大学出版社,2011:86-87.

③ 刘如光. 民企党建要重视过"五关"[J]. 上海企业,2011,(11):18.

④ 魏利霞. 民营企业党建工作存在的问题及解决思路[J]. 中共山西省委党校学报,2010,(3):35.

⑤ 周晓华. 非公有制企业党建情况调查与思考——以佳木斯为调查对象[J]. 人民论坛,2011,(3):226.

⑥ 初明利. 嵌入公司董事会的民营企业党建机制创新研究[J]. 兰州学刊,2011,(4):1.

涣散等问题比较突出。从十七届四中全会以来,各地围绕如何建、怎么建民营企业党组织形成了比较深入的认识,属地管理、行业管理、部门管理、条块交叉管理等模式基本形成,但是围绕建完之后怎么指导,还存在一些问题。魏利霞也指出,“一些民营企业虽然建立了党组织,但由于其隶属的上级党组织对民营企业的特点缺乏了解,工作重点难以放在对民营企业党建工作的指导和帮助上,导致一部分民营企业党组织处于‘孤军作战’的局面”①。

由此,归结来说,十七届四中全会以来,尽管民营企业党建工作在基本组织规程、指导管理体制机制方面相对于以往取得了发展和改进,但在两个面向上的问题还比较突出:一是党建工作自身相对于企业发展的滞后性和“脱嵌”,由此衍生的是得不到企业重视、无法有效发挥作用等问题;二是民营企业党建工作经验仍然缺乏,特别是指导管理以及中小型民营企业的自身建设方面,表现出来的党员意识薄弱、流动性大、难管理、工作难开展等问题还显突出。

二、全面深化改革形势下加强民营企业党建工作的建议

全面深化改革,关键在于推进顶层设计。2013 年 11 月,党的十八届三中全会通过《中共中央关于全面深化改革若干重大问题的决定》指出,“公有制经济和非公有制经济都是社会主义市场经济的重要组成部分,都是我国经济社会发展的重要基础”;“鼓励非公有制企业参与国有企业改革,鼓励发展非公有资本控股的混合所有制企业,鼓励有条件的私营企业建立现代企业制度”。因此,如何结合当前安徽改革发展的实际,充分发挥以民营企业为代表的非公经济在全面深化改革中的作用,关键之处在于从国家治理现代化的顶层设计出发,为民营企业党建工作提供更为有利的制度环境和观念舆论氛围。

(一)既要加强党建工作“嵌入”企业运营管理体系,更要通过体制制度创新探索民营企业“嵌入”国家治理体系

十七届四中全会以来,面对民营企业党建工作存在的企业主重经济轻党建、党建工作与企业经营管理“脱嵌”、党建工作缺乏有效指导管理等问题,各地各级党委做了比较多的工作,比如通过增加和扩大民营企业的党代表、人大代表、政协委员、妇联、共青团推选界别,使民营企业主更多地通过参与来逐渐认知和认同党建工作的意义,期望通过民营企业主“嵌入”党和国家治理

① 魏利霞.民营企业党建工作存在的问题及解决思路[J].中共山西省委党校学报,2010,(3):36.

体系，反向推动党建工作“嵌入”民营企业，其成效在近年来也是有目共睹的。

然而，这种做法在实践中也存在一些问题，如许多地方出于招商引资、增加税收收入等考虑，对民营企业依税收贡献和企业规模评价和“奖励”的色彩还比较浓，民营企业主感觉在参政议政机构，“戴有色眼镜看人”的现象还存在：一方面导致有些民营企业主感觉自己是“纳税大户”才有了这些“荣誉性职位”，在参政议政中自然会存在重形式、走过场的现象；另一方面在话语权以及更多涉及企业的办事流程中，与国有企业相比仍有一种“非亲生”的“不公平感”，即便有参政议政的积极性，但还是会觉得“低人一等”。这些都有可能影响他们对企业党建工作的态度和看法。

因此，这就要求从体制制度的顶层设计出发，立足安徽实际，为民营企业主创造与中央全面深化改革的要求相适应的政治参与空间。从以往简单以纳税多少、企业大小为标准向全面考量民营企业主的政治素质、经济效益和社会效益转变。对政治素质高、企业绩效好、社会责任履职好的民营企业主，可以通过相应的体制制度创新，纳入党政领导干部信息库、地方经济发展咨询专家库、国有和集体企业领导干部储备库。例如，上海、广西南宁等地近年推行民企等“两新组织”与政府机关交叉挂职的做法，取得了一些经验。但从实际绩效的认定上，还需要深化转变思路，一是淡化给干部履历“贴金”“攒资历”的色彩，从培养党政干部向更加注重服务于企业发展、解决企业实际问题转变，让真正能在第一时间第一现场为企业解决合理需求和现实问题的干部走进企业，切实打造服务型政府；二是进一步推动民企高管等新社会阶层到政府担任领导职务，发挥他们在安徽经济建设热潮和具有一线工作经验的优势，请他们直接参与地方经济发展计划、“十三五”规划、经济科技开发区转型升级、改革发展规划的制定实施过程中，以他们的实践经验完善政府服务于经济社会发展的体制机制，做到给职给权。

通过体制制度创新探索民营企业“嵌入”国家治理体系，其实质就是要反向推动民营企业主动将党建工作“接纳”为企业经营管理的构成部门，逐步打破国有企业、民营企业在经济社会权力利益格局上固化的藩篱，疏通经济主体与市场经济监管者之间在观念文化形成上的隔阂，在政治社会各个领域培育不论企业是姓“国”还是姓“民”，都是中国特色社会主义市场经济建设者的观念，努力培育平等竞争的市场经济环境，进一步巩固和提高市场在安徽各地经济社会发展中的决定性地位，以市场主体与政治参与的效能感，转换为民营企业主对自己在全面深化改革进程中政治地位的认同感，从而在观念上重新正视党建工作在企业发展、维护权益方面的功能，将其作为企业日常的工作来抓。

(二)既要做好民营企业党建指导管理工作,更要从党员培养发展的入口上输送好民营企业的党员队伍

十七届四中全会以来,民营企业党建工作存在的问题,一定程度上也源于指导管理体系功能的“缺位”和“错位”。在中央关于加强非公经济党建工作的政策要求下,各地各级党委加快了党组织建立的步伐,但“撒胡椒面”“遍地开花不结果”的现象还存在,围绕如何切实发挥非公企业党组织的职能,各地各级党组织通过配备专职副书记、建立党建联络员指导员制度,非公企业党组织通过开展“党员示范岗”“党员示范车间”“党员绩效评价”,以及“党建岗位”有党员、技术攻关有党员、困难面前有党员、党员身边无事故、党员身边无次品、党员身边无违章等主题实践活动[①],也都取得了一些实效。

但是,指导管理中存在的人员兼职性质仍然在一定范围和程度上影响了民营企业党建工作的开展,党建、团建、工会、妇联“一人抓,多面手”的现象比较普遍,加之民营企业党员队伍参差不齐,这就更加要求从顶层设计出发,在民营企业党员输入“入口”前端上下功夫。可以看到,我国社会长期存在职业选择“体制内”的倾向,也是影响民营企业党建工作的社会原因。一方面是大量国企下岗职工与农民工是民营企业用工的主要来源,另一方面是“唯体制内成功论”渗透于许多大学毕业生的就业观念中,这也导致民营企业党员力量长期参差不齐、后继无人、党务工作者队伍建设乏力的现象。

因此,在全面深化改革的新时期,应从社会观念氛围出发,抓好氛围营造和观念重塑:一是从促进全省大学毕业生就业工作出发,发挥大学生文化水平较高、接受思想政治教育时间长效果好的优势,不仅要鼓励省内高校优秀党员毕业生到基层去,也要鼓励他们到数以千万计的民营企业等非公经济中去发光发热,各级各类教育主管部门、共青团组织及学校,在转变观念的同时,可以在党员培养发展、共青团员意识教育、社会实践活动中,增加非公企业党团员履职尽责教育内容,扩大青年学生到民营企业开展社会实践的覆盖面。

二是加强民营企业党建工作的理论经验研究和舆论宣传,鼓励更多涉及企业管理、大学生思想政治教育工作领域关注民营企业党建工作,科研、媒体等注意挖掘优秀大学生党员在民营企业发光发热的典型事迹,在全社会逐渐培育有利于民营企业党员队伍输入和培养的舆论氛围,真正落实中央关于非公经济和公有经济都是经济社会发展基础的精神。

三是探索搭建各类人才培养储备机构与民营企业的对接机制。长期以来,各类高校科研机构更愿意与大型国企建立战略合作机制,比较缺乏与民

① 张永明. 非公有制经济组织党建科学化研究[M]. 杭州:浙江大学出版社,2011:102.

营企业的合作关系，也影响了其党建工作队伍的后续发展，这就需要这些单位转变观念，引导培养一批高素质的年轻党员到民营企业去，形成民企党建工作合力。正如金民卿所说的那样，“非公党建就更需要同机关党建、国企党建、农村党建、大学生党建等形成有效的衔接，实现合作联动，消除党建工作的断链，确保党员管理的连续性，形成党建工作的总体合力，共同打造党建工作的大格局”①。

（三）既要发挥党委在民营企业党建工作中的领导作用，更要探索创新和建立社会力量参与的党建工作格局体系

党的十七届四中以来，围绕中央关于“探索完善基层组织设置形式，推广在农民专业合作社、专业协会、产业链、外出务工经商人员相对集中点建立党组织的做法”的要求，全省各地探索形成了属地管理、行业管理、部门管理、条块交叉管理等民营企业党建工作领导新形式，因地因企制宜，取得了比较好的效果。但是，这种对民营企业自上而下垂直管理的体制机制也存在一些问题。由于民营企业在所有制形式以及生产经营管理上的特殊性，加之仍有相当部分民营企业主并非中共党员，这就导致这种垂直管理有时候可能会引起他们的反感情绪，比如近年来学者所关注到的“猜忌心理”和“被监督约束心理”等等，进而影响到党建工作的顺利开展。

因此，要从因地因企制宜的基础上，深入领会落实中央关于全面深化改革的精神与要求，探索和建立社会力量参与民营企业党建工作格局的创新做法，通过加强工商联、企业家联合会、行业协会、社区社会工作组织的政治参与和党建工作，推动民营企业党建工作领导机制多元化，依托相同行业、相同经济性质的社会力量，消除民营企业对接党建工作体系的心理“藩篱”。同时在选派民营企业党组织专职副书记、指导员时，加强“双向选择”机制，多选拔和推荐既懂企业经营管理，又具有党建工作经验的干部到民营企业去，帮助企业转型升级和建立现代企业制度，改变以往一竿子到底的管制性方式，充分尊重非公企业的合理意见；特别是在战略性新兴行业、科技创新产业、初创企业、成长型企业、小微企业等的党建工作队伍配备中，更要注重因企所需，发挥社会力量功能，形成强化党委领导与社会力量共同参与的民营企业党建工作大格局。

加强民营企业党建工作是加强党的执政基础建设、落实省委关于把发展民营经济摆上更加重要的战略位置改革精神的必然要求，是加强非公经济基础地位、发挥民营经济成为全省经济发展驱动力的题中应有之义。在全面深

① 金民卿．加强非公党建工作的思考[J]．中国国情国力，2013，(9)：28.

化改革的新时期，更需要从顶层设计、系统思维出发，让民营企业真正踏上国家治理现代化的舞台，创新培育好相关体制机制和社会观念氛围，构建全社会共同参与的民营企业党建工作大格局。

参考文献：

[1] 曾志伟．最新非公有制经济组织和新社会组织党务工作规程方法与案例启示［M］．北京：人民出版社，2011.

[2] 本书编写组．最新非公有制经济组织和社会组织工作操作方法与创新实务［M］．北京：红旗出版社，2013.

[3] 张永明．非公有制经济组织党建科学化研究［M］．杭州：浙江大学出版社，2011.

[4] 初明利．嵌入公司董事会的民营企业党建机制创新研究［J］．兰州学刊，2011，(4)：1-5.

[5] 高国舫．非公党建发展第三波——非公党建引领非公企业文化［J］．长白学刊，2013，(3)：64-69.

[6] 韩冬雪．民企党组织如何定位［J］．人民论坛，2011，(22)：65.

[7] 黄琦，容建锋．民营企业党组织发挥作用的途径及其规律——以东莞为例［J］．经济与社会发展，2011，(1)：65-68.

[8] 金民卿．加强非公党建工作的思考［J］．中国国情国力，2013，(9)：27-28.

[9] 刘如光．民企党建要重视过"五关"［J］．上海企业，2011，(11)：18-20.

[10] 王慧．关于民营企业党建工作的调查与思考——以重庆市民营企业为例［J］．探索，2011，(6)：36-39.

[11] 王世谊，方世南．苏南发达地区非公有制经济组织党建运行机制研究［J］．苏州大学学报(哲学社会科学版)，2010，(6)：13-16.

[12] 王晓丽，孙祎．非公党建工作创新模式比较研究［J］．中国劳动关系学院学报，2012，(5)：86-89.

[13] 魏利霞．民营企业党建工作存在的问题及解决思路［J］．中共山西省委党校学报，2010，(3)：35-36.

[14] 周晓华．非公有制企业党建情况调查与思考——以佳木斯为调查对象［J］．人民论坛，2011，(3)：226-227.

[15] 朱志．党的建设是民企发展的助动器——浅谈民营企业党建工作［J］．经济师，2010，(7)：284.

[16] 谢健，付映杰．民营企业党建与企业可持续发展研究——基于温州34家民营企业的调查［J］．中共福建省委党校学报，2013，(2)：24-31.

推进政府向社会组织购买服务研究

万 勇

摘　要:近年来,随着社会经济的快速发展和行政管理体制改革的不断推进,政府向社会组织购买服务在各地得到了越来越多的尝试,并逐渐成为政府加快转变职能、创新公共服务提供方式、改善公共服务质量、提高财政资金使用效率的重要途径。文章梳理了当前政府购买服务的发展现状,针对目前政府购买服务存在的问题和不足,就如何推进政府向社会组织购买服务提出有关政策建议。

关键词:政府购买;公共服务;社会组织

政府向社会组织购买服务起源于西方,在国外也被称作"购买服务合同""合同外包"或"第三方治理"等,是符合政府职能转变和公共财政发展要求的重要制度创新,对于提高公共财政使用效率,增强公共服务供给效力,推动建立新型政社关系,加快构建"小政府、大社会"治理模式,具有十分重要的现实意义。国家"十二五"规划明确提出,要改革基本公共服务提供方式,引入竞争机制,扩大购买服务,实现提供主体和提供方式多元化。当前,探索如何推进政府购买服务工作,已经成为摆在各级政府面前迫切需要研究的重大课题。

一、政府购买服务工作的发展现状

近年来,随着我国政府机构改革和政府职能转变的大力推进,政府购买服务开始得到各级政府的重视并被各级地方政府日益广泛地运用于社会公共服务的多个领域,并呈现出地域化、规模化和多样化的发展趋势。

作者简介:万勇(1982—),男,安徽省财政科学研究所编辑部副主任、助理研究员。

（一）国内政府购买服务工作的开展情况

我国政府购买服务起步于20世纪90年代中后期。1995年，上海浦东新区将新建的综合性市民社区活动中心——罗山市民会馆交由上海青年会托管，为市民提供社区生活、社区文化、社区教育等服务，打破了以往依靠政府单方面投入和运作的机制，成为我国最早阶段政府向社会组织购买服务的探索。随后，深圳、北京、天津、南京、宁波、广州、杭州、无锡等城市纷纷开展了这方面的探索和实践，购买的领域涉及教育、公共卫生、扶贫、养老、残疾人服务、社区发展、社区矫正、文化、城市规划、公民教育、环保、政策咨询等诸多方面。近几年，随着市场经济的深入和政府职能转变的需要，政府购买服务工作越来越多地进入国家视野。财政部、民政部等部委先后出台了《关于开展政府购买社区公共卫生服务试点工作的指导意见》《关于政府购买社会工作服务的指导意见》等文件，对居家养老、社区公共卫生等特定领域的政府购买服务工作进行规范。2013年以来，国务院多次召开常务会议，对政府向社会组织购买服务工作进行了明确部署。当前，政府购买服务已逐步从东部沿海地区向中西部地区推进，政府购买的投入、项目和受益对象不断增加，省、市、区县到街镇各级政府均已成为购买服务的实施主体和推动力量。

（二）政府购买服务工作取得的成效

各地进行政府购买服务工作试点，取得了积极成效，形成了多方受益的局面。

1. 推动了政府职能转变

长期以来，受计划经济体制的影响，政府对社会经济事务进行大包大揽，既是公共服务的生产者，也是公共服务的提供者，“越位”“缺位”现象不同程度存在。通过购买服务，政府从公共服务生产领域退出，将更多的时间和精力用于公共服务政策的决策和监督等方面，有效促进了全能型政府向有限型政府、由发展型政府向服务型政府转变。

2. 降低了政府行政成本

随着现代社会中公共事务和公众需求日益增多，各级政府承担的职能也越来越多，管理服务的领域也越来越广。传统行政服务模式下，政府往往通过增加编制、机构和人员，采取“花钱养人管事”的方式来满足工作需要，不仅效率低下，也抬高了行政成本。政府购买服务通过引入竞争性和约束性机制，将政府管不了、管不好的事情交给专业社会组织来完成，养事不养人，从而大大降低了行政成本，提高了财政资金的使用效率。

3. 提升了公共服务质量

随着经济的快速发展，人民生活水平日益提高，社会对公共服务的需求多样性、差异性日益明显，而公共服务提供手段单一、保障不足、水平低下等问题日益突出。通过政府购买服务，引入竞争机制，利用社会组织的人才、技术、信息、服务等优势，让“专业的人做专业的事”，有效提升了公共服务质量。

4. 推动了社会管理创新

现阶段，在以政府为主导的高度一元化的社会管理体制下，社会组织参与社会管理和公共服务的渠道较窄，加上自身发展建设的滞后，社会管理主体的功能难以有效发挥。通过购买服务，政府对社会组织给予相应的政策和资金支持，为社会组织的发展壮大提供了广阔市场和发展空间，更好地发挥了社会协同作用，增强了社会管理合力。

二、当前政府购买服务工作存在的问题和不足

政府购买服务是一项新生事物，由于当前仍处于初期探索阶段，在社会基础、政府经验、制度准备等方面相对不足，各地在推进过程中，正面临着不少困难和挑战。

(一)对政府购买服务的认识不到位

目前，各级政府对政府购买服务尚没有形成统一的认识，不少地方囿于传统思维，没有认识到政府购买服务的重要意义，造成地区之间、政府和部门之间缺乏统一的意见和行动，重视和支持程度不一，进展不平衡。如一些地方在增加新的公共服务任务时，往往从部门利益和惯性思维出发，首先考虑增加机构，扩充编制，聘请人员，追加经费开支；而少数地方则把政府购买服务当作一种时尚，不顾实际情况，在条件不成熟的时候盲目跟风，导致政府购买服务“变味走形”，没有达到应有的效果。

(二)政府购买服务缺乏顶层制度设计

现阶段，各地虽然普遍开展了政府购买服务的实践，并出台了相关指导意见和购买服务的目录，但由于缺乏相应的制度配套，在购买目录、项目内容、定价标准、资金供应、操作程序、考核评价、监督管理等方面，尚没有建立统一的标准，在微观层面尚缺乏操作性，导致各地大多是“摸着石头过河”，上下之间、部门之间“各自为政”，操作方式各不相同。同时，由于缺少专门的实施机构和建立稳定的资金来源，购买领域主要局限在满足政府运行所需的服务以及养老、社会服务等方面，以承接政府部门部分职能为主，在公共卫生、教育、文化等主导性公共服务领域尚未过多涉及，实施成效并不明显。

(三)政府购买服务的竞争性不够

政府购买服务需要有明确的公共服务标的，且契约双方主体独立，并以

公开、公平竞标作为服务购买的一般原则。但从各地的实践来看，在购买主体关系上，承接购买服务的社会组织往往不具备独立性，导致政府购买服务实际上成为一种形式上的购买。另外，按照国际惯例，政府购买的通常方式要求公开招标。但目前政府购买服务采取公开招标形式的竞争性购买较少，多数采取邀请招标、单一来源采购等方式，导致竞争性不足。中国国际民间组织合作促进会2012年开展的一项针对12个省市125家社会组织的调查显示：95%以上政府公共职能由内部事业单位或社会组织来承接，不推向市场公开招标。

（四）社会组织发育程度较低

长期以来，受体制、政策、观念、社会环境等因素的影响，社会组织发展困难重重，在政府购买服务中难以发挥应有的主体作用。一方面，社会组织数量偏少、规模偏小，功能不齐全，受资金、场地、人才等各方面的制约，运营能力不强，管理服务水平较低，特别是公益服务类社会组织严重匮乏，志愿服务发展滞后，承接政府购买服务项目的能力不够。各地在不少公共服务领域内的购买实践中，往往难以找到多家符合条件的社会组织承接。另一方面，社会组织普遍存在行政色彩较浓、在治理决策上缺少科学性和独立性等现象，并不是真正意义上的市场主体。目前很多政府购买服务是直接委托下属的单位或社会组织，或者自行组建社会组织，直接管理并委托服务，这在一定程度上容易滋生寻租行为，不利于公共服务水平和质量的持续提高。

（五）监督评估等配套机制不完善

政府购买服务的高效实施需要建立一套完善的管理、评估、监督等配套机制。目前，各地在向社会组织购买服务时，虽然也有考核、监督、评估等措施，但系统性、科学性、针对性不足，有限的监督主要体现在购买服务的部门内部监督上，基本上没有建立独立第三方的评估机制，特别是在一些关系民生的服务项目上，缺少以服务对象为主体的绩效评估。这也容易导致社会组织提供的公共服务水平品质下降，降低政府购买社会组织公共服务的公信力。

三、推进政府向社会组织购买服务工作的政策建议

政府向社会组织购买服务作为一种国际潮流，是下一步深化市场经济体制改革和推动政府职能转变的工作重点。因此，有关部门必须树立全局观念与长远眼光，提高认识、创新思路，在借鉴国外经验的基础上，结合实际，不断完善政策措施，加快推进相关试点，积极稳妥地推进政府购买服务。

（一）制定完善政府购买服务的制度规范

一是完善政府购买服务的实施办法。在国家出台的政府向社会组织购买服务指导意见的基础上，省、市、县各级政府要制定政府购买服务的具体实施办法，对政府购买服务的原则、范围、购买方式、资金安排、操作流程等进行细化，并保持政策的衔接。二是制定完善各级政府购买服务目录。结合各地经济发展水平、政府转移职能要求、财政收支状况、社会群众服务需求等因素，对各级政府自身职能进行全面梳理，将政府的事务性管理工作和适合通过市场和社会组织提供的公共服务筛选出来，科学合理地制定各级政府购买服务目录。三是推动各地建立完善相应的具体配套措施。鼓励各地按照国家政策的要求，结合本地区经济社会发展的实际，制定科学性、操作性强的配套政策措施，保障政府购买服务工作的顺利实施。

（二）明确政府向社会组织购买服务的相关职责

一是加快政府职能的角色转换。要根据政府购买服务带来的职能转移变化，引导各级政府将工作重心逐步从生产服务领域转向购买服务的政策制定、合同管理、监督考评、绩效评价等方面，加强购买服务的专业化管理水平。二是建立部门协调配合机制。推动建立政府统一领导，财政、民政、审计等各相关职能部门共同参与的部门联动机制，明确牵头部门及各方职责，促进政府购买服务工作的顺利实施。三是严格审核政府购买服务计划。要按照公共财政的要求，摸清社会公共服务需求，立足部门现有职能和提高行政效能，严格审核购买服务计划，防止出现部门利用政府购买服务“放责不放权”的现象。四是规范政府购买服务的操作程序。规范政府采购行为，坚持以公开招标方式为主，灵活采取定点采购、竞争性谈判、询价等方式，最大限度地降低购买成本，发挥财政资金使用效益。五是加强舆论宣传。加大政府购买服务理念的宣传，提高政府部门、社会组织参与政府购买服务的主动性和积极性，鼓励不同阶层、不同职业、不同年龄的社会公众广泛参与社会服务。

（三）规范政府购买服务资金的使用管理

一是强化资金预算管理。尝试在公共财政预算中增加对公共服务的专门预算，设立政府购买服务专项资金，统一运作，统一管理，形成规范化、制度化的预算安排体系。二是积极引导社会资金进入。积极探索政府购买服务的多元化资金投入途径，借鉴外地将社会福利彩票收入用于购买公共服务的做法，研究制定捐赠免税等相关政策，鼓励民间成立各种福利基金会，促进社会捐赠的发展，以扩大社会公共服务的投入，保障政府购买服务的可持续性。三是严格资金管理。将政府购买服务与国库集中支付等财政改革相结合，完善财政资金向社会组织拨付的途径方式，确保资金安全高效使用。

（四）加快对社会组织的扶持和培育

一是消除社会组织发展的制度性障碍。进一步加强和创新社会组织建设与管理，有关部门应尽快出台对社会组织具体细化的支持举措，切实为社会组织松绑，促进社会组织健康有序发展，加快形成政社分开、权责明确、依法自治的现代社会组织体制。二是支持社会组织发展壮大。综合运用政府贴息、以奖代补、信用担保等方式，对初创的社会组织予以扶持，在场地、用人等方面给予政策倾斜，提升社会组织自主发展和自我管理能力，促进社会服务的专业化发展，提高服务质量和水平。同时，积极引进培育跨国、跨省市的大型专业化社会组织，吸收先进的管理经验和运作模式，带动本地社会组织加快发展。三是加快社会工作专业人才培养。建立健全社会工作专业人才评价制度、薪酬保障机制、表彰奖励制度，不断提高基层社会工作专业人才的社会地位，广泛开展社会工作专业培训，引导相关社会组织吸纳社会工作专业人才。

（五）强化政府购买服务行为的监管

一是构建政府、服务对象、第三方共同参与的立体化监督体系。建立政府购买社会服务的风险评估与预警机制，在购买服务的招标阶段即考虑好配套的监督与评估指标体系，预防可能出现的风险；加强对政府购买服务合同执行情况的监测和跟踪，对不按照合同规定提供服务的行为及时纠偏；引入第三方评价机制，将服务对象的满意度作为是否续约的首要因素，并将评价结果向社会公布，接受群众监督。二是加强购买服务项目的绩效评估。建立社会组织承接政府购买服务的优胜劣汰制度，明确购买服务的标准，重点从服务质量和公众收益成效等方面，对政府购买服务进行考核，对因服务质量不达标的服务提供者予以淘汰。三是动态调整政府购买服务项目。对实施的政府购买服务项目适时开展政策评估，分析制度实施成效及问题，及时调整完善购买服务项目，确保资金用在刀刃上。

创新管理视角下合肥市社会组织参与社会治理的对策研究

吴 悦

摘 要:社会组织将在我国政治、经济和社会生活中扮演越来越重要的角色。应切实转变思想观念,加强对社会组织地位和作用的认识;改革创新社会组织管理体制机制,引导社会组织健康规范发展;完善法律法规体系,为社会组织发展提供良好的制度保障;引导社会组织加强自身能力建设,不断提升队伍素质,实行民主决策。社会组织应抢抓机遇,实现管理创新,充分发挥社会治理的"协同"作用。政府和社会力量携起手来,不断创新社会管理,共同担负起构建和谐社会的历史使命。

关键词:社会组织;管理创新;社会协同;社会治理

党的十八大报告明确提出"要加快形成党委领导、政府负责、社会协同、公众参与、法治保障的社会管理体制"。2010 年,合肥市被中央政法委、中央综治委确定为全国 35 个率先开展社会管理创新综合试点市之一,也是全国 6 个试点省会城市之一。在这样的历史机遇下,合肥市社会组织应当充分发挥"社会协同"的作用,借鉴一些城市好的经验和做法,形成具有时代特征、省会特点、合肥特色的社会服务管理新体系。

一、社会组织参与社会治理的必要性分析

社会组织是我国一个具有特定内涵的概念,由民政部于 2007 年统一使用,原则上主要是指在民政部门依法登记的社会团体、民办非企业单位与基金会,也兼顾工商注册或没有注册的其他社会组织。我国的社会组织不应等

作者简介:吴悦,女,合肥学院管理系讲师。

同于西方社会的民间组织(即政府工作的监督者或某个社会群体的代言人),而应是整个社会改革与发展的重要参与者,是促进社会进步的重要力量,即我国的社会体制应当是“一种社会力量协同发挥作用的同心式的合力构建”[1],而这正应合了多方参与、共同治理这一现代社会治理理念。

多方参与、共同治理理念,是2011年2月省部级主要领导干部社会管理及其创新专题研讨班的一个创新成果[2],它既是加强和创新社会管理的迫切需要,是我国社会现实发展的产物,也是对我国改革开放30多年来形成的“政府主导+社会自治”这一社会管理格局的进一步深化,是党、政府、企事业单位、社会组织和公民个人等共同参与和社会治理的一种思路和举措。

在我国,社会生活实践迫切要求社会组织参与社会治理,一方面是我国社会主义市场经济的必然要求,同时政府职能的转变也为社会组织的发展提供了合法性基础,社会组织将历史性地承担起政府改革后的部分职能,帮助政府建立起民主的管理机制,实现社会成员有序的政治参与。另一方面,社会组织的自治机制和社会资本可以有效地实现社会整合,促进社会和谐稳定。因此,围绕培育扶持、依法管理、支持和引导社会组织参与社会管理和服务这个中心,做好社会组织的管理和发展工作,是当前和今后相当长时期内建立现代社会组织体制的必然要求和重要工作。

二、合肥市社会组织的发展现状及相关政策

(一)合肥市社会组织发展现状

随着经济社会持续快速发展,合肥市社会组织数量呈稳步增长态势,结构布局不断优化,质量明显提高,初步形成了门类齐全、层次不同、覆盖面较广的社会组织体系,社会组织的社会影响力、公众参与度不断提升。截至2011年6月,全市各级民政部门共依法登记备案社会组织2510个,其中登记1686个(市级登记625个,县区级登记1061个;社会团体登记642个,民办非企业单位登记1043个,非公募基金会1个),备案城乡基层社会组织824个[3]。

图1展现出合肥市社会组织从2006年到2011年的发展情况,图2从类别上展示出合肥市社会组织的发展现状,可以看出社会服务类社会组织仍是主要类型[4]。

表1展现了合肥市与北京、上海、深圳三市在社会组织数量方面的比较,通过比较,发现“十一五”以来,合肥市的社会组织数量呈不断上升趋势,但是

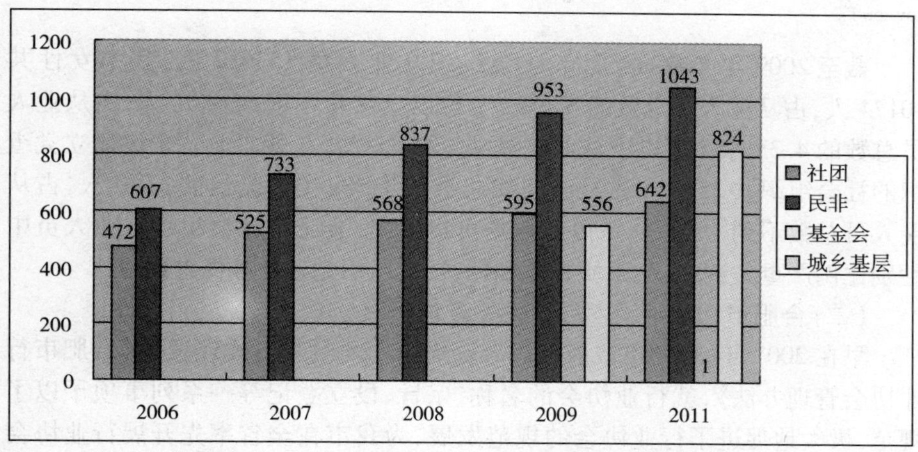

图 1　合肥市社会组织数量统计表(单位:个)

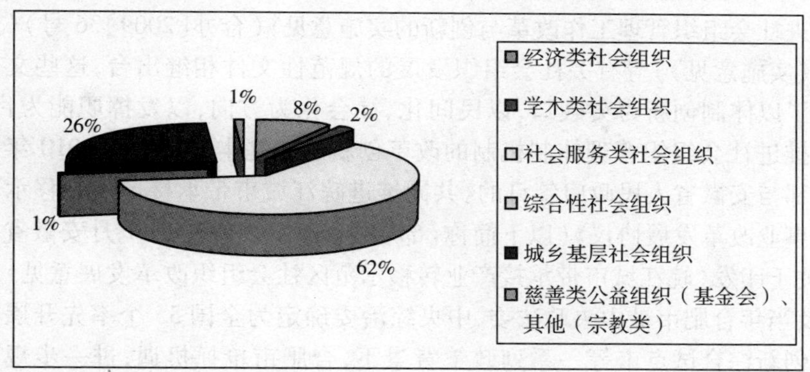

图 2　合肥市社会组织分类表(2009 年)(单位:个)

与京、沪、深三市相比发展力度远远不够,合肥市社会组织仍有很大的发展空间。

表 1　四城市社会组织数量一览表(单位:个)

社会组织	北京市	上海市	深圳市	合肥市
社会团体	3167	3512	1520	595
民　非	3569	5857	2238	953
基金会	120	103	6	0
合　计	6856	9472	3764	2104

(数据来源:中国社会组织网《2009 年民政事业发展统计报告》http://www. chinanpo.

gov. cn）

截至2009年年底，合肥市社会组织从业人员153637人，其中女性共10174人，占从业人员总数的6.6%；专科以上文化程度共6561人，占从业人员总数的4.3%；55岁以下从业人员共138633人，占90.2%。全市建立党组织的社会组织共357个，占社会组织总数的17%；中共党员共1370人，占从业人员总数不到1%[5]。从以上数据可以看出，合肥市社会组织从业人员中性别比例严重失调，文化素质整体偏低，社会组织党建任务任重道远。

（二）合肥市社会组织发展的相关政策

早在2007年，合肥市政府就以市政府第128号令形式颁发了《合肥市行业协会管理办法》，就行业协会的名称、宗旨、设立登记等一系列事项予以了规范，极大地促进了行业协会的规范发展，为我市在全省率先开展行业协会民间化改革拉开了序幕。此后，《合肥市农村专业经济协会管理实施办法》《合肥市示范行业协会标准》《社会团体重大事项报告制度》《合肥市民政局关于推进社会组织管理工作改革与创新的实施意见》（合办〔2009〕36号）（以下简称《实施意见》）等有关社会组织发展的规范性文件相继出台，这些文件均明确了以体制创新为突破口，以民间化、社会化为方向，以发挥职能为目标，积极推进社会组织管理体制机制的改革创新这一基本思想。在2010年9月民政部与安徽省人民政府签订的《共同推进皖江城市带承接产业转移示范区民政事业改革发展协议》（以下简称《部省协议》）、2010年11月安徽省民政厅《关于印发〈皖江城市带承接产业转移示范区社会组织改革发展意见〉的通知》及当年合肥市被中央政法委、中央综治委确定为全国35个率先开展社会管理创新综合试点市等一系列政策背景下，合肥市抢抓机遇，进一步规范社会组织服务管理工作，同时以社会组织评估工作和城乡社会组织登记备案工作为新的抓手，以项目管理为工作推进形式，密集出台了一系列政策文件，主要包括：合肥市民政局《关于开展行业协会（商会）评估工作的实施意见》（合民〔2009〕259号）、《全市社会团体、民办非企业单位评估实施办法》、《合肥市城乡社区社会组织备案工作规则（试行）》和《合肥市推进社会管理创新工作项目书》等，这一系列政策的出台为合肥市社会组织的发展提供了制度保障和良好的发展环境，大大推动了全市社会组织的社会管理创新工作。

三、合肥市社会组织在参与社会治理方面存在的不足

近年来，合肥市社会组织发展虽然取得了较大的进展，但总体上还处于

发展的起步阶段，与我市社会建设的总体目标以及加强创新社会管理的要求还有较大的距离，在思想观念、政策环境、体制机制、监督管理等方面还存在一些亟待解决的问题。

（一）对社会组织地位和作用认识不到位，思想观念上存在偏差和误区

当前，人们对社会组织地位和作用的认识还存在偏差，忽视其在参与社会治理、服务社会、反映诉求、规范管理和社会监督等方面应具有的作用，对社会组织的管理存在所谓“四重四轻”现象，即重行政组织建设，轻社会组织建设；重登记，轻管理；重数量，轻质量；重使用，轻投入[6]。对社会组织自身的发展规律认识不足，对新形势下社会组织参与社会治理的必然性和必要性认识不到位，没有真正把社会组织的培育发展工作纳入议事日程以及经济社会发展的总体布局。鉴于此，合肥市社会组织总体来说发展缓慢，数量少，规模小，质量低，难以满足我市经济社会发展的需要。

（二）社会组织的政策法规建设相对滞后，政策环境还不完备

从国家层面来看，我国关于社会组织的政策法规建设总体滞后于社会组织发展实践的客观需要，目前只有《社会团体登记管理条例》《民办非企业单位登记管理条例》《基金会管理条例》等三个条例及民政部几个部门规章，立法层次不高，缺少全面、系统、严谨的关于社会组织管理的《社会组织法》或《社会团体法》，使得社会组织的设立、性质、地位、作用及职能等没有完全明确规范，缺少行业自律环境。从省里来看也缺少相应的关于社会组织全面发展的地方性法规和长远规划。鉴于此，合肥市社会组织发展所处的政策环境是零碎的、不完整的，缺少关于“十二五”期间或者更长远的关于合肥市社会组织发展的专门的发展规划或实施方案，社会组织面临定位难、信任难、参与难、吸引人才资金难等难题，政策的顶层设计显得非常欠缺。

（三）政府职能转移和购买服务进展缓慢，政府投入机制和扶持力度明显不足

2009 年 5 月，《合肥市民政局关于推进社会组织管理工作改革与创新的实施意见》中有明确的关于积极推进政府职能转移、政府投入机制的建立和税收优惠政策的落实等规定，但具体落实情况到目前为止仍不明朗，落实效果也不得而知。目前，虽然全市 121 家行业协会全部实现了民间化与社会化，但官办色彩过浓的“准政府性”其他社会组织仍大量存在，比如：城市的基层群众性自治组织居民委员会仍在行使着大量的政府职能。同时，我市大多数行业协会未能承担政府转移的职能，仍有大量行业协会没有得到政府购买的服务。社会组织在社会治理中的协同作用仍未能很好地发挥出来。

（四）管理体制及运行机制的结构性障碍仍比较突出，综合监管体系建设尚待时日

合肥市实施的社会组织审批登记制度分类改革应该说效果明显，但改革仍不够彻底。比如：对于行业协会、商会虽然在形式上取消了双重负责管理体制，即无业务主管单位，由各级民政部门直接行使登记管理职能，但市、县（区）的其他有关部门仍是行业协会、商会的“业务指导单位”，“在各自职能范围内依法对行业协会、商会进行相关业务指导”。这里就会留下两个问题：一是这里的“其他有关部门”究竟指哪些部门，由于其概念模糊，会不会造成部门间相互扯皮，造成“令出多门”的现象；二是“主管”与“指导”的界限到底是什么，在现行体制机制尚不健全的情况下，会不会动辄越俎代庖，在具体实践中又走回原来的老路。与此同时，由于我市社会组织的改革创新尚处于起步阶段，体制改革仍显滞后，创新氛围尚未形成，具体工作中仍不可避免存在行业协会的“准行政化”、各部门配合力度不够、在审批登记、日常管理、年度检查等监督环节缺乏沟通协调机制以及缺编制、管理力量严重不足等现象。

（五）社会组织治理结构不够健全，队伍素质、自身能力仍需提升

安徽省民政厅印发的《关于推进合芜蚌试验区社会组织改革发展的意见》及《皖江城市带承接产业转移示范区社会组织改革发展意见》中明确提出要“优化法人治理结构”，合肥市出台的《实施意见》中也提出要“完善社会组织自我约束机制”，“建立健全以章程为核心的各项内部治理结构和管理制度”，“建立权责明确、运转协调、制衡有效的内部治理结构”，现实是截至2009年年底，合肥市社会组织中建立现代法人制度的仅有665个，仅占社会组织总数的31.6%，民主决策、民主管理有待加强。从人员素质来看，合肥市社会组织工作人员普遍素质不高，专科及以上学历人员仅占4.3%[7]。

（六）社会组织社会管理的参与度不够，主体地位特别是政治地位有待提高

在现代社会治理理念下，社会组织本应成为政府与企业的合作伙伴，是社会领域的行动主体，也是我国建设和谐社会不可或缺的重要力量。同时作为不同利益阶层的代言人，理应成为现代公民参与民主管理的有效渠道。但现实中，社会组织的主体地位普遍缺失。合肥市《实施意见》中也明确提出“要探索在各级党代会、人代会和政协会议中增加‘社会组织代表’”，“科学确定适当的名额”，“发挥社会组织参政议政的积极作用”，但是由于社会组织主体地位的缺失，其参政议政的渠道并不顺畅，在市民政部门的工作成效汇报及各类文件中也鲜见社会组织代表的姓名。因此，迫切需要提高社会组织的

主体地位，以适应社会建设和社会管理创新的需要。

除上述各种种不足之外，合肥市社会组织党建工作也非常薄弱，截至2009年年底，全市依法登记的社会组织建立党组织的仅占17%，党员数量还不到1%[8]，这种重业务、轻党建的现象，应该引起相关部门和领导的高度重视。同时合肥市正在探索进行的"社会组织创新孵化园"项目也缺少市场化运行机制和途径，这些都需要我们立足实际，认真研究，在借鉴先进地区经验的基础上逐一加以解决。

四、创新管理视角下完善合肥社会组织参与社会治理的对策建议

推动社会组织参与协同治理，建立政府与社会平等合作伙伴关系，提高社会自治与服务社会的能力，已成为深化社会管理创新的基本趋势。作为全国社会管理创新35个试点城市之一，特别是恰逢中共安徽省委、省政府《关于加强和创新社会管理的实施意见》（皖发〔2011〕22号）文件的出台，合肥市应当立足于当前社会组织发展的现状，充分借鉴京、沪、深等三地的发展经验，推动社会组织健康发展，发挥其在助推经济社会发展、构建和谐社会中的积极作用。为此，笔者给出以下对策建议，供参考。

（一）切实转变思想观念，加强对社会组织地位和作用的认识

转变思想观念是推进社会组织管理创新的前提。我们要进行社会建设，实现"小政府，大社会"这一重要转变，推动我市公民社会的进程，首先就要不断学习先进地区的先进理念，充分认识到社会组织的重要作用，正确认识社会组织所具有的分担政府事务、发展经济、服务公民的利益诉求，调处社会关系、化解社会矛盾和问题、促进社会和谐的重要功能。将社会组织发展纳入党委政府的议事日程，纳入经济社会发展的总体规划和社会建设的具体目标，纳入政府绩效考核体系，推动社会组织健康有序发展。我们要观念先行，上下统一认识，充分意识到当前进行社会建设的重要性和必要性，借助社会组织这一载体，培育和增强每一位现代公民参与社会建设和管理的意识，营造和谐社会人人有责、人人共享的良好局面。

（二）完善法律法规体系，为社会组织发展提供良好的制度保障

从京、沪、深等一些先进城市社会组织发展的经验来看，政府的积极作为成为推动社会组织健康快速发展的"助推器"，鉴于此，合肥市可以在不违背现有国家、省市有关社会组织法律法规政策体系框架的前提下，结合合肥地方实际，创造性地开展工作。首先，可以采取先试点、再推广的思路，通

过在部分地区、部分行业先行先试,逐步摸索适合我市社会组织发展的好经验、好做法,进而上升为政策层面,推而广之。其次,合肥市不妨抓住35个创新试点市这一大好机遇,制定未来5至10年甚至更长时间关于社会组织发展的专门、长远的发展规划或实施方案,纳入经济社会发展的总体布局,统筹规划考虑。最后,还要建立政府职能转移的配套政策,在充分调研论证的基础上,适时出台《合肥市推进政府职能和工作事项转移委托工作实施方案》及《合肥市政府购买社会组织公共服务实施办法》等文件,切实转变政府职能。

(三)进一步改革创新社会组织管理体制机制,引导社会组织健康规范发展

若要真正解决制约社会组织发展的"瓶颈"和制度性障碍,就要进一步加大双重管理体制改革力度。在可能的情况下,可以考虑借鉴北京市的发展经验,充分发挥人民团体的整合功能,建立枢纽型管理体系,进行分类指导。在条件更加成熟的情况下,也可以考虑借鉴深圳市由民政部门直接登记、规范管理、无业务主管单位的新体制,统一由民政部门登记管理,基层政府不再履行"业务主管单位"的职责,而是配合民政部门做好政策制定等宏观指导工作[9]。与此同时,还要进一步做好评估制和备案制等配套工作,完善以网格化为主的社区社会组织管理机制,积极探索建立社会组织"第三方"评估机制,建立综合监管体系和整体联动机制,形成党委政府统一领导、多部门分工合作的管理新格局。

(四)引导社会组织加强自身能力建设,不断提升队伍素质,实行民主决策

进一步引导合肥市社会组织加强自身能力建设,增强承担社会管理职能的有效性。一是在现有基础上,进一步加大改革力度,扩大政社分开,尽快在更大范围内确立社会组织的独立地位,确保社会组织独立行使决策、人事、财务、分配等方面的自主权。二是要积极探索完善"以章程为核心的内部治理结构",实行民主决策、民主管理,强化自我约束,树立良好的社会公信力。三是积极拓展参政议政渠道,通过合法的参政议政,充分表达所代表阶层合法的组织利益诉求,在各级党代会、人代会和政协会议中适时增加"社会组织代表",科学确定适当名额。四是加强社会组织的职业化和专门化建设,积极推行竞聘上岗和差额选举,以积极培养公民意识和民主精神,有效提升参与社会管理事务的能力。五是加强社会组织的党建工作,把社会组织的党建工作纳入各级党委的整体工作,以切实解决社会组织中党组织建设和党的活动两个"覆盖"的问题。

（五）引入市场机制，不断完善"社会组织创新孵化园"项目

合肥市的"社会组织创新孵化园"项目是改革自上而下单一的行政培育社会组织模式，是实现社会组织社会培育模式的一个极有意义的尝试，既符合社会组织自身建设和发展的规律，也符合合肥市经济社会发展的实践需要。要避免该项目在实施过程中不走样，就应当充分运用市场化手段，在条件允许的情况下充分借鉴上海市以恩派公益组织孵化器项目为代表的社会组织培育的新机制[10]，即"政府政策支持、社会力量兴办、专业团队管理、政府和公众监督、公益组织受益"的孵化器模式，少一些政府行为，多一些市场化运作，真正实现"依托政府的扶植和监管，以市场化运作为主要手段"的"社会组织创新孵化园"项目的有效施行。这就要求各利益相关方在项目实施过程中合理界定自身角色和功能定位。为了避免不必要的行政干预，可以考虑在相关政策的支持下，由政府出面扶持成立一个类似于"恩派"这样的社会组织培育的孵化中介组织（中心），由一些热心社会公益事业的有识之士或"社会企业家"担任负责人，具体承担社会组织的孵化工作，实现"社会力量兴办"。在此基础上，充分利用合肥市作为全国科教城市的优势，整合在肥高校经济管理类专家，建立经管类专家数据库，为孵化项目提供智力支持，实现专业化团队管理。此外，还要建立包括媒体、社会公众等在内的广泛的社会监督系统，设立项目运作举报电话，切实保证项目资金的合理使用。最后，政府要加大宣传力度，扩大社会组织孵化机构的社会影响，积极动员各种社会力量，特别是广大徽商投身家乡的社会组织建设，践行其社会责任；通过设立基金会提供资金支持，保证项目正常有序、高效运行，为孵化园能够真正孵化出一批优秀的社会组织，为合肥市的经济社会发展尽一己之力。

参考文献：

[1] 本刊评论员．党的十八大定调现代社会组织体制[J]．学会，2012，(12)：卷首语．

[2] 中共中央．加强和创新社会管理干部学习读本[M]．北京：中共中央党校出版社，2011．

[3] 政协合肥市委员会．关于加强对社会组织服务与管理的调研报告 http://www.hefei.gov.cn/n1105/n32932/n193254/n194223/n22289079/22389790.html

[4] 安徽省民间组织管理局．《安徽社会组织年鉴 2010》[M]．北京：中国统计出版社，2010．

[5] 安徽省民间组织管理局．《安徽社会组织年鉴 2010》[M]．北京：中国统计出版社，2010．

[6] 沈跃春．关于社会组织参与社会管理创新的思考——来自安徽社会组织管理创新的调查[J]．人权,2011,(5).

[7] 安徽省民间组织管理局．《安徽社会组织年鉴 2010》[M]．北京:中国统计出版社,2010.

[8] 安徽省民间组织管理局．《安徽社会组织年鉴 2010》[M]．北京:中国统计出版社,2010.

[9] 魏礼群．社会管理创新案例选编(上册)[M]．北京:人民出版社,2011.

[10] 魏礼群．社会管理创新案例选编(上册)[M]．北京:人民出版社,2011.

论领导干部法治思维的内涵及其生成

张文宝

摘　要：提升领导干部法治思维运用能力，在全社会具有引领示范作用。对破解改革发展稳定的难题、增强党的执政能力和推进法治中国建设具有重大意义。领导干部法治思维能力内涵需要跟法律人的法律思维的比较中把握，并确立法治思维的主导思维、基本思维地位。建立领导干部法治教育培训工作长效机制、法治思维能力考核评价机制和良好的社会法治环境，是领导干部法治思维能力生成的具体路径。

关键词：法治思维；生成；法治培训；法治环境

党的十八大报告要求："提高领导干部运用法治思维和法治方式深化改革、推动发展、化解矛盾、维护稳定能力"[1]。这是在我国经济社会发展的新时期、新阶段对领导干部法治思维能力首次提出的新要求。马克思说："要思维就得有思维的规定性。"[2]308研究领导干部法治思维的规定性，深入探讨领导干部法治思维能力的生成，对于加快建设法治中国、全面建成小康社会具有重大的现实意义。

一、领导干部法治思维能力提出的当代价值

（一）提升领导干部法治思维能力，是破解改革发展稳定难题的必然选择

当前我国的发展进入新阶段，改革进入攻坚期和深水区。社会矛盾凸显激化、社会阶层分化固化、人民利益多元化扩大化、网络信息及时化复杂化。

基金项目：2013 年度安徽省党校系统重点课题结项成果（AHDXKT2013024）。

作者简介：张文宝，男，安徽濉溪人，淮北市委党校理论研究室副主任，副教授，主要从事法理学、行政法学方面的教学和研究工作。

改革发展稳定依然是党和政府工作的重中之重，依然是亟须破解的难题。改革是动力，发展是目标，矛盾是表象，稳定是前提。过去相当长的时期，在改革发展稳定方面，较多地采用的是政治手段、行政手段、管理手段和经济手段等，缺乏协商民主法治的手段和方式，应当说对当时推动改革、促进发展、化解矛盾和维护稳定起到了一定的作用。但久而久之，带来治国理政成本无限上升和腐败等问题，社会呈现群众信访不信法、信权不信法、信人不信法的状态，致使法治权威不彰，人治思想横行。十八大在科学发展观的指引下，及时调整改革发展、矛盾纠纷化解和维护稳定的思路，强调“法治是治国理政的基本方式”，明确提出要“更加注重发挥法治在国家治理和社会管理中的重要作用”，这就为破解改革发展稳定的难题指明了方向，这就把解决改革发展稳定的问题纳入法治的轨道，这就要求领导干部必须改变过去过度依赖行政命令、经济手段的做法，不断提高自身运用法治思维和法治方式凝聚改革共识、规范发展行为、促进矛盾化解、保障社会和谐的能力。

（二）提升领导干部法治思维能力，是加强党的执政能力建设的关键举措

不断加强党的执政能力建设，提升领导干部推动科学发展的能力，既是党的建设的永恒主题，也是当前经济社会发展的迫切需要。过去，一方面我国经济社会发展走的是政府强势推进的经济型、管制型现代化发展道路，干部考核评价中唯 GDP 论，法治被作为可有可无的软指标，致使领导干部形成政绩思维或唯经济思维，权力意识较强，习惯于以经济思维、管理思维处理各类问题。另一方面，我国法治建设走的也是政府推动型的自上而下的法治现代化模式，实践中领导干部成为施法的主体，普通群众成为普法的对象，法律成为管理老百姓的工具，致使领导干部自觉不自觉地形成了领导思维、特权思维，法律素养不高，法治观念淡薄，甚至以言代法、以权压法、徇私枉法。经济思维、管理思维和领导思维、特权思维的叠加效应，造成了领导干部轻视法治、忽视法治，法治思维能力严重缺乏，不适应法治作为当前治国理政基本方式的要求。因此提升领导干部法治思维能力，就成为加强党的执政能力建设的关键举措。这就需要各级领导干部带头学法遵法守法用法，带头厉行法治，不断提高依法执政的能力和水平，不断推进各项治国理政活动的制度化、法律化。

（三）提升领导干部法治思维能力，是推进法治中国建设迈向新境界的时代要求

目前我国进入从人治社会向法治社会的转型期，依法治国深入人心，中国社会已形成不可动摇、不可逆转的法治共识，人民对法治的期待比任何时期都更迫切。然而由于我国历史上缺乏法治传统，现实中重立法轻执法的做

法，因此中国特色社会主义法律体系虽已形成，但有法不依、执法不严、违法不究的现象却显得愈加突出。如何回应人民群众的法治新期待，推进法治建设新跨越，实现从有法可依到有法必依、执法必严、违法必究，是法治中国建设迈向新境界所必须解答的时代课题。治国首在治吏，法治重在治权。实现严格执法、公正司法、全民守法都离不开领导干部带头依法办事、带头遵守宪法和法律，都要求领导干部必须懂法治、讲法治，不断提升法治意识和法治思维能力，“努力推动形成办事依法、遇事找法、解决问题用法、化解矛盾靠法的良好法治环境，在法治轨道上推动各项工作”[3]。进而通过领导干部法治思维能力的提升和引领示范效应，带动全社会形成人们不愿违法、不能违法、不敢违法的法治氛围。

二、领导干部法治思维的内涵及地位

（一）学界关于法治思维内涵的见解

学界对法治思维的内涵仁者见仁、智者见智。较有代表性的论述有：徐显明教授认为：“法治思维就是以合法性为起点，以公平正义为中心的一个逻辑推理过程。”[4]姜明安教授认为：“法治思维是指执政者在法治理念的基础上，运用法律规范、法律原则、法律精神和法律逻辑对所遇到或所要处理的问题进行分析、综合、判断、推理和形成结论、决定的思想认识活动与过程。”[5]75–82王敬波教授认为：“法治思维首先是一种法治理念，从思想上认识到依法治国、依法行政等对于中国的重要性；其次是领导干部或者是公务人员在处理问题的时候有一种法律规则的意识，坚持法律至上，坚持法律规则的运用，坚持公平、公正、公开等法治精神和原则；最后法治思维表现为一种行为选择，面临多种问题的解决方式、手段时，领导干部能够首先研判处理方式是否符合法律规定、法治精神等。”[6]罗志坚和万高隆教授认为：“法治思维是指按照法治的逻辑来观察、分析和解决社会问题的思维方式，它是将法律规定、法律知识、法治理念付诸实施的认识过程，直接关系到依法行政、依法办事的效果。”[7]21–25总的来说，学者对法治思维的论述不免刻有深深的法律思维的痕迹，更有学者直接认为“法治思维就是法律思维”[8]67–71。因此，厘清法治思维的科学内涵及地位刻不容缓，而要深刻理解法治思维的科学内涵，必须而且应当从法治思维和其他思维的比较中来把握，其中与法律思维的比较首当其冲，成为认识的关键。

（二）法治思维与法律思维的差异

总的来说，法治思维是一种整体性的思维[9]114–119、宏观思维、全局思维；

法律思维是一种职业性思维、微观思维、具体思维。两者的差异主要有以下四个方面：一是主体不同。法治思维的主体是各级领导干部；法律思维的主体是法律职业共同体。“所谓法律职业共同体则是由以法律为业的律师、法官、检察官等法律人因为职业的接近和目标的一致而自然地或者通过一定制度的力量形成的职业群体”[10]117-124。二者在范围上有所交集，但总体上差别明显。二是对象不同。法治思维的对象是经济社会发展中的问题，具体体现为深化改革、推动发展、化解矛盾、维护稳定四个方面；法律思维的对象是进入司法程序的具体的法律问题。二者在一定条件下能够相互转换，比如孙志刚事件，当其因没有暂住证被警察带到派出所时属于具体的法律问题；当其在收容站被殴打致死，并经多家媒体报道，引起公众关注和国家领导人的重视后，法律问题转换为社会问题。三是依据和标准不同。法治思维处理分析问题是从社会主义法治理念、经济社会发展的综合整体宏观全面的角度出发，进行社会效果的度量、法律价值的判断、合理性的思考；法律思维是从法律的角度出发，仅对法律负责，进行规则、程序和时效等方面的合法性思考。二者在思考具体问题和案件时，法律规范都是其必须参照的依据，不过法治思维又较多地把法律规范的立法目的、背后价值和社会效果、结论正当性总揽其中。四是目标和任务不同。法治思维的目标是维护经济社会发展的和谐稳定，任务是建设法治中国，共同推进依法治国、依法执政、依法行政，实现法治国家、法治政府、法治社会一体建设。法律思维的目标是实现案结事了，保护当事人合法权益，任务是维护法律权威、实现司法公正。二者在终极意义上目标和任务是相通的、一致的，法治思维是从大处入手，法律思维是从小事着眼。

（三）法治思维的地位

法治思维是推动经济社会发展的主导思维、基本思维。不同的领域和行业有不同的思考解决问题的思维方式，但是推进国家治理体系和治理能力的科学化、民主化、现代化，必须秉承法治思维，坚持法治思维的主导思维、基本思维地位。正如郑成良教授所说：“法治实质上是一种思维方式……法治固然取决于一系列复杂的条件，然而就其最直接的条件而言，必须存在一种与之相适应的社会思想方式，即只有当人们能够自觉地而不是被动地、经常地而不是偶然地按照法治的理念来思考问题时，才会有与法治理念相一致的普遍行为方式。”[11]3-10因此，建设法治中国，就要有与之相适应的法治思维，并且其他思维方式都要服从法治思维，确立法治思维的主导思维、基本思维地位，并形成思维定式。当然社会问题纷繁复杂，仅依靠法治思维这种绝对单一的思维模式不可能解决所有的社会问题。因此坚持法治思维的主导地位，确立其为基本思维方式，并不是忽视或舍弃其他思维方式，而是要更好地发挥各自领域和行业的思维方式作用，使法治思维与经济、政治、行政、道德等其他思维相辅相成、相互弥补、相互促进。

三、领导干部法治思维能力的生成

当前领导干部的思维模式选择既受到传统的道德思维、人治思维的束缚，又醉心于政治思维、经济思维、管理思维和特权思维的田园，法治思维尚未成为其主导的、基本的思维方式。领导干部法治思维的生成对法治中国建设具有重大的引导、推动作用，必须培养领导干部的法治思维能力，并使法治思维真正成为各级领导干部的主导思维、基本思维，法治中国梦才有可能最终实现。

（一）建立领导干部法治教育培训工作的长效机制

当前对领导干部的法治教育培训工作存在诸多缺陷：普法教育简单化、运动化，领导干部并没有真正纳入每年的普法教育中。组织人事部门、党校行政学院也未开设专门的领导干部法治培训班，偶尔的法律培训也是效果甚微。各个执法部门的法治培训由自己组织，多是走过场，同时领导干部也基本不参加培训。因此对领导干部法治教育培训工作必须落到实处，建立领导干部法治教育培训工作的长效机制，实现领导干部法治教育培训的常态化。一是合理划分法治教育培训布局，开设领导干部法治教育培训班。把科级干部以下人员的法治教育培训放在司法部门，取消执法部门的自我培训，以切实增强培训效果；把科级以上领导干部的法治教育培训放在党校行政学院，定期举办领导干部依法治国、依法执政、依法行政专题研讨班，定期组织领导干部参加专门法律知识轮训和新法律法规专题培训。法治教育培训实行严格的闭卷考试，通过者颁发法治教育培训合格证；未通过者，责令其重修或采取其他处理方式。同时推广建立党委常委会、政府常务会议、各级领导班子理论学习会会前学法、法制讲座制度。二是在培训内容上抓住三个重点。第一，把宪法和基本法律知识的教育培训作为重点，让领导干部学习和掌握法律方面的基础知识，领会、理解和认同法治原则、法治价值、法治精神，实现法治坚守和法治自信。第二，把确立领导干部的社会主义法治理念作为培训重点。“法治理念是形成领导干部法治思维的重要基础，对其起决定性、指导性作用”[12]。社会主义法治理念包括依法治国、执法为民、公平正义、服务大局、党的领导，五个方面相辅相成，体现了党的领导、人民当家做主和依法治国的有机统一，是社会主义法治的精髓和灵魂。提升领导干部运用法治思维和法治方式能力，必须增强领导干部的社会主义法治理念。第三，把提升领导干部在经济社会发展中运用法治思维处理实际问题的能力作为培训重点。大力宣讲领导干部法治思维、法治方式、法律角色、法律风险防范等内容。大量采取典型案例、情景模拟等方式实际训练领导干部运用法治思维解决问题的实践能力。三是创新法治教育培训方式。在采取传统课堂讲授式、普法式教学模式的基础上，多采取以案说法、典型案例研讨和庭审模拟等教学方式，多组织参与行政复议、旁听案件审理等实践教学，提高法治教育活动的思辨性、互动性，在生动的法治实践中促使领导干部提高法律素养、强化法治意识、增强法治思维能力。

（二）建立领导干部法治思维能力考核评价机制

2010 年，国务院出台的《关于加强法治政府建设的意见》中要求各地、各部门“要重视提拔使用依法行政意识强，善于用法律手段解决问题、推动发展的优秀干部”。2013 年 2 月，习近平在中共中央政治局第四次集体学习会上指出：“各级组织部门要把能不能依法办事、遵守法律作为考察识别干部的重要条件。”[13]这就从组织路线上为领导干部增强运用法治思维能力的主动性、积极性奠定了基础、提供了保障。一是建立科学的法治建设指标体系和考核标准，把领导干部运用法治思维能力作为重要的指标和考核内容。破除干部考核评价中唯 GDP 论，将依法执政、依法决策、依法行政、依法办事等考核项目作为领导干部综合考核评价的重要内容，列在首位。“从以往主要考核经济指标，转到主要考核严格实施法律、履行法定职责、维护法制统一和政令畅通，创造良好的投资于法制环境上来。”[14]429运用纪律和组织等手段督促领导干部树立法治理念，提升法治思维能力。二是考核结果向社会公示，强化法治指标考核结果的运用。通过鼓励、奖励、晋职、晋级等激励机制，引导领导干部运用法治思维去思考和解决问题，注重选拔具有法律专业知识和法治思维意识强、善于用法治方式解决问题、推动发展的优秀干部。对考核不及格的领导干部，要严格落实责任追究制；构成犯罪的，依法追究刑事责任。三是大力宣传典型人物和事迹。广播、电视和报刊等新闻媒体要大力宣传领导干部中践行法治的优秀人物和典型事迹，定期举办领导干部“法治人物”评选等活动，切实在领导干部中形成良好氛围，不断引导和激励领导干部主动、自觉和善于运用法治思维和法治方式治国理政。

（三）大力推进法治文化建设，构建良好的法治环境

“法治并不完全取决于法律条文有多么复杂严密，也不仅体现在普通民众对法律条文有多么深透的了解，而在于努力把法治精神、法治意识、法治观

念熔铸到人们的头脑之中,体现于人们的日常行为之中”[15]。当全社会都把法治当成一种生活方式的时候,作为一种信仰的时候,良好的法治环境就会形成,就会推动法治环境与领导干部的法治思维良性互动。实现这种目标和追求,一是在全社会大力推进法治文化建设。积极搭建法治文化建设平台,建立机关事业单位、社区和群众文化场所内的法治文化阵地,创作有针对性的法治文化作品,增强法治文化的影响力、渗透力和感染力,使人民群众切实体会到法治就在身边,从而形成推进法治的自觉和自信。采取开辟专栏、学习辅导、专家访谈、法律咨询等多种形式,“深入开展法制宣传教育,在全社会弘扬社会主义法治精神,引导全体人民遵守法律、有问题依靠法律来解决,形成守法光荣的良好氛围”[13]。二是良好的法治环境,要求确保法律有效实施。法治的权威和生命在于法律的实施,进一步优化法治环境,就要把法治建设的重点放到确保法律的实施上。深化司法体制改革,深入解决地方保护主义、部门保护主义和执行难等问题。“善于用法治思维和法治方式反对腐败,让法律制度刚性运行”[16]。从执法到司法、检察机关要努力让人民群众在每一个司法案件中都感受到公平正义。实现从法律体系到法治体系的转变、从法律大国向法治强国的跨越。三是良好的法治环境,强化执法监督是保障。“徒善不足以为政,徒法不足以自行”。依法执政、依法行政,不仅要靠自律,也要靠他律;营造良好的法治环境,不仅要强化全社会的守法观念,更要加强对执法活动的监督,充分发挥法律监督、社会监督和舆论监督的作用,让人民监督权力,让权力在阳光下运行。

参考文献:

[1] 胡锦涛. 坚定不移沿着中国特色社会主义道路前进 为全面建成小康社会而奋斗[M]. 北京:人民出版社,2012.

[2] 中共中央编译局. 马克思恩格斯选集(第4卷)[M]. 北京:人民出版社,1995.

[3] 习近平. 在首都各界纪念现行宪法公布施行30周年大会上的讲话. 2012-12-4.

[4] 刘宝森,顾钱江. 从“法律体系”到“法治体系”——法学家、山东大学校长徐显明解读十八大报告依法治国亮点[OB/OL]. http://news. xinhuanet. com/politics/2012-11/14/c_113689922. htm,2012-12-22.

[5] 姜明安. 再论法治、法治思维与法律手段[J]. 湖南社会科学,2012,(4).

[6] 赵丽. 十八大报告首提提高领导干部运用法治思维和法治方式能力——权威解析领导干部“法治思维”如何养成[OB/OL]. http://www. legaldaily. com. cn/zt/content/2012-11/14/content_3984350. htm? node=40568,2012-12-22.

[7] 罗志坚,万高隆领导干部要以身作则带头具备和运用法治思维[J]. 求实,2012,(8).

[8] 胡建淼. 法律思维与现代政府管理[J]. 国家行政学院学报,2011,(3).

[9] 蒋传光．法治思维与社会管理创新的路径[J]．东方法学，2012，(5)．

[10] 石旭斋．法律思维是法律人应有的基本品格[J]．政法论坛(中国政法大学)，2007，(4)．

[11] 郑成良．法治理念与法律思维[J]．吉林大学社会科学学报，2000，(4)．

[12] 缪蒂生．提升领导干部运用法治思维和法治方式能力[N]．法制日报，2012-12-12.

[13] 习近平．习近平在中共中央政治局第四次集体学习上的讲话[N]．人民日报，2013-02-23.

[14] 张越．领导干部运用法治思维和法治方式培训教程[M]．北京：中国法制出版社，2013.

[15] 本报评论部．让法治成为一种全民信仰——开创依法治国新局面之三[N]．人民日报，2013-03-01.

[16] 中共中央．建立健全惩治和预防腐败体系 2013—2017 年工作规划[N]．检察日报，2013-12-26.

地方治理能力评价:国外的实践与启示

周 伟

摘 要:地方治理能力评价是测定地方治理能力强弱、辨别地方治理成败的科学工具,也是评价地方治理水平与质量的有效手段。英、美、日等国根据各自的国情,进行了实践探索。创造有利于地方治理能力评价的制度环境、设计符合地方特点的治理能力评价指标体系、构建科学的地方治理能力评价组织体系、合理地运用地方治理能力评价结果,是对我国开展地方治理能力评价的重要启示。

关键词:地方治理;治理能力;英国;美国;日本

一、地方治理能力及其评价

在1989年世界银行的报告中首次提出了"治理危机",从而使"治理"这一概念受到广泛的关注。实际上,"治理"(governance)和"统治"(govern)一直是同一词,直到20世纪90年代以后,西方政治学家和经济学家才赋予governance以新的含义,其涵盖的范围远远超出了传统的经典意义,它意味着"统治的含义有了变化,意味着一种新的统治过程,意味着统治的条件已经不同于前,或是以新的方法来统治社会"[1]。国外很多学者对治理理论进行了研究。美国学者詹姆斯·N.罗西瑙认为,治理是一系列活动领域里的管理机制,虽未得到正式授权,却能有效发挥作用;是一种由共同目标支持的活动,这些活动的主体未必是政府,也无须依靠国家强制力量来实现;它既包括政府机制,也包括非正式的、非政府的机制[2]。联合国全球治理委员会认为,治理是个人和公共或私人机构管理其公共事务的诸多方式的总和,是使相互冲

作者简介:周伟(1976—),男,安徽工程大学人文学院副教授,硕士生导师,管理学博士。

突的或不同的利益得以调和并采取联合行动的持续过程,它既包括有权迫使人们服从的正式制度和规则,也包括人们和机构同意的或以为符合其利益的各种非正式的制度安排[3]。而国内学者俞可平教授认为,治理是指官方的或民间的公共管理组织在一个既定的范围内运用公共权威维持秩序,满足公众的需要;其目的是在各种不同的制度关系中运用权力去引导、控制和规范公民的各种活动,以最大限度地增进公共利益[4]。

可见,治理的含义十分丰富,从不同的角度可以有不同的理解。本文倾向于从主体、手段和目标的角度界定治理,即治理是指一定范围内的多元主体基于多元目标,运用多样化手段对公共事务进行协同管理的过程和活动。其中,治理主体多元化,是指政府不再是社会公共事务管理的唯一或当然主体,包括政府、公共部门、社会组织、企业和社会志愿者,都可以成为治理主体;治理目标多元化,是指包括经济的可持续增长、社会秩序的稳定、公民的广泛参与、社会的公平正义等多项要素,都应纳入治理目标体系,并根据实际的发展需要确定特定时期的核心价值,而不能以一个目标否定另一个目标;治理手段多样化,是指由以强制性手段为主转为主要依靠主体之间民主协商、平等合作及网络化管理等。按照这种理解,地方治理则是将治理理论分析框架应用于地方层面而产生的,是在一定的贴近公民生活的地理空间内,由地方公共部门、社会组织、企业和社会志愿者组成网络治理主体,协调完成和实现公共服务的提供和公共事务的管理过程。相对于国家治理、区域治理,地方治理主要关注一个国家中特定地方行政区域内或跨越地方行政区,以特定的地方公共事务为焦点,采取跨域合作、跨部门协作、跨地方合作或公私合作等方式。

地方治理的效果如何、地方治理行为的水平和质量如何,主要取决于地方治理能力。地方治理能力是指由地方公共部门、社会组织、企业和社会志愿者等组成的网络治理主体,在提供公共服务、治理地方公共事务、实现公共利益等方面所具有的潜在的或现实的能量和力量,是地方治理的质量和水平的综合反映,是对地方治理模式有效性、科学性和稳定性的评价和度量。较强的地方治理能力意味着地方各治理主体间具有较强的合作能力、对经济社会运行具有较强的调节能力,能够有效地规避政府失灵、市场失灵和“志愿失灵”,能提高社会成员的总体福利水平。地方治理能力评价作为地方治理理论体系的重要内容和组成部分,是测定地方治理能力强弱、辨别地方治理成败的科学工具,也是评价地方治理水平与质量的有效手段。科学分析国外地方治理能力评价的实践,准确总结其成功的经验,对开展我国地方治理能力评价的理论研究和实践探索,具有重要的借鉴意义。

二、国外地方治理能力评价的实践

(一)英国地方治理能力的评价

1972年英国制定《地方政府法》以来,地方公共服务质量一直为政府所重视。为改善地方公共服务效率,1980年保守党推行由中央政府主导的评价制度,1992年梅杰首相进一步制定地方宪章,并由审计委员会以绩效指标每年对地方公共服务绩效表现进行评价。1997年工党执政之后,英国推行"最佳价值"评价方案,将原有的绩效指标改为价值指标。为使评价内容更趋完备,2002年英国进一步推行全面绩效评价,并由审计委员会每年对各地方治理绩效进行评价。全面绩效评价包括三种模式:地方治理与县议会评价、区议会评价、消防与救助部门评价,三种评价模式的评价维度相同,只是评价架构及做法稍有不同。如地方治理与县议会评价的维度包括:组织评价、资源使用评价、服务评价和方向性评价。其中组织评价用以评价地方治理机关在企图心、优先发展策略、能力、内部绩效管理及成就等五部分表现。资源使用评价则评价地方治理机关的财务报告、财务管理、财务信用、内部控制、经费效益的效能。服务评价则评价地方治理机关的施政表现,包含与儿童、青年相关业务、成人社会服务、住宅、环境、文化、福利、消防等。方向性评价则由审计委员会评价地方治理机关一年以来的改善结果,评价内容包括:地方治理机关改进工作的具体证据,以及投资效益与服务品质是否同时改进。可见,英国全面绩效评价内容同时包含了机关内部运作效率与绩效表现结果。

在英国现行的评价体系中,存在全国共同性指标与地方个别性指标并存运行的做法。为便于地方政府选定地方个别性指标,英国政府已发展出地方绩效指标资料库,各地方可在服务评价维度中,自行由地方绩效指标资料库中选取合适的指标。目前,该资料库已发展出艺术、生物多样性、社区参与、社会安全、文化服务、民主服务、教育、环境服务、运输交通、住宅、计划与发展、采购、生活品质、老年服务、社会服务、街道景观等16大类别、275项指标。全面绩效评价的评价结果包括强弱度、方向性两种,其中组织评价、资源使用评价、服务评价以强弱度方式呈现,审计稽查员先以1至4分的等级量表进行计分,再透过评价对照表以0~4颗星方式呈现评价结果。方向性评价则以方向性方式呈现,审计委员会将视地方治理一年来的改善情况,以已有大幅改善、改善良好、有改善、改善不足或没有改善共四个等级呈现评价结果。为使评价内容更能符合社会环境与地方施政需求,英国政府正以全范围式评价取代全面绩效评价,新的评价制度除了包含既有的对政府服务品质、组织运作、财务使用率的评价内容外,更强化了公民及社会组织在政策制定与实施过程中的参与。

(二)美国地方治理能力的评价

1993 年,美国政府颁布了旨在指导联邦及州政府开展绩效管理活动的《政府绩效与结果法案》(*Government Performance and Results Act*);1996 年美国雪城大学公共事务研究所与知名公共行政期刊《治理》合作,针封美国地方政府治理能力进行为期 6 年的评价,称为《政府绩效专案》(*Government Performance Project*)。美国地方政府在许多公共事务上具有独立性和自主性,因此美国未出现全国性的与地方治理能力评价活动相关的法律法规,也未建立全国性的相关机构。各地都是在各自所颁布的法律法规框架之内开展具体的地方治理能力评价活动,参与评价的机构和组织并不统一。有学者将美国地方治理能力的评价机构大致划分为四类[5]:一是由基金会出资的专业评价机构。这类机构独立于政府之外开展治理能力评价活动,其活动经费是由各类基金会资助,因此在财务上与政府机构并无关联。二是以地方政府为成员的联盟团体。美国各地方政府之间的交流与学习活动十分频繁,对一些大家共同面对的问题和挑战常常通过各种途径进行讨论。三是高等院校的研究机构。高等院校是美国科学研究机构的代表之一。围绕公共管理或公共政策等专业,许多高校都在开展与地方治理能力评价有关的项目研究,从理论与实践上对地方治理能力评价活动予以总结和指导。四是地方政府内部机构。审计工作在美国地方政府机构运转过程中十分重要,相关审计内容几乎涵盖了地方公共事务的方方面面。

美国地方治理能力的评价模型差异较大,具有代表性的有三类:政府绩效指示器模型(Government Performance Indicators,简称 GPI)、成果投资模型(Investing in Results,简称 IiR)和政府绩效项目评价模型(The Government Performance Project Model,简称 GPP)。其中由美国雪城大学公共事务研究所与知名公共行政期刊《治理》合作设计的 GPP 模型,使用最为广泛。该评价模型由五项管理子系统组成,包括:财政管理、人力资源管理、资本管理、信息科技管理、结果管理。其中财政管理子系统,主要评价预算分配、计划、预算执行、会计、财政报告、债务管理和投资等,评价指标主要有治理主体预算是否具有多年期的观点和计划、是否能维持财政稳定与健全的机制、决策者、管理者与公民可获得充分的财政信息等。人力资源管理子系统,主要评价人力规划、用人、留任、奖惩和训练等,评价指标主要有是否对于当前与未来人力需求进行策略性分析、能否寻获适用的人力资源、能否拥有具备经验技能的人力资源、人力资源部门结构是否完善、能否协助其完成人事目标。信息科技管理子系统，主要评价硬件与软件使用绩效、各管理系统之间的整合程度、训练、成本和回报能力等，评价指标主要有政府与各机关的信息系统所提供的信息足以回应管理者的需求、信息科技系统是否形成一个紧密相连的基础建设、能否对于信息科技系统的成效进行评估以确认相关投资所带来的利益、信息科技系统是否具有促进治理主体与公民沟通及提供服务的能力等。资本管理子系统，主要评价长期规划、初期规划、资本与预算运用的相互影响、维护费用等，评价指标有是否针对未来需求进行透彻的分析、对于固定资产是否进行适当的维护等。结果管理子系统，主要评价策略性规划、绩效测量、执行绩效信息等，评价指标主要有是否致力于结果导向的策略性规划、是否发展相关指标针对计划进展进行评估、是否针对活动的成果与利害关系人进行沟通等。

该评价模型的评价过程包括三大工作：问卷调查、访谈及政府资源的汇总与整理。五个子系统分别成立五个专案小组，负责问卷的寄送、登录与检查，以及审视受访机构提供的官方出版品，验证回收问卷的可信度，并对评价结果进行计分。评价完成后，由《治理》月刊于每年一月以专栏的形式公布地方治理能力评价结果，并刊载学术界的深度分析。

（三）日本地方治理能力的评价

日本很重视行政改革与地方治理，在中央政府积极推行治理能力评价机制的情况下，依据总务省自治行政局行政体制整备室的规划，各都道府县、市町村等地方政府以自愿方式推行地方治理能力评价。日本重视地方的自主性和独立性，并未立法规范地方政府必须推行治理能力评价，各地方可依据自身需求，自行颁布条例、规则、要纲或其他相关规定，以作为地方施行治理能力评价的依据。为提升地方的施行意愿，中央政府在财政内部报告与全国都道府县首长会议上，会提出地方施行治理能力评价的建议和要求。总务省则组成行政评价研究会，提供地方推行所需的各种相关知识和技术协助。日本地方治理能力评价模式大致包括三种类型：一是推动型，地方政府以评价作为推行地方综合施政计划的方法，通过评价结果管理施政计划的进度；二是改善型，评价以地方政府机关、重大业务等为范围，以结果导向方式，让机关经费、人力资源能够合理分配或改善；三是业务缩减型，为应对财经窘迫情况，通过治理能力评价结果，对不具有效益的机关、业务进行经费、人员缩编。

日本地方治理能力评价指标大多依据评价目的和类型进行设计。如推动型评价的地方会依据地方愿景与施政计划拟定指标，因此强调环境保护的地方政府会以当地与环境相关的指标进行评价，重视社会福利的地方政府则会以当地指定医院的患者平均看诊时间、残障者能顺利搭乘公车的比率、无障碍空间设置情况等为指标。强调改善型的评价则多以人力使用状况、经费执行率、重大业务的执行进度等为指标。日本地方治理能力评价采用的评价方式包括:机关自身的内部评价、跨机关的准内部评价和由机关以外第三方担任评价主体的外部评价。各地所使用的评价方式有相当大的弹性,基本上是综合使用内部评价、准内部评价和外部评价等多种方式。日本地方治理能力评价的结果,作为各地方预算审定、编制管理、下年度重点施政方针拟定的直接依据。

三、国外地方治理能力评价对我国的启示

(一)创造有利于地方治理能力评价的制度环境

英、美、日等国的地方治理能力评价之所以得以成功推行与其良好的制度环境密不可分。英国在《地方政府法》的制定中,就高度重视地方公共服务质量,并将其作为评价地方绩效的主要依据。美国政府颁布旨在指导联邦及州政府开展绩效管理活动的《政府绩效与结果法案》,以及美国雪城大学公共事务研究所与知名公共行政期刊《治理》合作所制定的《政府绩效专案》,对美国地方政府治理能力进行定期的评价。虽然日本未立法规范地方政府必须推行治理能力评价,但日本重视地方的自主性和独立性,鼓励各地方可依据自身需求,自行颁布条例、规则、要纲或其他相关规定,以作为地方施行治理能力评价的依据。对于我国而言,推进国家治理体系和治理能力现代化尚处于起步阶段,治理能力评价的理论与实践尚不成熟,若要推行地方治理能力评价,必须建立起相应的实施环境和制度保障。其一,应该把治理能力评价纳入推进国家治理体系和治理能力现代化的总体方案中,作为全面深化改革的重要内容。其二,法律的制定不应操之过急,可先以行政法规的形式,通过有选择性的试点工作在实践中不断总结经验,从而制定出真正契合我国实际的、科学而系统的法律体系。其三,要建立专门的评价机构。英、美等国改革期间建立的执行局及绩效评审委员会等法定机构,保障了改革持续有效地推行。我国建立的评价机构可以是人大常委会的办事机构,也可以是政府内部的专门机构,还可以是社会上独立的中介评价机构等。

(二)设计符合地方特点的治理能力评价指标体系

评价指标是用来反映和概括地方治理能力水平的概念和具体示标,是构成治理能力评价系统的核心环节。评价指标具有航标性的战略导向作用,可

引导地方治理的未来方向，可直接反映地方治理能力的状况，因此科学设定评价指标体系意义重大。但各地的资源禀赋、发展阶段、发展路径和战略任务等各不相同，使用整齐划一的评价指标体系对各地治理能力进行评价是不科学的。比如，英国已发展出地方绩效指标资料库，各地方可在绩效指标资料库中选取合适的指标；美国设计了政府绩效指示器模型、成果投资模型和政府绩效项目评价模型等，供地方根据实际情况选择。对于我国而言，设计符合地方特点的治理能力评价指标体系是地方治理能力评价的一项重要工程，也是地方治理能力评价的一个难点和焦点。其一，评价指标体系要体现地方治理的最终目标——善治。善治体现了社会权利的含义和对人的全面发展的重视，是国家权力向社会的回归，是一个还政于民、使公共利益最大化的社会治理过程，其本质特征在于它是政府与公民对公共生活的合作治理，是政治国家与公民社会的一种新颖关系，是两者和谐融合的最佳状态，是地方治理的终极追求，是分析地方治理应该是什么的标准化概念。其二，指标的设定要具有针对性。我国各地的经济社会发展极不平衡，东部、中部与西部，沿海与内陆，城市与乡村，汉族与少数民族之间差距巨大，而且由于地理环境及资源禀赋差异、制度差异、国家宏观政策差异、时代与发展机遇差异等原因，这种差距还有逐渐拉大的趋势。同时，我国行政层级众多、类型复杂，每个层级的职责权限不同、运行方式各异，治理过程各有侧重和特点。因此，应根据区域的发展阶段和治理的实际需要，制定切合实际的目标，并按评价内容确定轻重缓急，按导向性、有效性和可行性设计评价指标体系。

（三）构建科学的地方治理能力评价组织体系

地方治理属于多元主体治理，地方治理能力评价属于社会性评价，理应由独立于治理主体以外的组织和治理主体来共同负责实施，这是国外地方治理能力评价的通行做法和实践经验。如美国地方治理能力的评价机构就包括由基金会出资的专业评价机构、以地方政府为成员的联盟团体、高等院校的研究机构和地方政府内部机构。日本地方治理能力评价采用的评价方式包括：机关自身的内部评价、跨机关的准内部评价和由机关以外第三方担任评价主体的外部评价。要切实抓好我国的地方治理能力评价，增强评价的客观性、准确性和权威性，就必须借鉴国外经验，从我国的实际出发，建立科学的评价组织体系。其一，独立于治理主体以外的外部组织评价。主要对地方治理的效果、治理主体的职能履行、廉政建设、执法状况等整体表现方面的内容进行评价。由独立于治理主体以外的外部组织负责地方治理能力评价，可以在一定程度上避免评价者的心理防御，使其表达出真实的心理感知，评价结果的准确度和公信力更高。而且这些组织具有人才、理论和学术优势，在评价主体的选择与培训、评价指标的制定、评价数据的处理、评价结果的判断等方面拥有相应的理论基础和专业化工具,能提高评价的科学化水平。其二,由治理主体进行的内部评价。主要评价治理成本、治理效益、治理主体工作人员的德能勤绩等方面的表现等。通过外部评价与内部评价的结合,不仅能得出地方治理能力的水平,还能得出地方治理能力水平高低的原因。

(四)合理地运用地方治理能力评价结果

地方治理能力评价结果的运用,是地方治理能力评价程序中最重要的一环,也是地方治理能力的目的所在、动力之源。英国地方治理能力评价之所以能够持久地坚持下来,根本原因就在于它特别重视评价结果的运用,把评价的结果与评价对象的利益挂钩,增强了评价主体和评价客体贯彻执行评价制度的自觉性和主动性。日本将地方治理能力评价的结果作为各地方预算审定、编制管理、下年度重点施政方针拟定的直接依据。要切实提升地方治理能力评价的实效性,实现地方治理能力评价的目标,就必须合理地运用地方治理能力评价结果。其一,要运用评价结果检验地方治理是否达到了预定目标。地方治理能力评价最基本的目的就是评价预定目标的实现程度,成功的经验、存在的差距及其原因是什么,应采取什么具体对策和措施。可根据地方的发展战略和评价结果,调整评价目标、工作思路和工作举措,为下一轮评价设立指标和标准。其二,要运用评价结果优化地方治理预算管理。治理能力的结果是编制治理预算的重要依据和基础,离开了评价,治理预算也就无从谈起。运用治理能力评价结果优化基本支出预算、优化项目支出预算、增强绩效预算执行的刚性。其三,要建立评价的激励和约束机制。应建立地方治理能力评价的信息数据库并建立健全评价激励机制、责任机制、申诉机制、监督机制以及资源调适机制等,以督促各相关主体对评价结果扮演积极的角色,而不是一评了事。

参考文献:

[1] Rhodes, Understanding Governance: Policy Networks, Governance, Reflexivity and Accountability (Buckingham: Open University Press, 1997.

[2] [美] 詹姆斯·N. 罗西瑙. 没有政府的治理——世界政治中的秩序与变革[J]. 张胜军等译. 南昌:江西人民出版社,2001.

[3] 全球治理委员会. 我们的全球伙伴关系[M]. 香港:牛津大学出版社,1995.

[4] 俞可平. 全球治理引论[J]. 中国人民大学复印报刊资料·政治学,2002,(3).

[5] 马佳铮,包国宪. 美国地方政府绩效评价实践进展评述[J]. 理论与改革,2010,(4).

涉医纠纷概念化表达之法理学辨析

马青连

摘　要：自民国以来，对涉医纠纷这一现象的概念化表达一直存有争议，在官方与民间话语体系中主要有医事纠纷、医患纠纷、医疗纠纷、医疗事故争议这四种表达。对同一种现象出现多种概念化表达必然带来理论与实践中的混乱。随着《侵权责任法》的出台，对涉医纠纷的概念化表达必须具有法律意义，用医患纠纷这一概念取代其他几种表达并体现于《侵权责任法》之中，并使原来的二元结构的立法混乱状态回归到一元化。唯有如此，近百年有关涉医纠纷概念化表达的争论才能有望趋于一统。

关键词：涉医纠纷；概念化表达；法理；辨析

一、问题的提出

由于历史和现实的多种原因的交织与碰撞，当前的医患关系异常紧张，医患双方矛盾凸显并有恶化的趋势①。无论官方与民间抑或是理论界与实务界都投入较大的精力试图改变现状，但成效有限，原因到底是什么？学界对

基金项目：安徽省人文社会科学研究项目“法社会学视野下的安徽省医患纠纷解决 ADR 机制研究”（AHSK11—1271）；安徽医科大学马克思主义中国化研究重点学科资助项目“我国医患纠纷解决机制的本土化构建”（201003-09）。

作者简介：马青连（1968—），安徽颍上人，安徽医科大学人文社会科学学院法学系副教授，法学系主任，清华大学法学院高级访问学者，法学博士，研究方向：法理学、法律史。

① 根据原卫生部官方统计，2010 年全国医闹事件共发生 17423 起，比 2005 年增加 7000 余起；2012 年，根据媒体报道的不完全统计，恶性暴力袭医案件发生 16 起，造成 4 名医生因此丧生。从言语暴力，到肢体冲突再到恶性伤人。据不完全统计，中国每年被殴打受伤的医务人员已超过 1 万人，2000—2010 年间，共有 11 名医务人员被患者杀害，中国已成为全世界医生遭杀害最多的国家。究其原因，中国不健全的医疗体制或导致医生成了全社会仇视的对象。

这一现象思考的进路是否还存在问题？理论上是否已经达成基本共识？制度上是否有重大缺陷？坦诚地说，学界更多关注这种现状产生的制度、文化、社会乃至体制等方面的原因，可以说从宏观到微观无不涉猎，理论与实务界纷纷发声，然而似乎没人对涉医纠纷这一现象的概念化表达进行法理上的认真思考。所谓涉医纠纷是指医方与患方之间因某种原因产生矛盾，进而外显化的一种表现。当然，涉医纠纷本身就是一种不太规范而又无奈的表达，因为一百多年来学界对这种现象的概念化表达一直是混乱的，笔者曾经检索文献及网站发现，对涉医纠纷这种现象的概念化表达可谓乱象纷呈①。具体表现为四种较有代表性的概念化表达，即医事纠纷、医患纠纷、医疗纠纷和医疗事故争议。应当说这四个概念无论是内涵还是外延都有差异，从医事纠纷到医疗事故争议这四个概念的内涵与外延逐渐狭窄，而这四个概念也是从古至今，从民间到官方话语体系中依次出现的概念②。这里涉及一个关键问题是概念的准确界定。最基本的理论常识告诉我们，任何一个能够称得上成熟的理论必须有一些最基础性的概念为支撑，概念的混乱必然带来理论上的困惑，进而会影响具体制度的设计。一般而言，理论界的很多纷争无不是因为概念的混乱，这种状况会导致制度设计上的重大缺陷，最终会带来实践中的莫衷一是。

中国有“循名责实”的法文化传统，更有“名不正则言不顺”的治世理念。实际上，这里所说的概念问题在中国传统文化中属于“名实”问题。对于这一问题，中国古代儒家认为：“名不正则言不顺，言不顺则事不成。”[1]关键是后面一句话，就是名不正就办不成事或者说解决不了实际问题。由此可见为什么要在命名上下一番功夫了。法家则主张“循名责实”。韩非说：“术者，因任而授官，循名而责实，操生杀之柄，课群臣之能者也，此人主之所执也。”[2]儒家与法家虽有不同的解读，但有一点是共同的，那就是按照名称来考察实际内容，要求名实相副。试想，名称混乱内容岂能不乱！2013 年的两会期间，中国改革开放后第七轮政府机构改革方案于 3 月 14 日在十二届全国人大一次会议上获通过，但是与 10 日提交大会的方案文本有一个很大的区别——因合

① 2013 年 6 月 24 日，笔者在谷歌网站中检索到医患纠纷词条约1 780 000条；医疗纠纷的词条约4 560 000条；医疗事故争议约1 370 000条；医事纠纷约71 700条。在百度网站中检索到医患纠纷词条约3 700 000个；医疗纠纷词条约9 760 000个；医疗事故争议词条约4 100 000个；医事纠纷词条约227 000个（有关文献中的乱象在下文有交代）。有意思的是，学界对这一乱象表现出集体失语的状态，是这一问题压根就没必要掰扯抑或是另有隐情，不得而知。

② 民国时期的涉医纠纷被称作医事纠纷，现在社会才逐渐出现医疗事故争议，而且在非制度性话语体系中常常使用的是医事纠纷、医患纠纷，而在制度文本中则一般使用的是医疗纠纷或医疗事故争议。只是在近年的新闻媒体及官员的话语体系中经常使用医患纠纷这个概念。

并而定名的"国家新闻出版广播电影电视总局"缩减了四个字,最终方案通过时,改为"国家新闻出版广电总局"。而此前中编办副主任说一个字都不能减,但最终顺民意而更改得更加合适,为什么呢?道理仍在此。然而,涉医纠纷的概念化表达却没那么幸运,从民国以来无论是官方还是民间就没有个统一的说法。

二、涉医纠纷概念化表达的混乱现状

(一)法律中的表达①

法律是国家意志的产物,具有国家性、权威性,有"定纷止争"的功能。然而,我国现行中央立法体系中鲜有涉医纠纷的概念化表达,更为重要的是没有相关的立法定义,这应当是当前涉医纠纷概念化表达混乱的根本原因。笔者发现在现行中央立法体系中,2002 年的国务院行政法规《医疗事故处理条例》中有医疗事故之完整立法定义:"本条例所称医疗事故,是指医疗机构及其医务人员在医疗活动中,违反医疗卫生管理法律、行政法规、部门规章和诊疗护理规范、常规,过失造成患者人身损害的事故。"[3]医疗事故这个概念也是实践中涉医纠纷概念化表达一种方式,有不少学者把医疗事故等同于医疗纠纷②,这实际上是个误解,两者的性质不同。一般而言,医疗事故是产生医疗纠纷的一个原因,两者间的内在逻辑关系是因果关系。有意思的是,《医疗事故处理条例》中有医疗事故争议这个概念,只是没下定义③。为什么国务院的行政法规中没有给医疗事故争议下定义呢?可能出于立法的技术性要求,也可能因为当时没考虑成熟,然而不管是什么原因,由于立法中没有相关概

① 在我国,法律有狭义与广义之分,狭义的法律专指全国人大常委会制定的规范性法律文件;广义的法律是指所有具有立法权的机关制定的规范性法律文件,笔者这里的法律是广义的。规制涉医纠纷的法律在我国现行的中央立法体系中有以下几个:《医疗事故处理办法》(1987 年,已废除);《医疗事故处理条例》(2002 年);《民法通则》(1987 年);《侵权责任法》(2010 年,54—64 条)及解释(97-109 条);《人身损害赔偿解释》(2003 年);《名誉权案件解释》(1998 年);《执业医师法》(1999 年)。这些规范性文件中没有关于医患纠纷、医疗纠纷、医事纠纷及医疗事故争议的定义。

② 2011-04-29《找法网站》上的一篇文章《医疗纠纷不等于医疗事故》说:"人们常常将医疗纠纷和医疗事故混为一谈,认为是一个概念,其实不然。广义的医疗纠纷泛指医患之间发生的一切纠纷,狭义的则指医患之间因为诊疗发生的纠纷,医疗事故只是医疗纠纷中的一部分。"虽然认识两者不是一个概念,但结果还是表达"医疗事故只是医疗纠纷中的一部分"。诸如此例不一一列举。

③ 见《医疗事故处理条例》第十六条,发生医疗事故争议时,死亡病例讨论记录、疑难病例讨论记录、上级医师查房记录、会诊意见、病程记录应当在医患双方在场的情况下封存和启封(十八条的第一款、第三款以及后面的条文中又多次提到这个概念)。

念化表达及其定义,民间对此问题纷乱表达已成为事实。而且有足够的理由认为,一些学者提出医疗纠纷这个概念是基于上述立法中的两个概念,现在的学术与实务界使用这个概念的很多。

中央层面的立法中没有涉医纠纷的概念及定义却在司法解释中首次出现。2003 年 1 月 6 日,《最高人民法院关于参照〈医疗事故处理条例〉审理医疗纠纷民事案件的通知》,第一次明确提出了医疗纠纷这个法律术语,同时将医疗纠纷分为因医疗事故引起的医疗赔偿纠纷和因医疗事故以外的原因引起的医疗赔偿纠纷。虽然司法解释提出了医疗纠纷这个法律概念但没有下定义,并且还混淆了医疗纠纷与医疗赔偿纠纷,同时该解释也没有对因医疗事故以外的原因引起的医疗赔偿纠纷做出明确的界定,使得理论界与实务界对涉医纠纷的概念化表达更加混乱,进而导致司法实践中对同一案件出现不同的判决①。

值得关注的是,安徽省蚌埠市于 2011 年出台的《蚌埠市医疗纠纷预防与处置暂行办法》中给医疗纠纷下了一个完整的定义:"本办法所称医疗纠纷,是指医患双方对医疗机构的医疗、护理行为和结果及其原因、责任在认识上产生分歧而引发的争议。"②对这条立法我们可以有几种理解:首先,从语义学的角度来看,这里的定义应当说已经超出医疗纠纷的应有内涵,因为"医疗"不应该包含"护理"与"认识上的分歧";其次,从实质主义的角度来看这种定义已经超越了国务院 2002 年的《医疗事故处理条例》的医疗事故争议的基本精神;最后,从权力理论的角度来说,安徽省蚌埠市的立法必须秉承国务院的意志,任何越权行为都应当是无效的。但是,有意思的是新闻媒体报道称:安徽省蚌埠市创新医患纠纷人民调解工作模式,深入开展医患纠纷人民调解工作的经验和成效,得到了中共中央政治局常委、国务院副总理李克强同志批示肯定,安徽省委书记张宝顺、省长李斌等也做出批示,要求各地要建立健全医疗机构内部防范沟通化解机制、医患纠纷应急处置机制、医患纠纷人民调

① 见最高人民法院关于参照《医疗事故处理条例》审理医疗纠纷民事案件的通知〔2003〕20 号 2002 年 4 月 4 日国务院公布了《医疗事故处理条例》(以下简称《条例》),自 2002 年 9 月 1 日起施行。条例对于妥善解决医疗纠纷,保护医患双方的合法权益,维护医疗秩序具有重要意义。现就人民法院参照条例审理医疗纠纷民事案件的有关问题通知如下:一、条例施行后发生的医疗事故引起的医疗赔偿纠纷,诉到法院的,参照《条例》的有关规定办理;因医疗事故以外的原因引起的其他医疗赔偿纠纷,适用民法通则的规定。

② 见《蚌埠市医疗纠纷预防与处置暂行办法》第二条。应当说,这个名称直接来源于国务院 2002 年《医疗事故处理条例》中第二章《医疗事故预防与处置》。在笔者关注的视野中这应该是地方立法中第一次给医疗纠纷的立法意义上的定义。安徽省在医疗卫生体制改革方面一直走在全国的前列,选择安徽省的立法定义有典型意义。

解机制和医疗责任保险机制，在16个市要及时建立医患纠纷预防处置机制的同时，在十八大召开前，105个县（市、区）必须全部建立医患纠纷预防处置机制。为此，安徽省综治办、安徽省司法厅等六部门联合下发《关于建立健全全省医患纠纷预防处置机制的意见》的通知。这里用的概念是医患纠纷。

《中华人民共和国侵权责任法》已由中华人民共和国第十一届全国人民代表大会常务委员会第十二次会议于2009年12月26日通过，自2010年7月1日起施行。这部法律用11个条款规制了涉医纠纷中的法律责任，同样没有概念化的表达，也没有下定义，但是从相关条款的基本精神来看已经超越了国务院2002年的《医疗事故处理条例》。从法律效力理论来看，全国人大的立法高于国务院的行政法规，也正是因为在这部行政法规中只有概念没有定义才导致民间乃至官方对此概念表达上的纷乱不止。人们本来可以预期这部《侵权责任法》的问世可以"定纷止争"，但是事实并非如此。立法的二元性又加之《侵权责任法》在此问题上的闪烁其词，对涉医纠纷到底用哪一个概念又成为一个争论不休的话题。

（二）官方话语体系中的表达

在中国，长久以来一直平行着两套话语体系。一套是官方媒体气势磅礴、斩钉截铁、不容置疑的话语体系；另外一套是民间知识界与媒体界所使用的日常写作话语。这套话语并无一个固定的模式，但多数是针对社会和民间发言，无论其观点如何，一般情况下，这两套话语体系各说各话，少有交叉。但是，在涉医纠纷的概念化表达上，官方话语和民间话语之间有了交集。

几乎所有的新闻媒体在事关涉医纠纷的概念化表达上都是一篇文章交互使用医患纠纷与医疗纠纷这两个概念，很少使用医事纠纷与医疗事故争议①。值得注意的是官员话语中的表达，因为官员是官方意志的表达者，往往代表着官方的威权。但是，笔者观察了从中央到地方的若干位官员在表达涉医纠纷概念时，几乎一致用的是医患纠纷这个概念②。这里就产生一个问题：官方立法中要么用医疗事故争议这个概念要么用医疗纠纷这个概念，为什么

① 因为这样的例子太多，不用列举，只要在百度或谷歌中输入医患纠纷或医疗纠纷，就有大量媒体文章出现，几乎都有这个问题。

② 2012年4月13日，在北京大学人民医院和北京航天总医院连发两起暴力伤医事件，两名医生受暴力伤害。4月15日，卫生部部长陈竺在出访回国后，从机场直接赶到北京大学人民医院重症监护病房，看望受伤的邢志敏医生。在病房里，陈竺握着邢志敏的手，对她说，请好好养伤。暴力伤医事件不是医患纠纷，而是令人发指的刑事犯罪。这里，陈竺没有用医疗纠纷这个概念。卫生部党组书记、副部长张茅去年在海南调研时强调："构建多元统筹的医患纠纷防范和化解机制，不同途径相互协调，互为补充，为构建和谐医患关系服务。"另外，李克强、张宝顺、李斌等都直接或间接地使用医患纠纷这一概念。也就是说官员们在表达时候都用医患纠纷而不用医疗纠纷。

代表官方意志的官员一致用医患纠纷这个概念呢?如在官方层面,针对涉医纠纷的概念化表达,如果官员的话语体系与立法中的表达都不能一致,民间对这个问题的莫衷一是就是理所当然的。

(三)民间话语体系中的表达

笔者检索查阅文献发现,民间话语体系中关于涉医纠纷的概念化表达有三种倾向:纯粹学术型的、法律解释型的和折中型的。在这三种倾向中有的学者一直使用医患纠纷这个概念,并且有自己的定义;有的学者坚持使用医疗纠纷这个概念并且一以贯之;有的学者始终坚持使用医事纠纷这个概念并且也有自己的独到定义,这几种情况都很规范,符合学术研究的基本要求。但是这三种倾向中,有的学者特别是实务界的学者在使用涉医纠纷概念化表达时很不规范,要么有概念没定义,要么是定义本身有内在的逻辑问题,更糟糕的是医患纠纷与医疗纠纷交替使用在同一部著作之中,甚至有的著作书名用的是医患纠纷而整部著作内容中全部用医疗纠纷这个概念。一般来说,纯粹学术型著作中大多使用医事纠纷和医患纠纷这两个概念,法律解释型和折中型的著作中更倾向于用医疗纠纷这个概念。

1. 纯粹学术型

这种类型的学者往往来自高校或科研院所,大多是以自己的学术旨趣为导向,以现行立法为标靶,以某种理论为工具来解构现行立法并提出具有学理意义上建议,重在理论上的探讨与阐释。以四川大学龙伟博士、安徽医科大学邱杰博士等为代表。龙伟博士认为:“医事纠纷泛指病患及其家属在求医过程中,对医务人员所提供的医疗行为、过程及后果无法接受或不满意,而与医疗机构或医务人员发生的冲突。”[4]这个定义立足于医患双方针对医疗行为而产生的冲突,又侧重于从患方考虑,体现出对作为弱势群体的患方些许的人文关怀。但是,医事纠纷是民国时期的概念,定义的内涵仍然过窄,没能兼顾到现代医患双方可能出现纠纷的所有原因,比如,护理过程的问题、名誉及隐私权的问题等。要说明的是,医事纠纷是民国时期约定俗成的一个概念,就其内涵与外延无论在理论、实践及司法判决中没有得到统一的认识。民国时期的各类法律条文中也没有做出明确的界定。

而邱杰博士认为:“医患纠纷泛指医疗实践中发生在医方与患方之间,包括医疗性纠纷和非医疗性纠纷在内的围绕医患双方权益的一切分歧、争执或对抗。”[5]邱博士使用的是医患纠纷这个概念应当说较有代表性,而且把医患纠纷的原因界定为医疗性与非医疗性纠纷,考虑得比较全面,但是把纠纷界定为“一切分歧、争执或对抗”不免有过泛之嫌。另外,周院生博士的观点值得重视,他认为:“医疗纠纷是指发生在医疗卫生、预防保健、医学美容等具有合法资质的医疗企事业法人或机构中，一方（或多方）当事人认为另一方（或多方）当事人在提供医疗服务或履行法定义务和约定义务时存在过失，造成实际损害后果，应当承担违约责任或侵权责任，但双方（或多方）当事人对所争议事实认识不同、相互争执、各执己见的情形。”应当说这种定义比较合理[6]。这种定义尽量涵盖涉医纠纷产生的可能原因，但是定义过于冗长，技术性不够，同时把纠纷界定为“认识不同、相互争执、各执己见的情形”同样有过泛之嫌。

2. 法律解释型

属于这一类型的学者往往在实务部门，或者科研院所的学者但身兼律师职业，或者为完成某项科研课题的学者。他们一般为了完成国家的某个具体任务，或者为司法实践服务，要对现行立法进行准确的解释与定位并提出相关建议，不像学术型的观点往往可以超越现行立法，以中国政法大学几位学者及陈志华先生等为代表①。陈志华先生认为：“医疗纠纷是指患者及其家属与医疗机构或医务人员在形成法律关系的基础上，就医疗行为的需求、采取的手段、期望的结果及双方权利义务的认识上产生分歧，并以损害赔偿为主要请求的民事纠纷。”[7]陈先生用的是医疗纠纷这个概念，定义仍是基于医疗行为来界定医疗纠纷产生的原因，应当说对2002年《医疗事故处理条例》的基本精神的把握相当准确，更可贵的是陈先生把医疗纠纷的法律属性界定为民事纠纷，这在学界也有相当的代表性。

3. 折中型

折中型的学者意识到前两种倾向的各自不足，试图走一条中间道路，实践中往往采取广义与狭义的概念来界定涉医纠纷的概念，留有自由选择的空

① 中国政法大学的邢学毅教授、刘鑫教授、常林教授都把涉医纠纷称为医疗纠纷，为什么呢？2006年，这几位学者申请到一个教育部重大课题攻关项目：《医疗纠纷解决机制的法律问题研究》，之后于2008年8月由中国人民公安大学出版社出版了系列丛书：邢学毅编著、常林审定《医疗纠纷处理现状分析报告》；郭兆明编著、常林审定《医疗纠纷立法与处理整理》；刘鑫著《医疗事故处理条例问题评述》；常林著《医疗纠纷解决机制的法律问题研究》；这一课题的目的是如何更好地实施2002年国务院的行政法规《医疗事故处理条例》的，弄清这一点就明白为什么中国政法大学的学者也用医疗纠纷这个概念。另外，还有一些学者值得关注，如常永清、彭瑶主编《医患之争——医患纠纷典型案例评析》（法律出版社，2006年版）没给出定义，但能在全书中一直使用同一个概念；中国政法大学博士后杨峰编著《医患纠纷典型案例评析》（中国民主法治出版社2008年版）没定义，书名用的是医患纠纷而内容用的是医疗纠纷这个词；吴春岐主编《新编医疗纠纷处理法律依据与案例评析》（法律出版社2011年版）没给定义，但全书一直使用同一个概念。

间，避免定义的绝对化。可以林文学、周东海等为代表①。最高法院法官、中国人民大学法学博士林文学认为："医疗纠纷，有广义和狭义之分。广义的医疗纠纷是指病人及其亲属在因病就诊过程中与医疗机构及工作人员因矛盾而产生的分歧和争议。狭义的医疗纠纷是指医患双方对医疗后果及其原因认识不一致而发生的争议。"[8]周东海先生认为："医疗纠纷有广义与狭义两种解。前者指一切医务人员或医院在诊疗过程中，由于各种原因导致的与患者之间的民事纠纷。后者主要是指因医疗事故或失当行为引发的涉及民事责任与民事赔偿的纠纷。"[9]

需要说明的是，这些学者似乎都没有就当前出现的各种说法给出合理的解释，只是在曹国华的论文中只提到医患纠纷是医疗纠纷的上位概念，只是没有展开解释[10]。其他的学者要么认为这些词语意思一样，要么认为没有区分的必要，甚至认为学术研究不应该有概念的纠缠，而更多的是对此问题三缄其口②。笔者认为，任何著作、制度文本都是以一些基本概念为基础而展开的，这些基础性的东西模棱两可还能指望有能禁得住推敲的好著作吗？还奇怪学术界有关这个问题的混乱时间已逾百年吗？以此概念为基础设计的法律制度文本能发挥其应有的作用吗？

三、纷乱的涉医纠纷概念化表达背后的原因

（一）官方层面的表达不统一

这主要体现在立法与官员的话语之中。一般而言，社会中长期存在的某种争议直到官方层面做出一致的回应才能得到消弭，这并不完全是因为官方的回应带有国家威权主义色彩，更重要的是这种回应体现出一种重视也表达

① 曹国华在《和谐社会下的医患关系重构研究》（南昌大学2009年硕士论文）中，使用的是周东海先生有关医疗纠纷的广义概念，但认为医疗纠纷是医患纠纷的下位概念，值得关注。见该文第二章，第9页。

② 要说明的是，前文列举的只是笔者阅读过的相关文献，还有很多文献没能全部拜读，但可以肯定的是，目前所有的观点（只要是能够文献检索的）都不会超出这些范畴当是可信的。另外可参见的相关学者的概念及定义如：刘振华《医疗纠纷防范与应诉》（清华大学出版社，2003年版，第1页）；王汉亮、佟强《医疗事故处理办法讲话》（法律出版社，1989年版，第14－15页）；梁华仁《医疗事故的认定与法律处理》（法律出版社，1998年版，第12页）；王传益《最新医疗纠纷防范与处理实务全书》（警官教育出版社，1998年版，第2页）；邓利强《医疗法理案例评析》（高等教育出版社，2004年版，第55页）；官以德等《医疗事故与医疗纠纷处理》（人民法院出版社，2000年版，第1－2页）；周伟《常见医疗事故的鉴识与纠纷处理》（人民法院出版社，2003年版，第13－14页）；乔世明《医疗事故赔偿》（人民法院出版社，2003年版，第52页）。

着一个国家的智慧。当下这种涉医纠纷概念化表达的混乱并不能说是官方智识的匮乏，而更有可能是没有引起官方的足够重视。当我们检视现行立法时，无论是中央层面的立法还是地方立法都鲜有这种表达，特别是中央立法有关这四种表达只字未提，所幸的是安徽省地方立法中旗帜鲜明地给医疗纠纷下了个明确的定义，但，也正是这种定义带来了官方层面在此问题上的纷乱①。

（二）民间学术力量单薄，没有形成权威

"定纷止争"是法律制度的功能，要想让某种社会现象纳入法律规范之中，没有法学界足够的重视是困难的，因为任何一条法律规范的问世都必须有充足的法理支撑。客观地说，涉医纠纷概念化表达的争议一般是在医学界影响较大，在法学界没形成较大的力量，因为法学界主要精力是投入如何解读立法和司法解释以及医疗纠纷的属性及其构成。正如前文所述，一部分学者仅仅解读官方文本；一部分学者各自为政，互不妥协。一般而言，学界对某一个学理问题进行长期争论后会形成一个主流观点，但是在这个问题上学术界莫衷一是。

（三）涉医纠纷的法律属性难以界定

绝大部分学者认为涉医纠纷属于民事纠纷中合同纠纷。涉医纠纷到底属于何种法律纠纷，是民事还是行政，抑或二者兼有，还是独立的一种医事法律纠纷，值得思考，性质不确定无法找到合适的解决纠纷的制度依据。湖南中医学院附院教授王万林被自己治疗过的白血病患者46刀结束生命的悲剧至今令人深思，尤其是患者说"你拿我的钱就要治好我的病，否则你就得死"，这种逻辑的背后实际上是把涉医纠纷看成民事合同纠纷。笔者认为涉医纠纷更像是一种独立的法律纠纷，既不能归属于民法也不能归属于行政法，如果医事法问世，可看作是医事法律纠纷较为可靠。

笔者以为，其难以定性的主要原因在于医学与法学的复杂性。众所周知，在一般国家普通理科的学制是4年制，而唯独只有医学要学5～7年，而且有资格报考医学院校的，多为国家第一流的学子。有的国家还规定，必须是理科本科毕业的才有资格报考医学本科专业；法学也一样，不少国家也规定只有本科毕业者，才可以报考法学，而医事法学却是集世界上两门最高难度的学科——医学与法学于一身的学科，这也就决定了医事法学是法学领域中

① 最高立法层面（人大）没有取得一致。比如，1987年的《民法通则》，2010年的《侵权责任法》都没直接规定概念，但又闪烁其词，如《侵权责任法》第54—64条；行政官员与行政法规及部门和政府规章的表达背离。如前文所述，李克强总理、陈竺部长、张宝顺书记、李斌省长、周春雨市长等都使用医患纠纷这个概念，而不是安徽省地方立法中使用的是医疗纠纷这一概念。

最为高深的一门分支学科。因此,如果从事医事法研究,不懂医是万万不行的。事实上医学科学方面的问题,有许多是用一般法学理论所难以解释的。如医患关系的法律属性,就很难用民事法律关系的“平等主体”“自愿原则”“等价有偿”去解释,医患关系确有许多类似于行政法关系的特征,但它又绝不是行政主体与行政相对人的关系。尤其是在医学科学方面的每一项重大发现与发明,都向传统法学与传统伦理学提出了挑战,成为当今世界法学与伦理学上的一个个难题。如安乐死问题、器官移植、试管婴儿、代理母亲、人工授精、基因工程、克隆人等问题,无一例外,这些问题均不是用普通民法规则或理论所能解释的。

(四)概念化表达本身的困难性

一个内涵与外延都很科学化的概念的形成需要时间更需要智慧,因为概念本身是人脑对客观事物的主观反映,而且是本质的反映。由于人们智识的有限性,往往很难对某种长期存在的现象进行本质上的认识,因此对这种现象进行科学的概念化表达会有很大的困难。正如毛泽东所说:“社会实践的继续,使人们在实践中引起感觉和印象的东西反复了多次,于是在人们的脑子里生起了一个认识过程中的突变(即飞跃),产生了概念。概念这种东西已经不是事物的现象,不是事物的各个片面,不是它们的外部联系,而是抓着了事物的本质,事物的全体,事物的内部联系了。”[11]事实上,长期以来涉医纠纷的内涵与外延在理论界、实践及司法判决中一直没有得到统一的认识,自民国以来所使用的医事纠纷等表达都是在约定俗成意义上使用,并没有规定在法律之中,也就没有法律意义。即使在今天的法学界仍未得到定论[12]。

四、结语

纠纷是指特定的利益主体基于利益冲突和权利义务关系失衡而产生的一种外显化对抗行为。这应该是法学意义尤其是法律学意义上的界定。对纠纷这一上位概念的界定容易泛化,会导致对各种类型的纠纷界定难以达成共识,本文探讨的涉医纠纷的概念化表达应当是法律意义上的。因此,在前文论证的基础上,笔者认为可以用医患纠纷这个概念结束近百年的混乱状态,其定义要综合考虑到主体、客体、内容、发生的时间及其原因等因素,即医患纠纷是指病患及其家属在求医过程中,对医务人员所提供的医疗、护理行为、过程及后果无法接受或不满意,而与医疗机构或医务人员发生的具有法律意义的冲突。必须指出的是,这种概念及其定义一定要纳入立法之中,其理由在于：

第一，这种界定兼顾到纠纷的主客体及内容和发生的时间，内容较为充实，从立法技术性来看也便于纳入立法之中。同时这种界定吸取了自民国以来近百年来中国法学界尤其是医学界集体智慧的结晶，也抓住了涉医纠纷的本质。第二，这概念化表达结合了民间与官方力量与智慧。笔者的这种概念化表达及其定义内容是学术界的智慧结晶，同时兼顾到《蚌埠市医疗纠纷预防与处置暂行办法》中的定义，因为蚌埠市的立法直接秉承国务院相关行政立法的基本精神，又针对现实有所突破，具有国家意志性。第三，医患纠纷这个概念表达在民间和官方话语体系中被频繁使用，同时这个概念的外延有足够宽阔、更便于科学地界定涉医纠纷的实际内涵。当然，要想真正消弭纷争还要在全国人大立法中有旗帜鲜明的体现，因为无论是从法理学意义还是从法律效力上来说，随着2010年的《侵权责任法》的问世，原来的二元结构的立法态势都应该回归到一元化的状态。因此，医患纠纷这一概念应当明确写进这部法律之中，唯有如此，学术界有关名称与定义的混乱才能有望趋于一统。

参考文献：

[1]《论语·子路》.

[2]《韩非子·定法》.

[3] 2002年国务院行政法规《医疗事故处理条例》，第二条.

[4] 龙伟. 民国医事纠纷研究》(1927—1949)[M]. 北京：人民出版社，2011:12.

[5] 邱杰. 当代医患纠纷的伦理界域[M]. 合肥：安徽大学出版社，2011:15.

[6] 周院生. 医疗纠纷[M]. 北京：中国检察出版社，2009:2.

[7] 陈志华. 医疗纠纷案件律师业务[M]. 北京：法律出版社，2007:5.

[8] 林文学. 医疗纠纷解决机制研究[M]. 北京：法律出版社，2008:6-7.

[9] 周东海，袁申元. 化解医疗纠纷的最佳途径[M]. 北京：中国协和医科大学出版社，2007:5.

[10] 曹国华. 和谐社会下的医患关系重构研究[D]. 南昌：南昌大学，2009.

[11] 中共中央文献编辑委员会. 毛泽东选集(第一卷)[M]. 北京：人民出版社，1991:285.

[12] 臧冬斌. 医疗犯罪比较[M]. 北京：中国人民公安大学出版社，2005:3-7.

国家治理中的合法性困境
——以安徽省安庆市殡葬改革为例

伍德志

摘　要：中国在以现代化为整体性目标的国家治理中，合法性争议可能存在于理想与现实、手段与目的、殡葬改革的有效推行与基本的法治标准和权利保障标准之间往往难以兼顾。关于殡葬改革过去与未来之间互相交织的多个层面。笔者基于对安徽省安庆市Z县Y镇Y村殡葬改革的一项社会调查，为理解这一点提供了经验上的依据。在现代性语境下，殡葬改革无疑是有着基本的合法性的，而传统的声音在现代话语体系中已经变得非常微弱。但现代化目标的系统性也使得合法性并不能在所有层面都能够得到实现，国家治理的合法性争议在社会舆论与实际民意之间存在巨大的落差，而国家治理在多层次民意的干扰下可能变得无所适从。村干部是殡葬改革实施过程的主要合法性建构者，其所进行的介于劝导与威胁之间的沟通与说服工作也只能为殡葬改革提供有限的合法性基础，殡葬改革的"一刀切"也只是通过过程的合法性将实体目的的合法性争议暂时搁置起来。

关键词：现代化；国家治理；殡葬改革；合法性

中国正在一个强大政府系统的推动下，快速地向现代化迈进。中国的现代化具有现代性的一切特征：宏大的设计、理性的规划、强有力的中心、对自身落后的定位、赶超先进的欲望。尽管在理论上我们对于现代化的种种表征与后果可能存在种种疑问，但毫无疑问，我们无法拒绝现代化。对于中国人来说，不论现代化是好还是坏，现代化都不是一个可选择的问题，而是一种巨大的实践压力，西方现实经验所形成的规范性压力以及现代性话语的强大支配力，使得现代化不自觉地成了中国人远期的宏伟理想与长期的奋斗目标。现代化对于中国人来说就是所谓的"普世"文明标准，其构成了对中国各种国

作者简介：伍德志，男，安徽枞阳人，安徽大学法学院讲师，法学博士。

家治理行为的合法性要求的总结与概括。但现代化并非铁板一块,而是理想与现实、手段与目的、过去与未来之间的复杂交织,中国在推动现代化的过程中在现实的局限下也难以做到面面俱到与事事周全,现实的复杂性决定了各种“普世”文明标准在中国的实现不可能在目标、过程与时间层面保持一致步调,而是往往存在着各种错位与混乱。因此,中国以现代化为整体性目标参照的国家治理注定充满了合法性争议,中国的国家治理不可能有让所有人满意的路径选择。作为法律人,我们都很向往欧美的民主、人权与法治,但中国并不是只有民主、人权与法治这样一些政治、法律或道德的目标,除了推进这些目标,我们还有工业化、发展教育、改善生态、推进城镇化、提高国民素质等很多也属于现代化范畴的各种合法性目标。尽管我们也可以将这些目标包装成生存权、发展权与环境权,但很显然,这不仅仅是法律问题或道德问题,而是一个系统性的问题,需要根据现实的复杂性进行合理的筹划与布局。最近安徽省安庆市推行的殡葬改革为理解国家治理中的合法性争议提供了一个契机。基于这样一种思考,笔者对安徽省安庆市Z县Y镇Y村殡葬改革的实施过程与实施状况进行了一项社会调查,由于殡葬改革实施的难点主要在农村,笔者就对Y村的村干部做了若干次访谈,并详细调查了殡葬改革实施过程中的各种问题与争议。本文期望通过这样一个个案来折射出中国国家治理中以现代化为整体性目标的合法性诉求内部的紧张关系,以及由此产生的现实困境。在实现现代化这个整体性目标的过程中,国家治理在很多情况下必须对各种合法性追求有所权衡与取舍,而不是一味地抱着不可触犯的绝对理想来盲目地否定现实的一切。

一、安庆市殡葬改革的社会背景

在宏观的理想层面上,殡葬改革本身是有着毋庸置疑的合法性的。因为安庆市殡葬改革所推动的由土葬转向火葬、树葬甚至江葬的转变代表了落后、迷信的传统生活方式向绿色、环保、生态、文明的现代化生活方式的转变。市县政府在正式的公文中说这是为了“文明祭奠”“文明殡葬”“生态殡葬”“低碳祭扫”①,这些比较“新潮”并有着丰富现代性内涵的用语在公共领域中有着一种不受质疑的正当性地位,在很多人看来,这无疑代表了现代文明的“正确方向”。虽然很多农村老人未必懂得这些词是什么意思或者与自己的

① 参见枞阳县人民政府:《关于在全县依法实施殡葬改革的通告》,枞政秘〔2014〕52号。

生活有什么直接关联,但农村的固有传统已经难以抵抗这些词汇所代表的大趋势了。现代性最根本的精神就是理性化,理性化不仅要求反思一切传统,而且要求对世界进行积极的科学改造。而土葬作为一种浪费资源、破坏环境的传统已经与现代社会格格不入了。

由于村干部是做具体说服工作的,通过村干部所给出的各种理由我们就能够看到对实施殡葬改革的种种合理考量,而传统在这种考量中变得缺乏说服力了。根据Y村村干部提供的信息,殡葬改革的理由可以大致总结为三个方面:第一,安庆市人口众多但土地资源有限。以笔者调查的Z县为例,Z县是一个人口大县,人口近百万,而老龄人口数量也相应众多,去世老人的土葬每年要占据大量的土地与山林。因此,有村干部在对老人进行说服时,就说殡葬改革是“为子孙后代考虑”。很显然,除非碰到蛮不讲理的人,这样的理由是很难否认的。为了节约耕地,政府划定特定的土葬区域,用于骨灰盒的安放,但要求必须使用同样规格的墓地与墓碑,这是为了防止有人和过去一样建大面积的墓地。这也打破了过去对风水的传统要求。第二,2013年年底的山林大火是安庆市决心推行殡葬改革的重要原因。由于2013年安庆市大面积干旱,有人在上山祭祀焚烧祭祀用品时引发山林大火。在2014年的清明节期间,为了防止再次出现山林大火,安庆市发动乡镇村各级干部,要求他们在清明节期间必须蹲守各个山头,严防有人携带烟花、鞭炮上山祭扫。2013年年底的山林大火最终刺激了安庆市大力推行土葬转火葬的殡葬改革。与其在祭祀节日加班蹲点去预防山林大火,不如釜底抽薪,完全杜绝土葬。其实,安徽省早在1994年就出台了地方政府规章《安徽省殡葬管理办法》,但安庆市是安徽省各市当中属于推行殡葬改革一直比较滞后的地区,其他地区很多年前就已经全部实现火葬。第三,还有一个原因就是,随着城市化的快速推进,农村地区已经很难凑足劳动力去从事声势浩大的传统葬礼了。传统葬礼要有足够的人手去抬棺木、去挖坟地,去举行各种仪式。但农村地区大多数青壮年都已经到城市打工,农村地区只剩下老弱病残。土葬作为传统习俗已经变得岌岌可危了。总体上说,无论是从环境保护与节约耕地的角度来看,还是城市化的大趋势来看,政府的殡葬改革决定都是对现代化的一个重要回应,这也构成了殡葬改革合法性的总体性背景。

尽管土葬代表了传统,传统也是韦伯所说的一种合法化类型,但其声音在现代话语体系中也已经变得非常微弱,在殡葬改革中已基本丧失了正当性地位。对部分老人的访谈也表明,大多数老人对于死后是土葬还是火葬都持一种淡然接受的态度:人都死了,也管不了那么多了,土葬固然不错,但也绝非完全不可接受火葬。这远非网络上“对传统价值的恶劣抽打”“对民众情感野蛮诅咒”等激烈言辞表达出来的抗议[1]。而村干部对这一类激烈言辞所表达的情绪也很不以为然,认为其大惊小怪。也有少数老人“想不通”,但这少数老人只是“想不通”,但给不出明确的理由,似乎过去怎么做,将来也应该怎么做。当然,我们也可以从文化多元主义的学术立场出发,说“想不通”的老人所固守的土葬传统在现代话语体系并没有一席之地,他们无法以一种得到现代社会认可的话语方式来谋求合法性认可。但这种对殡葬改革合理性的质疑只是学术话语的自说自话,这种学术话语已经进入“后现代”的范畴,是难以作为这些文化程度不高的乡下老人反抗改革的话语策略的。鉴于上面提到的种种背景性因素,殡葬改革的推行可以说是“天时、地利、人和”,殡葬改革在实际当中也没有引发值得地方政府警惕的任何集体抗议或群体性事件。老人们的沉默也许代表了一种未说出口的“正义”[2],但当传统在公共论坛被不相干的网民大声争论时,就已经表明传统已经岌岌可危了,因为传统已经由人的无声主宰者变成了人的分析客体[3]。传统无须被呼唤,只需被践行,不相干者对传统的大声呼唤实际上已经表明传统已经变得非常无力了。这也许就是老人们淡然处之的原因。

二、合法性目标的多元化:行政效率、法治标准与权利保障

中国的现代化离不开一个强有力的政府,但强有力的政府往往并不能兼顾多元化的合法性目标。在实现现代化这个整体性的合法性目标时,我们不得不面对这样一种悖论性的局面:现代化中的经济与社会目标,如工业发展、技术进步、城市化、基础设施建设、环境治理等,与现代化中的道德与法律目标,如民主、人权、法治等,往往并不能协调一致,如果我们要大力推进前者,在某种情况下就必须牺牲后者,反之亦然。由于发展中国家的自我定位,我们不可能等待社会无形之手缓慢演化至先进的阶段,西方今日的成就是近两百年累积的结果,而我们不可能等得了两百年。社会发展过度缓慢的结果也可能会造成合法性危机,如我国台湾地区政治乱象所导致的经济与社会发展止步不前所引发的社会不满[4]。没有超越常规的一定行政效率,我们无法快

① 参见人民网:《安庆市殡葬改革引争议》,http://51fayan.people.com.cn/n/2014/0529/c172459-25081219.html,2014 年 9 月 18 日访问。

② 参见[美]玛丽安·康斯特布尔:《正义的沉默》,曲广娣译,北京大学出版社 2011 年版,第 87 页。

③ 参见[美]玛丽安·康斯特布尔:《正义的沉默》,曲广娣译,北京大学出版社 2011 年版,第 101 页。

④ 参见杨琳、王亚男:《台湾是否会失去“十年”》,载《瞭望新闻周刊》,2006 年第 4 期。

速实现各种经济与社会目标从而赶超西方发达国家[①]，但行政效率的提升却也可能牺牲道德与法律目标。世事艰难，对于中国这个后发性国家，两类很多情况下并不能同时兼得。中国政府虽然不够民主，也不够法治，但却非常高效，中国相比于很多发展中国家在经济与社会目标上成绩显著，但在道德与法律目标方面却饱受批评。我们常用“腐败无能”来形容一个政府，但在中国的现实当中我们往往看到的是“腐败有能”[②]。不受制约的行政权力无疑会产生腐败，但行政权力的不受制约也造就了它的高效。就此次社会调查来看，安庆市殡葬改革的推行无疑是非常高效的，但引发了各种合法性目标之间的冲突。殡葬改革只是合法性目标之一，需要一定的行政效率的支持，但其实施过程往往很难符合理想的法治标准与权利保障标准。在这里，合法律性也是合法性类型之一。

（一）政府系统的高效与法治的缺失

根据村干部的信息来源，自 6 月 1 日推行殡葬改改以来，Z 县去世的近 1000 名老人都已经火化，没有听说哪个村干部或镇干部因此被免职，也没有听说拒不执行的情况。就 Z 县来看，安庆市殡葬改革的具体实施还是非常高效的。但这种高效并非因为中国的政府架构有任何过人之处，而是因为行政权力可以不受法律、社会舆论、乡土人情的制约，不仅如此，行政权力还可以调动这些资源为自己服务。安庆市与 Z 县下发的通知中要求成立工作领导小组、强化组织领导与政府的主导责任、明确部门职责、实行严格的目标管理、建立严格的责任追究制度，统一协调改革管理工作，这些要求更类似于公司的治理架构，而不是国家的治理架构。因为我国的基层政府只需对上负责无须对下负责，政府活动目标清晰，绩效考核准确而又有效。因为对于一个只对下负责的政府来说，由于政府与公民的信息局限性以及实际民意的含糊，并不能建立类似于公司的绩效管理制度。因此，有学者认为，中国的基层政府更像是公司，这是有道理的[③]。不仅如此，行政权力在实践操作中还会脱离已经非常薄弱的制度轨道，变成了一种纯粹的权力命令。为了强力推进殡葬改革，Z 县下了不成文的“死命令”：在 6 月 1 日之后如果发现遗体入棺现象，村主任、村支书就地免职，而如果发生棺木入地现象，镇长、镇书记就地免职，免职之后刨地三尺也要将棺木挖出来。对于村干部来说，还有一个更大的处罚就是退休后不发放养老保险。而且村干部在 6 月 1 日之后的敏感时间

---

① 经济学界有着类似的观点，如林毅夫：《解读中国经济制度》，北京大学出版社 2013 年版，第 122 页。

② 参见方绍伟：《中国不一样》，中国发展出版社 2013 年版，第 213 页。

③ 参见张五常：《制度的选择》，中信出版社 2013 年版，第 298-304 页。

内,必须随时待命,不得离开本村。不论是官员与村干部的任命还是免职,在党内党外都有一定的组织程序和法律程序,这种赤裸裸的行政命令显然并不符合既定的规范程序。但这些不成文的命令对下级干部施加了极大的行政压力,这也使得殡葬改革能够得到快速的实施。有一位村干部讲述了这样一个例子:Y 村有一位老人在 5 月 30 日去世,由于此时正处于节骨眼上,镇政府与村委会如临大敌,村干部立刻进驻老人家里,要求老人家属必须在第二天将老人下葬,过了期限就必须推行火葬,但对于镇政府和村干部来说,6 月 1 日之后家属的变数太大,倒不如在 6 月 1 日之前下葬,在村干部的劝导之下,家属同意在未做完法事的情况下将老人下葬。事后,镇政府怕下面的村干部欺上瞒下,还特地到坟头亲自察看,以确认去世老人确实已经下葬。从乡镇干部的紧张表现来看,县政府的"就地免职"并不是虚言。作为法律人,我们很容易从法治角度对此进行批判,但法治这个理想在很大程度上被我们意识形态化了,从而变得不可置疑。法治也许是我们长期的一个追求目标,法治对于一个社会形态已经基本稳定的国家也许是一种优良的制度体系,但即便如此,我们也不能说法治在人类极为复杂的生存经验中都总是必然产生预期的良好结果。就此次安庆市殡葬改革而言,如果我们完全从法治角度出发,殡葬改革也许根本得不到推行,法律程序的严密规范与漫长期限会对各级干部形成一种保护,慢条斯理的法律程序从来都不是政策执行的一种有效激励机制。对于土葬这种占用耕地以及可能引发山林大火的传统,我们也无法慢慢等待民众的觉悟,因为这在根本上也是侵害民众的长远利益,而且这种等待已经有二十年了。如果要贯彻理想的法治,最终都要归结到司法审判,但由于法院只是规范的执行者,难以控制各种非规范性因素,即便是意图良好的判决,缺乏有效的政策工具也难以收到预期的效果,美国联邦最高法院废除种族歧视的缓慢与低效就能体现这一点①。而法院的强制执行不仅需要以前期的审判作为基础,而且在司法审判所引起的反复探讨以及对社会舆论的反复刺激中,殡葬改革最终可能流于执行也不是、不执行也不是而只能原地踏步的境地。类似情况也发生在国外,如在关于美国宪法第二修正案的持枪权的争议中,持枪权的危害举世皆知,但要修改宪法却难于登天,而且不论持枪权在现实当中危害多大,支持者与反对者在言辞上都能够找到对等的理

① 参见[美]理查德·波斯纳:《联邦法院:挑战与改革》,邓海平译,中国政法大学出版社 2002 年版,第 347-348 页。

由[①]。现实当中利弊的不对称性并不必然在言辞上也能够反映出这种不对称性，而只有外在化的言辞才能构成改革的正当性理由，在言辞上始终都能够找到的相互对立的对等理由，最终可能使得是否需要改革变得莫衷一是。

（二）公民权利的保障与成本问题

在殡葬改革中，对公民合法权利的保障也是非常不力的。尽管安庆市还发文禁止强制收缴棺木，但在基层政府与村干部的实际操作中，对于在世老人备用的棺木，在补偿1000元后必须上缴或毁坏。从法律的角度来看，棺木是公民的合法财产，而且做一副棺木现在也需要四五千元，但基层政府在给予不充分的补偿后，就试图收缴或毁坏公民的合法财产。不仅如此，政府还派专车免费运送遗体，免费火化，一次火葬的全程服务政府大概需要补贴500元。但这些不充分的补偿与补贴也是一笔巨大的款项，就Z县而言，光补偿棺木的费用就需要8000万元。Z县在2013年的财政收入是14.3亿元，如此算来，这对于一个财政收入不是很高的县是一笔不小的支出。我们固然可以说地方政府的执法不符合对法律对权利的保障，但权利不仅仅是抵御政府的屏障，权利的实现也需要政府公共资金的支持[②]。中国的法治建设有很多制约因素，但经济成本无疑也是其中的重要一项。基层政府其实并没有经济能力实现理想化的法治要求的各种权利。但中国的很多社会弊端都亟待改革，改革就会触动既有的权利格局，但政府又没有能力进行充分补偿，这就导致政府的很多改革或发展政策都以权利的损害为代价，如不少学者认为中国的经济发展成就都是拜"低人权优势"所赐[③]，在一定程度上就体现了这一点。早些年为推进国企改革而实施的大规模下岗，以及近年来为推进基础设施建设而实施的房屋土地征收拆迁，都是在对公民既有权利的补偿非常不充分的情况下进行的。在基层，法律主要不在于对权利的保障，而是作为一种政策工具，县政府在公告中最具有威慑性的法律引用就是对《治安管理处罚法》的引用："拒绝、阻碍乡镇人民政府或殡葬管理部门执法人员依法执行公务，或者借丧葬活动扰乱社会秩序的，由公安机关依照《中华人民共和国治安管理

① 参见孙兴杰：《持枪权为何难以取消》，载《青年参考》2012年12月19日，第1版；江振春、任东来：《持枪权与美国宪法第二修正案的解释和吸纳》，载《南京大学学报（哲学社会科学版）》，2012年第2期。

② 参见[美]史蒂芬·霍尔姆斯、凯斯·桑斯坦：《权利的成本》，毕竟悦译，北京大学出版社2011年版，第26页。

③ 这方面的代表性观点当属秦晖，参见秦晖：《中国以"低人权优势"造就惊人竞争力》，爱思想：http://www.aisixiang.com/data/20238.html，2014年7月19日访问；以及张千帆：《富士康连环跳楼事件折射工会缺位》，爱思想网：http://www.aisixiang.com/data/34001.html，2014年7月7日访问；张千帆：《保护劳工权利可尝试工会改革》，《人大建设》，2008年第11期。

处罚法》进行处罚”①。镇政府还召集从事殡葬服务的裁缝、木匠、道士集中开会，要求他们如发现任何土葬活动，应立即上报，如若仍然从事土葬业务则立即拘留，政府没有考虑到剥夺了这些人的生计是否也需要进行补偿。这很明显是一种运动式执法，在没有任何明确法律权限的情况下，发动一切相关人员强力实施行政命令。法律在此并不体现为对称化的权利义务关系，而是已经退化为单向而又廉价的权力与暴力。由于权利保障成本的高昂，基层政府主要通过权力来推进政策，权力通过党组织和政府内部的考核机制与任免机制将基层官员的才智、精力与时间的使用极大化，从而在缺少金钱和法律这两大权力工具的情况下最大限度地推进政策的实施。

通过以上论述，我们可以看到，中国的政府系统是非常高效的，这也在一定程度上解释了中国改革开放以来在经济发展与基础设施建设上的出色成就，为政府在经济与社会层面带来了巨大的合法性，但这在公共领域也引起了对其不尊重法治与人权的无数批评，如这次殡葬改革引发的“逼死人”的广泛质疑。通过殡葬改革的具体实施，我们能够看到行政权力是极为强势的，为了实施殡葬改革，政府调动了一切可利用的资源，不论是合法还是非法。基层政府的所作所为表明其是缺乏基本的法治约束的，但法治的约束与权利的过度扩张也可能使政策实施的成本变得极为高昂，对于中国这个在各个方面都还不是很发达并亟须改革的国家来说，这也许是一种无法摆脱的两难困境。

三、分裂的合法性：社会舆论与实际民意之间的落差

将安庆市殡葬改革拖入舆论旋涡的是部分老人的自杀②，但这种舆论情绪与实际的民意有着明显的落差。公众由于距离整个殡葬改革的认知距离较远，容易受虽不具有代表性但却能够吸引注意力的信息的干扰，从而使社会舆论的情绪显得极为夸张。在这里我们会发现，殡葬改革的合法性问题存在于多个层面，而这取决于不同群体对事件本身的认知距离大小以及相应的信息充分性程度。

（一）社会舆论中的“民意”及其认知局限性

不论政府的决定有多强硬，“想不通”的老人仍然存在，除了部分老人默

① 参见枞阳县人民政府：《关于在全县依法实施殡葬改革的通告》，枞政秘〔2014〕52号，第七条。

② 最先的报道是新京报的报道，参见张永生、申志民：《安庆殡葬改革：从夭折到强势重启》，载《新京报》，2014年5月18日，第A18版。

默承受之外，还有一部分老人在6月1日这个开始推行改革的“大限”之前选择了自杀。据一位村干部说，Z县有2例自杀事件，但听说T县自杀的老人比较多，但总体上仍属于极少数。自杀无疑是令人痛心的。不论老人自杀的传闻是否真实，因为俗语说“人命关天”，一旦发生自杀事件，社会舆论的注意力立刻就被吸引到了事件当中，并由此淡化对自杀事件的背景调查与分析，而对政府向来强势的这样一种成见在自杀事件的催化下变成了偏见，自杀事件成了佐证政府一贯粗暴蛮横的一个有力例证。这使公众很自然地联想到了房屋暴力拆迁所引起的各种跳楼、自焚事件，殡葬改革在社会舆论当中也就完全丧失了正当性。从认知心理学的角度来看，死亡是一个容易引起选择性失明的“显著性”因素，由于人类的认知局限性，人们往往高估生动、具体的信息的重要性，而同时低估抽象、整体的背景信息的重要性①。自杀事件使公众看不到土葬对耕地的大面积无效占用，也看不到2013年年底几十里外都能看到硝烟的山林大火，也看不到很多家属在葬礼上的豪华攀比。自杀事件也是一个信息“引爆点”②，不论这个引爆点在现实当中有多大的代表性，但对于存在信息局限性的公众来说，却能够使偏见如同雪球般越滚越大。自杀这个“引爆点”使公众陷入歇斯底里的道德愤怒当中，公众由此找到了一个宣泄口，去铺天盖地谴责政府的各种专横行径：罔顾民意所向，不顾群众感受，对生命的不尊重，改革逼死人，既侮辱死者又侮辱生者、致命的自负等等不一而足③。总之，自杀事件发生后，不论殡葬改革的总体合法性有多大，在社会舆论当中都变得一无是处。社会舆论也是一个道德话语主宰的领域，道德从某种意义来说就是一种无知的替代品，当人们缺乏充分信息与知识时，就会进行道德判断④。人们在借助于道德的沟通中能够使自己的无知获得正当化⑤。在道德话语的支配下，人们可以无须进行任何严谨的理性分析与实证调查，

---

① 参见[美]阿德里安·沃缪勒：《不确定性状态下的裁判》，梁迎修、孟庆友译，北京大学出版社2011年版，第43页。

② 参见[美]凯斯·桑斯坦：《网络共和国：网络社会中的民主问题》，黄维明译，上海人民出版社2003年版，第58页。

③ 参见人民网：《安庆市殡葬改革引争议》，http://51fayan.people.com.cn/n/2014/0529/c172459-25081219.html，2014年9月18日访问；夏余才：《安庆殡葬改革究竟失败在哪里?》，凤凰博报：http://blog.ifeng.com/article/33050219.html，2014年9月18日访问；丁永勋：《安徽安庆称不会停止殡葬改革，被批系致命自负》，央视网：http://news.cntv.cn/2014/05/29/ARTI1401293151071866.shtml，2014年9月18日。

④ See, David M. Messick and Kramer, Trust as a Form of Shallow Morality, In Trust in Society, Edited by Karen Cook, Russell Sage Foundation, 2001, pp. 103.

⑤ 参见[德]尼克拉斯·鲁曼：《对现代的观察》，鲁贵显译，台湾远足文化事业有限公司2005年版，第182-183页。

就可以对一切社会现象妄下断言。在安庆市殡葬改革所引发的舆论讨伐中，我们可以看到，公众往往凭着以自己的一腔道德热血来盲目否定政府所做的一切，即便他们对很多问题不甚了了，但在慷慨激昂的道德话语中，就可以借着民意、生命、尊重等这些似乎万能的道德符号来对一切社会问题发起强大的批判攻势，无知在道德沟通中被正当化了。

（二）实际民意与社会舆论的落差及其原因

在此次安庆殡葬改革所引发的争议中，实际调查中所看到的“民意”与在大众传媒上所体现出来的“民意”有着明显的落差，两者可以说是“冰火两重天”。从村干部提供的信息来看，大多数老人和家属极少有对殡葬改革质疑的，年轻人基本上持赞成态度，而老年人虽然思想较为“保守”，但大多数老年人也持赞成态度，用一位村干部的话讲就是：“90%以上的老人都赞同”。虽然这样的数字只代表了村官们的直觉印象，但基本上也反映出殡葬改革的反对者是非常少的，前文也已经提到，大多数老人对殡葬改革持一种平静的态度。很显然，此次社会调查所获得的信息与网络传媒上的各种愤激之词相去甚远。此次社会调查也使我们不得不对社会舆论的理性判断能力产生了严重怀疑，对如何界定合法性问题的多层次性也有了更多的认识。大众传媒上的社会舆论或“民意”由于和殡葬改革实际实施过程的认知距离，而受到自杀事件这个显著性因素的干扰。实际生活中的“民意”则一般出于对各种情感态度、乡里关系与利害得失的综合权衡，由于其更接近于整个事件的各种现实信息背景，因此显得更加温和与理性。但这样一种平淡的“民意”相对于“死亡”这个显著性要素，是难以成为大众传媒真正关注的焦点。卢曼认为，大众传媒有着自己独特的认知模式，以“讯息/非讯息”来观察与区分世界[①]，大众传媒更关心的是具有轰动性的讯息，而不是真实的讯息。就此而言，大众传媒所生产的讯息在某种意义就是一种让人惊讶的东西[②]。真实的讯息往往太过于复杂，而且大众传媒面对的还是与真实事件存在高度信息不对称的公众，只有将低成本的信息符号注入公众与事件之间的认知鸿沟才能引发足够的阅读兴趣，这就意味着讯息能够吸引眼球就足矣，但真实性却大打折扣。与此相应，从新闻学的角度来看，新颖性、反面性、反常性就构成了新闻选择

① 参见[德]尼可拉斯·鲁曼：《大众媒体的实在》，胡育祥、陈逸淳译，台湾远足文化事业有限公司2006年版，第48-51页。

② 参见[德]尼可拉斯·鲁曼：《大众媒体的实在》，胡育祥、陈逸淳译，台湾远足文化事业有限公司2006年版，第75页。

的重要标准[①]。符合这些标准的新闻才会让人惊讶。由于大众传媒的信息筛选标准,其可以说是“离轨的放大器”[②]。西方新闻界有一句非常熟悉的口号:“流血的事件放头条”[③],其所指正是如此。在大众传媒的新闻报道当中,只有自杀事件这种负面新闻才能引发轰动性效果。但大众传媒所营造的“民意”也因此对于真实的“民意”发生了“异化”,而自杀事件的复杂背景因为缺乏值得引起注意的讯息值与显著性效果反而缺少话语权。因此,合法性因为认知距离与信息充分性程度的差异而可能显现出不同的面貌,通过社会舆论表现出来的合法性因此可能是一种片面的合法性。中国的很多改革与发展,都是在这样一种片面的合法性批判中被激烈否定的。而在安庆市殡葬改革中,尽管现实推行并无多大阻力,但在社会舆论层面上却天翻地覆。中国的国家治理在多层次民意的多方面影响下,也可能变得无所适从。

四、不健全的合法性建构:软硬兼施的说服与沟通以及平等化的政策实施

殡葬改革在社会舆论层面上缺少合法性,但不意味着实施过程中也缺少合法性,合法性是殡葬改革实施过程中的润滑剂,一定程度的合法性是有利于政策的推行的。但这一合法性只能由村干部来谋求。由于村干部制度角色的模糊,村干部为推行殡葬改革所进行的说服工作也处于软硬兼施、劝导与威胁难以区分的模糊地带。村干部以身作则带头实施政府的决定,也实现了一定程度的过程合法性,从而搁置了政策本身的目标合法性争议。这些都是受现实约束而勉为其难的不健全的合法性建构。

(一)村干部的说服与沟通及其局限性

村干部无疑是这次殡葬改革实施的合法性的主要建构者。合法性是一种自愿认可,要求对老人意愿的绝对尊重,要求进行充分的沟通与耐心的说服。在合法性的理想语境下,政策的实施应该是和平的、自愿的、全面周到的。但安庆市与Y县所发出的通告则完全是一种没商量的命令语气,通告中

---

① 参见[荷]托伊恩·A. 梵·迪克:《作为话语的新闻》,曾庆香译,华夏出版社2003年版,第125-129页。

② [英]戴维·巴勒特:《媒介社会学》,赵伯英、孟春译,社会科学文献出版社1989年版,第34页。

③ [美]凯斯·R·孙斯坦:《风险与理性》,师帅译,中国政法大学出版社2005年版,第98页。

“一律”“严禁”“严惩”等词汇充满了专横与霸道[①]。这些用词是极容易引起社会舆论的反感的。但作为殡葬改革的直接实施者,村干部却不能使用这些生硬的词语,村干部仍然需要进行一定程度的沟通与说服。但这并不是任何人都能做的工作。哈贝马斯、吉登斯等人的民主理论都认为沟通或对话是建立合法性的重要方式[②],但这种沟通或对话并不是在任何情况下都是有效的。同样的话由不同的人说出来或在不同的语境当中效果是不一样的。镇干部作为殡葬改革的另一类实施者是难以承当这一职能的。镇干部大多受过大学教育并通过公务员考试进入行政系统,不仅缺乏能够准确把握底层民众心态的沟通知识与技巧,而且行政系统中的科层制权威是难以直接获得农村七八十岁老人的认同。相比于科层制化的镇干部,非科层制化的村干部则有着特殊的知识优势与权威优势。村干部熟悉乡土民情,与大多数村民也有一定的熟人关系,而熟悉是信任的前提[③],因此村干部在村民当中也享有一定的非制度化权威。由他们去做说服工作,不会让村民觉得是在仗势欺人。不像早些年在征收农业税时,村干部收不上来粮,镇干部集体出动下乡收粮,一大班陌生人闯入村民家,吓得一些农村妇女哭了出来。此次殡葬改革,主要说服工作是由村干部实施的。根据一位村干部的区分,说服一般包括大道理和小道理两个部分:“大道理”是土地有限,土葬会占用土地、土葬会引发山林大火、为子孙后代之类;“小道理”就是政府的决定,反抗也没有用,用一位村干部的话来说就是:“共产党想办的事,挡也挡不住。”这些话上不了台面,只能由村干部来说。这些话如由镇干部来说,可能就是威胁,但由村干部来说,就变成了一种善意的信息传达。村干部的沟通与说服其实并不完全是对老人自愿的谋求,其中威胁的成分也是很明显的:不执行上级命令可能要被处罚。但上级的处罚这个潜在的可能性在经过村干部的非制度化权威的转化,变成了一种可接受的威胁。一方面,上级政府的决定赋予了村干部一种客观化的权威:言下之意就是这事跟我没关系,我也是在执行上级的命令,因此请你也不要为难我;另一方面,面子也是一种具有一定说服力的权威,村民在熟人社会的背景之下也必须顾及村干部这个熟人的“面子”。

不过在很多村干部看来,试图说服所有人遵守政府的决定也是不切实际

---

① 参见枞阳县人民政府:《关于在全县依法实施殡葬改革的通告》,枞政秘〔2014〕52 号;安庆市人民政府办公室:《安庆市人民政府关于印发安庆市殡葬改革实施方案的通知》,宜政法版〔2014〕7 号;安庆市殡葬改革工作领导小组:《通告(第一号)》,2014 年 4 月 1 日。

② 参见[德]尤尔根·哈贝马斯:《交往行为理论第一卷:行为合理性与社会合理化》,曹卫东译,上海人民出版社 2004 年版,第 292–293 页;[英]安东尼·吉登斯:《超越左与右:激进政治的未来》,李惠斌、杨雪冬译,社会科学文献出版社 2000 年版,第 119–132 页。

③ 参见[德]尼克拉斯·卢曼:《信任》,瞿铁鹏、李强译,上海世纪出版集团 2005 年版,第 25 页。

的,如果试图说服每一个人,那就不要改革了。有村干部在网上看到有大学教授提出这样的建议:不应该"一刀切",要按照老人意愿逐步推行(至于哪位教授提出的建议,后来网上没有找到),但一位村干部对此嗤之以鼻:"那谁先谁后呢?"如果大家可以自愿选择火葬,那么最后就没有人愿意火葬;既然是自愿,那么为什么不用现成的棺木而是要砸掉棺木火葬呢?很显然,安庆市在推行安徽省早已出台的殡葬改革政策上的滞后已经表明,依赖于民众的觉悟与自愿是解决不了问题。遵循老人的意愿固然会有最大化的合法化效果,但问题是殡葬改革通过此种合法化方式恐怕是永远完成不了。有一位村干部还说了一句意味深长的话:"中国搞民主是行不通的。"如果这句话从学者口中说出我们也许并不惊讶,但从一位天天和底层民众打交道的村干部来说,我们却不得不重视其中的分量。因为他们并没有对各式民主理论的深入钻研,而只是基于自己实践理性的判断。对于中国这个各方面都需要进行大力改革的国家,对于利益与观念格局都不稳定的国家,无限制的民主商讨将会使很多改革变得一事无成,而这是那些极端的右派学者必须予以深入思考的。

(二)平等化的政策实施及其对目标合法性的搁置

村干部所建构的合法性还有另外一个重要来源:平等化。平等化可以暂时搁置实体性目标的考虑而转向过程的正当性。人们对政府政策的遵守和对法律的遵守其实是非常类似的,我们向来认为,公民是否守法是出于对法律利害的权衡与理性认知,但在集体行动中,公民守法主要取决于对他人都在同等守法的信任①,这实际上是一种"他人怎么做,我也怎么做"的相互模仿心理。对于模仿者来说,判断好坏的标准不在于实体目标的优良本身,而是他人的所作所为。在多元化的现代社会,合法性已经很难奠基于绝对价值与普遍共识,而主要是来自于人们可以期待任何他人对可能并非属于共识的规范性决定的普遍接受②。对于殡葬改革,如果让所有老人自由选择,恐怕很难有效推行。但这并不意味着殡葬改革完全没有合法性,而是说合法性并不一定来自共识,合法性也有可能来自也许并非出于完全自愿的普遍接受。"接受"并非一定是"共识"。而村干部所起的带头表率作用有利于向民众表明,殡葬改革是能够被所有人普遍接受的,是平等要求所有人的,任何人都不例

① See, Dan M. Kahan, "The Logic of Reciprocity: Trust, Collective action, and Law", Michigan Law Review, Vol. 102, No. 1 (Oc., 2003), pp. 71-103;[美]罗德里克·M. 克雷默等:《集体信任与集体行动》,刘穗琴译,载[美]汤姆·R. 泰勒等编:《组织中的信任》,中国城市出版社2003年版,第482页。

② 参见[德]尼克拉斯·卢曼:《法社会学》,宾凯、赵春燕译,上海世纪出版集团2013年版,第103.311页。

外,对村干部都在平等遵守政府决定的信念,也容易促使村民去遵守政府的决定。县政府出于这种合法性考虑,也要求党员干一律带头执行殡葬改革。Y村村干部家里有老人的,都带头砸掉了棺木。这对于其他老人及其家属来说就是很有说服力的,因为大家都一样,这大大减少了对殡葬改革的抗拒。一位村干部还向我讲述了这样一个例子:另外一个村庄党支书的父亲反对改革,这让党支书很为难,自己劝导不了,只好将在县里当干部的另外一个儿子叫回家劝导。可见,县政府对各级干部所施加的行政压力相当大,各级官员必须带头从自家老人开始推行火葬。村干部以身作则也让所有村民相信所有人都会遵守政府的决定,平等化也构成了殡葬改革合法性的来源之一。在承认殡葬改革存在争议的情况下,似乎只有"一刀切",上至党员干部,下至黎民百姓,都平等遵守政府的决定,在相互信任他人都会遵守政府决定的信念支持下,才能实现殡葬改革的目的。这是一种有限度的过程合法性,但基于充分沟通的完全的过程合法性则可能根本实现不了预期的合法性目的。

结语:国家治理中的合法性困境

本文对安徽省安庆市殡葬改革的社会调查能够为我们提供诸多的启示。对于中国目前的治理体制以及所选择的现代化道路,不论批判者是普通的公众,还是专家学者,都能够基于各种理想主义的立场来对当下中国现代化进程中的各种问题找到批判的着力点。批判中国当下的体制是很容易的,因为完美的理想永远是正确的,而不完美的现实永远是错误的。中国处于一个非常特殊的世界格局,中西之间"落后"与"先进"的对比使我们无法接受市场与社会无形之手缓慢的演化,类似于经济学家的说法,中国必须实行"赶超战略"①。安庆市强力推行殡葬改革实际也是一种"赶超"。但在赶超的过程中,制度的转型与改革都是一个集体性的活动,大型国家集体激励机制的低效性决定了无形之手不可能形成有效的国家赶超战略②。因此殡葬改革无法依赖于民间社会在权衡长远利弊基础上的逐步自发接受,这就需要一个强有力政府的推动。只有通过强有力的政府,我们才能在经济与社会方面快速赶超西方发达国家;但强有力的政府和民主、人权、法治等合法性目标又可能存在冲突,并不是所有合法性目标都能够齐头并进,而必须有所取舍,某些合法性目

① 参见林毅夫:《解读中国经济》,北京大学出版社2012年版,第101页。

② 参见[美]曼瑟尔·奥尔森:《集体行动的逻辑》,陈郁等译,上海人民出版社2011年版,第37页。

标的实现在一定程度上需要以其他合法性目标的牺牲为代价。中国的国家治理不仅可能受到多层次的民意的困扰，而且政策实施过程中的合法性建构也是非常不充分的。中国是一个极度复杂而又亟待改革的实体，我们不可能保证远期理想、近期目的与实际手段之间能够同步兼容。本文对殡葬改革的社会调查能够表明，中国的国家治理与现代化进程注定只能是一个充满争议的过程，在多元化的现代社会，争议与批判并不意味着促使现代化更加顺利，而只是使现代化进程更加复杂，更加不可测。毕竟，历史很少以既定的方向向前演化。

安徽省卫生监督体系改革的成效及发展态势

王明阳

摘　要:通过安徽省2013年卫生监督信息数据分析,总结现有成绩和发展态势,探讨存在的问题、原因及其对策,为制定政策提供参考依据。就卫生监督体系建设方面的七项指标,同全国和中部地区以及国家提出的标准相比较,省内各市之间亦比较,分析差异有无统计学意义。该省卫生监督机构健全,监督网络完善,监督工作不断发展,有些指标和人均工作量已经领先中部地区,达到或者接近全国平均水平。存在的不足是"三少一低",即:参公单位少、人员队伍少、财政拨款少、卫生监督员学历层次偏低。省内16个市之间比较,监督员配置、财政拨款、人均工作量存在的差异有统计学意义;人均工作量与当地财政拨款呈正相关关系。该省卫生监督体系改革已经取得显著成效,存在"三少一低"问题可能是制约卫生监督事业发展的主要瓶颈。省内各市财政拨款差距很大,可能是导致卫生监督工作发展不平衡的主要原因。

关键词:卫生监督;体系建设;现况;对比分析

为了解安徽省卫生监督体系建设现状,分析该省2013年卫生监督报告信息数据,归纳出规律性的突出问题,探讨存在问题的原因及其对策,提出解决的思路和建议,为制定政策提供参考依据。

一、资料与方法

汇总全省16个市和96个县区卫生监督机构2013年度网络直报的

作者简介:王明阳(1962—),男,安徽省卫生厅卫生监督局副局长。

监督信息数据，分析卫生监督体系建设方面的七项指标（机构、人员、房屋、设备、执法车辆、财政预算拨款、人均工作量等），同全国和中部地区以及国家提出的标准相比较，归纳出可能存在的不足或问题，探讨解决对策。

用 SAS 9.0 进行统计，检验水准：a=0.05，显示统计学差异。

二、结　果

（一）机构

全省共报告卫生监督机构 113 家，均为独立法人单位，其中省级机构 1 家，市级 16 家，县（区）级 96 家。上述机构中参照公务员法管理的事业单位和差额拨款事业单位各 3 个，占 2.65%；全额拨款事业单位 106 个，占 93.81%（图 1）。16 个市级卫生监督机构都是副县级建制，县（区）级有 9 个正科级和 87 个副科级建制。县级下设协管机构 183 个，外聘助理监督员、检查员等协管人员 5043 人。

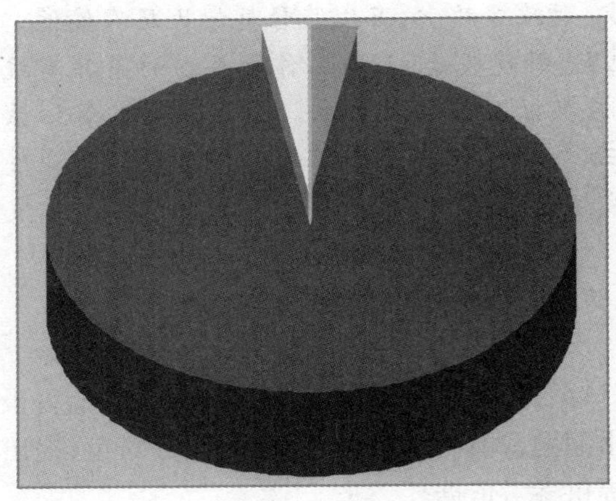

图 1　安徽省卫生监督机构性质构成

1. 职能划转情况

根据中编办“职能划转”相关文件规定，该省绝大部分卫生监督机构，已将职业卫生和餐饮、化妆品监管职能划出，目前仍然承担食品安全综合协调职能的有 3 个市、35 个县区；继续负责食品安全事故查处的有 4 个市、39 个县（区）；还在监管职业卫生作业场所的仅 1 个市、17 个县区（见表 1）。

表 1 全省卫生监督机构分类统计

机构隶属	单位数	机构性质			机构行政级别					执法模式		目前食品安全与职业卫生职能承担情况						内设及下设机构	
		参照公务员	全额拨款事业单位	差额拨款事业单位	处级	副处级	科级	副科级	副科级以下	综合执法	专业执法	食品安全综合协调	食品企业标准备案	食品安全地方标准制定	食品安全事故调查处理	餐饮服务监管	职业卫生作业场所监管	内设科室数	
省所	1	1	0	0	1	0	0	—	0	0	1	0	1	0	0	0	0	16	
市属	16	1	14	0	0	16	0	0	0	14	2	3	—	1	4	2	1	127	
县区属	96	1	93	3	0	0	9	81	6	73	23	35	—	0	39	26	17	477	
总计	113	3	107	3	1	16	9	81	6	87	26	38	1	1	43	28	18	620	

2. 参公单位数与全国比较

全国卫生监督机构中，列入公务员系列管理的179家，占机构总数的6.2%，其中省级2家，市级20家、县区级157家，我省为0；列入参照公务员法管理的1355个，其中省级22家、市级239家、县区级1094家，占机构总数的46.6%。我省参公管理机构仅3家，占2.65%，市县级参公管理或公务员管理的单位数显著低于全国平均水平[1]，差异有统计学意义(见表2)。

表2　市县级参公管理和公务员管理单位数与全国对比分析

	市级			县(区)级		
	总单位数	公务员管理和参公管理数	构成(%)	总单位数	公务员管理和参公管理数	构成(%)
全　国	336	259	77.08	2539	1251	49.27
安徽省	16	1	6.25	96	1	1.04
X^2	39.69			86.28		
P	<0.001			<0.001		

(二)人员构成

全省卫生监督机构核定事业编制2227人，报告实有职工2518人，超编291人，其中除合肥市因原巢湖市并入导致正常超编外，主要还有宿州市、芜湖市、六安市分别超编120人、19人和13人。

1. 人员分布

共报告卫生监督员2226人，其中市属656人，县(区)属1489人。监督员男女比例为2.78∶1；平均年龄44岁；大专以上学历占75.16%；中级以上职称占42.86%，见图2、表3。

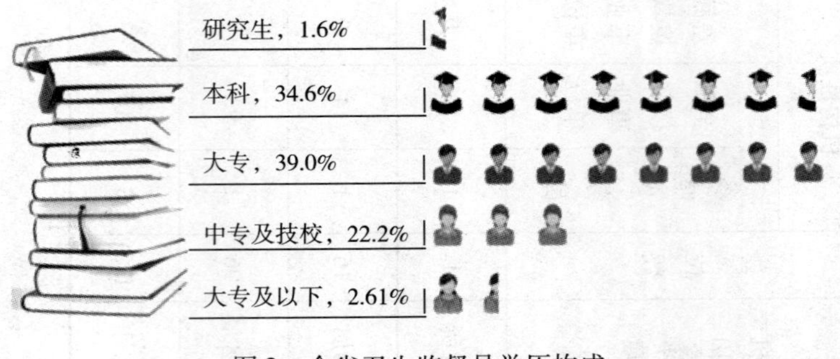

图2　全省卫生监督员学历构成

表 3 省市县机构卫生监督员性别、年龄、学历、职级分布

机构隶属	卫生监督人员数	性别		年龄					学历情况							学位情况			行政职级						专业技术职务					
		男	女	18~	30~	40~	50~	其他	研究生	大学本科	大专	中专及中技	技校	高中	初中以下	硕士	学士	无学位	处级	副处	科级	副科	副科级以下	未定级	正高	副高	中级	师级	士级	待聘
省所	81	55	26	3	21	24	28	5	4	52	17	4	0	3	1	8	35	38	1	2	19	9	11	39	5	15	20	16	0	25
市属	656	478	178	35	198	232	188	3	22	304	182	90	0	14	4	13	229	374	1	15	33	72	71	424	12	38	207	164	49	146
县属	1489	1116	373	82	391	595	418	3	9	400	653	390	2	30	5	8	205	1276	0	0	0	10	69	173	5	21	376	505	198	384
总计	2226	1649	577	120	610	851	634	11	35	756	852	484	2	47	10	29	469	1688	2	17	62	150	255	1700	22	74	603	685	247	555

2. 卫生监督员构成省内比较

省、市、县不同级别的卫生监督机构，其监督员的年龄、学历、职称构成不同：从省级到市、县级，男职工所占比例和45岁以下的年轻人比例逐渐增大；大专以上学历和中级以上职称比例逐渐降低。提示省所职工的年龄结构比市、县机构偏老化；市县级机构的男职工比例较高；大专以上学历和中级以上职称的构成明显低于省所，差异有统计学意义（见表4）。

表4　省内各级机构监督员性别、年龄、学历、职称构成（%）对比分析

	性别		年龄		学历		职称	
	男	女	<45岁	≥45岁	大专以下	大专及以上	中级以下	中级及以上
省所	67.9	32.1	59.26	40.74	9.88	90.12	28.57	71.43
市属	71.1	28.9	68.99	31.01	17.53	82.47	42.18	57.82
县属	75.0	25.0	71.73	28.27	28.68	71.32	63.62	36.38
X^2	4.7255		18.0287		13.556		8.138	
P	>0.05		<0.05		<0.001		<0.005	

3. 卫生监督员构成与全国[1]比较

全省卫生监督员男女性别比为2.78∶1，高于全国监督员性别比的38.5%（全国1.71∶1）；45岁以下年龄组构成占51.97%，低于全国同年龄组的平均水平（全国54.38%），显示年龄构成相对偏大；大专以上学历占75.16%，低于全国平均水平（80.96%），差异有统计学意义（见表5）。

表5　与全国监督员性别、年龄、学历构成（%）对比分析

	性别		年龄		学历	
	男	女	<45岁	≥45岁	大专以下	大专及以上
安徽省	73.60	26.40	51.97	48.03	24.84	75.16
全　国	63.05	36.95	54.38	45.62	19.02	80.98
X^2			4.96		46.03	
P	<0.001		<0.05		<0.001	

4. 卫生监督员配置与全国和中部地区[1]比较

全省113家卫生监督机构，每机构平均拥有卫生监督员19.7人；全国2907家监督机构，共报告卫生监督员60898人，平均每个机构21人；中部地区8个省（含安徽省）共有1004家监督机构，合计监督员26173人，每省平均

3272 人,每个机构平均拥有监督员 26.07 人。

按辖区内常住人口每万人拥有卫生监督员数计算[2],安徽省及全国和中部地区分别是 0.36 名/万、0.45 名/万、0.52 名/万,安徽省在中部地区最低,在全国列倒数第五位,仅仅与四川省的 0.30 人/万相当。

每百个被监督单位平均拥有卫生监督员数全国是 2.57 人,中部地区 3.28 人,安徽省仅有 2.32 人,亦低于全国和中部地区的平均水平(见表6)。

上述三项指标安徽省均低于中部地区和全国的平均水平,仅相当于国家规定的配置标准(1 人 ~1.5 人/万)的 1/4 ~1/3[3],差异有统计学意义(见表6)。

表6　监督员构成与全国和中部地区对比分析

	监督员数/机构(%)	监督员数/万人口	监督员数/100 个被监督单位
安徽省	19.70	0.36	2.32
中部地区	26.07	0.52	3.28
全　国	20.95	0.45	2.57
X^2	5.986	30.77	29.27
P	<0.05	<0.001	<0.001

(三)其他保障措施

1. 办公用房

全省卫生监督机构使用房屋面积 96930.28m²(其中租借面积占房屋总面积的 12.7%),减去外租房面积,人均 38.7m²。

2. 执法设备

统计万元以上设备配置情况显示,省所是市、县级机构的 6 ~7 倍,全省平均 11.6 台/机构。

3. 执法车辆

按每机构拥有执法车辆数统计,从省所到市、县级逐级减少。但是,按人均配备执法车辆数比较,省所与市、县各级机构均无统计学差异。

4. 财政拨款

全省地方财政预算拨款每名监督员平均 9.05 万元,其中人员支出(含基本工资、绩效工资 2 项)为 5.87 万元/人,占 64.86%。

省所到市、县级监督机构人均财政拨款逐级减少(见表7)。

表7　公用房屋、执法设备、车辆、财政拨款对比分析

机构	监督员数	房屋总面积（m^2）	人均面积（m^2）	万元以上设备（台/机构）	执法汽车			财政拨款（万元）	人均（万元）
					辆	辆/机构	人/辆		
省所	81	4754.00	58.69	94.0	12	12	6.8	1330.5	16.43
市属	656	28193.35	43.00	16.8	127	8	4.9	7472.02	11.39
县属	1489	63982.93	42.97	10.4	292	3	5.2	12742.96	8.56
总计	2226	96930.28	43.54	11.6	431	4	5.2	20154.55	9.05

注：房屋总面积96930.28m^2，其中有12.7%是租借房，所以人均实有面积38.71m^2。

5. 保障指标与全国和中部地区比较

全省卫生监督办公用房低于全国人均面积47.9m^2和中部地区39.6m^2的平均水平；全省每机构和人均拥有执法车辆数与全国平均数相当；万元以上设备略高于全国平均水平；

人均财政预算拨款9.05万元，低于全国13.19万元的平均水平，略高于中部地区的7.55万元/人（见表8）。

表8　公用房屋、执法设备、车辆、财政拨款对比分析

机　构	监督员数	房屋人均面积（m^2）	万元以上设备（台/机构）	执法汽车		财政拨款（亿元）	人均（万元）
				辆/机构	人/辆		
安徽省	2226	38.71	11.7	4.0	5.2	2.01	9.05
中部地区	26173	39.60	6.4	3.7	7.1	19.77	7.55
全　国	60898	47.9	9.3	3.9	5.4	80.30	13.19
Z		67.66	69.79	4.77			59.62
P		<0.001	<0.001	<0.05			<0.001

（四）工作量对比分析

全省报告应监督单位数94847家，平均每名监督员要监管42.61家，高于中部地区和全国的人均监管量。当年度报告开展的各项业务工作计386475件（项），比2012年度净增16.13%，其中选取指标明晰、具有可比性的四项（建设项目审查、卫生许可、经常性监督、案件查处）工作量，与全国和中部地区进行比较，安徽省年度内共开展该4项业务工作计167943件（项），每名监督员平均完成71件（项），领先于中部地区、略低于全国的平均水平（见表9）。

表9　人均工作量与全国和中西部地区对比分析

	监督员数	被监督单位（个/人）	2013 年度工作量					
			建设项目审查	卫生许可	经常性监督	案件查处	小计	件（项）/人
安徽省	2226	42.61	904	21343	133562	2665	167943	71.19
中部地区	21864	30.49	7459	132757	1158151	26103	1324470	60.58
全　国	60898	38.87	34212	536100	3882900	67818	4521030	74.24
z		26.99						62.82
p		<0.005						<0.005

省卫生监督所承担的食品企业标准备案，以及各级卫生监督机构承担的监督检查抽检任务和食品安全协调工作，虽然工作量很大，但是尚未纳入报告范围，所以实际工作量大于资料统计的工作量。

（五）省内 16 个市监督机构体系建设和人均工作量比较分析

1. 财政拨款

各市财政预算拨款人均数差异很大，市本级以合肥市、黄山市较高，是最低市人均拨款的 3～4 倍；县区级以黄山市、芜湖市、合肥市较高，是较低县区的 2 倍多。人员支出以合肥市最高，县区级以马鞍山市较高（见表 10）。

表 10　2013 年度各市县监督机构财政拨款及财政支出分布

	在职职工数		财政拨款（万元/人）		财政支出（万元/人）			
					市本级		县区级	
	市本级	县区级	市本级	县区级	总支出	其中人员支出	总支出	其中人员支出
合肥市	59	243	18.51	9.24	21.33	10.22	12.39	5.68
芜湖市	46	156	14.60	9.68	15.17	8.88	11.71	4.97
蚌埠市	44	65	12.18	6.14	19.90	4.28	8.16	5.19
淮南市	32	76	11.47	6.95	11.47	6.79	7.18	4.55
马鞍山	49	71	12.21	8.32	13.46	6.99	13.17	8.88
淮北市	80	28	9.04	6.37	16.05	4.53	6.44	5.00
铜陵市	37	36	11.22	5.66	9.85	7.08	8.18	4.49
安庆市	73	112	8.63	5.85	10.06	4.36	9.16	4.31

（续表）

	在职职工数		财政拨款（万元/人）		财政支出（万元/人）			
					市本级		县区级	
	市本级	县区级	市本级	县区级	总支出	其中人员支出	总支出	其中人员支出
黄山市	21	65	15.29	10.00	16.40	8.14	10.26	5.12
滁州市	38	133	13.21	5.97	13.31	6.72	8.05	4.43
阜阳市	52	179	7.73	5.85	8.52	6.39	8.51	3.93
宿州市	54	177	4.63	4.92	4.82	2.47	5.77	3.60
六安市	26	163	10.90	6.27	12.05	5.77	9.29	4.29
亳州市	21	110	11.18	7.46	15.21	4.30	7.85	3.88
池州市	14	57	12.57	8.29	17.01	8.10	12.04	5.56
宣城市	21	96	12.85	8.48	18.76	7.14	10.07	5.78
省　所	84	—	15.84	—	20.02	8.57	—	—
合　计	751	1767	7472.02	12742.96	7955.83	4097.02	16577.68	9179.50
平　均			11.20	7.21	11.93	6.14	9.38	5.19

2. 监督员配置

各市监督员配备数差异很大（见表11），铜陵市达到1.01人/万人口，接近国家要求标准（1～1.5人/万人口），亳州市仅为0.27人/万人口，只有国家标准的1/5（见表11）。

3. 2013年度工作量对比分析

各市开展监督工作情况不平衡，人均工作量最高的市是最低市的3倍多，见表12。

进一步研究人均工作量与财政拨款之间的影响关系，若以人均财政拨款数为自变量，人均工作量视为应变量，进行相关分析，结果：$r=0.638$，$P_{双侧}<0.01$，显示人均工作量与其财政拨款数呈现正相关关系（见图3）。各市财政拨款存在如此大的差距，可能是导致卫生监督工作发展不平衡的主要原因之一。同理作人均工作量与监督员配置数相关分析，结果：$r=0.151$，$P>0.05$，其关联性无统计学意义，显示人均工作量多少并不与人数多少相关，在现有监督员队伍的情况下，关键是要发挥职工的主观能动性，较好地调动大家的工作热情和积极性。

表 11　各市人均财政拨款与人均工作量分布

	在职职工数*		财政拨款	被监督单位数	2013 年度工作量					
	个	（个/万人口）	（万元/人）	（个/人）	建设项目审查	卫生许可	案件查处	经常性监督	小计	件(项)/人
合肥市	302	0.53	11.05	51.33	613	4063	201	23587	28464	94.25
芜湖市	202	0.89	10.80	32.71	0	1252	343	12496	14091	69.76
蚌埠市	109	0.34	8.58	52.83	1	1059	434	7233	8763	80.39
淮南市	108	0.46	8.29	35.17	6	610	108	4458	5182	47.98
马鞍山	120	0.88	9.91	37.50	40	1418	82	8787	10372	86.43
淮北市	108	0.51	8.35	24.86	0	507	50	5638	6195	57.36
铜陵市	73	1.01	8.48	25.60	93	667	93	3065	3918	53.67
安庆市	185	0.35	6.95	45.96	109	1588	158	13304	15159	81.94
黄山市	86	0.63	11.29	53.51	4	1205	66	7374	8649	100.57
滁州市	171	0.43	7.58	41.47	9	2109	217	10421	12756	74.59
阜阳市	231	0.30	6.02	27.77	1	794	280	8422	9497	41.11
宿州市	231	0.43	4.85	22.80	0	1106	77	7258	8441	36.54
六安市	189	0.34	6.90	33.39	0	1159	97	8121	9377	49.61
亳州市	131	0.27	8.05	43.02	6	1025	254	6008	7293	55.67
池州市	71	0.51	9.13	53.75	20	1019	25	1562	5626	79.24
宣城市	117	0.46	9.26	55.45	2	1726	183	12297	14208	121.44
合计	2434	0.36	8.28	38.97	904	21343	2665	143031	167943	68.99

*：系 2013 年年底在职职工数。

表 12　2013 年度各市人均工作量与财政拨款相关分析

	在职职工数	人均财政拨款（万元）	人均财政拨款序列	人均工作量
宿州市	231	4.85	1	36.54
阜阳市	231	6.02	2	41.11
六安市	189	6.90	3	49.61
安庆市	185	6.95	4	81.94
滁州市	171	7.58	5	74.59
亳州市	131	8.05	6	55.67
淮南市	108	8.29	7	47.98
淮北市	108	8.35	8	57.36
铜陵市	73	8.48	9	53.67
蚌埠市	109	8.58	10	80.39
池州市	71	9.13	11	79.24
宣城市	117	9.26	12	121.44
马鞍山	120	9.91	13	86.43
芜湖市	202	10.80	14	69.76
合肥市	302	11.05	15	94.25
黄山市	86	11.29	16	100.57
合　计	2434	8.28		68.99

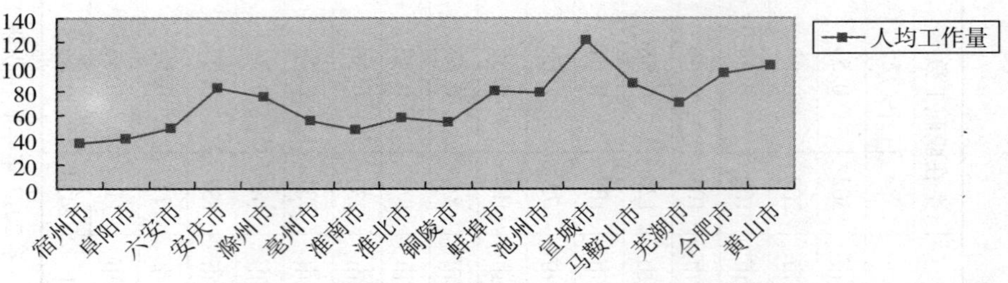

图 3　各市人均拨款数为横轴、人均工作量为纵轴二维曲线

三、讨　论

卫生监督是政府卫生工作的重要组成部分,是深化医药卫生体制改革、促进基本公共卫生服务均等化的重要内容,直接关系人民健康、经济发展和社会稳定的大局。而卫生监督体系是公共卫生体系的重要组成部分,是执行国家卫生法律法规,维护公共卫生、医疗服务秩序,保障人民群众健康,促进经济社会协调发展的重要保证。所以,必须高度重视包括卫生监督机构、队伍以及必需的执法经费和装备在内的卫生监督体系建设。

以上数据和分析显示,安徽省卫生监督体系建设已经取得了可喜成绩,机构健全,监督网络完善,监督工作不断发展,有些指标(如执法车辆、设备、办公用房、人均经费、人均工作量等)已经领先中部地区,达到或者接近全国平均水平。但是,也存在一些突出问题,与全国和中部地区相比,主要表现为"三少一低":

一是配备的卫生监督员数量少。常住人口每万人仅有0.36人,是中部地区8省中最少的,分别低于全国平均水平和中部地区20%和30.77%。此种现象可能会制约卫生监督工作的开展。

二是参公单位少。参公单位数仅占全省卫生监督机构的2.78%,市县级参公单位比远低于全国平均水平,仅为全国和中部地区参公单位数的1/12和1/47,由于缺乏激励机制和竞争活力,此现象可能会挫伤卫生监督员的工作热情和积极性。

三是财政预算拨款少。人均财政预算拨款仅9.05万元/年,其中63.7%的支出用于人员工资,而用于业务工作的支出比较少,此情景可能会影响业务工作的开展。

四是卫生监督员学历层次偏低,年龄构成相对老化。长此以往可能会阻滞创新工作的敏锐和热情。

上述"人员编制短缺、保障投入不足、执法主体的地位和前景不确定"等因素[3],可能是影响监督事业发展的共性问题和基本规律。为此特建议:

一是探索综合执法的新模式,提高人员利用率。在即将开展的卫生、计生机构改革和职能调整时,要在党委、政府主导下,积极探索切合本地实际的改革模式,将基层计划生育干部纳入监督队伍,实行机构、职能和资源的有效整合,弥补人员编制不足等问题,深入推进综合执法。

二是积极推动市县级卫生监督机构向行政执法机构转变,人员纳入公务员管理。实施绩效考核,加强执法责任制建设。要积极建立有利于激发工作潜能、提升监管水平的激励机制,鼓励监督员的创新精神和工作热情,提高工作效率。

三是切实加强机构和队伍建设。要按照国家“十二五”卫生规划和2010—2020年卫生人才发展规划的要求,紧抓机遇,使机构建设、人员编制和装备配备等执法能力建设落到实处。按照“权责一致、编随责增、人事相宜、保障履职”的原则[3],综合考虑辖区人口、工作量、服务范围和经济水平等因素,按照卫生监督机构的层级、职责和规模,测算所需卫生监督执法人员编制,做好规划和建设工作。随着国民经济的不断发展,逐步加大财政投入,保障经费支持。

四是加强能力建设,进一步提高执法能力和水平。按照2011—2015年全国卫生监督员教育培训规划的要求,结合辖区实际,进一步完善卫生监督人才培养体系。按照全面、系统和分级的原则,做好各专业执法技能培训,落实卫生监督人才工程,加大卫生监督专家型高端人才和基层复合型人才的培养力度。

综上所述,安徽省卫生监督体系建设已经取得可喜成绩,同时,也应进一步关注和解决存在的不足和问题,促进卫生监督事业的健康发展,为建设美好安徽保驾护航。

由于监督信息可能存在个别漏报、错报现象,数据分析具有一定的局限性,只能反映趋势,不可作为绝对数据引用。(向信息报告、管理和给予本文指导帮助的领导和同志们表示衷心感谢!)

参考文献:

[1] 2013年全国卫生监督信息统计报告[R]. 北京:国家卫生计生委综合监督局、卫生监督中心,2014.

[2] 国家统计局. 2012年中国统计年鉴·第六次全国人口普查数据[M]. 北京:中国统计出版社,2013.

[3] 卫生部. 关于切实落实监管职责进一步加强食品安全与卫生监督工作的意见(卫监督发〔2010〕103号)[EB/OL]. (2011-01-13) www. docin. com.

[4] 卫生部. 关于卫生监督体系建设的若干规定(卫生部令第39号)[EB/OL]. (2005-01-05) www. gov. cn.

“放、转、管、育、评”五策并举 推进安徽社会组织管理体制改革创新

王全林

摘　要：为激发安徽社会组织活力，论文提出“放、转、管、育、评”五策并举的安徽社会组织管理体制创新思路。“放”——解放思想，“政社分开”，打破双重管理体制，稳健推进直接登记制度；“转”——落实“政社合作”，推进政府职能“瘦身”，将相关社会管理职能转移、委托给社会组织；“管”——完善社会组织立法，建立健全管理规章与统一监管体系，依法依规统一监管；“育”——与“转”同步，培育孵化社会组织，通过职能划转、服务购买、税收优减等手段发展壮大社会组织；“评”——引入第三方机制，着力解决“依什么评”“谁来评”“怎么评”三大问题，率先启动“合格评估”新模式。

关键词：安徽社会组织；管理体制；“放、转、管、育、评”；创新

十八大报告提出，要“加快形成政社分开、权责明确、依法自治的现代社会组织体制”，要“加强和创新社会管理”，“强化企事业单位、人民团体在社会管理和服务中的职责，引导社会组织健康有序发展”；十八届三中全会提出要“激发社会组织活力”，“正确处理政府和社会关系，加快实施政社分开，推进社会组织明确权责、依法自治、发挥作用”。2013年3月，《国务院机构改革和职能转变方案》提出“加快形成政社分开，权责明确，依法自治的现代社会组织体制，完善相关法律法规，建立健全统一登记，各司其职，协调配合，分级负责，依法监管的社会组织管理体制”。

2013年5月，安徽省出台《关于加强和创新社会组织建设与管理的意见》，提出四大举措：“改革登记管理体制，推进社会组织社会化”；“完善培育扶持政策，改善社会组织发展环境”；“优化结构布局，提高社会组织建设质

作者简介：王全林（1968—），男，皖西学院思政教学部教授，博士，评估中心主任，研究方向：高等教育管理、社会治理。

量”;“创新服务管理模式,提升社会组织服务管理水平”。这四大举措旨在强力推进安徽社会组织建设与改革,将改革目标确定为,到2020年“形成与我省经济社会发展相适应,布局合理、结构优化、功能完善、作用明显的社会组织体系”。

为激发安徽社会组织的活力,笔者根据十八届三中全会做出的“推进社会事业改革创新”精神,提出“放、转、管、育、评”五策并举的安徽社会组织管理体制创新思路与对策。

一、“放”——解放思想,“政社分开”,打破双重管理体制,稳健推进直接登记制度

如何真正形成十八大报告提出的“政社分开、权责分明、依法自治的现代社会组织体制”,打破过去社会组织登记和管理的“双轨制”、推行直接登记制度成为首选。据统计,自2013年3月《国务院机构改革和职能转变方案》明确开展直接登记一年多来,全国有27个省(自治区、直辖市)推行了直接登记,直接登记的社会组织有近3万个,占同期登记社会组织的40%以上。“其中,行业协会商会类和公益慈善类社会组织所占比例较大”①。

如何“放”?当前重点举措有三:

(一)科学界定“放”的边界

使用“排除法”,科学界定“放”的边界,即除掉那些确需前置审批的社会组织之外,即为允许直接登记的社会组织范围。

首先,应简化社会组织登记程序,将合芜蚌试验区与皖江城市带承接产业转移示范区社会组织登记管理体制改革试点经验扩大到全省,全面落实《关于加强和创新社会组织建设与管理的意见》(以下简称《意见》),除依据法律法规需前置行政审批与《意见》规定的“除政治法律类、宗教类社会组织和境外非政府组织在皖代表机构等外”,其他各类社会组织按照分级负责的原则,由各级民政部门实行直接登记。

其次,直接登记工作按照“分级管理、分类指导与发展”原则有序推进。

1. 分级管理

就分级管理而言,即允许直接登记的社会组织,根据归属由各级民政部

① 民政部副部长顾朝曦:《全国直接登记的社会组织约3万个》,2014年9月25日,http://news.xinhuanet.com/politics/2014-09/24/c_127028887.htm。

门实行直接登记，同时，登记管理机关、行业主管部门及相关职能部门在各自职责范围内，依法对相应社会组织进行业务指导和管理服务；至于非公募基金会和异地商会的登记管理，管理权限下放给市级民政部门直接登记；对于那些外来投资企业较多的县（区）级民政部门，可经市级人民政府授权，由市级民政部门委托县（区）级民政部门登记管理异地商会。

2. 分类指导与发展

就分类指导与分类发展推进而言，应该如何行动？

一是“突出重点”。优先支持那些《意见》中明确需要重点培育、优先发展的社会组织，即“行业协会商会类、科技类、公益慈善类、城乡社区服务类社会组织”；二是根据全省及各市、县（区）社会发展实际，对不同类型社会组织实施分类指导；三是尊重历史与现实，组织专项检查与清理，即将“直接登记+业务指导”“‘登记+业务管理’转为‘登记+业务指导’”“登记+备案并行的双轨制”“登记+业务管理”四种体制有机结合起来。近期，根据我省《关于加强和创新社会组织建设与管理任务分解的通知》精神，在2015年年底前，两年内完成新老体制过渡。

（1）“直接登记+业务指导”管理体制：分类制定好社会组织直接登记实施办法和登记指南，对符合条件的新成立社会组织实行直接登记，并追踪进行业务指导；

（2）“‘登记+业务管理’转为‘登记+业务指导’”过渡管理体制：对体制改革前经业务管理部门行政审批、并已在民政部门登记的原有各类社会组织，主动加强与原业务主管单位的沟通协调，完成“脱钩”任务，按期做好过渡工作；

（3）继续执行“登记+业务管理”管理体制：对那些确属政治法律类、宗教类社会组织和境外非政府组织在皖代表机构，法律法规要求前置行政审批的社会组织，继续执行“登记+业务管理”管理体制；同时，对于部分社科类与意识形态领域关联度紧密的社会组织，从严控制或审慎推进“登记+业务指导”管理模式转型；

（4）继续实行“登记+备案并行的双轨制”：重点针对农村专业经济协会、正在培育中的社区社会组织，以支持农村专业经济协会、社区社会组织等城乡基层社会组织建设与发展，为我省美好乡村建设与城乡一体化建设铺路造桥。

（二）杜绝新的政社不分与社会组织行政化倾向

严格执行严控党政机关领导干部兼任社会组织领导职务的有关规定，杜绝新的政社不分与社会组织行政化倾向。当前，重点是贯彻皖组字〔2013〕18号与皖组字〔2014〕16号文件精神，切实落实党政领导干部在社会组织兼职的专项清理工作。对于少数因工作需要确需兼职的，严把“四关”，即任届关、年龄关、干部管理部门审批关、组织部门备案关。

（三）真正放宽准入门槛，按照“五自四无”体制予以登记、建设与发展

我省应大力推行源自广东的“五自四无”管理体制，从登记源头上推进社会组织管理体制创新，以推进各类行业协会、商会等社会组织真正实现民间化、自治化。

“五自”即倡导协会自愿发起（原则上8家以上业内法人企业或事业单位发起，参公管理事业单位除外）、自选会长（理事长）、自筹经费、自聘人员、自主会务；“四无”即积极探索“无业务主管单位”管理体制、“无行政事业编制”、“无现职国家机关工作人员兼职”、“无行政级别”（与行政部门脱钩）。

二、“转”——落实“政社合作”，推进政府职能“瘦身”，将相关社会管理职能转移、委托给社会组织

在推进政府职能“瘦身”转型方面，必须三大措施并举：

（一）全面落实“一意见（办法）、三目录”，稳步推进政府职能转移，建立购买服务机制

“一意见（办法）”——即国务院办公厅出台的《关于政府向社会力量购买服务的指导意见》及各地方政府出台的相应实施办法；

“三目录”——即对照《意见》所需规范落实的购买主体、承接主体和购买内容，形成相应的政府购买服务目录、社会组织承接政府购买服务资质目录、政府转移职能目录；

以此为基础，各级政府部门逐步将那些事务性管理工作、适合交给市场和社会组织提供的公共服务，以授权、委托等形式依法交给具有相应资质的社会组织承担。通过项目购买、项目补贴、项目奖励等方式，建立健全政府购买服务机制。

（二）深化财税体制改革，加大政策资助和支持力度，落实财税优惠政策

在深化财政体制改革方面，铜陵市走在我省社会组织建设改革的前沿。在全省率先编制政府向社会力量购买服务目录——《铜陵市政府向社会力量购买服务目录》，“费随事走”，以市场机制交由社会组织与社会力量承接。2014年，市财政安排7355万元，向社会力量购买32个服务预算项目[①]。此举

① 我市能购尽购推进政府向社会力量购买服务，2014年4月16日，http://www.tl.gov.cn/art/2014/4/16/art_40_129474.html。

在提高公共服务水平和效率的同时，有效增加了公共服务供给，从经费源头上有力扶持了社会组织的发展。铜陵的经验值得全省推广。

就发挥税收杠杆的作用而言，需要综合推进：一是在登记准入的基础上，对不同类型社会组织采取差异化税收优惠政策；二是逐步完善捐赠者税收减免政策，拓宽民间捐赠通道；三是建立健全社会组织日常监管部门与税务部门间的信息关联通道，以实现税收优惠减免的阳光监督。

（三）逐步建立健全职能转移的长效机制

一是尽快组织修订以《政府采购法》为龙头的法律法规体系，将公共服务作为特殊领域，出台完善统一的法律法规体系，以进一步规范购买行为；二是积极出台并落实实施办法及其配套政策措施；三是建立健全准入、退出机制，引入公开竞争机制，加强监督、评估、问责机制；四是发挥独立第三方监督机构作用。

三、"管"——完善社会组织立法，建立健全管理规章与统一监管体系，依法依规统一监管

理想状态是完善立法基础；对社会基本公共服务进行整体规划；对社会组织管理政策进行顶层设计，出台一揽子"政策包"——即在基本公共服务建设规划实施的基础上，出台加强与壮大社会组织发展的纲领性政策母文件及其相应的执行层面配套子文件。

当前，至少应在以下三大领域重点推进：

（一）在国家与省级层面有待完善高层位立法

第一，尽快组织修订完善《社会团体登记管理条例》《基金会管理条例》《民办非企业单位登记管理暂行条例》"三大条例"，加快建构形成新的社会组织管理与运行体制；

第二，适时实质性推进社会组织基本法立法，即国家权力机关出台《社会组织法》（或《社会组织促进法》）；

第三，相应修订有关法律法规，以解决与社会组织改革发展方向冲突的有关条款；

第四，省级层面，如条件成熟，可考虑启动规范与促进安徽社会组织发展的省级地方立法或政府规章，以在中部乃至全国形成率先之势。

（二）以全面深化安徽社会治理领域综合改革为指导，系统规划设计，出台一揽子改革"政策包"

加强与改进社会组织管理，最怕"挤牙膏式"发展，即那种"头痛医头、脚

痛医脚”的“一事一议”“一事一改”“一事一建”发展模式,一旦改革举措不配套,社会组织发展“新规”势将遭遇“旧政”的制约,难以系统推进。故当前应深入贯彻十八届三中全会精神,以全面深化全省社会治理领域综合改革为指导,系统规划,整体设计,以“政策包”形式一揽子出台社会组织改革建设的母文件及其子文件、相应附件。这方面,合肥市社会组织建设、铜陵市向社会购买公共服务领域改革走在我省乃至全国的前列。

以合肥市为例,首先是出台《合肥市“十二五”期间基本公共服务体系规划》,再以2020年基本实现社会服务均等化为目标导向,以“社会服务领域纲领性文件”为龙头,以“1+4”政策包形式出台社会服务系列化政策举措。

(三)引入社会组织综合治理理念,逐步形成社会治理态势

这方面,我省今年9月23日七厅局联合出台的《社会团体依法规范管理集中推进行动实施方案》,堪称综合治理改革的典范,系列组合拳出击,“集中推进行动”。

再者,实施社会组织直接登记后,不能一“登”了之;“业务管理”改为“业务指导”后,更不能放手不问,应不断建立健全民政、财政、公安、司法行政、审计、税务、物价、质监、外事、金融等部门信息共享、齐抓共管的联动工作机制,在提升综合服务管理水平上做好文章。

四、“育”——与“转”同步,培育孵化社会组织,通过职能划转、服务购买、税收优减等手段发展壮大各级各类社会组织

围绕社会组织改革发展支撑服务体系建设,在政策培育上“扶”一下,尤其是要重点解决好制约安徽社会组织发展的资金、人才队伍与管理服务三大瓶颈性问题。

(一)瓶颈问题1——资金

在解决制约社会组织发展资金问题上,关键是贯彻落实好国务院办公厅、民政部、安徽省有关向社会力量购买服务的指导意见及其实施意见,规范做好省、市、县(区)三级政府社会服务政府购买工作,并以此为契机,建立健全配套制度,清理和废除妨碍公共服务领域公平竞争的各项规定和做法,通过购买服务、财政资助、委托经营、委托管理、政府特许经营、税收优惠减免、培育孵化等手段,为社会组织发展壮大与功能发挥解决“输血造血”问题。

(二)瓶颈问题2——人才

社会组织发展与建设,人才是关键。对于社会组织发展的人才队伍建设

问题，关键是全面落实《国家中长期人才发展规划纲要（2010—2020）》、中组部等18部委《关于加强社会工作专业人才队伍建设的意见》、中组部等19部委《社会工作专业人才队伍建设中长期规划（2011—2020年）》、安徽省《关于加强社会工作专业人才队伍建设的实施意见》和《安徽省"十二五"社会工作专业人才队伍建设规划》等文件精神，大力发展社会工作专业教育，建立健全分级培训体系，为加强社会建设、构建美好安徽提供有力的智力支持和人才保证。

落实的关键是全面发挥具有安徽特色的社会工作队伍"四抓手""六工程"作用，纵深推进社会工作人才队伍专业发展。

"四抓手"：即"党管人才、各方参与的组织领导抓手"（组织部门牵头抓总、民政部门具体负责、各有关部门与组织配合、社会力量积极参与的组织领导体制）；"政策创新抓手"（以省、市、县区三级社会工作队伍建设规划与实施意见等为代表）；"专业化教育培训抓手"（主要发挥相关高校、专业培训机构与专业学会的学科专业阵地作用）；"舆论导引抓手"（即发挥宣传媒介作用，做好社会工作科普与宣教工作）。

"六工程"：即深入推进"社会工作专业人才素质提升工程""社会工作专业知识教育普及工程""基层社会工作专业人才队伍建设推进工程""社会工作专业人才推进区域协调发展工程""民办社会工作服务机构孵化基地建设工程""社会工作信息化系统工程"，"十二五"期间培养造就3000名社会工作机构管理人才、700名高专业水平督导人才，按照基层社会工作专业人才队伍"5+1"标准，推进省级社会工作专业人才队伍建设试点工作。

（三）瓶颈问题3——管理服务

当前各省市级以下及部分市级社会组织登记管理部门力量薄弱及其信息管理手段滞后的问题，成为严重制约社会组织发展服务能力的一大瓶颈。安徽各省辖市以及"105个县、市、区，仅有专、兼职工作人员108位，有70%以上的县因编制、财力有限，没有专设社会组织登记管理机构，没有专职干部和列入财政预算的工作经费"①；我省人口第一大市阜阳市"十二五"初期有社会组织近千家，但"全市从事社会组织登记管理工作的人员只有10人"②。

为切实解决服务社会组织方面存在的供需脱节矛盾，当前必须双管齐下，解决制约基层社会组织发展的"人、枪"问题：

---

① 吴勇俐、王扬：《发展社会组织，促进社会自治，加强和改善社会管理》，《社团管理研究》2011年第10期；

② 沈跃春：《关于社会组织参与社会管理创新的思考——来自安徽社会组织管理创新的调查》，《人权》2011年第5期；

第一，尽快解决管理主体问题——“给人、给编”。县级以上民政部门设立专职社会组织管理岗位与登记管理机构，人口大县与经济社会发达县区优先解决，其他非人口大县或贫困县落实兼职机构与人员后逐步解决。

第二，尽快解决管理效能问题——社会组织综合服务平台与信息化建设。要加快建立社会组织管理信息平台和社会组织法人单位信息资源库，推进省、市、县（区）三级集培育扶持、公益创投、信息服务、培训交流等多种功能于一体的综合服务平台体系。

五、“评”——引入第三方机制，着力解决“依什么评”“谁来评”“怎么评”三大问题，率先启动“合格评估”新模式

推进社会组织分类管理与评估是加强政府监管、引导社会组织依法依规自主发展的前提，其中引入第三方评估监督机制是当前社会组织管理体制改革的热点、亮点与难点之所在。其中的关键是落实好事关评估有序推进的“依什么评”“谁来评”“怎么评”三大问题。

（一）“依什么评”

民政部、省、市、县（区）四级评估管理办法及其配套实施细则，即民政部《社会组织评估管理办法》（中华人民共和国民政部令第39号）、《安徽省社会组织评估管理办法》（民管字〔2012〕131号）以及各市、县（区）社会组织评估管理办法，分别是组织全国性、全省性以及各市、县（区）属社会组织等级评估的主要依据与操作指南。

在具体展开评估时，各地可根据所属社会组织发展需求，调整各类指标的相应权重，以此引导社会组织自我建设与发展。以合肥市社会组织评估为例，根据《合肥市社会组织评估管理办法》及其配套文件《关于成立合肥市社会组织评估委员会的通知》《关于开展市属社会组织评估工作的通知》和附件《合肥市社会组织评估指标文件》，合肥市的社会组织将按照社团（分为公益类社团、联合类社团、行业协会商会、学术类社团、专业类社团）评估、民办非企业单位（分教育类、医院类及一般民办非企业单位规范化建设）评估、基金会评估予以组织，各类型总分皆为1000分，但基础条件、内部治理、工作绩效、社会评价四大板块的具体权重有一定差别。

（二）“谁来评”——加强第三方评估主体建设

对于第三方组织实施的社会组织评估工作，为确保其规范化运作，首先是源头把关，“第三方”必须具备专门从事社会服务评估资质，且具备我省本

土化服务能力。第三方评估主体资质与能力建设是推进第三方评估的首要前提，为此，省、市、县三级第三方评估机构的培育与孵化工作应分别成为同级乃至上一级民政部门重点解决的问题。

一种主流模式是培育成立各级“社会组织评估中心”“社会组织评估事务服务中心”等专业评估机构，由其开展社会组织评估工作。省级如2010年山西省成立“山西省社会组织评估中心”，承接省级社会组织评估工作；天津市成立市级社会组织服务管理中心，打造社会组织服务之家、社会组织工作之家、社工之家，负责全市的社会组织评估工作。

在第三方评估机构培育起步阶段，山东省依托会计师事务所组建“山东省民间组织评估中心”的做法及其把社会评估与政府年检相结合的方法值得借鉴：即将社会评估的结果作为年检的重要依据，登记管理机关对社会组织评估报告进行审查，得出年检结论，此举简化了年检程序，避免了反复检查，提高了工作效率。

地市级如上海市静安区社会组织评估事务服务中心是上海市首家以第三方身份出现的专业从事社会组织评估、咨询、培训服务的评估组织；当然适度引入竞争机制也是未来发展的选择，2010年静安区又批准成立“上海市新时代社会组织评估中心”，业务范围包括规范化建设评估、项目评估、业务评估、绩效评估、培育发展、咨询策划、业务培训、信息交流、政策研讨、宣传推广、课题研究等。

我省铜陵市采取的是培育专业评估机构模式推进第三方评估。

另一种过渡模式是借鉴现成的高校社会工作学科专业力量，委托其为第三方评估机构。如2013年成都市锦江区在全市率先委托高校专业机构——成都信息工程学院社工专业作为第三方实施社会组织评估，结果42家社会组织获得了评估等级，注销6家，整改11家。

第二种可供选择的过渡模式是结合社会组织培育孵化基地建设，打造第三方评估平台。如我省芜湖市于2012年9月扶持成立安徽首个社会组织孵化基地——芜湖市社会组织培育中心，半年内就有11家社会公益组织陆续入驻。

(三)“怎么评”——第三方评估公正性与专业性建设

为避免社会组织评估中有可能引发的“自己人”“自划自说”境况，确保社会组织评估的公共性、公正性，可考虑采取以下举措：

一是招标引入同级异地第三方专业评估机构开展社会组织评估尤其是某种类型的组织评估。

二是在由民政部门牵头组织向第三方评估转型过渡期，引入评估委员会与复核委员会“外员”,对评估专家组成员构成比例实行本地限额制度。可借鉴当前新一轮普通高校本科教学审核评估制度,教育部《普通高等学校本科教学工作审核评估方案》(教高〔2013〕10 号)的规定,外省(区、市)专家一般不少于进校考察专家组人数的1/3。

三是建立健全回避制度与评估复核裁定制度。

四是评估等级公示与异议制度。

五是规范运作,实施政府采购制度。

如合肥市财政局将“社会组织等级评估项目”交由市公共资源交易中心采购部(合肥市政府采购中心)出面,以国内竞争性谈判方式组织招标采购。

六是借鉴国外境外的经验,探索建立外部评估资金支持制度。

社会组织评估费用要么来自监管部门拨款、委托或招标采购,要么源自评估对象参评经费,当“监管部门”或相关组织成为某种“客户”时,评估的独立性多少会打折扣。故国外境外一些慈善组织评估中引入公益基金会、募集顶级会计审计机构“志愿服务”等,其经费独立、不受约束的“招数”在确保评估机构的公正性方面值得借鉴与思考。

七是继续巩固推进安徽“百优社会组织”评选、安徽社会组织年度“十大事件”发布工作等评估经验。

(四)评估改革新政——借鉴高校本科教学评估改革经验,在全国率先推出“新建社会组织合格评估”新模式

新登记成立的社会组织如何组织评估,真正实现“以评促建、以评促管、以评促改”,这方面,我省可以考虑借鉴普通高校本科教学合格评估模式,结合社会组织直接登记制度改革,率先启动“新建社会组织合格评估”改革,创新性推进分类评估工作,在全国率先推出“新建社会组织合格评估”新模式,探索直接登记社会组织评估新机制。

教育部 2003—2008 年对 592 所本科院校进行了本科教学工作水平评估,按照优秀、良好、合格、不合格四个等级组织评估鉴定,其中重点大学、地方院校、新建本科院校、民办院校“一个尺子量到底”的评估标准广受诟病。2011 年《教育部关于普通高等学校本科教学评估工作的意见》(教高〔2011〕9 号)出台,推出新一轮“五位一体”的有中国特色的本科教学评估体系,其中的“院校评估”采取分类评估模式:2000 以来未参加过评估的新建本科院校只能参加“合格评估”,其他参加过院校评估者参加五年一轮的本科教学“审核评估”。

在方法论上,这种思路对于社会组织分类评估创新探索有启发意义。尤其是对于那些从未参加过社会组织评估的直接登记成立的新社会组织而言,

在评估领域有些类似于“新建本科院校境况”，要想让他们首次参评就达到几“A”水平，确非易事。改革思路是评估“保底”：借用现有社会组织评估机制与标准，新登记社会组织成立两年后，首先参评过“合格关”，组织“合格评估”，按通常60分为及格等级，暂可考虑600分为合格线，600～700分之间为评估合格等级（或设定某一分数段）。

具体操作策略可选择试点市、县，将社会组织评估与当年年检合二为一：达到合格等级，设定相应有效期（5年或3年），通过者直接认定为年度检查合格，免当年年检；同时规定今后申请参加“3A”或2“A”以上等级评估的社会组织，必须在有效期内有合格评估等级资质或参加过等级评估者；参评社会组织未通过合格评估者，重新参加年检。

当代中国弱势群体利益表达存在的问题与破解

葛贤平

摘　要：当代中国弱势群体利益表达事关社会稳定与和谐，影响着社会主义民主政治的发展。当代中国弱势群体利益表达存在着表达意识缺乏、表达渠道不通畅、表达方式不合理三个方面的问题。因此，平等化的利益表达权利、多样化的利益表达渠道、法治化的利益表达安排就成为破解上述问题的现实路径。

关键词：群体利益表达机制；表达意识；表达渠道；表达方式；依法治国

追求利益是人类社会活动的基本动因，而利益表达则是实现利益过程的首要环节。当代中国弱势群体利益表达是指作为利益主体的弱势群体，通过一定渠道和方式向政府、执政党反映情况，提出意见，主张利益，并以一定的方式来实现自身利益的政治参与过程。本文所关注的弱势群体主要是指由于资源占有贫乏、受教育程度低、市场竞争力弱等“弱势”从而在话语权、影响力、社会地位、权利和权力上处于绝对劣势地位的社会底层群体，大体上包括城市失业人员、贫困农民、农民工、病残以及失独等群体。

改革开放以来，随着政治体制改革的不断深入，我国弱势群体利益表达有了更多的渠道，表达机制也得到了明显的改善。十七大在党的历史上第一次把人民表达权作为应该保障的一项基本权利提出，反映了民意表达体制上的进步。2014年9月5日，习近平总书记在全国人民代表大会成立60周年的庆祝大会上，提出了人民群众能否畅通表达利益要求是评价一个国家政治制度是不是民主、有效的标准之一。然而，受各方面因素的制约，我国群体利益表达还存在不完善、不健全的地方，在保障人民民主权利方面还存在不足。对这些问题保持清醒的认识，既有利于社会主义社会和谐与稳定，也有利于

作者简介：葛贤平（1970—），男，安徽潜山人，安徽工业大学马克思主义学院教授。

进一步发展社会主义民主政治。

一、当代中国弱势群体利益表达存在的问题

当代中国弱势群体利益表达存在的问题突出表现在三个方面,即表达意识缺乏、表达渠道不通畅以及表达方式不合理。

(一)表达意识缺乏

群体自我意识的发育程度,是影响群体利益表达的重要问题。当前,我国强势群体和弱势群体的自我意识发育程度形成鲜明对比。

一方面,强势群体①(本文探讨的主要是指在利益分配过程中采用各种不法手段中饱私囊,利用所掌握的社会政治经济等资源仗势欺人这类群体)自我意识发育程度较高。一旦发现利益受到威胁,他们能够利用群体的力量来维护,甚至在一定的程度上可以同政府进行博弈。正如罗伯特·达尔所言:"每个人,或任一个人,当他有能力并且习惯于维护自己的权利和利益时,他的这些权利和利益才不会被人忽视。"[1] 强势群体的联合维权显示了他们已初步具备利益集团的某些特征,尽管学界对我国现阶段是否已出现利益集团尚存较大争议,但我们还是能从房地产、权贵、政商等利益集团"呼风唤雨"中感受到他们的巨大能量。很显然,在表达机制不健全的情况下,几乎只能依靠实力博弈,强势群体可以利用种种手段影响或收买利益决策人,其本质上已形成利益结盟,大多与公共权力部门盘根错节,这已成为阻碍改革和瓦解政府公正性的一支不可忽略的重要力量。

另一方面,弱势群体的自我意识发育很差,比较而言,弱势群体的利益表达问题显得更为迫切,这里所说的"很差"主要是指弱势群体的经济能力和组织能力差。经济能力差是说,弱势群体的经济基础很差,而利益表达,往往需要以一定的财力为支撑,普通农民或工人如果持续不断地坚持利益表达(比如上访),很可能会倾家荡产。组织能力差是说,由于弱势群体的弱势特征,客观上造成了其利益表达意识的相对薄弱,使得他们对利益表达缺乏自觉性。当权益受到损害时,他们既无法通过正常的利益表达渠道,也不可能组建类似利益集团这样的高级组织形式来进行维权,而且现实版中的弱势群体

① 学界对于强势群体的划分,大体上认同二类:一类是指在利益分配过程中采用各种不法手段中饱私囊,利用所掌握的政治经济等资源仗势欺人这类群体。另外一类是指能够凭借知识和技能合法地获得利益并在社会上有着重要影响力的群体,这类群体具有推动社会进步和实现共同致富的价值追求,对于公民意识有着自觉的践行。

利益表达反映的往往是一些细节问题或表面现象,表达多半没有正式的文本,甚至在冲动时还会采取吵架、暴力围殴等不当方式。

（二）表达渠道不通畅

弱势群体利益表达渠道不通畅,主要是指表达的渠道狭窄。从形式上看,我国弱势群体利益表达渠道并不少,包括人大代表和政协委员表达、社会组织或团体表达、信访表达、大众传媒表达、党政领导接待(访)等。但实际上只有党和政府的利益表达渠道才能进入决策中枢,因而弱势群体利益表达的实际渠道是极其有限的。

弱势群体利益表达渠道不通畅还体现在利益表达制度可操作性不强。以2005年修改的《中华人民共和国信访条例》(下简称《信访条例》)为例,客观地说,《信访条例》在畅通信访渠道,加强对信访人的权利保护方面有了较大进步,但其中的一些规定值得商榷:其一,信访工作属地管理原则,虽体现了中央政府把问题解决在基层、把矛盾化解在萌芽状态的要求,但由于缺乏配套的实施细则,加上地方政府往往会出于各种利益考量,压制、拖延甚至打击报复信访人,致使"重复访"回潮,使得信访的"本来意义"丢失,进而积累和加剧社会矛盾。其二,信访事项人治色彩依然存在。《信访条例》第10条要求建立行政机关负责人信访接待日制度,这为行政机关干涉和妨碍司法公正提供了可能。因为行政机关领导如果对信访案件批示比较随意,就会误导一些涉诉涉法案件人弃诉讼等法定路径而选择要"领导批示",其结果必然导致信访渠道的拥堵。其三,信访事项终结时间过长。《信访条例》第33条规定,信访事项应当自受理之日起60日内办结,情况复杂的,90日内完成。实际生活中,许多信访人经不起长时间的煎熬,往往采取非制度化的渠道来表达利益诉求。

人大代表和政协委员"精英化"现象严重[2]。目前,在利益表达制度不完善的情况下,强势群体利用手中掌握的各种资源,通过专业组织和机构,控制媒体或培植利益代言人,其利益表达渠道呈扩张的趋势。众所周知,构建社会主义和谐社会,"民主法治"是最基本的要求,政治不应由政治、经济和文化精英群体垄断,试想如果共商国是全由位高权重或财大气粗的精英人士把持,那么在利益协调的过程中,一旦要剥夺他们的既得利益来救济弱势群体,出于维护自身利益的本能,他们必然坚决反对,这样一来,弱势群体的利益表达就面临无人代言的境遇。同时,身为精英的代表和委员,由于对弱势群体的底层生活缺乏亲身经历,所以很难与之产生心理上的深刻共鸣。

（三）表达方式不合理

表达方式不合理主要表现为制度外表达的普遍化。当弱势群体面临着体制内的利益表达渠道不畅,无法表达或少有机会表达时,"被社会排斥"感油然而生,他们往往就会采取制度外的表达方式,即非制度性参与。正如阿尔蒙德所说的那样:"在贫富之间存在巨大鸿沟的社会里,正规的利益表达渠道很可能是由富人掌握的,而穷人要么保持沉默,要么采取暴力或激进的手段来使人们听到他们的声音。"[3]

当代中国居高不下的信访潮以及由信访、拆迁、上项目、拖欠工资等引发的群体性事件已引起党和政府的高度重视,问题的出现总有根源,超越程序公正的群体性事件和部分信访潮大多是因为合法诉求得不到有效的表达。纵观近年来我国弱势群体利益表达的制度外方式,主要有以下四种:其一,非法表达。采取堵塞交通、静坐示威,甚至组织串联、煽动闹事等方式,以求达到目的。其二,暴力攻击。采取暴力攻击公务人员、毁坏市政公共设施、冲击党政机关办公场所等方式。其三,自杀(自残)抗议。这种方式是当事人产生绝望心理,从而进行的一种极端抗议行为,如近年来全国各地发生的多起因拆迁引发的自焚事件。其四,报复社会,造成无辜群众和无直接利益冲突群体严重伤亡,近五年来全国各地发生的多起公交纵火案以及杀害中小学幼儿园师生案等就是典型。这些制度外表达方式严重影响了社会稳定和谐,也使群体利益表达误入了歧途。

每当事件过后,社会反思较多的是如何加强学校、公共交通设施的安保,以及社会各界增强应对突发事件的能力,而对事件发生的直接和深层原因的反思却不够。诚然,除了这些人的极端负面情绪、人格扭曲、泄愤报复社会和不遵守底线道德外,诱发其犯罪的最初动因,有很多是涉及基本生存方面一些并不复杂"琐碎"问题。倘若基层政府工作人员常怀换位思考之心,能及时倾听来自底层群体的真实呼声,及时了解他们在收入、就业、医疗、住房等方面的实际困难,并给予力所能及的解决和心理疏导,那么上述多起极端事件都可以避免发生。

二、当代中国弱势群体利益表达问题的破解路径

弱势群体利益表达问题的存在,直接影响到社会和谐与稳定,也事关社会主义政治文明建设的成败。因此,我们要从这一高度出发加以审视,从实践层面探寻破解问题的路径。

(一)平等化的利益表达权利

实现弱势利益表达权利的真正平等,需要实现法定权利和事实权利的有

机统一。法定权利是宪法和法律规定的、公民应该享有的权利，而事实权利是法定权利在社会生活中的具体化、现实化。《中华人民共和国宪法》第三十五、第四十一条的规定，确认了公民在利益表达过程中的法定地位，即利益表达是公民的法定权利，但由于多方面原因，这项法定权利还未能全部转化为事实权利。

平等化的利益表达权利，有两个重要标志。一是利益的代言人是否有机会代表；二是利益代言人是否享有同票同权。以中国特色社会主义根本政治制度的人民代表大会的选举制度为例分析，从近三届全国人大代表构成情况来看，一方面，代表的构成越来越具有广泛性：在十届全国人大代表的构成中，工人、农民551名，仅占代表总数的18.46%，而干部968名，占代表总数的32.44%。这种状况到了十一届全国人大，结构得到了一定的优化，表现在：一线工人代表比上届增加了1倍以上，基层农民代表比上届增加了70%以上，而省级政府部门领导干部代表比上届减少1/3，朱雪芹、胡小燕和康厚明三位农民工代表首次亮相十一届全国人大，这个比例虽然还无法与其代表的群体成正比，但已是一个巨大的进步。另一方面，十一届人大第三次会议通过了《中华人民共和国选举法》修正案，规定城乡按相同比例选举人大代表，这项修正案终结了自1953年以来农村与城市每一代表所代表的人口比例为4∶1的规定，标志着我国真正进入了同票同权时代。在首次实行城乡按相同人口比例选举产生的十二届全国人大2987名代表构成中，55个少数民族共有代表409名，占代表总数的13.69%。工人和农民代表，专业技术人员代表和妇女代表依次为401名、610名、699名，分别比上届提高了5.18、1.2.2.07个百分点，其中一线农民工代表数量增幅较大，而党政领导干部代表继续减少，比上一届降低了6.93个百分点[4]。代表结构的优化，有利于更多地倾听到社会底层群体的利益表达。

当然我们也清醒地意识到，虽然人大代表代言的机会有了，城乡已实现“同票同权”，但下一步关键之处还要看代表代言的保障机制建设和如何代言问题。从前一个问题来看，我国的群体代言机制比较而言是高效运转的。我国一府两院均由国家权力机关的人民代表大会产生，对其负责并受其监督。这种分工既可避免相互扯皮，又避免了权力过于集中，这也是到目前为止比较科学的制度安排。西方民主制度的弊端之一就是协调内部矛盾、提高政府效率的低效，因为几乎每一项决策都要经过议会程序。表面上看，这种冗长的博弈似乎更为科学，但事实上，最终决策都是不同利益集团反复讨价还价的结果，其结果并不是整体最优，负面作用往往成为主导。从后一个问题来看，归根到底主要取决于代表自身的综合素养，这也是我国人大代表制度今后需要改进和加强培训的地方。

（二）多样化的利益表达渠道

弱势群体利益表达渠道不仅形式上要多样化，而且要更加注重发挥各自优势，在相互协同中形成整体合力。

1. 完善人大代表表达的主渠道作用

我国人民代表大会制度由于历史和现实方面的原因，其作用没有得到最大限度的发挥。完善的重点可以从三个方面进行：其一，改变长期以来将当人大代表作为一种荣誉，把对代表的选举变成评选先进人物的这一弱化代表功能的做法。本质上，选举人大代表的主要标准应看候选人是否愿意以及是否有能力来代表选民的利益。其二，按照城乡同票原则，认真选好各级代表特别是选好工农代表，要使选出来的代表"质量高"，能真正倾听弱势群体的利益表达。其三，建立和完善代表与选民的联系沟通制度。改变人大代表与群众"不认识、不了解、不接触"的现象，人大代表要经常到各群体中开展调研、征求意见、倾听呼声、接受咨询，下情上传，上情下达。这种联系沟通的程序、保障和监督在《选举法》中要做出具体而明确的规定。

2. 充分发挥好执政党表达的独特优势

中国共产党在长期的革命和建设实践中，形成了密切联系群众的优良传统，而且掌握着几乎全部的政治经济社会资源，只要积极加以开发利用，就会形成有效的弱势群体利益表达渠道。可以从三个方面着手：其一，细化《中国共产党章程》中有关党员的权利和义务的规定。例如，第三条（七）即"密切联系群众，向群众宣传党的主张，遇事同群众商量，及时向党反映群众的意见和要求，维护群众的正当利益"，以及第四条（三）即"对党的工作提出建议和倡议"。这两条规定分别涉及执政党维护群众正当利益和党员的表达权问题，但上述规定比较抽象，如何落实需要制定具有可操作性的实施细则，否则就会停留在文本上。其二，完善《中国共产党巡视条例》（以下简称《巡视条例》）。除了巡视"本身的意义"即肩负着"加强党内监督，维护党的纪律，保证党的路线方针政策和中央重大决策部署的贯彻执行"的目的以外，我认为，还可以把巡视工作坚持走群众路线和听取群众"真话"的过程，拓展为倾听弱势群体利益、表达的党内制度安排。其三，完善党代表任期制的制度设计。十七大把党代表任期制写入新党章，这意味着党代表将具有更多"实大于名"的诸如选举权、决策权、监督权、审议权、建议权等。也就是说，党代表具备了像人大代表那样的职能，其中之一就是下情上传。即倾听各个群体（包括弱势群体）的利益表达，因此，完善选举方式，明确具体职责、权利以及履职形式，建立履职和奖惩等有关党代表任期制的制度设计，这些设计的实施细则，要一并跟上。

3. 丰富中国特色协商民主表达的形式与内容

协商民主和选举民主形成了我国利益代表机制上的互补，而西方民主把选举作为民主的唯一形式，西方政党政治日益沦落为利益输送工具和有钱人的选举游戏。民主社会需要尊重不同群体的意见，法治社会需要包容不同群体的声音，政协委员作为界别或党派的代表，各民主党派汇集了各个界别的专家学者，能够及时反映不同群体的利益表达，再通过协商渠道充分地包容，并由此进入国家决策的统筹考虑中。为此，需要加强以下三点：其一，促进协商主体的平等。在坚持中国共产党执政地位的前提下，鼓励各民主党派和党外人士主动代表弱势群体利益而进行博弈性协商，只有这种博弈性协商代替政策咨询性协商民主成为主旋律后，中国特色协商民主才能进入更高的发展阶段。其二，强化人民政协政治协商的内容。人民政协的政治协商方式不能只限于目前的提出意见、建议，还可以进行审议、质询、辩论等。其三，坚持和完善民主恳谈会制度。民主恳谈会是基层群众和弱势群体有序参与、协商研究、双向互动的新型社会治理模式。因此，建议出台《民主恳谈会条例》，对议题的公布、会议召开、参与主体、结果表决及其实施情况建章立制，使其各个环节尽可能处于公开、公平和公正状态[5]。

4. 引领好网络表达这个新兴渠道

从舆论生态看，以网络、微博、微信等为代表的新兴媒体具有平等交流、互动传播的优势，特别是网络和数字技术裂变式发展，网络已成为当今民意表达最汹涌的场所。广大网民和草根群体通过发表评论、在公共论坛发布观点、发起网上签名等方式，在网上迅速形成集体舆论，引起各级政府部门的高度重视，从而直接或间接促进了很多问题的解决。因此，重点要做好两点：其一，制定和完善相关的法律法规，为及时监管网络民意的负面效应提供规范。迄今为止，我国互联网的法治建设取得了进展，但还远不能适应弱势群体在网络上表达利益的需要。近年来，通过网络推手、短信群发，以“意见领袖”“民意代表”等形式歪曲真相、混淆视听，最终造成民众聚集、群体上访和矛盾激化的情形，大都发生于规范群体利益表达机制缺乏的背景下，因此需要加强监管。其二，政府要建立和完善网络表达作为常态的运行机制。一方面，建立政府和网民的对话协商制度，政府有关部门可以在新兴媒体上设置与弱势群体利益表达密切相关的话题，将有关事项公布于网络，引导公众有效参与网络表达，鼓励网民参与讨论，征求意见、寻求最大公约数，而后将意见汇总，作为决策的参考。另一方面，建立与弱势群体利益表达相关的公共信息的及时和权威发布制度。发挥好政府微博、微信等传播平台，及时回复网民的意见和建议，答惑释疑，以正视听。

此外，大力发展行业协会等中介组织、创建专家学者的研究平台（如高校、党校和社科院系统的智库建设）、扶持发展非官方的社会政策研究和咨询机构，这也是在上述渠道之外拓展弱势群体利益表达的有益补充。

（三）法治化的利益表达安排

法治是社会主义社会珍视的核心价值之一。以法治的方式安排弱势群体利益表达，使利益表达和权利的行使始终运行在制度轨道上，这不仅是对法治最好的维护，而且也是对民主的有力捍卫。实现群体利益表达的法治化，就是要在尊重宪法的前提下，用法律规范利益表达，全体公民普遍认同利益表达为公民的一项基本权利，并且能自觉地在法律规定的范围内进行表达，以期最终实现群体依法进行利益表达和国家机构依法回应的良性局面。法治化的群体利益表达安排需要从以下两个方面着手：

1. 加强弱势群体的利益表达

主要是从法律和法规上落实弱势群体利益表达的可操作性和有效性。当前比较可行的是完善《信访条例》：其一，完善信访事项"属地管理"原则的配套实施细则，包括联席会议制度、排查调处机制、信访督查工作制度和信访工作责任制等，改革干部绩效考核体系中的"上访率"为"解决率"。其二，适当压缩信访事项终结时间。建议一般信访事项自受理之日起60日内改为30日内办结，情况特别复杂的，由90日内改为60日内办结，这不仅可以缓解利益表达者等待的艰辛，提高政府办事效率，还可以树立"服务"型政府形象。其三，建议取消《信访条例》第10条要求建立行政机关负责人接待日制度，取消的目的是更好地维护社会主义法治原则。其四，从治本的意义来说，可以考虑取消《信访条例》，整合社会救助、政治权利、民事权利等方面的法律法规，代之以体现国家意志的《中华人民共和国公民权利救济法》。当然这里的公民权利救济的内涵和外延需要明确界定，而不管如何界定，弱势群体利益表达权必须涵盖在内。此外，对于在实践中好的做法，比如网上在线交流、电子政务、博客论坛、民意调查、听证会等新兴民意表达方式，一旦条件成熟时，要及时纳入法律框架内，上升为国家意志。

2. 规范强势群体利益表达

主要是对其利益表达的手段和方式予以规范，遏制强势群体对弱势群体的非法的、不公正的侵权行为，警惕某些强势群体逐渐形成既得利益集团，加剧社会矛盾，阻碍社会和谐。其一，严格监督国家公共管理人员的利益表达行为。改变强势群体既是"运动员"又是"裁判员"的现象，对于涉及该群体重大利益问题，应改由同级人民代表大会或其常务委员会研究决定。对违反规定、动用公共权力和组织资源进行利益表达的行为,在《中华人民共和国公务员法》《中国共产党党内纪律处分条例》《中华人民共和国公司法》等法规中都要有相应的督察、责任追究和惩处规定。其二,明确设立规范的利益表达渠道,让利益表达有法可依,有章可循。在以往的研究中,我们大多偏好于强调利益表达对于弱势群体的重要性,这没错但还不全面,因为建立法治化的利益表达安排,对强势群体来说也是极其重要的。实事求是地说,在全社会缺乏规范化的利益表达方式的大环境下,强势群体在为自己争取利益时,其所付出的代价也是相当大的,有些甚至是付出了牢狱之灾的代价。试想,倘若有明确而规范的方式,谁都不会冒风险去做事。可见,建立和完善法治化的利益表达安排,不仅可以有效防止法律条文与实际操作的“两张皮”现象,而且无论是对于强势群体还是弱势群体利益表达都是极为迫切和需要的。

总之,尽管当代中国弱势群体利益表达仍然存在不足,但我们坚信,随着改革的全面深化,畅通群体利益表达渠道,在法治框架内规范群体利益表达,必将促进民主的枝繁叶茂。完善群体利益表达安排,体现了中国共产党对发展社会主义政治文明的坚定信心和行动自觉,这对于推进国家治理能力的现代化,促进社会主义和谐社会构建都有着深远的意义。

参考文献:

[1] [美]罗伯特·达尔. 论民主[M]. 李柏光等译. 北京:商务印书馆,1999:60.

[2] 郭建宁. 利益协调与社会和谐[M]. 天津:天津人民出版社,2008:249.

[3] [美]加布里埃尔·阿尔蒙德,小G·宾厄姆·鲍威尔. 比较政治学:体系、过程和政策[M]. 曹沛林等译. 上海:上海译文出版社,1987:230.

[4] 殷泓,王逸吟. 十二届全国人大代表构成分析[N]. 光明日报,2013-02-28.

[5] 陶富源,王平. 中国特色协商民主论[M]. 合肥:安徽师范大学出版社,2011:273-274.

关于社区管理体制改革及创新的思考

——以安徽省铜陵市为例

张家智

摘　要:安徽省铜陵市通过开展区直管社区综合体制改革,以构建区域化社区党建新格局、增强社区居民自治能力、提升社区公共服务水平为目标,以减少层级、提高效能、方便群众、降低成本为重点,努力夯实基层组织、壮大基层力量、整合基层资源、强化基础工作,逐步构建"职责明确、服务优质、办事高效"的新型社区管理和服务体制,取得了初步的成效。铜陵社区管理体制改革的实践经验,为全国各地提供了一个可资借鉴的模式。

关键词:安徽省铜陵市;社区管理体制;改革;创新

一、加强和创新社会管理的必要性

自改革开放三十多年来,中国经济社会的发展取得了举世瞩目的成就。而与此形成鲜明对照的却是社会管理机制创新的相对滞后:一方面是社会变革日新月异,阶层日趋分化;流动明显加速,利益多元博弈;另一方面则是社会转型犹未完成,社会活力蓬勃迸发;社会问题不断涌现,新老矛盾叠加交织,社会矛盾易发多发。"一条腿长、一条腿短"的客观现实,严重制约着中国社会的良性健康发展。当前,我国工业化、城镇化、信息化、国际化齐头并进,热点领域矛盾交织,更加考验政府社会管理的水平和能力,热切呼唤社会管理的改革与创新。而作为始终处于基层的社会管理,由于直面最广大的社会群众,自然而必然地成为社会管理体系中的重中之重。可以毫不夸张地说,

作者简介:张家智:男,法学博士,滁州学院思政部副教授,研究方向:公共管理。

处于目前特定发展阶段的中国社会建设和社会管理，其任务之重，挑战之大，难度之高，举世罕见，史无前例。近些年来，全国各地屡次出现比较严重的社会冲突，一些比较简单的个体事件，本可以化解于无形，却最终酿成群体性事件，这与基层管理机制不完善不无关系，党中央、国务院对此一直有着清醒的认识。

早在浙江工作的时候，习近平同志就明确指出："构建和谐社会，重心在基层。基层就是社会的细胞，是构建和谐社会的基础。要建立健全基层舆情汇集分析机制，完善矛盾纠纷排查调处制度，综合运用法律、政策、经济、行政等手段和教育、协商、疏导等办法，逐步筑起基层这个维护社会稳定的第一道防线，使之更坚实、更稳固。这样，社会和谐也就有了牢固的基础，也就能够通过强化对基层的服务和管理，来更好地协调利益关系，理顺思想情绪，疏导社会矛盾，把各种不稳定因素化解在基层，解决在萌芽状态。"[1] 2011 年 2 月 23 日，习近平同志在省部级主要领导干部社会管理及其创新专题研讨班结业式上再次强调指出："在不同历史时期和不同发展阶段，群众工作会有不同的具体特点。随着改革开放的深入和社会主义市场经济的发展，群众工作对象更加多样化，群众工作内容更加丰富，群众工作环境越来越复杂，群众工作组织网络需要进一步健全。这就要求我们把做好新形势下群众工作摆在更加突出的位置，不断增强群众工作的针对性和有效性。"[2] 2014 年 3 月习近平总书记在十二届全国人大二次会议上参加审议时再次着重要求："加强和创新社会治理，关键在体制创新，核心是人，只有人与人和谐相处，社会才会安定有序。社会治理的重心必须落到城乡社区，社区服务和管理能力强了，社会治理的基础就实了。要深入调研治理体制问题，深化拓展网格化管理，尽可能把资源、服务、管理放到基层，使基层有职有权有物，更好为群众提供精准有效的服务和管理。"[3]

综上所述，对于加强和创新社会治理，习近平同志多次明确地做出清醒和科学的论断。他始终强调要遵循社会发展规律，主动正视矛盾，妥善处理人民内部矛盾和其他社会矛盾，最大限度地增加和谐因素，最大限度地减少不和谐因素。要加强和创新社会管理，建设中国特色社会主义社会管理体系，全面提高社会管理科学化水平，确保人民安居乐业、社会和谐稳定。由此可见，社会管理及其创新是当前新形势下构建社会主义和谐社会的必然要求，是维护最广大人民根本利益的必然要求，也是提高党的执政能力和巩固党的执政地位的必然要求。

二、铜陵社区综合管理体制改革的实践与经验

为了加强和创新社会管理，加快经济社会发展，维护社会和谐稳定，安徽省铜陵市在全国率先开展了社区综合管理体制改革：自2010年7月以来，该市已先后撤销铜官山区和狮子山区的10个街道办事处，并把原来的61个社区整合为23个社区，工作模式也由原来的“市-区-街道-社区”四级管理转变为“市-区-社区”三级服务。新社区的构筑以社区党工委为核心，社区居委会、社区公共服务中心和社会组织三个体系为支撑的整体架构。原街道经济管理、城管执法、司法行政等职能被收归区直相关部门，实现分片归口服务；原街道办事处相关的公共管理、服务、部分审核审批职能则被下放到社区；区直机关、原街道人员下沉到社区；原街道管理成本变成社区服务管理经费，原街道工作用房调整改建为居民服务和活动场所。该市通过开展区直管社区综合体制改革，以构建区域化社区党建新格局、增强社区居民自治能力、提升社区公共服务水平为目标，以减少层级、提高效能、方便群众、降低成本为重点，努力夯实基层组织、壮大基层力量、整合基层资源、强化基础工作，逐步构建“职责明确、服务优质、办事高效”的新型社区管理和服务体制，并取得了初步成效。笔者通过调研发现，该市社区管理体制改革及创新的做法主要有以下几个方面：

（一）试点“区直管社区”，实施“三化式”管理

通过合理界定区直部门和社区职能，实行扁平化、信息化、数字化等“三化式”管理。撤销原狮子山街道办事处、凤凰山街道办事处、新庙街道办事处和翠湖街道办事处等四个街道，将原街道党工委相关职能调整至新社区党工委，并赋予新社区对辖区单位评先评优、干部考核提拔等工作拥有审查、评价和建议权；对辖区单位在文明创建、计划生育、综合治理、安全生产等方面工作拥有“一票否决”建议权等。将相关公共管理和服务职能调整到社区服务中心。城管执法主体职能收归区城市管理行政执法局统一管理。区司法局所属司法所予以保留，实行垂直管理，分片管理，工作服务地点设在社区。设立狮子山区社区建设领导小组办公室，作为常设机构，与区民政局合署办公，负责社区建设发展、指导考核等工作。区直相关部门建立与新社区对接机制，制定相关工作制度，对新社区负责开展培训和业务指导，并承担相关工作的汇总、审核职能。

（二）主动去行政化，强化居民自治

传统的行政管理是金字塔式的直线制层级管理模式，街道和社区在行政

管理和公共服务中职能错位、功能雷同、职权不配套,既增加了社区的管理成本,又降低了办事效率。另一方面,居民自治职能缺位。在原有的城市管理体制下,社区居委会集行政管理、社会管理、自治管理"三位一体",居委会承担了大量行政事务,工作行政化倾向严重,干部们始终都注重一个主题——管理;再加之社区工作任务繁重,且费时费力,因此很难主动地去为居民着想,只能坐等居民上门办事,被动地提供服务,并且效果也不尽如人意,导致群众的满意度不高,有的甚至还有怨言。这样一来,居民参与社区事务的积极性、主动性也因此大打折扣。自开展社区管理体制改革以来,一是社区实行了网格化管理模式,工作人员积极沉入网格,主动为居民提供优质服务。过去是社区管理,现在是社区服务和管理。服务是对居民的服务,管理是对社区内部工作人员的管理;同时,社区实行了人、财、物的集中和统一的管理,为社区建设起到了很好的保障作用。二是社区自治功能增强,民主化管理进一步强化。社区管理体制改革后,原有的行政服务管理职能和居民自治职能相对分开,有效地克服了社区行政化倾向,社区居委会职能得以回归:一方面社区居委会可以通过直选完成换届,另一方面居民能够充分行使手中的权利选出社区的"当家人"。社区还普遍建立了社区议事会和听证会,通过社区论坛、居民对话、民情恳谈会等载体,就小区改造、居民活动用房等重大事项进行商议和听证,社区重大事项由居民说了算,注重引导居民为社区建设发展建言献策,行使知情权、评议权、监督权,同时,社区还规范了居委会工作评议、居务公开等制度,为居民自治提供了组织保障。

(三)构建党建新格局,优化社区服务模式

为夯实党在城市工作的组织基础和群众基础,铜陵市结合实际,按照条块结合、优势互补原则整合辖区党建资源,大力开展"四联四促"活动,即实施组织联动,着力增强社区区域化党建工作整体合力;实施党员联管,着力搭建科学有效的党员管理平台;实施服务联抓,着力提升服务于居民群众的效率和水平;实施和谐联创,着力推进文明、和谐、幸福新型社区建设。一是该市结合区直管社区综合体制改革,成立了社区党工委,直接隶属于区委管理,建立了以社区党工委为核心,社区居委会、社区公共服务中心、各类社会组织为支撑的整体架构。坚持"便于参加活动、便于发挥作用、便于加强管理"的原则,调整设置社区党工委所属支部及小组,结合社区网格化管理,实行"网格建支部""楼栋建小组"新的组织设置模式,形成了横到边、纵到底、社区全覆盖的党建网格化管理体系;与此同时,根据党员的实际情况和需求,每个社区都建立功能型党支部(党小组)。目前,全市共有 428 个网格支部,2752 个楼栋小组,108 个功能型党支部(党小组)。该市还积极整合辖区内党建资源,与

83家单位签订了共驻共建、共建共享协议,实现了"区域联动、共驻共建、资源共享"社区党建新格局;全面实施非公企业党组织社区属地化管理,数十家规模以下非公企业党组织成建制划归社区党工委管理,丰富了社区党建的内涵。在区直管社区综合体制改革中,该市还通过在区直机关选派一批、原街道选调一批、在社区选聘一批等择优选拔的形式,把优秀干部和人才选送到社区领导岗位,社区党工委班子的整体素质和战斗力得到了提升。二是该市按照"属地管理、条块结合"的原则,建立社区管理新模式,形成了大服务的工作格局。一方面充分吸收社区内的老党员、老干部、志愿者等力量参加,组建管理和服务团队,为居民提供全方位服务;另一方面在社区服务中心设立"一站式"服务大厅,中心可设立综合事务、民政事务、人口计生、综治维稳信访、文明创建和社会保障等岗位。实行网格化管理,按照200~300户的规模划定责任区,设网格管理员1名,在责任区内进行日常巡查和综合信息采集工作,实行网格化管理和居民工作代理服务等制度。实行错时上下班、全日值班、节假日轮休等工作制度,方便群众办事,满足群众需求。

(四)完善财务制度,强化资产管理

按照"统一核算、集中管理"和"财随事走、费随事转"的原则,各社区设立独立账户,工作经费实行预算制,由区财政直接核拨,财务管理实行报账制,逐步建立完善社区经费的预决算制度和财务审计制度。将社区财务核算职能集中到区核算中心,实行统一账户、分户核算,各社区不再设财务人员,设置一名兼职报账员。社区房屋等固定资产归口区社区建设领导小组办公室管理,整合多余的社区办公用房作为居民活动用房,用于服务居民,资产收益全部用于社区建设和社区工作。区国有资产管理委员会对原街道的债权债务负责,对社区资产进行监督管理。

(五)健全考核体系,提升服务效能

建立社区工作目标责任制管理考核制度,对各社区党工委、社区服务中心年度目标任务进行考核。建立健全干部激励机制,把目标管理综合考核作为社区班子和社区工作者政绩的重要内容,并作为调整、使用、推荐和提拔干部的重要依据。建立社区网格工作人员考核制度,采取职能岗位考核和网格岗位考核相结合、日常考核和年度考核相结合,客观评价网格工作人员和工作实绩,提升服务效能[4]。

三、关于社会管理改革的深层思考

铜陵市严格遵照"党委领导、政府负责、社会协同、公众参与"的要求,把加强党的建设工作与推进社会管理创新试点工作相结合，通过积极探索社会管理新模式，使得公共资源配置进一步向社区集聚，居民的服务需求进一步得到满足，社区工作队伍素质进一步优化，社区居民自治功能进一步强化，党在基层的执政基础进一步巩固，社区综合管理体制改革取得了较好的成效。从目前情况来看，基层社会管理的“铜陵模式”得到了上级政府的积极肯定和社会多方面的支持，有专家学者甚至推崇此项改革为基层“政改”。

“铜陵模式”概括起来主要就是“一个减少、两个实行、三个完善、四个强化”：减少行政层级，撤销街道办事处，实现区对社区直接服务；实行社区扁平化、网格化管理，切实增强社区管理活力和生机；完善社区公共服务体系、社区市场化服务体系和社区义务服务体系，不断满足居民生活质量提高和多样化需求；强化社区党组织核心功能、自治功能、社会管理功能和居委会监督功能，实现社区管理服务的良性运行[5]。

客观地说，“铜陵模式”只是社会管理改革实践中的一个探索成果。而要创新社会管理，必然就要涉及多个方面：包括维权机制、特殊人群管理、公共安全管理，以及虚拟空间管理等等，其中自然也包含了基层社会管理的改革与创新。基层社会管理究竟如何创新，可供选择的路径或各有不同，但“铜陵模式”下的扁平化管理，自当别具一格。

通过审视“铜陵模式”，我们还可以比较深刻地观察到社会管理创新的一些基本特征：社会管理不能简单地等于社会控制，以服务来替代控制，应成为未来社会管理的主流理念；社会管理的改革与创新应以解决群众的合理诉求为出发点和切入点，并且社会管理不仅仅是政府之职，社会组织乃至个体公民都可成为管理的主体。

当前我国既处于发展的重要战略机遇期，又处于社会矛盾凸显期，社会管理领域存在的问题还不少。从总体上看，我国社会管理领域存在的问题，是我国经济社会发展水平和阶段性特征的集中反映。社会管理，说到底是对人的管理和服务。为此，我们要主动适应经济社会发展的新形势、新要求，切实转变社会管理理念：首先要树立以人为本、服务为先的理念，科学地寓管理于服务之中，努力实现管理与服务的有机统一，让群众感受到权益受到保障、心情更加舒畅。其次是树立多方参与、共同治理的理念，在坚持党委领导、政府主导作用的前提下，注重发挥好社会力量在社会管理中的协同、自治、自律、他律、互律作用，充分调动人民群众的积极性、主动性与创造性，形成社会管理合力。再者是要树立关口前移、源头治理的理念，应该及时发现矛盾问题，并且注重从源头加以解决，从而不断地增强社会管理的前瞻性、主动性、有效性。与此同时，我们还应树立统筹兼顾、协商协调的理念，一方面要正确反映和协调各种利益诉求；另一方面兼顾各方面群众的关切，尽可能地通过平等沟通、协商协调、教育引导等办法来进行社会管理。最后是树立依法管理、综合施策的理念，通过加强法制宣传教育，以利形成依法办事、守法光荣的社会风尚，我们要坚持依法行政、公正司法，来引导群众理性合法地表达利益诉求，同时善于综合地运用经济、行政、道德、科技等手段来进行社会管理[6]。

“铜陵模式”是城市基层社会管理创新的一次有益尝试，给各地提供了一个可资借鉴的模式。它是否具备推广的价值，首先要取决于其社区综合管理体制改革的完善程度，其次还要取决于对其所取得成效的进一步评估结果。加之全国各地城市的级别、规模各异，经济社会发展的情况不同，因此，我国基层社会管理的改革与创新只能是因地而制宜，因势而利导，绝不能追求“千城一面”，甚至是“下变而上不变”。我们所追求的社会管理改革与创新，只能是为了进一步加强社会建设，更好地服务于人民群众，不断满足人民日益增长的物质和文化需求，以利于促进经济与社会更加协调、健康、可持续的发展。

参考文献：

[1] 摘自2006年12月1日浙江日报之江新语：《打牢基层维护社会稳定的第一线平台》.

[2] 摘自2011年2月23日习近平在省部级主要领导干部社会管理及其创新专题研讨班上的讲话.

[3] 摘自2014年3月6日习近平在十二届全国人大二次会议上参加审议时的讲话.

[4] 王世平、毕茂东. 创新城市基层社会管理的成功尝试. 铜陵市铜官山区实行社区综合体制改革的调研报告[J]. 中国民政,2011,(06):33-35.

[5] 安徽式创新 基层社会管理的铜陵式探索[EB/OL](2011-09-06)[2014-9-16]. http://info.yidaba.com/201109/061100561007100100000366725_2.shtml.

[6] 陈诚. 论加强和创新社会管理的有效路径[J]. 领导科学,2011,(23):30-32.

论中国多党合作制制度安排和制度变迁

黄　伟

摘　要:中国的多党合作制是在近代社会基本制度变迁过程中产生的符合国情的新型政党制度。当下,中国的多党合作制与国家根本制度相匹配,与执政党相联系,与国家政权相对应,与基本经济制度相关联,与社会结构相结合,具有中国特色。改革开放以来,经济体制改革与多党合作制建设都经历了制度重建、制度深化和制度完善三个阶段,三个阶段均表现出制度变迁的相关性和互补性,这对于促进社会生产力的持续发展和中国特色社会主义的全面进步起到了积极作用。

关键词:多党合作制;制度安排;制度变迁

当今世界,大多数国家实行两党制或多党制,中国为何标新立异,实行中国共产党领导下的多党合作与政治协商制度(简称多党合作制)?回答这样的问题,就不能不研究中国的国情问题。脱离中国的国情亦即政治经济状况、民族文化传统和特定的社会历史条件谈政党制度,是难以获得正确答案的。中国的多党合作制与社会制度变迁存在着密切联系,只有把问题放到近代中国社会制度变迁的过程中去考察,放到"生产力与生产关系"和"经济基础与上层建筑"框架中去分析,才能准确地认识多党合作制与社会制度变迁的一般规律。马克思主义认为,生产力和生产关系的矛盾运动,构成社会发展的主要力量,生产力的发展是社会制度变革的最终决定性物质力量。由于马克思研究的是阶级社会的制度变迁,因此,马克思制度理论不仅注重研究生产力对制度变迁的决定性作用,还注重分析阶级社会与制度变迁有关的个人、阶级和集团在其中所起的作用。马克思把生产资料所有制作为社会经济制

基金项目:国家社科基金项目"解决人民内部矛盾的基本制度保证和具体制度建设(08BKS035)";安徽省社科规划项目:"建立基本社会制度的需求与创新"(AHSK09-10D141)阶段性成果之一。

作者简介:黄伟,男,合肥师范学院马克思主义中国化研究所教授。

度的核心,由于人们在社会经济关系中占有的生产资料不同,因而分为不同的阶级或利益集团。这些利益集团之间的矛盾是社会经济生活中的主要矛盾,矛盾运动导致整个社会制度的变革。变革制度意味着改变人们原有的利益关系,利益冲突在所难免,因此制度变革往往都是通过阶级斗争来实现的,以"激变"的方式推翻旧的社会制度,建立新的社会制度。中国近代社会制度由半殖民地半封建社会变迁到新民主主义社会、社会主义社会的事实,验证了马克思主义的制度理论。研究中国多党合作制制度安排和制度变迁,对于增强"制度自信"具有重大的理论和现实意义。

一、多党合作制是符合国情的新型政党制度

多党合作制是在近代社会基本制度变迁过程中产生的符合国情的新型政党制度。

首先,中西文化为多党合作制提供了文化资源。制度总是依据文化资源的养料得以生长,多党合作制的设计也不例外。中华文化崇尚"和而不同""求同存异""多元一体",可以归结为"和合文化",这与多党合作制主张的合作共事、民主协商精神是一致的。中华文化为这一制度提供了深厚的文化资源。借鉴人类文明成果是现代化进程中一切进步民族的必然选择,中国的政党制度诞生于近代,受欧风美雨的影响,中国的先进分子借鉴西方政党制度和宪政制度中的民主文化。西方的政党制度是资产阶级对人类文明的贡献,汲取其中的"平等""协商""参与"等合理成分,构建中国的多党合作制度是正确的选择。

其次,多党合作制是多党议会制度和一党专政制度失败之后的重新选择。中国古代"党"指集团,一般用于贬义。"君子不党""党同伐异",以及"会党"等,这里的"党"不是近代意义上的党派,更谈不上政党制度。近代中国产生了两种政党制度,一种是民国初年孙中山先生为防止袁世凯独裁设计的多党议会制,然而,多党竞争在中国缺乏社会基础①;另一种是国民党蒋介石集团的一党专政制,一党专政制违背民主政治的历史潮流。这两种政党制度都因不能促进社会生产力的发展,遭到历史的抛弃。中国多党合作制是以

① 西方竞争性政党制度是建立在资本主义经济制度和资本主义市场经济有了比较充分发展的基础之上的,是资产阶级掌握了国家政权并推动民主政治发展到一定阶段的产物。近代中国资本主义经济受到本国封建主义和外来资本主义的双重挤压,资本主义市场经济未能建立,内部缺乏民主政治,外部处于半独立状态,根本不存在多党竞争的经济基础、社会基础和阶级基础。

上两种政党制度失败之后出现的第三种政党制度，是中共与各民主党派的重新选择。

第三，多党合作制是在争取民族解放和人民民主斗争中，中共与各民主党派的自觉选择。马克思主义的政党学说和统一战线理论是多党合作制的理论依据。《共产党宣言》清楚地表明，在民主革命中，共产党要联合资产阶级革命党派一起去完成民主革命的任务。“共产党人到处都努力争取全世界民主政党之间的团结和协调”①。马克思主义认为，政党的本质属性是它的阶级性。中共分析了各民主党派具有两面性的特点，还分析了中国无产阶级“虽然是一个最有觉悟性和最有组织性的阶级，但是如果单凭自己一个阶级的力量，是不能胜利的。而要胜利，他们就必须在各种不同的情形下团结一切可能的革命的阶级和阶层，组织革命的统一战线”②。从自身力量弱小的实际出发，中共期望与各党派合作共同完成民主革命的历史任务，制定并坚持与各民主党派长期合作的方针政策，并采取统一战线政策积极影响各民主党派。抗日战争时期，毛泽东提出，在根据地“建立抗日政权之时，应该采取我党中央所决定的‘三三制’，不论政府人员中或民意机关中，共产党员只占三分之一，而使其他抗日民主的党派和无党派人士占三分之二”③。陕甘宁边区政府等根据地都建立了统一战线性质的“三三制”政权，初步实践了多党合作。1944年9月，林伯渠在国民参政会上代表中共提出建立多党合作的“民主联合政府”，立刻获得各民主党派和民主人士的赞成。由于抗战的机缘，民盟获得第三大党的地位，在政治舞台上十分活跃。1945年8月，毛泽东为中共中央起草的党内指示写道：国民党“在内外压力下，可能在谈判后，有条件地承认我党地位，我党亦有条件地承认国民党的地位，造成两党合作（加上民盟等）、和平发展的新阶段”④。共产党真心实意地为建立民主联合政府而努力，并透露出多党合作的信息。

各民主党派也有与中共合作的期望。由于各民主党派所联系和代表的民族资产阶级和小资产阶级深受帝国主义、封建主义、官僚资本主义压迫，具有爱国和革命的要求，同时还存在自身的软弱性和动摇性，还由于国民党蒋介石集团的独裁统治，各民主党派始终不能形成强大的、独立的政治力量，他们积极向无产阶级及其政党寻求支持、帮助和合作，并成为同盟者。民主革命时期，中共与民盟有三次大的成功合作：第一次是在重庆政治协商会议上

① 《马克思恩格斯选集》第1卷，人民出版社1995年第2版，第307页。

② 《毛泽东选集》第2卷，人民出版社1991年第2版，第645页。

③ 《毛泽东选集》第2卷，人民出版社1991年第2版，第760页。

④ 《毛泽东选集》第4卷，人民出版社1991年版，第1153页。

默契配合;第二次是在国民党单方面召开"国民大会"问题上一致反对;第三次是 1948 年,中共发布"五一"劳动节口号,提出召开新政协、成立民主联合政府的主张,获得各民主党派的积极响应。多党合作制是中共与各民主党派在国内重大政治问题取得共识基础上的自觉选择,这项制度安排适应了中国社会发展的制度需求。

二、多党合作制制度安排适应了中国社会发展的需要

在制度经济学中,合约形式被理解为制度安排,合约是人与人之间实现合作时就利益分配问题达成的协议,制度安排的目的在于调节人们之间的利益关系和解决矛盾。马克思主义认为,制度安排是伴随着生产力的提高和剩余产品的出现而发生的。人类社会随着生产力水平的提高,有了剩余产品,社会分工得以出现,社会共同体内部利益分化成为可能,产生了不同的利益集团、阶层和阶级以及它们之间的矛盾和冲突。为了维护本利益集团、阶层和阶级的利益,统治者需要利用占有的资源优势建立国家政权和相应的政治、法律制度。中国的政党制度也是这样。多党合作制对于中共和各民主党派都具有约束性和激励性,这项制度安排适应了中国社会发展的需要。

首先,多党合作制与国家根本制度相匹配。任何一个国家的政党制度都要受到国家政治结构包括政体和国体的制约。我国的国体采取人民民主专政制度,政权是无产阶级领导的、工农联盟为基础的、同各民主党派通力合作的、包括全体社会主义劳动者、拥护社会主义的爱国者和拥护祖国统一的爱国者在内的全体人民的政权。它需要无产阶级及其政党的正确领导,也需要各族人民、各民主党派、各人民团体和无党派人士的代表的积极配合和参与。我国的各民主党派具有社会主义性和广泛性的特征。1979 年,邓小平在政协五届二次会议上的开幕词中指出:我国各民主党派"都已经成为各自所联系的一部分社会主义劳动者和一部分拥护社会主义的爱国者的政治联盟,都是在中国共产党领导下为社会主义服务的政治力量"①。在制度层面,国体人民民主专政与政体人民代表大会制度,是国家的根本制度。在这样的制度系统下,多党合作制与人民民主专政和人民代表大会制度相辅相成,为实现人民民主起着至关重要的作用。我国的政体采取民主集中制的人民代表大会制度,一切权力属于人民,议行合一是其特点。这种政体结构是广泛的民主与

① 中共中央文献编辑委员会:《邓小平文选》人民出版社 1994 年版,第 186 页。

高度统一的结合体。与它相适应,我国必然要实行中国共产党领导的多党合作制。毛泽东在阐述政治协商的必要性时说:“人民代表大会是权力机关,有了人大并不妨碍我们成立政协进行政治协商。各党派、各民族、各团体的领导人物一起来协商新中国的大事非常重要。宪法草案就是经过协商讨论使得它更为完备的。”①周恩来则指出,与旧民主主义议会不同的是,“新民主主义议事的特点之一,就是会前经过多方协商和酝酿,使大家都对要讨论决定的东西事先有个认识和了解,然后再拿到会议上去讨论决定,达成共同的协议”②。协商民主③为不同的利益集团、阶层和阶级提供了充分表达各自利益和意见的方式。多党合作制和人民政协是实现协商民主的重要途径,人民代表大会是实现选举(票决)民主的重要途径。协商民主与票决民主两者配合很好地实现了宪法规定的“一切权力属于人民”,亦即人民当家做主的目标。协商民主是当今中国社会的一种民主形式。在这里,我们必须明确协商民主与政治协商④两个概念之间的差异,以便更加准确地认识中国的政党制度。

其次,多党合作制与执政党相联系。中共与民主党派的关系,是新型的政党合作关系,这与西方国家两党制、多党制竞争关系是根本不同的。(1)一方面,中共负有对各民主党派的领导责任,包括政治原则、政治方向和重大方针政策的领导。通常在党派合作中都必须有一个领导核心,哪个党能够提出共同的行动纲领和奋斗目标,并能够维护被领导者的利益,哪个党就有条件承担政治领导的使命。中共在与各民主党派的合作中,能够承担领导核心的责任,就在于在各种历史转折关头都能够适时提出共同的行动纲领和奋斗目标,并维护和实现被领导者的利益。另一方面,“各民主党派一直自愿地接受中共的领导,并把接受中共的领导写进了各自的党章。即使在十年动乱中,

---

① 《建国以来毛泽东文稿》第4册,中央文献出版社1990年第1版,第633页。

② 《周恩来统一战线文选》人民出版社1984年第1版,第129页。

③ 中国的协商民主,就是在我国的基本制度框架下,所有受到决策影响的行为主体,围绕着政治社会生活中的议题,通过咨询、商议、讨论的方式,达成共识的一种民主形式。参看,齐卫平,陈朋《协商民主:社会主义政治文明建设的生长点》,《贵州社会科学》2008年第5期。

④ 协商民主与政治协商存在着明显的差异,表现在四个方面。(1)协商民主是20世纪后期,在西方自由民主政治基础上兴起的一种新的民主理论范式和政治实践;政治协商则是我国革命和建设实践中形成的一项基本政治制度。(2)协商民主强调政治生活参与者的主体平等性。而在政治协商的参与者中,中国共产党与各民主党派、社会团体和各界别代表等的主体地位是有差别的,前者是执政党,后者则是协商制度中的参与者。(3)协商民主着重于参与主体平等地利用理性,通过对话、反思、偏好转换、妥协而达成共识;但由于地位的差别性,政治协商中各民主党派的作用则是辅助性的,更多发挥的是咨询和建议作用。(4)协商民主基于代议民主,强调一种广泛参与的直接民主,协商民主的制度形式具有多样性;政治协商制度则强调作为社会各阶层、党派、团体的政治代表性,其制度平台是中国人民政治协商会议。参看,陈家刚:《协商民主与政治协商》,《学习与探索》,2007年第4期。

他们仍坚信共产党的领导,没有动摇过走社会主义道路的决心。各民主党派这种认识,是难能可贵的。正是这种认识,才使共产党领导的多党合作制的确立具备了前提,也正是这种认识,才奠定了共产党领导的多党合作制发展的政治基础"①。(2)为了提高执政能力,治国安邦,中共确立了与各民主党派长期共存、互相监督、肝胆相照、荣辱与共的方针。由于中共是执政党,所谓互相监督,主要是各民主党派和无党派人士对中共的监督。为了更好地实现监督,必须避免趋同现象,各民主党派应保持各自组织的独立性。中央统战部长李维汉于1956年6月代表中央首次提出:"我国一切民主党派和人民团体在法律上处于平等地位","应当严格地尊重各民主党派和人民团体的宪法赋予的权利义务范围内的政治自由和组织独立性。"②通过监督和批评,以防止腐败,防止官僚主义,激励共产党为人民而提高执政效率,以获得高度的政治认同,产生凝聚力,巩固共产党的执政地位。这与西方政党制度各党派貌和神散、相互诋毁、政治认同缺失有着本质的区别。

第三,多党合作制与国家政权相对应。政治的核心问题在于政治权力,政党政治也不例外。新中国诞生之日,人民没有忘记各民主党派在民主革命中的光荣历史,多党合作制延续了中共与民主党派合作的历史,各民主党派在中央人民政府中都有席位。中央人民政府6位副主席,民主党派和爱国人士占3位;政务院4位副总理,民主党派和民主人士占2位;政务院32个部级单位中民主党派和民主人士任正职的负责人有13人,任副职的领导人有13人。多党合作制在国家政权组成上得到了充分体现,这个优良传统沿袭至今。政党制度的特点和优点就在于"共产党领导,多党派合作,共产党执政,多党派参政"。在实践中,逐步发展为今天的执政党与参政党的关系,这是新型的亲密友党关系。

第四,多党合作制与基本经济制度相关联。多党合作制是由我国社会主义经济基础所决定的,亦即由以公有制为主体,多种所有制经济共同发展的基本经济制度所决定的。公有制经济是社会主义经济制度的基础,是社会主义生产关系的本质体现,是消灭剥削、消除两极分化的制度性保证,它使得依靠生产资料私人占有而无偿占有他人剩余劳动的现象成为不可能。在社会主义基本经济制度下,我国各个阶级、阶层和社会集团在根本利益上是一致的,但是,还存在不同的具体利益和要求。各民主党派代表和反映它们所联系的社会阶层以及一部分人民群众的具体利益和要求。在具体利益与根本

---

① 朱汉国:《当代中国政党制度的历史考察》,《史学月刊》,1999年第5期。

② 李维汉:《回忆与研究》(下),中共党史资料出版社1986年第1版,第818页。

利益的关系上，应当以维护、发展全体人民共同的根本利益为前提。当下，我国各种不同利益主体之间的利益冲突和矛盾，依然属于人民内部矛盾。这些矛盾发生在社会主义基本制度范围内，社会主义基本经济制度本身的不断完善是解决这些矛盾的重要途径，同时也奠定了实行多党合作制的经济基础。

第五，多党合作制与社会结构相结合。社会主义的社会结构是由基本经济制度决定的。在社会主义基本经济制度中，与公有制主体密切联系的是工人阶级包括知识分子和农民阶级，工人阶级处于领导地位，民族资产阶级和上层小资产阶级已经改造成为“一部分社会主义劳动者和一部分拥护社会主义的爱国者”。与多种所有制经济相联系的是新的社会阶层。改革开放以来，我国的社会阶层结构发生了深刻变化，新的社会阶层不断涌现，社会学家提出中国现阶段十大社会阶层说①。中共十六大报告明确指出：“在社会变革中出现的民营科技企业的创业人员和技术人员、受聘于外资企业的管理技术人员、个体户、私营企业主、中介组织的从业人员、自由职业人员等社会阶层，都是中国特色社会主义事业的建设者。”有关数据显示，目前我国新兴社会阶层总人数约 1.5 亿人。这说明新兴的社会阶层不是也不可能成为我国社会的主体阶级。当前，不同利益主体之间的矛盾和各种具体利益差别，大量的还是产生于公有制内部的不同所有制形式、不同经营形式和不同生产力形式，以及与其相联系的不同社会阶层和社会集团。这种社会结构决定了只有中国共产党领导下的多党合作的社会基础，而不存在多党对立的社会基础。今天，我国就不存在对抗性阶级，也就没有产生对抗性政党的社会基础。因此，我国的社会结构只适合建立多党合作制度，而不适合建立多党竞争的政党制度。

三、经济体制改革与多党合作制制度变迁的相关性和互补性

从制度建设方面看，经济体制改革与多党合作制制度变迁存在着相关性和互补性，其间是一个制度连续变迁的过程，整个过程都必定遵循降低治理

---

① 十大社会阶层说是中国社会科学院“当代中国社会阶层研究”课题的成果。“陆学艺以职业分类为基础、以组织资源、经济资源和文化资源的占有状况为标准，将当代中国社会阶层结构的基本形态划分出了“十大阶层”：国家与社会管理阶层，占 2.1%；经理人员阶层，占 1.6%；私营企业主阶层，占 1%；专业技术人员阶层，占 4.6%；办事人员阶层，占 7.2%；个体工商户阶层，占 7.1%；商业服务人员阶层，占 11.2%；产业工人阶层，占 17.5%；农业劳动者阶层，占 42.9%；城市失业半失业人员阶层，占 4.8%。”参看《社会学家陆学艺：中国有“十大阶层”》，《深圳商报》2005 年 11 月 21 日。http://big5.ce.cn/ceph/home/pjxw/200511/21/t20051121_5275363.shtml.

成本，获得较高的治理收益的原则。1978 年以来围绕改革开放的中心任务，经济体制改革与多党合作制建设都经历了制度重建、制度深化和制度完善三个阶段，经济建设取得了举世瞩目的成绩，多党合作制度得到恢复并不断完善。

经济体制改革的起始（重建）阶段（1978—1991 年），也是多党合作制的重建阶段。1978 年 12 月，中共十一届三中全会确立了改革开放和以经济建设为中心的战略决策，经济体制改革逐步展开。配合经济建设政治改革起步，党和国家领导人开始从制度层面思考政治体制改革。多党合作制在经历了“文化大革命”的浩劫之后获得新生，进入制度恢复重建阶段。1979 年 2 月，邓小平在全国政协五届二次会议开幕词中对民主党派的性质和地位给予了公正的评价。同年 10 月，他第一次使用了“多党派合作”的概念，指出：“在中国共产党的领导下，实行多党派的合作，这是我国具体历史条件和现实条件所决定的，也是我国政治制度中的一个特点和优点。”①1982 年，中共十二大报告正式提出与各民主党派“长期共存、互相监督、肝胆相照、荣辱与共”，为多党合作制的重建确立了方针和原则。1987 年 10 月，中共十三大报告第一次使用了“共产党领导下的多党合作和政治协商制度”这一规范概念。1989 年之后，在国内“政治风波”和苏联解体、东欧剧变的形势下，中共与民主党派在充分协商的基础上，制定了《中共中央关于坚持和完善中国共产党领导的多党合作和政治协商的意见》，亦即 1989 年 14 号文件。这个文件明确提出：“中国共产党领导的多党合作和政治协商制度是我国一项基本政治制度。”这是国家关于多党合作制的第一个纲领性文件，多党合作制的制度框架开始形成。

经济体制改革的转轨（深化）阶段（1992—2001 年），也是多党合作制的深化阶段。1992 年中共十四大提出了建立社会主义市场经济体制的目标。次年，中共十四届三中全会通过《中共中央关于建立社会主义市场经济体制若干问题的决定》，这一阶段建立起社会主义市场经济体制的主体框架。在转轨阶段，制度间隙较大，人民内部矛盾突出，迫切需要政治体制改革与之相配合，社会主义民主受到高度重视，党和国家政治制度建设深入发展，多党合作制改革也同步得到深化。1992 年，中共十四大第一次把“坚持共产党领导的多党合作和政治协商制度”写进中国共产党党章。1993 年 3 月，第八届全国人大一次会议通过的《宪法》修正案增写了“中国共产党领导的多党合作和政治协商制度将长期存在和发展”，这一制度被载入宪法。1995 年 1 月，中共

① 《邓小平文选》第 2 卷，人民出版社 1994 年版，第 205 页。

中央颁发《政协全国委员会关于政治协商、民主监督、参政议政的规定》，进一步明确了人民政协是中国人民爱国统一战线的组织，是共产党领导的多党合作和政治协商的重要机构，是我国政治生活中发扬社会主义民主的重要形式。与重建阶段相比，多党合作制得到了宪法和中共《党章》的确认，明确了政治协商的组织机构是人民政协。在探索社会主义市场经济的同时，为实现社会主义人民民主，提出了多党合作制建设与党和国家制度建设一体化的思路。

市场经济完善阶段（2002 年至今），也是多党合作制的完善阶段。新世纪以来，中国的国际地位和综合国力显著增强，国内经济建设发展迅速，收入分配方面、地区发展不平衡和城乡二元结构方面的人民内部矛盾彰显出来，客观形势要求加快政治体制和经济体制改革。中共十六大适时提出党的领导、人民当家做主、依法治国“三者统一”的“政治文明”概念。党的领导是“三者统一”的根本保证；人民当家做主是“三者统一”的本质要求；依法治国是“三者统一”重要保障。中共十六届三中全会做出《关于完善社会主义市场经济体制的若干问题的决定》，为完善社会主义市场经济体制提出了明确的时间预期。与此同时，以政治文明建设为口号，党和国家制度与多党合作制也进入了完善阶段。2004 年 3 月，在第十届政协第二次会议上，“中国共产党领导的多党合作和政治协商制度是我国一项基本政治制度”被写进了《中国人民政治协商会议章程》。至此，多党合作制在宪法、党章和政协章程中都有了明确的规定，形成了一整套规范的制度和法律。2005 年 2 月，中共中央颁布了《中共中央关于进一步加强中国共产党领导的多党合作和政治协商制度的意见》。这个文件被视为多党合作制的第二个纲领性文件，第一次明确提出政治协商的重要原则是“把政治协商纳入决策程序，就重大问题在决策前和决策过程中进行协商”。明确了政治协商的两种基本形式：一个是中共与各民主党派之间的协商；另一个是中共在人民政协与各民主党派、各界代表人士之间的协商。2006 年 2 月，中共中央颁布了《中共中央关于加强人民政协工作的意见》。这是新中国成立以来第一次以中共中央的名义对人民政协颁发文件，这个文件被视为多党合作制的第三个纲领性文件。文件称：“人民通过选举、投票行使权力和人民内部各方面在重大决策之前进行充分协商，尽可能就共同性问题得到一致意见是我国社会主义民主的两种重要形式。”从而明确提出社会主义民主有选举（票决）民主和协商民主两种重要形式。

在上述制度连续变迁的过程中，制度建设表现出主动性和强制性。所谓主动性，亦即上述制度变迁都不是被动的，而是国家主动的制度安排。所谓强制性制度变迁，是指在制度经济学上对应于诱致性制度变迁而言，由政府命令和法律引入实现的制度变迁，其主体是国家和政府。由于“文化大革命”，中国政党制度发展滞后，造成了制度供给不足，还由于国家的基本功能就在于提供法律和秩序，因此，国家在制度变迁中遵循预期收益高于预期成本的原则，不断完善多党合作制，弥补了制度供给不足的问题。经济体制改革与多党合作制建设之间表现出很好的相关性和互补性，最显著的成绩亦即收益在于促进了社会生产力持续发展和社会全面进步，国家富强和人民富裕都在相当大的程度上得以实现，人民的根本利益得到保证，相应地人民内部矛盾也在很大程度上得到缓解和正确处理。

传统政治反腐举措对当代廉政建设的启示

崔兰海

摘　要:传统政治反腐主要涵盖三大举措:构建反腐体制,重视依法惩贪,培养官吏廉德。传统反腐举措是构建在专制帝制基础上的,注定了传统政治反腐避不开历史"腐败"的周期。传统政治反腐举措启示我们:要注重反腐工作的系统性,构建综合性反腐体制;要适当加大腐败成本,遏制当前腐败蔓延的势头;要注重官员的廉德教育,弘扬以俭养廉的美德,同时要营造崇廉的社会风尚,逐步铲除滋生贪腐的土壤;要对反腐的长期性、复杂性、艰巨性有清晰的认识,加强反腐的顶层设计,推动国家治理体系和治理能力的现代化。

关键词:廉政;反腐;廉德;制度构建

反腐倡廉是历代政治无法回避的课题,对腐败的打击不仅关乎一朝政治的清廉与否,也在很大程度上左右该朝国运强弱的走势。习近平要求我们要"善于从历史文化中汲取执政智慧",对中国传统政治反腐举措的总结,可启迪后人,开创未来。

一、传统政治反腐举措

本文从传统政治中反贪制度的构建、依法惩贪的实施、官吏廉德培养等三个方面论证传统政治中的反贪举措。

作者简介:崔兰海(1978—) 男,安徽医科大学人文学院教师,历史学博士,研究方向:历史文献与传统文化。

(一)反贪制度

在传统政治演进中,为保障吏治清廉而逐步构建的反腐制度,经历代沿革与传承,颇为详备,这些制度相互联动,形成了从预防、揭发到惩处贪腐的多层次反腐机制。形成于传统政治中的反腐机制对有效保障与改善传统社会吏治的廉政水平起到了关键作用。概括起来,这些制度主要有回避制度、监察制度、考绩制度、投匦制度等,下面择要论之。

出于预防腐败而设置的回避制度。康熙三年诏书规定"外任官员,见在上司中有系宗族者,皆令回避"[1]卷12,这是任职宗亲回避的规定。此外尚有任职地域回避的规定,如清代规定"现任各官,有任所与原籍乡僻小路在五百里以内者,均令呈明该督抚酌量改调回避"[1]卷5,这是任职地域回避的规定。这些回避制度的设立无疑是出于预防官吏徇私舞弊的目的。此外,为保障科举考试公平的糊名誊录制和规范帝王行为的谏诤制等,均在一程度上起到了预防腐败的功效。

出于监察百官而设置的监察制度。监察制度是为了制约权力而专设的反腐举措,它在传统政治反腐体制中据核心地位。秦中央设有御史大夫,地方则有监郡大夫,皆掌"典正法度""举核非法"之职,此后历代监察制度相互沿革,监察之责日益缜密。到了明代,除了中央设有都察院、六科给事中外,在地方,全国则设有十三道监察御史、都督、巡抚等监察之职,为了监察百官,朱元璋甚至设立了特务机构——锦衣卫,可见明代监察制度之严密。此外,由中央不定期派出按察使、巡察使、采访使、黜陟使等临时使节制度也是监察制度的重要组成部分,这些临时使节据律到地方"检察非法","弹纠长吏",对地方官吏贪腐形成有效的震慑。总之,监察制度成为反腐的最重要手段,古人说"彰善瘅恶,激浊扬清,御史之职也。政之理乱,实繇此焉"[2]。可见,监察制度在保障吏治清廉方面的重要地位。

出于褒廉惩贪而设置的考绩制度。《周礼》中有以下记载:"弊群吏之治,一曰廉善、二曰廉能、三曰廉敬、四曰廉正、五曰廉法、六曰廉辨"[3],这是先秦考评官吏的六条依据:为善、能干、敬业、公正、执法、明辨,而六者之前均冠以廉。郑玄言"既断以六事,又以廉为本",这种奖廉举措,激励与鞭策着官吏的廉洁自律。唐代对官员考绩有"居官谄诈及贪浊有状,为下下"[4]的规定,元代规定"大小职官有贪残虐民者,立罢之,终身不录。其不廉直,虽处重任,即代之。能清勤自励者,在卑位亦听荐拔"[5],奖廉惩贪的考绩制度成为传统政治反腐倡廉的重要激励制度。

此外传统政治中的谏诤制度、朝会制度、高薪保廉制度、投匦制度等,均在预防与揭发腐败、澄清吏治方面发挥过重要作用。

（二）依法惩贪

依法惩贪，是传统政治反腐的最有力手段。《左传》说“贪以败官为墨”，墨刑即为先秦惩处贪官而设的专门刑法。这一依法惩贪的廉政思路被后人继承，成为传统政治中反贪的利器，至清尚有“斧锁一日未加，则侵贪一日不止”[6]之说。在传统政治中依法惩贪最成功者当数明太祖朱元璋。

朱元璋洪武之治，不惜以重刑禁贪，丞相胡惟庸广收贿赂，家中的金帛、名马和各种奇珍异宝，没法统计。其他各罪并发，被朱元璋定以“擅权枉法”处死，株连者达15000人，后来扩大到30000人。朱元璋用重典赢得了明初吏治的清正。驸马都尉欧阳伦，以权谋私，收受贿赂，横行乡里，朱元璋得知，怒不可遏，下令赐死。并诛杀其帮凶家奴周保。朱元璋侄儿朱文正，战功显赫，官拜大都督，在镇守江西期间，骄奢淫逸，朱元璋先免其职，后又诛杀之。在依法惩贪上，朱元璋做到了法不阿亲，铁面无私。地方守令一旦贪赃枉法，腐败堕落，对百姓伤害最大，对政府的公信力损害也最大，朱元璋对地方守令贪腐采取了零容忍，通过近乎残忍的法治恐怖来肃清地方守令的贪腐，为此朱元璋不惜设置“剥皮实草”的酷刑。据《草木子》记载：“明祖严于吏治，凡守令贪酷者，许民赴京陈诉。赃至六十两以上者，枭首示众，仍剥皮实草。”何谓“剥皮实草”，即在“府、州、县、卫之左，特立一庙，以祀土地，为剥皮之场，名曰‘皮场庙’。官府公座旁，各悬一剥皮实草之袋。使之触目警心”。这一法令，其警示的意义大于惩罚的形式，惨重的贪腐成本让贪官污吏闻之丧胆。

后人对朱元璋的用刑残酷不乏微词，然洪武之治的吏治廉洁却成为传统政治中一道高不可及的风景。《明史·循吏传》说：“一时守令畏法。洁己爱民，以当上指，吏治涣然丕变矣。下逮仁、宣，抚循休息，民人安乐，吏治澄清者百余年。”朱元璋的反贪倡廉政策能收百年之长效，开创了中国历史上长达一百多年的廉政历史，其反贪成果，可谓斐然。对洪武之治，清康熙曾许以“治隆唐宋”之赞，此语甚当。我们今天固然不必效法朱元璋的重典，但适当加大腐败成本，仍不失为反腐的有力举措。

（三）官吏“廉”德

官德是古代官员在为政时应遵守的行为准则与规范，具有自律性，引导官员自觉追求高尚的情操与气节，从灵魂深处约束官员勤廉从政。《管子》说“道生德，德生正，正生事”[7]《四时》篇，按照这个逻辑，根源于道的德，促使人们公正无私品格的形成后，方可授之国政，这样个人品格的德，就外化成从政之官德。朱熹说“德者，得也，得其道于心而不失之谓也”[8]，把得于心的个人修养，外化成与人交往特别是外化成治国理政，就是“得于人”。所以《说文解字》说“德，外得于人，内得于己也”，得于心的修养道德成为治国理政的内在基石,即治国理政的前提就是要有德。这是传统政治强调官德的哲理基石。

孔子说"为政以德,譬如北辰,居其所而众星拱之"[9],可见孔子对官德甚为看重,传统政治对官德的要求主要集中在忠、仁、礼、义、廉、勤、俭等方面,其中对官员"廉"德的要求是传统政治显著的特征。先秦晏婴说"廉者,政之本也"[10],宋人说"为官者当以廉为先"[11],廉洁成为传统政治对官吏品德的第一要求。官吏之廉洁与否事关时政之盛衰,古人说"吏不廉平则治道衰"[12]。要廉洁就必然远离贪腐,古人说"凡名士大夫者,万分廉洁,止是小善,一点贪污,便为大恶"[13],可见廉与贪水火不容。如何培养官员的"廉"德呢?

传统政治认为养廉莫如俭,古人说"奢俭者,贪廉之根柢,欲教以廉,当先使俭"[14],简朴成为养廉之首要,故而古人说"为官者俭,则可以养廉……俭以成廉,侈以成贪,此乃理之必然者"[15]卷13。俭以养廉,成为传统政治中反腐的首要官德要求。《臣轨》是武则天为规范官吏行为而修纂,其中设《廉洁》章专论为官要廉,有文说"理官莫若平,临财莫若廉,廉平之德,吏之宝也",可见传统社会统治者对官吏"廉"德的高度重视。廉即不会贪,君子"不以利毁廉","廉"德成为官吏不贪的第一道防线。

二、传统政治反腐举措的现代启示

中国传统政治中的廉政举措是古代政治文明的重要组成部分,在保障古代吏治的廉明与政治清正方面起到积极的效应,对我们当前开展反腐工作也具有历史的启示意义。

(一)强调在反腐工作系统性、整体性的基础上突出制度反腐

传统政治反腐举措从制度构建、到依法惩贪,再到重视官吏的"廉"德教育,说明传统政治在反腐举措中注意到多种手段的交错运用,在反腐制度设计中,传统政治也能做到预防、惩治腐败两方面兼顾。这启示我们,当前的反腐工作要注重系统性,打组合拳,要从教育、法制、制度、道德等多种层面上来构建反腐机制,做到多管齐下,综合治理。而制度反腐具有长期性、根本性、制度性的特征,因此对反腐各项制度的构建与完善当为廉政建设的重中之重,要按照习近平同志关于"把权力关进制度的笼子里,形成不敢腐的惩戒机制、不能腐的防范机制、不易腐的保障机制"指示精神,来加快当前反腐机制、体制的建立。

同时,应该看到传统政治尽管构建了许多行之有效的反腐制度,但由于

王权的至高无上性，使其很容易突破廉政各项制度的制约而走向腐败，加上在官吏任用上的诸如捐纳制等也从根源腐蚀了传统吏治的清廉。诸如此类与专制政体相结合的特权制度，决定了传统政治避不开腐败轮回的宿命。这也警醒我们，反腐机制的建立要建立在法制思维下，坚持守法、执法、司法的公平、公开与公正，保障各项廉政制度能得到落实。

（二）注重官德教育

“为政以德”，是传统政治一大特色，这一理念从道德情操层面对从政者提出了规范与要求，“廉”德是传统政治官德的首要构成要素，这一廉政思维启示我们，要注重官员品德操守的培养，力求提升官员的廉洁自律意识，建立“不想贪”的廉政道德屏障。而传统政治“俭以养廉”的思路也警示我们，继续坚持毛泽东同志“两个务必”理论具有重要的现实意义。历史发展昭示我们“成由勤俭破由奢”[16]，这就要求我们当前要继续保持对“四风”问题的高压态势，要保持作风建设的常态化。同时，要继续深入开展党的群众路线教育，增强党员干部的宗旨意识，提高党员干部防腐拒变的自觉性。

在传统政治中，除了对官员“廉德”要求外，还有“民无廉耻，而求百姓之安难”[7]《权修》篇的“民廉”主张，这一廉政思路把约束官员为政的“廉”德推广到全社会，形成了“礼义廉耻，国之四维”[7]《牧民》的“廉维”论。“廉维”论把“廉”视为国家赖以存立的四维之一，进而在全社会推广“廉”的价值观。这一理论也启示我们，今天在全社会培养清正廉洁之风的重要性，要营造以廉为荣、以贪为耻的社会风尚，逐步铲除滋生贪腐的土壤。

（三）反腐工作的长期性、复杂性、艰巨性

传统政治中反腐举措虽在一定期限内有效保障了吏治的清明，然这些反腐举措始终未能使传统政治跳出“腐败”周期的宿命。新兴王朝在初期多能励精图治，保持吏治的廉洁，然而到了王朝的中后期，世袭王权的继承者多日益骄奢，吏治趋于腐败，终致王朝更替。《诗经》云“靡不有初，鲜克有终”，此中道理耐人寻味，这启示我们对反腐工作的长期性、复杂性、艰巨性要有清醒的认识。我们要始终对腐败保持高度的警惕，充分认识腐败与社会主义法治的水火不容。当前我们要加强对反腐工作的顶层设计，落实中央制定的《建立健全惩治和预防腐败体系 2013—2017 年工作规划》，努力推动国家治理体制与治理能力的现代化。

传统政治的反腐实践启示我们，适当加大腐败成本不失预防腐败的可行措施，当前我国反腐仍处在“以治标为主，为治本赢得时间”的阶段，所以我们要加大对腐败的惩处力度，坚持“老虎”与“苍蝇”一起打，确保对腐败分子形成震慑。我们要继续推行简政放权，尽量减少权力的“寻租”现象，从根源上保障吏治的清廉。我们要树立依法行政的理念,以公开、透明促进公平、廉洁,促进建设阳光政务、现代政务。

当前我们仍处于腐败案件的高发期,腐败呈现出窝案、串案的显著特征,这为案件的查处、侦破带了挑战,一些案件涉案金额巨大、影响恶劣,说明反腐工作任重道远。因此,我们要紧密团结在以习近平为总书记的党中央周围,坚持走中国特色的反腐道路,不断把反腐工作推向前进。

参考文献:

[1]《大清会典则例》
[2]《册府元龟·帝王部》
[3]《周礼·天官·小宰》
[4]《通典·选举三》
[5]《钦定续通典·选举三》
[6]《清朝通志》第78章。
[7]《管子》
[8]朱熹《论语集注》
[9]《论语·为政》
[10]《晏子春秋·内篇杂下》
[11](宋)陈襄《州县提纲》
[12]《汉书·宣帝纪》
[13](明)汪天锡《官箴集要·卷上》
[14](清)陈廷敬《午亭文编》
[15]《康熙正要》
[16]李商隐《咏史》

第二专场

经济改革牵引与全面小康建设

浅论我国混合所有制发展策略

陈　斌

摘　要：世界各国经济日益走向公私混合经营，私有经济与社会化经济日益交融，表现出强大的协同效应和资源配置优势，混合所有制成为发展趋势。我国混合所有制的发展具有中国特色，在所有制基础、路途、主导力量等方面与西方迥异，国有企业是实施混合所有制的主要领域。混合所有制的战略方向明确，其成败决定于战略执行，必须注重操作、分类管理、统筹兼顾、系统推动，完善治理结构，增强协同效应，提高企业的核心竞争能力，完善我国的基本经济制度。

关键词：混合所有制；趋势；依据；特色；策略

一、发展混合所有制是世界经济潮流

各主要国家在经济形态上都经历过极端模式，要么实行纯粹的市场经济，要么选择单一的计划经济，市场与计划尖锐对立，成为社会制度的分水岭，两种模式在实践中都饱受挫折，不是市场失灵，就是政府失败。经济发展从简单走向复杂，经济形式必然由单一走向复合。混合所有制就是经济内容从简单向复杂、手段从单一向联合、形式从低级向高级演化的经济形态。

各国国情不同，最终都进入公私混合经营，发展混合所有制。二战后资本主义国家的国有化进程，实质上就是发展公私混合经营，如老牌资本主义英国，二十世纪先后掀起三次国有化浪潮，工党政府接管或参与了钢铁、煤炭、电力、邮政、通信、铁路、交通、高科技等产业。资本主义国家已形成两大混合经济类型，一种是“莱茵模式”，经济中存在强大的公有经济；另一种是盎

作者简介：陈斌，男，安庆市财政局国资办。

格鲁·撒克逊模式,其支柱产业依托于具有国家订货和金融支持背景的垄断企业[1]。我国改革开放的经济政策,就是混合经济政策:农村废除人民公社,实行双层经营,实现了个体与集体混合经营;城市从发展多种经营、国企放权让利、两次大规模的国企改制到国企上市,从单纯的公有制到非公经济大量发展,直至混合所有制企业大量涌现。

许多人把混合所有制当成新生事物,完全是误解,我国20世纪50年代就出现了公私合营,十六届三中全会和十七大都提出了发展混合所有制。截至2012年年底,中央企业中,公司制企业户数占比达89.18%,其中吸收非公资本的混合所有制企业户数占公司制企业的56.72%;“十一五”期间混合所有制企业户数年均增长7%;2013年非公资本参与国有产权转让项目宗数超过80%,受让金额达66%[2]。中央企业资产总额的56%、净资产的70%、营业收入的62%已在混合所有制的上市公司中,石油、石化、民航、电信、建筑、建材等中央企业的主营业务基本进入上市公司,初步形成国有、民营和混合三足鼎立之势[3]。资本主义不仅有私有制,社会主义也不仅有公有制,这是规律的力量。

二、发展混合所有制的理论依据

制度经济学是基本的理论依据。制度经济学基本观点认为,建立一种产权制度并成为主导形式,必须符合生产力发展的客观要求。随着生产力发展,生产日益社会化,由单个资本构成的企业产权制度难以适应需要,要求企业资本产权社会化,企业资本产权社会化的实质就是企业投资主体的多元化,于是公司制企业大量涌现,适应了社会化生产的要求,有效解决了所有权分散与经营权集中的难题,成为现代企业制度的基本形式。而公司制度的产权特征就是混合所有,混合产权制度伴随公司制度的产生而产生,随着公司制的发展而发展,表现出强大的适应性[4]。

特色社会主义是重要的理论渊源。马克思主义所有制理论认为,所有制的性质决定所有制的实现形式。以公有制为主体、多种所有制共同发展是特色社会主义理论基石,多种所有制共同发展促使多种经济成分大量共存,并由此产生出横向的竞争与联合需求,要求打破资本的所有制界限,混合所有制成为公私资本的结合点,这是由我国基本经济制度决定的。之前提出的多种所有制共同发展,是从宏观角度倡导多种成分并存,现在的混合所有制是在多种成分并存的基础上,进一步促进微观主体的优化组合,追求资本的协同效应,因而发展混合所有制与多种所有制共同发展是一脉相承的,是对现行经济制度的完善和深化。公有制是社会主义的经济基础,坚持公有制就是坚持社会主义方向,在所有制实现形式的选择上,不能以私有经济为主体来体现公有制的优越性,而单纯的国营或集体又不能满足效率要求,一个较优的选择就是实行混合所有制,兼容公有和私营,协调制度性质和经济效率的矛盾,发挥公有制的优势,巩固公有制的主体地位。

三、发展混合所制的积极意义

(一)宏观上优化资源配置,实现国民共进

混合所有制经济打破所有制和地域的限制,突破了传统公有制特别是国有经济产权主体"虚置"的弊病,较好地适应了经济主体多元化、资产运营市场化的基本要求,在计划与市场之间搭建起一座桥梁,为公私资本竞争合作提供了有效途径;政府能以少量国有资本撬动大量非公资本,即能增强国有资本的控制力,又留有自由竞争的空间;拓展非公资本发展空间,有效破除垄断,取消非公资本在市场准入、资源配置方面的歧视性政策;国有企业实现有进有退,保障公共安全,弥补市场失灵,退出一般竞争,有利于公共政府建设;公私企业按市场规律兼并重组,促进资本在全社会流动,化企业外部性为内部收益,努力取得资源配置的帕累托最优状态;摆脱单一投资主体的束缚,加速劳动、技术、知识、管理等转化为资本,提升资本社会化水平,激发所有要素的活力和创造力;有效疏导利用社会资金,当前实体经济资金告急,民间资金投资无门,影子银行大行其道,通过混合所有制释放投资空间,因势利导,变害为利,调动民资的积极性,振兴实体经济,治理金融乱象;促进国有、民营资本形成有机共同体,携手共进,以平息长期以来是"国进民退",还是"国退民进"等扯不清的争论,有效破解长期困扰公有经济发展的难题。

(二)微观上实现优劣互补,完善企业治理机制

混合所有制为公私资本合作提供了制度依据。公私所有制优缺点不同,公有制资本雄厚、资源充足、管理规范、人才济济、技术先进,但包袱重、体制僵化、责任淡化,而私有制机制活、创新强、效率高,但资源缺乏、技术落后、法纪淡漠、管理随意。国有与民营不应是零和博弈,而应立足于合作博弈、取长补短,促进产业转型升级,形成具有国际竞争力的现代企业集团或产业集群,在产生规模效益、协同效益的同时,也有利于行业监管、分散风险、降低交易费用。国企引入非公资本,有利于增强国企的危机感,刺激国企活跃起来,产

生“鲶鱼效应”。混合所有制实现了单个企业投资主体的多元化,主体多元化导致利益多元化,必然要求明晰产权,建立利益制衡机制,健全法人治理结构,完善现代企业制度、规范企业行为,混合所有制的主要表现形式是公司,公司是当前世界上最有效的企业组织形式,其组织、制衡、创新、效率等诸多优势,都是混合所有制的优势[5]。

四、我国混合所有制发展具有中国特色

(一)发展途径特殊

西方国家是从市场经济走向混合,在自由竞争阶段,实行单一的私有产权和按资分配,运用市场“看不见的手”自发调节经济,自由竞争导致了垄断、外部性、贫富分化、经济波动、市场边际效应递减,为弥补市场失灵,凯恩斯主义重用公有经济和政府干预“看得见的手”来弥补私有制缺陷,从而产生了混合所有制。而中国则是从计划经济走向混合,开始选择高度集中的计划经济,导致企业缺乏效率、国民经济濒临崩溃,为了弥补计划失灵,开始减少政府有形干预,发挥市场的无形作用,允许多种所有制共同发展,混合所有制诞生。中外发展殊途同归——实行混合所有制,但混合路径完全相逆。

(二)具有公有制特征

西方混合经济是以私有制为基础,按资分配为主体,同时辅以计划干预,而我国混合所有制坚持以公有制为主体,在宏观调控下发挥市场的基础配置作用。今后我国混合所有制企业将不断增多,但公有制的主体地位不会根本改变,在经济运行机制上,计划与市场配合使用,市场的作用将逐渐增大,但计划调节的比重仍会较高。中西方混合所有制在各自不同的经济制度下运行,都存在制度路径依赖,它们之间存在的区别,表现为在不同上层建筑影响下,其经济基础的侧重点有所不同[6]。

五、发展混合所有制的策略

混合所有制是一副“处方”,能不能治病,看能否抓到“良药”,否则,不仅达不到互补共赢,还会造成极大的资源浪费。本文就混合所有制的策略,提出简要构想。

(一)多元混合是前提

混合所有制经济,是不同性质的资本要素融为一体,实行混合所有制的

基本前提是经济处于混合经营状态，即多种所有制大量发展和共存，因此我们要一如既往地鼓励多种所有制共同发展，当混合经济发展到一定程度，就会向更高层次——混合所有制发展，各种性质的经济成分不是孤立的，不能以政治形态来否定他们之间的联系，不管姓资姓社，公私资本都要求自主流动组合，在全国乃至全球配置资源，寻求更高的社会和经济效率。

（二）混出合力是关键

不是为“混”而混，目的在“合”，混合所有制的最大风险在于混而不合，混后两张皮，混合成混杂。因此，要混出合力，必须体现以下两个优化：

一是资源的优化组合。我国当前的资源配置，大部分还是在不完全市场竞争状态中进行的，还存在过多的垄断壁垒，限制了市场的基础配置作用。发展混合所有制经济，就是要通过股份制等形式，让国有经济和民营经济在更大范围、更广领域优化配置，把有限的资源配置到效益较好的环节中去，取得范围经济、规模经济和竞争优势。资源的优化组合，要能识别混合各方的战略、流程、资源中的独特价值，这些价值要能被有效整合，使其不被浪费或流失，并创造出新的竞争优势。

二是机制的优化再造。对国企而言，实行混合所有制的一个重要任务就是通过国民联姻，实现机制再造，取得杂交优势。不同投资主体的企业文化背景和资本性质差异显著，如何融合以形成合力机制是难题，是复杂的过程，首先，要认真调查研究合作各方的资源、业绩、客户、文化、历史、优势、劣势，做出可靠的评估；分析各方的愿景和使命，掌握合作的基础和各自的出发点，考虑是否有利于凝聚优秀员工、有价值客户和合作各方；要有清晰的经营战略、混合路径以及系列连续的行动，筹划哪些业务可以协作，哪些业务要独立运行，哪些业务应放弃、哪些业务应加强；哪些资源要发生转移，哪些运作流程、策略要改善或优化；防范可能的文化冲突、权力冲突以及由此引起的对公司竞争力的损害；要建立股东会、董事会、监事会等管理架构并使之有效运转，真正产生利益制衡和合作机制，来平息各方的利益诉求。

（三）协同效应是目标

协同是经营者有效利用资源的一种方式，简单地说，就是取得“1+1>2”的效应，混合所有制实施得好坏，最终要看资本协同产生综合效应的大小。以并购重组为例，最常见的协同效应有：经营协同效应，管理协同效应和财务协同效应。经营协同效应主要是指混合改善了企业经营，从而实现了规模经济、互补效应、成本降低、市场份额扩大、服务能力提升等。管理协同效应主要是指混合给企业管理活动带来的效率和效益提升，从而实现节省管理费用、提高专业管理水平、共享管理资源等。财务协同效应是指混合后在财务方面带来收益，使得企业现金流入更为充足均匀、资金配置更为高效、抗风险和融资能力更强、企业筹集费用降低。协同效应不仅表现在经济效益上，还表现为环境效益、社会效益等，不同类型的混合企业，效益侧重点不同，竞争领域的企业注重经济效益，公用公益领域侧重于社会效益，最终目标是要实现最高综合效益。

(四)分类管理是基础

市场经济发展面临二律背反的矛盾，一方面市场经济的外部性要求必要的政府直接干预，另一方面市场机制的发挥又要求尽量减少政府的直接干预。解决这组矛盾，最好的办法就是相机运用两种相反的手段——计划和市场来解决二律背反的问题，通过发挥国有经济在公共和关键领域的控制作用来实现宏观调控，在自由竞争领域发挥市场的基础配置作用来提高效率。分类管理就是发挥计划与市场的功能，使二者的冲突最少而互补最强。分类管理的基本原则已有共识：凡是在规范环境下市场能独立高效调节的问题，应由私有资本来解决；对市场失灵或市场单独调节效果不佳的领域，由政府干预。

国家国资委提出的混合所有制四种实现路径就是最基本的分类管理：

第一种是涉及国家安全的，可以采用国有独资形式。国家安全利益至上，经济效益置于其次，逐利的私人资本难以保证，外资更不能涉足，这类产业应由国有资本全额保障，不存在混合所有制的问题。

第二种是涉及经济命脉的重要行业和关键领域，可保持国有绝对控股。公益、公用、战略领域是公共政府保障的重点，若被私人资本控制，则产生垄断、鱼肉百姓，政府必须拥有绝对的话语权，可以实行国有独资，也可适量引进私有资本。当前一些地方的水、气、公交等被民资控股产生负面作用，部分地方已意识到并积极采取回购等措施，这是公共政府职能的回归。

第三种涉及支柱产业和高新技术等产业，可保持国有相对控股。这些行业成长快，能够提升核心竞争力。对这一块谁来控制，还是让市场来选择，谁能搞好谁做老大，没有必要过多地进行行政干预，否则，混合所有制的面过于狭窄。这类产业前期可由国企多出资，毕竟这类产业的风险和投资都大，待产业成熟了，向市场转让，国有资本再转向培育更有价值的领域。

第四种可由社会资本控股的领域，政府应逐步淡出。这主要是指一般的完全竞争领域，国有企业应积极释放经营空间，引进私营资本。今后各级政府也要杜绝成立类似企业，通过一段时间后，这一领域的国有企业及公私混合企业应趋向消亡，民营资本在竞争领域占据主体地位，市场充分发挥资源配置作用。当前市县以下的竞争类国企已所剩无几，改革任务主要集中在国家和省级国有企业[7]。

分类管理的核心是分类制定科学的国有权益比例，实现政府有所为、有所不为，国有资本实现有退有进、进退有据。竞争领域的国有资本量的减少不代表国有比重降低，国有资本要集中到重要行业和关键领域当中去，避免国有体制的弊端，而又使民营资本的外部性压缩在合理范围之内。

（五）顶层设计是要求

国企是国之重器，国企改革要步步为营，慎重操作，全局一盘棋，防止各自为政。要自上而下做好顶层设计，构建总体框架。习总书记说：混合所有制关键在细则，成败也在细则。这个细则就是要系统设计全国混合所有制改革的总体框架，包括原则、要求、分类、治理、程序等，要在经济整体布局的基础上，列出负面清单，明确公有资本保障的领域、退出的领域。各地应在总体框架下推进改革。当前对混合所有制依然存在着不同理解，过去"一股就灵"是迷信，现在"一混就灵"也是误区。全国细则尚未出台，不少省市对混合的理念、经验、目标、方法等还是一知半解，就已在行动，盲人骑瞎马，应紧急叫停，不能"抢"跑，防止一窝蜂、走形式。没弄清是怎么回事就大干快干，这只能是乱干，混合变成混乱。要与中央总体部署协调起来，做到忙而不乱。

（六）安全推进是保障

一是保障社会稳定。国企改革涉及多方利益调整，要坚持以人为本，考虑职工的根本利益，争取职工支持，共享改革成果。企业改制重组、产权转让、关闭破产、分离社会职能、职工安置补偿、历史遗留问题、改制税费处置等重大事项，有关责任主体要多方考证，周密安排，制定科学的预案，认真开展社会稳定风险评估工作，待风险可控后方可实施实质性改革，从源头上预防和减少职工集体上访等群体事件。要特别防止在引进民资时，出让了核心和优质资产，困难留给了职工，包袱扔给了政府，隐患埋在社会。

二是保障国有资产安全。要吸取过去教训，不能在一片改革声浪中把改革变成牟取暴利的机会。要走出改革误区，发展混合所有制不是放松国有资产管理，而是更有效地运营国有资产。民营资本逐利的愿望强烈，官员权力寻租的意愿疯狂，发展混合所有制，必须斩断伸向国资的魔爪，重点防止企业管理者暗箱操作"改制"规则渔利，防止国有资产人为"缩水"被低估侵占，防止政府部门失职、渎职及寻租行为，防止"股权赠予"范围无限扩大，防止核心资产和业务"金蝉脱壳"转移藏匿，防止借增资之名稀释国有资本等。改变仅对国有资产评审的传统改制思路，对主要的民营投资者，也要评审其规模、技术、管理、营利能力，防止民资小蛇吞大象。注重混合后多元主体之间的磨合，鼓励国企引入战略投资者，渐进合作，防止国企在改制中猝死。要建立科学公正的决策形成机制和决策程序，做到公开透明、阳光运作、职工评议、社会监督、独立评审、进场转让，涉及重大资产处置事项应报国有资产管理部门核准，重大项目还要报经本级政府批准。要明确项目的主要责任人，建立项目后评价制度和责任追究机制[8]。

（七）国企改革是重点

各种经济成分已大量存在，理论上讲都是发展混合经济的主体，但国企是共和国长子，比重大，改革开放以来，经济改革都是围绕国企进行。按照公共政府的要求，国有资本错越位较重，竞争领域内的国有资本应该退出，非公资本空间受限，因而发展混合所有制，主要是国企开放一些领域，吸收民资参与，而不是国企进军民企。国企现状也需要改革，外部存在行政干预，经营自主权难以落实，内部"所有者缺位"，代理人委托代理人，代理链条长，缺乏动力与责任，内外因素共同作用，导致政企不分、效率低下。国企处境尴尬，怎么做都是错，亏损了是效率低下，盈利了是靠垄断，落后了是贪腐，领先了是国进民退，国有和民营无形中对立，国有在部分人眼里成了贬义词。混合所有制就是寻求机制突破，治病寻根，对症下药，推进国企改造和建立现代企业制度，增强国企的活力、控制力和影响力。公有制是社会主义经济的主体，国企是维护国家命脉、抗衡国外垄断资本的主要力量，如果国有企业缺乏活力、效率长期低下，公有制经济不仅没有说服力，也难以担当起主体角色，国企实行混合所有制改革有很重要的经济意义和政治意义。国企改革要克服两种不良倾向：一种是把国企当包袱廉价出售，致使国有资产流失，混合所有制成了民企馅饼；二是把垄断的经营领域当宝贝不撒手，民资权益得不到保障，混合所有制成为民资陷阱

（八）创新突破是手段

混合所有制改革是一项复杂工程，必须创新突破。

一是思维创新。非公即私、官本位思想根深蒂固，一部分人在灵魂深处认为计划与市场截然对立、国有与民营格格不入，现在要实行国有民营大联姻，加之改革后，部分人权力少了、制约多了，会很不适应，进而产生阻力。要进行全面系统的培训、宣传，使全社会正确理解改革的意义和目标，有效激发政府、国企、民企的创造性和能动性，以创新思维迎接改革，以创新的办法解决改革中的难题。只有大部分人特别是决策层转变思维，两种所有制从对抗转向联合的观念深入人心，混合所有制改革才具备意识形态基础。

二是制度创新。通过制度建设来处理好政府与企业、市场的关系。长期以来，政府与国企混同，国企与市场对立。政府、企业、市场各有作用，企业通过竞争实现效率，市场通过自发调节配置要素资源，政府通过法制和计划保

障经济秩序和公共利益，自主的企业、有效的市场和有限的政府干预都是必需的。当前，一方面政府在职能上处于强势，需要转变职能，不该管的要能“放”下去，减少直接干预微观活动，特别是对国有控股企业的引导要通过规范的股东行为来实现，少发政府红头文件；另一方面政府在监管上处于弱势，该管的没能“管”起来，要通过制度创新，改革不适宜的法律与制度，确立市场竞争规则，规范市场主体行为，同等保护各种产权，完善宏观调控，弥补市场失灵，同等保护各类产权，建立法治政府和诚信社会。在国企改革中，要制定科学的操作规程，防范以混合之名逃避政府应有的监管，缺乏有效的制度创新来规范、约束各方的行为，混合所有的机制不管怎么设计，都会出现机制失效。

三是管理创新。管理无止境，探索无止境，发展混合所有制必须创新管理方式。例如：在资本融合方面，杭州市创新做法，即将国资以优先股的形式留存于改制企业中，这样，既可利用优先股稳定回报的特点，保证国有资产保值增值、优先受偿，降低了国有资本委托代理经营的风险，又能消除民资顾虑，满足了民资拥有企业经营的话语权，有效解决了调动民间和国有资本两个积极性的难题。再如，在混合所有制中允许员工持股，能有效激励职工的积极性，提高资本社会化水平，但员工持股的范围应限于管理层和技术骨干，严防平均主义、股权变福利，变相蚕食国有资产。股权激励要结合绩效考核，减少随意性。又如，鼓励组成混合所有制企业进行海外投资，以减少针对国企的贸易保护壁垒；立足于混合企业的未来效益，重点研发和推广协同效应的评估技术、模型、方法，增强混合所有制的科学性、减少盲目性；将国有集团改组为国有资本投资运营公司，从管资产为主转向管资本为主，从产业经营转向资本运作，以资本为纽带，在资本管理、公司治理、经理人管理、管控模式、考核分配等方面，将更加市场化，着力培育产业竞争力，改善国有资本的分布结构和质量效益等。

四是形式创新。混合所有制的具体形式应不拘一格，形式多样。可以吸收非公企业资本、自然人资本及员工持股；可以采用有限责任公司、股份有限公司、合作开发等组织形式；可以实行国企股份制改造、国企上市、国有产权交易、引进战略投资者等融资方式；可以采取公有与民营、中央与地方、系统内与系统外、国内与国际等资本跨界合作。从国企改革来看，基本的资本处理方式有三种，一是向社会转让存量国有资本，适用于市场竞争领域的国有企业；二是向社会吸收增量资本，适用于带有公益公用、科技环保、新兴产业等领域；三是向关键领域投入国有资本，适用于需加大国有控制的领域。

六、结　语

中外经济走向混合经营，是一般经济规律，是对生产关系的合理调整。中国混合经济在起点、路径、特征上异于西方，应坚定地走中国特色之路。国企是引领混合所有制经济的主要力量，国有资本要依据公共治理的需要，实现有进有退，引导全社会资源合理配置，努力取得公私合作发展的协同效应。混合所有制的成败在于操作，要在混的基础上，做好分类管理、框架构建、机制再造、有序推进、制度配套和管理创新，最终要实现国民共进，提升民族企业的核心竞争力，提高中国整体的经济实力。

参考文献：

[1] 郑酉午．混合经济是当前世界现代经济模式[EB/OL]．(2011-08-15)．WWW. AiSiXIANG. COM.

[2] 国资委，产权管理培训会议，2014 年 6 月 24 日于上海．

[3] 白天亮．国企改革亮点是混合所有制　放大国资影响，人民日报，2013-12-2.

[4] 顾钰民．混合所有制的制度经济学分析[J]．社建论坛人文社会科学版，2006，(10).

[5] 葛扬．混合所有制经济有效推动中国经济健康发展[J/OL]．中国社会科学，2014-05-28.

[6] 杨尧忠，邓万民．混合所有制是我国所有制改革的较优选择[J]．财经政法资讯，2009，(1).

[7] 白天亮．国企 4 种路径实现混合所有制[EB/OL]．(2013-12-20)．www. cpcnews. cn.

[8] 陈文科．对国企改制典型案例的剖析[J]．江汉论坛，2005，(5).

[9] 张卓元．混合所有制经济是什么样的经济[J]．求是，2014，(8).

[10] 习近平．发展混合所有制经济关键在细则[EB/OL]．(2014-03-10)．中国广播网．

[11] 毛霞，陈健．西方混合所有制经济研究的一般理论概况及实践，2006-04-08.

关于深化财政体制改革的思考

程丹润

摘 要:党的十八届三中全会将财政定位于国家治理的基础和重要支柱,财政改革牵涉面广、政策性强,牵一发而动全身,是全面深化改革的“大棋局”的关键“落子”。作为2014年全面深化改革开局之年的重头戏,6月30日《深化财税体制改革总体方案》的审议通过,为进入深水期的改革破解难题,对于全面深化改革意义重大。财政体制改革的大幕已经开启,作为实施中观管理的省级财政如何因势利导、从容应对,显得尤为重要,为此,文章对现行财政体制进行分析的基础上,对下一阶段改革方向进行研判,并提出相关的对策建议,同时给出调整完善安徽省省以下财政体制的思考。

关键词:深化;财政体制;改革

一、现状分析

(一)现行财政体制情况

1. 中央对地方财政体制管理情况

根据建立社会主义市场经济体制的要求,从1994年起,中央对地方实行分税制财政管理体制,其主要内容,一是划分中央与地方的财政支出范围;二是按税种划分收入,明确中央与地方的收入范围;三是分设中央和地方两套税务机构;四是中央对地方实行税收返还;五是原体制中央与地方的补助(上解)关系继续执行,未触动原体制的利益分配格局。

分税制改革遵循市场经济国家的一般做法,实行中央和地方按税收属性划分收入,将维护国家主权、涉及全国性资源配置、实施宏观调控所必需

作者简介:程丹润,安徽省财政科学研究所研究室。

的税种划归中央,中央收入占全国财政收入的大头,相对稳定地确定了中央和地方的收入分配关系。为解决地方自有财力与支出责任之间的不对应问题,建立了中央对地方的税收返还和转移支付制度。近年来,国家又陆续对分税制财政管理体制进行了必要的调整,2002 年实施所得税收入分享改革、2004 年实施出口退税机制改革,进一步完善了分税制财政管理体制,基本形成了符合社会主义市场经济要求的中央和地方政府间的财政关系框架。

2. 省以下财政体制情况

与中央对地方分税制财政管理体制改革相衔接,各省也陆续实行了分税制财政管理体制。近年来,各省根据本地实际情况,针对省以下体制运行中存在的突出问题,逐步完善省以下财政体制,规范地方各级政府间收入划分,适当调整了各级政府的事权,调动了市县政府发展经济和增加收入的积极性。同时,为缩小省区内财力水平的差异、实现基本公共服务均等化,各地逐步建立和完善了省对下转移支付制度。

收入划分:绝大多数省区采用按税种分税的方式,仅福建省选择总额分成的方式。对非税收入,各地均按隶属关系划分为省、市、县的固定收入。

支出责任划分:分税制改革后,各地均对省以下政府支出责任的划分做了原则性的规定。近年来,国家积极推进各项社会事业改革,出台了一系列惠及民生的重大支出政策,各地支出责任上移趋势明显,体现了对困难地区和基层的倾斜。

转移支付:全国 31 个省、自治区和直辖市都建立了省对下一般性转移支付制度,其中,均衡性转移支付、调整工资转移支付和农村税费改革转移支付是各省对下一般性转移支付的主要类型。为巩固分税制体制改革的成果,适应社会主义市场经济发展的需要,按照十七大提出的"关于完善省以下财政管理体制,增强基层政府提供公共服务能力"的要求,各级积极探索建立补助与激励相结合、目标与政策相统一的均衡财力的一系列新措施。同时,根据国家相关要求,推进专项资金整合。

(二)财政体制改革的成效

分税制改革,经过多次调整完善,初步形成了既符合我国国情,又适应社会主义市场经济体制要求的政府间财政关系框架。实施多年来,"两个比重"(财政收入占 GDP 的比重、中央财政收入占全国财政收入的比重)显著提高,中央宏观调控能力不断增强;建立了适合中国现阶段发展需要的税制体系,促进了依法治税;推动了基本公共服务均等化,促进了社会公平和正义;强化了市场配置资源的作用,促进了产业结构合理调整;强化了地方财政的预算约束,增强了地方加强收支管理的主动性和自主性;促进了区域协调发展和基本公共服务的均等化。

（三）存在的问题

1. 政府间事权和支出职责划分不清晰、不合理、不规范

主要体现在:应该中央负责的事务,交给了地方处理;属于地方管理的事项,中央承担了较多的支出责任;中央和地方职责重叠,共同管理的事项较多;中央负责的事项管理不到位等。

2. 收入划分不尽合理,收入秩序较乱

主要体现在:政府之间税种划分不尽合理(如地方分享增值税比例较高,不利于有效遏制地方追求数量型经济增长的冲动);中央财政收入比重总体不高,与中央政府承担的支出责任增加、促进区域平衡发展和公共服务均等化的职能要求不相适应;政府性基金等非税收入基本没有纳入政府间财政关系调整的范围;政府间税收征管关系尚未理顺,存在征管范围交叉等问题;地方没有开征新税的自主权等。

3. 转移支付有待完善

主要体现在:由于政府间事权和支出责任划分较为模糊,转移支付制度的设立与政府间事权划分相关性较弱,许多转移支付项目的设立均与中央政府出台的相关政策相衔接,随着时间的推移,形成了一般性转移支付比重偏小、专项转移支付项目繁杂、资金分散的局面。

4. 省以下财政体制有待规范

主要体现在:各地为招商引资竞相实施税收返还优惠政策,而省对贫困地区收入返还的政策客观上放大了这些地方政府对企业税收返还的权限;省以下财力纵向和横向分布格局不合理;省以下财政体制不统一。

5. 预算约束软化,地方政府性债务管理亟待加强

主要体现在:在法律法规对地方政府举债融资有许多硬性规定的情况下,地方政府债务仍快速膨胀;地方政府举债融资缺乏规范,融资成本较高;债务收入未纳入预算管理,债务监管不到位;部分地区和行业偿债压力大,存在风险隐患。

6. 社会舆论多有诟病

多年来,社会各界对分税制财政管理体制的批评不断,主要集中在:收入划分不规范、中央与地方事权划分不清,地方财力不足,土地财政成为第二财政,转移支付导致“跑步前进”和权力寻租等等。

二、方向研判

按照《深化财税体制改革总体方案》的相关要求,结合公共财政体制基本原则,课题组提出了新一轮财政体制改革的总体思路和几项重点领域改革的基本方向。

(一)关于财政体制改革的总体思路

新一轮财税体制改革的总体思路为:在界定政府与市场边界的基础上,根据现代国家政府职能划分"三原则",合理划分政府间事权和支出责任,侧重强化中央政府职能,弱化对地方政府的干预,明确政府间的职责划分。在此基础上,以促进经济发展方式转变、调节收入分配为导向,完善税收制度,综合考虑税制经济属性、事权和支出划分状况以及地区间的财力差异,适度调整政府间的收入划分,并赋予地方适当的税收立法权。在政府间财力与事权相匹配的基础上,按照"合并专项、扩大一般"的思路,健全统一规范透明的财政转移支付制度。同时,以"开正门、堵后门"方式,加强政府性债务管理,以公开、透明、规范、完整为目标,推进预算管理制度改革。

(二)关于税制与收入划分改革

税制和收入划分是完善政府与市场关系的重要内容,也是事权与支出责任划分调整后的必然选择。当前,我国税费设置、税制结构以及政府间的税种划分不尽合理,中央财政收入比重并不高,部分非税收入没有纳入政府间财政关系的调整范围,地方没有税收自主权。

在保持分税制框架相对稳定的前提下,下一步改革,将以促进经济发展方式转变、调节收入分配为导向,完善税收制度,规范非税收入,综合考虑税制经济属性、事权和支出划分状况以及地区间的财力差异,适度调整政府间的收入划分,并赋予地方适当的税收立法权。税制改革方面可能性措施,一是以"营改增"作为深化税制改革的突破口,积极稳妥地在全国范围全部行业推开,逐步消除重复征税。二是合理调整消费税范围和税率结构,发挥促进节能减排、引导消费作用。三是个人所得税逐步由分项征收改为综合征收,统筹推进房地产税费改革,更好地调节收入分配。四是稳步推进资源税体系改革,适时开征环境保护税,促进资源节约和生态保护。五是通过清理整顿,对非税收入"分流归位",减少行政事业性收费,某些政府性基金和附加收入改成税收。六是全面清理各种不规范的税费减免政策,禁止擅自出台减免税或"先征后返"等变相减免税政策。收入划分方面的可能性措施,一是将税基流动性大或涉及收入分配的税种(如增值税)改为中央收入,并由中央全额负担出口退税,累进税率的所得税改为中央、地方按核定税基分享制。二是将税基地域化、地方政府更能较多掌握信息的税制,如房产税、资源税划为地方收入,重点是建立房产税或物业税为主的地方财产税体系。三是考虑地方在不超过原增值税分享额度内开征零售环节销售税。四是按照全口径预算管理的要求,将所有政府资源类收入逐步纳入中央地方收入划分范围。五是在中央规定地方税设立原则的基础上,赋予地方开征地方税的权利。

(三)关于事权与支出责任划分改革

事权及支出责任划分是整个财政体制的运转基础。目前,我国政府间的事权和支出责任划分存在不清晰、不合理和不规范的问题:一方面,政府与市场边界较为模糊,政府职能和事权"越位"与"缺位"并存;另一方面,政府间的事权和支出责任划分基本沿袭了分税制前中央与地方支出划分的格局,突出表现为职能交叉重叠、划分不清、责任不明。

根据现代国家政府职能划分"三原则"(外部性、信息复杂程度、激励相容)标准,下一步改革,将在合理界定政府与市场边界的基础上,强化中央政府的事权和支出责任,弱化对地方政府的干预,争取先在教育、公共卫生、公共安全、社会保障等基本公共服务领域,尽快明确政府间的支出责任,逐步向"联邦主义财政"方向变革。可能的措施,一是逐步取消一些不合理的价格干预、消费补贴以及区域性税收优惠政策,减少对市场干预的同时,强化市场监管、公共服务及分配调节等职能,特别是进一步盘活存量,集中有限的资金用于稳增长、调结构、惠民生的重点领域和关键环节。二是部分事权上收到中央,如养老保险、影响全国的公共卫生服务、高等教育和科研、跨区域重大项目建设与维护、全国性市场监管、国家安全等支出责任,中央政府承担较多政府职责,直接支出比重提高。三是部分事权下划给地方,如义务教育、区域性重大基础设施建设、农村厕所改造、支农资金项目审批权限等,赋予地方真正的自主权,发展地方特色的服务。

(四)关于转移支付制度改革

转移支付分为一般性(无条件)转移支付和专项(有条件)转移支付,一般性转移支付适用于实现纵向和横向财政平衡,专项转移支付则更多用于实现国家特定的政策目标。受政府间的事权和支出责任划分不够明晰等因素的影响,我国转移支付制度的设立与政府间事权划分相关性较弱,目标不够明确、结构不尽合理、体系较为零乱,一般转移支付专项化、专项转移支付一般化的特征明显。

在明确政府间事权与支出责任、税制与收入划分的基础上,下一步改革,将按照“合并专项、扩大一般”的思路，大幅度减少专项转移支付项目，增加一般性转移支付规模和比例，突出保障民生政策的落实并推进基本公共服务均等化，加快形成统一规范透明的财政转移支付制度。具体可能性措施，一是围绕基本公共服务均等化长、中、短期目标，完善一般性转移支付制度框架，明确资金来源，减少总规模确定的随意性，按因素法实行公式化分配，减少资金分配的随意性。二是围绕特定政策目标，全面清理、归并专项转移支付项目，将现行对地方支出范围内实施的专项转移支付调整并入一般性转移支付，逐步取消不符合经济社会发展要求的专项转移支付项目，将部分属于地方事权且信息复杂程度较高的专项转移支付项目下放到地方管理，对部分使用方向类同、政策目标相近的专项转移支付项目予以整合，严格控制专项转移支付规模，减少地方资金配套，并按项目化管理。三是健全转移支付法律法规制度，完善转移支付监督机制，建立转移支付绩效评价体系，一般性转移支付接受地方预决算审查和预算执行监督，专项转移支付接受项目立项审查、工作督办直至验收考核全方位监督。

（五）关于政府性债务管理改革

政府性债务作为政府间财政关系的重要内容，在加快城乡基础设施建设和城镇化进程、促进教文卫等公共事业发展等方面发挥了积极作用。但是，也存在债务规模较大、融资成本较高、举债融资不规范、债务监管不到位等问题。

在界定范围、全面清查的基础上，下一步改革，拟采用“开正门、堵侧门”的方式，一方面明确各级政府财政债务规模、结构及偿债责任，规范债务用途，纳入预算管理，硬化预算约束；另一方面，积极研究新的政府融资渠道和方式，尝试发行市政债、企业债和短期融资券。具体可能性措施，一是条件成熟时，逐步降低中央政府对地方政府发债的控制。二是地方举借债务只能用于资本性支出，不得用公共财政收入偿还收益类项目债务。三是切实采取措施坚决制止地方政府及所属机关事业单位、社会团体、融资平台公司违法担保承诺或违规融资行为。四是积极研究新的政府融资渠道和方式，如停掉发改部门发行的城投债，由财政部门发行市政债。五是健全债权债务人对账机制，推进政府会计改革，加快建立政府财务报告制度，全面动态监控地方政府性债务情况。六是完善地方政府性债务风险预警机制，加强高风险地区债务管理，严格控制地方政府新增债务。七是编制债务收支计划，逐步将政府债务纳入预算管理，接受人大监督。

（六）关于预算管理制度改革

预算管理制度改革是财税体制改革的重要内容，关系到我国公共财政资金是否花得有效、透明。当前,“经济宪法”预算法已经实施了18年,难以适应财政经济发展的需要,预算编制、审批、执行、监督等环节管理也有待完善。

以《预算法》相关条款修改为契机,下一步预算管理制度改革,将推进全口径预算管理,强化人大预算监督,加快建立公开、透明、规范、完整的预算体制,进一步提高预算管理水平和财政资金使用效益。具体可能性措施,一是实行全口径预算管理,将政府所有收支都纳入预算,“收入一个笼子,预算一个盘子”,加快建立和完善“四大预算体系”。二是采用控制支出的预算编制和审批方法,将预算支出作为人大批准预算的主要指标,推动人大对政府预算的监督从重程序性监督向重实质性监督转变。三是中央财政和地方财政平衡状态采取不同的平衡规则,中央政府编列赤字,体现反周期效果,地方政府原则上不得编列赤字。四是严控一般性支出和“三公经费”支出的同时,按照守住底线、突出重点、完善制度、引导舆论的要求,保障好基本民生支出需求。五是中央政府加强对地方预算的约束,硬化政府间的预算约束,开展预算绩效管理工作试点。六是在公开财政总预算、总决算的基础上,逐步公开部门预决算和“三公”经费信息。

三、对策建议

我国是典型的单一制国家,中央对地方的财政体制规定着地方各级政府间进行财力事权划分的方向和内容。因此,在国家财政体制改革的大背景下,如何完善省以下财政体制,成为当前省级财政的重要职责,要确保紧密联系我省实际,又要尽可能与中央下一步财政体制改革无缝衔接。

(一)以效率优先、注重公平的原则设计体制

我省财政体制设计,应遵循以下原则:一是更加便捷与规范。财政体制设计应既简便易行,又统一规范。二是兼顾效率与公平。既要加大对困难地区的支持,力求保证提供必要的公共物品和公共服务,实现公共服务均等化目标,又要避免平均主义、吃“大锅饭”。要在注重公平的同时,强调效率优先,“帮穷不帮懒”。三是激励发展。我省作为欠发达省份,“追赶型”经济的特点决定了财政体制的设计,要注重激励市县加快发展,培育增长极,以点带面,共同发展。四是集权与分权相结合。既要将必要的涉及宏观调控、区域均衡发展等权力予以集中,又要根据经济社会发展的需要,将能下放的权力尽可能下放,寻求以高效为前提和最终目标的集权与分权的完美结合。

(二)以简便明了、统一规范的原则划分收入

继续保持我省财政体制简捷、统一、规范的特点,简化收入划分。初步考

虑，对税收收入，地方分享部分全额缴入市县金库，核定基数，总额分成，收入“面子”全归市县，并能有效防止因市县不断要求省财政给予收入优惠政策倾斜和照顾，可能对财政体制的统一性构成的冲击。对非税收入，凡关系宏观调控、环境保护、防洪保安的有关基金实行省与市县分享，明确各级分享比例，严格非税收入征管，并一律实行就地分别入库；对于一般性的规费性质的收费，除国家另有规定外，原则上上级政府不得随意集中，作为当地固定收入。另外，由于省级对下除所得税外没有分享其他税种，省级财政收入集中度多年来一直偏低，调控能力偏弱，地区之间由于发展水平不同而导致的财政保障能力差异缺乏足够的弥合机制，因此，收入划分还要注重适度增强省级调控能力。

(三)以简政放权、分级负责的原则明晰支出责任

在合理界定政府与市场边界的基础上，按照外部性、信息复杂程度、激励相容“三原则”，划分政府间事权。认真贯彻党的十八大和全国“两会”关于转变政府职能的有关精神，充分发挥市场配置资源的基础作用，理顺省与市县的分配关系，切实减少审批事项，下放财政项目资金审批权，给市场让路，给市县留出空间，激发市县、市场和社会创新发展的活力；明确各级政府的责任范围，分级负责。在推进机构改革基础上，明确省级支出要达到的水平和要下划的支出责任，对省本级的教育、农业、社保等支出中应该或可以在市县列支的部分，尽可能在市县列支。

(四)以减少专项、扩大一般的原则改革转移支付

调整转移支付结构，强化一般性转移支付，清理专项转移支付，完善转移支付制度。按照“科学设置、合理分类、归并整合、规范管理”的原则，对财政专项资金进行全面清理。对中央下达的专项转移支付项目，如只明确总体使用方向，未明确到具体项目，原则上改作一般性转移支付管理。对省财政安排的专项资金，清理取消可交由市场和社会承办、不在政府职能范围内的项目，以及原由省级承担，但属于市县政府支出责任范围内的项目；整合零碎、散乱、有交叉的项目，整合支持方向、扶持对象相同或相似的项目，整合性质相同、用途相近的项目；调整原在项目经费中列支的会议费等支出，改为在基本支出予以保障，另外，一般不再在补助市县的项目中安排工作经费。进一步完善均衡性转移支付，坚持用标准收支统一衡量区域财力差异，采用公式化方式规范分配，逐步形成体现基本支出保障要求、基本公共服务均等化要求和主体功能区建设要求的各有侧重、相互补充的均衡性转移支付体系。

(五)以举债有方、监督有力的原则防范债务风险

完善债务管理体制，明确管理职责，各级政府是本级政府性债务管理的

责任主体;实行归口管理,财政部门为政府性债务的牵头管理部门。规范举债审批程序,建立严密规范的政府新债控制机制。加强融资方式管理,将银行信贷、企业债券、中期票据、中央代理发行地方政府债券、国际金融组织和外国政府贷款等作为政府性债务主要融资渠道。做大做强做实政府融资平台公司,积极合理地举债融资,严格政府融资平台公司监管,促进政府融资平台健康有序发展。完善债务信息报告制度,建立和完善政府性债务信息管理系统,实现对政府性债务的全口径管理和动态监控。探索设立科学合理的债务风险评价预警指标体系和风险预警信息系统,建立风险预警管控机制。探索建立政府性债务预算管理制度,在全省各级试点推行编制政府性债务收支计划的基础上,逐步实现将政府性债务收支纳入预算管理,接受同级人大的审查与监督。

(六)以公开透明、规范完整的原则构建预算体系

进一步推进民主理财,实施"开门办预算",努力强化预算编制的民主化和公开化,稳步推进预算公开,不断提高预算管理透明度。加强全口径预算管理,实现"四大"预算互联互通和有机统一,实现资产资金的统筹管理和集约节约配置使用。财政资金安排使用进一步讲求绩效、严格问效,加强绩效评价,管好用活财政资金,对民生等公共服务支出要注重公平和实际效果,对企业资金要突出税收贡献度。牢固树立依法理财意识,硬化预算约束。提高转移支付的可预见性和可预期性,增强预算编报的完整性。

美好乡村建设应走富有特色之路

戴德民

摘　要:美好乡村建设要体现科学发展观,让农民群众真正得实惠。从安庆实际出发,要走出既体现省里精神又富有本地特色的美好乡村建设之路,必须创新体制机制、优选方法路径,突出抓好农业水利条件改善、现代农业发展、农村环境卫生和污染治理、改善农村"三留守"群体的境遇以及中心村庄的选址规划与建设、选定保留自然庄并采取竞争性办法整治提升等方面,让农民群众尽快见到建设成效。

关键词:美好乡村;建设重点;路径选择

全面推进美好乡村建设,是省委、省政府做出的重大决策部署。安庆市作为农业农村大市,如何走出既体现省里精神又富有本地特色的美好乡村建设之路,需深入研究和探讨。

一、为什么要走特色之路

各地的地理类型、区位条件、自然资源禀赋、经济社会发展水平等情况不一样,"不一样"决定了建设美好乡村的重点、方式、路径肯定有所不同,"不同"就是特色。就安庆而言,有几个方面的基本市情决定了更要走特色之路。一是所辖县(市)区居全省各市之首,"宜城板块"的带动力、辐射力还不强,而且城建、交通、环保等方面欠账过多,尤其是环保,短期内还难以改变"小马拉大车"的格局。二是农村人口占比过高,国家级贫困县有5个之多,县域经济实力不强,统筹城乡发展有时"有心无力"。三是农村青壮劳动力在市外就业有百万之众,农村"三留守"(留守老人、留守妇女、留守儿童)问题十分突出。

作者简介:戴德民,安庆市政协副主席。

这些基本市情，省内多数省辖市没有，比较相近的只有六安市。与发达地区相比，我们市情、县情的差别就更大。如浙江省长兴县，64万人，2013年地方财政收入35.5亿元，每年县财政可以拿出一两亿元用于“美丽乡村”建设，而且周边一两个小时车程内的大城市多，“美丽乡村”只要有“说头”“看头”就有“赚头”，保洁、维护、提升都不难，农村青壮劳力就地充分就业，也不存在“三留守”问题。

走特色之路，不仅仅是由基本市情决定的，更重要的目的是真正落实科学发展观，全面体现中央新农村建设“五句话”总要求，让广大农民都能得实惠，在追赶中实现跨越。对中央主流媒体集中宣传过的典型，如江西赣州的村庄整治、贵州余庆的“四在农家”、四川成都的“五朵金花”、浙江湖州的“美丽乡村”样本、四川的“微菜园”、广西的“乡村清洁行动”，我们调研组部分成员曾到现场考察过，觉得他们在某些方面确实成效突出，但离“五句话”总要求还是有相当大的差距，有的典型甚至只图表面光鲜，老百姓最想解决的问题并没有得到解决，就是湖州的安吉、长兴，确实力度很大，自然庄保洁、整治、提升基本全覆盖，但农村污染治理覆盖面只有60%左右，真正意义上的中心村庄建设刚刚起步，随着城镇化的发展，已整治、提升的自然庄有相当一部分要先“整”后“空”（人走楼空）。

走特色之路，就是要学习先行、先进地区的经验，汲取教训，创新建设的体制机制，把“后发劣势”变为“后发优势”，用释放“改革红利”营造自己的特色和优势。在市委、市政府的正确、坚强领导下，聪明、勤劳的安庆人应当充满“走特色之路、实现后来居上”的自信！

二、特色之路应当“特”在哪里

我认为，安庆建设美好乡村的特色之路至少应该“特”在这些方面：一是特在“放活思路多筹资”。财政状况一般的地方，有办法由“缺钱”变成“不差钱”就是本事。广借、巧借外力就是特色。要在尽力增加财政支持资金的同时，多在“几个一点”上下功夫，就是“向上争取一点，农民自筹一点，部门帮扶一点，融资平台融一点，市场化运作筹一点，银行贷一点，成功人士捐助一点，社会各界支持一点”，创新方式“找米下锅”，努力增加资金总量。二是特在“重点突出走对路”。中央对新农村建设提出“生产发展、生活宽裕、村容整洁、乡风文明、管理民主”的总要求，非常全面，要做的事很多。一个地区，尤其是欠发达地区，不可能全面铺开齐步走，必须突出重点，先重后轻先急后缓。“重点”就是特色,花钱不多能大快民心就是特色。重点的选择,要考虑这几个因素:老百姓最需要的;花钱不多又能全民受益的;现在不做会对未来发展严重阻碍的,以后再做会消耗更多的人力物力财力。各地的重点会有所不同,但就全市而言,当前以至今后一个时期美好乡村建设的重点是:农业水利条件改善,现代农业发展,农村环境卫生,农村污染治理,改善农村“三留守”群体的境遇,中心村庄的选址规划与建设,选定保留自然庄并采取竞争性办法整治提升。三是特在“改革释放红利多”。安庆在农村改革的诸多重要方面拥有先行的优势,优势就是特色。打造农业特色产业集群,实行土地适度规模经营,培养职业农民,发展农村资金互助社,在农民合作社内部开展信用合作并推行“统贷统还”模式。这些方面安庆已做过多年的探索,已有成熟的做法,中央主流媒体报道过,中农办、农业部、中央党校的农村政策专家来宜做过专题调研,国务院、省政府领导予以充分肯定。现在要做的是由部门行为上升为政府行为,由经验层面上升为制度层面,强力推进。我们还要着力激活农村生产要素、助推农村转移人口市民化,尤其是要对城镇化推进中必然出现的重要问题超前研究,以实现城镇化与美好乡村建设有效对接、互促共进。

三、如何走好特色之路

美好乡村建设正在推进中,发展中的问题只能逐步解决,解决问题的办法也不可能超时空、越阶段。我们调研组尽管就“如何走好特色之路”进行了认真商讨,目前还只能就大的思路、重要举措的主要方面提出粗线条的、不一定成熟的建议。实践之树长青,创新永无止境,仍需有心、有胆、有识之士努力。

(一)加快发展现代农业

一是要改善农业生产条件。加大水利项目争取,按规定增加水利财政投入。充分运用“一事一议”政策,对建设资金大的小农水项目,可采取期限内不突破政策规定的办法一次收取,一次建成长期受益。制定“先建后补”办法,鼓励村组争先建设。适宜转让一定期限管理收费权的项目,采取契约化、市场化办法吸引社会资本投资。化水害为水利,实现基本农田旱涝保收。二是要促进土地适度规模经营。出台激励措施,推动基层按照“依法自愿有偿”方针和“三个不得”原则加速土地规范流转,发展多种形式的土地适度规模经营,着力帮助各类新型农业经营主体解决经营使用期过短及用地、用电、贷款、保险等方面的突出问题。新增农业政策优惠要向规模经营主体倾斜。适宜规模经营主体承建的农业项目要放权自建，政府有关部门加强验收监管，也可“先建后补”，提高项目资金使用效益。要大力培养职业农民，解决农业后继无人的问题。要进一步发挥国家在基层的农业服务部门主导作用，采取政策激励加市场化运作的办法大力发展农业社会化服务。三是要推进农民互助合作。要切实执行中央和省、市已出台的扶持农民合作社的政策。要在鼓励农民专业合作的同时，积极探索集“生产合作、供销合作、信用合作”于一体的综合性合作模式。让农民在合作中提高组织化程度，有效对接市场，获取农业更多环节的利润。四是要打造农业特色集群。特色才有规模，特色就是优势。市委、市政府已明确提出全市打造“纺织服装、食品加工”两个千亿集群，连续两年召开推进会、举办论坛和银企对接会，但县域有实质性动作的不多。各个县域要选准主导产业，组织县域内的力量并广借外力，按照集群经济形成的充要条件尽快组织突破。当前，要集中力量培育核心企业，发展配套企业，形成纺织服装、食品加工的全产业链，同时通过校(院)地合作、校(院)企合作等形式建立健全提供知识和服务的机构。要抓住建设国家现代农业科技示范园的机遇，报请科技部动员组织力量并予以项目支持，把宜秀都市产业园(占地384亩)打造成安庆乃至华东地区的食品研发中心，牵动安庆食品加工产业集群实现跨越式发展。各县域内的示范村乃至整个县域的“一村一品”，要与打造特色集群紧密结合，通过“龙头企业+合作社+农户”的形式加强产业关联和利益联结。市郊和县城近郊地区的“生产发展”，要发挥区位和市场优势，实行“两个围绕”，即围绕“菜篮子”供应抓生产，围绕乡村旅游抓配套(生产旅游消费品)。部分城郊地区，可以围绕养老产业实现“生产发展”。要多途径发展村级新型集体经济，加经村级公共设施建设，强化公共服务的实力。

(二)突出中心村建设

随着城镇化发展，农村“空心屋”“空心村庄”会越来越多，留在农村的居民又要改善生产生活条件，理所当然的选择是：保留部分自然村庄，突出建设中心村庄。省委、省政府提出“重点建设中心村”是正确的，但“如何建”需要认真谋划。就像城市的形成一样，先有“市”后有“城”，中心村的形成和建设也有一个过程。要求一两年建成一个中心村，愿望是好的，实际上做不到。从我们接触的资料看，中心村庄的人口规模需要500户左右或2000人左右，服务配套才经济，才有“人气”“财气”。如美国就规定，小城镇获批的人口规模需在500户以上(美国只有农业、农民，没有农村)，按照这一标准，我市目前建成的中心村多数都达不到。下一步谋划中心村建设，既要考虑上级的要求,又要考虑农村的实际。因此,我们建议:一是摸清近期能建设(即达到500户左右人口的规模)的中心村数量,合理确定上报全年建设的中心村数量,确保完成当年省定建设任务。二是以县为单位做好新建中心村的选址、规划工作。新建中心村的选定,要考虑几个因素:区位居中,交通方便,立地条件要好,不易遭受自然灾害,尤其是洪涝灾害和地质灾害;市和县城、建制镇规划区内和紧邻拟建城镇的地方,以及生态环境敏感区,不宜建中心村,以有利于城镇化和生态建设;中心村建设范围要尽可能与村部所在地重合或相近,以节省投资;要与园区建设、工业集聚区建设、重大项目实施、土地整理和土地治理项目实施、扶贫开发、地质灾害点整体搬迁等方面紧密结合,顺势而为建新村;要能容纳下一定的人口(500户或2000人左右)和相配套的公共设施。中心村的建设规划,要合理分区,地上地下、私人住宅和公共设施统筹考虑,一次规划到位,分年组织实施。建设规划要充分体现集约节约用地的原则,既是宏观大局的需要,也为“以地筹资”留下更大的空间。长兴县建设的中心村,总的占地(住宅用地和公共设施用地)户均0.5亩。三是中心村建设要节本实用、彰显特色。进村住户的住宅占地以200m^2左右为宜,前楼后院,发展庭院经济,绿化美化环境,节省生活成本。或者像四川省那样,通过土地流转紧邻中心村发展“微菜园”,既有田园风光,又节省生活成本,增加农民收入。公共设施建设要坚持“够用、管用”原则和多用市场化运作原则。如绿化美化用的草、灌木、乔木多用地产品种,多借景,少造景,不建大广场,河塘尽量采用生态驳岸等,“能接地气,尽显田园”。“11+4”的基本公共服务和基础设施,要放活思路建设。有的可以归类合并、一处多用;有的属于“生‘利’之所”,可以运用市场化的办法建设,“不求所有,但求所用”;有的本来就是企业应建的,如乡村金融服务网点、邮政所。真正需要公共投资的并不多,要“重点抓自建,管理全覆盖”。四是中心村要优先安排散户和不再保留的自然庄村民迁入,同时要坚持“一户一宅”,禁止散户和不再保留的自然庄村民原址新建住宅,以保证“迁得进,让得出”,不大拆大建。

(三)采取竞争性的办法进行村庄整治

首先是要合理确定保留的村落。考虑到将来农村户籍人口一半以上要转移到城镇,现有的农村自然村落也只能保留一半左右,将来留在农村的人口主要居住在中心村和被保留的自然村。保留的自然村落要考虑几个因素:适宜居住的较大村落(比如50户以上);有古迹遗存的村落,古民居集中的村落,尤其是“中国传统村落”和市以上文化、文物、城建等主管部门要求保留的村落;自然风光很好,适宜发展乡村旅游的村落。保留与不保留,要由村民代表大会讨论决定并报县政府或乡镇政府批准,保留的村落原则上控制在现有村落的一半左右。第二,村庄整治要体现"层次性、竞争性"。所有自然庄的整治,统一的基本要求就是虞书记提出的"走路不湿鞋,吃水不用抬,烧锅不用柴,污水不乱排,垃圾不乱埋",体现"普惠性"。由县根据这一基本要求确定补助项目和补助标准,在县域内广而告之,谁有积极性、谁基础工作做好了就让谁先动先受益。安庆市宜秀区五横乡杨亭村搞村庄整治,就是用这种竞争的办法,杨亭自然庄整治已完成一半以上。不再保留的自然庄要尽可能减少"硬化",少给今后宅基地垦复带来麻烦。保留的自然庄可以"扩面提升",但主要靠自筹资金解决,县、乡政府只在相关项目安排上给予倾斜,或建成后"以奖代补"。"扩面提升"搞哪些、搞到什么程度,要由全体村民或村民代表讨论决定,由村民理事会组织实施。

(四)切实加强农村环保工作

农村污染已很严重,而且还在继续加重。不遏制住这一势头并逐步消除污染,发展现代农业、建设美好家园难实现,承接"逆城市化"红利更没有可能。将来农业的竞争,最终体现在生态和环保上。据长兴、安吉介绍,域内农村保洁和垃圾处理每年县财政要拿出3000万元(含县垃圾处理厂补助),农村污水处理需县财政一次性投入6000万元到1亿元。潜山县已经基本实现卫生保洁全覆盖。如果多在项目争取和市场化运作等方面下功夫,各个县(市)都可以下决心解决"垃圾靠风刮,污水靠蒸发"的问题。农村环境卫生和污染治理要多管齐下,确保"不欠新账,多还旧账"。一是要有效防止城市污染和工业污染下乡。二是要防止污染企业进入乡镇工业集聚区和其他农村地区。三是要防止农业自身的污染。新建的规模畜禽养殖场,要把好环保前置审批关,环保不达标不得生产。已建的规模畜禽养殖场,要通过农林牧渔结合、兴建大中型沼气工程、兴办有机肥工厂等方式消除污染,限期达标。要改散养为圈养,小规模养殖场要建户用沼气池或联户沼气池,并实行农牧结合、林牧结合。病虫害防治要加强引导,多用生物措施和生物农药,或用高效低毒低残留农药。要大力推广配方施肥和施用有机肥。通过加强农业投入品选用的监管,最大限度地减少有毒有害物质对土壤、水体的污染。四是农村保洁要加强宣传引导,提高垃圾"分类化、减量化、资源化"水平。五是农村污水的处理要工程治理和生态处理并举,尽可能多地运用湿地生物治污,以降低治污成本。六是要建立健全农村环境卫生和污染治理的长效机制,重点是设施设备的管护、运作和保洁治污正常进行,从资金筹集到运营管理都有严密、严格的规范,并对照"规范"严格奖惩。要充分利用"熟人社会"的自尊心理,采用各种方式形成舆论正面引导的强大力量。

(五)着力改善农村留守群体的生存状况

农村留守群体大量存在是我市农村的长期现象。现在美好乡村建设的主体是留守妇女和留守老人,美好乡村的直接受益者是“三留守”人员。“三留守”人群存在问题很多,尤其是空巢高龄老人和有残疾老人生存艰难、妇女权益受侵频频、留守儿童基本监护缺失受伤害和家庭教育缺失走邪路的问题十分突出。温家宝同志曾在中央农村工作会议上专门就农村“三留守”问题讲了一大段,言辞切切十分感人。我们认为:改善农村留守群体生存状况,是“花钱不多、受益最广、最得民心”的大事、急事,应当作为美好乡村建设的重要内容,切实推进。一是要摆上日程,尽快形成“党委重视、政府主导、部门尽责、乡村为主、社会参与”的推进机制。二是要按照“困难有所帮,学娱有所导,生产有帮助,生活有安乐,精神有关怀,亲情有呵护,权益有保护,安全有保障”的总要求,明确各相关部门的责任、任务并加强督促检查。同时,要引导相关的公益性社会组织各尽所能、施以援手。三是要探索建立“‘三留守’人员互助为主、政府和社会组织帮助为辅”的工作机制。四是要学习借鉴外地经验,总结宣传本地经验,在全社会形成关注、关爱“三留守”群体的浓厚舆论氛围,提高解决“三留守”问题的实际效果。如怀宁县黄墩镇高楼村成立留守妇女互助组,统筹解决留守老人和留守儿童的问题,宜秀区罗岭中心小学利用教学视频设备,在各年级开展“视频传亲情,记录励成长”活动,效果都很好,值得推广。

(六)用改革的办法统筹城乡发展

在安庆这样典型的农业区和欠发达地区,实现了工业化与农业现代化、城镇化与美好乡村建设并行齐进,在全国都有震撼性影响。我们认为:用改革的办法可以做到。首先,要把如前所述的、安庆已在进行的农村重大变革进行到底,也就是加大力度、拓展广度、提高精度。第二,要有重点地进行新的探索。年内,中央将就经济体制改革和城镇化做出新的部署。中央的新部署,当然要全面落实,但也要突出重点。我们认为安庆的重点应当是:抓住国家推进城镇化的机遇,解决好农民工及其家属转为市民的“人、地、钱”问题。一是如何使进城的“人”有较高的技能素质和综合素质,进而有稳定的职业、较高的收入,以保证人能“进得去、站得住、留得下”。据中国社科院专家测算,我国农业转移人口市民化人均个人支出成本约为1.8万元/年,如购房平均每户需另付30万元左右。二是人进城后,承包地、宅基地、住房和其他个人资产如何处理,如何合理地“还权赋能”? 农村集体“三资”使用产生的“要素所得”如何分配,能不能找到政府、集体、个人都能接受的办法,使进城的人增实力,美好乡村建设添后劲,地方政府有好处。“转移农民才能致富农民”已成为共识,问题是如何做到使进城的农民转为市民能转得过去,让留村的农民能富得起来。第三,要争取设立国家或省农村综合改革试验区或城镇化改革试验区，或若干单项改革试验区，抢占先机，争取支持，同时在改革中保护干部，锻炼队伍，积累经验。

以上就如何走好特色之路提出了几点构想和建议，不一定成熟，即便成熟的也还需要进一步具体化，有的方面还停留在“提出问题”阶段。因此，建议市委或政府领导挂帅，市“美好办”牵头，会同六个指导组在深入调研、认真总结、广泛借鉴的基础上提出更全面、更具体、更切合实际的解决问题的办法。谋事是干事之基、成事之要，“磨刀不误砍柴工”。安庆要走正、走顺、走好美好乡村建设特色之路，首要的是“多谋、善谋”。多谋善断，谋定即动，强力推进，安庆一定能在美好乡村建设方面向省委、省政府和广大农民群众交上满意的答卷，在全省乃至全国同类地区处于领先地位。

提升农民土地财产性权利：潜力、梗阻与对策

——基于安徽省4县(区)的田野调查

杜宇能　陈传静　张士云　赵建东

摘　要：文章以安徽省4个县(区)的农民土地财产性权利为研究对象，采用田野调查方法，从宅基地、“四荒”用地、耕地和集体经营建设用地四个模块，对安徽省农民土地财产性权利进行实证分析；探析了农民土地财产性权利提升进程中的潜力与梗阻，以及这些问题产生的主要原因；针对这些问题，提出了链接农村社会现实与土地制度的执行，契合土地交易方式与土地制度，提升土地财产权治理机制，发挥市场的配置作用等政策建议。

关键词：农民；土地；财产性权利；田野调查；对策研究

一、引　言

“赋予农民更多财产性权利”是我国农村发展研究与实践领域中的重大议题，土地是农民最重要的财产，是农民维持生计、增加收入的最基本保障[1]。农民的财产性收入主要来源于农村集体经济的资源性资产，特别是土地的用益物权和收益分配权[2]。其水平也已成为衡量经济市场化程度和农民富裕程度的重要指标[3]。然而，当前我国农民土地财产性权利存量不稳定，而且财产性收入增量路径单一而狭窄[4]。为了创造条件让更多的农民获得财产性收入，核心是推动土地要素的市场化改革[5]。然而要素的市场化改革总是比商品的市场化改革更为困难[6]，加之我国农村土地产权制度的特殊

基金项目：安徽省教育厅人文社科重点项目(SK2012A048)：需求变化背景下的农村金融改革问题研究——以安徽省为例；安徽农业大学自然基金重点项目(2013ZR025)：粮食安全视域下农地流转良性演化机制研究、安徽农业大学学科建设项目(XK2013020)。

作者简介：杜宇能，男，安徽农业大学经济管理学院教师，博士。

性[7],使得提升农民土地财产性权利的制度愿景显得有些模糊和遥不可及。

目前,多数研究把提升农民土地财产性权利看作一种应然的价值追求[8],带有较强的理性主义色彩,没能充分认识到制度文本与实际运行之间、土地财产性权利提升与现实土地利用管理之间的差距。一方面,相当一部分研究是建立在调查数据基础上的,但这些数据大多是为了论证农民的财产性收入占纯收入的比重低,农村居民与城市居民财产性收入差距大,存在很强的选择性和目的性;另一方面,很多研究从规范分析入手,对农民的土地财产性收入增长机制提出了一些观点,但缺乏实证调研。对于农民现有的四类土地,即宅基地、集体"四荒"地、耕地、集体经营建设性用地财产性权利的潜力有多大,各类土地现有增收模式存在的梗阻在哪,如何通过有效的制度选择去弥合现实与愿景的差距,都亟待通过实证研究寻找出路。

二、样本地区概况

安徽省是我国农村改革的发源地与实验田。缩小城乡居民财产性收入差距,让农民平等参与现代化进程、共同分享现代化成果,业已成为该省新的改革方向,可以说该地区在"赋予农民更多财产性权利"的改革中很具代表性。将调研选择在皖东、皖中、皖西地域内四个县(区)进行(T县、F县和L市的J区、Y区),以田野调研和实地访谈为主,围绕土地利益分配的合理机制以及土地财产性权利的制度保障,对农民土地财产性权利进行研究。

T县位于安徽省东部,多丘陵和平原地形,地处江淮之间,其经济水平在安徽省处于中游水平。F县位于安徽省中部,地势西北高、东南低,中北部属江淮丘陵。F县是城市的近郊地区,县域内多为平原地形,且处于省会经济圈和承接产业转移示范区的核心地带,综合实力居全国百强。J区和Y区两个区属于L市,L市位于安徽省西部,属于人口大市和农业大市,市域经济实力在安徽省居于中下游。其中J区属江淮分水岭丘陵地区,而Y区农业人口众多,土地相对规整,该区域其他资源较为匮乏,土地之于农民的意义非常重大。

之所以选择这四个县(区)为样本,原因有两点:一方面,从经济发展状况看,四个县经济发展水平不同,可以使土地财产性权利评判更具全面性;另一方面,从地理环境状况看,样本区域分别位于安徽省东部、中部、西部,包含了低山、丘陵和平原地形,农业发展水平也有各自的特点,可以较为充分地代表该省的地理经济特点。在下文中,按照农村宅基地、集体"四荒"地、耕地和集体经营建设性用地的四种用地分类,通过实证分析和经济学解释,厘清农民土地财产性权利提升进程中的潜力与梗阻,并探索弥合制度愿景与现实差距的解决路径。

三、农村宅基地:界限的突破与收益的脆弱

宅基地能否流转一直触动着各方敏感的神经,尽管红线依然存在,但现实中农村宅基地的使用权仍然以一些“特殊”方式进行着流转。

宅基地所有权归集体所有,但用益物权可出租甚至买卖,管理相对无序。在L市J区的一些乡镇调研中,当地村委直言“这里的宅基地是不能卖的,但地上的东西只要能用钱衡量的都能转手,还可以改建、扩建”。当问及这种改建、扩建的用途时,当地村民坦言“多数改造房是卖给做生意的人,这样卖的钱多”。尽管当地政府明确规定不得将宅基地流转用于商品房开发建设,但这种另类的交易并未停止。当地农民可将宅基地上的地上建筑及其附属物按一定年限进行出售,且出售后可自行改建,但宅基地所有权仍归集体所有不得转让,此外,在规定的出售年限内老宅基地可改建作为商业用房进行出租使用。这种类型的出租多由农民自行寻找买家、建立“市场”且转让收入归农民个人所有,基本上村集体不参与利益分配,因而当地农民的积极性较高。但受地理位置的限制,距中心城镇远的建筑往往无人问津,对财产性收入的增长贡献尚不明显。

宅基地出让引起收益分配的代际不公。在L市和T县均了解到农民的子女可以继承父辈的房屋,但问及是否可以真正继承宅基地时,有些农民并不清楚房屋的继承和宅基地使用权的继承差别在哪。他们似乎并不了解他们继承的仅是父辈的房屋,而不能单独继承父辈的宅基地使用权,如果房屋灭失,就不可再重建或者以其他形式继续使用父辈的宅基地。L市J区农民的宅基地地上附着物出售后,农民的后代不可在出售期满后将宅基地收回进行重建或改建,即实际丧失了宅基地的使用权。当父辈农民将宅基地上的房屋出让获得收益后,其子女也就丧失了因继承父辈房屋而取得收益的可能。在调研中还有村民反映外地嫁入的媳妇是不可继承夫家父辈的房屋的,也就意味着这种宅基地出让收益她们无法享有。

此外,在宅基地征收的过程中,补偿机制不尽合理,农民搬迁意愿不强。笔者在T县某村的调研中了解到,当地政府为了加强新农村建设,拟将居民住宅统一集中安排在靠近公路的闲置地上所新建的小区中。而对于对农户而言,宅基地补偿收益通常是按面积进行分配的,对于建筑物的新旧与配套

设施是没有充分考虑的。调研中，村组织领导反映，这种“说拆就拆”的做法，补贴不尽合理，强制性太强，搬迁意愿并不强。有村民坦言“公路边的房子价钱是贵了，却没有原来的小户小院住着舒服”。可见，迁入小区的地价虽是上升了，但农民的实际生活水平却在下降。调研中笔者也注意到，有些待拆迁的楼房并不老旧，这一状况更加剧了农民对规划遵守意识不强的现象。

现实中宅基地私下流转是存在且形式多样的，而与之相对应的是，这种突破制度界限的流转与买卖所带来的收益缺乏法律保障，相关各方的收益都显得脆弱和不稳定。这种农民利益诉求与制度界限的冲突，说明了当前农村土地制度强制性安排和其微观环境之间存在显著的不相容性。

四、集体“四荒”地：易于运作与潜力待挖

自1992年山西吕梁地区出现以拍卖等方式出让集体“四荒”地（荒山、荒沟、荒丘、荒滩）现象后，全国范围内的拍卖“四荒”迅速蔓延。一般而言，购荒过程中也存在其他两种形式，即协议和招标。在被调研的安徽地区，购荒多以协议形式完成，且承包多以私人形式、期限多以作物生长周期而定，短则十数年，长至几十年。调研过程中发现的问题主要有以下几点：

第一，集体“四荒”地多为细碎化土地，易于承包，但增收潜力仍待进一步挖掘。笔者在调研中了解到L市J区和Y区都有“四荒”地承包经营现象。由于同属一市，两区的地理环境大致相同，荒地大多细碎。由于“四荒”地规模并不大，更适合私人承包经营，因而承包人十分踊跃，土地易于流转，使得当地农民“因碎得福”。当地一名生产队长也表示“这一块对于增加农民收入是有一定潜力的”。事物均存在两面性，一方面，由于两地集体“四荒”地规模经营难度大，限制了规模经营的发展。要充分挖掘集体“四荒”地的增收潜力，就必须另辟蹊径；另一方面，由于私人协议承包现象普遍，集体“四荒”地的综合治理缺乏统一标准，且承包多以种植果树、花树为主要用途，投资回收周期长，且作物受气候影响大，收益不稳定。

第二，对于集体“四荒”地承包，农民与中介的收益分配不尽合理，承包人购荒的风险性导致农民收益不稳定。一方面，对于农民和中介组织来说，中介费用如何收取面临尴尬处境。例如，在F县，当地政府组织成立土地流转服务机构，以专业的土地流转中心为中介，由于此机构属于政府的服务性机构，其负责人称“中介服务不收费，政府拨给费用也没到位，让我们觉得难以运作”。与此相对应的是L市J区某村，该村采用卫星定位仪对山地面积进行

测量，使得承包按亩计价有据可依；再基于卫星定位测量面积，由村集体作为临时中介协商决定出租价格，并抽取一定比例中介费。另一方面，对于农民和承包人而言，承包人收益波动较大也影响了土地财产性收入增长的持续性和稳定性。在L市J区集体“四荒”地的承包农民更为偏好长期合同，租金“一年一付，逐年结清”的承包方式，且“承包做果园，分红按人头算”。而果树的结果盛期一般为5～15年，15年后结果就开始衰退，能否实现投资增值尚不得而知，这就直接影响承包人承包规模与其收益和损失的对应关系。

从承包人处了解到，农业保险和其他转移风险的金融产品在承包过程中很少有人涉及。即使选择投保，过于严重的自然灾害和人为因素造成的损失，除了政策性保险也鲜有保险公司能够承保。即便如此，为什么还有不少人愿意承租“四荒”用地呢？一位农家乐的经营者说出了他的看法：“我看中的是‘四荒’用地未来成为经营用地的潜力，我先包下来，事实上是先把地‘囤’着，以后政策变了，我处置起来就占优势了，至少地现在在我手上。”尽管这种说法法理上存在问题，但是着实反映了不少“经营”农村土地的人的普遍想法。

“四荒”用地能够从荒芜走向增值，说明了农地财产性价值逐渐凸显，而其中有两个因素起了关键性作用：一个是“流转”使得细碎的“四荒”可以集中起来发挥经济效益；第二个是“四荒”用地用途有着潜在的转换空间，使得一些承包者看中了“四荒”用地的非农用途。而要使农民平等地分享“四荒”用地的价值，则需要土地确权工作的推进以及农村集体产权制度的创新。

五、耕地：“非粮化”与流转隐忧

近年来，在河南、浙江部分地区，由于种植传统粮食作物效益偏低，农地流转后多用于种植蔬菜、林木、花卉及养殖，甚至有些地区用来开发生态农业或农家乐的旅游观光农业。而在安徽省这类现象也时有发生，工业资本下乡使得原本自我协调较为融洽的小农经济受到冲击，农村商品化程度加深的同时也伴随着国家的粮食安全问题。

首先，工业资本下乡加速耕地流转的“非粮化”，且补偿价格难以体现土地市场价值，缺乏有效监督与管理。尽管有学者提出中国农业现代化转型需要借助资本下乡形成的龙头企业带动[9]。其分析论证的着力点在于：相对于个体农户而言，龙头企业资本具有相对优势，易于实现规模经济、循环农业的目标，且有能力充分挖掘土地资源的利用效率，为国家粮食安全和农产品质量提供保障,同时也能增加农民收入。现实情况并非如此理想,从乡镇政府的访谈看,其更关注见效快的加工工业和招商引资,而很多涉农投资都是针对收益较高的经济作物。某镇干部谈到这种"非粮化"倾向,也表示"发展粮食生产对地方财政的贡献是负的、还要倒贴"。虽然工业资本下乡对当地经济发展、农民增收有所贡献,但在这种"非粮化"进程中,对于国家粮食安全保障的忽视也让人震惊。L市某乡镇干部在谈到工业资本下乡的负面影响中也指出:"耕地流转中农户、集体与承包商、涉农企业收益分配不合理,农地'非粮化'威胁了国家的粮食安全。"

其次,农地流转市场不成熟,中介组织自身定位模糊,流转过程利益协调机制不健全。在L市与F县均存在耕地流转后利用率水平低的现象,参与主体与议价机制不对等,农民所获收益与当地的生态保护成本并不对称。典型的是在L市J区的调研,由于农民对传统作物的种植积极性低,非农收入成为主要生活来源。地方政府组织将农地出租给某集团综合经营,而该集团却因经营管理不善,过度使用化肥和农药,导致土壤受到污染,物理性质恶化,土地板结,直接影响作物的质量,更危及农地的利用效率和循环使用。政府作为中介,其扮演的角色定位模糊,同时当地所付出的生态治理成本远高于农民和村集体现阶段取得的收益。而在F县,由于市政规划专门成立土地流转中心对土地进行规整出租,其承包定价由流转中心和承租人谈判形成,由于流转市场不成熟,中介的作用难以界定。该中心一方面以集体身份进行无偿议价;另一方面又以监管主体身份规范流转行为,控制谈判价格。当地主管也表示这种双重身份使得其中介组织自身角色的定位与政府角色的区分不明晰,组织营利能力弱,中介组织市场化推行困难。

此外,笔者在田野调查时还发现,农田基本建设欠账多,阻碍了土地财产性功能的发挥。T县的情况在安徽省发达县域经济地区是有代表性的。它毗邻发达大城市,经济受辐射带动作用强,然而T县县域内的农地流转活动则相对滞后,农田基本建设停留在第一次土地承包期间的水平。当地政府对农田的基本建设重视程度不够,村委表示"农田还是上世纪80年代搞的建设,农业不如工业那样赚钱,政府给的建设资金很少","村里和农民们虽然想搞建设但没有那个财力和能力"。农田的基本建设不配套,即使是规模经营承包也很难发挥耕地的财产性功能,这种基本建设的缺失如不改善,将影响农民及村集体的长期利益。

耕地的"非粮化"、农地流转市场不成熟与农田基本建设的欠账,说到底还是由于农业是一个弱质产业,低比较优势始终是困扰农业发展的桎梏[10]。加强对粮食规模化经营的扶持,加大政府对农田基本建设的投入,是农业与农村工作所必须坚持的方向。

六、集体经营建设性用地:渴求与妥协并存

据相关学者统计,我国农村集体建设性用地总量大概有16.5万平方公里,其中至少70%以上是宅基地,真正属于经营性建设用地即乡镇办公和村办企业用地所占比例很小,约占10%[11]。这就使得要增加农民财产性收入,就必须在保证满足农民自住房的需要和公益性设施建设需要的前提下把握合理的度,将民营中小企业搞活。此外,小产权房的存在一定程度上导致这些农民不种粮食而改"种房子",以争取增收的方式普遍存在。

集体经营建设性用地的规划水平亟待提高。笔者在L市Y区的调研中了解到,当地市政规划中将已搬迁农民的宅基地和集体公益性设施用地征用做乡镇办公和村办企业用地,农民可以获得一定的补偿。然而,这种依靠财政补偿而增加的农民收入不仅给政府财政造成负担,且部分农民对收益的渴望容易使补偿陷入一种恶性循环,即"大闹大补,小闹小补"。农民遵守市政规划意识不强,政府的妥协式执行方法加剧了恶性循环。这种难以为继的补偿方式不仅不能为农民财产性收入提供渠道,反而容易激发社会矛盾,亟待进行系统的规划管理。

小产权房频出,各地区规划管理水平亟待提高。其中,所调研的T县某镇小产权房较多,当地农民倾向于认为:"咱们村自己盖的房子,别人凭什么管?"。当问及收入时,农民坦言"'种房子'远比种作物收入高得多"。然而在F县所调研地区由于城乡管理机制较为健全,小产权房现象并不明显。L市靠近交通枢纽地区和近郊地区,由村集体、镇政府主导的小产权房,已经小区化和普遍化。这种"另类"增加土地财产性收入的途径在我国学界也饱受争议。"建设统一的城乡建设用地市场"已经成为一种风向标,现有存量不可能一蹴而就地实现市场化,如何统一建设的问题,在各地仍然没有"标准答案"。在摸索中行进的过程中,要尊重市场,以市场为导向。激发农村建设用地市场活力的同时,也要注重当地实际,结合规划管理,交一份"特色"答卷。

"四荒"用地有被转为经营建设性用地的倾向。由于"四荒"用地的农业产出率相对较低,而现代农业建设对农村土地又有着很大的需求,导致很多新型农业经营主体倾向于改造"四荒"用地,用于设施农业等现代农业的发展。在T县调研中,一位农业企业的负责人这样表达了对设施农业用地的需要:"我的种业公司建设了一个大型冷库,冷库必须建在田间地头,方便运输

与仓储,没有建设用地指标,我只好改造一个荒滩,花四百万建了一个冷库。”改造“四荒”用地用于经营建设,在被调研的几个县(区)普遍存在,然而这既导致了“四荒”用地的非农化,也导致了在“四荒”用地上的基础设施没有土地证,无法抵押贷款,使得一些农业基础设的财产性价值流失。还是引用那位农业企业负责人的话:“四百万的冷库花了那么多钱,建好了,没有证,不让我贷款,资金很紧张。”而一旁的县农委干部则说:“让你在荒滩上建冷库,已经变通到底了,你想想,如果你买这一大块地,然后建冷库,地皮你要花多少钱?”那位农业企业负责人一时语塞。

如果从经济学角度看,当下的农业经营建设用地管理现状,与历史上的“鸟笼经济政策”很有几分类似[12]。一方面,土地政策是国之根本,“鸟笼”的存在是一个长期的现实,另一方面,被“鸟笼”禁锢的农村土地有着巨大价值,是未来改革红利释放的重要渠道。如何在构建土地制度“鸟笼”的同时,实现农村土地财产性价值的活力,需要顶层设计,更需要对农村一线情况变化的掌握。

七、对策建议

宅基地上的附着物出售反映了农民的“变通”策略,农用耕地的规模流转体现出“大农”初倪,民营资本开发集体“四荒”地也表现出民间资本的活力,集体经营建设性用地市场活跃,但缺乏规划管理。这一系列问题都需要有完善的管理、监督规则来充分、合理地界定各个主体之间权利与义务关系,将生态与经济同步治理才能实现健康的、可持续的农民增收路径和农村经济的发展。据此,本文提出了以下政策建议:

(一)链接农村社会现实与土地制度的执行

综合农村文化和社会环境,充分挖掘土地财产性收入增长障碍,在农地流转的进程中,改善农村土地投资环境,加强风险监控,合理增加农民土地财产性收入。加强土地信贷、提高农业金融和财政支持供给是改善涉农企业和种植大户的承租资金短缺现象的有效途径。但放开金融手段在土地市场的应用也亟待建立起与之配套的规划引导制度,如降低种粮大户种粮补贴的面积下限,100 亩以上可以获得政府二次补贴的标准比较合适[13]。在考虑金融和财政支持的同时,政府的土地制度规则也应积极引导农民开拓思维,树立全局意识和可持续发展观,增强农民遵守规划的意识和自身的政策执行自觉性,减少自由裁量,摆脱农民“各自为政”“种房子”的混乱局面。

(二)契合土地交易方式与土地制度

土地交易最为活跃的是耕地流转和集体“四荒”地承包两个方面。首先，需要在集体“四荒”地承包中的长期合同与短期支付之间权衡生态意义和经济意义，综合国家、政府、集体和农户之间的利益分配和代际分配关系。其次，需要推进耕地的规模化经营与补贴政策相结合，把耕地的规模化经营作为耕地财产性增收政策设计的首要价值取向。在此基础上，建立基于粮食安全视角下的土地产权激励机制和耕地保护补偿机制。而对于宅基地和建设用地市场，应依法保障农村宅基地用益物权，稳妥推进宅基地用益物权的利益实现机制建构，逐步建立统一的城乡建设用地市场，规范集体经营建设性用地收益分配。在拆迁补偿方面，拓展补偿安置途径，建立多元补偿机制。转变传统的一次性货币补偿途径，以落实农民的社会保障和财产性增收为基点，综合采取“留地就业”“就地入股”“带地进城”等多元安置模式，为被征地农民提供更为有利的发展机会。

(三)提升土地财产权治理机制

加快推进土地确权，合理把握确权度，发挥土地财产权的激励、约束作用。增加农民土地财产性收入的基础条件应当是赋予农民具有物权性质的土地产权。应当引起注意的是，确权是把双刃剑，应预判确权后带来的利与弊。L 市 J 区是确权的示范区，从该市确权工作的调研中发现，确权后，能够增加土地用益物权的落实水平，但同时也可能阻碍大规模成片土地流转的实施。权衡确权的双面性作用仍要结合当地实际情况，做到具体问题具体分析，把握中心，个个突破。此外，确权、确股、不确地块的做法，应当成为一种补充。采取这种确权做法，村集体在大批量流转土地时，应当采取村民大会的方式，从而保障每个村民的土地股权利益。此外，应在土地确权的基础上对农田的基本建设加大投入，政府、集体积极支持，村民主动配合，建立一个基于土地权利的农田综合建设体系，一方面提高农民的财产性收入，另一方面为农业规模经营和农业产业化、商业化经营奠定基础。

(四)拓展土地市场导向

一方面，对能够增加农民土地财产性收入的市场因素进行风险预测，合理控制和分散风险，提高收入的稳定性。在扩大“土地金融”覆盖范围的基础上，考虑这一举措所带来的风险，以政策性农业保险为龙头的金融措施分散、降低风险的能力。在科学分散风险措施和合理监控机制的共同作用下，实现农民土地经营的“安全性”和“收益性”共赢，为长期、稳定增加农民土地财产性收入提供现实条件。另一方面，积极培育以市场为主导的城乡建设用地市场。在符合城乡规划和建设用地用途管制的前提下，综合采用租赁、入股等金融手段,协调用地格局,优先考虑民营中小企业建设用地。同时将建设用地金融投资所得增值收益按合理份额分配给农户和集体,剩余部分应返还,用于"美好乡村"建设。

参考文献:

[1] 蔡继明. 应适时调整农村建设用地结构[N]. 经济参考报,2014-03-04(2).

[2] 蔡天新. 对陈云"鸟笼经济"说的再认识[J]. 中国石油大学学报(社会科学版),2009,(1):15-19.

[3] 陈亚萍. 论农民增加财产性收入的阈限与对策[J]. 生产力研究,2009,(7):30-33.

[4] 冯锋,杜加,高牟. 基于土地流转市场的农业补贴政策研究[J]. 农业经济问题,2009,(7):22-25.

[5] 付宇,刘建华,刘乃安. 吉林省增加农民财产性收入的路径探析[J]. 税务与经济,2012,(6):102-105.

[6] 高帆. 中国农业弱质性的依据、内涵和改变途径[J]. 云南社会科学,2006,(3):49-53.

[7] 关锐捷. 发展壮大农村集体经济增加农民财产性收入[J]. 毛泽东邓小平理论研究,2012,(3):12-17.

[8] 刘灿. 深化农村土地产权制度改革的核心是赋予农民的土地财产权利[J]. 经济学家,2013,(12):14-15.

[9] 权衡. 以要素市场化改革推进新型城镇化建设[J]. 国家行政学院学报,2014,(3):29-30.

[10] 王睿. 城镇化与中国农村土地产权制度改革[J]. 中共中央党校学报,2013,(1):89-92.

[11] 王文龙. 范式冲突,农业生产模式转型与资本下乡之争[J]. 理论导刊,2013,(11):13-17.

[12] 夏宁,夏锋. 农民土地财产性收入的制度障碍与改革路径[J]. 农业经济问题,2008,(11):66-70.

[13] 张立先,郑庆昌. 保障农民土地财产权利视角下的农民财产性收入问题探析[J]. 福建论坛:人文社会科学版,2012,(3):29-33.

长江经济带核心城市影响力研究

方大春　孙明月

摘　要:2014 年政府工作报告将“建设长江经济带”列入施政规划,中国将依托长江在更大的空间视野下促进资源的流动和配置。以长江经济带“协调会”成员城市为研究对象,测算长江经济带内城市能级,确定上海、重庆、武汉和南京为核心城市;利用断裂点模型和经济辐射场强模型,测算核心城市影响力。测算得出:上海市影响力范围要远远大于其他中心城市,而南京、武汉和重庆的辐射影响主要集中于周围城市;产生辐射效果大小与距离、交通网络完善程度和自身城市质量大小有关。加快长江经济带内综合交通网络建设,有利于提高核心城市辐射强度和辐射效果;统筹配置资源,引导人口迁移,有利于发挥长江经济带的最大效益;加大对地处多重断裂点城市的扶持力度,有利于接受核心城市辐射和传递辐射。

关键词:长江经济带;城市影响力;断裂点模型;场强模型

一、引　言

打开中国地图不难发现,中国最大、功能最全、集聚辐射力最强与综合价值最高的区域应该是长江流域,东起上海、西至云南,涉及上海、重庆、江苏、湖北、浙江、四川、云南、贵州、湖南、江西、安徽 9 个省 2 个直辖市,贯通我国东西部,经济总量巨大,其中有上海、南京、武汉、重庆等核心城市。长江流域 11 个省(市)国土面积超过全国五分之一,人口大约有 6 亿,2013 年 11 个省(市)的 GDP 总量接近 26 万亿,占全国 GDP 总量的 41.2%。2014 年中央政府工作报告将“建设长江经济带”列入施政规划,它预示着中国依托长江,将在更大

作者简介:方大春(1973—),男,安徽和县人,安徽工业大学商学院,教授,博士,硕士生导师。

的空间视野下促进资源的流动和配置，激发活力，调动潜力，打造“大而活”的统一市场，提高基础投资的规模效应、产业衔接的雁阵效应、要素结构的互补效应、功能布局的协同效应，以及新型城镇化的集聚效应①。加快建设“长江经济带”，是继“长三角”和“珠三角”之后中国经济持续发展的又一重要引擎。

早在20世纪80年代，中科院院士陆大道提出沿海与沿长江两个一级轴线构成我国国土开发和经济建设T字形宏观格局[1]。纵观国内学者对长江经济带的研究主要集中在战略意义、路径和应对策略等方面。从历史和现实角度考察，长江经济带有必要上升为国家战略（伍新木[2]，2010），长江经济带是21世纪发展中国生产力强大的战略基地（王茂林[3]，2005），借助长江经济带的巨大发展空间和潜力，可以提升中部诸多沿江城市和地区在长江经济带中的地位和功能（马勇、黄猛[4]，2005）。长江经济带打造需要破行政藩篱（葛丰[5]，2013），应从全流域的统筹协调出发（伍新木[2]，2010），可以从空间结构的优化（陈修颖[6]，2007）、统筹城乡区域发展（孔伟明、常梅[7]，2013）、陆海联动（秦月、秦可德、徐长乐[8]，2013）等方面打造长江经济带升级版。

通过文献的梳理可以看出，大部分文章从宏观、定性的角度来研究长江经济带，对长江经济带内部城市之间关系的研究较少。实际上，长江经济带内城市处在不同等级，有核心城市和外围城市。准确把握核心城市影响力，有利于合理构建长江经济带城市体系结构，充分发挥核心城市的辐射效果。本文以“协调会”的27个成员城市作为研究对象。目前，“协调会”由上海、南京、武汉、重庆、攀枝花、宜宾、泸州、宜昌、荆州、岳阳、咸宁、鄂州、黄石、黄冈、九江、安庆、铜陵、芜湖、合肥、池州、马鞍山、泰州、扬州、镇江、南通、宁波、舟山等27个成员城市组成。本文首先通过构建能级评价指标测算长江经济带内的核心城市；再在此基础上，从断裂点和辐射强度（辐射效果）两个方面研究核心城市的影响力；最后，对测算结果进行总结，提出相关建议。

二、城市能级测算

（一）能级评价指标的选取与权重计算

城市能级是指一个城市的某种功能或诸多功能对该城市以外地区的辐射影响程度[9]。城市功能对外辐射范围越大，则能级越高；反之，则能级越低。城市功能分为内在功能和外在功能，内在功能是指城市本身服务的各种

① http://www.changjiangtimes.com/2014/04/476335.html

功能,外在功能是指城市对服务的各种功能。鉴于指标选择的完备性和针对性以及数据易获得性,参考相关学者的构建指标(赵全超、汪波、王举颖[10],2006,韩玉刚、焦化富、李俊峰[9],2010),选取能级指标中的内在功能包括国民生产总值、人均 GDP、人均消费品零售总额、固定资产投资占 GDP 的比重和公共财政预算收入占 GDP 的比重,外在功能包括货物周转量、旅客周转量、公路总里程、年邮电业务总量和经济联系强度。各市的指标数据来自于各省 2013 年的统计年鉴和各市 2012 年国民经济和社会发展统计公报,泰州与南通 2012 年的旅客周转量和货物周转量根据灰色系统 GM(1,1)模型预测所得。

在建立指标体系的基础之上,通过熵值法来确定各指标的权重。熵值法的好处是避免了主观赋权的主观因素的干扰,具有科学性和有效性。其计算步骤为:设有 m 个待评价的对象,n 个评价指标,形成原始矩阵 $X = (x_{ij})_{m \times n}$。对于某项指标 x_j,指标值 x_{ij} 的差距越大,该指标提供的信息量就越大,其在综合评价中所起得到作用就越大,信息熵就越小,其权重就越大;反之,其权重就越大。

(1)指标的标准化处理。由于各项指标的计量单位并不统一,因此在计算前应对指标进行标准化处理,即把指标的绝对值转化为相对值。由于正向指标和负向指标所代表的含义不同,其具体的计算公式为:

$$\text{正向指标}: x'_{ij} = \frac{x_{ij}}{x_{j\max}}; \text{负向指标}: x'_{ij} = \frac{x_{j\min}}{x_{ij}}$$

其中,$x_{j\max}$ 为正向指标 x_j 中最大的指标值,$x_{j\min}$ 为负向指标 x_j 中最小的指标值;

将数据进行归一化处理,$y_{ij} = \dfrac{x'_{ij}}{\sum_{i=1}^{m} x'_{ij}}$,由此得到标准化矩阵 $Y = (y_{ij})_{m \times n}$;

(2)计算第 j 项指标的熵值,其中 $e_j = -k \sum_{i=1}^{m} y_{ij} \ln y_{ij}$;

其中 k 为常数,对于一个信息完全无序的系统,其熵值最大,此时 x_{ij} 对于给定的 j 全部相同,那么 $y_{ij} = 1/m$,此时,e 取极大值。令 $k = 1/\ln m$,则有 $0 \leqslant e_j \leqslant 1$。

(3)计算第 j 项指标的偏差度:$d_j = 1 - e_j$;

(4)计算第 j 项指标的权重:$w_j = \dfrac{d_j}{\sum_{j=1}^{n} d_j}$。

根据熵值法,计算出各指标的权重如表 1 所示,其中经济联系强度根据修正的引力模型计算所得[11]。

表1　指标权重

指标	单位	权重
国民生产总值	亿元	0.11
人均 GDP	元	0.03
人均消费品零售总额	元	0.03
货物周转量	亿吨 * 公里	0.27
旅客周转量	亿人 * 公里	0.15
固定资产投资/GDP	%	0.02
公共财政预算收入/GDP	%	0.02
公路里程	公里	0.10
年邮电业务总量	亿元	0.16
经济联系强度	亿元 * 万人 · h^{-2}	0.11

(二)沿江城市能级测算结果

在进行测算之前,首先要对原始数据进行标准化处理,所利用的公式是:

$$y_{ij}=\frac{x_{ij}-x\ \min j}{x\ \max j-x\ \min j} \tag{1}$$

其中,y_{ij}为处理后的标准值,x_{ij}为原始值,$x_{\min j}$为评价指标j的原始最小值,$x_{\max j}$为评价指标j的原始最大值。在此基础之上,通过城市能级指数公式$E_i=\sum^{n} w_j y_{ij}$(w_j为指标j的权重)可以计算出沿江27个城市的能级指数。其结果如表2所示:

表2　各城市能级指数对比表

城市	能级指数	城市	能级指数
上海	0.89	九江	0.08
重庆	0.40	黄冈	0.08
武汉	0.33	岳阳	0.07
南京	0.31	铜陵	0.07
宁波	0.19	荆州	0.06
合肥	0.16	安庆	0.06
南通	0.16	黄石	0.06
镇江	0.12	咸宁	0.06

（续表）

城市	能级指数	城市	能级指数
扬州	0.12	泸州	0.05
泰州	0.11	鄂州	0.05
舟山	0.10	宜宾	0.05
宜昌	0.10	池州	0.05
芜湖	0.09	攀枝花	0.05
马鞍山	0.08		

从计算的结果可以看出，能级指数最高的为上海市，且其指数远远高于沿江其他城市。能级指数最高的上海市与能级指数最低的攀枝花市差距很大，差值为0.84，沿江城市经济发展的不平衡性较突出。能级指数紧接于上海市的城市分别是重庆、武汉和南京。为了更加清楚的定位沿江城市，文章基于能级指数的计算结果，运用SPSS21.0对沿江城市发展进行聚类分析，所采用的是系统聚类的方法，图1是系统聚类的树状图。

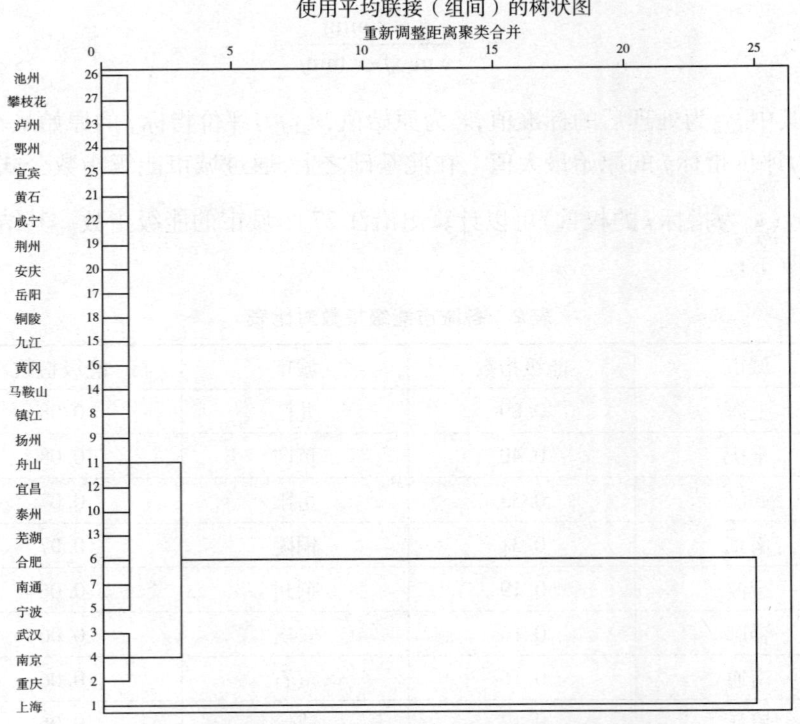

图1　长江经济带协调会成员城市系统聚类树状图

其结果为：第一层次为能级指数最高的上海市，说明上海市的综合实力在长江经济带中最强，其在整个长江经济带中处于核心地位；第二层次包括的城市有重庆、武汉和南京，其能级指数虽然低于上海市，但在局部区域内处于核心地位；第三层次包括宁波、合肥、南通、镇江、扬州、泰州、舟山、宜昌、芜湖、马鞍山、九江、黄冈、岳阳、铜陵、荆州、安庆、黄石、咸宁、泸州、鄂州、宜宾、池州和攀枝花。基于聚类分析的结果，可以得出长江经济带的核心城市分别是上海、重庆、武汉和南京。在此基础之上，文章试图测算出长江经济带核心城市的影响范围以及对周边城市的影响力。

三、核心城市影响力实证分析

（一）核心城市之间断裂点

城市影响范围理论分析法中较为经典的有赖利[12]（W. J. Reilly）的零售引力模型和康弗斯[13]（P. D. Converse）的断裂点模型。由于断裂点模型更适用于测算中心城市的势能范围，文章采用断裂点模型进行测算。

"断裂点"理论认为，城市的影响范围是由该城市的规模和相邻两城市之间的距离决定的，该城市的规模越大，综合实力越强，那么该城市的影响范围就越大。相邻两城市的吸引力达到平衡的点即为断裂点，断裂点公式为：

$$D_c = \frac{D_{ce}}{1+\sqrt{\frac{G_e}{G_c}}} \tag{2}$$

其中，D_c 表示断裂点到核心城市 c 的距离，D_{ce} 表示核心城市 c 和核心城市 e 之间的距离，G_c 和 G_e 分别表示 c 城市和 e 城市的综合实力。

从沿江城市能级测算的结果可以看出，沿江地区的首位核心城市是上海市，其次是重庆、武汉和南京。由于长江经济带所涉及的范围较广，地形较复杂，如果以简单的直线距离作为衡量两个城市之间的距离，结果并不科学。为此，文章以城市之间的公路交通最短时间里程作为两城市之间距离。城市质量中城市 GDP 数据和常住人口数据均来自各省的统计年鉴和各市的国民经济和社会发展统计公报。根据断裂点模型公式（2），计算四个中心城市之间的断裂点，结果如表 3 所列。

表3　核心城市断裂点范围　（单位:km）

		中心城市			
		上海	南京	武汉	重庆
对应城市	上海		77.79	243.22	785.31
	南京	222.41		289.09	1003.37
	武汉	592.33	246.26		595.17
	重庆	936.99	418.73	291.58	

由表3的计算结果可知,上海与南京之间的断裂点距离上海市的最短距离为222.41km,距离南京市的最短距离为77.79km。如果将断裂点作为上海市和南京市的影响边界,那么上海市的影响范围要远远大于南京市的影响范围,其边界点大致位于镇江市附近。上海市与武汉市的断裂点距离上海市的最短距离为592.33km,距离武汉市的最短距离是243.22km,上海市的影响范围也要明显大于武汉的影响范围,其断裂点大致位于安庆和九江的中间地带。上海市与重庆市的断裂点距离上海的最短距离是936.99km,距离重庆市的最短距离是785.31km,其断裂点大致位于荆州附近。南京市与武汉市的断裂点距离南京市的最短距离是246.26km,距离武汉市的最短距离是289.09km,其断裂点大致位于安庆市境内。南京市与重庆市的断裂点距离南京市的最短距离是418.73km,距离重庆市的最短距离是1003.37km,其断裂点大致位于黄冈附近。武汉市与重庆市的断裂点距离武汉市的最短距离是291.58km,距离重庆市的最短距离是595.17km,其断裂点大致位于宜昌附近。

（二）经济辐射场强模型及其分析结果

通过断裂点模型,大致测算出了核心城市的影响范围。但是核心城市的影响力并非局限于断裂点内部,而是可以渗透到对方城市的影响范围内,只是其影响力要小于对方城市的影响力。

本文引进了经济辐射场强模型,即经济辐射场强E和辐射力F模型[14],全面考察核心城市在长江经济带内的影响力。经济辐射的含义是指经济发展水平较高的地区作为辐射源,经济发展水平相对较低的地区作为受力点,以交通作为辐射媒介,将资本、技术、人才、信息等资源从辐射源向受力点流动。经济辐射场强模型定义如下:

$$E_{ji}=\frac{\sqrt{P_i\cdot G_i}}{d_{ij}} \tag{3}$$

$$F_{ij}=\frac{\sqrt{P_iG_i}\cdot\sqrt{P_jG_j}}{D_{ij}} \tag{4}$$

其中,E_j 表示辐射源 i 在受力点 j 处产生的辐射场强,代表产生辐射强度;F_{ij}为辐射源 i 对受力点 j 产生的辐射力,代表产生辐射能力效果。$\sqrt{P_iG_i}$ 表示辐射源城市 i 的城市质量,$\sqrt{P_jG_j}$ 表示受力点城市 j 的城市质量。d_{ij} 表示辐射源城市 i 到受力点城市 j 的最短时间距离;城市之间有铁路(高铁)直达就用最短铁路到达时间,如果在两城市没有铁路直达时,用最短公路时间距离来代替,不考虑通过铁路与公路转乘计算最短时间。城市质量如表 4 所列。

表 4　城市质量

上海	6931.17	泰州	1169.61	荆州	827.08	咸宁	437.46
重庆	5809.20	扬州	1144.69	宜宾	824.17	舟山	311.87
武汉	2846.03	岳阳	1102.29	九江	823.30	攀枝花	287.71
南京	2424.29	宜昌	1012.80	芜湖	818.77	池州	243.38
宁波	2242.35	镇江	910.96	泸州	661.77	鄂州	242.98
南通	1823.90	黄冈	862.20	马鞍山	520.43	铜陵	213.55
合肥	1775.73	安庆	850.51	黄石	504.05		

计算经济辐射场强时,将上海、南京、武汉和重庆四个城市作为辐射源,其他城市作为受力点。通过经济辐射场强模型来测算辐射源对受力点城市的辐射强度(单位:万人·亿元·h^{-2})以及受力城市的接受程度(万人·亿元·h^{-2}),所得结果如表 5、表 6 所列。

表 5　上海和南京对受力城市的经济辐射

	上海				南京			
	E_{ij}	E_{ij}排名	F_{ij}	F_{ij}排名	E_{ij}	E_{ij}排名	F_{ij}	F_{ij}排名
舟山	1698.82	4	529809.07	15	366.21	16	114208.93	19
宁波	4278.50	2	9593915.81	1	1022.91	7	2293723.47	4
南通	807.83	15	1473396.68	4	548.48	11	1000375.83	8
泰州	1094.97	10	1280691.84	7	1171.16	6	1369797.89	5
镇江	7072.63	1	6442867.28	2	7575.92	1	6901345.48	1
扬州	1244.38	8	1424426.80	5	2020.24	4	2312557.67	3

第二专场　经济改革牵引与全面小康建设

（续表）

	上海				南京			
	E_{ij}	E_{ij}排名	F_{ij}	F_{ij}排名	E_{ij}	E_{ij}排名	F_{ij}	F_{ij}排名
马鞍山	1497.01	5	779094.41	11	2499.27	2	1300702.07	6
芜湖	1307.77	6	1070762.15	8	1487.30	5	1217754.55	7
合肥	2696.95	3	4789068.21	3	2353.68	3	4179510.37	2
铜陵	1026.84	12	219281.37	20	787.11	8	168086.67	17
池州	926.63	14	225527.04	19	634.63	9	154459.76	18
安庆	650.81	19	553521.57	14	378.80	15	322168.20	12
九江	571.41	20	470441.61	16	345.34	20	284320.32	14
黄石	804.08	16	405295.39	17	360.22	17	181569.27	16
鄂州	780.54	17	189651.50	22	352.37	18	85616.86	21
黄冈	655.12	18	564845.59	12	348.82	19	300752.39	13
咸宁	1283.55	7	561495.86	13	618.44	10	270540.78	15
岳阳	1168.83	9	1288388.97	6	544.79	12	600509.90	9
荆州	1034.50	11	855619.31	10	472.57	13	390855.75	11
宜昌	953.39	13	965592.97	9	425.31	14	430756.79	10
泸州	288.80	21	191118.83	21	118.09	21	78145.55	22
宜宾	277.25	22	228498.48	18	111.62	22	91990.29	20
攀枝花	210.04	23	60430.32	23	100.59	23	28942.12	23
平均值	1405.68		1485380		1071.473		1046900	

表6　武汉和重庆对受力城市的经济辐射

	武汉				重庆			
	E_{ij}	E_{ij}排名	F_{ij}	F_{ij}排名	E_{ij}	E_{ij}排名	F_{ij}	F_{ij}排名
舟山	218.42	20	68118.84	22	242.05	20	75487.93	22
宁波	451.75	14	1012983.77	9	188.73	23	423205.71	6
南通	218.93	19	399296.72	13	229.43	21	418458.59	7
泰州	258.26	18	302063.93	16	249.32	19	291609.48	13
镇江	669.65	10	610026.14	10	223.86	22	203928.12	15

（续表）

	武汉				重庆			
	E_{ij}	E_{ij}排名	F_{ij}	F_{ij}排名	E_{ij}	E_{ij}排名	F_{ij}	F_{ij}排名
扬州	288.35	17	330073.23	15	261.68	18	299537.76	11
马鞍山	411.28	16	214041.06	17	310.98	14	161846.54	17
芜湖	415.48	15	340181.29	14	312.32	13	255720.27	14
合肥	1305.52	8	2318247.34	3	296.84	16	527111.55	4
铜陵	459.04	13	98027.05	21	322.20	12	68804.84	23
池州	517.46	12	125941.73	20	335.21	11	81585.11	21
安庆	599.16	11	509592.08	12	350.37	10	297994.91	12
九江	694.15	9	571498.09	11	387.28	8	318848.58	9
黄石	4378.50	3	2206976.41	4	360.82	9	181870.50	16
鄂州	5174.59	2	1257299.32	8	439.09	6	106688.75	20
黄冈	1801.28	6	1553067.90	6	430.95	7	371564.94	8
咸宁	7115.07	1	3112522.11	2	308.67	15	135029.89	18
岳阳	3470.76	4	3825779.69	1	282.96	17	311904.73	10
荆州	2139.87	5	1769847.54	5	518.68	4	428989.41	5
宜昌	1497.91	7	1517074.89	7	955.46	2	967685.29	2
泸州	201.42	21	133292.18	19	2371.10	1	1569126.12	1
宜宾	185.77	22	153107.57	18	663.91	3	547172.78	3
攀枝花	118.98	23	34232.59	23	459.22	5	132125.78	19
平均值	1417.03		976664.8		456.57		355491.2	

从表4中可以看出，在长江经济带上，上海市对受力城市辐射场强最大的前五位城市分别是镇江、宁波、合肥、舟山和马鞍山；而受力城市接受上海市辐射的能力最高的分别是宁波、镇江、合肥、南通和扬州。南京市对受力城市辐射场强最大的前五位城市分别是镇江、马鞍山、合肥、扬州和芜湖；而受力城市接受南京市辐射的能力最高的分别是镇江、合肥、扬州、宁波和泰州。从表5中可以看出，在长江经济带上，武汉市对受力城市辐射场强最大的前五位城市分别是咸宁、鄂州、黄石、岳阳和荆州；受力城市接受武汉市辐射的能力最高的分别是岳阳、咸宁、合肥、黄石和荆州。重庆市对受力城市辐射场强最

大的前五位城市分别是泸州、宜昌、宜宾、荆州和攀枝花；受力城市接受重庆市辐射的能力最高的分别是泸州、宜昌、宜宾、合肥和荆州。

可以得出，距离核心城市越近，受力城市接受其辐射强度（E_{ij}）就越大，辐射效果（F_{ij}）大小不仅与距离有关，而且与自身城市质量大小有关。结合核心城市的城市质量，对比其辐射强度（E_{ij}）和辐射效果（F_{ij}）平均值大小可知：受力城市接受上海辐射强度远远高于其他核心城市，与上海城市能级强和便利交通有关；武汉市因为处于长江经济带中间位置，产生辐射场强略高于上海市对其他成员城市辐射场强；重庆市因为交通不便，其辐射强度（E_{ij}）和辐射效果（F_{ij}）平均值都明显低于其他核心城市。

把受力城市接受核心城市辐射强度（E_{ij}）和辐射效果（F_{ij}）加总，见表7。结合各城市自身城市质量，可以发现接受核心城市辐射强度（E_{ij}）和辐射效果（F_{ij}）与区位交通有很大关系。处在南京和武汉两大核心城市之间断裂点位置的城市九江和安庆接受辐射强度和产生效果与其城市质量地位差别较大；南通与镇江因所处区位交通条件不同，差别迥异。

表7　辐射场强和产生辐射效果总和

受力城市	E_{ij}总和	F_{ij}总和	受力城市	E_{ij}总和	F_{ij}总和
镇江	15542.06	14158167	黄冈	3236.17	2790230.8
咸宁	9325.73	13323829	泸州	2979.4	2455684.1
鄂州	6746.59	11813937	泰州	2773.71	1971682.7
合肥	6653	6026583.3	铜陵	2595.18	1683276.8
宁波	5941.89	4366595.5	舟山	2525.5	1645108.6
黄石	5903.62	4079588.7	池州	2413.93	1639256.4
岳阳	5467.34	3881109.9	九江	1998.18	1020769.1
马鞍山	4718.55	3445312	安庆	1979.15	787624.77
荆州	4165.62	3291527.8	南通	1804.67	587513.64
宜昌	3832.08	3244163.2	宜宾	1238.54	554199.93
扬州	3814.65	2975711.6	攀枝花	888.83	255730.81
芜湖	3522.87	2884418.3			

（三）实证分析结果

（1）从城市能级来看：①长江经济带内城市能级大致分为三类，上海市处于第一层次，重庆、武汉、南京处在第二层次，第三层次城市众多且内部差距较大;②长江下游的城市能级指数要普遍高于长江中上游的城市。

(2)从城市影响力来看:①上海市的影响范围要远远大于其他中心城市,在经济带内中上游城市受其辐射场强仍然较强,上海市的影响力已覆盖到全流域地区,而南京、武汉和重庆的辐射影响主要集中于周围城市,对于远距离城市其影响力较小;②距离核心城市越近,受力城市接受其辐射场强就越大,产生辐射效果大小不仅与距离有关,而且与自身城市质量大小有关;③核心城市产生辐射强度和辐射效果与其铁路和高速公路交通网络直接可达性紧密相关,重庆市因为与其他城市间交通网络不完善,导致产生辐射强度和辐射效果显著小于其他三个核心城市。

四、政策建议

基于实证分析结果,给出如下政策建议

(一)增强部分城市集聚功能

对区域中心城市加以重点扶植,增强城市能级,走先极化后扩散发展模式。从城市能级聚类来看,长江经济带"协调会"27个城市分为三个层次。第三层次城市有23个之多。有些城市在区域区位中肩负重要角色,但目前能级不够强大,难以向外产生更多辐射效应,应该加强合肥、芜湖、安庆、九江、荆州等中心城市支持力度,发挥其在区域中心的价值[15]。

(二)支持断裂点处城市发展

地处断裂点城市因处于两个核心城市边缘,导致发展定位难以确定。九江和安庆因处在武汉与南京、武汉与上海之间的双重断裂点位置,其接受核心城市辐射强度和产生辐射效果都较小,更需要挖掘自身的发展潜力;支持安庆市和九江市跨江发展,做大体量,接受核心城市辐射,再传递辐射。

(三)加快长江经济带内综合交通网络建设

如从运输成本考虑,长江沿线主要集中布局重工业或者化工业产业,然而这种布局直接威胁长江流域水生态环境。因此,长江经济带绝对不能看作为长江黄金水道运输带,而是立足于长江经济带产业梯度特征,构建产业链与价值链空间耦合,立足于沿线城市在长江经济带角色定位,构建城市空间结构共生系统。不仅推进长江干线航道畅通高效建设,更要以综合交通运输大通道为支撑,加快推进沿江高速铁路、高速公路建成,优化航空交通网络,形成城市群立体交通网络骨架。

(四)引导长江流域内资源在城市间合理配置。

核心城市对其他城市产生辐射效果,不仅取决于交通网络通达性,而且与城市质量有关,城市质量越大接受辐射能力越强,产生辐射效果就越大;这需要统筹优化资源配置,按照区位条件和禀赋进行产业转移,优化产业布局,引导人口合理分布,不能过度集中在某些城市,谋划长江经济带整体效益最大化。

参考文献:

[1] 陆大道. 我国区域开发的宏观战略[J]. 地理学报,1987,42(2):97-105.

[2] 伍新木. 应将长江经济带的发展上升为国家战略[J]. 长江流域资源与环境,2010,19(10)
:1157-1158.

[3] 王茂林. 把长江经济带建成21世纪发展中国生产力强大的战略基地[J]. 生产力研究,2005,(12):118-119.

[4] 马勇,黄猛. 长江经济带开发对中部崛起的影响与对策[J]. 经济地理,2005,25(3):298-301.

[5] 葛丰. 长江经济带升级须先破行政藩篱[N]. 中国经济周刊,2013-10-22.

[6] 陈修颖. 长江经济带空间结构演化及重组[J]. 地理学报,2007,62(12):1265-1276.

[7] 孔伟明,常梅. 统筹城乡区域发展共建长江经济带升级版[J]. 宏观经济管理,2013(8):51-53.

[8] 秦月,秦可德,徐长乐. 流域经济与海洋经济联动发展研究——以长江经济带为例[J]. 长江流域资源与环境,2013,22(11):1405-1411.

[9] 韩玉刚,焦化富,李俊峰. 基于城市能级提升的安徽江淮城市群空间结构优化研究[J]. 经济地理,2010,30(7):1101-1106+1132.

[10] 赵全超,汪波,王举颖. 环渤海湾经济圈城市群能级梯度分部结构与区域经济发展战略研究[J]. 北京交通大学学报,2006,5(2):28-33.

[11] 王欣,吴殿廷,王红强. 城市间经济联系的定量计算[J]. 城市发展研究,2006,(3):55-59.

[12] W. J. Reilly. The Law of Retail Gravitation [M]. New York: The Knickerbocker Press,1931.

[13] P. D. Converse. Elements of Marketing[M]. Englewood Cliffs, N. J. ,1931.

[14] 傅为忠,卢军,侯静怡. 基于场强模型的合肥、马鞍山、芜湖三市融入长三角的现状与对策[J]. 华东经济管理,2009,23(11):9-13.

[15] 刘伟. 长江经济带区域经济差异分析[J]. 长江流域资源与环境,2006,15(2):131-135.

县域经济发展需求的科技支撑能力评价
——基于安徽省80个县(区)的实证分析

贺文慧 梁 敏 杨德胜

摘 要:基于县域经济发展需求的视角,采用层次分析法构建综合评价指标体系,从科技促进产业提升能力、科技示范服务能力、科技创新产出能力以及科技资源支持能力四个方面考察县域科技支撑能力。通过引入2013年安徽省县(市)科技进步数据,对80个县(区)科技支撑能力进行实证分析与评价。总体来看,安徽省县域科技支撑能力未能充分适应县域经济发展的需求,各县(区)之间科技支撑能力差距显著,贫困县的科技支撑能力问题更为突出。

关键词:科技支撑;县域经济;综合评价

一、引 言

安徽省县域经济发展中的支柱产业多依赖于地方资源,发展空间小。且随着工业化、城镇化的快速推进,县域经济发展与资源、环境承载能力的矛盾日益突出,迫切需要通过科技创新来打造新的发展优势。根据《2013全国科技进步统计监测报告》,安徽省科技促进社会经济发展指数远远低于全国平均水平,位列全国第27位。而在经历着从资源经济型向资本技术型转换的县域经济发展过程中,技术要素的作用日益凸显。因此,如何打破资源与技术约束,充分发挥科技在县域经济发展中的支撑作用,从而满足县域经济增长

基金项目:安徽省软科学重点项目"科技支撑县域经济发展能力提升的对策研究"(12020503052)。

作者简介:贺文慧(1973—),女,安徽大学经济学院副教授,博士,硕士生导师。

“量”与“质”的需求尤为关键。

随着我国科技兴县战略的全面实施，学者们（孙自铎，2008；刘冬梅，2009；周晓平，2011；毕亮亮，2013）纷纷指出提升科技支撑能力对于实现县域经济持续稳定发展至关重要[1][2][3]。但我国目前究竟科技在县域经济发展中的支撑能力发挥得如何？还存在哪些困难与问题等等，均需要通过对县域科技支撑能力进行科学客观的评价分析才能知晓。但是，由于县域科技问题研究所需的数据与资料，在可获得性与完备性方面存在着诸多困难，往往使得有关县域科技支撑能力的评价研究很难深入进行，造成诸如此类问题的实证研究成果较少。

因此，本文着眼于县域经济现实发展中的科技支撑需求，采用AHP方法，尝试构建县域科技支撑能力综合评价指标体系，并利用2013年安徽省县（市）科技进步考核数据，对80个县（区）的科技支撑能力进行实证分析，客观评价现阶段县域经济发展中科技支撑能力的发挥状况，为县域经济发展中科技政策的管理与决策提供重要的参考依据，从而促进技术要素与自然资源要素、人力资源要素、资本要素的有机结合。

二、评价指标及评价模型的构建

（一）选择评价指标

安徽省县域经济发展的过程中，原有体制机制和劳动力优势都在弱化，资源消耗的粗放式增长模式劣势在逐渐放大，产业转型升级、企业技术创新能力以及生产要素有限等问题正逐步成为县域经济发展中亟待突破的瓶颈问题。因此，科技对县域经济发展的支撑作用也随之体现在：为产业转型升级中的技术创新提供科学理论指导[4]、提高企业生产中的知识和科技含量、提高劳动者和人才的素质以及促进政府、企业的科学决策等多个方面。

全面、科学的综合评价指标体系设计，是客观评价县域科技支撑能力的关键[5]。本文结合相关研究成果以及县域经济发展对科技的需求现状，形成了包括产业提升能力、示范服务能力、创新产出能力以及资源支持能力四个方面的科技支撑能力综合评价指标体系。

（1）科技促进产业提升能力是县域科技支撑能力的重要组成部分，它体现了科技促进传统产业的改造与升级，努力实现产业化的能力[6]。同时，这种能力还体现在促进民营科技企业、高新技术企业的发展以及新兴主导产业的培育等方面[7]。因此，通过设计年技术市场成交合同额、高新技术企业数、规模以上工业企业技术开发经费占产品销售收入的比例以及各级认定企业技术中心数等四个指标来进行评价。

(2)科技示范服务能力是科技支撑能力评价中不可或缺的因素。在县域经济发展水平有限的阶段,通过建立和健全完善的科技服务体系,能够更好地发挥科技的经济效应[8]。本文主要通过技术开发与服务机构数、科技人员服务企业人数以及科技特派员人数三个方面来进行这一能力的衡量。

(3)科技创新产出能力是科技支撑能力的核心。县域中小企业通过加大科技投入,积极开发应用高新技术成果,增强其市场开拓能力和创新的能力[9]。本文设计了科技成果转化个数、10 万人授权专利数、GDP 增长率以及规模以上工业企业销售收入四个指标对此能力进行评价。

(4)科技资源支持能力,包括财力支持与人力支持两个方面。因此设计了本级科学技术支出占当年本级财政一般预算支出比例、获得上级部门科技项目经费、科研管理部门中本科及以上学历比例以及万人拥有专业技术人员数等四个三级评价指标[10]。

综合上述指标,从而构成县域经济发展中科技支撑能力的综合评价指标体系。具体详见表 1。

(二)确定指标权重

指标权重的确定对于能否做到客观评价尤为关键。而选择确定权重的方法更是综合评价的重中之重。本文结合专家打分法和层次分析法,首先,在高校及相关实践部门选择具有理论基础与实践经验的专家,请各位专家评价指标进行两两比较,然后根据专家对各评价指标的相对重要性来确定各指标权重。

具体步骤以二级指标权重的设定为例:

首先,通过德尔菲法,对二级指标进行两两比较,获得二级指标之间的相对重要性数据。层次分析法中,选择何种标度方法来构造判断矩阵很关键。考虑到标度的一致性与均匀性,本文参照 $9^{0/9} \sim 9^{8/9}$ 标度体系来确定相应的 a_{ij} 值,得到二级指标的比较判断矩阵,记为 A,计算各因素几何平均值 w,记,$w = (w_1 \quad w_2 \quad w_3 \cdots w_n)^T$,并进行归一化处理,得到各指标的相对权重[10],见表 2。

由于需要确定权重的指标较多,为避免矩阵内的初始权数发生相互矛盾,有必要进行一致性检验。

计算判断矩阵的最大特征值

$$\lambda_{\max} = \frac{1}{n} \sum_{i=1}^{n} \frac{(Aw)_i}{w_i} = 4.2634$$

得到一致性比率 $CI = \frac{\lambda_{\max} - n}{n - 1} = \frac{4.2634 - 4}{4 - 1} = 0.0878$

一致性比率小于10%,可以判定矩阵A的一致性程度比较高,所构建的权数是合理的。

同理,我们还可以设定三级指标的相关权重,见表1。

表1　县域科技支撑能力评价指标及权重

<table>
<tr><th>一级指标</th><th>二级指标</th><th>三级指标</th><th>权重</th></tr>
<tr><td rowspan="15">县域经济发展需求的科技支撑能力</td><td rowspan="4">促进产业提升能力(0.29)</td><td>年技术市场成交合同额(万元)</td><td>0.23</td></tr>
<tr><td>高新技术企业数(个)</td><td>0.26</td></tr>
<tr><td>各级认定企业技术中心数(个)</td><td>0.19</td></tr>
<tr><td>规模以上工业企业技术开发经费占产品销售收入的比例(%)</td><td>0.32</td></tr>
<tr><td rowspan="3">科技示范服务能力(0.16)</td><td>技术开发与服务机构数(个)</td><td>0.41</td></tr>
<tr><td>科技人员服务企业人数(人)</td><td>0.36</td></tr>
<tr><td>科技特派员人数(人)</td><td>0.23</td></tr>
<tr><td rowspan="4">科技创新产出能力(0.35)</td><td>科技成果转化数(个)</td><td>0.32</td></tr>
<tr><td>10万人授权专利数(个)</td><td>0.17</td></tr>
<tr><td>GDP增长率(%)</td><td>0.27</td></tr>
<tr><td>规模以上工业企业销售收入(万元)</td><td>0.24</td></tr>
<tr><td rowspan="4">科技资源支持能力(0.21)</td><td>本级科学技术支出占当年本级财政一般预算支出比例(%)</td><td>0.30</td></tr>
<tr><td>获得上级部门科技项目经费(万元)</td><td>0.28</td></tr>
<tr><td>科研管理部门中本科及以上学历比例(%)</td><td>0.16</td></tr>
<tr><td>万人拥有专业技术人员数(人)</td><td>0.26</td></tr>
</table>

表2　县域科技支撑能力二级评价指标权重计算

	A1	A2	A3	A4	w	归一化 w	Aw/w
A1	1	2.0800	0.7831	1.6290	1.2763	0.2872	4.2711
A2	0.6139	1	0.4808	0.7831	0.6933	0.1560	4.2557
A3	1.2770	2.6550	1	1.6290	1.5330	0.3450	4.2635
A4	0.7831	1.6290	0.6139	1	0.9407	0.2117	4.2634

三、安徽省县域科技支撑能力综合评价实证分析

（一）安徽省县域科技支撑能力一般性统计描述

从安徽省各县（区）2012 年相关科技指标的描述性统计可以看到（具体见表 3），安徽省各县（区）科技支出增加比例，与前一年度相比，有所减弱。但是企业享受研发经费及税收优惠的额度有所加大，与 2011 年的平均值（840.21 万元）相比，上升幅度近 200%。同时，科技特派员人数、科技成果转化数以及年技术市场成交合同金额、10 万人授权专利数等均有较大幅度的提升。

表 3　2011—2012 年安徽省县（区）相关科技指标统计性描述

指　标	2011 年平均值	2012 年平均值	2011 年最高值	2012 年最低值
本级科学技术支出占当年本级财政一般预算支出比例（%）	1.8	2.01	3.54	1
本级科学技术支出增长比例（%）	52.93	36.74	503.3	3.11
本级科学技术支出增长率高于本级财政经常性收入增长率的数量（个）	28.43	19.5	486.7	-27.55
企业享受研发经费加计扣除优惠政策获得的税收减免额（万元）	840.21	1007.83	7121	0
高新技术企业税收优惠额（万元）	1079.07	1141.9	8731.25	0
万人拥有专业技术人员数（人）	347.56	366.88	7587	62
科技特派员人数（人）	64.73	77.35	307	0
技术开发和服务机构数（家）	126.5	148.28	570	2
国家或省级认定的科技企业孵化器数（个）	0.42	0.54	2	0
孵化器年末在孵企业数（家）	11.62	14.96	106	0
国家或省级认定的科技园区和特色产业基地数（个）	9.62	12.91	58	0
年技术市场成交合同金额（万元）	3876.24	4973.6	19780	0
规模以上工业企业科技活动经费支出占产品销售收入的比例（%）	2.8	3.22	15.55	0.09
10 万人授权专利数（件/10 万人）	45.51	66.44	462.86	2.97
高新技术产业产值占工业总产值的比重（%）	22.69	24.39	62.47	0

数据来源：根据 2013 年安徽省县（市）科技进步考核数据整理所得。

（二）安徽省县域科技支撑能力综合评价与分析

综合评价，就是通过组织多层次指标，形成一个包含各个侧面的综合指标体系，从而尽可能地反映评价对象的全貌。

由于各评价指标所代表的内涵不同，因此，有必要对已选择的反映科技支撑能力的指标进行无量纲化处理[11]。目前已提出的无量纲化方法很多，相对于极差化等无量纲化处理方法，均值化方法保留了各指标变异程度的信息，评价结果更为准确。因此，本文采用了均值化方法对评价指标进行无纲量化处理。

通过对安徽省 80 个县（区）科技支撑能力进行综合评价，得到了各县（区）分层指标评价值以及最终科技支撑能力综合评价值，分别进行排名。详见表 4 与表 5。

表 4　科技支撑能力综合排名前十名与后十名的县（区）

县（区）名	科技支撑能力综合得分	排　名
合肥市　肥西县	2.7728	1
宣城市　宁国市	2.7403	2
芜湖市　繁昌县	2.3835	3
芜湖市　芜湖县	2.2028	4
合肥市　长丰县	1.9692	5
六安市　霍山县	1.9288	6
合肥市　肥东县	1.9228	7
滁州市　天长市	1.8215	8
六安市　舒城县	1.6884	9
铜陵市　郊区	1.6294	10
宿州市　萧　县	0.5190	70
滁州市　明光市	0.4908	71
巢湖市　庐江县	0.4817	72
安庆市　怀宁县	0.4550	73
黄山市　黟　县	0.4343	74
安庆市　望江县	0.4076	75
亳州市　涡阳县	0.4057	76
淮南市　八公山区	0.3801	77
亳州市　利辛县	0.3509	78
亳州市　蒙城县	0.3350	79
宿州市　泗　县	0.2503	80

从表4可以看到，在安徽省80个县(区)的科技支撑能力综合排名中，合肥市肥西县位列首位，同时合肥市的长丰县和肥东县也位列前十名之内。这与此三县辖属省会合肥市不无关系。县域经济发展一直位于全省前列的宁国市位列第二位，辖属合芜蚌自主创新综合配套改革试验区的繁昌县和芜湖县分列三、四位。同时我们也可以看到，科技支撑能力综合排名后十位的县多为地处皖北和皖西的贫困县，而这些贫困县经济发展对于科技支撑的需求可谓最为强烈。

通过表5，我们进一步对构成科技支撑能力评价指标体系的四个二级指标排名进行分析，可以发现，肥西县在科技促进产业发展能力方面较好，但是其科技推广与服务能力稍逊一筹；在科技创新与应用能力排名前十名的县中有八个县(区)同时也是科技支撑能力前十名的县，可见，科技创新与应用能力在县域科技支撑能力中起着非常关键的作用。旌德县的科技资源支持能力虽然位列前列，但是其科技资源的利用效率却未能充分发挥，因此，科技支撑能力综合排名也仅位列44位。

表5 科技支撑能力二级指标排名前十名的县(区)

促进产业提升能力		科技示范服务能力		科技创新产出能力		科技资源支持能力	
3.5945	肥西县	5.5285	宜秀区	4.2782	繁昌县	2.2643	旌德县
3.5924	界首市	3.8224	凤台县	3.9144	芜湖县	2.2394	舒城县
3.2918	宁国市	2.5719	金寨县	3.5215	宁国市	2.2290	郊　区
2.2786	东至县	2.4598	寿　县	3.3180	肥西县	2.0417	太湖县
2.2320	太湖县	2.4245	临泉县	3.3079	天长市	1.9923	肥西县
2.1432	濉溪县	2.3140	霍山县	2.9825	肥东县	1.8104	界首市
2.0386	长丰县	2.1875	歙　县	2.7234	长丰县	1.7470	天长市
1.8745	霍山县	2.0968	南陵县	2.5368	郊　区	1.7460	肥东县
1.8175	霍邱县	1.9410	黄山区	1.9488	贵池区	1.7077	霍山县
1.7835	南陵县	1.8319	舒城县	1.9303	潜山县	1.6002	宁国市

四、结 语

本文采用层次分析方法,通过构建县域科技支撑能力综合评价体系,实证评价安徽省80个县(区)的科技支撑能力。从评价结果来看:

(1)总体上,安徽省各县(区)科技支撑能力并不能很好地适应县域经济发展的现实需求,整体偏弱。本文所考察的80个县(区)中,有62.5%的县(区)科技支撑能力综合评价值低于平均值。同时,我们也发现,科技支撑能力与县域经济综合能力具有良性互动的关系,位居科技支撑能力前十位的县域,也多数位列县域经济综合能力前十强。

(2)各县(区)之间科技支撑能力差距显著。评价结果显示,科技支撑能力最强的肥西县与最弱的泗县,相差十倍有余。因此,在城镇化背景下,如何缩小各县(区)之间科技支撑能力差距,实现区域间的协调发展,是我们面临的一个紧迫而现实的课题。

(3)由于现阶段,我国整体县域科技支撑能力较弱,需要政府不同程度地介入县域科技发展的活动。从评价结果来看,排名前列的县域多数曾经获得过上级部门科研经费或项目的资助与支持。可见,在县本级财政能力偏弱的实际情况下,上级政府部门将不可避免地成为提升县域科技支撑能力的主要依靠。这一方面反映出县域科技发展创新的基础保障能力较弱,同时,也提示各级部门还应进一步加大对县域科技发展的支持力度,尤其是对贫困县的支持力度,诸如政策和科技发展项目应该尽可能向贫困县倾斜[12]。

(4)加大科技投入有助于科技支撑能力的快速提升。但是评价结果显示,由于在科技示范服务能力以及科技创新产出能力方面存在着诸多问题,部分县域即使具有较高的科技投入水平,但科技支撑能力却呈现偏弱。这一点与我们在实地调查中所发现的问题是一致的。因此,对于这些县域来说,提升科技支撑能力的重点工作应该放在探索如何利用好已有的科技资源,扩大科技服务对象和服务半径,加强自身科技示范服务以及科技成果转化能力提升等方面,通过增强乡镇科技服务中心功能,重视民营科技企业培植孵化等具体措施,实现科技支撑能力提升所需的各要素资源的有机结合[13]。

参考文献:

[1] 周晓平、吴宏. 县域科技与经济协调性评价研究——以江苏省泗阳县为例[J]. 科技管理研究,2011,(4):92-94.

[2] 孙自铎. 中部地区振兴县域经济必须以科技为支撑[J]. 安徽科技,2007,(2):21-24.

[3] 毕亮亮,李强. 科技支撑县域经济发展研究——以河南省为例[J]. 郑州航空工业管理学院学报,2012,(9):37-41.

[4] 岳顺之,许家玲. 山东省资源型城市产业转型对策研究[J]. 经济与社会发展,2009,(7):42-45.

[5] 袭著燕,迟考勋. 区域科技进步考核指标理论与实践:一个研究综述[J]. 经济体制改革,2013,(1):60-64.

[6] 毕亮亮,刘冬梅. 科技推动县(市)产业集群发展模式研究[J]. 科技进步与对策,2013,(20):46-49.

[7] 腾向丽,王义娜. 我国以科技进步推动就业的实证分析[J]. 科技管理研究,2013,(20):40-44.

[8] 廖中举,吴道友. 科技人才创新激励措施偏好分析及其对策[J]. 科学进步与对策,2013,(14):145-149.

[9] 吴建宁,王选华. 中国科技进步贡献率测度:一种新的视角[J]. 科学学与科学技术管理,2013,(8):11-17.

[10] 罗扬. 全国县(市)科技进步考核指标体系设计和态势分析[D]. 南京:东南大学,2005.

[11] 张卫华,赵铭军. 指标无量纲化方法对综合评价结果可靠性的影响及其实证分析[J]. 统计与信息论坛,2005,(6):36-39.

[12] 杨德胜. 县域经济发展中的科技支撑能力分析与评价[J]. 财经界(学术版),2014,(2):10-13.

[13] 周晓云. 科技进步对甘肃县域经济发展支撑作用的分析. 甘肃科技,2008,(5):34;35.

产业转移对区域创新效率的影响研究

贾 婷 朱 兵

摘 要:随着经济结构尤其是产业结构不断优化调整,如何以最小的投入损耗获得最大的产出,直接决定着我国经济能否可持续、健康发展。利用1999年至2008年省际工业面板数据,基于超效率SE-DEA,在测度我国十年间各省份超效率基础上,通过区分创新投入、创新产出及创新效率三者之间关系,回归分析研究了产业转移对区域创新效率的影响。研究结果表明,我国创新效率整体呈上升趋势,但东部、中部、西部差异化明显,效率值成阶梯式递减;产业转移及政府支持阻碍了区域创新效率的提高,针对这一现象,文章分析其原因并给出政策建议。

关键词:产业转移;创新效率;超效率

一、引 言

产业转移是20世纪最为典型的国际经济现象之一,目前虽然对产业转移的研究较多,但对其概念界定尚未统一。大多数学者比较赞同的是产业转移是产业从某个国家或地区转移到另一个国家或地区,其实质是跨国界或跨区域经济投资经营的现象,主要表现为生产要素在不同区域的转移。随着经济全球化的不断发展,在利益诱导下,出现了发达国家向发展中国家转移部分产业的国际产业转移,世界范围内共经历了三次大的国际产业转移浪潮,每一次转移都促进了承接国或地区的迅速崛起。二战后,日、德通过承接美国和欧洲各国产业后迅速从战后废墟中崛起;亚洲"四小龙"国家通过承接全球制造业之后成为新兴的工业化国家,并维持经济高速发展几十年;中国东部

作者简介:贾婷,安徽师范大学经济管理学院。

沿海地区以低廉的劳动力成本、土地等优势加入承接全球制造业后迅速发展成重要的经济中心,并为东部地区促进西部发展提供契机。目前作为第四次产业转移的重要战场,我国同时面临着机遇与挑战,一方面,东部地区加入全球产业转移大潮,确实极大地促进了中国经济的发展、产业结构升级等;但另一方面,以切片式的方式融入全球价值链并牢锁底端这一现状,对中国未来经济的可持续发展造成很大困扰。中国现阶段面临的产业升级及经济增长这一瓶颈,很大程度上是盲目承接国际产业转移的结果。

承接国际产业转移给我国经济带来巨大发展动力的同时,也导致我国区域不平衡、收入不平衡、行业不平衡等发展现状,作为第四次产业转移的主战场,新一轮产业转移给我国现阶段区域经济发展不平衡问题提供了良好的解决方案,然而现阶段国外学者对产业转移的理论研究主要基于国家层面。弗农早在1966年就提出产品生命周期理论,该理论很好地描述了区域间及国家间产业和产品周期性发展的进程及由此导致的产业转移,并被用于解释美国20世纪50年代贸易构成及盈余[1]。日本学者赤松要于20世纪30年代提出著名的"雁行模式",该理论认为产业的发展要经过三个阶段:国外进口—国内生产—国外出口[2]。在此基础上,其学生小岛清提出了著名的边际产业理论,他从国家宏观产业转移角度分析,认为对外直接投资应从本国已经处于或陷于劣势的产业依次进行,即边际产业依次化[3]。国内学者对产业转移的研究主要集中在对国外产业转移理论的学习和借鉴以及产业转移的基础、效应、模式等,对区域产业转移的研究还很少。林叶早在1992就曾提出内部优势大于所有权优势,所有权优势小于区位优势的观点,该理论基于邓宁的国际生产折中理论。但他认为三种优势相互替代仍可以实现对外直接投资,该理论为国内最先研究产业转移的代表,但研究的对象仍为国际产业转移[4]。卢根鑫于1997年提出重合产业论,他认为产业转移是基于发达国家与发展中国家某些产业在技术上重合,且发达国家产业因内部比较优势弱化而将产业转移至低成本国家,其实质是为了摆脱不利而转移重合产业到欠发达地区的一个过程[5]。陈建军认为产业区域转移需要具备两个基础条件:一是经济发展到一定阶段,二是市场机制要发挥作用[6]。

少数学者如张可云在2001提出了"区域大战和协调发展"理论,分析了区域间产业转移的必然性、积极性及破坏性[7]。陈建军于2007年通过模型预测了上海、浙江制造业竞争系数,通过对比发现上海向浙江地区转移的迹象[8]。

针对国际产业转移对现阶段经济发展的限制,国内学者以刘志彪等为代表提出区域内产业转移,即将东部地区部分"夕阳"产业转移至中西部地区,构建与全球价值链相并行发展的国内价值链。国内价值链的构建离不开企业自主创新能力的提高,在此有必要弄清区域间产业转移对区域创新效率究竟起何种作用,是促进还是阻碍;若阻碍,其背后原因及对策又如何。将产业转移与区域自主创新效率紧密结合,既是一项重要的国家发展战略,也是一项亟待深入研究的重大理论课题。虽然产业转移对创新效率影响性的研究较少,但产业转移对创新影响的研究较多,而创新又包括创新投入、创新产出、创新效率,在此有必要弄清三者之间的关系,这也是本文研究的意义。创新产出=创新投入×创新效率,创新投入资源的增加只是提高创新产出的原始方法[9],在集约化经济发展和节约型社会建设的宏观背景下,提高创新效率无疑是提高创新产出的重要途径。

根据我国区域产业转移时间发展历程,本文选择1999年为基准年,此时区域内产业转移规模开始形成并逐渐增大;同时,以2008年为考察末期,此时区域产业转移给区域带来技术创新效率的促进作用开始显现。以各省份(除西藏外)创新投入及产出数据为基础,测算出各省份的技术效率值,通过建立面板数据模型,研究我国产业转移与创新效率的关系,分析其原因,给出相应的政策性建议。

二、区域创新效率的测度

(一)模型与方法

数据包络分析方法(DEA)

区域创新效率是在技术创新环境及资源配置水平一定的条件下单位技术创新带来的产出,目前关于创新效率的研究方法主要包括两类:一是参数分析技术,以随机前言分析为主(SFA);一是非参数分析技术,以数据包络分析为主(DEA)。该方法由 Farrell 于1957年首先提出,后由 Charness, Cooper 和 Rhoades 于1978年逐步完善并形成经典的 CCR 模型,即在规模报酬不变条件下 DEA 模型。该模型将每个评价对象分为一个个决策单元(DMU),通过投入要素与产出要素权重为变量进行评价运算,进而确定效率前沿面。

假设有 N 个 DMUs,每个 DMU 有 m 个投入指标,n 个产出指标,在规模报酬不变条件下的 DEA 模型下,第 i 个 DMU 的技术效率值可通过以下线性规划问题得出:

$$\underset{\theta\lambda}{Min}\,\theta$$

$$S.T.\ \sum_{i-1}^{n} \lambda_i y_{it} \geqslant y_{it}$$

$$\theta x_{ij} - \sum_{i}^{n} \lambda_i y_{it} \geqslant 0$$

$$\lambda_i \geqslant 0; i = 1, \cdots; n, i = 1, \cdots; m, r = 1, \cdots, s$$

式中,λ 是一个 $N \times 1$ 的常向量,θ 是标量,求解得到的 θ 即为第 i 个 DMU 的效率值,θ 的值在0到1之间,等于1表示处于技术前沿面上,效率利用充分,值越小表示效率相对技术前沿面水平越低。但在实际操作过程中,由于 DEA 软件对前沿面上(即效率值为1)决策单元不再进行进一步区分,因此会出现众多决策单元值为1的现象,因此,本文通过 MATLAB 软件求得超效率值(SE - DEA)来表示各省不同年份的效率值,它可以对前沿面上的决策单元进行进一步排序,效率值不再局限于0 ~1之间,允许大于1,即可为效率值为1的决策单元进行排序,从而结果更具参考意义。SE - DEA 的具体数学加入松弛变量后表达式如下所示:

$$\min\theta$$

$$s,t\begin{cases}\sum\limits_{\substack{j=1\\ j\neq k}}^{n} \lambda_j x_j \leqslant \theta x_k \\ \sum\limits_{\substack{j=1\\ j\neq k}}^{n} \lambda_j x_j \geqslant y_k \\ \lambda_j \geqslant 0, j = 1, 2, \cdots, n\end{cases}$$

(二)指标选择与测量结果

1. 指标选择

(1)产业转移指标选取

无论是产业转出还是转入都可以看出是增值,因此当期值应用增加的比值来表示,冯南平、杨善林[9]在 xiaoli zhang 已有研究基础上做出合理的改进,在此基础上,本文根据具体变量特点及代表经济意义,在杨善林所采用的产业转移量指标基础上做了进一步改进,具体公式如下:

第 i 省份 t 时期的产业转移量

$$IT_{it} = (IAV_{it} - IAV_{it}) / TAV_{it}$$

其中,IAV_{it}表示 i 省份 t 时期工业增量;IAV_{it-1}表示 $t-1$ 时期的 i 省份工业

增量。根据公式，显然当 $IT_{it}-IAV_{it-1}>0$ 时，i 区 t 时期有产业转入，$IT_{it}-IAV_{it-1}<0$ 时，i 区 t 时期有产业转出。

（2）创新效率指标选取

对区域创新效率来说，其衡量指标包括创新投入及创新产出，投入指标包括资本投入和劳动投入，即研发费用及研发劳动的投入。根据指标口径的统一性，本文选择及科技研发人员全时当量及各地区研究与开发机构经费内部支出作为投入指标。产出指标常见的包括论文、专利、技术市场成交额和新产品产值等，其中以专利申请量为主，由于新产品产值及新产品销售收入相关统计口径数据缺乏，本文选择专利申请数及技术市场成交额作为创新效率的产出变量。以1999—2008年10年为考察期，基础数据来源于《中国科技统计年鉴》，1999年为基准年是因为1998年东部、中部、西部的部分数据缺失；以2008年为考察末期是因为2009年科技统计体系重新修订，相关指标进行了修改，同时由于西藏部分年份数据缺失，故暂不考虑，具体指标见表1。

表1　创新效率评价指标体系

指标结构	指标构成
投入要素	科技活动人员全时当量
	科技活动经费内部支出
产出要素	专利申请量
	技术市场成交额

2. 结果分析

本文根据SE-DEA模型，运用MATLAB软件运算得出全国30个省份从1999年到2008年10年间超效率值，测算结果如表2所列。

表2　1999—2007年全国各省份技术创新超效率值

地区	1999	2000	2001	2002	2003	2004	2005	2006	2007	2008
全国	0.3000	0.4947	0.4667	0.4819	0.4413	0.5825	0.8485	0.5852	0.6313	0.6497
东部地区	0.3461	0.5975	0.5510	0.5928	0.5091	0.7494	0.6470	0.7047	0.7535	0.7728
中部地区	0.3351	0.3674	0.3161	0.2802	0.3245	0.3636	0.3605	0.3132	0.3671	0.4023

（续表）

地区	1999	2000	2001	2002	2003	2004	2005	2006	2007	2008
西部地区	0. 1873	0. 2920	0. 2277	0. 2813	0. 2472	0. 3333	0. 2694	0. 3153	0. 5760	0. 3586
北京	0. 2016	1. 3685	0. 3185	0. 8260	0. 4407	1. 0000	0. 8282	2. 0954	1. 1951	1. 3350
天津	0. 2941	0. 6606	0. 3885	0. 7224	0. 5937	0. 7369	0. 7043	0. 7065	0. 9647	0. 8278
河北	0. 4789	0. 3441	0. 4621	0. 3509	0. 3137	0. 2937	0. 2544	0. 2807	0. 3176	0. 3152
山西	0. 2269	0. 2434	0. 2485	0. 1716	0. 1742	0. 2255	0. 1339	0. 1257	0. 1748	0. 2371
内蒙古	0. 4439	0. 5621	0. 3728	0. 3351	0. 4373	0. 3856	0. 4776	0. 3005	0. 3894	0. 2903
辽宁	0. 3638	0. 5012	0. 3920	0. 4518	0. 5328	0. 6259	0. 7036	0. 5031	0. 5921	0. 5803
吉林	0. 2817	0. 2585	0. 3961	0. 3106	0. 3576	0. 3405	0. 2806	0. 2893	0. 3028	0. 3047
黑龙江	0. 5348	0. 5405	0. 3336	0. 2729	0. 3231	0. 2975	0. 2820	0. 2606	0. 4601	0. 4065
上海	0. 2392	0. 7692	0. 6500	1. 1304	0. 5356	1. 1570	1. 6314	1. 3549	1. 5059	1. 3623
江苏	0. 3658	0. 4262	0. 3554	0. 4114	0. 3836	0. 5154	0. 4754	0. 6412	1. 0470	1. 1736
浙江	1. 4412	1. 3418	1. 0102	1. 0739	0. 9910	0. 8601	0. 8916	0. 8352	1. 0295	1. 2782
安徽	0. 3388	0. 2052	0. 2311	0. 2108	0. 2021	0. 2580	0. 2445	0. 2892	0. 3168	0. 4011
福建	1. 0430	1. 2238	0. 7800	0. 6549	0. 7742	0. 7083	0. 6337	0. 4410	0. 4629	0. 4562
江西	0. 3777	0. 3839	0. 4465	0. 2692	0. 3357	0. 3188	0. 3582	0. 2312	0. 2725	0. 2381
山东	0. 6579	0. 6240	0. 6653	0. 4722	0. 5017	0. 6158	0. 9386	0. 6418	0. 7538	0. 7014
河南	0. 4362	0. 4180	0. 3118	0. 2395	0. 1930	0. 3260	0. 3350	0. 3270	0. 4274	0. 4375
湖北	0. 1857	0. 3794	0. 3024	0. 2847	0. 3128	0. 4227	0. 4285	0. 4160	0. 4744	0. 4708
湖南	0. 5439	0. 7470	0. 6759	0. 5782	0. 6314	0. 6915	0. 9003	0. 5590	0. 8384	0. 6873
广东	0. 7738	1. 0560	1. 3369	1. 2662	1. 2417	1. 3995	1. 4153	1. 3903	1. 3779	1. 0990
广西	0. 4903	0. 3938	0. 5278	0. 2752	0. 3030	0. 3513	0. 3343	0. 2381	0. 3125	0. 2556
海南	3. 2913	0. 7353	3. 9614	1. 4907	0. 1384	0. 4744	0. 6850	0. 7357	0. 9057	0. 8425
重庆	0. 8427	1. 5745	0. 8178	1. 7249	2. 4394	2. 3832	1. 2245	0. 7245	1. 3343	1. 5098
四川	0. 1378	0. 1615	0. 2674	0. 1519	0. 1697	0. 2369	0. 2659	0. 3221	0. 4537	0. 4561
贵州	0. 4009	2. 7783	0. 2804	0. 2531	0. 2921	0. 3399	0. 3762	0. 4034	0. 4392	0. 3920
云南	0. 3814	0. 9628	0. 4969	0. 5612	0. 4843	0. 5079	0. 3449	0. 3355	0. 3209	0. 3202
陕西	0. 0875	0. 1023	0. 1079	0. 1142	0. 1140	0. 1491	0. 1449	0. 1855	0. 2471	0. 3030

（续表）

地区	1999	2000	2001	2002	2003	2004	2005	2006	2007	2008
甘肃	0.0960	0.1260	0.1158	0.1709	0.1328	0.2867	0.4217	0.3190	0.4592	0.4329
青海	0.2069	0.1767	0.2189	0.3026	0.1695	0.1696	0.2675	0.3193	0.8846	1.1725
宁夏	0.3254	0.4336	0.4123	0.3551	0.4012	0.3178	0.3331	0.2464	0.2826	0.3750
新疆	0.4025	1.0001	0.6191	0.8386	0.5581	0.7661	0.4904	0.5479	0.4714	0.4440

根据表2各省1999年到2008年十年间超效率值可以发现，从宏观层面来看，各省份十年间创新效率值均有所提高，呈逐步上升趋势。从中观角度看，东部沿海地区各省份技术创新效率值普遍较其他省份高，其中上海、广东、浙江等超效率值出现大量年份大于1的现象，说明其技术利用有效程度较充分，创新效率水平较高。中部各省份虽然效率值小于东部，但也呈增长趋势。西部部分省份效率值在样本时间内保持较低水平，这与其落后的经济水平及不利的自然条件密切相关，但从发展趋势来说，增速较中部地区更快。从微观层面看，北京、浙江、江苏、上海、广东等发达省市技术效率值明显高于其他地区，贵州、云南、陕西等欠发达地区技术效率值明显较低且十年间变化不是太明显，说明相对于发达省份，欠发达各省技术效率还有待提高，其经济发展仍然以增加粗放式资源投入来增加产出，而不是提高资源利用效率减少资源成本的浪费，尤其是中西部，提升空间较大，因此西部地区及部分中部省份应当积极寻找提高资源能源利用效率的方式来促进经济的发展，淘汰落后的非环保发展模式，转变经济增长结构，走集约化的绿色发展道路。

三、产业转移对创新效率的实证分析

（一）实证模型的建立及指标选取

创新效率是指在资源配置水平一定的条件下，单位投入带来的产出或者单位产出所需的投入。不管怎样，都是投入与产出之比，虽然目前对创新效率影响因素指标尚未统一，但主要有以下学者为代表提出的一系列研究指标，迟仁勇、唐根年在2004年对浙江省11个地区的创新效率值进行测量并回归分析各影响要素的作用。结果表明，产业集群、企业制度、企业群体结构和对研发项目的投入强度对于创新效率有促进作用，而作为引导角色的政府却起阻碍作用[10]。与此研究结论相反的是，李习保在2007年研究发现，政府对科技活动的支持力度能有效促进创新效率[11]。2009年，白俊河、江可申、李佳等人通过实证分析得出劳动者素质能有效促进创新效率，而创业水平则阻碍了创新效率[12]。为了进一步考证政府对创新投入及创新产出是否具有积极的促进作用，将其加入解释变量，这对国家建设创新型社会有着实际参考意义。其他影响因素均纳入随机扰动项 ui 中，具体实证模型如下所示：

$$cx=\beta_0+\beta_1 cz+\beta_2 zt+ui$$

式中 cx 表示创新效率，cz 表示产业转移，zt 表示政府对科技活动的资助，β_1、β_2 为偏回归系数，ui 为随机误差项。

根据以上模型分析，本文选取创新效率作为被解释变量，产业转移及政府资助作为解释变量。其中创新效率以 SE-DEA 模型求出的超效率为指标，产业转移指标根据公式第 i 省份 t 时期的产业转移量 $IT_{it}=(IAV_{it}-IAV_{it})/IAV_{it}$ 计算得到，政府资助通过各年《中国科技统计年鉴》中各地区科技活动经费筹集的政府筹集资金总和，以上数据均来自《中国科技统计年鉴》。

（二）实证分析

1. 数据平稳性检验

由于本文使用了各省份长达十年的面板数据，变量间可能会出现因增减趋势相同而形成的“伪回归”，因而在回归分析前需进行相关数据平整性检验以确定其是否存在单位根。单位根检验的方法较多，常见的包括 LLC、IPS、BREINTUNG、PP-Fisher、ADF-Fisher 这五种方法，检验相同单位根一般选择 LLC，不同单位根检验选择 ADF-Fisher，如果它们都拒绝存在单位根的原假设，则认为此序列是平稳的，否则不然。本文选择 LLC、PP-Fisher 和 ADF-Fisher 进行检验，结果如表 3 所列。

表 3　面板数据单位根检验结果

变量		检验方法						平稳性结论
		LLC	*P* 值	*ADF*	*P* 值	*PP*	*P* 值	
因变量	*cx*	—23. 4779	0. 0000	92. 3141	0. 0047	99. 3616	0. 0011	平稳
自变量	*cz*	—8. 09892	0. 0000	95. 8873	0. 0022	134. 196	0. 0000	平稳
	zt	—18. 9173	0. 0000	238. 408	0. 0000	188. 808	0. 0000	平稳

注：以上数据均来自软件 Eviews6. 0.

由表 2 结果可知，变量 P 值均小于 0. 05，所以 cx、cz 和 zt 均属于零阶单整，可在此基础上进一步分析变量是否存在协整关系。

2. 数据协整性检验

一般来说，协整性检验主要包括 Pedroni 检验、Kao 检验和 Fisher 检验，其中 Pedroni 检验和 Kao 检验是基于残差的检验，而 Fisher 检验是基于面板向量误差的检验，类似于 Hausman 检验，本文选用上述三种检验方法，检验产业转移与区域创新效率之间的协整性，结果如表 4 所列。

表 4　面板数据协整性检验结果

	统计量名	统计量值	*P* 值	协整性结论
Pedroni 检验	Panel v-Statistic	1. 825577	0. 0754	接受
	Panelrho-Statistic	-3. 728494	0. 0004	拒绝
	Panel PP-Statistic	-10. 91231	0. 0000	拒绝
	Panel ADF-Statistic	-5. 437122	0. 0000	拒绝
Kao 检验	Panel ADF-Statistic	3. 064299	0. 0011	拒绝
Fisher 检验	None	254. 9	0. 0000	拒绝
	At most 1	149. 4	0. 0000	拒绝

从协整性分析结果可以看出，除 Panel v-Statistic 接受原假设即不存在协整关系，其他都拒绝原假设，这表明我国产业转移与区域创新效率之间存在长期协整关系，因此可以在此数据基础上进行回归分析，此时得出的结论是比较科学、精确的。

3. 回归分析

通过平稳性和协整性检验后，数据均符合回归前提，可进行回归分析。回归模型包括固定效应模型，随机效应模型和混合效应模型，在正式回归前有必要通过检验选择正确的回归模型。模型区分检验主要包括似然比检验和 Hausman 检验。似然比检验主要检验是否适用于混合模型，具体检验结果见表 5 所列。

表 5　似然比检验结果

	统计量名	统计量值	*P* 值	协整性结论
似然比检验	Cross-section F	9. 757085	0. 0000	拒绝混合模型
	Cross-section Chi-square	216. 200095	0. 0000	

因 P 值小于 0. 05，因此拒绝冗余，摒弃混合效应模型。在此基础上进行 Hausman 检验，用于确定选择固定效应模型还随机效应模型。Hausman 检验结果见表 6。

表6 Hausman 检验结果

	统计量名	统计量值	P 值	模型结论
Hausman 检验	Cross-section random	1.286198	0.0257	拒绝随机模型

由于P值小于0.05,因此应拒绝原假设,即拒绝随机效应模型,至此本文将选择固定效应模型进行回归分析,此时进行的回归结果较为准确。估计结果如表7所列。

表7 面板数据回归分析结果

被解释变量解释变量	区域创新效率
Constant(常数项)	0.579516
Cz(产业转移)	−0.023633
zt(政府投资支持)	−0.005952
R^2(可绝系数)	0.514229
Adj R^2(校正后可绝系数)	0.458039
F 统计量	9.151630
Prob>*F*	0.0000
Se(标准差)	0.354218
D-W 值	1.765169
样本组数	30
样本总数	300

4. 结果分析

分析表7的回归结果,可以看出在模型中产业转移及政府支持的回归系数为负,这说明产业转移不但未带来区域创新效率的提高,反而阻碍了创新投入、创新产出的增加,同时政府资金投入也未给创新效率带来任何好处,进一步阻碍创新效率的提高。导致这种结果的原因可能有以下几种:

(1)从区域发展差距来看,由于东部地区与中西部地区经济发展呈阶梯式递减,西部地区低廉的土地成本、劳动力成本及诱人的优惠政策等给转移产业留足了宽广的退路,致使其满足现状,缺乏创新动力,自愿放弃具有较高风险和不确定因素的创新活动。

(2)从创新环境来看,我国现阶段创新环境不利于创新效率的进一步提高。创新环境直接决定技术创新的扩散行为并影响创新效率，从某种程度来说，给定资源的投入及特定制度体系下，创新环境对区域创新效率起着关键作用。良好的创新环境可以进一步优化、整合整个区域内的创新资源，推动区域经济的可持续发展，提高经济的竞争能力，为区域经济内产业结构升级提供技术支持，从而形成更大规模的经济增长效应。但我国现阶段在承接国际产业转移的过程中，只注重国际产业转移规模、数量的增加，忽视质量的提升，使得一些产业结构出现失衡、难升级的局面。企业为争取竞争优势而盲目转移产业，缺乏整体布局，为追求短期利益而牺牲战略规划，出现大量产业结构雷同的局面，再加上国内知识产权保护力度不足，创新所带来的风险较学习模仿要大得多，进一步阻碍了本土企业创新效率的提升。

(3)从整体战略规划看，我国现阶段的创新潜力仍未彻底激发出来，创新效率尚未市场化，许多企业对创新效率的提升心有余而力不足。政府处于两难的尴尬境地：一方面，希望减少干预用市场调节企业创新活力；另一方面，在后劲不足、经营不规范的情况下又不得不对其进行干预指导，这种指导会因市场的不确定性而适得其反，阻碍了创新效率的提高。

四、主要结论及政策建议

本文通过研究分析我国各省份(除西藏外)1999—2008 十年间产业转移对区域创新效率的影响得出产业转移对创新效率有阻碍作用。虽然此前研究产业转移与创新关系的文章不在少数，但却少有分清创新投入、创新产出、创新效率这三者关系，在国家建设创新型，节约型社会的背景框架下，本文选择创新效率作为分析变量，一方面在经济建设的过程中，在投入资源一定的情况下，只有不断提高效率才能确保产出的质与量。另一方面，创新是一个国家进步发展的灵魂，我国正处于一个稳步发展的上升期，这期间加强自主研发创新能力建设直接关系到未来经济的可持续发展。同时本文通过东部、中部、西部技术效率值的分析不难发现，不同区域对技术利用的有效性大为不同，东部沿海地区利用较完全，中西部由于地理位置、资源、历史发展水平等因素存在很大的提升空间。这就要求国家在制定产业转移战略部署时应根据东部、中部、西部的不同发展程度做具体规划，区域在承接产业转移的同时也应做出不同的准备，在此本文提出以下几点政策性建议：

首先，从国家战略层面来说，无论是承接国际产业转移还是国内区域间的产业转移，国家从整体战略角度应做出合理的布局规划，根据各区域、各省份具体资源、环境、发展背景及前景做出协调引导。同时将产业转移与国家价值链的构建结合考虑。我国现阶段区域内产业转移现象主要以政府政策为导向,以企业追求比较优势的自主性产业转移较少,部分沿海地区企业迫于成本的增加将企业或产业转向交通便利、成本更为低廉的发展中国家,如越南。关于这点李文博教授认为,没有转向内部的根本原因是国内企业自主创新能力的缺乏。通过构建国家价值链,可以进一步摆脱国际大买家的垄断及利润剥削,同时打破国内企业普遍存在的低创新能力导致的一直处于价值链的底端这一现状[13]。基于此,政府从产业转移规划开始就应明确目标,合理地协调价值链上各企业的协作发展,为国家价值链建设做准备。

其次,对企业而言,虽然通过直接学习引荐转移的新技术、新方法进而转成现实的产值收益更为有效,但从长远角度看,这种"拿来主义"会阻碍企业增强自主创新能力,企业经营风险也随市场需求变化而增加。本土企业若想做大、做强就必须在学习和模仿的基础上,不断进行自主创新、变革,包括技术、产品、管理方法、企业文化、组织结构等。最终形成自己的企业特色,有明确的企业标识,充分利用各种资源提升企业的核心竞争力,优化自己的产业结构,进行合理的价值链攀升,强化核心收益部分。在引导企业强化自主创新能力时,政府起着极其重要的作用,一方面,政府可通过政策制定鼓励并补助支持本土企业进行创新活动;另一方面,政府应加强专利保护,给创新活动产品创造良好的市场环境,进一步可以设立专门机构对企业管理者进行创新思维培训,培养其长远战略眼光。

最后,从企业具体竞争过程来看,如何更好地进行自主创新、提高创新效率,对企业而言尤为重要。根据波特的竞争战略理论,企业间的竞争局限于已有的市场边界,而一旦默认现有的市场边界的框框架架,企业则会对已有市场和客户做出更加精细的细分,以确保区别于竞争对手,而这种竞争最终演变成在越来越少的利润空间争得你死我活,企业的市场维持、拓展变得越来越艰难。对此,在自主创新的过程中企业需要跨越现有市场边界进行价值创新,其中包括跨越战略集团、跨越他择市场、跨越买方价值、跨越互补产品等等,重新塑造重点突出的价值曲线,并克服组织障碍,就有可能开辟新的市场,给企业带来新的利润成长空间,这种基于蓝海战略视角的竞争策略,更符合企业追逐高市场占有额、高利润的要求。

参考文献:

[1] R. Vernon. International investment and international trade in the product cycle[J]. Quarterly journal ofeconomics,1966;vol. 80

[2] Akamatsu, K. A Historical Pattern of Economic Growth in Developing Countries[J]. The Developing Economies, 1962, (1).

[3] Kojmia K. Reorganizational of North-South Trade: Japan's Foreign Economic Policy for the 1970s[J]. Hitotsubashi Journal of Economics, 1973, (2).

[4] 林叶．中国跨国公司论[M]，济南：山东人民出版，1992.

[5] 卢根鑫．"国际产业转移论"[M]，上海：人民出版社，1997.

[6] 陈建军．中国现阶段产业区域转移的实证研究——结合浙江105家企业的问卷调查报告的分析[J]．管理世界，2002，(6)：64-74.

[7] 张可云．区域大战与区域经济关系[M]．北京：中国轻工业出版社，2001：36.

[8] 陈建军．长江三角洲地区产业结构与空间结构的演变[J]．浙江大学学报（人文社会科学版），2007(3).

[9] 谢子远，鞠芳辉．产业集群对我国区域创新效率的影响[J]．科学学与科学技术管理，2011，(7)：69—73.

[10] 冯南平，杨善林．产业转移对区域自主创新能力的影响分析[J]．经济学动态，2012，(8)：70-74.

[11] 迟仁勇，唐根年．基于投入与绩效评价的区域技术创新效率研究[J]．科研管理，2004，(4)：23-27.

[12] 李习保．中国区域创新能力变迁的实证分析：基于创新系统的观[J]．管理世界，2007，(12)：18-30.

[13] 白俊河，江可申，李佳．区域创新效率的环境影响因素分析——基于DEA-Tobit两步法的实证检验[J]．研究与发展管理，2009，(2)：96-102.

[14] 李文博．自主创新能力与珠三角地区产业转移问题探讨[J]．东南学术，2007，(5)：98-104.

农村土地流转的安徽模式与进路突破

蒋长流 韦 露

摘 要:农村土地流转是我国现阶段农村土地制度改革的重要内容。安徽土地制度改革在全国是走在前列的,关键的一点就是先立后破。安徽在推动农村土地流转过程中所采取的几种试点模式具有破题尝新之意,各有其特点和亮点,社会关注度较高。结合安徽土地流转试点经验,文章进一步剖析了安徽省在推进农村土地流转进程中必须破解的几个难题,以期为今后大规模的农村土地流转扫除障碍。

关键词:土地流转;试点模式;激励机制;实践创新

一、引 言

发端于安徽凤阳小岗村的家庭联产承包责任制,可以说是土地承包经营权的一次自下而上的破题尝新,也是农村土地制度的一次改革,可将其视作实现农业持续增长的主要思路,它所激发的农民生产积极性大大提高了农业劳动生产率,并把农村劳动力从传统种植业中转移出来,进入林牧渔等生产领域以及乡镇企业之中,从而成为农村劳动力迁移的内在推力。自20世纪80年代中后期以来,该制度的规模和效率成为理论关注的焦点。从实践方面看,面对城乡二元结构的分割、农产品价格的比较劣势、农业比较效益的偏低等三大外部拉力,农村劳动力在内外迁移动力的作用下就自然而然地从“离土不离乡”转变为了“离土离乡”,局部地区开始出现土地抛荒现象,甚至有蔓延扩大的趋势。在此背景下,一些地方的农民再一次自发地通过互换、转包、转让等方式进行着土地流转,以农民自己的智慧在破题解决承包地块分散

作者简介:蒋长流(1967—),男,安徽岳西人,安徽大学经济学院教授,博士,博士生导师。

化、种植产业低端化、农业发展弱质化、农村劳力偏老化等问题。

各地实践表明,农村土地流转对加快现代农业发展具有至关重要的推动作用,有效破解了工业化和城镇化快速发展的过程中“谁来种田、谁来务农”的问题。理论界也肯定地指出,在产权既定格局下通过土地流转来达到农村土地的规模耕种,可以促进农业增长(王洪青、祁春节,2013)。岳意定、刘莉君(2010)通过实地调研,对出租、反租倒包、股份合作制三种农村土地流转模式的经济绩效进行了比较研究,发现股份合作制流转带来的经济绩效最大。当然,这也不是绝对的。农村股份合作社的成功还依赖于一定的条件,并不适合在所有地区推广,只有满足了合作社经营的条件,才能实现合作社经营效益的最大化和可持续(夏玉莲、曾福生,2014)。孟祥远(2012)将土地流转的嘉兴模式和无锡模式进行了比较分析,在肯定这两种模式取得的成就的同时也指出其存在的问题。关江华、黄朝禧(2013)基于武汉的一项调查研究表明,促进农村宅基地流转,应建立健全各类农村社会组织,完善农村社会保障体系;设立和完善土地银行及各类金融机构,扶持农户自主创业和就业;加强宅基地流转的政策宣传,凸显农户主体核心地位。

总体来说,目前我国农村土地流转的速度还不快,总体规模还不大,对于其中的原因,解释的角度不尽相同。王银梅、刘语潇(2009)认为我国农村土地流转不畅的根本原因在于土地被赋予了社会保障功能,而农村社会保障制度体系的不完善更强化了土地的保障功能。刘卫柏、李中(2011)则指出,为了更好地规范和促进农村土地流转市场的健康发展,则应立足于对农村土地流转状况及新中国成立以来农村土地流转模式的运行成果进行分析。李勇、杨卫忠(2014)通过深入分析参与农地流转各主体的行为特征,剖析了制约各主体参与农地流转的主要因素,并在此基础上提出了有针对性的政策建议。刘同山、牛立腾(2014)则将研究的重点放在参与土地流转的农户身上,认为农户分化产生的异质性导致了不同的土地退出意愿,从而进一步形成了不同的流转偏好,制约了农村土地的大规模流转。钟文晶、罗必良(2013)证明了农户对农地产权认知强度的提升,有利于强化其经营权的退出意愿,也就是说,产权的合理安排是促进农地流转的重要积极因素。虽然翟研宁(2013)也指出,要在现有土地承包关系保持稳定并长久不变的前提下,赋予农民更加充分而有保障的土地承包经营权,但对于如何仔细梳理农村土地流转的模式创新和现实进路问题,理论界研究得尚不十分细致,本文试图以安徽为切入点解决这一问题。

二、先立后破的安徽农村土地流转特色

作为农村综合改革的一个重点，安徽省将建立多元统一的农村土地市场，允许集体建设用地通过出让、租赁、作价出资、转让、出租等方式依法进行流转，用于工业、商业、旅游和农民住宅小区建设等，未来将建设统一的城乡土地交易市场。安徽土地制度改革在全国也是走在前列的，关键的一点就是先立后破。

(一)土地流转率由南到北依次递减

2008至2012年，安徽省土地流转面积以年均26.1%的速度增长，2012年年底与2008年年底相比，土地流转面积增长1.5倍。截至2013年上半年，安徽省流转耕地、山场和水面总面积2300余万亩，流转率分别为24.7%、10.2%和18%。安徽土地流转率在全国居第九位，在中部地区中居第五位。截至2012年年底，皖南、皖中、皖北土地流转率分别为30.3%、23.3%和14%[①]，由南到北依次递减，皖北低于全省20.5%的平均水平。我们对皖北地区的一项调研表明，农民未参与土地流转的主要原因在于自己有能力耕种，而且农民除了务农别无它作。而卢建新、苏雨薇(2013)对中部六省22个县54个自然村千户农户问卷调查的分析研究表明，土地承包方式、土地流转信息和途径、农户权益是否受侵害、惠农政策及农户非农技能等因素都会显著影响土地流转意愿。

(二)土地流转率高低与城镇化率高低密切相关

2012年，安徽皖北地区的耕地流转率不到14%，低于全省20.5%的平均水平，而皖北的两个主要城市亳州和阜阳的城镇化率分别为33%和34.9%，也大大低于全省46.5%的平均水平；相比之下，安徽皖江城市带的四个主要城市铜陵、马鞍山、芜湖、合肥的耕地流转率和城镇化率(见表1)都远高于全省平均水平。总体来看，土地流转率与城镇化率基本上呈现出同向变化特征。

表1　皖江城市带四市城镇化率和耕地流转率的比较

	铜　陵	马鞍山	芜　湖	合　肥	全省平均
耕地流转率(%)	61	46.8	36.2	35.4	20.5
城镇化率(%)	76.3	61.2	58	66.4	46.5

资料来源：根据安徽省发改委公布的相关资料整理。

① 根据安徽省发改委的相关资料整理。

（三）土地流转价格与土地流转率反向变化

2004年以来，随着国家一系列强农惠农政策的颁布实施，安徽省土地流转价格总体呈现上升趋势。目前全省土地流转价格均值超过每亩800元。调查显示，皖南、皖中、皖北的土地流转价格[①]依次递增，均价大致为每亩400元、650元、1100元。这与上文阐述的皖南、皖中、皖北土地流转率依次递减刚好呈现反向变化关系。究其原因，主要与皖北地区土地肥沃平整、适合机械化耕作和规模经营，从而土地产出率高密切相关；其次，皖北人口多，工业化、城镇化水平较低，农民增收的主渠道还是依靠土地上的产出，农民的土地情结很重。不过，还有一个不可忽视的原因，安徽省是煤炭资源大省，煤矿集中在淮南、淮北、宿州等皖北地区，政府对采煤塌陷区青苗费补偿价格相对较高，约为每亩每年1800元上下，农民以此作为土地流转价格参照。

（四）农村土地整治助推土地流转步伐

农村土地整治突出的是"全域规划、全域设计、全域整治"理念，实施田、水、路、林、村、矿综合整治，优化土地利用结构，建设高标准基本农田，增加耕地面积，提高耕地质量，促进农业规模经营。2006—2011年，安徽省实施各类土地整治项目近2万个，投入资金约450亿元；开发复垦整理土地765万亩，新增耕地133.84万亩。就安徽农村而言，耕地整理项目增地率一般在6%～7%。经过整治后的土地基本能达到使耕地大规模成片的理想效果，较好地满足部分农业项目对土地的集中化、规模化、机械化和集约化的需要，有利于土地集中流转、规模经营目标的实现。2012—2016年，安徽省将开展3150万亩土地整治，其中高标准基本农田建设3000万亩、村庄及农村生态环境整治150万亩。

（五）构建土地流转激励机制加快主体培育

很多市、县政府出台了具体的激励政策措施，并安排财政引导资金，通过"真金白银"加大对种养大户、农民合作社、家庭农场等的政策支持，强有力地推动了全省农村土地流转和规模经营的发展。截至2012年年底，全省以农业种植大户、农民合作社、家庭农场、龙头企业为主的各类规模经营主体已发展到85000余个，流转土地面积超过1000万亩，占土地流转总面积的88%以上[②]。

① 这里的流转价格均不包含各种惠农补贴。

② 根据安徽省发改委相关资料整理。

三、农村土地流转安徽模式的破题尝新

（一）农村土地股份合作社与宅基地退出激励机制探索的宁国模式

安徽农村土地产权制度改革是按照“主体显化、股权量化、土地整治、结构调整、集中连片、土地流转、规范运行、严格审批”的思路进行的。安徽省第一家农村土地股份合作社则是这一改革思路的具体体现。2011 年 1 月，宁国市被安徽省国土资源厅批准为统筹城乡土地使用制度综合改革试点县，探索土地产权制度改革新机制。在宁国市政府的引导下，按照自愿的原则，农户以集体建设用地使用权、农村土地承包经营权、林地和宅基地使用权入股，率先成立了宁国市畈村营盘土地股份合作社和宁国市大村土地股份合作社，合作社按照章程对入股的土地进行经营管理。2012 年又成立了 25 家土地股份合作社。

2012 年，宁国市畈村营盘土地股份合作社与太阳禽业公司达成合作开发协议，计划将合作社经营管理的集体土地根据不同的用途，分别采取租赁土地、集体建设用地使用权出让、土地使用权入股等方式提供给对方用于旅游开发项目（图 1）。

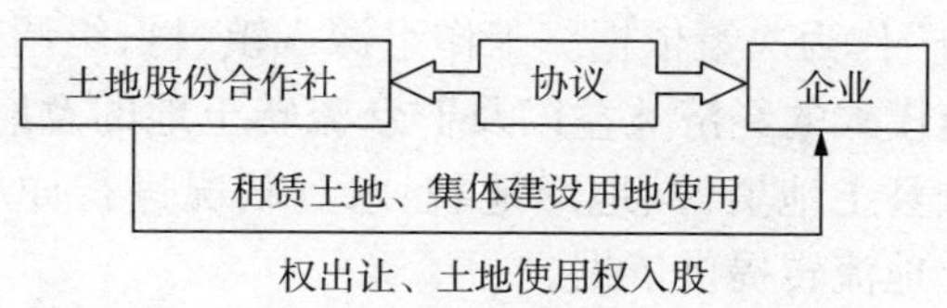

图 1　土地股份合作社运作模式

2012 年 6 月 20 日，宁国市城乡土地交易中心揭牌，这是安徽省第一个城乡统一的土地产权交易市场。土地承包经营权、集体建设用地使用权和国有建设用地使用权的交易，都在统一的市场平台中进行，统一发布交易信息，统一交易规则。这一交易平台的建立有效地解决了农地流转供需双方信息不对称的问题，提高了土地流转效率。2013 年 1 月，宁国市万福土地股份合作社通过城乡土地交易中心的对外推介，成功与天浩农林有限公司达成土地流转协议，这是安徽省首宗农村集体土地在城乡土地交易市场公开流转。

在宅基地退出激励机制的探索方面，对农户主动退出宅基地的，采取“经济补偿、置换城镇住、换地方”等方式予以激励；对农户合法占用的宅基地超出规定标准部分，以及城镇居民因继承房屋及其他原因合法占用的宅基地，实行有偿使用。而关江华、黄朝禧基于武汉的一项调查研究表明，促进农村

宅基地流转，应建立健全各类农村社会组织，完善农村社会保障体系；设立和完善土地银行及各类金融机构，扶持农户自主创业和就业；加强宅基地流转政策宣传，凸显农户主体核心地位[4]。

（二）以规模化土地流转聚力发展现代大农业的五河模式

五河县地处皖北的蚌埠市，近年来的农村土地流转过程中以大规模为先导，以聚力发展土地集中经营和农业集约发展为两大抓手。2011 年，五河县成功引进现代牧业集团落户，该集团拟投资 40 亿元，建设全国最大规模的“种养加”一条龙“农业产业化奶牛养殖加工基地”项目。2011 年 7 月项目启动后，仅 3 个月就完成 10 万亩土地流转任务，涉及 15 个村 7580 多户。在该项目的带动下，一批大中型企业纷纷到五河投资并受转土地，其中单体受转 2000 亩以上的达 18 家①。

五河模式的亮点有以下三点：

1. 以四个“三”做好示范引领

以“三个工作组”作为组织保障。县委副书记、分管县长任正副指挥长，下设土地流转、基础设施、综合协调三个工作组，由县农委牵头，从国土、规划、财政、环保等部门抽调 40 余人，与项目所在的朱顶镇 200 多名村干部，共同组成 300 人的工作组织，分头行动、分工协作，快速推进土地流转，政府流转服务能力得到大大提高。

以“三级调查”作为决策依据。工作组深入镇、村、组调查农户，对不同土地类型、不同种植模式的经济效益以及群众流转土地的意愿进行全面细致的调查分析，并对全县土地资源、地形地貌、水利状况进行详尽的标图作业，为科学决策、推动土地流转提供依据。

以“三会”确保流转工作序时推进。土地流转前，县、镇、村分别召开多次分析会、协调会和推进会（“三会”），倒排工作表，层层签署责任状，限时完成工作任务。牵头部门根据工作动态和情况变化，及时制定应对措施，并向上级汇报、争取政策支持。镇、村两级主要负责政策指导、牵头组织和协调处理具体事务及矛盾纠纷。

以“三个到位”树立正确舆论导向。编发 1000 余册《农村土地承包经营权流转资料管理办法》和近万张明白纸，把涉及土地流转的法律、法规和群众享有的权益和优惠政策传达到位、宣传到位、落实到位。

2. 分层签订协议，保障农户权益，以农为本予民所需

企业与村委会、村委会与农户、镇政府与村委会之间分别签订协议，约定

① 安徽经济信息，2013 年第 14 期。

各方权利和义务，使各方利益得到法律保障。同时，也使流转活动规范化，避免了日后的纠纷和矛盾。在农户和企业协商土地流转的过程中，政府为保证转让土地的农户始终享有主体地位，全程跟踪指导，坚持“四个农民做主”：承包地是否流转农民做主；采取什么形式流转农民做主；流转期限多长农民做主；流转补偿费高低农民做主。

此外，政府还着力解决五个关系流转农户切身利益的问题：明确土地流转最低保护价；统一规划、集中建设、合理引导流转农户的居所问题；有效解决流转农户的就业安置问题；贴心办理流转农户的户籍问题；用心构筑流转农户的社保网。这些举措解除了参与土地流转农户的后顾之忧，提高了农户的参与积极性。

3. 三会并举、三力齐发

以村组干部会、党员会和村民代表大会三级会议制度严密程序、规范操作。村组干部会可以统一干部思想，形成核心力量；党员会统一党员思想，形成中坚力量；村民代表大会可以达成集体流转土地决议，形成合法力量。三股力量的合力成为土地流转公开透明的依靠。

（三）土地流转信托的宿州模式

2011 年 9 月，安徽帝元公司从宿州埇桥区 300 多农户手中流转了 5400 多亩土地，建立了宿州帝元循环农业产业园区。2013 年 10 月 10 日，安徽省宿州市埇桥区政府与中信信托有限责任公司合作，推出国内首个土地流转信托项目——“中信 · 农村土地承包经营权集合信托计划 1301 期”①，这一项目的信托期限为 12 年。至此，中国首单农地流转信托计划在安徽宿州完成。农地经营权受托人中信信托决定将土地增值收益 70% 分给农民。政府将同中信信托一起，探索增加土地信托的金融属性和价值开发，妥善平衡和维护农户、农业专业公司以及投资人间的相互利益，引导公平、效率、经济的最优化配置，推动当地城镇化建设以及现代农业的发展。因此，农民收益从之前的单一地租转变为“基本地租+浮动收益”模式。其中，基本地租部分按每亩 500 公斤中等质量小麦最低保护价计算，并规定每亩基本地租不低于 1000 元；浮动收益部分则是扣除土地整理的投入成本以及各种服务和管理费用后的土地收入增值的一部分。此外，农民在农闲的时间，还可以外出打工，也能得到一部分收入，农民收入来源呈现多样化。

① 宿州市埇桥区在 2010 年 8 月被农业部批准为第一批国家现代农业示范区，在 2011 年 11 月被农业部批准为第一批全国农村改革试验区。“两区”的身份使得在该地区从事现代农业建设将拥有诸多政府的优惠条件。

作为一种新型的生产关系的农村土地信托化流转，对于实现农业的规模化、专业化、集约化经营，对于促进农民的多形式就业和多渠道增收，对于促进工商资本增加农业投入以及对于使“僵化”的土地变成可携带的财富，解放农村生产力等方面，意义重大，影响深远。

（四）农村土地改革的铜陵模式

安徽资源枯竭型城市铜陵市选择7个试点村镇，由市委、市政府成立农村土地改革领导小组并由主要领导担任组长，市人大、政协领导作为顾问，业务专家和部门业务骨干组成工作指导组，进村驻点。工作组采取了以下几项措施：一是完善产权定“三化”，鼓励和引导部分农民自愿退出承包地；二是创新制度促“保障”，由所在县（区）和集体经济组织给予一次性补偿并纳入城镇保障；三是改革提高现“特色”，确保农村土地改革有章可循、有序发展。工作组通过以上措施，探索出农村土地产权创新的有效方式，提升农村土地产权制度改革的新高度、新水平，使土地流出了活力、转出了后劲。

除此之外，省会城市合肥市积极试点以“农民宅基地置换城镇安置房、农民土地承包经营权置换城镇社保和农民变市民”为主要内容的“双置换一转变”的农村土地管理改革，积极引导自愿放弃宅基地和农村土地承包经营权的农民向城镇转移，加快农村城镇化建设，促进城乡一体化发展。界首市总结推广“土地整治整村推进”“土地托管”和农机人员技术承包等土地流转模式。中药材之都亳州市推广了“公司+合作社+基地”的经营模式流转土地，从事中药材规模化种植。

4. 安徽农村土地流转需要破解的难题

（一）农村土地产权制度亟待完善

土地的产权制度缺陷并不仅仅是安徽农村土地流转的重要阻碍，也是全国农村土地流转过程中急需破解的难题。有研究表明，我国的农地产权主体制度存在缺陷，如农地产权主体的法律内涵不清、农地产权主体缺位和农地产权主体利益虚化等，这些缺陷又会引起农地产权制度、农地产权行为和农地产权程序等方面的不正义。另外，农民对产权的认知强度也是影响农地流转的因素之一。学者们通过实证研究发现：农民对农地产权认知强度的提升，有利于强化其经营权的退出意愿，促进农村土地流转。也就是说，产权制度的合理安排是促进农村土地流转的重要因素；相反，存在缺陷的土地产权制度必然抑制农村土地的流转。因此，要想加快农村土地流转步伐，首先必须完善农地的产权制度，赋予农民合法的土地权益，真正让农民拥有“更加充分而有保障的土地承包经营权”，稳定和完善农村基本经营制度。而农村土地确权登记制度是解决这一问题的关键出路，必须加快落实。

（二）土地流转过程中农民的主体地位亟须强化

安徽作为全国主要的农业大省之一，农业收入是农民最重要的收入来源。在农村社会保障体系还不完善的前提下，大部分农民还是依靠农业收入解决看病、上学和养老等问题，土地被赋予了社会保障功能。农村土地流转能够实现农业规模经营、提高农业现代化水平、促进经济发展的目标，可是这是以农村劳动力转移为前提的。一些农民担心土地流转之后找不到合适的工作，失去了收入来源，因而拒绝参与土地流转。因此，要推进农村土地的流转，必须首先解除农民的后顾之忧，有效破解当前“人往哪里走，地往哪里转，钱从哪里来”等难题。但是，现实情况是，一些地方的地方政府为了提高政绩，村集体为了获得土地流转的“工作经费”，违背农民的意愿，强制农民参与土地流转的现象时有发生，农民的主体地位得不到保证。因此，必须建立与农地流转相关的配套政策措施，才能保障农民的合法权益不受侵害。此外，还要明确政府部门的管理职责，避免多头管理，确保农村土地流转制度改革的顺利推进。

（三）土地流转的收益分配机制亟待规范

当前安徽的土地流转市场还不发达，农民进行土地流转，主要还是依靠地方政府的引导，通过谈判实现。在谈判的过程中，农民往往处于弱势地位，以相对低廉的流转租金放弃了土地承包经营权。而大部分土地流转出去之后，都被用于发展高效农业、休闲观光以及设施农业，这往往能够获得比传统农业更高的收益。而农民一般只能拥有较少的固定收益，难以获得土地的增值收益。另外，土地流转的期限往往很长，几乎都在十年以上，考虑到通货膨胀等市场因素，农民获得的实际收益就更少了。因此，必须建立合理的收益分配机制，使农民共享土地增值收益。同时，还应加快农村金融发展，创新农村金融支持制度，为土地流转提供必要的资金支持，以及建立有效的风险转嫁机制。

参考文献：

[1] 王洪清，祁春节．家庭经营体制的历史变迁、规模效率及其下一步[J]．改革，2013，(4)：91-97.

[2] 岳意定，刘莉君．基于网络层次分析法的农村土地流转经济绩效评价[J]．中国农村经济，2010，(8)：36-47.

[3] 孟祥远．城市化背景下农村土地流转的成效及问题——以嘉兴模式和无锡模式为例[J]．城市问题，2012，(12)：68-72.

[4] 卢建新，苏雨薇．中部地区农村土地流转与证券化意愿调查研究[J]．农业经济

问题,2013,(8):49-55.

[5] 关江华,黄朝禧. 微观福利与风险视角的农户宅基地流转:武汉调查[J]. 改革,2013,(8):78-85.

[6] 王银梅,刘语潇. 从社会保障角度看我国农村土地流转[J]. 宏观经济研究,2009,(11):40-45.

[7] 刘卫柏,李中. 新时期农村土地流转模式的运行绩效与对策[J]. 经济地理,2011,(2):300-304.

[8] 钟文晶,罗必良. 禀赋效应,产权强度与农地流转抑银——基于广东省的实证分析[J]. 农业经济问题,2013,(3):6-16.

[9] 翟研宁. 农村土地承包经营权流转价格问题研究[J]. 农业经济问题,2013,(11):82-86.

[10] 夏玉莲,曾福生. 农地股份合作社经营模式的效益分析——基于湖南省光明村农地股份合作社的个案研究[J]. 经济理论与经济管理,2014,(2):105-112.

[11] 李勇,卫忠. 农村土地流转制度创新参与主体行为研究[J]. 农业经济问题,2014,(2):75-80.

[12] 刘同山,牛立腾. 农户分化、土地退出意愿与农民的选择偏好[J]. 中国人口·资源与环境,2014,(6):114-120.

[13] 陈明,武小龙,刘祖云. 权属意识、地方性知识与土地确权实践——贵州省丘陵山区农村土地承包经营权确权的实证研究[J]. 农业经济问题,2014,(2):65-74.

基于"三生"协调发展的区域空间重构
——环巢湖空间优化研究

孔令刚

摘　要:基于对环巢湖空间结构及布局方面存在问题的分析,从全域空间发展和城乡统筹的角度,研究合肥市城乡"三生"(生活、生态和生产)协调发展的优化模式与优化战略,以城镇结构、生态环境结构、基础设施网络等结构性内容作为城市发展的骨架,重构区域空间新秩序,实现市域空间的多主题、多特色、多模式、多元化发展。

关键词:巢湖生态文明先行示范区;空间秩序;"三生"协调;城湖共生

2014年7月,国家发改委等六部委联合发文,批准巢湖流域为第一批国家生态文明先行示范区。巢湖生态文明先行示范区(以下简称示范区)建设上升为国家战略,是对巢湖综合治理与保护性开发利用的升华。区划调整后,巢湖实际上成为合肥市的内湖,因此合肥市对巢湖的治理与生态修复肩负着特殊的使命。示范区建设要着眼于大合肥市域空间,在系统保护与修复治理巢湖的基础上,寻求与资源禀赋有机契合的特色发展道路,探索城湖共生共赢的新型生态发展模式,生活、生态和生产"三生"协调发展,推动环巢湖国土空间优化,实现合肥向以人为本、生态为基、产业高端、空间集约的"精明增长"发展模式转型。

一、合肥市空间结构及布局方面存在的问题

(一)市域城镇体系结构不明晰

市域城镇等级体系不够完善,主城区一极独大格局明显,市域城镇规模

基金项目:安徽省软科学计划重大研究项目"安徽战略性新兴产业发展模式研究"(1402052061);合肥市社科规划重点项目"环巢湖生态文明示范区建设与产业转型升级研究"(HFSK14D07);安徽省社科联研究课题"安徽现代产业发展新体系研究(A2014011)。

作者简介:孔令刚(1964—),男,安徽合肥人,安徽省社会科学院文化研究所副所长。

较小,吸引力较弱,缺乏中间等级城镇;区域空间框架尚未形成,结构不够清晰,对郊区交通建设重视不够,尤其是对于郊区城镇发展未能形成有效的交通支撑。

(二)城市特色不鲜明

老城区在旧城改造的过程中,对历史街区、文物本体和环境的保护不够。在大量新增建设的压力下,老城区高层建筑插建现象普遍,改变了老城区原有的空间尺度。城市历史文化遗存的生存环境较差,历史风貌特色被削弱,城市历史文化特色不鲜明;行政区经济主导下的工业蔓延日益严重,产业用地四面开花,工业、生活用地混杂;空间迅速拓展的同时,原有的经典"三叶展开,绿地楔入"的经典风扇形空间格局变得模糊,大量的工业用地分布在城市内部和边缘,文化风貌的传承有断裂的风险。城市整体风貌的提升面临困境,未来需要在调整产业结构、改变工业围城的面貌上下大力气,以促进城市经济转型与景观面貌的提升。

(三)生态服务功能薄弱

城市人口主要沿城区边缘摊大饼式蔓延而非沿交通走廊扩散至郊区城镇①。摊大饼的扩展模式降低了巢湖及主要生态源与城市的连通程度,城市的生态廊道、通风廊道被阻断或者被挤占,形成了显著的热岛效应、灰霾效应和阳伞效应②,使得城市生态效益下降,生态服务功能薄弱。

(四)城市品质和土地利用效率有待提升

新城区的规划和建设特色不够突出,以单一的房地产项目开发带动新区发展模式使得新区发展的整体性不够,以宽马路、大街区、超大尺度的广场、高层高密度为特征的开发模式不利于新区商业培育与发展,导致起步阶段甚至较长一段时间缺乏人气,城市品质有待提升;基本农田的保护压力加大。合肥市城市建设和工业化进程的推进,使有限的耕地资源日趋紧张。随着城区的进一步扩张,耕地调整的难度将进一步增大。

---

① 中国科学院地理所. 合肥市空间发展战略规划及环巢湖地区生态保护修复与旅游发展规划[R],2012年.

② 阳伞效应是由大气污染物对太阳辐射的削弱作用而引起的地面冷却效应。有自然原因和人为原因。前者如火山喷出大量尘埃和海水浪花飞溅将各种盐分带入大气中;后者如工业、交通运输和生活中燃烧化石燃料排放的烟尘。此外,农业生产和植被破坏等,产生许多灰尘由地面进入大气环境,使悬浮在大气中的颗粒物大大增加。这些气溶胶粒子会吸收和反射太阳辐射,减少紫外线通过,使到达地面的太阳辐射大大减弱,导致地面温度降低。大气中气溶胶粒子增加,增多了凝结核,使云量、降水量、雾的频率增多,对地表亦起冷却作用。这种现象类似于遮阳伞,遮挡太阳辐射而使地面温度降低,因而称"阳伞效应"。阳伞效应的产生使地面接受太阳辐射能减少且阴、雾天气增多,影响城市交通等。

二、合肥市空间优化模式与战略

以城镇结构、生态环境结构、基础设施网络等结构性内容作为城市发展的骨架,统筹城市发展和建设的各项要素,通过推动生态修复、文化保护、产业发展、旅游发展、城乡建设、交通组织等方面的联动,重构区域空间新秩序,形成“三生”协调发展的综合性的城市空间结构和有合肥特色的大湖治理“城湖共生”格局,实现市域空间的多主题、多特色、多模式、多元化发展,向以人为本、生态为基、产业高端、空间集约的“精明增长”的发展模式转型。①

(一)市域空间优化模式

构建城市发展骨架,市域空间优化基本模式为中心带动,轴向拓展,适度均衡,网络集群。

从全域空间发展和城乡统筹的角度,在市域范围内构建多个地区发展中心,形成多中心、网络化的城镇结构。发挥合肥作为区域中心城市的扩散带动作用,同时积极培育巢湖、庐江、长丰等新的地区中心,三河、中庙、盛桥等城镇作为城乡统筹发展的核心,真正做到等高对接,充分发挥集群发展的优势作用,形成大、中、小城市协调发展的网络化的区域城镇结构。

在市域范围内,构建多条以公共交通为主导的综合交通走廊,包括沿巢湖北岸的合-巢城镇发展带,肥西-三河-庐江城镇发展带,以及双墩-下塘-长丰城镇发展带。根据人口增长和发展的需要,在综合交通走廊中,可以采用轨道交通的方式,加强城镇之间的联系。

实施以合肥区域性特大城市为目标的城乡功能合理分工与统一组织的城乡统筹发展发展策略,将农田保护、生态环保、现代高端产业、城市先进功能、现代农村有机融合,以多中心、组团式、网络化的布局,全面统筹皖中地区城乡的发展,建立同发展共繁荣的新型城乡关系,构建城乡经济社会发展一体化的体制机制。

在空间发展的主要轴线上,采取 TOD(Transit-oriented Development,一种通过对交通站点附近的土地高强度综合开发利用从而实现交通主导的城市发展开发模式)发展模式,综合利用以公共交通为主的综合交通走廊,围绕站点进行较高密度的开发建设,引导城市集约节约、适度均衡发展。在发展轴

① 孔令刚,蒋晓岚.基于新型城镇化视角的城市空间“精明增长”[J].中州学刊,2013,(7):27-31.

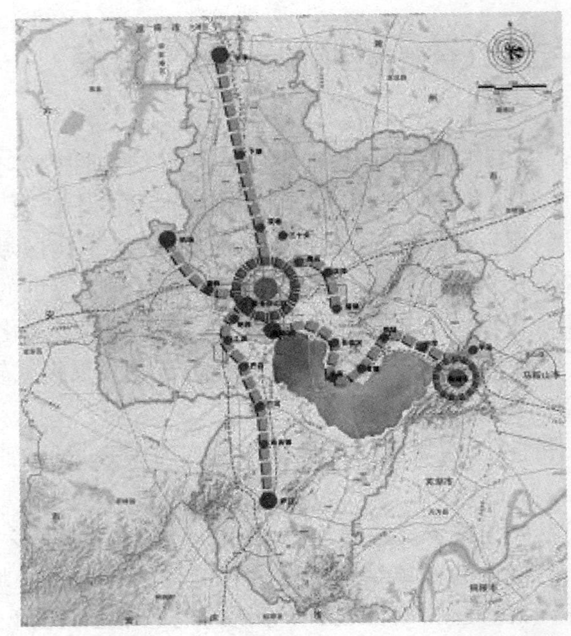

图1　基于TOD的合肥市域空间交通及中心与次中心布局示意图

上形成区域次中心,围绕次中心布置不同密度的发展区。以集群化发展的产业、集群化的城市服务设施和“网络的巢湖”为“网络合肥”奠定空间框架。

(二)市域空间优化发展战略

1. 区域协调

协调区域资源与环境保护。统筹协调区域在资源保护、水土涵养、污染治理等方面的合作,加强巢湖流域生态环境的综合治理①。

协调区域水资源保护。肥西县北部地区、长丰县西部地区的发展应以瓦埠湖水源保护的要求为前提。庐江罗河、泥河等镇的发展应协调枞阳白荡湖等的保护要求。加强巢湖流域上游大别山区的生态涵养和水土保持。

协调区域污染治理。以巢湖保护要求为前提,统筹协调巢湖流域上游大别山地区、六安市的水土流失和污染治理②。

2. 跨界合作

加强跨界地区在产业发展、环境保护方面的合作与协调。整合三河古镇

① 项继权. 湖泊治理:从“工程治污”到“综合治理”[J]. 中国软科学,2013,(2):81-89.

② 朱青,唐红兵. 创新湖泊治理与保护思路,加快巢湖治理与保护进程[J]. 水资源保护,2013,(4):54-55.

历史文化资源、杭埠镇交通优势、同大镇土地资源,协作发展;整合罗河、泥河、矾山、乐桥等镇的产业发展,积极对接皖江产业带的枞阳老洲产业新城,重点发展重化工业、建材制造等产业;依托淮南市,打造长丰新城;依托新机场,协调寿县的发展需求,打造机场新区;协调巢湖与含山在环境保护和产业发展方面的要求,打造半汤国际温泉度假区。

3. 城湖联动

城湖联动的基础是优化城湖关系。首先要控制主城区总规模。城镇人口规模600万人左右,建设用地650平方公里左右。第二要控制建设用地边界。北到绕城高速、南到派河、东到撮镇,西到南岗。第三要充分留足沿湖湿地。根据陆向缓冲带的要求,构建沿湖四大国家级湿地公园。第四要强化城市组团间的绿楔,形成轴楔共轭,构建西南、东北两条组团间的楔形绿地,与南淝河生态走廊、派河生态走廊结合。强化东南、西北两大结构性绿地,打通市域通风走廊。

4. 多元发展

经济结构多元化。中心城区进行产业深层结构调整,挖掘中心区商务、商业、居住的潜能,强化中心区的带动作用,促进服务业的发展,形成以服务业为中心的多元化的经济。①

文化发展的多元性。延续"兼容并蓄,多元共存"的城市文化内涵,既根植于本地域的"环巢湖文化圈",又反映安徽的多元文化"淮河、皖江、新安江文化"。既要发掘和整合三国旧地、包公故里、淮军摇篮、科教名城的文化资源,又要把握后现代城市文化发展的趋势,打造多元特色文化空间。

山水空间的多元性。合肥是一座有着悠久历史的城市,历史上合肥的选址、城市的格局和周围的山水环境有着密切的关系。因此城市在新一轮的发展中,也必须强调空间布局和山水环境相协调,营造多元发展格局。

(三)空间优化路径

根据城市发展不同阶段的空间需求特征(见表1),对合肥市市域各重点地区的空间优化采取不同的路径②。

(1)优化提升中心城区,特色发展巢湖城区,综合拓展庐江城区,优质建设长丰城区;

(2)打造三大产业增长点,创新利用环巢湖地区;

---

① 曾刚. 基于生态文明的区域发展新模式与新路径[J]. 云南师范大学学报(哲学社会科学版),2009,(5)

② 顾乃华,余壮雄. 工业用地空间集散特征及其内在动因研究——以北京市为例[J]. 地域研究与开发,2008,(5):76-80.

(3)凸显城市文化魅力,增强综合服务能力;

(4)完善湿地绿带网络,融入多元创新功能;

(5)调整优化工业布局,促进产业升级拓展;

(6)构建畅达交通体系,支撑都市有机发展。

表1　城市发展不同阶段的空间需求特征

发展阶段	工业化加速期	工业化后期	后工业化时期
产业功能和需求	以制造业为中心,完成资本原始积累,大规模低成本的工业用地	产业转型期:生产性服务业和制造业良性互动,新产业发展需要多元化多层次空间	产业提质期:以现代服务业为主导,CAZ等培育创新产业、智力产业、文化产业的新空间
人口结构和需求	以产业工人为主,逐渐向城市居民转变,对消费性服务业需求增加	产业工人和城市居民开始集聚高端人才,多元化的生活服务配套	人口结构高级化:以高端人才、商务人士为主导,高品质的生活工作环境
主要竞争要素	地理区位:土地成本、劳动成本	经济实力:综合服务功能,创新要素(科技、金融、信息等)	城市地位:城市环境品质,软实力(制度、信息化、人才集聚度)
空间规模需求	以空间换增长,以工业用地增量为主	空间扩张减缓:以居住、商业办公用地增量为主导,工业用地逐渐减少	空间环境优化提质:绿地、公共设施用地增加,工业用地进一步减少
空间结构需求	工业用地主导,工业用地在城市外围低成本加速扩张,"摊大饼"	空间重构期:工业用地向商业办公用地转化,部分城市功能从老城区分离出来,形成新中心	空间优化期:多中心网络化结构
空间设施需求	多层次的住房供应;完善的公共基础配套;便捷的对外交通(港口、公路为主,解决货运需求)	多元化的居住办公空间;高品质的公共服务体系;优质的空间和人文环境;便捷的、网络化公共交通(公交、轨道、快速路等,解决客运需求)	高品质、优环境的生活、交流、工作空间;快速客运、航空、高铁、城际铁路等。

资料来源:根据有关资料整理。

三、优化生态空间

巢湖的生态环境健康与否对合肥市的可持续发展起到决定性作用。城市发展以及城市人类赖以生存的生态系统所能承受的人类活动强度是有极限的，亦即城市发展存在着生态极限。限制城市规模的最重要的因素是自然生态环境，城市的发展要有一定的边界，这一边界是由自然环境容量所限定的，不能因为城市扩张而模糊和消除这一边界的存在。

(一)重塑合理的生态空间格局

合肥市域生态空间涉及山、水、绿、田四类自然生态要素，形成了以巢湖为核心，以入湖河流为廊道，以山地丘陵、平原林地为斑块，以大面积的陂塘、农田为基底的生态格局。要进一步强化对城镇空间增长边界强有力的制约与引导，同时城市规模应控制在合理的资源承载力范围内。保护内城水系和滨水开放空间，形成多条穿城绿廊。依托现有铁路和高速公路所形成的空间廊道，化不利为有利，整合周边用地，建设合肥都市区新绿环。通过新绿廊和新绿环建设，最终使都市区内所有居住区都可以在步行十分钟内到达城市公共绿地，建设全国宜居都市典范(见图2)。

(二)修复巢湖生态通道

连通流域水系绿网，改造巢湖通江闸口，恢复江湖间生物联系通道；综合分析优选引江济淮线路，加强长江与巢湖的水体交换，促进巢湖水环境改善。确定巢湖水位生态调控方案，以促进巢湖水生植物生长、修复水生态环境为目的，以巢湖防洪要求为控制，兼顾农业灌溉和航运需求，尽量减少凤凰颈抽江水量，优化巢湖闸、裕溪闸等控制工程的调度。

(三)构建湿地网络

构建完整的巢湖梯级湿地体系。包括湖泊湿地及延伸的城市湿地和乡村湿地。湖泊湿地包括河口湿地、圩区湿地和湖滨缓冲湿地等。城市湿地包括污水净化型湿地、雨水蓄积型湿地和景观游憩型湿地。乡村湿地包括池塘湿地、沟渠湿地和农田湿地。在环湖地区完善巢湖外围的水系河流网络，并沿湖拓展生态湿地，形成多样化的滨湖湿地生境空间形成在市域范围以水系湿地为基本网络，巢湖、水库等水源保护区为重要斑块，山体、河口为重要控制节点的生态空间格局；加强重要的生态景观绿地、发展轴之间的绿楔、重要的农田、湿地以及隔离绿地的保护，强化禁建区的刚性控制，确保城市生态空间结构的实现；从生态廊道控制走向湿地绿带景观网络的构筑，以此网络作

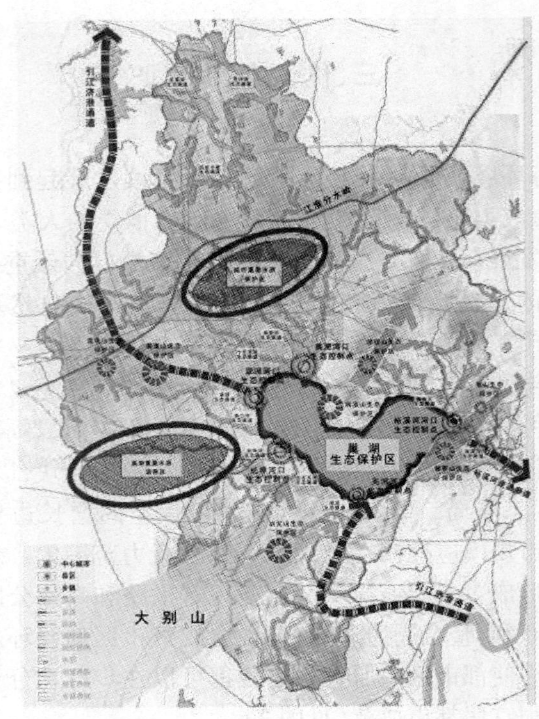

图 2　合肥市域生态空间格局示意图

为城市空间发展的基底，在网络的空隙中建设城市，使城园一体风貌得到升华。

（四）保持空间开敞性

疏解老城功能，增加绿地开敞空间，重构城园一体的城市风貌特色。划定东南湿地和农业保护区。包括南淝河和十五里河下游地区，即包河区东南部、大圩乡、撮镇南部和长临河镇西部，是城市重要的湿地和农业保护区，是保障巢湖水质的重要缓冲区和城市东南通风走廊，应控制好空间的开敞性，严格限制开发建设的规模和强度，发展都市型农业、观光农业、休闲娱乐、创意文化产业等，逐步形成城市东南重要的湿地和生态自然保护区。在生态空间控制中应适当敞开东南向、西北向，布置绿化敞开空间或低密度建筑，构建南淝河、十五里河、派河三条生态绿廊，保留“东南-西北”向的通风廊道。

（五）环湖交通设施建设尽量减少对生态系统的扰动

交通设施建设应尽可能保证原有生态系统的连续性，特别对湿地、湖滨带等采取相应的保护措施。公路建设应该远离湖滨水路交错带，回避鸟类等动物栖息地，回避距离至少在 600 米以上，有条件的地区应在 1000 米以上。

设置生态廊道，尽可能地保护公路沿线所有的植物，并根据动物出没路线给动物修建专门的跨线桥，在桥上覆土种植与周围环境中相似的乔灌树木和草类，以利于动物通过，尽量减少对生态系统的扰动。

四、优化生活空间

在市域范围内培育多个城市发展重点，包括新城与新市镇，带动区域产业、经济和城镇化发展。

（一）采用依托 TOD 发展模式的高密度、紧凑型的城市发展模式

增强用地的混合性，缩小街区尺度，增加路网密度，减小出行距离。综合运用 POD（步行导向发展）、BOD（自行车导向发展）、TOD（公交导向发展）、XOD（城市形象改善导向发展）和 COD（小汽车导向发展）五种不同的城市发展模式，引导步行、自行车等绿色交通模式。依托分散的就业中心促进职住平衡，减少通勤距离[①]。

（二）强化与提升老城区特色

疏解行政办公职能，改造、提升传统服务业，打造精品商业网点，大力发展以现代服务业为主的第三产业，营造商务洽谈环境，全面提高综合服务功能；保护老城的特有生态格局，加强生态环境建设；注重挖掘城市特色，加强特色街区的保护与建设；加强道路和基础设施建设，改善交通环境；合理控制人口密度，改善住区环境。

（三）优化各分区功能

通过人性化的街道景观增加城市中心区公共空间的魅力，增加商业与服务功能，开辟城市旅游功能，提升中心城区综合功能，增强市民的归属感和中心城区的活力。调整优化合肥主城区、巢湖市区、水湖及庐城的功能和空间结构、升级产业结构，发展生态人居、科技研发与成果孵化、创意文化以及旅游休闲会展产业，制造业和污染工业逐步向新城和其他城镇转移；以水为廊，连通城区绿地、公园、广场和公共活动中心，打造城市的生态绿廊、文化长廊和休闲走廊。

（四）协调城镇发展

根据区位条件和发展趋势，采取差异化的城镇发展策略。重点培育新市

---

① 蒋晓岚，孔蕙心．基于区域视角的城市空间定位与支撑条件研究——以合肥市为例[J]．合肥学院学报（社会科学版），2013，(5)：42-46.

镇和特色小城镇，形成大、中、小城市协调发展的态势。强化产业引导发展，为农村剩余劳动力的吸收创造条件，使小城镇成为区域城镇化的承载空间。壮大综合城镇，培植特色城镇，增加专业城镇，使每个地域单元形成综合服务型、专业产业型和特色引领型城镇相互协调、相互配合、共同发展的局面。专业型城镇包括工业型城镇、工贸型城镇、农业型城镇、交通性城镇，特色型城镇包括旅游特色城镇、文化特色城镇、养生特色城镇等。

从合肥四牌楼画两条直线分别到巢湖市中心和庐江县城，再在巢湖市与庐江县城之间画一条直线，三条线组成的等边三角形，正好把整个巢湖水域囊括进来，在这个等边三角形中，合肥获得的不仅仅是一条环形湖岸，如何充分发挥环湖优势，在巢湖生态修复的基础上，建设环湖城镇密集区、环湖生态体系、环湖产业体系和环湖交通体系，打造生态宜居城市是未来合肥发展进程中的重头文章。

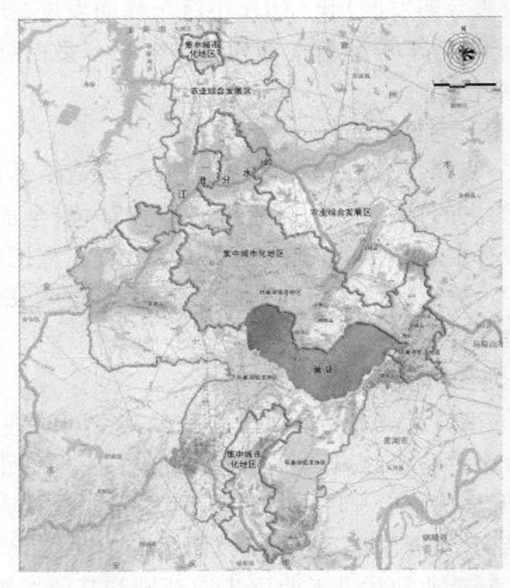

图3　市域空间功能划分示意图

（五）保留多样化的农村生活形态

对于保留农业生产和农村居住形态的地区，应以基本公共服务设施均等化为目标，改善农村生活条件。不强求村庄撤并，保护和利用具有地方特色的陂塘系统，形成独具特色的农村空间形态。

（六）完善村庄各类基础设施和服务设施

配置小学、幼儿园、卫生室、文化活动站、敬老院、农村超市等服务设施，有条件的村庄要建设集贸市场；完善电力、通信、有线电视、给水、排水、沼气等基础设施，扩大服务覆盖面。

（七）营造有韵律的城市天际线

引导高层建筑建设区域布局及外观设计的特殊与差异化，建设优美建筑群体，使高层建筑的布局呈渐进式，在空间上富有层次，营造有大湖城市特色的有韵律的城市天际线。

五、优化生产空间

（一）产业空间整合优化策略

以打造"大湖名城，创新高地"战略为统领，把握产业结构演进与城市化进程的总体趋势，把握产业升级演变和城市化进程的总体趋势，优化产业空间布局，制定适当的战略对策加快城市化进程，城市功能拓展更多基于产业功能的需要，从而更加有效地推进产业结构的优化升级。依托合肥高新区、合肥经开区、合肥出口加工区等国家级开发区以及合肥集中示范园区，整合周边省级开发区，加快合淮、合六、合芜、合安工业走廊建设，把加快发展生产性服务业与推进制造业高端化相结合，促进现代服务业与先进制造业协调发展；推进产业集聚、企业集群和资源集约利用，推动产业生态化转型。

（二）产业空间格局

在城市发展空间战略的基础上，优化市域产业空间，市域形成"一核两翼、两新城、三产业基地"的产业空间格局。建立新的研发基地、产业基地，再造新的城市产业空间，优化城市的空间结构，实现城市空间布局从单中心到多中心，空间组织从线性到网状化的变化，从整体空间形态上维系城市的可持续发展，如图4所示。

一核是都市区核心区的产业空间格局。是以北城、双凤工业园、庐阳区（老城核心区）、蜀山区、包河区至滨湖新区构成的由北至南的都市综合服务中心体（文化、政务、金融、会展、商贸、都市休闲体验）。强化城市中心区的高端集聚作用，以金融、高端商务、时尚消费等占据空间的制高点，加速推进"腾笼换鸟"，持续提升中心区的空间价值。

两翼是东西两翼。东翼是由新站开发区、肥东开发区、循环经济园，构成东北向东南延伸新兴产业轴。西翼是以高新技术产业开发区、经济技术开发区为主体，包括蜀山经济开发区、南岗科技园、柏堰科技园、肥西桃花工业园、新港工业园、合肥自主创新示范区，构成西北向西南延伸的高科技和装备制造产业轴（两片区：高新技术产业、装备制造产业）。

两新城包括未来巢创智新城和空港新城。创智新城是以研发设计、教育培训、山水文化体验、休闲旅游等构成的智慧新城。空港新城是以空港加工业、临空服务业、空港物流、物流企业总部等构成的新城。

三基地包括柘皋新型产业基地、庐南循环经济产业基地和下塘新型重工业基地。

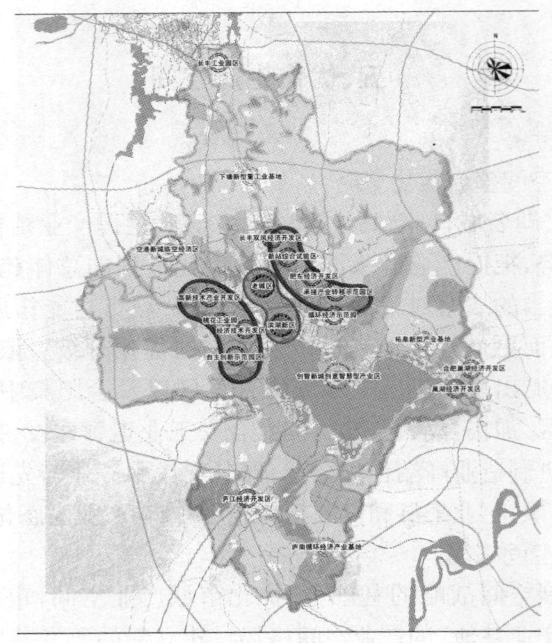

图4　市域产业布局示意图

（三）优化路径与方向

优化路径为，核心带动，集中布局，轴向集中，组团集聚，节点提升，对接周边。

推动中心城区“退二进三”。老城区工业原则上全部退出，重要城市轴线两侧、庐阳工业园、包河工业园零星布局工业用地逐步搬迁。核心带动，轴向集中，促进产业向高端化、集群化发展；逐步腾退分散的工业用地，设立准入门槛，提高土地利用效率。

推动园区升级和合作带动。集中布局，组团集聚，引导开发区之间的资源整合、空间拓展，确保集约节约用地，创新体制，节点提升，设立国家级园区的园外园模式（如新站开发区将巢湖经济技术开发区作为园外园、包河工业园区在庐江设立园外园），对接周边，带动巢湖市和庐江园区发展，实现整体发展和提升，以大项目拉动大投入，以大投入形成大产业，以大产业推动大发展，以新的机制和手段推进园区优化整合，在整体上实现开发区新的发展。

“十三五”时期合肥要更加明确生产、生活和生态空间布局。新技术革命带来了产业空间与城市空间的高度融合①。基于生态文明准则的绿色发展、低碳发展理念，要更加注重资源整合与产业空间重组，城市转型与区域发展形成联动，在都市区的空间范围内进行产业布局和功能优化。从大的脉络上来布局“三生”空间，合肥二产的生产空间重点放在东西两翼，而将城市的主要生活空间和大量的新兴服务业放在自西北大蜀山—水源地到东南巢湖的方向上，建设沿南淝河、十五里河、派河等穿城绿廊，强化西北东南向的城市新兴发展长廊，构筑城市和山水之间的联系，走出有合肥特色的转型发展、创新发展和绿色发展的新路径，在可持续发展的轨道上综合提升作为区域性特大城市的能级水平。

① 李程骅，黄南．战略性新兴产业引领城市转型的路径选择［J］．南京社会科学，2014，(2)：8-16.

谁进入了较高的收入阶层

孔庆洋

摘　要:基于CGSS2008数据,应用Mclust聚类方法按家庭收入将居民分为四个收入阶层,克服了等分法和中位数法不能准确地把个体分成独立聚集群的缺欠。排序和多值选择模型的实证研究发现,教育与户口是决定收入阶层的最主要因素,党员身份、工作经验和社会资本都有助于进入更高的收入阶层,而托关系找工作无助于进入高收入阶层。除社会资本外,存在多种机制强化了收入阶层的传递效应。应从人力资本积累、教育、户籍和机关改革等多方面改善收入阶层分布,增强阶层的流动性。

关键词:收入阶层;Mclust;传递效应

一、引　言

城乡收入差距、地区收入差距、行业收入差距和劳动收入占比下降是中国目前收入不平等的核心问题。各种因素作用的共同结果表面上是收入差距的扩大,而更深刻的问题是社会阶层固化和收入差距扩大。社会分层是社会性资源的不平等分配关系(Levine,1998)。“谁得到了什么?”“是怎样得到的?”这是目前社会关注的核心问题。对于学术研究而言,重要的不是各收入阶层的收入是多少,而是决定各阶层的因素是什么,即什么能够决定进入高收入阶层②。

收入阶层是指以收入为标准决定的阶层分类③。国家统计局在调查统计

作者简介:孔庆洋(1968—),男,吉林白山人,安徽师范大学经济管理学院副教授,博士。

② 收入阶层是指按收入的多少划分阶层。

③ 其他划分标准还有国家社会主义和社会利益群体。见方曙光《中国当前的高收入阶层分析》,合肥工业大学学报(社会科学版),2011(3):21-25.

我国居民收入情况时,使用了收入“五等分法”或“七等分法”。收入“五等分法”即把全部家庭或人口分为最低收入、次低收入、中等收入、较高收入和最高收入五个分层组,每组各占家庭或人口总数的20%。很多研究以此为标准,如张德波(2009)将最低和次低合并为低收入,较高和最高合并为高收入形成了三个收入阶层。黄潇(2013)以个人收入中位数的75%和125%进行分类,低于中位数的75%为低收入,高于中位数的125%为高收入。或者以中间20%和中间60%的个体确定中等收入阶层,如Winkelrid(2005)、洪兴建(2010)和徐蔼婷、刘波、李金昌(2012)。

等分法和中位数法存在明显的缺欠,不能准确地把个体分成独立聚集群,即社会阶层。按“聚集程度”划分收入阶层,不但阶层之间“层次清晰”,而且阶层的特征分明,有助于研究分析。等分法和中位数法在本质上是按人数划分收入阶层,而不是按人群的属性或聚集程度划分。如分布1为典型的两阶层,但若按等分法则分成了低、中和高收入三个阶层。同样,对于分布2,如果采用中位数75%和125%分类法,1140和1800仍属于中间收入阶层,这显然也不恰当。

分布1:[1000,1000,1000,4000,4000,4000]

分布2:[1100,1100,1100,1140,1500,1500,1500,1800,1900,1900,1900]

Wang和Tusi(2000)开发的W两极分化指数虽然能够克服等分法和中位数法的缺欠,但限制了阶层的个数,不能详细刻画集群的特征。而由Esteban和Ray(1994)提出ER型指数、Esteban, Grad&Ray(1999)及Duclos, Esteban&Ray(2003)改进的EGR指数,虽然能够进行多极化分层,但其前提是正确的分组,要求选择最相关的分组标志以更好地体现组间的差异性和组内的同质性,如洪兴建等(2007)、罗楚亮(2010)。很多研究选择某些外生变量进行ER分组,比如性别、户籍、民族、不同地区等。如果外生变量选择有误,不能体现组间的差异性和组内的同质性,那么分组将面临困境。目前还没有检验这些外生分组变量的方法,具有明显的主观性。

所以目前有关收入阶层的测量方法虽有合理性,但阶层划分或集群分类缺乏敏感性。张伊娜、周双海(2013)应用基于模型的潜在分层聚类方法(Cluster)突破上述方法的局限。Cluster方法通过贝叶斯后验模型选择,依据组内差距最小,组间差距最大的原则,将收入进行聚类分组。本文使用中国人民大学的CGSS(2008)数据,先依据Mclust方法划分收入阶层,然后通过Mlogit模型确定各阶层的阶层特征,回答谁能进入较高收入阶层的问题。

二、我国收入阶层不平等分析

(一)基于模型的聚类分析(Mclust)方法

聚类分析通过收入数据将相似个体群聚起来成为一组或一个阶层,使其组内或阶层内个体尽可能相似,组间差异尽可能大,而不是事先人为地确定组的数量和组的划分形式。Mclust 聚类模型为(Fraley and Raftery,2002):

$$f(y,\theta) = \Pi^{n} \sum^{G} \tau_k \phi_k (y_i / \mu_k, \sum{}_k) \quad (1)$$

其中:$f(y,\theta)$ 为分类模型公式,y_i 为收入,G 为阶层的数量,τ_k 是个体属于某个阶层的概率,ϕ_k 为概率分布,通过设定为正太分布,$\sum_k$ 为方差矩阵。不同阶层的方差矩阵 $\sum_k$ 可以相等,也可以不相等,所以模型分为两种,等方差和变方差。模型(1) 的阶层数量 G 及相关参数由贝叶斯信息(BIC) 准则确定。

$$BIC = 1\text{loglik}(y,\theta) - m\log(n) \quad (2)$$

其中:$\text{loglik}f(y,\theta)$ 是模型(1) 的极大似然值,θ 为参数,m 为参数个数,n 为样本容量。

应用 Mclust 方法进行收入阶层划分具有三个优势(Vermunt and Magidson 2002):第一,聚类标准为使群内差别最小化,群间的差别最大化,比传聚类标准更客观;第二,聚类灵活,允许收入变量以多种简单或复杂的形式分布到聚类中,而不是传统的简单机械分类;第三,收入变量没有必要做缩放,比传统聚类信息更真实。

(二)收入阶层测量

1. 数据

本文数据来源于 CGSS(中国综合社会调查,2008),该调查是一项全国性的抽样调查,由中国人民大学和香港中文大学的两个社会科学部共同执行的,数据覆盖了全国 30 个省级行政区的农村和城市居民,最新发布的数据是 2008 年数据。

按个人收入还是家庭收入划分收入阶层没有统一标准,如黄潇(2013)使用 CGSS 的个人收入以中位数划分阶层,周兴、张鹏(2013)以家庭收入按等分法划分收入阶层。虽然 2008 年 CGSS 数据同时提供了家庭收入和个人收入数据,本文选择家庭收入划分收入阶层。首先,农村阶层分化以家庭为基本单元(杨华、欧阳静,2013);其次,当代单个婚姻单位形成的个体家庭成为主流，异居的亲子间保持着密切的联系（王跃升，2013）；最后，无论是农村还是城镇居民，子女成家买房都需要父母支持，家庭更能决定个人的选择和生活质量。CGSS2008 数据剔除家庭收入缺失的样本后，共有 5615 个观测值。

2. 收入阶层测量结果

Fraley 和 Raftery（1999）编写了模型聚类方法的 MCLUST 软件包，运用该软件对 CGSS2008 年数据的家庭收入进行聚类将 5615 个样本分成四组，即四个阶层，聚类模型为变方差模型。如果按个人职业收入聚类，样本分为五个阶层，不但阶层个数多，而且最低和最高两组的占比很小，都低于 3%（见表 1）。

表 1　阶层测量及特征

阶层特征	总样本特征	阶层一	阶层二	阶层三	阶层四
各阶层占比	N = 5615	33.13	42.94	22.14	1.80
家庭收入均值	30843	7167	23138	60127	290149
家庭收入中位数	20000	7500	20000	50000	200000
家庭收入标准差	55861	3210	6529	21306	279085
家庭收入变异系数	1.811	0.4479	0.2822	0.3544	0.9619
个人职业收入均值	14167	3781	11289	27749	98806
个人收入中位数	10000	3000	10000	24000	75000
平均教育年限	9.33	7.18	9.341	11.82	12.60
年龄	49.36	51.97	49.73	45.12	44.37
中共党员占比	11.40	6.02	11.45	18.50	21.78
地市以上户口占比	50.65	16.99	40.36	63.96	70.30
党政事业工作占比	18.06	13.39	33.10	42.56	29.70
国企工作单位占比	28.60	13.39	33.10	42.56	29.70
平均每周工作小时	53.72	47.021	54.03	51.13	47.021
父亲教育	14.56	6.94	13.69	25.08	35.64
母亲教育	6.99	2.26	6.10	14.80	11.78
东部地区占比	37.4	15.91	38.7	63.88	77.23
中部地区占比	41.25	55.65	40.52	23.25	14.85
平均子女数量（人）	1.720	2.121	1.660	1.200	1.244
工龄（年）	10.15	5.043	12.10	13.77	13.11
住房面积（平方米）	110.06	117.1	107.0	104.7	119.3

注：收入单位：元（人民币）；父母教、配偶教育为高中及以上教育程度占本部分（列）的比例。

由表1可以发现,阶层之间差距巨大,相邻阶层之间家庭收入差距达2倍以上。各阶层如何定义呢? 从实际收入来观察,第一阶层,按每家3口计算,人均中位数收入(高于平均值)为月收入为208.33元,如此收入水平即使在农村生活也比较艰难①。参照国家统计局四川调查总队课题组(2008)的标准,依次称为贫困阶层、温饱阶层、小康阶层和富裕阶层②。费舍尔(Fisher)在对美国贫困线发展的研究中指出,美国普查局在1971—1975年以"低收入"(low-income)来替代"贫困"(poverty)。按美国标准,低收入是相对于中等收入而言,但是中国目前只是发展中国家,人均收入很低,将第一阶层定义为低收入阶层会掩盖他们生活的艰辛。

各阶层家庭的特征总结:整个样本的变异系数为1.811,远高于各阶层,温饱阶层变异系数最小,富裕阶层最大,说明家庭收入之间的差异主要为阶层差距;阶层等级越高,教育的年限越长,父母及配偶的教育程度也越高;越富有的阶层,年龄越低;政治身份在不同阶层的差异明显,层级越高中共党员越多;贫困阶层和富裕阶层每周劳动时间最少,温饱阶层劳动时间最长;国有企业员工占比与党政机关与事业单位从业者占比特征相同,小康阶层占比最高;阶层具有明显的地区特征,富裕阶层聚集于东部地区③;贫困收入阶层的工作经验(工龄)较少,而其他三个收入阶层之间差异不大;贫困和富裕收入阶层家庭住房面积较大,除和收入有关外,住房面积和居住地有关。

三、收入阶层影响因素的实证分析

(一)模型设定

个人及家庭特征是影响收入的重要因素,如房产、土地等物质资本(固定资产),教育、培训等代表的人力资本水平,以父母及配偶教育等家庭遗传因素。但我们更关注这些因素变量对各收入阶层的形成有何影响? 为此建立排序模型和多值选择模型估算各因素与个体成为某个阶层概率之间的关系。

---

① 样本包含农村人口,居住农村者占34.03%。农村家庭每户人口一般情况下不少于3人,即人均中位数收入低于208.33元。

② 四川调查总队课题组(2008)应用2.4万多个城市居民入户调查专项数据,以人均可支配收入将四川城市居民分成四个阶层。

③ 地区按《2013中国卫生统计年鉴》的划分标准分为东部地区、中部地区和西部地区。

排序模型和多值选择模型有两种，Probit 模型和 Logit 模型[①]。Mprobit 模型虽然与 Mlogit 模型一样克服了线性概率模型的缺欠，但累积分布函数没有明确的表达式，相对而言 Logit 模型更适用。Mlogit 模型的设定形式如下（其他模型类似）：

$$Mlogit_i = \alpha + \beta X_i + \mu_i \tag{3}$$

其中：α 表示常数项，β 是待估计的参数向量，X_i 是解释向量（个人或家庭特征），μ 是随机误差项，$i=1,\cdots,n$，n 为样本容量。*Mlogit* 为被解释变量，当 *M*logit=1 时，表示个体为贫困收入阶层，当 *M*logit=1,2,3,4 时依次为贫困、温饱、小康和富裕收入阶层。

（二）模型估计

1. 解释变量

模型(3)的解释向量 j 包括受教育年限、年龄、工龄、每周工作时间、子女数量。向量 X 还包括反映个人与家庭特征的虚拟变量，如性别、婚姻（是否有伴侣）、政治身份（是否中共党员）、户口、地区、工作企业所有制性质、工作单位类型、社会资本、社会关系等、配偶信息变量、父母信息变量。社会资本以 14 岁前是否居住在县城以上城市度量，是取值为 1，否为 0。以获得目前工作（或之前的最后一份工作）托关系起是否决定性作用度量社会关系，是为 1，否为 0。配偶及父母信息包括教育、户口、工作单位性质和工作单位类型。当配偶的教育程度为高中以上（不含）时配偶教育变量为 1，其他为 0。部分变量的设定及描述统计见表 3。

表 3　部分虚拟变量设定及统计描述

变　量	总样本	贫困阶层	温饱阶层	小康阶层	富裕阶层
性别（男性=1）	48.35	46.18	48.32	51.09	55.45
户口：直辖市城区户口	7.55	1.83	6.30	16.89	27.72
省会城市区户口	11.59	3.60	12.86	20.19	22.77
地级市城区户口	19.23	11.56	21.19	26.87	19.80
县级市城区户口	12.27	7.90	15.06	13.60	9.90
集镇或自理口粮	5.95	6.13	6.72	4.42	2.97

① 具体分为 Oder probit，Oder logit，Multinomail probit 和 Multinomail logit 四种，分别简记为 Oprobit，Ologit，Mprobit，Mlogit.

（续表）

变　量	总样本	贫困阶层	温饱阶层	小康阶层	富裕阶层
农村户口	56.60	68.82	37.66	18.02	16.83
工作性质:国有企业	40.73	28.82	42.93	46.90	32.61
集体所有	10.50	12.62	11.35	7.89	5.43
私有/民营	36.67	40.05	36.04	34.13	48.91
港澳台资	0.91	0.46	0.91	1.24	1.09
外资所有	1.37	0.12	0.86	2.75	6.52
中外合资	0.94	0.81	0.59	1.51	2.17
单位类型:党政机关	3.51	3.24	3.08	4.53	2.17
企业	51.58	42.71	54.07	53.59	59.78
事业单位	14.56	7.75	14.84	19.25	15.22
社会团体	1.65	3.47	1.13	1.06	2.17
自雇/自办	26.60	39.12	24.77	20.50	20.65
政治身份(中共党员)	11.4	6.02	11.45	18.5	21.78
有异性伴侣	82.67	83.82	84.99	76.99	76.24
社会资本	35.16	15.54	37.41	57.92	62.38
社会关系	16.89	24.64	16.00	12.93	10.87
配偶教育	32.84	11.46	33.05	63.72	70.88

注:表中数据各特征人群占本部分(列)的比例,即虚拟变量值为1的比例。

2. 估计结果

为获得稳健的估计结果,在估计 Ologit 模型的同时也估计 Oprobit 模型。Mlogit 模型由于以一种类型为对照组,分别建立多个模型,所以相对排序模型能够提供更详细的信息,模型的解释能力也更强,具有更高的 R^2。两种模型使用异方差稳健(HAC)标准误。

由于父母与子女存在代际传递现象,模型若包括全部个人和父母信息变量,则变量的多重共线性将相当严重,如户口、父亲户口的方差膨胀因子达到了6.86和6.7。所以模型中只控制了父母的部分信息变量,为节约篇幅只报告相应的约束检验结果(见表2)。

表2 收入阶层的影响因素实证分析

	排序模型		Mlogit 模型		
	ologit	oprobit	贫困	小康	富裕
小时工资	0.084 *** (0.0)	0.047 *** (0.018)	0.079 * (0.043)	0.113 *** (0.032)	0.379 *** (0.066)
教育年限	0.161 *** (0.021)	0.089 *** (0.012)	-0.131 *** (0.036)	0.153 *** (0.0276)	0.152 ** (0.068)
工龄	0.034 *** (0.008)	0.019 *** (0.005)	-0.034 *** (0.012	0.035 *** (0.011)	0.019 (0.030)
党员身份	0.311 ** (0.150)	0.177 ** (0.082)	-0.127 (0.276)	0.427 ** (0.111)	0.753 * (0.457)
有伴侣	0.023 (0.306)	0.010 (0.167)	-0.034 (0.513)	0.413 (0.346)	0.663 (1.22)
子女数量	-0.066 (0.085)	-0.029 (0.048)	0.024 (0.126)	0.135 (0.115)	-0.328 (0.311)
年龄	-0.032 *** (0.009)	-0.017 ** (0.005)	0.020 *** (0.013)	-0.044 *** (0.012)	-0.043 (0.034)
工作时间	0.009 (0.009)	0.004 (0.005)	0.002 * (0.001)	0.002 (0.001)	0.082 (0.291)
住房面积	-0.013 (0.011)	-0.003 (0.006)	0.018 (0.011)	0.009 (0.008)	0.011 (0.018)
东部地区	1.008 ** (0.154)	0.566 *** (0.088)	-1.066 *** (0.266)	0.992 *** (0.198)	0.751 (0.537)
中部地区	-0.156 (0.150)	-0.113 (0.087)	0.269 (0.224)	0.215 (0.204)	-0.992 (0.703)
社会资本	0.250 * (0.151)	0.114 (0.083)	-0.221 (0.220)	0.307 * (0.181)	-0.594 (0.506)
关系	-0.250 ** (0.151)	-0.209 ** (0.091)	0.180 (0.256)	-0.278 (0.202)	-1.093 (0.748)
户口:直辖市	0.542 *** (0.162)	0.295 *** (0.102)	-0.211 (0.382)	0.505 ** (0.184)	1.389 *** (0.456)
省会城市	0.638 *** (0.149)	0.375 *** (0.082)	-1.24 *** (0.296)	0.408 ** (0.184)	0.352 (0.516)

（续表）

	排序模型		Mlogit 模型		
县级市	-0.178 (0.155)	-0.095 (0.086)	-0.295 (0.235)	-0.418 (0.196)	-0.722 (0.663)
集镇(自理)	0.165 (0.259)	-0.109 (0.145)	-0.771** (0.389)	-0.259 (0.314)	-0.566 (0.965)
农村户口	-0.053*** (0.025)	-0.099** (0.049)	-0.532* (0.311)	-0.404 (0.314)	0.068 (0.888)
所有制:国企	-0.373*** (0.146)	-0.234*** (0.081)	-0.098 (0.254)	-0.381** (0.175)	-1.824*** (0.415)
集体	-0.891*** (0.174)	-0.531*** (0.099)	0.436* (0.262)	-0.812*** (0.239)	-3.02*** (1.145)
港澳台	-0.113 (0.499)	-0.092 (0.273)	0.065 (0.418)	-0.413 (0.691)	-1.353 (0.108)
外资	0.528** (0.529)	0.177* (0.104)	-12.601**** (0.702)	0.321 (0.791)	-0.271 (1.056)
合资	0.139 (0.652)	0.021 (0.346)	1.662* (0.898)	0.705 (0.632)	0.756 (0.989)
配偶教育	0.821*** (0.148)	0.445*** (0.081)	-1.213*** (0.422)	0.633*** (0.399)	0.834*** (0.238)
父亲工作类型	11.55** (0.021)	12.2** (0.016)	chi2(4)=8.14* P=0.0867		
母亲户口	14.45** (0.013)	18.16*** (0.003)	chi2(5)=13.77**,P=0.0171		
Pseudo R^2	0.182	0.175	0.208		
LR chi^2	555***	546.5	703.71(0.000)		
Loglikelihood	-1427	-1431	-1352		

注:无单位包括、自雇、自办(合伙)企业。常数项省略,样本为1561。企业所有制以民企为对照组,户口以地级户口为对照组。父亲工作类型和母亲户口的虚拟变量估计省略,表中数据为虚拟变量的联合约束检验,括号内数据为检验的 P 值。表中其他数据为变量的参数估计值,括号内为标准误。*、**、***分别表示在0.1.0.05和0.01显著性水平下显著。

（三）结果分析

1. 影响收入阶层的因素

能够有助于进入更高收入阶层的因素包括小时工资、本人及配偶教育、工作经验、党员身份、居住东部地区、大城市户口、年轻和社会资本。企业所有制的性质对收入阶层有影响，但国有企业、集体企业与民营企业相比没有优势。在控制了小时工资后，更长的劳动时间和加班都无助于进入更高的收入阶层，即总体上勤劳并不能致富。是否有异性伴侣、子女多少与属于哪个收入阶层没有明确的关系。社会资本变量显著，即14岁前居住在县城以上城市有助于进入更高的收入阶层，表明社会资源不但影响当代而且影响下代的收入阶层。

Mlogit模型进一步表明，党员有助于进入小康和高收入阶层，而从贫困进入温饱没影响。工作经验和地区只对贫困和温饱阶层有帮助，而无助于从温饱阶层进入高收入阶层。国企和集体工作变量显著，且参数符号为负，表明进入小康或高收入阶层与这些因素无关，意味着国企和集体身份是温饱的保证[①]。机关和事业单位身份变量不显著（结果省略），这表明他们的工资收入与企业相比并没有相对优势[②]。

2. 教育与户口是决定收入阶层的最主要因素

在模型所涉及的变量中，教育是决定收入阶层的首要因素。教育年限变量的参数估计值虽然最高只有0.16，但教育年限的平均值9.33年，远高于其他参数更大的虚拟变量。以不同教育程度虚拟变量代替教育年限回归，以初中教育程度作为参照，只有技校没有优势，其他更高的学历都有助于进入更高的收入阶层[③]。配偶教育也高度显著，有助于提高家庭的收入阶层。为比较配偶对家庭阶层收入的影响（性别变量不显著），以性别为标准将样本分为两部分，分别建模回归表明（结果省略），男女教育都同样重要，其他变量也类似。这不仅说明男女平等，更重要的是，在婚姻选择上有门当户对的可能。

影响收入阶层的另一核心因素是户籍制度。mlogit模型进一步表明，直辖市户口与小康或富裕阶层有关，而省会城市户口与温饱和小康阶层相关，农村户口则与贫困相关。在控制了个人教育后，母亲户口同样显著影响收入

① 这只是从工资观察的结果，如果考虑其他的实物收入或福利，结论可能有变化。

② 单位类型分为机关、企业、事业、社会团体和无单位等五种类型。若省略相关变量模型的样本，将增加到4000以上，此时个人单位类型变量将显著，但会产生遗漏偏误问题。

③ 如果将教育年限和教育程度虚拟变量同时置于模型中，会产生严重的共线性。教育程度虚拟变量分为：没有接受过教育、小学、初中、职业高中、普通高中、中专、技校、成人专科、全日制专科、成人本科、全日制本科、研究生教育。

阶层,而父亲户口不显著。这符合我国户口制度的安排,在历史上母亲户口决定。社会资本变量同样体现了户口的重要性,因为中国居民的居住地主要通过户籍决定。

3. 社会关系与囚徒困境

根据排序模型,社会关系不但无助于进入高收入阶层,而且找工作托关系反而容易进入低收入阶层。mlogit 模型进一步表明,相对于温饱阶层托关系并不能保证进入小康和富裕阶层,即关系竞争主要发生在温饱阶层。既然托关系找工作是普遍现象,平均占比高达 24%,却不能进入更高的收入阶层,但为何乐此不疲?最合理的解释是:托关系主要在阶层内部竞争,群体陷入囚徒困境。

4. 代际传递效应

不但社会资本变量体现出父母的社会资源(居住地)影响子女的收入阶层,而且其他变量也同样证明代际传递效应的存在,如母亲户口。社会关系如果是父母建立的社会资源,那么收入阶层因此将存在传递效应。根据表 3 各模型的回归结果,父亲的单位类型显著,联合约束检验至少在 0.05 的水平上显著。

如果将父母的其他信息纳入在模型,检验结果表明这些因素不显著。这是否意味着其他父母信息,如教育、企业所有制等不影响子女收入阶层呢?如果以母亲教育虚拟变量代替个人教育虚拟变量后,父亲教育程度影响收入阶层(17.66,0.039)①。这意味着母亲的教育水平影响子女的教育,产生了间接的代际传递效应。在给定个人单位类型和户口的条件下,父亲的单位类型和母亲的户口仍然显著,说明父亲单位类型和母亲户口除通过个人的单位与户口产生作用外,还能提供额外的影响。类似能产生间接传递效应的因素还有母亲单位类型(11.24,0.047)、母亲企业所有制性质(16.62,0.005)、父亲户口(18.72,0.002)。父亲的教育没有间接传递效应,看来母亲的教育作用更重要。父母的党员身份也不具备直接或间接的传递效应。

黄潇(2013)认为父母的教育被证明是相对有效的,而父亲的工作状态、党员身份和工作单位性质的传递效应尚未得到足够的实证支撑。而本文的实证表明,传递效应存在更多机制、代际锁定或阶层固化更严重。

5. 婚姻与收入阶层

由于使用了家庭收入作为划分收入阶层的标尺,以婚姻为核心的家庭结构在性别结构上无明显差异。所以,无论是排序模型还是多值选择模型都不

① 括号内数据分别为各虚拟变量的联合约束检验,chi^2 值和 P,以下类似。

能区分婚姻的影响,婚姻变量在模型中不显著是必然的。

婚姻可以改变一个人的收入阶层,如女性可以嫁给更富有的家庭,或嫁给成功人士可改变命运。把已婚女性的家庭收入与个人收入对比,如果差距随收入阶层上升而增大说明女性的收入阶层由男性决定,而这种选择是婚姻的结果。表 4 分阶层统计显示了这种关系,这种结果可能是女性爱美的一种解释。由于贫困阶层主要从事体力劳动,所以温饱阶层女性的相对收入高于贫困阶层。为了控制婚后收入的影响,同时控制了年龄(小于 40 岁),结果没有显著差异①。

表 4　已婚女性个人与家庭收入对比

	全部	贫困阶层	温饱阶层	小康阶层	富裕阶层
样本数	2002(403)	682(98)	878(176)	423(125)	19(4)
家庭与个人收入的差	1.15(1.50)	0.40(0.47)	1.40(1.40)	3.20(3.40)	12.0(12.0)
个人收入占比	0.38(0.4)	0.37(0.08)	0.38(0.25)	0.40(0.40)	0.23(0.23)

注:家庭与个人收入差的单位为万元,括号内数值为小于 40 岁已婚女性的相关数据。

四、基本结论与政策建议

(一)基本结论

较高小时工资、本人及配偶更好的教育、工作经验、党员身份、居住东部地区、大城市户口、年轻和社会资本都有助于进入更高的收入阶层。在这些因素中,教育与户口是决定收入阶层的最主要因素。更长的劳动时间和加班都无助于进入更高的收入阶层,没有证据表明是否有异性伴侣、子女多少与收入阶层有明确的关系。机关和事业单位身份变量不能显著影响收入阶层分布,他们的工资收入与企业相比并没有明显的相对优势。

托关系找工作无助于进入更高收入阶层。关系竞争主要发生在温饱阶层,托关系加剧了阶层内部竞争,使群体陷入了囚徒困境,强化了收入阶层的传递效应。模型实证表明,存在多种机制强化了收入阶层的传递效应,如 14 岁前的居住地、母亲的户口、父亲的单位类型等直接影响子女的收入阶层;父母教育等间接影响了子女的收入阶层。

① 以年龄控制婚后收入,原则上年龄应选择平均结婚时的年龄,但样本又太少。

(二)政策建议

按 Mclust 聚类方法,温饱和小康阶层分别占 42.94%和 22.14%。从数据来观察,中等收入群体是一个尴尬的阶层,温饱阶层不合适,而小康阶层人数占比又太少,社会阶层分布远没有达到以中等收入阶层为主的合适结构。

研究结论具有明显的政策含义。第一,效率工资是增加收入促进收入流动性的核心因素,而加班几乎没有作用。所以应完善劳动法,严格执法,减少加班,将更多的时间和资源用于增加人力资本积累。第二,促进教育机会平等,平等分配教育资源,减少低收入阶层代际延续。我国教育经费占 GDP 的比例已经达到了适当的比例①。目前核心的问题是公共资源分配不均,教育资源仍按教育资源严重匮乏时期的方法配置。所以应停止划分重点学校、重点班级,平衡资源,取消与教育捆绑的户籍制度。第三,机关、事业和国有企业的收入应货币化、透明化,停止发放实物补贴和福利。按调查数据,这部分群体在进入小康阶层和高收入阶层上并没有优势。这可能和实物补贴及灰色收入无法统计有关,也可能众多普通公务员等实际收入确实不高。如不能增加收入透明度,众多公务员和事业单位人员可能极易成为中国目前日益扩大的贫富差距的替罪羊,加剧贫困阶层的仇富心理,把依靠知识和勤劳致富的中等收入阶层归入高收入阶层和强势群体一类。

参考文献:

[1] Gordon, M. Fisher. Development and History of the Poverty Thresholds[J]. Social Security Bulletin, 1992, 55 (4): 3-14.

[2] Esteban J. and Ray D., On the Measurement of Polarization[J]. Econometrica, 1994, 62(4): 819-851.

[3] Fraley, C. and A. E. Raftery, MCLUST: Software for Model-Based Cluster Analysis[J]. Journal of Classification. 1999, 16: 297-306.

[4] Fraley, C. and A. E. Raftery, Model-Based Clustering, Discriminant Analysis, and Density Estimation[J]. Journal of American Statistical Association. 2002, 97: 611-631.

[5] Wand Y Q, Tsui K Y. Polarization Orderings and NewClasses of Polarization Indices[J]. Journal of Public Economic Theory, 2000, (3): 349-363.

[6] Winkelried. Income Distribution and the Size of the Informal Sector[EB/OL]. (2005-

① 至 2013 年,中国财政性教育经费支出五年累计 7.79 万亿元,年均增长 21.58%,并且在 2012 年 GDP 占比达到 4%(世界基础线水平)。参见:中华人民共和国国家统计局. 中国统计年鉴 2013[M]. 北京:中国统计出版社.

05-12). http://129. 3. 20. 41 /eps /devpapers /0512 /0512005. Pdf

[7] Levine. Social Class and Stratification [M]. New York: Rowman&Littlefield Publishers,1998.

[8] 国家统计局四川调查总队课题组．四川城市不同收入阶层差异研究[J]. 西南金融,2008,(7):35-38.

[9] 洪兴建、李金昌,两极分化侧度方法述评与中国居民收入两极分化[J]. 经济研究,2007,(11):139-153.

[10] 洪兴建．居民收入分配失衡的测度方法研究[M]. 北京:经济科学出版社.2010.

[11] 黄潇．极化效应与橄榄型收入结构的达致[J]. 中国经济问题,2013,(4):24-37.

[12] 罗楚亮．居民收入分布的极化[J]. 中国人口科学,2010,(6):49-60.

[13] 王跃升．中国城乡家庭结构变动分析[J]. 中国社会科学,2013,(12):60-77.

[14] 徐蔼婷,刘波,李金昌．居民收入分配如何影响非正规经济规模—基于城镇中等收入阶层收入份额的考察[J]. 经济学家,2012,(4):29-36.

[15] 杨华,欧阳静．阶层分化、代际剥削与农村老年人自杀——对近年中部地区农村老年人自杀现象的分析[J]. 管理世界,2013,(5):47-63.

[16] 张德波．城镇居民基尼系数和各收入阶层的关系——基于云南省的实证研究[J]. 中国证券期货,2009,(12):62-63.

[17] 张伊娜,周双海．收入不平等的阶层测度[J]. 上海经济研究,2013,(5):54-62.

[18] 周兴,张鹏．代际收入流动性及其对居民收入差距的影响[J]. 中国人口科学,2013,(5):50-59.

苏浙皖物流业与制造业的产业关联实证研究

——基于投入产出表的比较分析

雷勋平

摘　要：基于江苏省、浙江省和安徽省2002.2005和2007年投入产出表，运用投入产出法，探讨了苏浙皖物流业发展水平及其与制造业的产业关联性。研究结果表明：经济发达的省份物流发展较为平缓，其发展阶段领先于经济欠发达的省份；尽管经济相对欠发达的省份的物流业增加值占GDP的比重较大，但是物流业与信息业的融合度不高；经济发达的省份，第三产业对物流业中间需求率要明显高于第二产业，但经济欠发达的省份，第二产业特别是制造业依然是物流业中间需求的主要消耗部门；经济欠发达的地区无论是三次产业的总的物流外包比例，还是制造业的物流外包比例均高于经济发达地区；制造业对物流业的需求的拉动作用明显大于物流业对制造业的促进与推动作用；技术密集程度不影响制造业对物流业的中间需求率与中间投入率。最后，据此从企业层面、产业层面和政府层面设计了促进物流业与制造业融合发展的政策建议。

关键词：物流业；制造业；投入产出法；产业关联；比较分析

2014年6月11日，国务院常务会议部署建设综合立体交通走廊，打造长江经济带，讨论并通过《物流业中长期发展规划》。会议强调并指出，建设长江经济带能够促进我国经济由东向西梯度推进，优化经济结构，打造我国新的经济支撑。物流业作为我国的支柱产业，在长江经济建设过程中必将发挥重要作用，特别是对制造业的发展起到极大的推动和促进作用。事实上，有关物流业与制造业的关系问题一直备受学术界广泛关注。

国外学者在物流业与制造业的关系方面的研究主要侧重于两业关系的

作者简介：雷勋平（1979—），男，湖北荆州人，铜陵学院工商管理学院副教授，博士。

理论研究，大都基于企业核心竞争力理论①、供应链管理理论②、委托代理理论和交易成本理论③等方面探究了物流业与制造业的互动机理。国内学者对物流业与制造业关系的研究主要侧重于实证研究，主要研究如下：王珍珍④通过选择表示物流业与制造业的七大指标，运用灰色关联模型探析了我国物流业与制造业联动发展的时空差异，据此提出了物流业与制造业联动发展的政策建议。刘丹⑤等立足于供应链管理等理论视角，根据统计数据探究了福建省物流业促进制造业发展的机理，并设计了物流业促进制造业发展的四个路径，进而立足于福建实际，运用灰色关联模型，对制造业与物流业的协调发展展开了实证研究⑥，王春豪⑦则用灰色关联分析模型对新疆物流业与制造业协同发展进行了实证研究，研究发现，二者的匹配程度较低，发展不协调，并提出了两业协调发展的对策和建议，而陈成栋⑧则立足于福建省民营制造业与物流业，通过找寻两业联动发展理论依据，实证分析了两业联动发展的障碍，并提出了相应的解决途径。田刚⑨等运用产业共生理论，通过阐明两业的共生关系在实践中的具体形式后，深度揭示了物流业与制造业的共生关系的演化路径，并提出了两业共生发展的政策建议。苏秦⑩等综合运用 C-D 生产函数法和 DEA 差额变数法等方法，通过考察陕西省十大产业，识别了制约陕西

① Spear B. Logistics: Key to Corporate Strategy[J]. Transportation and Distribution, 1997(5): 69-72.

② Astern F. Contracting out the Physical Distribution Function: A Trade-off between Asset Specificity and Performance Measurement[J]. International Journal of Physical Distribution and Logistics Management, 1994, 23(1): 23-29.

③ Hoek R. I. The Contribution of Performance Measurement to the Expansion of Third Party Logistics Alliance in the Supply Chain[J]. International Journal of Operation and Production Management, 2001, 21(1): 15-29.

④ 王珍珍．我国制造业与物流业联动发展的时空分异探析——基于灰色关联模型的实证研究[J]．福建师范大学(哲学社会科学版)，2012(3)：31-39.

⑤ 刘丹，王健．福建省现代物流业促进制造业发展的路径研究[J]．福建论坛(人文社会科学版)，2011(1)：128-131.

⑥ 刘丹．制造业与物流业协调发展的实证研究[J]．福州大学学报(哲学社会科学版)，2012(3)：27-30.

⑦ 王春豪．新疆物流业与制造业协同发展实证研究——基于灰色关联分析[J]．科技管理研究，2013(6)：209-212.

⑧ 陈成栋．福建民营物流业与民营制造业两业联动发展研究[J]．福建论坛(人文社会科学版)，2012(10)：149-152.

⑨ 田刚，庄晋财，罗建强，等．物流业与制造业共生关系演化的路径及实现机制研究[J]．学习与实践，2013(7)：31-37.

⑩ 苏秦，李永飞，张艳．陕西省物流业与制造业现状及联动分析[J]．统计与信息论坛，2011，26(12)：89-96.

省制造业与物流业联动的瓶颈因素，设计了促进两业快速联动发展的突破口，李敏①等则运用灰色关联模型定量考察了陕西省物流业与制造业的关系，从产业结构、物流发展水平等方面指出了两业联动不足，并提出了相应的对策建议。张中强②在界定物流业与制造业协同创新内涵的基础上，基于管理维度设计了物流业与制造业协同创新的模式。近年来，随着研究的深入，学者们在研究方法上进行了创新研究，雷勋平③等运用 Malmquist 指数对安徽省物流业技术进步与技术效率进行了测度，梁红艳④、侯祥鹏⑤等学者也尝试运用投入产出法分别探讨了 OECD 成员国、中国的物流业与制造业的联动发展关系，为后续研究奠定了基础。

综上所述，学术界在物流业与制造业关系方面进行了较为深入的研究与探讨，并在两业联动发展、互动发展、融合发展等方面取得了较为丰硕的研究成果。但是，当前研究可能还存在以下不足：一是多以包括需求中间率等指标在内的静态分析为主，动态分析的研究较少；二是探讨中国或各省的物流业与制造业的关系的研究居多，对于经济带、经济圈或城市圈（群）的物流业与制造业的关系研究较少；三是现有研究多是研究单个省份的物流业与制造业的关系，没有比较识别省际差异，不足以反映物流业与制造业联动融合发展的趋势或基本规律，可能对实践的指导相对较差。为此，本文立足于长江经济带，选择经济相对发达和欠发达的省份作为代表，以长江经济带的重要成员江苏省、浙江省和安徽省（以下简称"苏浙皖"）为研究对象，采用比较分析的方法探讨物流业与制造业的联动发展问题，对厘清物流业与制造业的关系，促进物流业特别是两业融合发展，助力各省快速融入并打造长江经济带具有重要的战略意义。

---

① 李敏，张圣忠．陕西制造业与物流业的产业关联分析[J]．统计与决策，2010(21)：121-122.

② 张中强．基于管理维度的制造业与物流业协同创新研究[J]．科技进步与对策，2012，29(22)：95-98.

③ 雷勋平，吴杨，龚月琴，等．基于 Malmquist 指数的区域物流业技术进步与技术效率测度——安徽省 2003-2010 年的实证分析[J]．天津商业大学学报，2012(3)：45-50.

④ 梁红艳，王健．物流业与制造业的产业关联研究——基于投入产出表的比较分析[J]．福建师范大学（哲学社会科学版），2013(2)：70-78.

⑤ 侯祥鹏．基于投入产出法的我国省际物流业发展比较——以物流大省为例[J]．中国流通经济，2013(1)：48-54.

一、方法说明与数据选择

（一）投入产出法

美国著名经济学家里昂惕夫于1936年提出投入产出分析法，该方法主要用来研究和探讨经济系统中部门间投入产出的关系。投入产出表是运用该方法的基础，从计量单位来看，投入产出表包括价值型和实物型投入产出表两种，本文采用价值型投入产出表，它由中间使用、最终使用、中间投入和增加值四个部分组成。结合投入产出表，本文主要采用以下指标来探究江苏省、浙江省和安徽省物流业与制造业的产业关联。

1. 增量指标

增量指标主要反映物流业与制造业的产业规模和发展水平，实际中，一般用产业增加值 M_j 表示。

2. 比率指标

比率指标主要包括中间投入率和中间需求率两种。

中间投入率用 T_i 表示，其计算公式可以表示为：

$$T_i = \sum_{j=1}^{n} x_{ij}^{t} / \left(\sum_{j=1}^{n} x_{ij}^{t} + M_j \right) \tag{1}$$

其中，x_{ij}^{t} 表示第 i 产业对 j 产业的中间投入，$j = 1,2,\cdots,n$，n 表示产业数量。

中间需求率用 D_i 表示，其计算公式可以表示为：

$$D_i = \sum_{j=1}^{n} x_{ij}^{d} / \left(\sum_{j=1}^{n} x_{ij}^{d} + M_j \right) \tag{2}$$

其中，x_{ij}^{d} 表示第 i 产业对 j 产业的中间需求，$j = 1,2,\cdots,n$，n 表示产业数量。

3. 两大系数

两大系数主要包括影响力系数和感应度系数。影响力系数是指国民经济某一部门增加一个单位的最终需求时，对各部门所产生的需求波及程度。感应度系数是指国民经济各部门的最终需求都增加一个单位时，某一部门由此而受到的需求敏感程度。影响力系数 E_j 和感应度系数 G_i 计算公式可以分别表示为：

$$E_j = \sum_{i}^{n} A_{ij} / \frac{1}{n} \sum_{i=1}^{n} \sum_{j=1}^{n} A_{ij} \tag{3}$$

$$G_i = \sum_{j}^{n} A_{ij} / \frac{1}{n} \sum_{i=1}^{n} \sum_{j=1}^{n} A_{ij} \qquad (4)$$

其中,A_{ij} 是里昂惕夫逆矩阵$(I-A)^{-1}$ 中第 i 行第 j 列的值。

(二)数据说明

本文利用苏浙皖三省统计年鉴上公布的投入产出数据,实证分析苏浙皖物流业与制造业的产业关联。目前最新的投入产出数据更新至2007年,故本文主要考察三省2002年、2005年和2007年的投入产出数据,且投入表均以42部门为基础进行编制。其中,制造业包括食品制造及烟草加工业、纺织业、服装皮革羽绒及其制品业等16个产业;物流业用交通运输仓储业表示;信息业用邮政业以及信息传输、计算机服务和软件业2个产业表示。本文所用的数据主要来源于《安徽统计年鉴》(2000—2013)、《浙江统计年鉴》(2000—2013)和《江苏统计年鉴》(2000—2013)以及三省的统计公报等。

二、苏浙皖物流业与制造业的产业关联实证分析

(一)苏浙皖物流业发展水平分析

结合以往文献,用物流业增加值占GDP的比重以及物流业的中间投入率来表示苏浙皖物流业发展规模,具体见表1。

表1　苏浙皖物流业在国民经济中的地位及其中间投入率(2002、2005和2007年)

	物流业占GDP的比重(%)			物流业占第三产业的比重(%)			物流业中间投入率		
	2002	2005	2007	2002	2005	2007	2002	2005	2007
江苏省	6.75	4.37	4.31	18.09	12.20	11.53	0.543	0.516	0.523
浙江省	4.33	3.83	3.99	13.46	9.58	9.83	0.475	0.570	0.563
安徽省	4.90	6.70	6.56	12.32	16.78	17.31	0.557	0.575	0.642

从表1来看,苏浙皖三省物流业在国民经济中的比重有一定的差别,江苏省物流业占GDP的比重在2002年位居第一,安徽省物流业占GDP的比重在2005年和2007年均位居第一,浙江省物流业占GDP的比重一直位居第三,且该比重在2002—2007年间变化基本平缓。总体来看,呈现以下特征:第一,经济发达省份物流业占GDP的比重变化较为平缓,甚至有下降趋势;第二,经济欠发达省份物流业占GDP的比重处于上升趋势,且该比重甚至高于经济发达

省份。借鉴产业生命周期理论的观点,不难发现,江苏省和浙江省物流业处于由成长期向成熟期过渡阶段,而安徽省物流业仍处于快速发展阶段,位于物流业成长期阶段,且安徽省物流业占第三产业的比重连续3年上升也说明了这一现象。

结合中间需求率的内涵和计算方法,可以从产业附加值和产业带动能力来考察产业的发展潜力和后劲。通常,采用50%作为判断产业附加值高低和带动能力大小的临界值,即:中间投入率小于50%的产业一般称为"高附加值、低带动能力"产业,大于50%的产业一般称为"低附加值、高带动能力"产业。因此,表1还表明,物流业在江苏省和安徽省一直是"低附加值、高带动能力"产业,而在浙江物流业从"高附加值、低带动能力"产业向"低附加值、高带动能力"产业转变。

众所周知,物流业信息化是现代物流的本质特征和重要支撑,故还可以用信息业对物流业的中间投入来分析和衡量物流业发展水平,根据公式(1)和苏浙皖三省2002年、2005年和2007年投入产出表,计算苏浙皖信息产业对物流业的中间投入率,具体见表2。

表2 苏浙皖信息产业对物流业的中间投入率(2002、2005和2007年)

年份	江苏省	浙江省	安徽省
2002	0.0031	0.0032	0.0016
2005	0.0039	0.0026	0.0013
2007	0.0120	0.0048	0.0030

从表2不难发现,江苏省信息业对物流业的投入在2002—2007年间一直呈上升趋势,特别是2007年上升2倍多;浙江省信息业对物流业的投入在2002—2005年间呈下降趋势,在2005—2007年间呈上升趋势;安徽省信息业对物流业的投入在2002—2005年间一直呈下降趋势,在2005—2007年间呈上升趋势。总体来看,江苏省物流业与信息业融合度最高,浙江省次之,安徽省最低,由此表明,安徽省物流业现代化水平滞后于江苏省和浙江省,亟待加强和促进物流业与信息业的有效融合,充分发挥信息业在提升物流业服务能力方面的重要支撑作用和关键效应。

(二)苏浙皖三次产业及制造业对物流业的中间需求率分析

国民经济的发展和物流业的服务水平与能力息息相关,从某意义上讲,任何产业的发展都离不开物流业,因此,为制定科学有效的物流业发展政策,有必要分析三次产业及制造业对物流业的中间需求率。表3为苏浙皖三省分别在2002年、2005年及2007年对物流业的中间需求及分解结果。

表3　苏浙皖三次产业及制造业对物流业的中间需求率(2002.2005 和 2007 年)

省份	年份	中间需求率	第一产业	第二产业	制造业	采掘业	建筑业	第三产业	物流业
江苏省	2002	0.507	0.034	0.228	0.206	0.024	0.078	0.245	0.131
	2005	0.366	0.020	0.251	0.218	0.018	0.081	0.095	0.072
	2007	0.789	0.016	0.579	0.424	0.015	0.054	0.194	0.055
浙江省	2002	0.688	0.009	0.494	0.411	0.021	0.072	0.185	0.056
	2005	0.838	0.007	0.630	0.503	0.019	0.079	0.201	0.064
	2007	0.653	0.008	0.426	0.354	0.013	0.056	0.219	0.037
安徽省	2002	0.772	0.021	0.357	0.271	0.038	0.071	0.394	0.232
	2005	0.366	0.004	0.140	0.120	0.032	0.075	0.222	0.164
	2007	0.510	0.021	0.271	0.198	0.022	0.065	0.218	0.104

通过表3发现,除江苏省和安徽省2005年外,苏浙皖三省各年份物流业均以中间需求为主,由此表明苏浙皖三省物流业的发展主要通过中间需求拉动。从年度中间需求率来看,浙江省物流业中间需求率均超过了0.65,且2008的中间需求率最高,达到0.838,主要原因在于浙江省拥有高度发达的制造业和商贸流通业,催生了大量的物流需求,江苏省和安徽省的中间需求率差别不大;尽管2002—2007年间,苏浙皖三省中间需求率出现了小幅波动,但是,从年度平均中间需求率来看,苏浙皖三省中间需求率均超过了0.55,由此表明三省物流业需求旺盛,发展潜力大。

从三次产业对物流业的中间需求率来看,表3还可以表明,一方面,浙皖三次产业中,除安徽省2002和2007年外,三省其他年份第一产业对物流业的中间需求率均很小,这也反映了三省在产业结构和产业布局方面的差异;另一方面,安徽省第三产业对物流业的中间需求率在各年份均高于第二产业,江苏省和浙江省基本与之相反,可见,苏浙的物流业主要以服务于第二产业为主,特别是浙江省的表现尤为明显。但是,从国际经验来看,经济发展水平与服务业发展水平以及第三产业对物流业的中间需求率呈正相关关系,且第三产业对物流业的需求日益增加。因此,结合表1还可以发现,苏浙两省物流业不仅发展状况良好,而且发展潜力和后劲十足。

从三次产业内部来看,苏浙皖制造业对物流业的中间需求率占据绝对主导地位,远远高于建筑业和采掘业等。其中,2002—2007年间,江苏省制造业对物流业的中间需求率一直呈上升趋势,浙江省表现为先上升后下降,安徽省则与之相反。一般来说，相关产业对物流业的中间需求率的大小是物流业占 GDP 比重大小的直接反映，但是，因为企业内部自身提供的物流服务未能列入服务业产出，故在投入产出表中没有体现。从某种意义上讲，物流业中间需求率的大小是判断物流业在诸多产业中是否居于主导地位的依据，通常采用下式衡量区域物流外包水平，即：区域物流外包水平 = 物流业增加值占 GDP 的比重/物流业中间需求率。就苏浙皖而言，三次产业物流外包总水平和制造业对物流外包总水平分别如图 1 和图 2 所示。

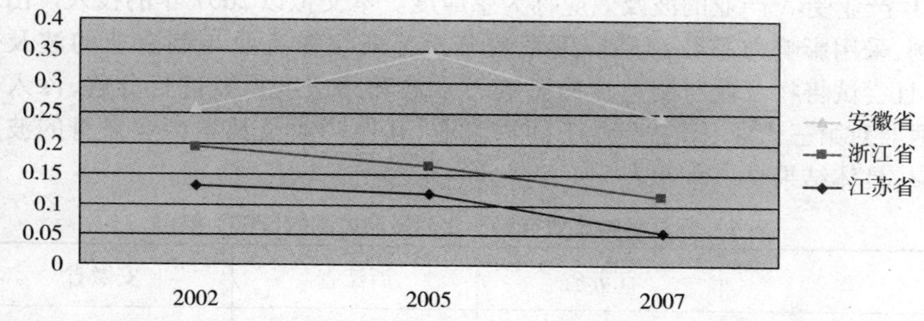

图 1　苏浙皖三次产业物流外包总水平比较分析图(2002. 2005 和 2007 年)

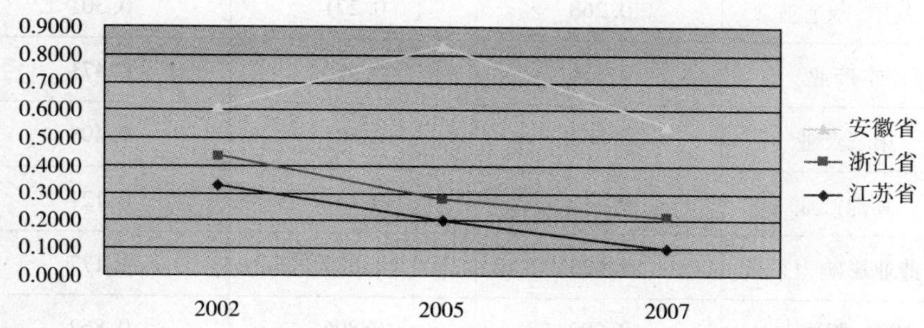

图 2　苏浙皖制造业物流外包水平比较分析图(2002. 2005 和 2007 年)

从图 1 和图 2 来看，安徽省三次产业物流外包总水平以及制造业对物流业外包物流水平均高于浙江省和江苏省，具体原因如下：一是安徽省物流业占 GDP 的比重(除 2002 年外)相对较大，三次产业及制造业对物流业的中间需求率(除 2002 年外)较小，表明安徽省物流业外部化(由第三方物流业提供服务)现象较为明显，但可能由于物流业产出的统计内容不同(安徽省统计了运输业、仓储业和邮政业，江苏省和浙江省仅统计运输业与仓储业)，使得安徽省物流业增加值变大，最终提升了其三次产业物流业外包总水平。二是江苏省和浙江省物流业占 GDP 的比重相对较小，三次产业及制造业对物流业的中间需求率较大，表明江苏省和浙江省物流业内部化(自身提供物流服务)现象较为明显,故其物流业外包水平总体偏低。上述分析结果与《第六次中国物流市场供需状况调查报告》情况基本一致。

(三)苏浙皖物流业与制造业波及效应分析

产业波及效应指的是在一定的产业间联系的状态下,某些产业发展变化导致其他产业部门变化的情况①。产业波及效应分析从本质上讲是一种产业关联的动态分析,即在特定的产业联系状态下,某些产业的发展变化如何通过该联系影响其他产业。通常来讲,A 产业对 B 产业的波及效应称为影响力,B 产业受 A 产业的波及效应称为感应度。本文拟以 2007 年的投入产出表为例,采用影响力系数和感应度系数分析苏浙皖物流业与制造业的波及效应,且尝试将物流业与制造业的影响力系数和感应度系数进行分解,深入分析两业对第三产业、第三产业中的物流业、其他产业及其本产业自身的波及效应,具体结果见表 4 和表 5。

表 4　苏浙皖物流业与制造业的影响力系数(2007 年)

	江苏省	浙江省	安徽省
物流业影响力系数	0.975	0.979	0.920
其中:制造业	0.268	0.271	0.301
本产业	0.456	0.510	0.471
第三产业	0.562	0.561	0.498
其他产业	0.145	0.147	0.121
制造业影响力系数	1.523	1.529	1.177
其中:制造业	0.892	0.896	0.862
本产业	0.561	0.658	0.441
第三产业	0.254	0.351	0.152
物流业	0.056	0.051	0.039
其他产业	0.321	0.231	0.124

① 陈国庆,肖雯雯,张江华. 山东省 1987—2007 年物流业投入产出分析[J]. 物流科技,2013,(10):15-19.

表5　苏浙皖物流业与制造业的感应度系数(2007年)

	江苏省	浙江省	安徽省
物流业感应度系数	1.720	1.689	1.637
其中:制造业	0.812	0.801	0.785
本产业	0.461	0.463	0.425
第三产业	0.785	0.756	0.743
其他产业	0.123	0.132	0.109
制造业感应度系数	1.193	1.213	0.959
其中:制造业	0.879	0.880	0.695
本产业	0.521	0.532	0.482
第三产业	0.231	0.241	0.196
物流业	0.025	0.031	0.019
其他产业	0.058	0.061	0.049

从表4和表5来看,可以得出以下结论:(1)单从影响力系数和感应度系数来看,在影响力系数方面,制造业小于物流业,说明制造业的拉动作用要强于物流业;在感应度系数方面,物流业大于制造业,说明物流业的支撑作用要相对明显。(2)从影响力系数和感应度系数比较来看,苏浙皖三省物流业对制造业的影响力系数普遍绝对大于制造业对物流业的感应度系数,表明苏浙皖制造业对物流业需求拉动程度明显大于物流业对制造业发展的促进和支撑作用。(3)从物流业与制造业自身累积作用来看,江苏省和浙江省制造业自身的累积作用和优势相对明显,制造业自身的作用效应达到85%以上,而安徽省不到70%。苏浙皖物流业对自身的作用效应均在35%以下,可见,三省累积作用效应较低,物流业发展具有非常大的空间和潜力。

(四)基于技术密集程度的苏浙皖制造业的物流业中间投入率与中间需求率分析

根据国际经验和表3、表4、表5的实证数据,制造业是消耗物流业中间需求的主要部门,为了进一步探究物流业与制造业的产业关联,本部分尝试基于技术密集程度,将制造业划分为技术密集程度高、技术密集程度一般和技术密集程度低三个层次,深入分析制造业对物流业的中间需求率与中间投入率。

根据苏浙皖三省制造业对物流业的中间需求率结果，采用各层次相应产业的产出作为权重，可以计算苏浙皖技术密集程度高、一般和低三个层次分别对物流业的中间需求率与中间投入率，结果见表6和表7。

表6 基于技术密集程度的苏浙皖制造业的物流业中间需求率(2002、2005和2007年)

		江苏省	浙江省	安徽省
2002	低	0.021	0.015	0.026
2005	中	0.015	0.017	0.039
2007	高	0.012	0.013	0.031
2002	低	0.025	0.014	0.021
2005	中	0.014	0.023	0.032
2007	高	0.011	0.013	0.027
2002	低	0.025	0.015	0.021
2005	中	0.017	0.021	0.031
2007	高	0.016	0.012	0.033

从表6来看，江苏省技术密集程度高、中、低三个层次的产业中，技术密集程度高的产业对物流业中间需求率较小，技术密集程度中的产业最大；浙江省技术密集程度中的产业对物流业中间需求率最大，技术密集程度高的产业对物流业的中间需求率最小；安徽省的产业技术密集程度与其对物流业的中间需求率成对应关系，呈同方向变动，即技术密集程度高的产业对物流业的中间需求率最大，技术密集程度低的产业对物流业的中间需求率最小。由此可见，制造业对物流业的中间需求率的大小与经济发展水平没有必然的联系，该需求率的变化趋势不完全相同，或者说没有统一的变化规律，但是，可以发现，在经济发达的省份，技术密集程度高的产业对知识性密集型生产性服务业的依赖程度高，而对物流业的需求不是很明显。

表7 基于技术密集程度的苏浙皖制造业的物流业中间投入率(2002、2005和2007年)

		江苏省	浙江省	安徽省
2002	低	0.063	0.045	0.021
2005	中	0.046	0.052	0.038
2007	高	0.037	0.036	0.026
2002	低	0.046	0.051	0.020

（续表）

		江苏省	浙江省	安徽省
2005	中	0.035	0.057	0.038
2007	高	0.027	0.038	0.018
2002	低	0.053	0.052	0.042
2005	中	0.029	0.060	0.053
2007	高	0.026	0.039	0.041

从表7来看，江苏省的物流业中间投入率要率高于浙江省，安徽省的物流业中间投入率最小；结合制造业技术密集程度，从投入的变动方向来看，江苏省制造业的物流业中间投入率与产业技术密集程度成反向变动关系。总体来看，无论经济发达与否，技术密集程度高的产业的物流业中间投入率均为最小。

三、结论与政策建议

(一)结论

文章利用苏浙皖三省2002.2005和2007年的投入产出表，基于投入产出的视角，探究了三省物流业发展水平及物流业与制造业的产业关联。具体而言，运用物流业增加值占GDP的比重以及物流现代化程度考察了物流业的发展水平与规模，且通过中间需求率与中间投入率、影响力系数和感应度系数以及基于技术密集程度的产业层次，进一步深入考察了苏浙皖物流业与制造业的关联实质。研究结论如下：

第一，物流业发展水平与经济发展水平呈正相关关系，且越是经济发达的省份，物流发展较为平缓。同时，从产业生命周期的角度来讲，经济发达的省份物流业发展阶段领先于经济相对欠发达的省份。尽管经济相对欠发达的省份的物流业增加值占GDP的比重较大，但是物流业与信息业的融合度不高，由此也表明，经济欠发达的省份物流现代化程度同样较低。

第二，从三次产业及制造业对物流业的中间需求率与中间投入率来看，经济发达的省份，第三产业对物流业中间需求率要明显高于第二产业，而经济欠发达的省份，第二产业特别是制造业依然是物流业中间需求的主要消耗部门。但欣慰的是，经济欠发达的地区无论是三次产业的总的物流外包比例，还是制造业的物流外包比例均高于经济发达地区，表明经济欠发达地区的物流业发展理念已较为先进。

第三，从物流业与制造业的关联及互动机理来看，制造业对物流业的需求的拉动作用明显大于物流业对制造业的促进与推动作用。但是，从物流业与制造业自身累积作用来看，经济发达的省份制造业自身的累积作用和优势相对明显，经济欠发达的省份制造业自身累积作用和优势相对较弱，如江苏省和浙江省制造业自身的作用效应达到85%以上，而安徽省不到70%。但是，苏浙皖物流业对自身的作用效应与经济发达与否没有明显的相关关系，苏浙皖该系数均在35%以下，表明苏浙皖物流业发展具有潜力和后劲。

第四，基于制造业技术密集程度来看，制造业对物流业的中间需求率与中间投入率的大小与经济发展水平没有必然的联系，它们的变化趋势不完全相同，没有统一的变化规律，但基本有两个特征：一是在经济发达的省份，技术密集程度高的产业对知识密集型生产性服务业的依赖程度高，而对物流业的需求不是很明显；二是无论经济发达与否，技术密集程度高的产业的物流业中间投入率均为最小。

（二）政策建议

基于以上结论，提出以下对策建议：

第一，从企业层面来看，要形成物流业与制造业联动融合发展的向心力。企业是促进产业融合的重要主体和推手。一方面，物流企业应该改善物流服务水平，提升物流服务质量，特别是根据制造企业业务需求进行物流技术的改进与革新，切实满足制造业的物流服务需求，助力制造企业服务化，提升制造业的附加价值；另一方面，制造企业应立足于根据技术密集程度对物流业中间需求率和投入的现状，差异化发展和增加制造业的物流外包比例，如对技术密集型程度高的制造企业，可以适当增加对物流业的中间投入率，进一步提升高端制造业的附加值。

第二，从产业层面来看，要发挥物流业对制造业的推动和促进作用。如前所述，苏浙皖制造业对物流业的需求的拉动作用明显大于物流业对制造业的促进与推动作用，且制造业累积作用与经济发达程度呈正相关关系且较大，物流业累积作用无明显的特征且较小。因此，经济欠发达的省份必须调整产业结构，转型发展，大力发展第三产业，扩大第三产业对物流业的中间需求，挖掘物流业的发展具有潜力和后劲。经济发达的省份应要适当进行产业转移，在帮助经济欠发达的省份提升制造业水平的同时，可以助力其发挥物流业对制造业的推动和促进作用，实现物流业与制造业业务渗透、资源共享，最终实现产业融合。

第三,从政府层面来看,要制定物流业与制造业联动融合发展的政策。国家层面已经出台了《促进制造业与物流业联动发展的意见》,苏浙皖应根据物流业与制造业实际发展情况,制定相应的支持政策。一方面,作为经济发达的省份,物流业处于成长阶段向成熟阶段过渡,在出台政策时应更多地关注并出台奖励和优惠力度更大的激励性政策;另一方面,作为经济欠发达的省份,物流业处于投入期向成长期过渡,在出台政策时应更多地关注一些扶持和促进力度较大的引导性政策。如江苏省和浙江省在支持制造业发展时,还应进一步扩大第三产业对物流业的中间需求率,大力促进第三产业的发展,而安徽省则应适当减少制造业对物流业的中间需求率,出台政策扶持高端制造业,提升制造业的整体水平和附加值。

参考文献:

[1] Spear B. Logistics: Key to Corporate Strategy [J]. Transportation and Distribution, 1997,(5):69-72.

[2] Astern F. Contracting out the Physical Distribution Function: A Trade-off between Asset Specificity and Performance Measurement[J]. International Journal of Physical Distribution and Logistics Management,1994,23(1):23-29.

[3] Hoek R. I. The Contribution of Performance Measurement to the Expansion of Third Party Logistics Alliance in the Supply Chain [J]. International Journal of Operation and Production Management,2001,21(1):15-29.

[4] 王珍珍. 我国制造业与物流业联动发展的时空分异探析——基于灰色关联模型的实证研究[J]. 福建师范大学(哲学社会科学版),2012,(3):31-39.

[5] 刘丹,王健. 福建省现代物流业促进制造业发展的路径研究[J]. 福建论坛(人文社会科学版),2011,(1):128-131.

[6] 刘丹. 制造业与物流业协调发展的实证研究[J]. 福州大学学报(哲学社会科学版),2012,(3):27-30.

[7] 王春豪. 新疆物流业与制造业协同发展实证研究——基于灰色关联分析[J]. 科技管理研究,2013,(6):209-212.

[8] 陈成栋. 福建民营物流业与民营制造业两业联动发展研究[J]. 福建论坛(人文社会科学版),2012,(10):149-152.

[9] 田刚,庄晋财,罗建强,等. 物流业与制造业共生关系演化的路径及实现机制研究[J]. 学习与实践,2013,(7):31-37.

[10] 苏秦,李永飞,张艳. 陕西省物流业与制造业现状及联动分析[J]. 统计与信息论坛,2011,26(12):89-96.

[11] 李敏,张圣忠. 陕西制造业与物流业的产业关联分析[J]. 统计与决策,2010,(21):121-122.

[12] 张中强. 基于管理维度的制造业与物流业协同创新研究[J]. 科技进步与对策, 2012,29(22):95-98.

[13] 雷勋平,吴杨,龚月琴,等. 基于 Malmquist 指数的区域物流业技术进步与技术效率测度——安徽省 2003—2010 年的实证分析[J]. 天津商业大学学报,2012,(3):45-50.

[14] 梁红艳,王健. 物流业与制造业的产业关联研究——基于投入产出表的比较分析[J]. 福建师范大学(哲学社会科学版),2013,(2):70-78.

[15] 侯祥鹏. 基于投入产出法的我国省际物流业发展比较——以物流大省为例[I]. 中国流通经济,2013,(1):48-54.

[16] 陈国庆,肖雯雯,张江华. 山东省 1987—2007 年物流业投入产出分析[J]. 物流科技,2013,(10):15-19.

节俭式创新的兴起及其中国意蕴

刘 宝

摘 要:节俭式创新是面对资源约束或消费者支付能力的限制,用更少的资源为更多人做更多事的一种创新理念。节俭式创新在驱动力量、资源环境、创新过程、产品本身、市场面向与扩散方向、市场破坏性等方面具有明显区别于传统创新方式的特征。节俭式创新兴起的原因主要包括资源稀缺、支付能力的限制、可持续发展的要求以及信息技术的充分发展。中国应大力倡导节俭式创新理念,促进可持续与包容性发展,通过节俭式创新,改变企业成本管理思维,创造内生成本优势;发掘新的创新机会,占领更加广阔的市场空间;培育领先市场,打造全球先动优势。

关键词:节俭式创新;可持续发展;包容性发展;创新沙盒;领先市场

随着资源环境问题的日益突出和对低收入群体的日趋关注,可持续性(sustainability)和可负担性(affordability)正成为创新的驱动因素。Prahalad and Mashelkar (2010)指出,绝大多数的企业创新项目都是建立在充裕的假设基础上,以追求利润和功能富余为前提,强调"多多益善",从不考虑资源的运用[1]。但是,面对越来越严峻的资源和环境约束,创新的出发点应该是开发人们买得起且具有可持续性的产品和服务,而不是单纯寻求溢价收益和不必要的功能满足。

遵循上述理念,深受"甘地精神"影响的印度最早兴起了"节俭式创新"(frugal innovation)潮流,对传统创新范式进行了根本性颠覆,并取得较大成功。这种运用有限资源进行创新的方式,由于其低成本和没有多余的虚饰结构,在新兴市场和发达经济体中越来越受欢迎。一些具有前瞻性眼光的知名

基金项目:国家社科基金重点项目(项目号:11AJY004);安徽省教育厅人文社科研究重点项目(SK2012A052)。

作者简介:刘宝,安徽商贸职业技术学院。

企业已通过节俭式创新，开发出很多独具特色的“节俭式产品”，如印度塔塔(Tata)汽车公司生产的售价仅2200美元的Nano轿车，美国通用电器(GE)生产的售价仅800美元的手持式心电图仪Mac400，中国格兰仕公司开发的具有体积小和高效节能特性的低价微波炉，等等。

尽管节俭式创新在一些企业实践中已得到深入开展，但有关其理论研究却相对滞后，特别是国内研究更为匮乏。鉴于此，本文将在界定节俭式创新内涵的基础上，分析其区别于传统创新方式的主要特征，探讨节俭式创新兴起的原因，并提出中国情境下节俭式创新的价值与意蕴。

一、节俭式创新的内涵与特征

(一)节俭式创新的内涵

雷诺汽车公司的首席执行官卡洛斯·戈恩(Carlos Ghosn)在2009年提到为新兴市场开发产品时，首次使用了“节俭工程”(frugal engineering)一词，意指在尽可能低的成本条件下进行工业设计和制造[2]。英国《经济学人》杂志(Economist，2010)以鲜活的例子描述了节俭式创新的魅力，认为节俭式产品的特征在于尽可能节省原材料、大幅度削减成本、坚韧结实、易于使用等[3]；同时强调，节俭式创新不仅仅是重新设计产品，还涉及对整个生产过程和商业模式的重新思考。Prahalad和Mashelkar(2010)用“甘地式创新”(Gandhian innovation)术语表述了基本相同的意思，认为应该学会以较少的投入获得更大的产出，让更多人受益，指明这是“创新的圣杯”[1]。他们还提出了颠覆商业模式、变革组织能力、打造或获取新的组织能力等三种甘地式创新的类型。Immelt等(2009)则从另外一个角度提出了“逆向创新”(reverse innovation)的概念[4]，以描述为新兴市场而开发的节俭式产品，首先在发展中国家采用然后推广到发达国家的现象。他们提出为了抓住新兴市场出现的机会并开拓发达国家的低价细分市场，跨国公司应改变“全球本土化”(glocalization)模式，学会逆向创新，即在中国和印度这样的发展中国家开发产品，然后把产品销往世界各地。Radjou等(2012)用“jugaad”这样一个印度语口语词汇，表达“应对挑战的一种独特思维和行动方式”，强调通过jugaad创新，灵活地思考和行动，在逆境中寻找机会，用较少的资源做更多的事[5]，这实际上与节俭式创新是一脉相承的。

尽管存在多种描述，但迄今为止，节俭式创新仍缺乏一个为大家所普遍接受和认可的准确定义。本文认为，节俭式创新是面对财务、物质和制度等资源约束或消费者支付能力限制等,通过在开发、生产、交付等环节尽可能少地使用资源,或采用全新的方法来整合资源,实现产品和服务成本的大幅度降低,从而将约束或限制转化为机会和优势的创新方式。从广义的角度看,节俭式创新可以被理解为一种避免不必要的资源浪费,用更少的资源为更多人做更多事(do more with less for more people)的创新理念。

(二)节俭式创新的特征

相对于传统创新方式,节俭式创新具有以下几个方面的特征:第一,节俭式创新一般均负有明确的社会使命(Bound 和 Thornton,2012)[6],是一种使命驱动型创新。其创新驱动力量往往来源于为不发达地区提供可支付得起的产品、服务于金字塔底层(BOP)人群的购买需要、社会包容、节约资源、保护环境等。传统创新首要考虑的是"如何才能做到最好",以获取最大的投资回报,而节俭式创新则把"现在需要什么"摆在优先位置,思考如何才能生产低价的"足够好"(good-enough)产品。第二,节俭式创新一般是在资源受限的环境下产生的,是一种稀缺诱致型创新(scarcity-induced innovation)[7]。传统创新的思路是"用更多创造更多",一般都假定拥有充足的财务和自然资源供给,通过开发和生产过度设计的昂贵产品向消费者索取高额溢价。而节俭式创新承认严峻的环境束缚,试图"用更少创造更多",例如,用相对丰富的资源替换关键稀缺资源或采用更便宜的技术绕过资源限制。塔塔化工推出的清水过滤器,就是利用印度随处可见的稻谷壳来过滤清水,为民众提供成本低廉的水净化系统[3]。第三,节俭式创新的过程一般是自下而上、非结构化的。长期以来,传统的创新模式类似于管弦乐队——自上而下、僵化、由上层员工所驱动[5],这种模式适用于具有丰富资源的稳定环境。但面对资源稀缺、不断变化的商业环境,节俭式创新的过程应像爵士乐队的演奏——自下而上、即兴(improvisational)、协作,通过开放式创新(open innovation)和民主化创新(democratizing innovation),利用员工、客户和合作伙伴的创造力,将不利条件转化为创新机遇,以更低的成本向消费者传递更多的价值。第四,节俭式创新的产品一般具有价格低廉、结构紧凑、方便使用等特性。为了节约资源的运用,节俭式创新通过创新性设计,尽可能去除产品的虚饰结构,简化产品组件或减少一些不必要的功能,以大幅度降低成本。但值得指出的是,节俭式创新也强调做更好的东西,而不仅仅是便宜的东西;不仅是组件的简化,更是功能的重塑;低成本也并不意味着低技术,节俭式创新经常会涉及前沿科技的运用[6]。例如,前面提及的 Mac400 心电图仪、塔塔化工的清水过滤器都运用了最新的尖端技术。第五,节俭式创新面向的市场一般是发展中国家,可能的情况下还会由发展中国家扩散到发达国家,实现逆向创新。传统创新基本上是由发达国家企业在本土开发高端产品,然后根据市场状况对产品进行相应的微调或改造后推向发展中国家。而节俭式创新"反其道而行",首先在发展中国家取得创新成功,有时还会将为发展中国家开发的产品推向发达经济体。例如,通用电气为新兴市场开发的手持式心电图仪(为印度农村市场开发)和便携式 PC 型超声波检测仪(为中国农村市场开发),目前均在美国市场销售,在原以为已饱和的市场中激发出新的市场需求。第六,节俭式创新具有市场破坏性,是一种破坏性创新(disruptive innovation)。根据 Christensen (1997)[8],破坏性技术产品的性能要低于主流市场的成熟产品,但它们拥有一些边缘消费者所看重的其他特性。其价格更低、性能更简单、体积更小,而且通常更方便消费者使用。根据前面对节俭式产品特性的描述,可以认为节俭式创新具有明显的市场破坏性。一种情况是,节俭式创新利用低成本在原有市场的低端吸引非主流客户,形成低端破坏;另一种情况是,节俭式创新将"非消费"(non-consumption)群体作为目标客户,构建一个全新的价值网络,形成新市场破坏。节俭式创新与传统创新的主要区别可见表 1。

表 1　节俭式创新与传统创新的比较

特征	节俭式创新	传统创新
驱动力量	"现在需要什么",社会包容,节约资源,保护环境	"如何才能做到最好",获取最大回报
资源环境	稀缺,受限制	丰裕,无限制
创新过程	自下而上,即兴,协作	自上而下,由上层所驱动
产品	无虚饰结构,"足够好",价格低廉	功能富余,愈多愈好,价格高昂
市场面向与扩散方向	面向发展中国家由发展中国家扩散到发达国家	面向发达国家由发达国家扩散到发展中国家
市场破坏性	低端破坏、新市场破坏	非破坏性

二、节俭式创新兴起的原因

节俭式创新的思想来源可追溯至 20 世纪 50 年代的适用技术(appropriate technology,也被称为中间技术)运动[9]。经济学家舒马赫(Schumacher,1962)最早提出了"中间技术"的概念,认为发展中国家应开发本地的技术含量低、劳动密集型、无害环境的技术,以摆脱对发达国家技术转让的依赖。印度的精神领袖甘地进一步开展了适用技术运动,他提倡小型的、本地的、主要基于乡村的技术,以帮助印度的乡村自力更生。尽管适用技术运动后来走向衰落,但其很多基本理念以"可持续发展"的名义重新流行起来,并被节俭式创新所继承。

节俭式创新的理念在南亚地区已得到普及,尤其是在印度[10]。中国的海尔、比亚迪、格兰仕、迈瑞等企业在节俭式创新方面取得显著成效,大量不知名的小企业推行的"山寨"式创新,也包含着独特的节俭思想。由于世界经济重心逐渐移向新兴市场,全球创新活动已明显向这一市场倾斜,美国等发达国家也对节俭式创新给予了高度关注。圣塔克拉拉大学(Santa Clara University)创立了节俭式创新实验室,斯坦福大学有一个"支付能力受限下的创业设计项目",剑桥大学也有一个"包容性设计项目",甚至连奥巴马政府都设有"社会创新和全民参与办公室",旨在鼓励医疗和能源领域的草根创业者[11]。

节俭式创新之所以能够在印度等新兴经济体兴起,并引起发达国家跨国企业和理论界的广泛关注,主要有以下几方面的原因:

(一)资源稀缺——环境紧束下的选择

联合利华 CEO 保罗·波尔曼(PaulPolman)认为,资源稀缺性可以成为激进创新的催化剂[12]。全球气候、能源、水和其他资源的环境制约催生了对节俭式生产和消费模式的需求。目前,全球至少有 10 亿人只能有限地使用或根本用不上洁净水,15 亿人没有电力可用。全球几乎一半的人口利用木柴或其他生物质燃料做饭,每年因烹饪燃料导致的室内污染造成近 200 万人早逝[13]。全球每年有近 400 万新生儿因缺少保暖设施出生数天后便夭折。以节俭式创新的发源地——印度为例,其从水、食物、天然气到初等教育和基本医疗保障,都面临着相当规模的资源匮乏。有 8. 33 亿庞大的农村人口分布在 300 万平方公里的土地上,多数印度穷人无法获得基本的公共服务,如初级卫生保健、饮用水和卫生设施,有 4 亿人用不上可靠的电力。在印度农村,由于缺乏电和煤气,人们普遍用牛粪和木柴作为燃料,然而受乡村的气候和地形限制,他们无法在户外生火,于是不得不改在在屋内,经年累月,他们的肺受到严重损伤,因此,农村有很多人年纪轻轻就死于呼吸道疾病。同样,由于缺少现代卫生条件,许多水介传染疾病也由此滋生。据统计,印度每八名夭折的儿童中,就有一名死于空气污染导致的疾病。每年都有成千上万的儿童由于水污染而死亡[14]。

在这种严峻的环境紧束下,印度长期以来强调"物尽其用",致力于追求以更少的成本创造更多的价值。富有创造力的企业也在资源受限的情况下开展节约型的技术创新和商业模式创新，努力实现资源约束条件下的创新最优化。例如，印度 Godrej&Boyce 公司开发的世界上最便宜的 ChotuKool 冰箱[15]，用长效电池来取代冰箱对稳定电力供应的需求，可以在没有电力的条件下保持数小时的冷藏，售价仅 69 美元，是缺少电力的农村地区的最佳选择。又如，印度 SELCO 能源公司使用节俭式创新方法，为印度农村地区顾客提供了具有高度定制性的太阳能照明系统，使农村也用得起清洁能源。其客户包括采摘玫瑰的农民、接生婆、菜农等，他们按小时买廉价电，维持日常经济活动所需能源[16]。

（二）支付能力的限制——对市场需求的回应

在当今世界，仍然存在规模巨大的贫困群体，有超过 40 亿每日收入不足 2 美元的庞大人群，生活在金字塔底层（BOP）。虽然他们的相对收入和消费能力较低，但是总体来看累计的购买能力和发展潜力却是惊人的。Prahalad（2006）就指出，40 多亿穷人将成为下一轮全球贸易和繁荣的引擎，是企业所急需的活力和增长的源泉[17]。由于支付能力的限制，贫困人群强烈渴望在卫生、教育、能源、通信等领域享受到低价格但又有一定质量保障的产品和服务，这为“节俭式创新”提供了巨大的市场需求。例如，印度 Narayana Hrudayala 医院创新性地采用福特式管理原则，推行规模经济与专业化相结合，从根本上减少心脏手术的费用。医院有 1000 个床位，而美国的心脏病医院平均只有 160 个床位。医院体外循环心脏手术的平均费用为 2000 美元，相比而言美国的费用为 20000～100000 美元，但其手术成功率却与美国最好的医院不相上下[3]。

在发达国家，由于全球金融流动性的不足，政府公共支出大幅削减，公共债务处于最高水平，加之资源稀缺导致的物价攀升，居民收入水平在缩水，其消费能力也大受限制。以美国为例，其中产阶级人群的数量正在萎缩，据皮尤研究中心的估计，在 1971 至 2011 年间，中产阶级家庭的比重从 61% 降至 51%，他们在总收入中所占份额从 1970 年的 62% 降至 2010 年的 45%[18]。另外，有 4600 万美国人生活在贫困中，约 5000 万人没有任何医疗保险[19]。发达国家的这部分低收入人群有着日趋强烈的成本意识，对于商品的性价比要求也不断提高，以更低的价格购买到功能够用的产品成为新的消费诉求点。面向这部分群体，企业可以通过节俭式创新，填补该市场空缺。一项来自全球 547 名企业高管的调查显示，超过 57% 的人认为采取节俭式创新来创造产品和服务是一个重要机会，81% 的人认为节俭式创新对发达国家市场和新兴市场都具有重要意义，超过 1/3 的高管表示他们已受益于节俭式创新方式，另有 40% 的高管表示正计划这样做[9]。

（三）可持续发展的要求——创新理念的改变

面对资源供给短缺、生态环境恶化等问题的日益加剧，走可持续发展的道路已成为人类的共识。联合国环境规划署的数据显示，如按当前的水资源消耗模式继续下去，到2025年，全世界将有35亿人口缺水，涉及的国家和地区将超过40个。国际能源机构预计，到2030年，全球一次能源需求量将增加四成，如果各国不改变现行的能源政策，到2030年全球二氧化碳排放量将达402亿吨，几乎是1990年的两倍，届时全球气温将上升6摄氏度，并带来灾难性后果[20]。

在这种时代背景下，绿色创新（green innovation）、生态创新（eco-innovation）、可持续性创新（sustainability innovation）、包容性创新（inclusive innovation）等新的创新理念不断出现，尽管有各种表述方式和不同侧重点，但其最终目标均是指向经济社会的可持续发展。节俭式创新同样是这种创新理念的产物，它力图通过合理而有效地降低产品的生产成本和使用成本，形成少投入、多产出的生产方式和少排放、低消耗的消费模式，满足可持续发展的要求。

（四）信息技术的充分发展——创新平台的支撑

节俭式创新的实现经常需要汇集不同国家和地区、不同领域、不同人群的创新理念、创新技术和知识，然后加以整合成独特的低成本优势。例如，塔塔公司的Nano汽车就综合运用了德国Bosch公司的新型发动机管理系统，印度Sona Koyo公司的轻型汽车转向轴技术，美国Johnson Controls公司的座椅系统技术，日本Toyo公司的发动机冷却模块技术，德国Behr公司的制热、通风及空调系统技术，以及印度Madras橡胶厂的超耐磨后胎技术等[1]，从而最终改变了汽车的成本结构和传统价格。

现代信息技术的充分发展为整合各种来源的创新理念与知识搭建了良好的技术平台，为追求节俭式创新的企业或个人提供了很多新的机遇，也大大降低了节俭式创新的沟通与协调成本。企业可以通过云计算、手机、互联网、社会化媒体等电子平台，在设计方法、生产过程、业务模式等多方面进行节俭式创新，快速设计和制作样品，并进行新应用和方案的测试[6]，在"恰好满足顾客需求"的情况下实现成本大幅度削减。

三、节俭式创新的中国意蕴

我国正在改变和优化经济发展方式，努力实现由要素驱动向创新驱动转变，提倡社会和经济的协调发展、可持续发展，强调所有个体享有平等经济参与和获取经济发展成果的包容性发展。在此背景下，倡导和推行节俭式创新具有丰富的价值与意蕴。

（一）倡导节俭式创新理念，促进可持续与包容性发展

当前，中国经济与社会发展中存在两个十分突出的问题，即资源瓶颈约束和社会包容性不强。未来20年制约中国经济发展的最大障碍，是资源瓶颈约束问题。中国工业化所需要的45种主要能源与矿产资源中，除了煤炭，其他人均拥有量都排在世界80位以后。人均耕地水平也仅是世界平均水平的1/3。[21]另外，我国的廉价劳动力等传统资源禀赋优势也正在丧失。这迫切要求整个社会改变传统的资源依赖型发展模式，注重创新驱动和可持续发展，注意节约能源和原材料，提高资源利用效率。倡导节俭式创新理念，有助于引导企业有效摆脱高度结构化、成本高昂的研发创新模式，促进企业通过创新生产方式和流程，运用更少的资源，做更多的事，做出性价比更好的产品或服务，从而推进经济社会的可持续发展。

社会包容性也是我国经济社会发展中十分值得关注的问题。中国在过去几十年实现了经济的快速增长，但同时也导致了贫富差距的拉大，贫困人口与弱势群体在社会发展中逐渐被边缘化，难以获取经济发展的利益，社会公平正义受到挑战。倡导节俭式创新理念，可以引导企业关注社会中低收入阶层的需求，调整创新的方向和市场着眼点，摒弃“越多即越好”的产品设计思维，简化功能、消除冗余部件，降低不必要的成本，为中低收入人群提供大量可负担得起、质优价廉的产品与服务，从而扩大贫困弱势群体的基本产品与服务获取，确保社会各阶层特别是弱势群体公平地享有经济增长的成果，“使发展成果惠及全体人民”。

（二）改变成本管理思维，创造内生成本优势

随着人民币持续升值，石油、铁矿石等资源价格继续大幅提升，土地、劳动力和环境成本的上升远远高于其他国家，中国制造的低成本优势正在被削弱[22]，外生性的资源成本优势已很难支撑产业发展。在金融资本和人力资本快速流动、竞争日益同质化的背景下，企业必须寻找和打造新的成本优势，以在激烈的市场竞争中胜出。这种新的成本优势不能再是外生性的、非持久的，而应该是内生性的、持续的。显然，节俭式创新为企业创造内生成本优势提供了很好的切入视角。

企业应努力改变成本管理的主导性思维，积极打破过去的商业惯例、思维定式的束缚，以节俭式创新的理念，对企业技术元素、业务模式、生产流程和组织、产品或服务本身等进行创造性的革新或重新组合，以重塑成本结构，

力求通过创新形成属于企业自身的独特内生成本优势。第一,重新定义企业的价值主张。企业要明确自身的社会使命和宗旨,将追求可持续性与可负担性作为创新的驱动力量,针对资源稀缺和支付能力限制情况下那些尚未被满足的需求,用破坏性创新的思维,建立全新的价值网络和成本结构。第二,做“足够好”的产品和服务。在一定意义上来说,“足够好”可能就是非常好[23]。放弃部分功能,换取产品的简单性、便捷性和价格的可承受性,能够为企业带来独特的竞争优势。要针对现有产品的“性能过剩”,根据消费者对性能的基本期望和可容忍的弱化性能行为,确定不同市场领域的性能门槛和需要牺牲的性能。同时,考虑怎样才能在实现企业成本目标的同时,帮助消费者实现他们的目标。第三,学会在有限的条件下实现创新。按照“创新沙盒”(innovation sandbox)的方法(Prahalad,2012)[24],企业首先要确定取得节俭式创新所必须克服的预设条件是什么,在此基础上满足这些消费者看起来似乎不可能被满足的需求。这些核心的预设条件即为创新沙盒,它是在一个极其严格的约束内,进行实质相当复杂但又形态十分自由的探索和实验,就像在一个外壳坚硬的盒子里摆弄流动的、没有定形的沙子。一旦确定了沙盒,它就将引发不同角度的非传统思考。

(三)发掘新的创新机会,占领更加广阔的市场空间

发达国家的跨国公司已注意到了节俭式创新所带来的巨大冲击及其背后的机会。GE 的 CEO 伊梅尔特坦言,GE 必须进行自我颠覆,否则就有可能被新兴国家的一些商业巨头摧毁。GE 通过开发低价心电图仪和超声波仪这样的节俭式产品,不仅是为了在中国和印度这样的国家开拓中低端市场,同时也是为了先发制人,以防这些国家的新兴巨头开发出类似的产品。[4]实际上,很多跨国企业已瞄准中国“足够好”的市场,强调这是企业实现全球扩张的重要决战之地,也将是每一家想征服世界的企业日后崛起的根据地[25]。越来越多的证据表明,目光远大的西方领先企业在为新兴市场低收入客户服务的同时,不仅获得各项关键能力,而且还准备把从新兴市场获得的经验用于发达市场中日益增长的低端客户市场[26]。

我国正在步入中等收入社会,国内市场的扩张将成为未来经济增长的主要动力。我们一方面在加强对国外大企业的先进技术进行模仿学习的同时,另一方面也需要更多的本土企业通过创新创造出服务于中国市场、适合中国国情的新产品、新服务以及新的经营组织方式。[27]面对国外企业的竞争和本土市场的需求,我国企业可以通过节俭式创新,发掘全新的市场机遇,在评估产品性能目标的基础上,充分运用熟悉本土消费者的消费习惯及消费心理、具有本土市场影响力及渠道的优势,向客户提供“足够好”但使用简单的解决

方案，重新打造产品或服务的特性，充分占领本土市场，并在条件成熟时向海外市场扩张。在这方面，迈瑞公司就迈出了成功的步伐。迈瑞是1991年成立的一家本土医疗器械生产企业。面对长期被GE、西门子和飞利浦等跨国公司垄断的医疗设备市场，迈瑞是一个罕见的来自新兴国家市场的挑战者。通过提供性能优越但价格较低的产品，迈瑞迅速占领被跨国巨头所忽视但市场潜力巨大且受众广泛的乡村和社区医院市场，成长为中国最大的医疗器械制造商。依靠性价比优势，迈瑞还有50%的产品出口国外，出口产品中又有35%以上是出口到欧洲这样的成熟市场[28]。

（四）培育领先市场，打造全球先动优势

领先市场是指率先采用某项技术并通过国际扩散建立全球产业领先地位的国家或地区[29]。一项全球性成功的创新设计在被国际市场广泛接受之前，通常首先被一个国家或地区采用，继而才被其他国家采用[30]。领先市场并不一定是技术的最初发明地，有些国家或地区虽然不是技术的原创地但却通过率先采用技术取得了领先优势。培育一些领域的领先市场，打造全球先动优势，对于提升我国企业的自主创新能力，加快推进创新型国家建设具有重要意义。

节俭式创新理论为我国培育领先市场提供了新的方向和路径选择。我国可以利用现有的技术，包括发达国家的核心技术，结合我国的市场环境，通过节俭式创新，率先开发一些价格低廉、功能够用、适应中低收入阶层购买能力、满足中低端市场需要的产品或服务，培育该领域创新的领先市场，在占领国内广大市场的基础上，再积极向其他发展中国家和发达国家进行推广，从而形成节俭式产品的领先主导设计和全球先动优势。第一，我国作为一个发展中的大国，在通信、医疗、保健、交通、能源等领域存在着庞大的中低端市场需求，具备成为节俭式产品领先市场的基础和条件；第二，由于市场容量巨大，一旦节俭式创新成功就很容易实现规模化生产，可进一步降低成本与价格，形成价格优势；第三，发展中国家的经济社会状况存在诸多共性，尤其是在中低收入人群的购买力、市场需求、生活习惯、消费特性等方面有很多相似之处，这为我国节俭式创新向其他发展中国家和地区扩散创造了便利，形成转移优势；第四，我国与欧美等发达国家的贸易往来和交流互动日趋频繁，对欧美等发达经济体出口强劲，在发达国家和地区中低收入人口比重增加、总体消费能力下滑、对价廉物美的节俭式产品需求增加的背景下，这为我国节俭式创新向发达国家和地区推广奠定了基础，形成一定的出口优势。

参考文献:

[1] Prahalad C K and Mashelkar R A. Innovation's Holy Grail [J]. Harvard Business Review, 2010, 88(7-8): 132-141.

[2] GhosnC. NowIs the Time for the Electric Car[EB/OL](2009-11-11). http://www.knowledgeatwharton.com.cn/index.cfm? fa = viewArticle&Articleid = 2136&l = 1&&&l = 4&&&languageid = 1.

[3] The Economist. First break all the rules: the charms of frugal innovation [N]. The Economist, 2010, April 15th.

[4] Immelt, J R, Govidarajan V and Trimble C. How GE is disrupting itself [J]. Harvard Business Review, 2009, 87(10): 56-65.

[5] Radjou N, Prabhu J and Ahuja S. Jugaad Innovation: Think Frugal, Be Flexible, Generate Breakthrough Growth [M]. San Francisco, California: Jossey-Bass, 2012: 1-27.

[6] Bound K and Thornton I. Our Frugal Future: Lessons from India's Innovation system [R]. London: Nesta, 2012: 14-45.

[7] Srinivas S and Sutz J. Developing Countries and Innovation: Searching for a New Analytical Approach [J]. Technology in Society, 2008, 30(2): 129 - 140.

[8] Christensen C. The Innovator's Dilemma: When New Technologies Cause Great Firms to Fail [M]. Boston, MA: Harvard Business School Press, 1997: 25-49.

[9] Bhatti, Y A and Ventresca M. How Can 'Frugal Innovation' Be Conceptualized? [Z]. working paper, 2013, January 19.

[10] Bhatti, Y A, Khilji S E and Basu R. Frugal Innovation [C]. // Globalization, Change and Learning in South Asia. Oxford, UK: Chandos Publishing. 2013.

[11] Schumpeter. Asian innovation: Frugal ideas are spreading from East to West [N]. The Economist, 2012, Mar 24th.

[12] 佚名．节俭创新是下一个机会[J]．中欧商业评论，2013，(3)：18.

[13] The Tech Museum. The Tech Awards to Honor Global Innovators Who Use Technology to Benefit Humanity [EB/OL](2012-9-26). http://www.thetech.org/about-us/media-room/The-Tech-Awards-to-Honor-Global-Innovators-simplified-han.

[14] 爱德华·卢斯．不顾诸神：现代印度的崛起与发现[M]．中译本，北京：中信出版社，2011：1-39.

[15] Innosight. How can you enter an emerging market and improve the lives of millions? [EB/OL](2013 - 10 - 9). http://www.innosight.com/impact - stories/chotokool - case - study.cfm.

[16] 佚名．新兴市场上创业者节俭创新六大秘诀[EB/OL](2012-5-21). http://finance.eastmoney.com/news/1368,20120521206848313.html.

[17] Prahalad C K. 穷人的商机[M]．中译本，北京：中国人民大学出版社，2010：1

-11.

[18] 塞缪尔·赖恩斯. 美国中产阶级缘何“正在消亡”[EB/OL](2014/01-23). http://www. chinanews. com/gj/2014/01-23/ 5774106. shtml.

[19] Schumpeter. Gold-hunting in a frugal age: Austerity-battered Western companies are looking everywhere for growth [N]. The Economist, 2012, Dec 15th.

[20] 佚名. 日益短缺的资源为人类发展敲响警钟[EB/OL](2010-9-14). http://env. people. com. cn/GB/12725587. html.

[21] 王建. 资源瓶颈约束是经济发展最大障碍[J]. 中国投资, 2013, (10): 24-25.

[22] 曾鸣. “中国制造”的低成本创新途径[J]. 商业评论, 2008, (1): 34-41.

[23] 斯科特·安东尼. 创新者的转机: 经济不确定时期的创新指南[M]. 北京: 中信出版社, 2010: 54-55, 140.

[24] Prahalad C K. Bottom of the Pyramid as a Source of Breakthrough Innovations [J]. Journal of Product Innovation Management, 2012, 29(1): 6-12.

[25] Gadiesh O, Leung P and Vestring T. The battle for China′s good-enough market [J]. Harvard Business Review, 2007, 85(9): 80 - 89.

[26] Brown J S and Hagel J. Innovation blowback: Disruptive management practices from Asia [J]. McKinsey Quarterly, 2005, (1): 34-45.

[27] 楼继伟. 中国经济的未来 15 年: 风险、动力和政策挑战[J]. 比较, 2010, (6): 3-6.

[28] 柴文静, 吕方兴. 谁让 GE 自我颠覆[J]. 21 世纪商业评论, 2010, (7): 40-45.

[29] Beise M. Lead markets: country-specific drivers of the global diffusion of innovations [J]. Research Policy, 2004, 33, (6-7), 997-1018.

[30] 吴家喜, 吴贵生. 领先市场: 分析国家竞争优势的新视角[J]. 科学学与科学技术管理, 2006, (6): 80-84.

粮食补贴政策对粮食产量的影响

——基于改进的灰色关联度分析

刘鹏凌 李 乾 栾敬东

摘 要：为对比分析不同粮食补贴政策对粮食产量影响的作用大小，文章基于改进的灰色关联度（T型关联度）分析得出如下结论：粮食直接补贴、良种补贴、农机购置补贴以及农资综合补贴政策与粮食产量之间均存在正相关关系，即该四项粮食补贴政策能够有效地促进粮食产量的增加。其中良种补贴与粮食产量的关联度最强，其余依次为农机购置补贴、农资综合补贴、粮食直接补贴。粮食直接补贴政策的作用效果最差，与粮食产量的关联度仅为0.0049。为充分发挥我国粮食补贴政策的作用、实现补贴资金效益最大化，首先，在不违背W.TO关于农业补贴规定的限度内，继续加大对农业的扶持力度；其次，粮食补贴资金应有重点地向与粮食产量关联度高的补贴政策倾斜，并积极探索新型农业补贴政策，不断完善我国粮食补贴政策体系。

关键词：粮食补贴；粮食产量；关联度

一、引 言

我国自2002年实施粮食补贴政策以来，目前已经形成了以粮食直接补贴、农资综合补贴为主要内容的综合性收入补贴和以良种补贴、农机购置补贴为主的专项生产性补贴以及同粮食最低收购价相结合的粮食补贴政策体系（陈丹等，2011），有效地促进了我国粮食产量增长，扭转了粮食总产量下降

基金项目：教育部人文社会科学研究项目“粮食补贴政策的作用路径与政策体系构建”（10YJC790174）。

作者简介：刘鹏凌（1971—），男，安徽桐城人，安徽农业大学经济管理学院副院长，教授。

的趋势,实现了粮食产量“十连增”,由2003年的43069.5万吨增长到2013年的60194万吨,年均增长3.4%。为继续保障粮食产量的增长、农户收入水平的提高,我国不断加大对粮食补贴的支持力度,2013年“四大”(粮食直接补贴、农资综合补贴、良种补贴以及农机购置补贴)主要粮食补贴政策的投入金额高达1666亿元,占当年全国公共财政支出的1.2%。同时,也在不断完善我国粮食补贴政策体系,2014年中央一号文件提出建立农产品目标价格机制,目前已在东北和内蒙古(大豆)、新疆(棉花)试点,确保农户收益不因产量和价格的波动而遭受损失。

粮食补贴政策实施之初,刘鹏凌等(2004)基于农户家庭调研发现,粮食补贴方式改革达到了使农民受益、财政减负、改善了种植结构等综合效果。随着2006年全国免除农业税,这种“由征代补”的反差更加刺激了农户的生产积极性,对粮食生产发挥的作用更加明显。但随着粮食补贴政策实施年限的增长,补贴带来的效益是否衰减,不同粮食补贴政策发挥的效果如何等值得探讨。张荣驹等(2014)以北京市为例,综合运用C-D生产函数、DEA包络法等分析表明,粮食直接补贴政策在一定程度上促进了粮食产量增长,但在不同区县补贴效率有所不同。陈慧萍等(2010)认为粮食补贴政策对粮食产量的影响主要通过影响播种面积和资本投入两种途径发挥作用,且对二者的影响效果大致相当,在粮食主产区对资本投入的影响十分显著。对此,蒋和平等(2009)则持反对意见,认为粮食补贴模式并不能有效调动农民的种粮积极性,农田种粮面积并没有因此而增加。而吴连翠等(2013)基于农户行为理论,考察了粮食补贴对农户生产经营行为的影响,分析表明粮食补贴政策对粮食产量的影响主要通过影响农户种植决策行为和投资决策行为,并基于C-D函数测算了粮食补贴政策对农户粮食增产的贡献,亩均粮食补贴水平提高1%,将使农户的粮食产量提高0.056%。

部分学者对比分析了不同粮食补贴政策发挥效果的大小,马爱慧等(2012)将粮食补贴政策与影响粮食产量的各个因素进行对比分析发现,在所有因素中,农业补贴政策与农民收入、粮食总产量、人均耕地面积关联度处于最弱地位,农业补贴政策的效果还不尽如人意。司晓杰(2009)通过对粮食补贴政策的协同效应进行分析认为,在提高粮食产量和增加种粮农民收入方面,生产专项补贴与农资综合直补比直接补贴更有成效,直补政策在增加农民收入方面更有优势。藏文如等(2010)分析指出:粮食财政补贴政策是保障粮食数量安全和农民种粮积极性的重要因素,但其促进作用有限,生产专项补贴政策的总体效果优于综合性收入补贴政策,粮食直接补贴政策在四项补贴政策中的效果最差。以上关于粮食补贴效果对比分析均采用灰色关联度

(邓氏关联度)方法,但该方法受变异系数取值的影响,且所得关联度系数、关联度均为正值,无法体现变量序列之间的负相关性,故本文采用改进的灰色关联度测算方法中的T型关联度,对“四大”粮食补贴政策的效果进行对比分析,有效规避了“邓氏关联度”测算方法中存在的缺陷。

二、模型的介绍

(一)灰色关联度理论(邓氏关联度)

灰色关联度理论由邓聚龙教授于20世纪80年代提出,根据两个或多个因素之间发展态势的相似或差异程度来衡量不同因素之间的关联程度。为区别于后来学者们改进的灰色关联度,该方法又称为邓氏关联度。首先要确定一个参考序列(又称母序列),能够对其产生影响的其他相关序列(又称子序列)与之对比,从而判断各相关序列对参考序列的影响程度。该方法对样本量的要求较小,克服了其他统计分析方法的局限,如:要求大样本量、样本具有较好的分布规律、计算量大、可能出现量化结果与定性分析结果不一致等(邓聚龙,1987)。其计算方法如下:

$$\xi_i(k)=\frac{\min_i\min_k|x_0(k)-x_i(k)|+0.5\max_i\max_k|x_0(k)-x_i(k)|}{|x_0(k)-x_i(k)|+0.5\max_i\max_k|x_0(k)-x_i(k)|} \tag{1}$$

公式(1)中,$\xi_i(k)$为关联系数,$x_0(k)$为参考序列(已经无量纲化处理)、$x_i(k)$为关联序列(已经无量纲化处理),k为某一序列的样本数,i为关联序列个数,0.5为分辨系数,记为ζ,取值在(0,1)之间,通常取0.5。再根据以下公式(2),即可求得序列之间的关联度:

$$r_i=\frac{\sum_{k=1}^{n}\xi_i(k)}{n} \tag{2}$$

以上r_i即为序列的关联度。需要注意的是,在进行关联系数计算前,为避免不同序列之间的量纲差异,首先对各序列进行无量纲化处理,常用的方法有min-max法、均值法、Z-score标准化法等。

(二)改进的灰色关联度(T型关联度)

灰色关联度理论自创建以来经过不同学者的改进,形成了绝对关联度、T型关联度、斜率关联度、B型关联度等测度方法。本文根据模型处理的需要,选取T型关联度,该关联度由唐五湘进行改进,可以体现序列之间的负相关关

系、消除分辨系数对关联度的影响等(唐五湘,1995),其计算方法如下:

1. 标准化处理

$$令:D_i = \frac{\sum_{k=2}^{n} |X_i(t_k) - Xi(t_{k-1})|}{n-1} \tag{3}$$

则标准化序列为:$y_i = \{X_i(t_k)/Di, k = 1.2, \cdots, n\}$,$t_k$ 表示将原序列分段时,某一段点的标志,$i = 0$ 时,x_i、y_i 表示参考序列,$i > 0$ 时,x_i、y_i 表示关联序列。

2. 求一阶差分序列

$$\Delta y_i = \{\Delta y_i(t_k) = y_i(t_k) - y_i(t_{k-1}), k = 2, 3, \cdots, n\}$$

对标准化后的参考序列和目标序列求一阶差分,则一阶差分序列的个数比原序列个数少 1 个。

3. 各时段关联系数

$$\xi_i(t_k) = \begin{cases} \operatorname{sgn}(\Delta y_0(t_k) \cdot \Delta y_i(t_k)) \cdot \dfrac{\min(|\Delta y_0(t_k)|, |\Delta y_i(t_k)|}{\max(|\Delta y_0(t_k)|, |\Delta y_i(t_k)|} \\ 0 \cdots (当\ \Delta y_0(t_k) \cdot \Delta y_i(t_k) = 0\ 时 \end{cases} \tag{4}$$

如上 Δy_0 表示参考序列的一阶差分序列,Δy_i 表示关联序列 i 的一阶差分序列($i > 0$),$\operatorname{sgn}(\Delta y_0(t_k) \cdot \Delta y_i(t_k))$ 仅起着决定关联系数正负的作用,若 $\Delta y_0(t_k) \cdot \Delta y_i(t_k) > 0$,则 $\operatorname{sgn}(\Delta y_0(t_k) \cdot \Delta y_i(t_k))$ 取值为 1,反之则取值 -1。

(4) 计算关联度,则关联序列 X_i 与参考序列 X_0 的关联度为:

$$r_i(x_0, x_i) = \frac{\sum_{k=2}^{n} \Delta t_k \cdot \xi_i(t_k)}{b-a} \tag{5}$$

如上公式(5)中,a、b 表示时间区间的两个极值,且 $b > a$;Δk 表示两序列在某一分段区间的权数,$\Delta t_k = t_k - t_{k-1}$。

三、实证分析

(一)变量、数据的选取

本文选取我国粮食总产量作为参考序列 X_0,选取粮食直接补贴(X_1)、良种补贴(X_2)、农机购置补贴(X_3)、农资综合补贴(X_4)作为相关序列。由于四种粮食补贴政策实施的年份不同,因而样本量存在差异,为保证各序列的样本量一致,本文选取 2006—2013 年的数据进行实证分析(见表 1)。

表 1　我国 2006—2013 年粮食产量与粮食补贴金额

年份	X_0 粮食总产量 /万吨	X_1 粮食直补 /亿元	X_2 良种补贴 /亿元	X_3 农机购置补贴 /亿元	X_4 农资综合补贴 /亿元
2006	49804	142	42	6	120
2007	50160	151	67	33	276
2008	52871	151	121	40	678
2009	53082	151	160	130	756
2010	54648	151	204	145	835
2011	57121	151	220	175	860
2012	58958	151	199	215	1078
2013	60194	151	226	218	1071

注:数据源于农业部网站、中国新闻网、文献资料等并加以整理计算。

由表 1 可知,我国粮食总产量逐年递增,2013 年高达 60194 万吨,同比去年增长 1236 万吨。除粮食直接补贴外,其余三项粮食补贴投入总体也呈逐年递增趋势,其中农资综合补贴投入力度最大,2012 年、2013 年均超过 1000 亿元,分别为 1078 亿元、1071 亿元。良种补贴和农机购置补贴的投入力度相当,2013 年分别为 226 亿元、218 亿元。而粮食直接补贴投入近年则稳定在 151 亿元/年,在粮食补贴总额中的比重逐年下降。

(二)关联系数测算

根据 T 型关联度计算方法,得出关联系数如表 2 所列。

表 2　粮食补贴与粮食产量的关联系数

年份	ξ_1	ξ_2	ξ_3	ξ_4
2006	0.0344	0.3029	0.2691	0.2120
2007	0.0000	0.9365	0.1265	0.6264
2008	0.0000	0.1151	0.0478	0.2513
2009	0.0000	0.7570	0.4694	0.5431

（续表）

年份	ξ_1	ξ_2	ξ_3	ξ_4
2010	0.0000	0.3042	0.5945	0.1088
2011	0.0000	-0.5375	0.9372	0.7827
2012	0.0000	0.9737	0.1189	-0.0610

由表2可知，由于粮食直接补贴金额自2007年以来稳定在151亿元，故其2007—2012年的关联系数为0。而2006年粮食直接补贴金额为142亿元，恰好规避了常数列不能作为影响系统主行为有效因素的缺陷（T型关联度测算的缺陷）（查金茂，1997）。ξ_2在2011年、ξ_4在2012年的关联系数为负值，这正是T型关联度测度方法优于邓氏关联度方法的体现，相关序列与参考序列之间可能存在负相关关系。

（三）关联度测算

根据T型关联度测算方法中公式（5）计算各关联度并根据关联度大小排序如表3所列。

表3　粮食补贴与粮食产量的关联度

	$r_1(x_0,x_1)$	$r_2(x_0,x_2)$	$r_3(x_0,x_3)$	$r_4(x_0,x_4)$
关联度	0.0049	0.4074	0.3662	0.3519
排序	4	1	2	3

1. 良种补贴政策

该政策与粮食总产量的关联度最大。相比其他三项补贴政策，良种补贴政策实施年限最长，补贴金额由2006年的42亿元增长到2013年的226亿元，补贴金额仅次于农资综合补贴。优良品种的使用不仅可以增加耕地单位面积产量，且个别品种具有抗病虫害、抗倒伏等能力，能够缩减农业生产成本、规避灾害带来的作物减产，因此良种补贴政策对农业生产的意义重大，与粮食总产量的关联度较大。

2. 农机购置补贴政策

该政策与粮食总产量的关联度排序第二，为0.3662，仅次于良种补贴。虽然农机购置补贴的受益群体窄于其余三项补贴政策，但其效果明显、意义重大。大型农业机械的运用是农业现代化的标志之一，可以有效提高农业生产效率，方便农户扩大种植面积，实现规模经营，继而产生规模经济效益。

3. 农资综合补贴政策

该政策与粮食总产量的关联度排序第三,为 0.3519,但远大于排在末位的粮食直接补贴政策。随着每年物价的上涨,农户用于农业生产的农药、化肥等农业生产资料的支出逐渐加大,农资综合补贴政策的实施可以弥补农业生产资料价格上涨带来的成本增加,促进农户加大对农业生产资料的投入力度,继而带动产出的增加,因此农资综合补贴具有其实施的客观必然性。

4. 粮食直接补贴政策

该政策与粮食产量的关联度最小,关联度系数仅为 0.0049,远小于其余三项。我国 2004—2006 年粮食直接补贴资金投入分别为 116 亿元、132 亿元、142 亿元,之后保持在每年 151 亿元不变,其在粮食补贴总额中所占的比重在逐渐下降,且粮食直接补贴资金占农户总收入的比重较小,对农户产生的生产性刺激甚微,因此其政策效果在减弱,与粮食总产量的关联度较小。

四、结论与建议

由以上分析可知,各项粮食补贴政策与粮食产量的关联度均为正值,表明粮食补贴政策在促进粮食产量提高方面发挥着重要作用,但具体到不同的补贴政策上,其作用效果存在差异性。与粮食生产脱钩的直接补贴政策对粮食生产的促进作用甚微,效果远低于其余三项补贴政策。在农民收入水平逐年递增的情况下,粮食直接补贴资金的边际效用逐渐降低,很难调动农户的生产积极性;与投入品挂钩的良种补贴政策是促进粮食增长的核心要素,而农机购置补贴政策、农资综合补贴政策的效果则稍低于良种补贴政策,但仍然是提高粮食产量的重要因素。

基于以上分析结论,笔者提出以下政策建议:在不违背 WTO 关于农业补贴规定的限度内,继续加大粮食补贴力度,补贴金额有重点地向与粮食产量关联度高的补贴政策倾斜,鼓励农户扩大生产经营规模,重点扶持新型农业经营主体,实现土地规模经济效益;根据物价水平的变动,适当增加良种补贴和农资综合补贴金额,弥补农户农业生产成本的增加,维持并提高其生产积极性;逐渐缩减粮食直接补贴额度,并试点粮食直接补贴政策的退出机制,将该项资金作为专项资金用于农业基础设施等,实现粮食补贴资金投入效用的最大化;探索实施新型农业补贴政策,发挥市场机制在促进粮食增产、提高农民收入方面的作用,不断完善我国的粮食补贴政策体系。

参考文献:

[1] 陈丹,唐茂华．粮食补贴、土地流转与农村社会保障——“三农”综合发展视界下的政策整合研究[J]．首都经济贸易大学学报,2011,(6):20-27.

[2] 刘鹏凌,栾敬东．安徽省粮食补贴方式改革效果的调查与分析[J]．农业经济问题,2004,9:16-19.

[3] 张荣驹,穆月英．北京市粮食直接补贴政策的效率分析[J]．中国农学通报,2014,(8):89-95.

[4] 陈慧萍,武拉平,王玉斌．补贴政策对我国粮食生产的影响[J]．农业技术经济,2010,(4):100-106.

[5] 蒋和平,吴桢培．湖南省汨罗市实施粮食补贴政策的效果评价[J]．农业经济问题,2009,(11):28-32.

[6] 吴连翠,谭俊美．粮食补贴政策的作用路径及产量效应实证分析[J]．中国人口资源与环境,2013,(9):100-106.

[7] 马爱慧,张安录．农业补贴政策效果评价与优化[J]．华中农业大学学报,2012,(3):33-37.

[8] 司晓杰．粮食补贴政策的协同效应分析[J]．经济与管理,2009,(11):14-17.

[9] 臧文如,傅新红,熊德平．财政直接补贴政策对粮食数量安全的效果评价[J]．农业技术经济,2010,(12):84-92.

[10] 邓聚龙．灰色系统理论基本方法(第一版)[M]．武汉:华中工学院出版社,1987:17-21.

[11] 唐五湘．T型关联度及其计算方法[J]．数理统计与管理,1995,(14):34-37.

[12] 查金茂．T型关联度的缺陷[J]．武汉交通科技大学学报,1997,(1):89-92.

安徽新农村建设:大别山欠发达地区乡村治理研究

邢勤锋

摘　要:随着经济发展和社会进步,乡村治理的重要性和必要性在我国整个社会的发展中越来越显著。文章以安徽省西南部大别山欠发达地区为例,探讨大别山欠发达地区乡村治理的一些问题。一方面,大别山欠发达地区自然资源较为丰富,但由于自然环境脆弱、基础设施薄弱、低效开采等缘由,当地百姓从乡村建设中受益有限,村民的生活水平亟待进一步提高。另一方面,大别山欠发达地区乡村社会的经济资源、政治资源、文化资源管理不善,使得大别山欠发达地区乡村治理目前尚处于无序、低效阶段,因此,迫切需要探索切实的治理对象,制定明确有效的治理对策,实现大别山欠发达地区乡村治理的效益优化。

关键词:新农村建设;安徽;大别山欠发达地区;乡村治理

乡村治理是治理理论在乡村社会的灵活运用,是与乡村生活发生紧密联系的社会实践,是农民实现利益的有效方式。在乡村治理活动中,我国农民不再是被动接受者,而是积极参与者,踊跃投入乡村公共事务管理活动中,在实现公共利益的前提条件下,实现自身利益。

自新中国成立以来,我国的乡村治理随着指导思想的的变革,其治理模式也呈现出各种不同的形态。1958 年以前,土地改革与社会主义改造中的农村合作化,主要是体现了农民地位的提高、实现翻身做主人的改变、废除了土地私有制度。随后,“大跃进”与人民公社化运动中,乡村的基层治理转变为由公社全面控制的状态。1978 年以来,我国乡村治理主要采用的是家庭承包和乡政村治的基层管理。然而随着 2006 年农业税的取消,乡村治理与建设又面临着新的机遇与困境,特别是欠发达地区乡村治理如何在这一历史条件下

作者简介:邢勤锋(1983—),男,安徽理工大学人文社会科学学院教师,硕士。

得到改进,意义重大。

一、大别山欠发达地区乡村治理理论提出的价值与建设现状

(一)大别山欠发达地区乡村的特殊性

首先,从地理位置上来分析,大别山地区位于我国皖豫鄂三省交界处,该区主要是鄂豫皖一带的革命老区,其中部的山区许多地方交通不便,大别山山区的交通不便也导致兴修农田水利、乡村道路等设施难度大,投资成本高。另外大别山欠发达地区经济环境恶劣,缺乏发展经济的许多条件。大别山属于山区丘陵地带,种植业的发展亦存在很多劣势,不适宜大型机械化生产种植。这些区位劣势给大别山欠发达地区的乡村治理带来了一定的阻碍。

其次,从生态环境方面看,大别山地处秦岭-淮河以南,受亚热带季风性气候的影响,该地区旱涝灾害较多;而且由于地形原因,耕地资源相较于平原地区相对匮乏,梯田种植普遍,水土流失严重。近几年来,随着乡村经济的发展,大别山欠发达地区的乡村生态环境也带来了诸多问题,主要有秸秆燃烧带来的大气污染,农药化肥的过量施用带来的土壤水源污染,村民生活垃圾乱放乱堆带来的乡村环境污染,以及乡镇工厂排污排气等带来的一系列污染。

其三,从基础设施方面来看,该地区基础设施建设可从以下四点分析:一是乡村的交通电网等设施建设。包括公路路网建设,县乡公路、重要经济连接路、出口路、旅游路等级化改造,通村油路建设,农村电网完善及维护等。二是水利设施建设。包括农田灌溉设施建设,各小流域的治理,水库、引水渠等水利设施整修等。三是农村文化教育设施建设。大力发展教育事业,消除农村中小学危房,改善农村教学环境,优化教学资源等。四是卫生医疗设施建设。包括建立新型农村合作医疗制度,改善农村医疗卫生设施等等。

最后,从经济发展方面来看,大别山欠发达地区的经济指标基数小,比较容易起步,应加大科技投入,如聘请一些技术人才下乡指导,进行技术培训。另外大别山山区生态环境较好,应建立起生态模式经济,在发展经济的同时,注重保护和改善大别山欠发达地区乡村的生态环境。而且大别山欠发达地区由于未进行深度的工业开发,生态资源环境保护较好,加上可供开发的土地资源比较丰富,适宜发展高档次的第三产业,以生态观光旅游和生态农业为切入点,扩大宣传,吸引社会投资。

(二)大别山欠发达地区乡村治理理论提出的价值

第一,优化我国新农村建设的整体效果。建设社会主义新农村,是全面

建设小康社会的重点任务，是惠及十几亿人口的更高水平的小康社会，其重点在农村，难点也在农村。改革开放以来，我国城市面貌发生了巨大变化，但大部分地区农村面貌变化相对较小，一些偏远乡村公路不通、群众看不起病、喝不上干净水、农民子女上不起学。这种状况如果不能有效扭转，全面建设小康社会就会成为空话。而大别山欠发达地区乡村治理的提出，以大别山地区乡村为起点，从而让乡村治理的新思路能够在建设新农村的具体问题上实施，推动我国新农村建设的进一步完善。

第二，惠及广大农村群众的利益。通过对大别山欠发达地区进行有效的乡村治理，加强农村道路、住房、能源、水利、通信等设施的建设，既可以改善农民的生产生活条件和消费环境，又可以消化当前部分行业的过剩生产能力，促进相关产业的发展。因此，安徽美好乡村建设符合经济发展、农村复兴的要求。在国家，呼吁社会公平，加强国家对农政策的倾斜，加大惠农力度，增加财政投入，加强制度建设；在安徽，政策流向偏远乡村，重点关注偏远乡村农民的切身利益，将安徽发展成果惠及广大农村群众身上。

第三，提高安徽农村的经济发展水平。安徽省是个农业大省，因此，促进农村经济发展，是推动安徽整体经济发展的必要途径，建设安徽社会主义新农村，是保持安徽经济平稳较快发展的持久动力。通过大别山欠发达地区乡村治理理论的提出，推进该地区社会主义新农村建设，可以加快这些农村的经济发展和农民收入的提高，使数以万计农民的潜在购买意愿转化为巨大的现实消费需求，拉动整个安徽经济，特别是大别山欠发达地区经济的持续增长，从而提高全省农村的经济发展水平。

第四，进一步加快安徽农业现代化进程。农业是我国国民经济的基础，十八大以来，党中央再一次强调了农业现代化在我国国家现代化体系中举足轻重的地位。建设社会主义新农村，是确保我国现代化建设顺利推进的必然要求。因此，在大别山欠发达地区乡村治理过程中，我们应处理好工农城乡之间的关系，加快该地区农村的现代化进程，把其农村发展纳入整个现代化进程，使该地区社会主义新农村建设与工业化、城镇化同步推进，让工业与农业协调发展、城市与农村共同繁荣，从而加快整个安徽省农业现代化的进程。

（三）大别山欠发达地区乡村治理的现状

首先，县、乡政府关系利益化。在乡政村治的治理模式中，乡镇政府处于国家政权体系的末梢，接受乡镇人大和县级政府的双重领导。现实中，由于乡镇人大的权力被乡镇党委和县级政府架空，因此，县级政府对直接管辖的乡镇政府具有权威性。这就导致了县乡政府之间关系的利益化弊端逐渐显露；再者，取消农业税后，乡镇政府的职能范围缩小，由于财政的困难，无力向大别山欠发达地区提供公共产品和服务,因此优化县乡政府之间关系必须跳出行政权力在政府层级间纵向配置的传统思维,从根本上调整权力在上下级政府、政府与市场、政府与社会之间的配置,构建多中心治理的格局。

其次,乡村政府关系行政化。乡镇政府是我国基层政权机构,在科层制的垂直领导体系下,必须完成其上级政府下达的各项指标,而大别山欠发达地区的乡村政府关系在这方面表现得更明显。而在现实操作过程中,乡镇政府与单个村民直接打交道去完成这些目标、计划和任务,由于山区的特性,其可行性不高。因此在大别山欠发达地区,一般均为村委会成员直接与村民沟通交流,以推进一些目标任务的完成。正因为村委会成员在现实生活中经常与村民打交道,群众基础较牢,乡镇政府必然就会加强对该地区村委会的指导权。这样,村委会就蜕变成了乡镇政府的下属机构,具有准行政权。这样村委会就有了事实上的乡镇政府的下属机构和村民自治组织双重职能、相互尴尬的身份。

最后,合作型组织的缺失。一方面,实行家庭联产承包责任制以来,农户有了自主决定耕种自家承包地的权利,生产积极性普遍增强,乡村经济有了较快发展;另一方面,农户呈现出了“原子化”状态,合作性组织瓦解。在社会主义市场经济中,农户的市场竞争力极其有限,无法拥有与其他的经济主体抗争的能力。目前在大别山欠发达地区,留在乡村种地的农户基本上种植传统的粮食,农作物品种相同。加之,大别山欠发达地区乡镇非农业人口数量的稀少,生产出的农产品大都供家人食用或喂养牲畜,同市场交换的数量十分有限。同时,由于地域性、时效性等特点,典型的单一农户农产品出卖形式也不能卖上好价钱。因此,大别山欠发达地区乡村合作经济组织化程度低,顶多采用的是集体采购化肥等生活必需品,而缺少农产品加工、销售、品种更新等合作组织。

二、大别山欠发达地区乡村治理的主要问题及其原因分析

(一)政治文明程度较低

乡村干部是乡村治理的领头雁,其工作涣散的工作作风,将使乡村治理陷入瘫痪状态。大别山欠发达地区的乡村干部多数是转业军人,还有一些是大姓家族推选。这些成员进入乡村管理岗位,其管理模式往往比较单一,管理手段也较为粗暴,管理关系往往多以血缘关系和亲疏关系为行为准则。这种治理模式可能在艰苦岁月效果明显,但却与理性管理、科学管理的理念相

差甚远，根本无法适应市场经济下的治理环境，以及市场环境下对这一治理层级的能力要求。

近些年兴起的大学生支援农村计划，一批年纪轻，思想观念新潮的大学毕业生来到了大别山欠发达地区。本来，大学毕业生科学文化素质较高、又有一定的专业基础，可以为大别山欠发达地区推广农业科学技术奉献自己的力量，促进乡村管理结构的优化。但由于大别山欠发达地区人才治理观念薄弱，乡村管理成员素养不高，大学毕业生又只能充当参谋、协助的角色，他们在大别山欠发达地区乡村治理中起的作用微乎其微。因此，如何让大学生村官尽快适应农村复杂的工作环境，甚至改善乡村政治文明，是学界和现实中亟须解决的问题。

（二）经济水平低、发展速度缓慢

由于地理状况等自然因素和基础设施薄弱等一些人为因素的共同影响，大别山欠发地区的发展远远滞后于其他地区。大别山欠发达地区在社会主义新农村建设的推动下，乡镇公路设施有了很大程度上的改善，但公路网还是存在整体规模不足、路网密度偏低的问题。大别山欠发达地区农村产业发展的低水平、产业结构的低层次，以及不完善的医疗、社会保障制度成为大别山欠发达地区新农村建设的障碍。大别山欠发达地区农村劳动生产率低的最直接原因便是其农村居民文化素质普遍偏低。而且随着青壮年劳动力向发达城市的转移，大别山欠发达地区只剩下老弱妇幼群体在从事农业生产，农业劳动力素质状况呈现出的日趋低下的现象更加严重。因此，这些区域农业劳动者对新生事物的接受能力较弱，对先进农业科技知识难以推广，农业生产停留在传统水平上。

由于大别山山区的地理状况影响，大别山欠发达农村地区形成了一种以粮食种植业为主的单一化产业结构。加之，这些区域的耕地多属于山地、林地、坡地，机械化生产难度大，大多采用传统的畜耕生产，劳动成本高，而其粮食产量却不高，粮食种植的比较效益较低。农民的粮食主要用于维持口粮和喂养牲畜，用于市场交换较少。大别山欠发达地区的农业发展产业结构不合理，导致其工业化的进程缓慢。而且，大别山欠发达地区大部分农户实行的不是集中型经营，而是分散化的家庭经营，这就导致了农户生产出来的农产品不易找到好的销路；加之未能形成有效的经济合作组织，因此，销售这些产品的农户也基本上没有什么抵御市场风险的能力。

（三）基础教育发展滞后

文化事业发展状况是体现一个民族文明的标志，大力发展大别山欠发达地区文化事业，是缩小该地区城乡差距、实现城乡统筹发展、建设社会主义新农村的一项重要内容。国家政策法规上也对农村教师工资经费保障机制加以完善,将九年义务教育的经费纳入财政预算,对欠发达地区义务教育阶段的教师实行绩效工资制度。这些暖阳政策为大别山欠发达地区的教育发展带来了蓬勃生机,但与此同时,大别山欠发达地区农村教育还存在诸多问题,阻碍着教育事业的发展。如:乡村教育定位不准,师资力量薄弱,教育设施落后,学校布局不合理,幼儿教育和成人教育发展滞后等等。

在市场经济的冲击下,大别山欠发达地区的乡村传统文化渐渐褪色,而新的价值、理念等文化体系又未成形,村民文化呈现出荒漠化态势,村民的精神文化生活十分贫乏,具体表现为文化意识淡漠、文化生活方式单一。在市场经济思想的洗礼下,大别山欠发达地区村民对知识、文化的尊重程度明显减弱,对增加收入更加敏感。而且,在市场经济的冲击下,大别山欠发达地区村民的文化意识逐渐淡漠,传统的“万般皆下品,唯有读书高”的理念不再被大多数村民认可,现在村民们普遍认为只要通过合法手段挣到钱就是榜样。

(四)生态环境明显恶化

大别山欠发达地区生态环境明显恶化主要体现在以下两个方面。一方面是环境的污染和生态的破坏。随着工业的发展和农业的大量化学物质的使用,大量有毒、有害物质进入土地生态系统,从而使有毒、有害物质进入农产品中。现在,工业污水已经进入农业的灌溉中,工业废气、农药、化肥也对农产品造成污染。伴随着这一系列环境污染,对气候也造成了恶劣的影响,臭氧层的破坏加剧,全球气候变暖问题等等。

另一方面是资源的消耗与破坏。造成生态环境恶化的主要原因就是我们对各项资源不合理的开发和利用。广大民众环保意识普遍比较薄弱,重开发轻保护,对很多不可再生的资源采取一种掠夺式开发,这些恶劣的行为远远超过了生态环境的自我净化能力和承载能力。同时,有关部门长期以来缺乏保护生态环境的意识,过分强调工业发展、工程措施,从而忽视了环境问题、生物措施,造成了环境恶化、生态支离破碎的局面。此外,政府部门和相关单位没有实行严格的监管监督执法措施,管理上的不力导致许多地区生态环境破坏的现象越来越严重,加剧了生态环境的退化。

三、完善大别山欠发达地区乡村治理的对策

(一)加强民主政治建设

首先,乡镇政府应根据乡镇的实际,制定好乡镇发展的规划、制定规则,

变微观管理为宏观调控,为合法市场主体提供公共产品和服务。在乡村治理中,乡镇政府发挥好指导职能,制定相关的制度引导村委会、经济合作组织、村级企业健康发展,为其提供支持与帮助。其次,大别山欠发达地区的乡镇政府应顺应市场经济的发展,从传统的行政管理转变为间接的经济调控,通过优化经济结构、调整产业结构等方式,促进大别山欠发达地区的经济发展。再次,大别山欠发达地区的政府应通过法治手段,维护合法组织、个人的正当权益,打击各种违法犯罪组织、个人,实现社会管理职能。最后,乡镇政府应积极为大别山欠发达地区的乡村基础设施建设提供必要的公共产品和公共服务。

在社会主义经济条件下,每一个市场主体都有特定的利益目标,理顺每个主体间的关系是保证每个主体利益实现的前提条件。要按照党政分开、政企分开、政社分开的总原则来树立西部发达地区各个治理主体间的关系。乡镇党委在欠发达地区乡村治理中应发挥其核心领导作用,领导村级党支部、乡镇人大、乡镇政府、村委会、乡村合作经济组织、村民,在法律、法规范围内发挥其职能。

(二)调整产业结构,推动经济发展

大别山欠发达地区的人口外流性强,外出务工人数多,经济上稍微丰裕的家庭已经迁移至乡镇或县城居住。在这种背景下,大别山欠发达地区乡村产业结构单一,农民基本上以种植普通粮食为主,并饲养数量有限的家禽。其次,大别山欠发达地区非农业人口少,供需严重不平衡,村民农产品销售不出去。因此,村民应坚持以市场为导向,调整农业生产的品种和品质结构。大别山欠发达地区的村民在满足自身粮食供给的情况下,可种植经济作物、瓜果蔬菜等,提高收入水平。同时,村委会应对村民加以引导,让广大村民根据市场的需求,种植畅销的优质农产品;再者,大别山欠发达地区普通农产品多,没有自己的优势产品,政府可引导农民大力发展优质农业、生态农业、休闲农业。

政府方面应为大别山欠发达地区的各项劳务输出做好必要的组织工作。村民中的一些人学习了一定的技术、积累了资金,成了乡村中的能人。政府可制定一些优惠性政策,如为回乡创业人员提供政策、土地、信贷等多方面的支持来吸引人才回到家乡开办企业,带动乡村二、三产业的发展。这样既可以解决欠发达地区富余劳动力的就业问题,还可以发展这些欠发达地区的经济,为乡镇带来税收收入。同时,大别山欠发达地区的劳动力成本较低,政府可利用这一优势吸收外地企业家来投资办厂。鼓励村民发展服务业,例如饮食业、运输业、“农家乐”旅游业、零售业等第三产业。

(三)提高教育水平,促进文化事业的发展

百年大计,教育为本。大别山欠发达地区应根据实际情况,大力发展适合地方特色的农村教育,培育农村需要的人力资源,而不是简单模仿与实际差距甚大的城市教育模式。一方面,政府应加大投入,办好幼儿教育,招聘录用有幼儿教师资格的人员担任幼儿教师,配备必要的教育设施,不要让孩子输在起跑线上;另一方面,也要抓好成人教育,利用义务教育的资源,在合适的时间聘请农业科技人员、经济能人为村民讲解科学种植、畜牧养殖、水电安装等实用技术,使广大农民能学以致用,提高学习的积极性,产生学习的动力。

其中,抓好义务教育,培养学生基本的文化素养,为学生深入学习、终身学习打下坚实的基础。在初中阶段,政府、教育部门应根据促进学生的全面发展的教育原则,根据学生的不同需求培养升学的动手操作能力、实践能力,对那些即将进入社会的学生进行基础的技能培训,否定全面应试教育。另外,办好职业教育也是提高大别山欠发达地区发展水平的关键所在。职业教育要培养一批懂科学、会技术、善管理的农业人才,结合具体的县情、乡情设置专业,使他们毕业后能成为乡村的经济能人,带领广大村民共同致富。在教育的各个阶段,都应加强思想政治教育,教育"德为先",使培养出来的人才能推动社会的建设。

(四)保护环境,推进生态治理

大别山欠发达地区农业生产科技含量低,大多还是传统的农耕生产,靠大量使用化肥、焚烧秸秆来增强体质肥力、依靠喷洒农药来消灭害虫、用农膜来育种。这些措施虽然从某种程度上来说提高了农产品的产量,但是却给乡村的生态环境带来了难以估量的污染和破坏。化肥和农药的过量使用,容易导致土壤水源等各种污染。农膜留在土壤里影响农作物根系的伸展、水分的渗透,影响庄稼的抗旱能力,影响土壤结构。因此,提高大别山欠发达地区种植农业的科技含量、大力发展生态农业,是该地区实行可持续发展的必然选择。

乡镇科技服务组织应通过有关媒介大力宣传农业科技技术,通过开展培训班、现场指导等方式把先进的农业种植、养殖技术传授给农户。同时,在大别山欠发达地区还应合理规划,科学设置种植业、养殖业良性循环系统,通过养殖得到的有机肥,以及种植得到的秸秆转化为沼渣、沼液、沼气。沼渣、沼液可为种植提供肥源,沼气可为村民提供热能,从而实现种植、养殖、燃气的综合效益,实现生态系统与经济系统、生物系统、环境系统的有机融合,减少化肥、农药等污染物的使用量,保护好生态环境。

参考文献：

[1] 张思琪．从礼法之争看新型乡村治理[J]．科教导刊(上旬刊),2014,(1).

[2] 王志立．新型农村社区建设中的政府职能优化探析[J]．云南行政学院学报,2013,(5).

[3] 卓晓宁,刘东杰．乡村经济精英浅层介入政治的现象与原因分析[J]．江苏行政学院学报,2013,(6).

[4] 马纯红．试析乡村社会秩序的“灰色化”变迁趋势[J]．湖南省社会主义学院学报,2012,(5).

[5] 张伟明．社会资本、嵌入与社会治理——来自乡村社会的调查研究[J]．浙江社会科学,2012,(11).

[6] 张金俊．转型期农民环境维权原因探析——以安徽两村为例[J]．南京工业大学学报,2012,(3).

基于在线点评的黄山风景区旅游形象感知研究

许亚元

摘　要:形象是旅游目的地的灵魂和生命,备受旅游理论研究者和实践者的关注。网络信息化时代背景、丰富的网络资源为旅游目的地形象研究提供了新的视角与素材。基于国内外旅游目的地形象相关研究文献的回顾,选取黄山风景区为案例地,并利用内容挖掘软件 ROSTCM6.0,对到到网中的游客点评进行文本分析,以探讨网络口碑传播的黄山旅游地形象。最后依据分析结果,提出黄山风景区管理与营销方面的建议,为景区管理者进行更精准的形象定位,完善旅游服务、改善游客体验提供理论依据和有益参考。

关键词:在线点评;形象感知;内容分析;黄山风景区

一、引　言

旅游目的地形象(TDI)是影响旅游者意向和决策的重要因素,同时也是旅游目的地营销的重要内容和提高目的地核心竞争力的关键方面,不容忽视。因网络信息技术和 Web2.0 应用的发展,社会化媒体队伍日益壮大,网络口碑(在线点评是其主要构成)等用户生成内容(UGC)不断涌现,对消费者购买行为和企业经营决策产生重要的影响。旅游领域也掀起一番热潮,在线旅游市场兴起,点评、攻略、游记、微博客等网络信息资源彰显巨大的价值。基于旅游目的地视角,通过网络口碑的分析可促进其旅游产品或服务质量的改进,有利于目的地营销组织发现旅游者的问题和需求、分析竞争优势与劣势,从而进行针对性营销,减少游客抱怨,树立良好的目的地形象和声誉。在线

作者简介:许亚元(1990—),女,安徽合肥人,安徽师范大学经济管理学院硕士生。

点评等网络口碑信息对旅游目的地的营销管理和形象提升至关重要,因此基于网络文本信息的旅游目的地形象研究十分必要。

黄山风景区坐落于风景秀丽的安徽省南部黄山市境内,拥有"世界文化遗产""世界自然遗产""世界地质公园"三项桂冠,更有"奇松、怪石、云海、温泉、冬雪"五绝著称海内外,是我国山岳型旅游地的杰出代表,也是世界优秀旅游目的地之一。近年来,黄山风景区旅游发展态势良好,据统计,2012 年景区共接待游客 300.8 万人,同比增长 9.6%;2013 年共接待游客 274.65 万人,仅门票收入就达 49626.33 万元,带动了黄山市乃至皖南区域整体旅游经济效益的提高。但是为将黄山打造成国际性精品旅游地,还需进一步挖掘其竞争潜力。鉴于国家旅游局"智慧旅游"政策背景,黄山景区应走数字化建设道路,依托网络和信息技术,加强景区与游客的沟通,增强景区管理的科学性。本文以黄山风景区为案例地,研究其网络口碑传播中的目的地形象。研究结果对黄山风景区整体旅游形象的完善、目的地管理组织营销计划的制订有重要现实意义。

二、文献回顾

旅游形象作为旅游管理研究领域的重要课题,一直是国内外学者关注的焦点。国外旅游形象的研究起源于 20 世纪 70 年代,Hunt(1975)最早对其进行了研究,认为旅游形象是个人或群体对自身居住地之外地方的总体印象①。直到 80 年代末,旅游形象概念的界定一直是研究的热点,但至今仍未形成统一定论。Crompton(1979)界定旅游目的地形象为人们对一个地方的信念、看法和印象的集合②,这是认可度较高的定义。国内对旅游形象的研究起步较晚,王克坚(1992)在其著作《旅游辞典》中界定了旅游目的地形象③。文春艳等(2009)认为旅游目的地形象是公众对旅游地总体的、抽象的、概括的认识和评价,是对区域内在和外在精神价值进行提升的无形价值,是旅游地现实

① Hunt J D. Image as a factor in tourism development [J]. Journal of Travel Research, 1975, (15): 1-7.

② Crompton J L. An Assessment of the Image of Mexico as a Vacation Destination and the Influence of Geographical Location upon the Image[J]. Journal of Travel Research, 1979, 18(4): 18-23.

③ 王克坚. 旅游辞典[M]. 西安:陕西旅游出版社, 1992.

的一种理性再现[①]。明确旅游目的地形象感知内容是对其进行测量的前提，不少学者基于旅游目的地自身属性视角，探讨了感知形象的评价指标。Beerli和 Mart'n(2004)对以往文献进行归纳，将目的地形象指标分为九大维度：自然资源；普通基础设施；旅游基础设施；旅游休闲和娱乐；文化、历史与艺术；政治经济因素；自然环境；社会环境；当地气氛[②]。Jenkins(1999)认为目的地形象标准包括风景、目的地居民友好度、气候、价格、娱乐活动、体育和购物设施、人身安全、食物等[③]。黎洁(1996)指出旅游目的地形象构成大致可分为社会政治经济状况、旅游目的地自然环境、人文旅游资源、基础设施、旅游业发展与旅游设施、心理感受六大类[④]。正因为量表未得到统一，目的地形象的测量存在异质性。

现今互联网获得广泛应用，旅游者网络涉入度高，主动在网站中分享经验、发表点评，以表达自己真实的旅游体验，故而基于网络信息资源(以旅游者生成内容为主)的旅游目的地形象感知研究成为旅游形象研究的重要方向。旅游目的地形象测量的传统方法是通过结构化的问卷调查，获得研究资料；鉴于网络资源的丰富性和易获取性，越来越多的学者采用非结构化的研究方法测量旅游目的地感知形象，即引入传播学中的内容分析法，并结合挖掘软件，对网络数据(文本、图片等)进行分析。Choi 等(2007)、Serna 等(2014)通过对相关网站中文本信息的内容分析，分别探讨了互联网传播的澳门旅游目的地形象[⑤]、巴斯克地区的认知目的地形象[⑥]。Cakmak 和 Isaac(2012)通过对巴勒斯坦伯利恒市参观者博客内容的分析，探讨了冲突地区旅游目的地的形象和品牌策略[⑦]；Ascaniis(2013)对 TripAdvisor 中论坛帖子的文

---

① 文春艳，李立华，徐伟等．旅游目的地形象研究综述[J]．地理与地理信息科学，2009，25(6)：106-109.

② Beerli A，Mart'n J D. Factors Influencing Destination Image [J]. Annals of Tourism Research，2004，31(3)：657-681.

③ Jenkins O H. Understanding and measuring tourist destination images [J]. International Journal of Tourism Research，1999，(1)：1-151.

④ 黎洁，吕镇．论旅游目的地形象与旅游目的地形象战略[J]．商业经济与管理，1996，(6)：62-65.

⑤ Choi S，Lehto X Y，Morrison A M. Destination image representation on the web：Content analysis of Macau travel related websites [J]. Tourism Management，2007，28：118-129.

⑥ Serna A，Gerrikagoita K S，Alzua A. Towards a Better Understanding of the Cognitive Destination Image of Euskadi-Basque Country Based on the Analysis of UGC[C]//Information and Communication Technologies in Tourism 2014. Switzerland：Springer，2014：395-407.

⑦ Cakmak E，Isaac R K. What destination marketers can learn from their visitors' blogs：An image analysis of Bethlehem，Palestine [J]. Journal of Destination Marketing & Management，2012，(1)：124-133.

本内容进行分析，调查了瑞士五个山岳型目的地的形象①；Stepchenkova 和 Zhan(2013)为研究秘鲁的视觉旅游目的地形象，对旅游营销组织网站和 Flickr 网站中的图片信息进行了比较分析②。国内相关研究日益增多，且多以网站中(携程、同程、马蜂窝等)的点评、游记、博客为质性分析资料，研究的案例地有九华山风景区③、海滨旅游城市(大连、威海、青岛、厦门)④、西藏⑤、台湾⑥、北京⑦。付业勤等(2012)使用 ROST CM 软件对游客点评的文本数据进行分析，探索游客对鼓浪屿旅游形象的感知⑧。

综上所述，国内基于网络信息研究旅游形象的文献不多，且案例地多为西藏、台湾等特殊旅游地或东部沿海旅游目的地，缺乏对经济欠发达、资源禀赋度高的旅游地的研究。因此，本文以皖南地区世界级旅游目的地——黄山风景区为案例地，并利用内容挖掘软件 ROSTCM 6.0，对到到网中的点评文本进行分析，探析互联网媒介中的游客黄山风景区形象感知。

三、研究设计

(一)样本选取

在线旅游服务商和第三方点评网站(如携程网、到到网、马蜂窝网、驴妈妈)不断发展，网站中游客的真实点评为旅游目的地形象研究提供了丰富的素材。

① Ascaniis S D, Bischof N, Cantoni L. Building destination image through online opinionated discourses—The Case of Swiss mountain destinations [C]//Information and Communication Technologies in Tourism 2013. New York: Springer-Verlag, 2013: 94-106.

② Stepchenkova s, Zhan F. Visual destination images of Peru: Comparative content analysis of DMO and user-generated photography [J]. Tourism Management, 2013, (36): 590-601.

③ 张高军，李君轶，张柳．华山风景区旅游形象感知研究——基于游客网络日志的文本分析[J]．旅游科学，2011，25(4)：88-94.

④ 高静，章勇刚，庄东泉．国内旅游者对海滨旅游城市的感知形象研究——基于对携程网和同程网网友点评的文本分析[J]．消费经济，2009，25(3)：62-65.

⑤ 杨昆，姬梅，陈娅玲．基于网络游记的西藏旅游目的地形象探析[J]．旅游论坛，2013，6(3)：60-65.

⑥ 肖亮，赵黎明．互联网传播的台湾旅游目的地形象——基于两岸相关网站的内容分析[J]．旅游学刊，2009，24(3)：75-80.

⑦ 冯捷蕴．北京旅游目的地形象的感知——中西方旅游者博客的多维话语分析[J]．旅游学刊，2011，26(9)：19-28.

⑧ 付业勤，王新建，郑向敏．基于网络文本分析的旅游形象研究——以鼓浪屿为例[J]．旅游论坛，2012，5(4)：59-66.

由于携程网中不少游客点评涉及对携程代理商本身服务的评价，马蜂窝网以旅游攻略和游记为主打产品，驴妈妈网则以自驾或自助游客点评为主。综合考虑，到到网是专业的旅游点评网站，主打产品就是酒店或景点点评，数据较具代表性，因此本文选择从到到网中获取有关黄山风景区的游客点评数据。

正式的评论数据浏览和采集时间为2014年3月22日到2014年3月27日，网上数据不断更新，截至2014年3月27日，到到网上最新的一条点评的发布时间为2014年3月17日。考虑到数据的时效性，本文截取了发布时间在2011年3月17日到2014年3月17日(共36个月)的游客点评，这期间涵盖了妇女节、清明节、劳动节、端午节、中秋节、国庆节、春节等节假日。初始数据为1528条点评，经筛选，获有效点评1321条。剔除原则如下：与主题无关的点评；同一游客重复发表的点评；文言文、诗歌及散文形式的点评；过于偏激或浮夸的点评；游览时间和点评时间时隔较远的点评；有明显商业宣传性的点评；通过新浪微博账号发布的点评。

(二)样本预处理

在线点评是一种非正式沟通，文本表述不具规范性，因此需要对这种非结构化数据进行预处理，当然，前提是不改变点评者的原意。主要包括：修改点评中的标点、字体(繁体字、英文)、错别字及语句，使得表达准确，语义清晰；修改有常识错误的点评，如"黄山为五岳之首"；为便于词频分析，将"五岳归来不看山，黄山归来不看岳""天下第一奇山""登黄山天下无山"等俗语表述统一，将同意义或相近的词语合并；修改少许网络用语或火星文，如偶们(我们)、感冒(喜欢)。预处理后，将文本保存为txt. 格式，总字数约15万。

(三)研究方法

ROSTCM 6.0是一款内容挖掘软件，集成了自动分词、词频分析、共现矩阵分析、社会网络分析、情感分析等多种功能，由武汉大学沈阳教授及其团队研发，在学术研究中得到了有效应用。利用该软件进行内容挖掘的基本步骤是建立与研究对象相关的自定义词典，再进行软件自动分词和词频统计，最终得到高频特征词。本文采取多次软件自动分词和词频分析的方法，修改、完善自定义分词词典和过滤词典，以确保所获高频特征词的准确性。首先将1321条点评逐条编码，对文本进行第一次分词和词频统计(允许输出单字)，据结果，将连词、语气词、介词、第三人称主语和无关词汇等归入过滤词典，将有效词汇纳入分词词典1。其次，依据与黄山相关的地名、人名、景点、旅游活动、特色饮食等旅游形象构成要素，建立自定义分词词典2，合并分词词典1和2，建立总分词词典；为便于特征词统计，结合总分词词典和近义词词典，对txt. 文本中的同近义词进行合理归并，然后根据总分词词典进行第二次分词。

最后,手动对分词结果进行修正,结合过滤词典对修改后的分词文档进行最终的词频统计(见表1)。

表1 样本文本中排名前100个高频特征词①

排序	高频词	频次	排序	高频词	频次	排序	高频词	频次	排序	高频词	频次
1	黄山	2590	26	旅游	141	51	冬季	79	76	山脚下	56
2	风景	675	27	光明顶	135	52	体力	79	77	神奇	56
3	感觉	547	28	机会	125	53	晚上	77	78	导游	55
4	日出	424	29	漂亮	122	54	一般	76	79	流连忘返	55
5	云海	361	30	景区	122	55	索道	75	90	小雨	53
6	山上	301	31	景点	101	56	第一次	73	81	游客	51
7	值得	263	32	下山	97	57	下雨	72	82	自然	51
8	A、B	252	33	怪石	97	58	徒步	70	83	山峰	51
9	壮观	210	34	时间	95	59	浏览	69	84	人多	50
10	爬山	201	35	宾馆	94	60	小时	69	85	季节	50
11	地方	200	36	建议	93	61	夏季	68	86	推荐	49
12	不错	198	37	云雾	93	62	大自然	66	87	难忘	49
13	缆车	183	38	早上	87	63	松树	66	88	激动	48
14	一次	170	39	奇松	85	64	空气	65	89	东西	48
15	山顶	168	40	起来	84	65	温泉	64	90	日落	47
16	仙境	167	41	最好	84	66	人间	62	91	饮食	46
17	遗憾	165	42	一路	84	67	中国	61	92	跟团	45
18	秀丽	163	43	朋友	83	68	心情	59	93	山石	45
19	上山	157	44	住宿	82	69	下次	58	94	不虚此行	45
20	美景	157	45	天都峰	80	70	开心	58	95	震撼	44
21	迎客松	149	46	莲花峰	79	71	选择	58	96	太阳	44
22	天气	148	47	喜欢	79	72	缭绕	58	97	天下无山	44
23	美丽	146	48	第二天	77	73	安徽	57	98	月份	43
24	不同	144	49	美不胜收	76	74	山下	57	99	欣赏	42
25	C	141	50	印象	75	75	D	56	100	雪景	42

注:A:五岳归来不看山。B:黄山归来不看岳。C:西海大峡谷。D:黄山归来不看山。

高频词传达了在线点评传播的黄山景区形象主题和游客感受,为更直观地反映高频词之间的关联,利用软件的 Netdraw 工具,获得高频词的语义网络分析图(见图 1),图 1 中,每个高频词代表一个节点,节点间的数值越大,表明联系越紧密。

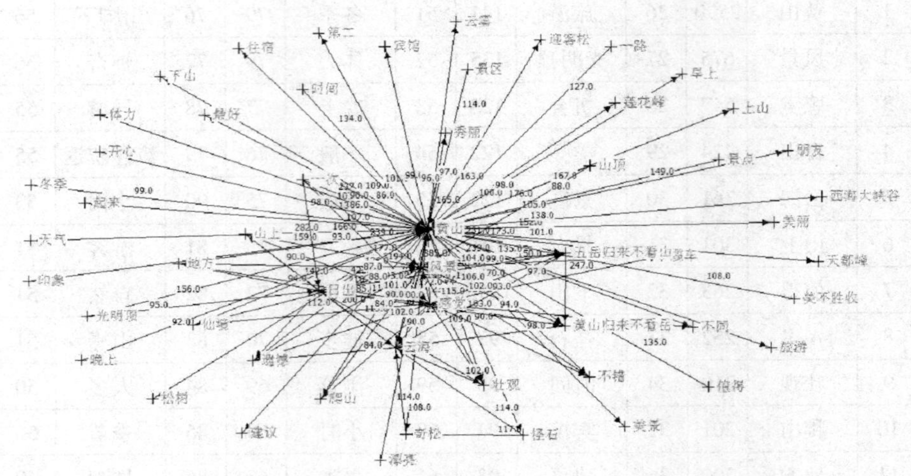

图 1　部分高频特征词的语义网络分析图

四、研究结果

(一)旅游者特征

网站用户的注册信息是重要的数据来源。到到网用户注册信息包括年龄、性别、居住地、

出行时间、旅行风格、旅行目的等方面,而这些都是影响游客旅游地形象感知的重要因素。此外,网站中的评分更直接表明了游客对目的地的整体印象,到到网中的“5. 4. 3. 2. 1”分值分别代表“非常好、很好、一般、差、很糟”。因网站中的个人信息具有保密性,因此本研究所获信息不完整(见表 2)。

表 2　旅游者基本特征

年龄	频数	比例	月份	频数	比例	旅行风格	频数	频率	省份	频数	比例
18-24	40	37.7%	5	38	17.0%	普通	93	42.9%	江苏	213	17.1%
25-34	51	48.1%	10	34	15.2%	偶尔奢侈	65	30.0%	浙江	171	13.7%

（续表）

年龄	频数	比例	月份	频数	比例	旅行风格	频数	频率	省份	频数	比例
35-49	12	11.3%	4	33	14.8%	简朴	35	16.1%	安徽	153	12.3%
50-64	1	0.9%	3	17	7.6%	比较节约	19	8.8%	上海	151	12.1%
≥65	2	1.8%	6	17	7.6%	奢侈	4	1.8%	北京	101	8.1%
总计	106	100%	7	17	7.6%	偶尔简朴	1	0.5%	广东	85	6.8%
评分	频数	比例	9	16	7.2%	总计	217	100&	其他	370	42.2%
1分	2	0.2%	11	14	6.3%	旅行目的	频数	比例	总计	1244	100%
2分	2	0.2%	8	11	4.9%	休闲	151	70.0%	性别	频数	比例
3分	50	3.9%	2	11	4.9%	休闲出差	60	27.8%	男	159	66.3%
4分	359	27.9%	1	9	4.0%	出差	5	2.3%	女	81	33.8%
5分	874	67.9%	12	6	2.7%	总计	216	100%	总计	240	100%
总计	1287	100%	总计	223	100%						

注:因篇幅有限,表中“省份”栏中“其他”省份按照频数高低排列如下:山东、福建、湖北、天津、辽宁、河南、重庆、河北、陕西、吉林、湖南、黑龙江、广西、山西、江西、四川、河南、内蒙古、台湾、新疆、云南、贵州、宁夏、青海、香港。

表2数据显示:赴黄山的游客中青年占多数(85.8%),男性游客多于女性游客,原因可能有两点:山岳型景区对体力要求高;中青年网络涉入度较高;5月和10月是游客出行的高峰期(32.2%),这与其间的劳动节和国庆节相关,春季出游率最高(39.4),冬季为出行淡季(11.6%);赴黄山游客以观光型为主(70%),商务会议型游客较少,且中等消费水平的游客较多(42.9%),主要受当地经济发展水平的影响;黄山的国内游客客源以江浙皖(43.1%)、北上广(27%)等六省市为主,其中江苏省最多(17.1%),其次是浙江(13.7%)、安徽(12.3%),这与实际情况基本符合,说明样本具有较强的代表性;从评分看,游客对黄山景区的整体满意度较高。

（二）目的地形象分析

不少学者对旅游目的地形象的构成模型进行了研究。Gartner(1993)指出目的地形象由认知形象、情感形象和意动形象三个相互关联的部分构成[①]。Baloglu and McCleary(1999)构建了目的地形象构成因素模型,认为目的地形

① Gartner W C. Image Formation Process [J]. Journal of Travel and Tourism Marketing, 1993, 2(2/3): 191-215.

象分为认知形象、情感形象和整体形象三个部分，并指出情感形象在认知形象的基础上形成，二者共同影响游客的整体形象感知①。本文基于 Baloglu 和 McCleary 的研究结果，从认知形象、情感形象、总体形象三个层面展开具体分析。

1. 认知形象

基于已有文献回顾、黄山风景区自身特征和到到网游客点评文本，本文将形象测量指标分为以下五个维度：旅游资源，包括自然资源（景观、景点）与文化资源（文化、历史、艺术、特色饮食）；旅游基础设施和配套服务（住宿、餐饮、交通）；环境，包括自然环境（天气与气候、空气）和社会环境（拥挤程度、居民友好度、卫生、安全性、城市状况）；旅游服务（旅行社、价格、旅游安排与线路、景区管理）；旅游活动（购物、娱乐、节事）。

由图 1 可知，“黄山”是整个语义网络的中心节点，网络中心度最高，由其辐射出的语义基本覆盖整个网络图；由“云海”辐射出的语义游“山上”“奇松”“怪石”等，且“奇松”“怪石”“云海”之间相互联结，表明黄山“三奇”声名远扬，备受游人喜爱；与“风景”相联结的节点有“山顶”“山上”等，说明黄山美景只有在登上高峰后才能悉数欣赏；“光明顶”与“日出”有联结，表明不少游客登上光明顶观赏日出。网络图中显示的信息还有：游客对“黄山”的普遍“感觉”是“风景”“不错”；游客“感觉”“黄山”“风景”当中最为“壮观”的是“云海”和“日出”；令游客“感觉”到“遗憾”的有“日出”“云海”“山顶”，原因在于日出、云海等气象性景观，受天气影响大，很多游客未能观看到。

（1）旅游资源　黄山的旅游资源得天独厚，兼具优美的自然山岳风光和独特的山水文化底蕴。由表 1 可知，“风景”“美景”的出现频率很高，表明游客对黄山自然风景的感知较多。排名靠前的景观与景点有“日出”“云海”“迎客松”“西海大峡谷”“光明顶”“怪石”“奇松”“天都峰”“莲花峰”“温泉”“日落”“雪景”等。“四绝”“三大主峰”“迎客松”“日出”是黄山旅游的重点；西海大峡谷现成为黄山的旅游热点，很多游客强烈推荐，赞西海大峡谷是黄山的精华，并认为新开发的路线游人少，适合自助游。“冬季”“夏季”“季节”“月份”等高频词展现了黄山风景以变取胜的特点，四季景色各异；尤其是冬天的黄山，别有一番风味，“冬雪”更成黄山一绝。“宏村”“周边”“沿途”等词汇排名较靠后，表明赴黄山的游客进行深度游的较少，旅游行程单一，黄山与附近景点的联动性较弱。黄山的文化旅游资源丰富，但相比出色的自然风

① Baloglu S, McCleary K W. A Model of Destination Image Formation [J]. Annals of Tourism Research, 1999, 26(4): 868-897.

景，辨识度和知名度逊色不少。从高频词可知，游人对“五岳归来不看山，黄山归来不看岳”“登黄山天下无山”等俗语的感知很强。游客对当地的臭鳜鱼、毛豆腐等特色饮食和毛峰、石鸡等农家特产提及较少。总体上，旅游者对黄山的茶文化、黄山画派、饮食文化及摩崖石刻文化等缺乏明显的感知。

（2）旅游基础设施和配套服务　与之相关的高频词包括“缆车”“宾馆”“住宿”“索道”“饮食”等。游客对黄山住宿的负面感知较多，尤其是山顶住宿，如住宿费贵，条件不好，酒店配套和服务细节不到位。少数游客对酒店的卫生和服务持正面感知，认为上下铺的集体式宿舍能体验到学生时代的温馨感，其中游客评价较好的宾馆有白云宾馆、北海宾馆、翡翠人家、天客山庄、云海楼宾馆等。游客对餐饮的负面感知为餐馆和饮食区较少，就餐不便，配套设施没跟上。游客对交通的感知较好，认为景区附近交通成熟，进出景区便利；事实上，现今区内旅游公交网络得到了进一步完善，设有新国线换乘中心、云谷新索道及西海观光地轨缆车等。纵观点评内容，游客有关食宿方面的负面点评比重大，原因有：景区的食宿设施体系尚待完善、管理服务水平有待提高；景区自身特质影响食宿条件等。

（3）环境　自然环境方面，“天气”“云雾”“下雨”“空气”等排名靠前。黄山气候呈现出云雾多、湿度大、降水多的特点，雨雾天气影响观景，不少游客因错失观日出和云海的机会而遗憾。游客指出“去黄山要选个好天气”，否则只能“抬头看雾，低头走路，两边是树，黄山散步”。黄山空气清新怡人，是天然氧吧，空气负离子资源未来将成为黄山重要的吸引物之一。与社会环境相关的高频词有“人多”“挑山工”“惊险”等。旅游高峰期时的景区管理仍较棘手，“拥挤”“排队”是激起游客消极情绪的重要原因，如游客抱怨“黄山美中不足的是人太多”“上山购票和乘索道较拥挤”。游客对景区环境和卫生的感知较积极，称赞“景区的环境保护在国内是最好的，卫生干净，几乎看不见垃圾”。游客对黄山当地居民的评价不多，但对“挑山工”十分敬佩。确实，挑夫们、游人较少提及的放绳工都是黄山独特的景致。“惊险”“注意”表明，山岳旅游地的安全问题不容忽视，尤其是雨雪天气，要做到“观景不走路，走路不观景”。游客对黄山市区的感知不多，少数指出“市区较小，整体建设没跟上，可玩性不高”。

（4）旅游服务　“跟团”“导游”“朋友”“时间”“徒步”“东西”出现频次较多。赴黄山的游客分为跟团游、自助游、单位公游等类型，自助游日益增多，很多游客自行在网站上预定门票和宾馆；相反，不少游客表示跟团游时间紧凑，游玩不灵活。价格方面，游客普遍反映物价、门票较贵。游客对登山路线和方式的建议较多，如后山上、前山下；前山上、后山下；从西海进山；徒步上，索道下;索道上,徒步下;全程徒步;乘云谷索道至白鹅岭,再徒步;走人迹较少的小道。实际上,黄山传统的登山路线有两条:从温泉经慈光阁、玉屏楼、天海至北海南路,建有玉屏索道;从苦竹溪经云谷寺、白鹅岭至北海东路,建有云谷索道。具体登山路线和方式的安排应以最大化满足游客的兴趣和需求为目标。还有不少游客给出了日出、云海最佳观看时间和地点的建议。"浏览""欣赏""早上""第二天""晚上"表明赴黄山游客多为两日游或三日游,多数游客"选择"在山上住一晚,以观看日出和日落。此外,外套、雨衣、拐杖、干粮等自带品在点评中经常被提及。轮休制度是黄山景区管理的开创之举,游客对此举多持正面态度,且表示愿意再游。

(5)旅游活动　游客对"旅游活动"方面的感知很少,这与景区本身的娱乐和购物设施不完善、节事活动较少有关。如有游客点评道:"单纯的爬山爱好者可以去黄山,想玩玩的还是不要去了,主要是看为主。""爬山"排名靠前,表明观光和登山是游客的主体活动,黄山温泉——四绝之一,"泡温泉"是游客爬山后的重要活动,还有黄山脚下的漂流和屯溪老商业街较受游客欢迎。整体上,景区在旅游购物、娱乐、节事活动方面需做进一步努力。

2. 情感形象

本文通过两条途径测量到到网点评发布者的黄山情感形象感知。一是利用 ROST 团队开发的情感倾向分析工具(Emotion Analysis Tool),对 1321 条点评进行情感分析,软件会自动生成每条点评的心情指数。根据该指数可判断点评发布者的情感倾向,数值越大,表明情绪越积极,反之亦然。结果表明,赴黄山游客的情感倾向以正面为主(87.21%),但也存在一些消极情绪(11.43%)。二是依据高频特征词中的形容词,表达积极情感的词语有"值得""不错""漂亮""美不胜收""喜欢""震撼""享受"等,这些词汇传达出了游客"开心""激动"的"心情"。很多游客认为黄山"名不虚传",皆叹"不虚此行""流连忘返"。当然,"遗憾""一般""不好"等词汇表明少数游客产生了消极情绪。而天气变化莫测、登山体力耗费大、门票及物价高、食宿条件差、拥挤等是导致负面点评形成的主要原因。综上所述,游客对黄山景区情感形象的感知整体上是积极的(见表 3)。

3. 整体形象

由表 3 可见,"非常好"和"很好"评分占比 95.8%,"一般"占 3.9%,"差"和"很糟"仅为 0.4%。由此看出,赴黄山游客的整体满意度较高,对景区的整体印象较好。游客的重游和推荐意愿也可间接代表其对旅游地整体形象的感知。本研究的 1321 条点评中,明确指出会重游或向他人推荐黄山旅游的有 259 条(20%),如"下次要秋天去""下次打算冬天下雪的时候去泡温泉”“下次再去”“值得一去再去”等；“强烈推荐”“隆重推荐”“没去过的人真的值得一去”“黄山是个不错的选择”等。由此表明，游客对黄山景区整体形象的感知较好，重游和推荐意愿较为强烈。还有“人间”“仙境”“秀丽”“神奇”等也深刻传达了黄山在游客心目中的整体形象，“中国特色”“国画”“中国山水画”更体现出黄山不仅是安徽的，更是民族的。

表3 情感分析结果

情绪类型	点评数量	比 例	备 注
积极情绪	1152 条	87.21%	积极情绪分段统计结果： 一般(0—10)：209 条 15.82% 中度(10—20)：271 条 20.51% 高度(20 以上)：672 条 50.87%
中性情绪	18 条	1.36%	/
消极情绪	151 条	11.43%	消极情绪分段统计结果如下： 一般(-10—0)：93 条 7.04% 中度(-20—-10)：38 条 2.88% 高度(-20 以下)：20 条 1.51%
总 计	1321 条	100%	/

五、研究结论与讨论

旅游地形象影响因素复杂，除旅游资源之外，食、宿、行、游、购、娱各个方面的质量水平都直接影响游客对其的感知。本文通过对到到网中黄山游客点评的文本分析，得出了以下结论，并针对相关问题提出了建议。

1. 黄山旅游资源还需进一步开发与推广

不少游客喜欢和向往冬天的黄山，赞冬季游黄山“人少景美门票还半价”，但冬季仍是旅游的淡季。实质上，冬季不仅是观“佛光”的最佳季节，还有独特的雨淞、雾淞景观。此外，黄山夏季夜晚的星空、沿途路边的竹林景致都值得进一步利用和宣传。黄山是世界文化遗产，然而游客对其文化旅游资源的感知远远不够，形象感知多集中于美丽的山岳风光和独特的气象性景观。景区管理组织可通过主流媒介强化对游客文化旅游资源的宣传和教育，如时下流行的社交媒体传播（微博等）、影视媒体传播（微电影与旅游纪录片等）。有关黄山的点评中，游客对周边景区提及很少，相关组织应重视旅游资源的整合营销，加强黄山与周围景区（如太平湖、齐云山、宏村）的联动性，发挥黄山名片的辐射作用。

2. 旅游食宿配套设施有待完善，尤其是住宿问题

首先，重点优化旅游住宿设施结构体系，高星级饭店、经济型饭店、地方特色饭店兼顾发展，提供多种类型的住宿设施，合理规划中低端饭店（快捷饭店、青年旅馆、民居客栈等）所占比例，以满足不同层次旅游者的需求。其次，适当扩大饭店企业规模，客房数量、卫生及各项配套服务均要达标，并提供更多人性化的服务，提高游客山顶住宿的舒适度。黄山山上餐饮设施较少，物资多由挑山工搬运，饮食种类少、价格昂贵。管理者应充分利用当地的绿色农产品和特色小吃，合理布局和建设餐饮休息区，丰富餐饮种类，方便游客就餐。

3. 节假日旅游高峰期的游客和景区管理是一大难题

假期游客集中，拥挤和长时等候很容易引起游客的消极情绪。景区管理者缓解高峰期拥挤问题、分流游客可采取的措施有：加强黄山西海景区（西海大峡谷、焦村镇等）和冬季旅游资源的开发与推广；在不破坏环境的前提下，扩建缆车和索道；提供更多人性化的服务措施，缓解游客的情绪；实行网上门票预售。景区的社会气氛对游客目的地形象感知十分重要。挑夫被誉为"黄山脊梁"，游客对黄山"挑山工"和"环卫工"的印象较深，不少游人与其交流、沟通。有游人还点评道"不要乱扔垃圾破坏景点，也让景点保护人员不需要冒险去收集垃圾"。由此，这些人物的素养和形象对游客目的地感知和自身行为约束产生重要影响。

4. 黄山发展旅游，服务质量是核心

由点评可知，游客较为信任和依赖当地的旅游团，因此当地旅行社应做好地接服务。赴黄山的家庭游、亲子游等自助游比重不断增多，管理者和营销人员应完善相关服务，如建设自助游车服务体系、自驾车服务基地等。旅游线路方面，旅行团习惯走传统的两条登山路线，考虑到自助和背包游客的需求（如少数游客主张从黄山西大门进山），景区应开发、推广适合他们的旅游线路。部分工薪阶层的游客感叹黄山物价、门票之贵。管理者一方面要加强对小商小贩经营规范性的监督和管理，抑制"坐地起价""宰客"等不道德行为的发生；另一方面要为游客提供高"性价比"的旅游体验，使游客感觉"票有所值"。

5. 创新旅游产品开发、丰富旅游活动类型

赴黄山游客的旅游活动较为单一，购物、漂流和泡温泉等活动提及得较少。可从下面两个方面加以改善：挖掘、包装当地的特色物产和民间工艺品，

建设旅游商品基地、文化产品交易所等,以丰富游客的购物活动;创新发展节事活动,如组织攀岩、山地自行车等运动赛事,以及黄山摄影节、黄山七夕情人节等节庆活动。

6. 游客的负面点评有损目的地的声誉,管理者应加强宣传教育,使游客形成积极感知

游客对黄山景区形象的感知整体上是积极的,但也存在负面点评,有损目的地声誉,影响潜在游客的决策。管理者首先应分析负面点评产生的原因:景区在管理、营销及服务方面存在问题;游客自身因素(体质、经验、知识等);旅游目的地的特质因素(地形、天气与气候等)。基于景区管理组织的视角,主要原因在于宣传、教育不到位,游客缺少对旅游目的地的了解。未来营销者应通过多种渠道进行针对性、有重点的信息传播和营销宣传,增强旅游者对目的地的熟悉度,以做出合理归因,对客观因素造成的欠佳体验予以理解和支持。如重点传播云海、日出、日落等强气候型景观的成因与特点;景区内加强气象监测和预报,及时向游客传达天气信息,降低游客的心理落差;合理传播影响山顶住宿条件、造成山上物价昂贵和娱乐设施缺乏的客观因素。总之,让旅游者对黄山景区形成更为客观和准确的认知,可有效缓解他们的消极情绪,对景区情感形象和整体形象产生积极感知。

本文尝试以旅游者在线点评为分析对象,探讨了游客对黄山旅游地的真实体验和感受,但本研究仍存在一些不足之处。样本方面:样本选自第三方点评网站,具有一定的局限性,今后可探讨不同类型网站中传播的黄山旅游地形象的差异性;样本以游客点评为主,然而收集不同体裁和形式的文本数据(游记、微博等)做全面研究十分必要。研究方法方面:本文以质性分析为主,但受分析软件和研究者自身能力所限,在文本预处理、自定义词典建立和高频词分析等方面难免存在一些主观性,今后应利用更高级的分析软件,并结合定量分析方法,提高研究的准确性。研究内容方面:本文仅从单一旅游目的地出发,未来可对同一类型的几个目的地同时展开研究,以获得更普适的结论。

致谢:本研究所使用的 ROSTCM 6.0 软件由武汉大学沈阳博士编写。特此致谢!

攫取之手、援助之手与地方环境污染

杨连星

摘　要:分税制改革以来,中央政府的攫取之手、援助之手的治理模式实现了经济稳定增长,但对区域环境污染影响较大。基于税收集权理论,文章通过提出两个假设来验证和解释了"两只手"治理模式与环境污染的影响效应。通过构造分省的"两只手"治理模式的面板数据,实证分析发现:第一,在以工业三废作为环境污染的代理变量的回归中,中央政府攫取之手对区域环境具有显著的负向效应,而援助之手对环境污染影响不显著,但对攫取之手的负面影响具有极强的抑制效应。第二,攫取之手对区域环境的影响呈现显著的地区异质性差异,其中在税收净流入地区负面效应更大。第三,通过引入地区工业化水平,文章验证了"两只手"治理模式是影响环境污染的重要途径之一。此外,与援助之手类似,中央转移支付对攫取之手的负面效应具有约束作用。最后,文章从三个方面提出了优化分税制改革下优化"两只手"治理模式对区域环境质量改善的相关政策建议。

关键词:攫取之手;援助之手;渠道检验;转移支付;环境污染

一、引　言

近几年来,关于分税制改革中的"攫取之手与援助之手"治理模式的研究,得到了学术界广泛的关注和讨论(陈抗等,2002;李友平等,2010;傅勇等,2010;Huang and Chen,2012;方红生等,2013),但是关于治理模式激励效应的研究结论看法不一。据此,本文基于税收集权理论的框架,在已有激励效应研究的基础上,对其与区域环境污染间的效应做了进一步的分析探讨。

作者简介:杨连星,男,中国人民大学经济学院硕士生。

1994年以来，分税制改革极大地增强了中央政府的宏观调控能力和收入再分配能力，激励中央政府伸出“攫取之手”，导致地方政府巨大的增收或增长压力，同时对区域环境产生了一定程度上的负面效应。根据税收集权理论，分税制改革本质上只是税收集权的改革，给定资本要素流动、制造业和服务业的产业关联以及其他地方政府对土地市场的垄断3个重要条件，中国财政集权将激励地方政府为追求财政收入最大化而展开中国式的“蒂伯特竞争”，进而导致工业化和资本积累的加速和预算内收入的增长（陶然等，2009；Su et al.，2012）。但我国以税收集权为特征的分税制改革，并未对事权在中央和地方间做出明确的划分和调整，导致央地之间纵向收支不平衡，同时以转移支付形式在地区间的再分配，使得中央政府实际上扮演了“攫取之手”和“援助之手”的双重角色：攫取之手导致地方政府巨大的增收或增长压力，而援助之手会缓解其攫取之手给地方政府所造成的压力（李永友、沈玉平，2009；Huang et al.，2012）。

近年来，诸多研究表明，分税制改革对区域环境质量具有显著影响与作用（傅勇等，2007；潘孝珍等，2012）。事实上，分税制改革中地方政府的经济增长、环保支出以及产业发展等存在的“激励扭曲”效应，改变了企业的环境表现，从而一定程度上加剧了区域环境污染水平。改革开放以来，分税制改革赋予了地方政府的剩余索取权，同时地方政府的晋升锦标竞赛，促进了经济发展的积极性。但是分税制改革体制中出现的地区间恶性竞争，导致地方政府在经济增长、环保支出以及产业发展等方面存在显著的“扭曲”效应，极大地加剧了区域环境污染水平（王永钦等，2007；贾智莲等，2009）。为避免地区间保护性竞争带来的资源环境的负面效应，从而推进经济社会的和谐发展，近几年我国逐步加大对地区间转移支付力度，试图通过对地区间财政分配关系的调整，特别是对落后地区的转移支付水平，一定程度上缓解了分税制改革中的地方政府的“激励扭曲”效应。

分税制后，地方财政的本级收支缺口逐渐加大（黄佩华，2003），为了保证地方政府的收支平衡，需要中央政府通过转移支付制度来实现。但是，从我国的实践来看，转移支付机制在减少平衡区域间财力差异的效果并不尽如人意，财政分权程度的提高意味着地方政府对财政收支平衡负有更多责任，这使得财政收入较低的落后地区面临更大的财政负担。在这种情况下，落后地区可能会试图吸引高污染产业来发展经济，从而加剧区域环境污染。在分税制后，消费税被划分为国家税，随着农业税的取消，增值税和所得税变为地方政府的主要税种。因此，地方政府有很强的动力去保护和支持那些产值大、上缴利税高的企业，这些企业往往都是污染排放比较严重的重化工业企业，例如钢铁、电力、石油、化工、建材等。对于新兴的服务业，地方政府缺乏动力去培育，因为服务业能提供的税源征收比较困难，盈利周期也比较长。因此，财政压力解释了为何地方政府并没有太大的动力去推进产业结构的升级调整。分税制引起的产业结构刚性是导致环境污染居高不下的重要因素之一。只要地方政府的行为激励机制不改变，地方政府对重化工业的倾向就难以改变。

本文基于新税收集权理论，通过构建一个以“攫取之手和援助之手”为双内核的、旨在评估“两只手”治理模式与区域环境污染影响的理论框架，提出了两个研究假说。本文的贡献集中体现在以下三个方面：第一，通过引入“两只手”治理模式框架，本文拓展了原有的税收集权激励效应的分析范畴，验证了中央政府“攫取之手”对区域环境的负面效应以及中央政府“援助之手”的抑制效应，具有极大的补充和拓展意义。第二，加深了对分税制改革中转移支付与区域环境间影响效应的认识。与“援助之手”类似，本文验证了转移支付抑制效应的存在。第三，进一步探讨了“两只手”治理模式的地区异质性差异。通过区分税收净流出与税收净流入地区，本文研究发现，在税收净流入地区攫取之手的负面效应更大，这对进一步优化“两只手”治理模式区域差异具有参考价值。

本文以下部分的安排是：第二部分是与文章主题相关的文献回顾与“两只手”变量的主要构建；第三部分是数据来源及处理，重点落在本文计量模型的设定与变量定义方面；第四部分是对本文经验结果的说明与分析；最后是本文的简要结论和应有的政策含义。

二、攫取与援助之手：度量与假设

（一）攫取与援助之手的度量与构建

改革开放以来，以税收集中为特征的分税制改革，导致地方政府巨大财税收支压力，而对于纵向收支不平衡，中央以转移支付形式在地区间进行再分配，因此中央政府实际上扮演了“攫取之手”和“援助之手”的双重角色（李永友、沈玉平，2009；Huang& Chen，2012）。

为了度量中央税收集中的程度，借鉴 Oates（1985）、汤玉刚（2011）和方红生等（2013）作者的文献做法，我们用攫取之手（用 GH 表）衡量中央政府在分税制改革中实际占有国家总税收的程度，即 GH＝（中央税收+地方上解-税收返还）/总税收。其中，之所以在公式中考虑地方上解，一方面借鉴方红生等

(2013)作者的文献做法，依据2009年以后中央政府给地方政府的税收返还是扣除地方上解的净税收返还；另一方面，分税制改革中税收返还体现了中央政府对地方政府的妥协，而地方上解体现了地方政府对中央政府的妥协关系，二者在分税制改革中形成了较为稳定的税收分配间的央地关系。同样，对于财政分税制改革中援助之手指标的构建，遵循范子英等(2010)和方红生等(2013)作者的文献，援助之手(用HH表示)衡量中央政府对地方政府的支出援助程度，即HH=不含税收返还的中央补助/本级地方财政支出。对于援助之手与攫取之手指数的构建，需要分省的总税收、分省的中央级税收、分省的税收返还和分省的地方上解。通过查阅从《地方财政分析资料》《地方财政统计资料》《中国财政年鉴》《中国税务年鉴》等文献资料，尤其是在1998—2012年间各项数据通过相关计算构建上述两指标(见图1)。

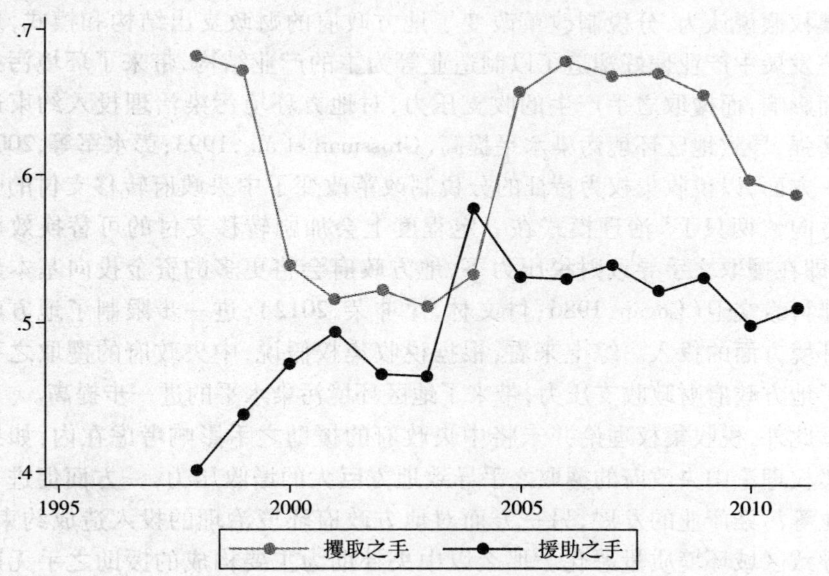

图1　中央政府攫取之手与援助之手的变动趋势

由图1可知，自分税制改革以来，中央政府攫取之手与援助之手呈现波动上升趋势。

本文关注的问题与假设：

1994年分税制改革后，中央“两只手”治理模式在一定程度上促进了区域经济的发展，其中“攫取之手”并未对区域经济的发展产生显著的抑制效应，反而使得地方政府仍有很强的激励发展地方经济。根据税收集权假说(曹广忠等，2007；陶然等，2009；汤玉刚和苑程浩，2010；Su et a1.，2012；方红生，

2013)，税收集权给地方政府造成的财政压力塑造了地方政府财政收入最大化的目标，在给定要素流动，税收集权将激励地方政府为追求财政收入最大化而为资本展开“蒂伯特”式横向竞争，以便大力促进制造业的发展，增加地方政府的财政收入，而地方政府经济增长也得益于这种税收集权带来的溢出效应。因此，中央攫取之手给地方政府带来巨大的财政收支压力，一方面将促使地方政府大力发展制造业等工业产业；另一方面将激励地方政府发展高税行业，从而提高地方政府的税收征管效率，缓解财政收支压力(汤玉刚等，2010)。

根据税收集权假说，中央政府“两只手”治理模式将极大地影响地方政府经济发展行为，尤其是地方政府对于制造业等工业行业以及高税产业发展的偏好，无疑会对区域环境产生显著影响(傅勇等，2007；王永钦等，2007)。税收集权假说认为，分税制改革改变了地方政府的财政支出结构和模式，地方经济发展中产业偏好塑造了以制造业等为主的产业结构，带来了环境污染等负面影响，而攫取之手产生的收支压力，对地方环境污染治理投入约束进一步增强，导致地区环境污染水平提高(Grossman et al.，1993；彭水军等，2006)；另一方面，以税收集权为特征的分税制改革改变了中央政府转移支付的强度和方向，“两只手”治理模式在一定程度上会加剧转移支付的可替换效应产生，即在攫取之手导致财税压力下，地方政府会将更多的资金投向基本建设而非科教文卫(Cogan，1986；付文林、沈坤荣，2012)，进一步限制了地方政府在环境方面的投入。综上来看，根据税收集权假说，中央政府的攫取之手加剧了地方政府财政收支压力，带来了地区环境污染水平的进一步提高。

此外，税收集权理论并未将中央政府的援助之手影响考虑在内，如果税收集权理论中央政府的攫取之手导致地方巨大的增收压力，一方面促进了制造业等污染产业的发展，另一方面对地方政府环境治理的投入造成约束，从而导致区域环境质量恶化。那么以中央补助为主要构成的援助之手无疑会对极大地缓解攫取之手带来的收支压力，降低转移支付的可替换效应的产生，从而在一定程度上促进地方政府环境治理的投入水平的提高。这意味着援助之手将极大地抑制攫取之手对地区环境质量的负面效应，发挥其环境改善的积极效应。由此本文提出以下假设：

假设1：中央政府的攫取之手对地区环境质量具有负面效应，但是会随着援助之手而减弱。

此外，如果进一步考虑税收净流出与税收净流入的地区，上述效应必将发生一定程度的变化。一方面，相比于净流出地区，中央政府的攫取之手将导致净流入地区的政府增收压力更大，其结果必然倒逼净流入地区的地方政府投入的更大的努力推动高税产业和工业行业的发展(方红生、张军,2013),同时会进一步限制地方政府对环境治理的投入,因而在税收净流出地区攫取之手行为对环境污染的负面效应更大;另一方面,相比于净流出地区,中央政府对净流入地区的援助较多,因而在净流入地区援助之手对缓解攫取之手抑制效应可能更加显著。由此,本文提出如下假说:

假说2:相比于税收净流出地区,中央政府的攫取之手对地区环境的负面效应在税收净流入地区要大,并且会随着援助之手而显著减弱。

三、研究设计

(一)样本选取

本文选取1998—2011年31个省份数据作为研究样本,其中环境污染数据主要来自于《中国统计年鉴》(1997—2012),对于"两只手"治理模式指标、转移支付指标数据主要来自于《中国财政年鉴》《中国税务年鉴》等文献资料,相关控制变量数据来源于《中国劳动与社会保障年鉴》(1997-2012)和《中经网统计数据库》。

(二)模型及变量

为进一步检验上文的假设,本文以我国31个省份1998—2011年的数据为基础,构建以下动态面板计量模型:

$$pol_{it}=\alpha_0 pol_{it-1}+\alpha_1 gh_{it}+\alpha_2 hh_{it}+\alpha_3 gh_{it}\times hh_{it}+\alpha_4\ gdp\_per_{it}$$
$$+\alpha_5 pse_{it}+\alpha_6 X_{it}+u_t+\eta_i+\varepsilon_i$$

其中 i 代表省市,t 代表时期。pol_{it}是地区环境污染变量,本文以工业废气排放量(air)、工业固体废弃物排放量(solid)、工业废水排放量(water)等作为环境污染的衡量指标,上述变量均进行了标准化处理。

对于"两只手"治理模式的指标构建,gh 是中央攫取之手变量,根据假设1我们预期其系数为正,表示中央攫取之手对区域环境的负面效应;hh 是援助之手变量;$gh\times hh$ 是攫取之手和援助之手的交叉项,根据假设1我们预期其系数为正,表示攫取之手的负向效应受到援助之手的抑制。

对于模型的其他变量,gdp_per是人均gdp变量,代表地区经济发展程度。根据Lopez R.(1994)、Dean J.(1998)以及李涛(2008)等文献,地区经济发展程度与地区环境污染在一定程度上存在正相关关系,因此我们预期其系数为正。pse 是政府偏好变量,本文用地方财政社会性支出占地方财政总支出的比重来表示,即地方社会性支出比重越高,其对区域环境污染的抑制效应越大,因此我们预期其系数为负。

X_{it}表示一组控制变量,包括地区 i 在时期 t 城市化水平、经济开放度等解释变量。城市化水平(*urban*)用各省城镇从业人员占社会从业人数的比重来表示,经济开放度(*open*)用各省外商投资总额占 GDP 的比重来表示,地方总财政收入用 *tax* 表示。文中对以绝对数表示的解释变量都取自然对数形式。其中 η_i 表示不可观测的省或直辖市的特质,u_t 是年度虚拟变量,ε_i 是随机扰动项,假设与解释变量无关。

为进一步检验假设 2,本文将税收净流出与净流入地区定义如下,税收流出=中央税收+地方上解-含税收返还的中央补助收入。如果税收流出大于0,则为税收净流出地区。如果税收净流出小于0,则为税收净流入地区。其中,在本文样本考察期内,所有年份都是净流出地区的省份,主要有:北京、天津、上海、辽宁、山东、福建和浙江等省份;而所有年份都是税收净流入地区的省份,主要有:内蒙古、贵州、青海、江西、甘肃、宁夏等省份。

四、计量回归结果分析

在模型回归中,模型变量间可能会因为存在的内生性问题,而导致估计结果的不可靠。由于计量方程中可能会遗漏重要变量,虽然我们控制了一系列与地区自身特征、影响地区环境污染水平的相关变量,但是仍然可能会遗漏一些难以界定的重要控制变量。因此,针对可能存在的内生性问题,本文对模型的估计分析,一方面采用两步系统动态 GMM 方法,在选择合适的水平方程和差分方程的滞后期下,各检验结果均通过了 GMM 估计方法的基本要求,从而说明采取两步系统动态 GMM 方法的可行性;另一方面,本文对统一对三个因变量分别进行 GMM 回归估计,进一步来验证本文构建模型的稳健性所在。

(一)攫取之手、援助之手与地区环境污染

表 1 是采用系统 GMM 方法估计的结果,表中(1)-(6)列估计结果显示,在分别采用工业废气(air)、工业废水(water)和工业固体废弃物变量(solid)三个因变量回归中,攫取之手(gh)估计系数均显著为正,说明分税制改革体制下中央政府攫取之手对区域环境具有显著的负面效应,一定程度上加剧了地区环境污染;同时,攫取之手与援助之手的交叉项(gh * hh)估计系数基本显著为负,对环境污染具有显著的负面效应,中央政府的攫取之手的负面效

应得到了援助之手的显著抑制，这意味着假说1得到了证实。

此外，援助之手(hh)回归估计系数均未呈现出显著为正或为负，说明援助之手对环境污染并未发生显著的正向或者负向效应。同样，区域经济发展程度的代理变量(gdp_per)估计系数基本为正，但未能呈现统计上的显著性。政府偏好变量(pse)估计系数为正，即地方社会性支出一定程度上抑制了区域环境污染。在控制变量中，城市化水平(urban)与环境污染间存在负相关关系，城市化水平的提升有效降低了环境污染水平；经济开放度(open)、地方总财政收入变量(tax)并未呈现统计上的显著性。此外，本文还控制了省份和年份等相关固定效应。

表1　攫取之手、援助之手与地区环境污染影响的检验结果(系统两步GMM方法)

	(1)	(2)	(3)	(4)	(5)	(6)
	air	air	water	water	solid	solid
L. air	0.965***	1.010***				
	(20.76)	(47.42)				
L. water			0.973***	1.031***		
			(38.50)	(83.37)		
L. solid					0.375***	-0.142
					(4.36)	(-0.86)
gh	0.156**	0.428**	0.0937*	0.136**	0.169*	2.991**
	(2.60)	(2.09)	(1.76)	(2.43)	(1.78)	(2.55)
hh	0.243	0.384***	-0.106	-0.189	1.224**	3.569***
	(1.36)	(2.75)	(-1.15)	(-1.01)	(2.39)	(3.40)
gh*hh		-0.647**		-0.206*		-5.068**
		(-2.43)		(-1.88)		(-2.69)
gdp_per	0.0169	-0.0175	0.0385	0.000161	0.315***	0.536***
	(0.33)	(-0.63)	(1.06)	(0.01)	(3.23)	(2.97)
pse	0.00562	0.00582*	0.000785	0.000555	0.0227**	0.0334**
	(1.54)	(1.79)	(0.29)	(0.17)	(2.18)	(2.40)
urban	-0.00271	-0.00120	-0.00319	-0.00102	-0.00419	-0.0167**
	(-0.96)	(-0.76)	(-1.64)	(-0.78)	(-0.99)	(-2.56)

（续表）

	(1)	(2)	(3)	(4)	(5)	(6)
	air	air	water	water	solid	solid
open	0.000343	0.000124	-0.0000633	-0.000276**	0.00181***	0.00202**
	(1.53)	(0.77)	(-0.51)	(-2.28)	(3.10)	(2.44)
tax	0.0504*	0.00598	-0.0000434	-0.0525*	0.225**	0.242
	(1.80)	(0.35)	(-0.00)	(-1.77)	(2.47)	(1.41)
_cons	-0.231	-0.171	0.0220	-0.0128	4.709***	7.521***
	(-0.96)	(-0.80)	(0.09)	(-0.05)	(5.00)	(4.38)
年份固定效应	yes	yes	yes	yes	yes	yes
省份固定效应	yes	yes	yes	yes	yes	yes
AR(1)	0.005	0.001	0.007	0.003	0.004	0.003
AR(2)	0.812	0.223	0.915	0.715	0.653	0.754
Sargan/Hansen test	0.660	1.000	1.000	0.990	0.780	0.889
N	372	372	372	372	372	372

注：*、**、***分别对应10%、5%和1%的显著水平。括号内报告的是经过企业所处的省份的Cluster效应处理后的t或z值。所有模型都通过了Sargan/Hansen过度识别约束检验。

（二）攫取之手、援助之手与地区环境污染：分地区考察

在分地区模型（2）的实证分析中，表2同样采用GMM回归方法。表中（1）-（3）列估计结果显示，同样以工业三废作为因变量，在税收净流出地区攫取之手（gh）估计系数基本在5%统计水平上显著为正，而在税收净流入地区的样本（4）-（6）列估计系数基本为负但不显著。对比分析可以发现，中央政府的攫取之手对地区环境的负面效应在税收净流出地区要大，与假设2结论不一致，这也在一定程度上说明在税收净流出地区，“攫取之手”倒逼地方政府推动高税产业的发展对区域环境的负面效应更大。但是攫取之手与援助之手的交叉项（gh×hh）回归系数并未呈现出显著的统计上的差异性，即不论在税收净流出地区还是在税收净流入地区，援助之手的抑制效应均不显著，假设2并未得到验证。

其他变量估计系数与表1回归一致，区域经济发展程度的代理变量(gdp_per)与政府偏好变量(pse)估计系数基本为正。控制变量中，城市化水平(urban)与环境污染间的负相关关系仍存在，同样，经济开放度(open)、地方总财政收入变量(*tax*)估计系数仍不显著。

表2 分地区下的环境污染检验结果(系统两步GMM方法)

	税收净流出地区			税收净流入区		
	(1)	(2)	(3)	(4)	(5)	(6)
	air	water	solid	air	water	solid
L. air	1.009***			0.933***		
	(41.43)			(20.58)		
L. water		0.989***			0.963***	
		(76.73)			(29.84)	
L. solid			0.138			0.564***
			(1.07)			(6.01)
gh	0.576**	0.0828***	4.800**	0.0556	-0.123	-0.450
	(2.22)	(3.22)	(2.58)	(0.64)	(-0.65)	(-1.07)
gh * hh	0.0516	-0.0211	-0.105	0.103	1.834	1.243
	(0.21)	(-0.08)	(-0.54)	(0.49)	(1.57)	(1.44)
gdp_per	-0.0724	0.0555***	0.353	0.136	0.0457	-0.177
	(-1.66)	(2.80)	(1.66)	(1.70)	(0.81)	(-1.66)
pse	0.00940	-0.00314	0.0719**	0.00859	0.00526	0.0342***
	(0.88)	(-1.65)	(2.15)	(1.33)	(0.99)	(3.40)
urban	-0.00164	0.00110	-0.0368*	0.000699	-0.00591*	-0.00392
	(-0.67)	(1.29)	(-2.09)	(0.34)	(-1.88)	(-0.77)
open	-0.000244	-0.000169**	0.00586*	0.000350	0.000253	0.00106*
	(-0.83)	(-2.30)	(1.96)	(1.31)	(0.45)	(2.07)
tax	0.0720	-0.0124**	0.371	-0.00790	0.0825	0.0391
	(1.31)	(-2.07)	(1.55)	(-0.73)	(1.32)	(1.29)
_cons	-0.0763	-0.369*	2.549	-0.802	-0.444	3.761***

（续表）

	税收净流出地区			税收净流入区		
	(1)	(2)	(3)	(4)	(5)	(6)
	air	water	solid	air	water	solid
	(−0.15)	(−1.82)	(0.92)	(−1.36)	(−0.97)	(2.84)
年份固定效应	yes	yes	yes	yes	yes	yes
AR(1)	0.001	0.002	0.007	0.003	0.001	0.001
AR(2)	0.212	0.103	0.095	0.415	0.223	0.314
Sargan/Hansen test	0.330	1.000	1.000	1.000	0.980	1.000
N	137	235	137	235	137	235

注：*、**、***分别对应10%、5%和1%的显著水平。

（三）"两只手"治理模式、工业化水平与地区环境污染

诸多研究表明，制造业等第二产业的发展，对区域环境质量具有显著的影响与作用（Wu et al.，2005；薛刚等，2011；潘孝珍，2009；张克中，2011），尤其是工业化水平的快速提升会直接影响区域环境质量。在税收集权假说中，"两只手"治理模式尤其是地方政府对于制造业等工业行业发展的偏好会对区域环境产生显著影响。但在考虑到区域工业化发展水平后，政府的"两只手"治理模式对区域环境质量影响效应是否依然存在，为了考证这一问题，本文采用了方红生等（2013）、Acemoglu et a1.（2003）等作者的文献中常用的渠道变量识别方法。

在分税制改革体制下，以GDP为主的官员政绩考评机制作为一种"高能激励"方式，会导致地方政府官员的努力向经济增长这一维度倾斜，造成努力配置扭曲（Holmstrom and Milgrom，1991）。徐现祥等（2007）研究发现，在现行政绩观和财政体制安排下，发展工业和建筑为主的产业发展取向，不利于区域环境质量的改善。Grossman et al.（1991）通过验证环境库兹涅茨理论发现，政府大力发展第二产业等高税行业，加剧了区域环境污染。据此，本文选用工业增加值（*ind*）作为工业化水平代理变量。对于渠道变量识别而言，我们将工业增加值（*ind*）放入模型中，然后观察攫取之手与援助之手等关键解释变量的显著性与系数的变化，如果关键解释变量的系数显著性并未发生明显的变化，那么就说明政府攫取之手、援助之手等是影响区域环境污染的重要渠道之一。

攫取之手、援助之手究竟是否影响地区环境污染水平的一个重要途径，表3中(1)-(3)列估计结果显示，在考虑到工业增加值(*ind*)作为工业化代理解释变量后，各关键解释变量攫取之手(*gh*)、援助之手(*hh*)与二者的交叉项与表1相比较均未发生显著变化，其中攫取之手(*gh*)估计系数基本显著为正，对区域环境仍呈现显著的负面效应，同时交叉项回归系数仍显著为负，说明援助之手对攫取之手的负面效应具有抑制作用。此外，其他变量的系数以及显著性基本与上文保持一致。因此，关键解释变量的系数显著性并未发生明显的变化，那么就说明本文考量的政府攫取之手、援助之手等是影响区域环境污染的重要途径之一。

表3　实证分析检验(系统两步GMM方法)

	(1)	(2)	(3)
	air	water	solid
L. air	1.006***		
	(30.45)		
L. water		0.912***	
		(14.86)	
L. solid			-0.176
			(-0.94)
gh	0.357*	0.0168	3.471***
	(1.83)	(0.06)	(2.87)
hh	0.345**	-0.208	4.021***
	(2.72)	(-1.13)	(3.35)
gh*hh	-0.551**	-0.0425	-5.962***
	(-2.24)	(-0.11)	(-2.96)
ind	0.00342	0.101*	0.181**
	(0.09)	(1.77)	(2.43)
gdp_per	-0.0204	-0.0515	-0.827***
	(-0.70)	(-1.29)	(-3.33)
pse	0.00472	0.00124	0.0304**
	(1.52)	(0.41)	(2.23)

（续表）

	(1)	(2)	(3)
	air	water	solid
urban	-0.00104	-0.00156	-0.00906
	(-1.01)	(-1.14)	(-1.36)
open	0.000115	-0.000120	0.00173*
	(0.82)	(-0.92)	(1.98)
tax	0.00723	-0.0200	0.186
	(0.45)	(-0.91)	(1.15)
_cons	-0.100	0.955	8.823***
	(-0.31)	(1.40)	(4.33)
年份固定效应	yes	yes	yes
省份固定效应	yes	yes	yes
AR(1)	0.005	0.023	0.003
AR(2)	0.542	0.633	0.325
Sargan/Hansen test	0.760	1.000	1.000
N	372	372	372

注：*、**、***分别对应10%、5%和1%的显著水平。

五、中央转移支付对地区环境污染影响的进一步讨论

与中央补助为主要构成的援助之手一样，若分税制改革导致地方政府巨大的财政压力的话，那么中央政府的转移支付无疑会缓解财政集权给地方政府所带来的财税收支压力（方红生等，2014），从而在一定程度上降低地方政府的激励扭曲效应以及对环境治理的投入水平的约束。但这是否意味着转移支付与本文构建的援助之手具有相同的效果与作用，据此，本文将转移支付（*tf*）变量以及转移支付与攫取之手的交叉项（*grab*×*tf*）纳入模型（1）进行回归估计分析。表4的回归估计采用GMM估计方法。

从表4（1）-（6）列估计分析中，考虑到中央政府的转移支付变量（*tf*）后，攫取之手（*gh*）估计系数仍基本显著为正，但转移支付变量（*tf*）估计系数基本上未呈现统计上的显著性，对区域环境污染并未起到显著的抑制或者促进效

应。在转移支付与攫取之手的交叉项（*tf×gh*）回归分析中，估计系数基本显著为负，与援助之手效应一样，中央转移支付变量对攫取之手的负面效应呈现显著的抑制效应，即税收集权体制下转移支付一定程度上缓解了地方政府的激励扭曲效应，降低了地方政府对环境治理投入的约束，缓解了攫取之手对环境污染的负面效应。此外，其他变量的系数以及显著性基本与上文保持一致。

表4　转移支付与地区环境污染检验结果（系统两步 GMM 方法）

	(1)	(2)	(3)	(4)	(5)	(6)
	air	air	water	water	solid	solid
L. air	0. 965 * * *	0. 983 * * *				
	(20. 76)	(40. 99)				
L. water			0. 973 * * *	1. 012 * * *		
			(38. 50)	(58. 52)		
L. solid					-0. 142	0. 433 * * *
					(-0. 86)	(4. 74)
gh	0. 156 *	0. 237 *	0. 0937 *	0. 0749 * *	2. 991 * *	-0. 407
	(1. 80)	(1. 85)	(1. 76)	(2. 30)	(2. 55)	(-0. 88)
tf	0. 243	0. 181	-0. 106	-0. 190	3. 569 * * *	1. 602 *
	(1. 36)	(1. 68)	(-1. 15)	(-1. 29)	(3. 40)	(1. 96)
gh * tf		-0. 345 *		-0. 0962	-5. 068 * *	
		(-1. 81)		(-0. 32)	(-2. 69)	
gdp_per	0. 0169	0. 0156	0. 0385	0. 0140	-0. 536 * * *	-0. 316 * * *
	(0. 33)	(0. 73)	(1. 06)	(0. 52)	(-2. 97)	(-2. 87)
pse	0. 00562	0. 00580 *	0. 000785	0. 00120	0. 0334 * *	0. 00501
	(1. 54)	(1. 90)	(0. 29)	(0. 40)	(2. 40)	(0. 35)
urban	-0. 00271	-0. 00261 *	-0. 00319	-0. 00178	-0. 0167 * *	-0. 000479
	(-0. 96)	(-1. 74)	(-1. 64)	(-1. 22)	(-2. 56)	(-0. 10)
open	0. 000343	0. 000216	-0. 0000633	-0. 000191	0. 00202 * *	0. 00132 *
	(1. 53)	(1. 17)	(-0. 51)	(-1. 58)	(2. 44)	(1. 85)
tax	0. 0504 *	0. 00900	-0. 0000434	-0. 0346	0. 242	0. 261

（续表）

	(1) air	(2) air	(3) water	(4) water	(5) solid	(6) solid
	(1.80)	(0.59)	(-0.00)	(-1.58)	(1.41)	(1.59)
_cons	-0.231	-0.0834	0.0220	0.0152	7.521***	4.334***
	(-0.96)	(-0.46)	(0.09)	(0.06)	(4.38)	(4.72)
年份固定效应	yes	yes	yes	yes	yes	yes
省份固定效应	yes	yes	yes	yes	yes	yes
AR(1)	0.002	0.022	0.027	0.013	0.021	0.023
AR(2)	0.262	0.213	0.515	0.421	0.317	0.414
Sargan/Hansen test	0.360	1.000	1.000	0.890	1.000	0.660
N	372	372	372	372	372	372

注：同上。

六、结论性评述

分税制改革以来，关于攫取之手、援助之手的治理模式的讨论较多，普遍认为分税制改革模式最佳途径是支出责任和收入权力的同时下放（Careaga et al.，2002；方红生等，2013）。但对于区域发展极为不均衡的中国而言，中央政府的两只手的治理模式必然是审慎选择的结果。据此，本文基于税收集权理论，通过提出两个假说，对分税制改革中攫取之手、援助之手与环境污染间的效应做了实证分析检验。

具体而言，第一，在采用工业废气、工业废水和工业固体废弃物变量作为环境污染的代理变量的回归分析中,中央政府攫取之手对区域环境具体显著的负向影响,加剧了地区环境污染,而援助之手并未呈现显著影响效应。同时,中央政府的攫取之手的负面效应得到了援助之手的显著抑制。第二,攫取之手的负面效应具有显著的地区异质性差异,中央政府的攫取之手的负面效应在税收净流出地区要大。第三,在考虑到工业化水平后,分税制改革下的“两只手”治理模式仍是影响区域环境污染的重要途径之一。此外,转移支付对区域环境污染影响不显著,但对攫取之手具有显著的约束效应。这说明转移支付机制一定程度上缓解了地方政府的“激励扭曲”效应,降低了地方政府对环境治理投入的约束。

本文的研究在一定程度上验证了分税制下“两只手”治理模式对区域环境负面效应的存在,对当前分税制改革中的环境治理提供了新的视角与实践路径,本文的研究结论可能带来的政策启示主要有三点:首先,在分税制改革中要全面考量地方政府行为的作用以及产生的一系列效应,注重对“两只手”治理模式的引导和规范,避免公共政策的失灵和扭曲;其次,健全区域间有差异的转移支付机制,发挥中央补助等援助之手对区域环境优化的积极效应,构造机制健全的援助之手制度;最后,在两只手治理模式的匹配方面,中央政府要将两只手控制在合理的区间之内(方红生、张军,2013),既要积极提升援助之手在税收净流入地区对攫取之手负面影响的抑制作用,也要降低攫取之手在税收净流出地区的负面效应,从而通过优化“两只手治理模式,发挥其对区域环境改善的积极效果。

参考文献:

[1] 陈抗,LHillman,A.,顾清扬. 财政集权与地方政府行为变化——从援助之手到攫取之手[J]. 经济学(季刊),2002,(4):111-130.

[2] 范子英,张军. 粘纸效应:对地方政府规模膨胀的一种解释[J]. 中国工业经济,2010,(12):23-34.

[3] 方红生,张军. 中国地方政府竞争、预算软约束与扩张偏向的财政行为[J]. 经济研究,2009,(12):32-43.

[4] 方红生,张军. 攫取之手、援助之手与中国税收超 GDP 增长[J]. 经济研究,2013,(3):17-23.

[5] 傅勇,张晏. 中国式分权与财政支出结构偏向:为增长而竞争的代价[J]. 管理世界,2007,(3):34-45.

[6] 贾智莲,卢洪友. 税收努力,环境差异与地方政府财政汲取能力——基于中国省级数据的实证研究[J]. 财经论丛,2009(5):26-33.

[7] 李涛,周业安. 财政分权视角下的支出竞争和中国经济增长[J]. 世界经济,

2008,(11):3-15.

[8] 李永友,沈玉平．财政收入垂直分配关系及其均衡增长效应[J]．中国社会科学,2010,(6):45-49.

[9] 李永友,沈玉平．转移支付和地方财政收支决策——基于省级面板数据的实证研究[J]．管理世界,2010,(11):33-37.

[10] 陆铭,陈钊．城市化、城市倾向的经济政策与城乡收入差距[J]．经济研究,2010,(6):56-65.

[11] 罗长远,张军．劳动收入占比下降的经济学解释——基于中国省级面板数据的分析[J]．管理世界,2009(5):45-49.

[12] 潘孝珍．财政分权与环境污染:基于省级面板数据的分析[J]．地方财政研究,2009,(7):29-33.

[13] 沈可挺,龚健健．环境污染、技术进步与中国高耗能产业—基于环境全要素生产率的实证分析[J]．中国工业经济,2011,(12):25-34.

[14] 沈坤荣,付文林．税收竞争、地区博弈及其增长绩效[J]．经济研究,2006,(6):16-26.

[15] 汤玉刚．财政竞争,土地要素资本化与经济改革——以国企改制过程为例[J]．财贸经济,2011,(4):31-38.

[16] 陶然,陆曦,苏福兵,等．地区竞争格局演变下的中国转轨:财政激励和发展模式反思[J]．经济研究,2009,(7):53-57.

[17] 王永钦,张晏,章元,等,中国的大国发展道路——论分权式改革的得失,《经济研究》,2007,(1).

[18] Acemoglu D, Johnson S, Robinson J, et al. Institutional causes, macroeconomic symptoms:volatility, crises and growth[J]. Journal of monetary economics, 2003, 50(1):49-123.

[19] Careaga M, Weingast B. Fiscal federalism, good governance, and economic growth in Mexico[J]. In search of prosperity:analytical narratives on economic growth, 2003:399-435.

[20] Grossman G M, Krueger A B. 1995. Economic growth and the environment[J]. The quarterly journal of economics, 110(2):353-377.

[21] Holmstrom B, Milgrom P. Multitask principal-agent analyses: Incentive contracts, asset ownership, and job design[J]. Journal of Law, Economics, & Organization, 1991:24-52.

[22] Huang, BH, K Chen. "012Kuangal of Law, Economics, & Organization, 1991:2, China Economic Review, 2012, 23(3):5343.

[23] Keen M, M Marchand.. Fiscal Competition and the Pattern of Public Spending[J]. Journal of Public Economics, 1997, 63(12):33-53.

[24] Oates, Wallace E. and Robert M. Schwab. Economic competition among jurisdictions: efficiency enhancing or distortion inducing? [J]. Journal of Public Economics, 1998, (35):333-354.

[25] Parikh S, Weingast B R. A comparative theory of federalism: India[J]. Virginia Law

Review,1997,(15):1593-1615.

[26] Su F,Tao R,Xi L,et al. Local Officials´ Incentives and China´s Economic Growth: Tournament Thesis Reexamined and Alternative Explanatory Framework[J]. China & World Economy,2012,20(4):1-18.

[27] Weingast B. The theory of comparative federalism and the emergence of economic liberalization in Mexico,China and India[J]. Unpublished Paper,2000,(12):17-23.

[28] Zhang J. Zhu Rongji. Might Be Right:Understanding the Mechanism of Fast Economic Development in China[J]. The World Economy,2012,35(12):1712-1732.

美好乡村环境治理中的政府行为

——以安徽乡村为例

杨 勇

摘 要:安徽在推进美好乡村建设的进程中,环境治理是一项急迫任务。任务的完成既离不开社会力量的广泛参与,更需要各级政府切实履行职能。一方面需要政府提供保护环境的公共物品,另一方面政府尚需“有所作为、善于作为”。政府尤其是县乡基层政府要有所作为:明确并适度强化基层政府的环境治理职能;坚持规划引领、示范带动,稳步推进乡村环境改善;完善基层政府的乡村环境考核激励机制;加大环保宣传力度,着力提升民众的生态环保意识;通过政策扶持、简政放权等多项举措培育民间环保非政府组织。

关键词:美好乡村;环境问题;环境治理;政府职能;政府行为

为指导安徽美好乡村建设,2012 年 9 月,省人民政府印发了《安徽省美好乡村建设规划(2012—2020)》(以下简称《规划》)。基于时代发展和安徽省情,《规划》明确提出“生态宜居村庄美、兴业富民生活美、文明和谐乡风美”(即乡村“三美”)的总体目标。如期实现我省“乡村美好”的目标,一项急迫的任务就是进行环境综合治理。环境治理(Environmental Governance)即“在对自然资源和环境的持续利用中,环境福祉的利益相关者们谁来进行环境决策以及如何决策,谁来行使权力并承担相应的责任,以达到一定的环境绩效、经济绩效和社会绩效,并力求绩效的最大化和可持续性”[1],然而,环境治理却是一项复杂的系统工程,既离不开社会力量的广泛参与,更需要各级政府“有所作为、善于作为”,主动积极地向社会提供保护环境的公共物品。

基金项目:2014 年安徽省高校人文社科重点项目:“安徽美好乡村建设进程中的环境治理研究”(SK2014A376)的阶段性成果;2014 年安徽省社科联项目:“美好乡村建设进程中的环境治理研究”(A2014035)的阶段性成果。

作者简介:杨勇,男,淮北师范大学历史与社会学院教师,硕士。

一、环境治理是美好乡村建设中面临的急迫任务

“农村是食品生产地,饮用水的源头,是人们的主要休闲地,是野生动植物的家园,是水体富营养化的主要贡献者,是温室气体排放者和气候变化受害者,是可再生资源和能源制造者,是自然、文化和生物多样性保护的主战场”[2]。因此,在资源环境保护的整个序列中,乡村理所应当放在显性位置上,切实认真对待。但是,由于传统观念的束缚,在国家环境治理的宏大框架中,乡村环境治理却被无情地置于整个序列的末端,不仅导致了乡村环境质量普遍下降,而且也使乡村环境纠纷逐年递增,经济发展与环境保护的矛盾趋向尖锐并时有激化。令人欣慰的是,随着建设生态文明国家集结号的吹响和城乡统筹发展战略的逐步实施,乡村环境问题受到了社会的高度关注。或许正是基于此,环境政策制定者及学界同仁不约而同地将目光聚焦于昔日“被忘却的角落”——乡村环境治理问题。

(一)乡村环境作为“被遗忘的角落”,总体状况堪忧

沐浴着改革开放的春风,安徽乡村在近30年来发生了翻天覆地的变化:产业结构趋向多态化,乡村经济发展持续化,人民生活迈向现代化。但是,伴之而行的是,乡村生态环境也遭到了更为严重的破坏,“人潜山涧、村在林旁、屋映水中”的美丽风景已经不再,用“青山已逝、绿水不再”来形容丝毫不是什么夸张!

1. 农业生产不尽合理、不太科学,水体、土壤等资源遭到严重破坏

近年来,随着现代高科技的推广和普遍应用,我国农业劳动生产率的确有了大幅度提高。但也应当看到,伴随劳动生产率提高的副效应也是不容忽视的。劳动生产率和土地产出率的极大提高与农业机械化、产业信息化是有一定关联的,但更大程度上说,是依靠化学药剂的大量投入(即农药、化肥等)和优质良种的精心培育、普遍推广而引起的。尽管广大乡村区域面积广大,但农药、化肥等化学药剂的长期大量使用,已经将乡村环境逼进了所能承受的最大阈值。乡村水域面积大量锐减,水体质量明显下降。譬如2004年淮河支流“涡河污染水体下泄事件”,2007年太湖县“蓝藻事件”,等等;土地退化严重、土壤肥力下降,有些良田基本上丧失了耕种的价值,实际上已经变成了荒废之地,譬如2007年太和县“良田变沟壑事件”、2010年蒙城县“百亩良田撂荒事件”,等等。更有甚者,个别地方水体、土地等资源破坏程度是常人根本无法想象的,欲想在短期内恢复常态几乎成了一种奢望。

2. 乡村生活垃圾处理处于无序化,“脏、乱、差”现象带有普遍性

随着乡村经济的快速发展,居民生产生活方式均发生了明显变化。在此背景下,乡村生活垃圾在数量上急剧攀升的同时,其内部成分也变得异常复杂。如婴儿用品、妇女用品、一次性餐饮用品、各种玻璃制品、各类电池等,经过充分使用以后,都转化成待处理的生活垃圾。然而,由于狭隘观念和利己意识的心理作祟,居民环保意识总体上仍然不高,他们或将生活垃圾置于田间、地头,或将其堆放在河道、路旁,如此简而化之的处理,其社会危害性是相当大的,不仅使周边的土质、水源等资源遭到较大的污染,而且严重地影响、制约着居民的日常生活。在推进社会主义新农村建设的进程中,凡此诸类现象虽然在一定程度上有所控制,譬如在行政村设置了多个垃圾集中点,在适当区域范围内修建了垃圾中转站或垃圾处理中心,但缺乏垃圾收集、运输和清理等后续性行为,或仅偶有为之,最终使乡村垃圾处理设施成了“聋子的耳朵——摆设”。由此推之,乡村生活中“脏、乱、差”的现象近年确有缓解,但要从根本上得到遏制恐怕尚需时日。

3. 工业污染、城市污染急剧转向乡村,超过了乡村环境的可承载度

在城乡二元体制下,乡村扮演着城市发展所需原料和资源提供者的重要角色,城市发展对乡村资源的超限度索取已经使其不堪重负:生态破坏、资源枯竭。实施国家生态发展战略以后,对环境污染尤为严重又无明显经济效益的产业或关闭,或转产,但国家支柱性产业以及尚有环境技术改善空间的诸多产业被转移到城郊偏僻地区或广大乡村,继续从事生产经营活动,譬如北京在产业结构调整时,积极探索异地发展新模式,鼓励优势工业项目落枝河北,“首钢”迁转河北曹妃甸则是典型性个案。在生态文明建设持续推进的大环境下,发达省份的产业结构正在进行重大调整,部分产业开始向周边省份转迁。安徽省紧邻东部沿海省份,在承载东部产业转移方面具有先天优势。2010 年 1 月,《皖江城市带承接产业转移示范区》的批复,为承接东部产业转移提供了契机。四年来,东部地区大批的产业转移到了安徽沿江城市及周边乡村,与此同时,安徽诸城市中污染相对严重的产业也随之向乡村转移,乡镇中有些工业就“是城市污染工业技术向农村转移的产物”[3]。各类产业如此迅猛地转向乡村,一方面极大地改善了乡村的产业结构,为乡村经济社会发展注入了新的活力;另一方面工业“三废”、城市垃圾对乡村环境的污染也由局部向整体蔓延,大面积的耕地、水体、林木等资源都受到不同程度的污染,直接威胁到当地群众的生存健康。时至今日,论及 2011 年怀宁县“血铅中毒事件”,当地民众仍然心有余悸。

(二)乡村环境治理是建设美好乡村的题中应有之义

安徽省紧邻江浙沪等沿海发达省区,区位优势明显;作为传统农业大省,

农业资源富集;作为农村改革的发源地,影响颇为深远。在30余年改革探索的实践中,乡村经济发展积累了丰富经验,潜在优势初现端倪,农业发展方式迅速转变,农民收入构成呈多元化发展态势,适应高科技发展的现代农业初具规模,从而为安徽顺利推进美好乡村建设奠定了坚实基础。但是,基于传统因素,安徽村舍空间布局、乡村人口结构及区域经济发展等方面都明显失衡。村庄的密度和规模由西北向东南总体上呈减量态势,而乡村环境和经济发展却呈增量态势:皖北和皖西北以平原为主,村庄密度高、规模大,但经济发展却相对滞后,降雨量少、气候干燥,农业发展的盲目性、无序性对乡村环境的破坏相当严重;皖中及沿江地区以丘陵为主,村庄密度较高、规模较大,经济发展水平较高,地势低平、河流布网,由于工业"三废"处理的随意性、趋利性,对土质、水体等的污染面积较大;皖南地区以山地为主,村庄密度偏低、规模较小,村民人均可支配收入高于全省平均水平,植被覆盖率较高,降雨量多、气候温润,工农业发展对乡村环境的破坏程度低,较为舒适、适宜人居。总体上看,安徽乡村发展分区差异明显、村庄村舍规划不成体系、基础设施配套尚待完善,这些都是乡村建设中不尽如人意之处,离乡村"三美"的总体目标还有相当的差距。

亦如20世纪30年代初中国乡村建设运动的推崇者梁漱溟先生所言,中国社会的基本特征是:"以乡村为基础,并以乡村为主体的,故乡村状况的好坏,是解决中国一切问题的关键和从事其他建设的根本前提。"[4]安徽美好乡村建设不是纯粹迎合时代发展的乡村重建运动,更不是"返景入深林"的复古造势运动,而是在保护乡村生态环境资源的前提下,充分利用山林水体、民俗文化等乡土优势资源,推进乡村产业和经济快速发展,提高村居生活的品位和档次;做到科学规划、合理布局,凸显乡村山水风貌和人文地域特色,完善中心村道路、电力、供排水、信息网络等基础设施配套,有效处理产业"三废"和农村生活垃圾,不断优化人居生态环境,营造一道"绿水蓝天、文化和谐"的乡村美丽风景线。

二、美好乡村建设需要政府提供保护环境的公共物品

公共物品(Public goods)是指在一般情况下,不能或难以有效通过市场机制由个人或企业提供而主要由政府提供以满足社会成员共同享用的物品或服务。从供给方面看,公共物品具有共享性即"非排他性"(Non－excludability)的特征;从消费方面看,公共物品具有"非竞争性"

(Noncompetitive)的特征。依据满足公共物品属性的程度,可以将其分为纯公共物品和准公共物品。环境作为公共物品,相较于其他公共物品而言,有其自身的特殊性。环境公共物品既是人类赖以生存发展的基本条件,亦是从事生产经济活动的重要基础。

从供给渠道来看,环境公共物品可以分为两大类:或基于“上天恩赐”而形成的自然物,如江河湖泊、高山深谷、海洋空气、动植物群等,个人凭强权亦难以所得而私,是每个人都可以享用的;或基于特定需要,必须由行为主体(譬如政府)来提供的公共环境设施(譬如防洪工程、污水处理器材等“硬件”设施),环境“软件”(譬如环境制度、环境信息、环境文化、环境政策等等)。从消费角度而言,有些环境物品可以看作纯公共物品,具有共享性和非竞争性的特征,即一个人消费无法阻止其他人或集体的消费,譬如正常情况下人们对空气的利用;有些环境物品是准公共物品或拥挤物品,消费中不排除集体行为,但超过其承载量就会产生负效应,譬如过度放牧会造成草场资源破坏,过度抽取地下水会导致水源枯竭,等等。然而,在市场机制尚不完善的初期阶段,由于趋利避害的人性使然,环境资源的配置往往是低效率的。这种低效率主要表现为外部不经济性,“当生产或消费的所有副作用没有被包括在市场内时,外部经济效果就发生了”[5],这就是所谓的环境资源成本的外溢现象。环境资源成本的外溢扭曲了环境公共物品的真实价值,也使环境公共物品变成了一种稀缺资源。

就我国而言,市场失灵诱使环境公共物品成为稀缺资源最早产生于经济发达省区或资源富集省区。而经济发达相对滞后的省区则是在模仿和承接发达省区产业转移的进程中,出现了环境资源稀缺等诸类问题。安徽省紧邻东部沿海的发达省区,在中部崛起的战略架构中,始终面临着跨越发展的强大压力。为了赶超东部发达省区,切实提高民众的生活水平,环境资源的透支消费演化为一种时尚,经济快速增长很大程度上是以牺牲资源、环境为代价的。在此背景下,乡村环境资源保护也被极大地忽略了,各地区片面追求产业的发展,对环境稀缺资源消费远远超过了其承载的最大阈值,乃至酿成了诸多环境问题。无可争辩的是,乡村环境治理作为推进美好乡村建设进程中的复杂工程,解决之尚需要政府提供保护环境的公共物品。

(一)政府需要为环境公共物品的生产提供制度保障

诸如环境公共物品这种“对每个人都有益的事情,只能通过集体行动来完成”[6],政府拥有庞大的行政资源,无疑是集体行动中最强力的组织单位,如果积极作为是能够满足社会民众对环境公共物品需求的。站在这个角度来说,政府无疑是环境公共物品的最佳提供者。安徽乡村环境治理的实践证明，当前政府最迫切需要做的就是为环境公共物品的生产提供制度保障。

任何一种游戏，要能持续进行下去，离不开相应的游戏规则，生产环境公共物品犹如一场游戏，又何尝不需要规则呢？诚如奥尔森所言，在提供公共物品的集体行动中，正式约束或外在的制度往往是解决集体行动困难的重要保证[7]。笼统地说，环境制度体系包括环境法律法规、政府行政命令、环境政策规章和环境质量标准等一系列带有强制性、约束力的制度规则，在维护环境公共物品正常生产方面发挥着相当重要的作用。美好乡村建设涉及道路硬化、村旁绿化、景观设计、垃圾处理等多项举措，均与乡村环境治理有着直接的联系，需要大量的环境公共物品。而这些环境公共物品牵涉面太大，社会自助、他人自觉又带有较大的盲目性、趋利性，于环境问题的解决显然有些无济于事。但是，带有强制力的法律法规、政策规章不仅可以引导环境公共物品的生产，而且还可以为环境公共物品的生产提供制度性保障，从而使其提供变得更加快捷、高效。

（二）纯环境公共物品只能由政府来提供或生产

纯环境公共物品具有完全的非排他性和非竞争性的特征，因其内容的复杂性、生态的系统性和利益的普适性，是不能排除消费上搭便车行为的。况且，有些纯环境公共物品（譬如环境保护政策、环境信息等）是个人或社会是很难提供的，而有些纯公共物品（譬如平衡生态系统、净化空气等）虽然可以由个人或社会生产或提供，但却难以从生产中获取利润，甚至连收回成本都存在太大的困难，个人或社会也自然而然没了生产、提供环境公共物品的动力。因此，此类环境公共物品一般是由政府生产或提供的。安徽省在推进美好乡村建设的进程中，纯环境公共物品的生产、提供，就政府层面而言，需要做到：其一，加大环境基础设施建设的资金投入。就全省范围言，除合肥、芜湖、马鞍山等城郊和东南部经济条件较好的乡村以外，绝大部分乡村没有实力雄厚的经济实体，也难以为乡村基层组织提供比较稳定的税收，因此乡村基层组织的经济自助能力是极为有限的。在这种情况下，乡村基层组织将大量资金用于纯环境公共物品的生产、提供是不现实的。其二，产、学、研相结合，加大对纯环境纯公共物品的科研投入。提供纯环境公共物品是利国利民的大好事，也有助于美好乡村建设的顺利推进。但是纯环境公共物品是关系到能否合理利用资源和科学保护环境等可持续发展的问题，涉及生态学、环境学、心理学、社会学等多学科技术知识。因此，生产或提供适合美好乡村建设的纯环境公共物品，需要将产、学、研结合起来，充分发挥其优势，避免单向度作业。其三，制定适宜美好乡村建设的环境监测标准和环境政策。与城市相比，乡村环境承载量大、自我恢复能力强，将适合城市的环境监测标准、环境政策和环境治理模式原样套用于乡村环境的治理，无疑是不合适的。如果这样，只能导致乡村更大的资源破坏和环境污染。

（三）生产或提供准环境公共物品也离不开政府协作

准环境公共物品具有有限的非竞争性和局部的排他性的特征，只有达到了某个临界点，才会出现拥挤的现象。也只有在此情况下，继续消费才会导致低效率。换句话说，准环境公共物品如果利用得当就有利润空间，也自然能够激励个人或企业生产或提供。当然，这需要政府借助法律法规等制度体系给予适当的安排，才能调动社会力量生产或提供准环境公共物品的主动性、积极性。退一步说，政府部门作为利益阶层中"相对独立的一元，产生了独立的利益诉求。这就导致了政府及政府官员可能在理性经济人的支配下，进行权力设租、寻租现象，使公共产品的供给违背初始目标"[8]，继而在提供准环境公共物品上出现"政府失灵"。因此，就准环境公共物品生产或提供，适当引入市场竞争机制，让社会力量积极参与其中也是十分必要的。而政府与社会力量协作即是其间最有效的运行方式：政府可以通过契约形式，对准环境公共物品（譬如美好乡村建设中的村庄规划、排灌河渠维护、村旁绿化和垃圾处理等）的数量和质量提出明确要求，同时将其生产权让渡给企业或非营利性组织，由其在规定时间内保质保量完成；政府也可以通过财税补贴的形式，对利润空间较小的项目给予适当减免或优惠。尚需要提及的是，合资共建也是值得探讨的协作方式，在此方面，浙江临安市美好乡村建设中合资共建项目的一些成功做法，其经验有借鉴价值。

三、美好乡村环境治理，"有所作为"是政府义不容辞的责任

当前，乡村环境不容乐观已经成为社会各界的一致共识。乡村环境治理的难度不亚于城市环境治理，这就是一场没有硝烟的战争。况且，基于乡村环境法规不完善、民间环保组织严重缺失、民众环保意识整体性不强以及乡村环境治理的强外部性特征等复杂因素，"决定了政府在环境治理中的主导地位，农村环境的地域性特征进一步要求地方政府尤其是县及乡镇政府应该成为农村环境治理的重要作用"[9]。美好乡村环境治理作为一项复杂的系统工程，各级政府尤其是县乡两级政府需要切实履行职能，准确定位并扮演好自己的角色，做到有所作为、善于作为。

（一）进一步明确并适度强化基层政府的环境治理职能

从理论上说，中央和地方环境管理权限的合理划分，既有利于环保主部

的集中统一管理,又有利于各级环保部门结合地方的实际,充分实现优势资源互补。但由于县乡等基层环境管理权限散落于多个行政部门中,权、责、利等权限的划分也较为笼统,多地环保部门形同虚设,实际职权却被发改委、水利局、林业局、住建局、农资委等肢解了。一旦出现较为严重的环境问题,必然导致部门间相互推诿、扯皮的现象。因此,实现乡村环境的有效治理,明确各行政部的门职能并适度强化环保部门的职能就显得尤为重要。而且,明确政府的环境管理职能,有助于发挥政府的征税权、禁止权、处罚权和节省交易费用等优势[10]。政府在做出决策时才能将资源环境保护与经济社会发展综合起来考虑,尽量做到统筹兼顾、适当安排;反之,如果行政部门充当地方经济利益的代表和执行人,做出的决策就可能是以牺牲资源环境为代价的,即便结果带动了地方经济的快速发展,对乡村环境治理也是丝毫无益的。具体而言,在推进美好乡村建设的进程中,县乡等基层行政部门在决策系统中应当增加环境权重,通过制定严重的环境标准加强环境监管,重视产业结构调整,着力引进"三低一高"(即低投入、低能耗、低污染、高效益)的新型产业,逐步引导乡村经济社会发展走可持续发展的道路。

(二)坚持规划引领、示范带动,稳步推进乡村环境的改善

长期以来,由于乡村建设缺少权威性的指导文件,也没有村庄建设的整体规划,随心所欲的盲目建设弄得乡村满目疮痍,极大地改变了乡村的原貌。20 世纪 70 年代末至 90 初,修建的灌溉渠、预留的可耕地、承载生物多样性的湿地或沼泽地等资源,在注重效率、"增产增收"的运动中,一批批地变成了良田;21 世纪伊始,随着经济条件的改善,一栋栋高楼在良田中拔地而起。随着时间流逝,美丽的田园风光正在消逝,也警示着人们:乡村环境治理需要权威性的规划引领,需要树立示范村、"样板村",发挥其示范带动效应。《安徽省美好乡村建设规划(2012—2020)》的应时而生,为美好乡村建设提供了指导性文件。

丘陵平原各有千秋,山寨村郭各具特色。在中国的乡村,"政府机构在环境污染的控制与整治方面起到了主导性的作用"[11]。为此,乡村环境治理中要果断地摒弃奇思妙想,而应当充分发挥政府"强制性地规定人们必须做什么、不得做什么"[12],以"规划"为引领,规划建设中仿效云南丽江古城、湖南湘西凤凰古城,充分借助山势水体走向,在保持乡村田园风光的前提下,体现浓郁的乡土气息。村口环境治理重在绿荫成行、植物造景;河道整治旨在疏通水系、改善水质;庭院环境设计讲究特色、营造和谐。具体实施当中也要坚持试点先行、量力为之,在试点取得显著成效以后才能逐步推广,切忌脱离实际、盲目蛮干。

(三)完善基层政府的乡村环境考核激励机制

2005年11月23日,国务院通过了《关于落实科学发展观加强环境保护的决定》,要求"建立科学评价发展与环境保护成果机制,将环境保护纳入地方政府和领导干部考核的重要内容,定期公布考核结果,严格责任追究制"[13]。尽管国家层面明文规定将环境保护纳入地方政府和领导干部的考核内容,但是基于乡村环境治理初始化投资量大、盈利空间较小,短期内对经济增长的促进作用相对有限,地方政府在考核的具体操作中,GDP的权重仍然有些偏高,环境保护、能源消耗等作为考核体系中的软性指标,基本上没有落到实处。如此一来,乡村环境治理反倒成了基层政府唱起的"高调"进行曲,滥用环境资源的丑恶现象却是屡禁不止。因此,乡村环境治理需要省市行政部门通过有效的制度安排,设计出一套关于环境考核的激励机制,才能使县乡基层政府、环保局等部门有足够的动力去加强保护环境、履行环境监察等职能。譬如实际操作中,可以适当赋予环保局等专门性的监察部门以剩余索取权,企业交纳的排污费或罚款额,可以在公开、透明的前提下将部分费用以奖励的形式返还给监察部门,以刺激其积极作为;反之,对监督中的"寻租"行为,要做到绝不姑息、严惩不贷。对于环保部门是如此,对于其他部门亦可仿照办理。譬如,招商局引进"三高一低"新型产业,政府可以根据外商投资额度给予适当的奖励;林区规划、村旁绿化搞得好的乡镇、行政村,如果能在区域范围内起到典型的示范作用,就可以将其按适度权重纳入考核指标体系当中。

(四)加大环保宣传力度,着力提升民众的生态环保意识

美国学者托夫勒在《第三次浪潮》中写道:"沉重的决策担子,最后将不得不通过广泛的民主参政来分担解决,否则政治制度无法维持。"[14]乡村环境治理又何尝不是如此呢?乡村环境治理没有民众的主动参与、积极行动,是可想而知的。为此,政府要有效推动乡村环境治理,提高民众环保意思就显得尤为重要了。

纵向比较,民众的环保意识的确有明显的提高。但是,由于传统观念根深蒂固,彻底改变尚是一个漫长的过程。加之民众普遍缺乏环保知识,客观上也需要县乡基层政府做好环保知识的普及工作。为此,需要基层政府结合地域特色,精心策划,拟定出操作性强的宣传方案。譬如,开展以环保宣传标语上墙、环保观念入脑为内容的"环保知识下乡"活动,举办环保知识培训或环保知识竞赛,指导"绿村化林"创建活动,播放警示环境影片或展示"震撼性"的环境宣传画,等等。为了便于宣传活动的开展,凸显环保宣传的效果,可以采取传、帮、带,或"传接力棒式"等多种方式进行。"传"即由资深环保专

员将环保知识以通俗易懂的形式传授给觉悟相对较高的乡村干部，然后由乡村干部带着环保知识去做广大村民的工作；“帮”即由接受能力较强的村民或充分发挥中小学的教育职能，帮助环保意识较差的所谓“后进者”；“带”即充分发挥环境治理成效显著乡村的示范带动作用，逐步形成保护环境的良好氛围，继而以点连线、以线筑面，有序地带动更多的民众参与其中，在亲历生态环境变化的实践中提升其生态环保意识。

（五）通过政策扶持、简政放权等多项举措培育民间环保非政府组织

环保非政府组织是指不以营利为目的，而以保护全球环境和特定环境因素或以解决特定环境问题为目标指向，依据一定的章程，具有民主决策程序的有组织、系统性的民间社会团体。环保非政府组织以环境问题为关注对象，它可以通过组织抗议活动、印刷宣传资料、举行环保知识培训或讲座来宣传环保理念，提高民众的环境意识。在环境治理活动中环保非政府组织是没有利益偏向的，但政府及“其体制却不是为有效地解决环境问题而设计”[15]的。所以，就美好乡村建设的环境治理，环保非政府组织是不容忽视的社会力量。

我国环保非政府组织分为政府和民间两种存在形式，较为典型的环保非政府组织有自然之友、北京地球村、中华环保基金会、绿色家园志愿者、中国野生动物保护协会等等，总数达2000余家。但是，环保非政府组织主要分布在大中城市，对乡村而言，则是一种稀缺资源。况且，仅存的几家环保非政府组织也挂靠于环保部门或基层政府的某个职能部门，依据现行的非政府组织管理体制，必须接受政府直接或间接的领导，因而缺乏独立性。就广大乡村而言，环保非政府组织已经是一种稀缺资源，再加之掣肘于基层政府，在环境治理中欲充分履行环保知识宣传、环保科学技术研发、环保产品的生产和推广、环境资源保护、环境质量监测、环境受害者援助和环境信息收集等职能几乎变成了一种奢望。为此，基层政府需要进一步简政放权，加大环保非政府组织尤其是民间环保非政府组织的政策扶持力度，为其充分发展提供更大的空间。

参考文献：

[1] 朱留财．从西方环境治理范式透视科学发展观[J]．中国地质大学学报，2006，(5)．

[2] 陆新元，陈善荣，陆军．我国环境执法障碍的成因分析与对策措施[J]．环境保护，2005，(10)：6.

[3] 唐辉远：农业生态环境治理与可持续发展[J]．长江流域资源与环境，2001，

(3):249.

[4] 梁漱溟:梁漱溟全集第4卷[M]. 济南:山东人民出版社,2005:834.

[5] [美]保罗·A. 萨缪尔森、威廉·D. 诺德豪斯. 经济学[M]. 萧琛等译. 北京:中国发展出版社,1992:1136.

[6] [英]大卫·休谟. 人性论[M]. 关文运,译. 北京:商务印书馆,1980:43.

[7] [美]曼瑟·尔奥尔森. 集体行动的逻辑[M]. 陈郁等译. 上海:三联书店,2003:72.

[8] 王虎,李长健. 主流范式的危机:我国食品安全治理模式的反思与重整[J]. 华南农业大学学报,2008,(4):135.

[9] 王阳,漆雁斌. 农村环境治理的现实困境与机制创新[J]. 四川农业大学学报,2012,(4):474.

[10] 肖巍、钱箭星. 环境治理中的政府行为[J]. 复旦学报,2003,(3):75.

[11] P. J. MolandNeilT. Carter. China. sEnvironmentalGovernance inTransition [J]. Environmental Politics,2006,15(2). Han Sh,I Lei Zhang. China. s Environmental Governance of Rapid Industrialization [J]. Environmental Politics,2006,15(2).

[12] 何立胜,杨志强. 内部性·外部性·政府规制[J]. 经济评论,2006,(1):146.

[13] 徐琦. 切实加强环境保护 坚持走可持续发展道路[N]. 中国环境报,2005-11-24.

[14] [美]阿尔温·托夫勒. 第三次浪潮[M]. 北京:生活、读书、新知三联书店,1983:45.

[15] John L. Petersen, Entering the 21th Century, in Charles W. Kegeley and Jr. Eugene R. Wittkopf, eds. , The Global Agenda: Issues and Perspectives [M]. Beijing: Peking University Press, 2003:390.

面向“十三五”的产学研结合科技创新资源配置效果评价

姚王信　孙婷婷　叶慧芬

摘　要：产学研结合科技创新资源配置效果评价，是考察中国科技资源配置战略与模式的绩效的重要手段。在回顾科技创新资源配置的主要模式的基础上，重点研究产学研结合模式。通过构建评价模型，运用2000－2012年的省、自治区和直辖市的科技统计数据并考虑两年的滞后期，考察了企业专利数和企业新产品价值与其他变量之间的关系。研究发现，在产学研结合模式下（不论是否考虑滞后期），企业独立运作时，由企业配置科技创新资源的效果优于政府的直接配置；但企业将资源配置于大学的效果却在总体上低于政府向企业配置资源的效果。这些结论可为制定“十三五”科技规划提供新的经验依据。

关键词：产学研结合；科技创新；资源配置；十三五规划

科技创新资源是科技资源中具有较强活力的组成部分。中国从提出“科技是第一生产力”（1988年），到“建设创新型国家”（2006年）、“创新驱动发展战略”（2012年），对科技创新的认识经历了多次质的飞跃。在此背景下，学术界对创新资源的配置的相关研究非常活跃。

通过考察科技统计数据不难发现，中国科技创新资源的配置方式并不是单一的，或计划的、或市场的，各种方式共同为实现国家的科技战略发挥作用。“五年规划”是中国推进经济、社会各项事业发展的重要管理手段。2014年，国家发展与改革委员会启动了“十三五”规划的制定工作，其中包括“十三五”科技规划。与此相应，充分发挥市场在资源配置中的决定性作用是本届政府重要的治国理念。

方向虽已明确，但新的五年规划显然更应该重视建立在数据分析基础上

作者简介：姚王信（1974—），男，安徽合肥人，安徽大学商学院高级会计师，博士。

的科学决策。必须对已完成或正在实施的五年规划的效果进行科学的评价，以确定最佳的科技创新资源的配置方式（或者确定多种配置方式的组合比例）。由于产学研结合模式是中国的科技投入从以计划为主的管理转向以市场为主的管理的过渡形式，一头连接着政府，另一头连接着市场，因此对产学研结合模式的效果进行评价能起到事半功倍的作用。

一、科技创新资源配置的主要模式

科技资源配置的模式通常与对创新或科技创新的性质的认识有关，目前主流的观点有两类。一是认为创新所取得的成果属于公共产品，因此在资源配置时也应由政府来主导。而更多的研究者支持基础研究领域的创新资源应完全由政府来进行配置。例如，有实证研究表明，政府科技投入显著促进科技创新①。二是认为创新是社会进步的源动力，意味着丰富的市场机会，尤其是在经济领域创新经常会带来巨大的收益，创新资源的配置如果由市场来主导，效率会更高。例如，开源（open source）创新的过程是开放的、成果是共享的，形成的新知识是公共产品，但私人（个人、企业和市场）配置此类创新资源的效率更高②。当然，还有相当多的人认为，应该把政府和市场的作用结合起来，以分别克服“市场失灵”和“政府失灵”的现象③。

1. 政府主导的配置模式

政府在科技创新资源投入和产出分配中占有主导（绝对多数或相对多数）地位，是中国计划经济时期、计划经济向市场经济过渡时期的做法。虽然政府主导的配置模式至今仍发挥着重要的作用，但以R&D投入为例，其重要性在世纪之交时就已让位于企业④。

2. 市场主导的配置模式

以市场对科技创新产出的需求为导向，或者借重市场配置资源的效率（如分配效率、使用效率和产出效率），发挥企业等市场主体在科技创新资源配置中的主导作用。中国于1998年起，企业在全社会科技活动经费筹集额中

① 吴芸．政府科技投入对科技创新的影响研究——基于40个国家1982—2010年面板数据的实证检验［J］．科学学与科学技术管理，2014，(1)：16-22.

② 王宇．开源创新：激励多元化与公共产品的私人有效提供［J］．当代财经，2013，(10)：36-45.

③ 彭留英，张洪兴．“市场失灵”、“政府失灵”与民营科技企业创新服务体系［J］．山东理工大学学报（社会科学版），2008，(3)：24-27.

④ 贾康．科技投入及其管理模式研究［M］．北京：中国财政经济出版社，2006：19，133-181.

所占的比例稳定过半，其中民营科技企业的作用越来越大，跨国公司甚至在基础研究中的投入比重达到44.49%（2000年全国R&D资源清查数据）；但是，R&D投入主体并不等同于创新主体①。中国利用市场手段调配科技创新资源、提高配置效率的空间仍然很大。

3. 产学研结合模式

产学研结合，是把企业、高校和研究机构三个主体所支配的科技创新资源有效整合起来，充分发挥资金、技术、市场、人力资源或人才培养、科研实力各自的优势，实现协同创新。美国是最早实现产学研结合的国家，并以此为基础形成了以市场为主导的科技创新资源（国防科技除外）的配置模式。

中国的产学研结合借鉴了西方国家的经验，但并非是全盘照搬。总结起来，中国的产学研结合具有以下若干特点：

（1）政府是重要的推手　政府在产学研结合中发挥了重要的推动作用。例如1987年以武汉东湖创业服务中心为标志的企业孵化器，作为产学研结合的一种特殊方式，就是在政府的特殊政策支持下成立的，协助解决科技型企业创立期的资金、土地（经营场所）、设备、公共设施和人力资源等多方面的难题。

（2）结合的方式灵活多样　由于科技创新活动的复杂性，决定了任何“一刀切”的资源分配方式或模式都有可能伤害科技创新的活力，因此中国产学研结合的方式是灵活多样的。例如，从结合的具体内容来看，有受托技术开发方式，即技术的需求方提供资金等资源，委托研究机构或高校实施研发活动，研发的成果归委托方所有；技术受让方式，即技术的所有权人（高校或研究机构）把技术有偿转让给技术的需求方（企业）；共同研究方式，即产学研三方按照契约共同开展研究，共同承担风险和共享研究成果的方式；创办研究机构或实验室，这是企业借助研究机构或高校的力量，直接创办新的科技创新实体，属于经济学所讲的“纵向一体化”方式；创办经济实体，高校或研究机构利用自身的创新成果，借助市场的力量创办企业等经济实体，实现研究成果转化的目的，也是纵向一体化的一种方式；科技创新人才的联合培养，产学研三方共同培养科技创新人才，实现共赢；资源共享方式，产学研三方共享文献、数据库、设备甚至人才等科技资源，这种方式应主要以政府公共产品或服务的形式来实现（如政府提供的知识产权数据库），也可以有偿服务的方式来实现（如清华大学提供的知网数据库）；技术咨询或服务方式，在高校，这种方式就是通常所说的“横向项目”，更高层次或规模的，则以团队方式甚至公司

① 贾康．科技投入及其管理模式研究[M]．北京：中国财政经济出版社，2006：19，290-298.

制等方式来实现智力供给。

(3)战略性、层次性与综合性　研发等科技创新资源的投入或分配,一是涉及国家层面的战略;二是随科技创新活动的主体不同具有层次性;三是因实现手段、政策调研的多样化而具有综合性。例如中国的国家知识产权战略中提出的知识产权全面运用,就是有利于科技创新资源配置的战略性、层次性和综合性的策略。在该策略下,产学研结合的深度和广度得以提高,知识产权人可以利用资本市场,借助知识产权质押(债权融资)、知识产权证券化(债权或股权融资)、科技企业 IPO(上市,股权融资)等渠道实现科技创新资源的配置。

在近两个五年规划中,科技创新资源的分配是政府推动、市场主导、产学研结合深入发展的局面。由于产学研结合的模式具有过渡性,因此对其配置科技创新资源的效果进行研究,有利于总结经验、吸取教训和探索市场决定机制的路径。

二、产学研结合科技创新资源配置的效果评价

在经典的效率理论中,效率、效益和效果是三个相互联系而又有区别的概念①。效率是经济学中的投入产出概念,包括货币形态和时间、劳动等非货币形态;效益则是会计学中的成本收益概念,多属于货币形态;而效果则是逻辑学中的动因与结果概念,注重事物之间的内在联系而非外在表现,效果的分析可包含效率和效益的分析并更侧重于效率分析。可见,对效果进行分析是政策分析的有效工具。

产学研合作相关的科技创新资源,包括人力、财力、物力、信息②和组织、管理、环境、产出③等多个方面,但核心是资金和技术,一头联系着投入,另一头联系着产出。因此,对于产学研结合科技创新资源配置效果的评价,离不开这两个关键要素。以创新为目标的科技资源配置包括规模、结构和方式④,效率评价方法主要包括比较分析法、机制分析法、结构优化法等定性分析方

① 雷彦斌．科技院所的效率研究[M]．北京:北京理工大学出版社,2013:23-29.

② Stoneman P. The economy analysis of technology policy[M]. London:Oxford University Press,1987:88.

③ 雷睿勇,罗敏,邹吉鸿．对我国科技资源配置效率评价方法的述评[J]．山地农业生物学报,2004,(5):448-453.

④ 师萍,李垣．科技资源配置有效性的 DEA 分析模型[J]．中国科技论坛,2010,(3):60-61.

法，以及配置能力分析法、DEA 分析法、模型评估法、边际分析法、区域分析法等定量分析方法①。本文结合微观经济学、知识经济学与公共政策分析的基本框架，拟运用知识生产函数②对产学研结合科技创新资源配置效果实施评价和分析。

1. 数据来源

本文研究所需的基础数据来源于中国科学技术发展战略研究院提供的2001—2013 年《中国科技统计》科技数据（各年数据事实上均滞后一年，因此实际上是 2000—2012 年的数据，分为政府、企业和高校的相关指标），并按省级（共 31 个区域）进行分解、整理。由于从科技创新资源的配置到产出是需要一个过程的，即通常所说的时滞效应，本文考虑了两年的滞后期。

同时，由于《中国科技统计》的统计口径于 2010 年（所统计的数据为 2009 年的实际数据）发生了重大的变化，主要表现是不再统计科技收入数据。因此，本文将相关数据分为两段：2000—2008 年和 2009—2012 年。这样，也正好顺便比较一下不同阶段（近两个五年科技规划及之前期间）的配置效果。

数据的处理主要使用 Eiews 7.2 和 Excel 2003 软件。

2. 指标选取

本文的研究对象为产学研结合的科技创新资源的投入和产出之间的关系，相关的衡量指标非常多，只能选取能有效地反映资金和技术这两大核心资源的具体指标，并能适当简化研究过程。如果产学研结合的投入由政府和企业共同承担，研发过程集中于高校（或研究机构，下同），产出则实现于企业端，那么经权衡和选择，拟选取以下五个核心指标（见表 1）：

表 1　变量定义

变量名称	变量代码	变量类型	变量释义	计量单位
企业专利数量	*IP*	因变量	表示企业的科技创新能力	件
企业新产品价值	*NV*	因变量	表示企业科技创新成果的转化能力	万元

① 雷睿勇，罗敏，邹吉鸿．对我国科技资源配置效率评价方法的述评［J］．山地农业生物学报，2004，(5)：448-453.

② Z. Griliches. Issues in Assessing the Contribution of R&D to Productivity Growth[J]. Journal of Economics, 1979, (10): 92－116; A. B. Jaffe. Real Affects of Academic Research[J]. American Economics Review, 1986, (79): 957-970；任志安，王立平．知识生产函数研究的演进与发展［J］．经济与管理研究，2006，(6)：23-27.

（续表）

变量名称	变量代码	变量类型	变量释义	计量单位
企业对自己的研发投入（2009 年及以后为实际支出）	*IE*	自变量	表示企业投入科技创新资源的能力	万元
企业对高校的研发投入（2009 年及以后为实际支出）	*IU*	自变量	表示校企合作的能力或程度	万元
政府对企业的研发投入（2009 年及以后为实际支出）	*IG*	自变量	表示政府对企业科技创新的资源支持程度	万元

3. 评价模型构建

知识生产函数是在 C-D 函数的基础上发展起来的，并得到不断的改进和发展①。目前知识生产函数分为两类，一类适合企业等个体数据，如 Griliches 提出的知识生产函数②；另一类适合国家或产业等宏观数据，如经过 Jaffe 扩展和改进的知识生产函数③。本文的研究对象以省级行政区划为基本样本，因此选用反映宏观数据的评价模型：

$$\ln P_{it}=\alpha_i+\beta_1\ln IE_{it}+\beta_2\ln IU_{it}+\beta_3\ln IG_{it}+\varepsilon_{it} \tag{1}$$

以及

$$\ln NV_{it}=\alpha_i+\beta_1\ln IE_{it}+\beta_2\ln IU_{it}+\beta_3\ln IG_{it}+\varepsilon_{it} \tag{2}$$

其中，$i=1,2,\cdots,N;\quad t=1,2,\cdots,T$

① 任志安，王立平．知识生产函数研究的演进与发展［J］．经济与管理研究，2006，(6)：23-27.

② Z. Griliches. Issues in Assessing the Contribution of R&D to Productivity Growth［J］. Journal of Economics，1979，(10)：92-116.

③ A. B. Jaffe. Real Affects of Academic Research［J］. American Economics Review，1986，(79)：957-970.

4. 实证结果与分析

(1)描述性统计　表2给出了31个省级区域的基本统计数据。

表2　描述性统计结果

	IP(件)	NV(万元)	IE(万元)	IU(万元)	IG(万元)
2000–2008年					
平均值	597.9355	10537785	715932.1	49506.06	28418.87
最大值	17216.00	1.36E+08	6848382.	376630.0	209370.0
最小值	0.000000	0.000000	0.000000	0.000000	0.000000
标准差	1725.901	16926406	1022202.	65951.08	33566.41
观测值	279	279	279	279	279
样本数	31	31	31	31	31
2009–2012年					
平均值	3739.512	28753711	1635245.	75624.31	74145.32
最大值	44200.00	1.78E+08	10366537	378032.0	328683.0
最小值	17.00000	21004.00	4765.000	59.00000	240.0000
标准差	6776.003	36103528	2135732.	79327.47	73213.80
观测值	121	121	121	121	121
样本数	31	31	31	31	31

从两个时段的均值来看,尽管分别以收入和支出来反映,我国产学研合作的3项投入指标和2项产出指标增长的绝对值很大,因为在预算管理模式下,通常支出数应小于收入数,即如果将后一时段的支出数换算为收入数,数字只会更大。

(2)模型测算　考虑到两个时段数字的可比性不够,因此分别进行测算。为便于比较,分别使用OLS模型和GLS模型(计算结果见表3)。同时,按照科研产出的规律,通常专利的产出滞后于科研投入,新产品的生产则更滞后于科研投入。但是为了简化计算过程,统一假设为两期滞后,采用相应的模型来处理(计算结果见表4)。

表3　变量计算结果(无滞后期)

变　量	2000—2008年				2009—2012年			
	OLS	GLS	OLS(固定效应)	GLS(固定效应)	OLS	GLS	OLS(固定效应)	GLS(固定效应)
Panel A-lnIP								
截距	—	—	-9.66414	-9.89736	—	—	-10.0992	-9.92767
lnIE	0.231225	0.288323	1.135480	1.140966	0.169582	0.139696	1.063134	1.068041
lnIU	0.347167	0.327251	0.005613	-0.024429	0.316665	0.309613	0.152649	0.124436
lnIG	-0.111626	-0.177811	0.022885	0.069459	0.158398	0.203615	0.128038	0.132834
R-squared	0.609813	0.703637	0.911702	0.968204	0.767935	0.827696	0.985285	0.997832
Adjusted R-squared	0.606858	0.701392	0.899627	0.963856	0.764035	0.824801	0.979767	0.997020
Durbin-Watson stat	0.350322	0.580227	1.231471	1.616141	0.233994	0.538130	2.373060	2.193495
F-statistic	—	—	75.50356	222.6725	—	—	178.5598	1227.600
Panel B-lnNV								
截距	—	—	7.466954	7.790381	—	—	10.26636	—
lnIE	1.274489	1.254298	0.438408	0.412252	1.229877	1.216844	0.525369	—
lnIU	0.045525	0.024486	-0.205402	-0.181293	0.150137	0.129763	-0.487307	—
lnIG	-0.160323	-0.112402	0.423965	0.401283	-0.178999	-0.144346	0.373100	—
R-squared	0.654077	0.694491	0.827318	0.835409	0.878503	0.994772	0.976751	—
Adjusted R-squared	0.651456	0.692176	0.803703	0.812901	0.876443	0.994684	0.967932	—
Durbin-Watson stat	0.930447	1.028553	1.532932	1.587068	0.697027	0.626873	2.231919	—
F-statistic	-	-	35.03402	37.11581	-	-	110.7601	-

表4 变量计算结果(滞后2期)

变 量	2000—2008 年				2009—2012 年			
	OLS	GLS	OLS(固定效应)	GLS(固定效应)	OLS	GLS	OLS(固定效应)	GLS(固定效应)
Panel A-lnIP								
截距	-	-	-10. 43044	-9. 600325	-0. 276487	-2. 687226	4. 587914	4. 653305
lnIE	0. 137905	0. 164938	1. 033163	0. 921939	0. 297844	0. 491147	0. 414477	0. 466635
lnIU	0. 336393	0. 284609	-0. 116796	-0. 073015	0. 350029	0. 340623	-0. 308058	-0. 340131
lnIG	-0. 021218	-0. 016025	0. 301318	0. 320539	-0. 191892	-0. 216145	-0. 144512	-0. 186433
R-squared	0. 567966	0. 669421	0. 900618	0. 929923	0. 184649	0. 513542	0. 885723	0. 993576
Adjusted R-squared	0. 563772	0. 666211	0. 882549	0. 917181	0. 142476	0. 488381	0. 751039	0. 986006
Durbin-Watson stat	0. 438097	0. 682799	1. 860756	1. 849408	0. 634868	1. 147553	3. 875000	3. 875000
F-statistic	-	-	49. 84221	72. 98466	4. 378344	20. 40977	6. 576317	131. 2388
Panel B-lnNV								
截距	-	-	14. 56639	15. 27852	11. 81086	12. 72251	18. 45862	17. 68424
lnIE	1. 197448	1. 200162	-0. 508840	-0. 656309	0. 178708	0. 177438	0. 297440	0. 283668
lnIU	0. 140679	0. 147097	0. 052080	0. 065561	0. 301205	0. 262933	-0. 401354	-0. 261540
lnIG	-0. 204429	-0. 212157	0. 664621	0. 774242	-0. 160682	-0. 211881	-0. 248670	-0. 299343
R-squared	0. 561976	0. 584147	0. 809205	0. 813374	0. 110938	0. 183011	0. 893477	0. 996419
Adjusted R-squared	0. 557723	0. 580110	0. 774515	0. 779442	0. 064952	0. 140753	0. 767932	0. 992198
Durbin-Watson stat	1. 043307	1. 105542	1. 707495	1. 813913	0. 588433	0. 937223	3. 875000	3. 875000
F-statistic	-	-	23. 32677	23. 97066	2. 412439	4. 330810	7. 116772	236. 0867

三、研究结论与建议

1. 基本研究结论与不足之处

(1)GLS 模型总体上优于 OLS 模型,固定效应模型优于其他模型。无论是否考虑滞后期,从 R 方来看,GLS 模型总体上优于 OLS 模型,因此应优先观察 GLS 模型;同时,在 GLS 模型中,固定效应模型大大优于其他模型,因此在考察产学研合作的资源配置效果时,应使用固定效应模型。

(2)从理论分析来看,企业配置科技创新资源的效果总体上优于与大学合作的效果,而企业与大学合作的效果又优于政府单独支持企业的效果;但从表 3 和表 4 来的结果来看,我国的实际情况不尽如此。这与李应博(2009)的结论①存在明显的差异。

在无滞后期的 GLS(固定效应)模型中,对于专利产出(IP)来说,$\ln IE$ 的系数远大于 $\ln IU$ 和 $\ln IG$ 的系数,说明企业配置科技创新资源的效果既优于与大学的合作,也优于政府直接投入的配置方式;而 2009—2012 年的数据表明三种配置方式之间的效率差异稍有缩小,这一现象说明政府和大学的具体配置策略与前一时段相比已经有了改进。然而,产学研合作的效果一直逊于政府直接投入的效果,但后一时段两者的差距已经大大缩小了。这说明,我国的科技创新资源配置长期由政府主导,产学研合作的运作还有很大的提升空间。

而对于新产品价值(NV)来说,前述趋势仍然成立,但是企业配置的效果与政府配置的效果差距大为缩小,从而印证了我国政府投资拉动型的经济增长模式。更令人遗憾的是,产学研合作对 NV 的贡献是负的。这只能从大学介入企业研发的特征去分析:一是大学研发与实现新产品价值之间的路径很长,投入不能够很快产生回报;二是大学可能单方面改变了企业投入的研发经费的用途,企业(或社会经济)的收益打了较大的折扣。对于前者,本文通过滞后期分析来改进研究工作;对于后者,则需要新的证据(非本文的研究目标)。

(3)考虑到 2 期滞后效应时,科技创新资源的配置效果总体上弱化了。对于 IP,从总体来看,非滞后期的相关结论仍然成立。但对于 NV,两个时段

---

① 李应博. 科技创新资源配置——机制、模式与路径选择[M]. 北京:经济科学出版社,2009:183-184.

的结论存在较大的差异，前一时段 *IE* 对新产品的贡献甚至是负的，说明我国政府在科技资源配置中的绝对主导地位；但后一时段，企业配置资源形成了逆转，在 GLS 固定效应模型中产学研合作的效果也超过了政府直接投入。

（4）不足之处。考虑到数据的非平稳性，本文的模型选择受到了局限。在滞后期的研究中，由于后一时段较短，导致 *F* 检验和 *D-W* 检验的值不理想，从而说明相关的模型不够稳定。

2. 对"十三五"科技创新资源配置的启示与建议

（1）政府应加速转变直接投入的方式　理论分析的结果和本文的证据所显示的趋势（政府直接配置资源的效率损失越来越大）均表明，政府配置科技创新资源的方式应尽快转变，实现从政府主导向市场决定的转变。"十三五"科技规划代表了政府直接投资和社会整体科技创新资源投入的切块比例，规划应尽可能地减少政府直接投资的比例，增加由市场调节分配的比例。

（2）政府的政策取向　在"十三五"科技规划中，一是应制定鼓励私人投资的政策，以充分发挥产学研合作的资源配置效率；二是在政府直接投入的部分（主要是基础研究），也要引入竞争机制，避免资源的错配和重复配置；三是要重视利用金融市场方式、税收激励等手段实现资源的投入，也要重视政府采购、知识产权转让和全面利用等方式实现科技成果运用，努力减少无效的产出。总体来说，政府应该提供的不是直接的资源供给，而是应致力于构建以市场机制为根本的科技创新资源配置平台，各类科技创新主体在此平台上公平竞争，有序实施科技创新活动。

（3）企业的政策取向　在"十三五"科技规划中，一是应鼓励企业加速内外部研发资源的整合，集中研发力量，走集约化的研发路子。二是倡导合作研发，扩大产学科结合的渠道，例如企业成立专门的研究机构，吸收大学科研力量进入开展创新研究，或者企业资助大学的研究机构、共享研究成果。三是鼓励企业开展科技创新成果运用方面的研究，结合自身的生产经营条件探索成果转化的新路径，从根本上提高科技资源配置的效果。

（4）大学的政策取向　在"十三五"科技规划中，在倡导大学自身科学定位的基础上，一是应鼓励一部分有条件的大学开展持续的基础研究；二是应鼓励大学开展应用研究，以产学研结合模式与企业等其他经济主体开展合作，从而提高科技资源的配置效果。

农民“双重”分化代际差异：基于安徽省的调查分析

张藕香

摘　要：文章运用安徽省农户调查数据，采用 Logistic 模型，对农民“双重”分化的代际差异进行了分析。结果表明：农民职业分化表现为农民从业的多元化、兼业化，主要流向非正规的工业部门，服务业次之，正规的行政事业部门最少，但老一代留在农业部门的比例远高于新一代；农民收入分化表现为收入来源的多元化和收入水平的差距，农民向非农部门分化主要是Ⅱ兼农户，Ⅰ兼农户主要倾向于在农业内部分化。农民分化是众多因素共同作用的结果，并且存在代际差异：非农就业比是影响新一代职业分化最大的因素，从业资质是影响老一代收入分化的首要因素；文化程度对农民“双重”分化影响显著，尤以高中或中专文化程度对老一代的影响为甚；新一代期待国家在就业和创业等方面有更多利好的政策，老一代则关注户籍、土地等方面的政策，并期待政府在权益保护方面发挥更大的作用。

关键词：职业分化；收入分化；代际差异；Logistic 模型

一、引　言

分化是事物发展的标志，农民分化是农村经济发展和社会进步的重要表现。改革开放以前，我国农村是一个高度均质同构的社会；改革开放以后，农村社会开始分化异构。但由于受土地制度、户籍制度等因素的影响，改革开

基金项目：国家社会科学基金一般项目“新形势下农民“双重”分化及其结构变化趋势研究”（12BGL077）；教育部人文社科规划基金项目‘三化同步’背景下农民分化与收入差距关系研究——以安徽省为例”（12YJAZH194）。

作者简介：张藕香（1968—），女，安徽农业大学经济管理学院教师，博士。

放以来的农民分化具有不彻底性，主要表现为：一是分化群体之间的职业界限不明晰，兼业性突出，社会身份尴尬；二是分化群体之间的收入差距日益拉大。一般认为，农民分化包括职业分化、收入分化、阶层分化等。然而，现有文献对农民分化的关注大多着眼于农民阶层分化，鲜见考察导致农民阶层分化背后的职业分化和收入分化，而这恰恰是从两个维度构成了包括农民阶层分化等在内的其他分化的前提和基础。而且，随着以人为本的新型城镇化、农村土地确权等政策的推进，农民彻底分化必将加速，其结果将会突破原来仅局限于农村内部的阶层分化，将会在更大（城乡统筹）范围内形成新的社会秩序格局；另一方面，农村新老两代农民①对当前的政策形势和分化与否反应不一。因此，在新形势下，考察新老两代农民的分化差异，找到影响两代农民分化的关键因素，对于当前培育新型农业经营主体、促进以人为本的新型城镇化发展尤为重要。

尽管改革以来学术界对农民分化问题的研究与农民分化问题在现实中的出现和发展几乎同步[1]。但相对于日益突出的农民分化现实来说，农民分化理论研究显得尤为薄弱。在以社会分层（分化）为主题进行文献检索后发现，直接涉及农民分化的研究非常有限。通过梳理文献发现，农民分化研究较早出现在20世纪80年代末期，研究内容主要集中在农民阶层的划分，比较典型的要数我国社会学家陆学艺，将农民划分为八个阶层[2]；随后的研究进一步将农民划分为十个阶层[3-4]，但这些划分也存在着争议[5]。总体来看，这一时期的研究大多从社会学角度，主要采用调查研究的方法，通过具体的案例，用解剖麻雀的方式，从纷繁的农民分化现状中梳理出分化农民的群体特征和结构变化；并且在划分标准上逐步从农民的阶级、阶层属性，理性地过渡到以分工为基础的职业属性和以收入为标准的利益属性。90年代中期，集中出现一批典型的研究成果，从农民的分化历程到分化特征，再到就业模式以及与之相关的经济行为等[6-8]，并且在调查研究的基础上开始运用计量经济分析方法。进入新世纪，受国家宏观政策的导向和推动，农民分化愈加突出，相关研究也随之跟进，出现了一批新的研究成果[9-14]。这一时期的研究，在内容上已经拓展到诸多方面，或重新划分农民阶层[15-16]，或分析农民分化产生的影响[17-18]，或寻找农民分化不彻底的原因[19-20]，等等；并且在方法上已突破了原来的局限，越来越多的研究开始更加注重应用严格的计量分析手段[21-22]。

① 新老两代农民的划分是以1978年我国改革开放为时间节点，1978年以前出生的为老一代；此后出生的为新一代。

上述研究为我们勾勒了农民分化的大体轮廓,但仍有待进一步研究的地方。首先,农民分化的形式是职业分化,本质是经济分化[23]。只有结合职业状况的收入分层研究则更为深入[24]。然而,同时从职业和收入两个维度来考察农民分化的专门研究极为有限。将二者割裂开来研究,显然不利于我们全面把握新时期农民的分化特征。而且,现有文献对分化农民群体的划分仍然带有高低贵贱之分的层级属性[25],这不利于消除农民不同职业群体之间的不平等或歧视,其结果是,由此形成的政策导向可能会进一步加剧生产要素(包括农民本身)在不同职业或部门间的非均衡配置。其次,相关研究大多将农民作为一个整体,尚未注意到农民代际分化的差异。事实上,农民分化本身在一定程度上是代际差异的结果,无视这种差异可能导致出台的相关政策不能很好地着眼于已经变化了的农民群体。因此,本文将从职业和收入两个维度来分析农民"双重"分化的代际差异。

二、数据、变量与模型

(一)数据说明

本文所用数据来源于课题组2012年12月—2013年6月对安徽省农户的抽样调查。调查地之所以选择安徽,是因为安徽是农业大省,亦是农民大省,是农村改革的发祥地;并且根据自然地带、经济类型和种植结构的不同,可将安徽划分为淮北平原、江淮丘陵、皖南山区①三大地区,具有地域上的典型性和代表性。此外,本次调查还涵盖了中国社会科学院"中国农村社会结构研究"课题组早在20世纪80年代末在安徽的调查点,这可以在一定程度上考察不同时期的农民分化差异②。

调查涵盖安徽三大地区,每个地区选3个市③,每个市选2个乡镇,每个乡镇选1个村,采取随机调查的方式,共访问农户1316户,剔除因信息不全和数据有出入的无效问卷后,获得有效问卷1228份,问卷有效率为93.3%。问卷内容涉及农民的个体特征、家庭特征、就业状况、收入状况、其他社会经济状况、未来生活意愿、政策期待等方面。各变量的定义及样本分布特征见表1。

---

① 以下简称皖北、皖中、皖南。其中,皖北经济发展相对落后,而皖南则较为发达。

② 当然,这会在另一篇文章中专门论述。

③ 皖北:阜阳、亳州、宿州;皖中:合肥、六安、滁州;皖南:芜湖、马鞍山、宣城。

表1　变量的定义及样本分布特征(%)

变量名称		变量定义	变量赋值	总样本	新一代	老一代
				1228	474	754
因变量	职业分化	样本数据所分布的行业	1=农林牧渔业	13.7	8.9	16.7
			2=工业	53.4	50.6	54.9
			3=服务业	29.6	37.6	24.7
			4=行政事业	3.4	2.9	3.7
	收入分化	非农收入在家庭总收入中所占的百分比	1=10%以下(纯农户)	5.4	4.2	6.1
			2=10~50%(Ⅰ兼农户)	10.4	10.5	10.3
			3=50%~90%(Ⅱ兼农户)	33.7	31.6	34.7
			4=90%以上(非农户)	50.5	53.6	48.8
自变量						
个体特征	性别		1=男	75.4	74.3	76.1
			0=女	24.6	25.7	23.9
	年龄		1=35岁及以下	38.8	100	0
			2=36~54岁	52.9	0	87
			3=55岁及以上	8.3	0	13
	健康与否		1=健康	78.9	89.9	71.4
			0=否	21.1	10.1	28.6
	婚姻状况		1=已婚	83.4	63.7	98.4
			0=未婚	16.6	36.3	1.6
	文化程度		1=小学及以下	28.8	9.3	41.1
			2=初中	47.4	53.1	43.8
			3=高中或中专	12.1	12.7	11.7
			4=大专及以上	11.7	24.9	3.4
家庭特征	户籍性质		1=城市	8.5	13.1	5.6
			0=农村	91.5	86.9	94.4
	耕地面积	家庭总耕地面积(亩)(均值)		4	3.9	3.7
	人口负担率	单位劳动力扶养非生产性人口(均值)		1.1	0.87	1.3
	非农就业比	打工劳动力数量/家庭总人口(均值)		0.4	0.5	0.4
	外出时长	非农部门工作时间(年)(均值)		9.5	6.7	11.4

（续表）

变量名称		变量定义	变量赋值	总样本	新一代	老一代
				1228	474	754
分化条件	从业资质	凭什么条件实现职业转换的（依据从业资质的重要程度由高到低依次排序，并无数量上的递进关系）	1=学历	13.8	15.2	13
			2=技术	51.3	46.8	54.1
			3=经验	15.3	21.1	11.7
			4=关系	10.3	12.7	8.7
			5=体力	9.3	4.2	12.5
			6=其他	3.5	1.7	4.8
	培训与否	工作期间是否经过技能培训	1=培训	33.4	46	25.5
			0=否	66.6	54	74.5
其他因素	生活意愿	未来是否愿意生活在农村或城市	1=城市	45.4	54.9	39.5
			0=农村	54.6	45.1	60.5
	政策期待	实现职业转换需要解决的首要问题	1=土地与户籍	11.7	10.1	12.7
			2=就业与创业	30	33.8	27.6
			3=工资待遇	50.5	49.3	51.1
			4=权益保护	7.8	6.8	8.5
	地区特征	依据不同的自然经济特征	1=皖北	44.6	47.2	43
			2=皖中	36.9	35.9	37.6
			3=皖南	18.5	16.9	19.4

注：(1)表中每一变量的百分比是指各分类指标占相应样本总量（本表第一行数据）的百分比，各指标类别的百分比之和等于100%。(2)定性分类变量按百分比统计；定量连续变量按均值统计。

（二）变量的界定及样本分布特征

1. 职业分化

农民职业分化主要表现为农民从业的多元化、兼业化。依据调查结果，样本数据涉及的职业几乎遍及各行各业。受现有研究的启发[26]，并考虑模型的简洁性和分析结果的稳健性，将样本数据的职业按现行的统计方法归为四大类：第一类为农林牧渔业；第二类包括制造、建筑、采矿和能源等工业部门；第三类包括餐饮住宿、交通运输、批发零售、家政等服务业部门；第四类包括乡镇干部、乡村教师、医生等行政事业部门。

表1显示,工业部门在各类样本总量中的比例均为最大,达到50%以上,并且老一代比新一代高出4个百分点以上;其次是服务业,在总样本中占三分之一,但新一代比老一代高出13个百分点;行政事业部门在总样本中占比最小,说明分化出去的农民大多集中在二、三产业的非正规部门。值得注意的是,老一代在农业部门的比例比新一代高出近8个百分点,平均而言,仍然有13.7%的农民留在农业部门从业。

2. 收入分化

农民收入分化主要表现为收入来源的多元化和收入水平差距。依据农业部农村固定观察点的划分方法①,结合本次调查的实际,用除农业生产以外的收入在家庭总收入中所占的比重来划分,即非农收入占家庭总收入的比例在10%以下为纯农户;非农收入占比在10% ~50%为Ⅰ兼农户;非农收入占比在50% ~90%为Ⅱ兼农户;非农收入占比在90%以上为非农户,之所以称为非农户而不是城镇户是因为分化的不彻底性。

数据显示,非农户在三类样本中②的比例均达到50%,这与安徽当前的城镇化水平是一致的;并且新一代要比老一代高出近5个百分点,说明新一代在市民化或准市民化过程中具有绝对的优势。Ⅱ兼农户占三分之一以上。可以预计,非农户和Ⅱ兼农户均有可能是未来农民向非农产业分化的主体,也是新型城镇化的主要群体;I兼农户和纯农户占比较小,未来将有可能成为新型农业经营主体的培育对象;但纯农户中处于传统经营状态的居多,是农村中需要扶持的对象,尤其是老一代。

3. 个体特征

在农村,户主是一个家庭中的关键人物,其个体特征直接影响家庭的社会经济生活及未来走向。本文用性别、年龄、健康状况、文化程度来表示户主的个体特征。虽然个人拥有的政治资本、社会资本会影响其优先获得某些优势资源的可能性,但实证研究结果表明,是否拥有党员身份对就业选择没有显著影响[27];而且当前分化出去的农民大多就业于非正规部门,因此,我们没有考虑户主是否拥有党员身份。

在户主的个体特征中,男性样本占的比例最大,三类样本均在75%左右,其中,新一代女性样本不仅高于老一代,也高于总样本,说明新一代女性拥有更多的职业化倾向。老一代的健康状况不容忽视,有28.6%的从业者健康存

① 农业生产收入占家庭生产性收入80%以上的为纯农户,农业生产收入占家庭生产性收入50% ~80%的为Ⅰ兼农户,农业生产收入占家庭生产性收入20% ~50%的为Ⅱ兼农户,农业生产收入占家庭生产性收入低于20%的为纯非农户。

② 三类样本分别指总样本、新一代样本和老一代样本。

在问题，接近全部样本的1/3，比新一代要高出18.5个百分点。平均而言，有1/5以上的农民从业者健康有问题。受访者中，75%以上的从业者只有初中及以下文化水平，其中，老一代的比例接近85%，尤其是小学及以下文化程度者，老一代的比例高达40%以上，比新一代高出近32个百分点；而且老一代大专及以上文化程度仅为3.4%，比新一代低21.5个百分点。值得注意的是，虽然新一代小学以下文化程度的比例较低，但仍有53%的新一代只有初中文化水平。

4. 家庭特征

农民能否实现分化往往受到其家庭因素的制约。本文将反映家庭特征的变量设定为户籍性质、耕地面积、人口负担率、非农就业比、外出时长。其中，人口负担率是指单位劳动力所负担的非生产性人口（包括老人、孩子、病残人员等）的数量；非农就业比定义为外出打工的劳动力占家庭总人口的比例，之所以用家庭总人口而不是家庭中劳动力的数量来衡量，主要是考虑数据的可靠性；外出时长则定义为农民在非农部门工作的年数，可体现农民彻底分化的可能性和就业的稳定性。一般而言，家庭所在地到中心城镇距离会制约人们的行为选择。然而，根据已有研究，家庭所在地到中心城镇距离的远近对非农就业影响不显著[28]。基于此，我们没有考虑这一因素。

家庭特征中，90%以上的受访者为农村户口，而新一代的城镇户口比例达到了13.1%，比老一代高出7.5个百分点。样本的户均耕地面积为4亩，这与陆文聪、吴连翠（2011）的调查结果（6.4亩）[29]有较大差异，可能与他们的样本量较小（381份）有关。令人意外的是，新一代家庭拥有耕地面积略多于老一代，可能是当前留在农村的新一代农民更多地通过土地流转发展规模经营，而老一代仍然依赖于一家一户的传统经营的缘故。老一代的人口负担率明显高于新一代，也高于总样本的平均水平。其中，新一代家庭中小孩数量明显低于老一代，平均每个家庭只有0.9个孩子，比老一代低0.5个；而新一代家庭中60岁以上的老人比较多，平均每个家庭比老一代多0.4个，这种情况与我国的人口政策有关。

5. 分化条件

农民能否分化在一定程度上取决于其自身所具备的分化条件。本文用从业资质、培训与否来衡量。从业资质是指农民凭何种条件（学历、技术、经验、关系、体力、外貌等）实现职业转换的，该指标能够体现当前各行业对从业者职业素质的需求差异；培训与否是指工作期间是否参加过培训，反映用人单位对从业技能的专门要求。

数据显示，有一半以上的农民是靠技术来实现职业转换的；有15.3%的农民是凭经验进入非农部门的；凭学历进入非农部门只有 13% 左右，即便是新一代也只有 15.2%，这可能是当前农民群体中拥有学历的人较少的缘故。代表农村社会网络的关系对农民转业的作用不可忽视，农民通过关系进入非农部门的占 10.3%，并且新一代更具优势。目前仍然有近 6% 的农民是靠体力吃饭，这种情况老一代更为突出。从业者中有 1/3 以上的农民在工作期间接受了培训，这意味着仍有 2/3 的农民未经过培训，老一代更是高达 3/4；新一代培训者与未培训者的比例接近 1∶1，这说明当前的职业培训更多的是针对 35 岁以下的青年从业者。

6. 其他因素

农民对未来的打算在某种程度上会影响当期的决策和行为；农民外出就业对政策的期待反映了实现彻底分化对政策的需求①；不同的地域分异特征和经济发展水平决定了不同的就业模式，这些分别用生活意愿、政策期待和地区特征来表示。调查显示，55% 的新一代愿意生活在城市，比总样本高出 10 个百分点。与之不同的是，老一代有 60% 以上愿意生活在农村。这可能缘于老一代对农村的特殊情结；同时也可能是城市生活艰难程度让老一代望而却步。政策方面，有一半左右的受访者关注工资待遇；有 1/3 的关心就业与创业方面的政策，这在新一代中更为明显；仍有 10% 以上的受访者强调制度方面的因素，尤以老一代为甚。同时，老一代也更加期待政府在权益保护方面发挥作用。

(三) 模型选择

本文用职业分化、收入分化来表示农民的“双重”分化。

1. 职业分化

由于因变量 Y 为职业类别，因此，我们设立多分类无序 Logistic 模型 (Multinomial Non-ordered Logistic Model)，其概率函数为[30]：

$$P(Y=k|X)=\frac{exp(\alpha_k+\sum_{i=1}^{m}\beta_i X_i+\sum_{j=1}^{n}\gamma_j X_j)}{\sum_{k=1}^{K}exp(\alpha_k+\sum_{i=1}^{m}\beta_k X_i+\sum_{j=1}^{n}\gamma_k X_j)} \tag{1}$$

2. 收入分化

由于因变量 Y 为以收入占比多寡划分的农户类别，因此，设立多分类有序

① 将样本数据涉及的政策归为四类：制度因素（包括土地、户籍等），就业与创业（包括就业歧视、创业扶持、职业培训、提供信息和技术指导等），工资待遇（包括工资福利、子女教育和住房保障）和权益保护。

Logistic 模型(Multinomial Ordered Logistic Model),其概率函数为:

$$P(Y \leqslant k \mid X) = \frac{exp(\alpha_k + \sum_{i=1}^{m} \beta_i X_i + \sum_{j=1}^{n} \gamma_j X_j)}{1 + exp(\alpha_k + \sum_{i=1}^{m} \beta_i X_i + \sum_{j=1}^{n} \gamma_j X_j)} \tag{2}$$

式中,因变量 Y 均有四个类别,$k = 4$,对应的概率分别为 P_1, P_2, P_3, P_4,并且满足 $\sum_{k=1}^{4} P_k = 1$。X_i 为分类变量矩阵,X_j 为协变量矩阵。α_k 为截距项,β_i 和 γ_j 为 X 待估的偏回归系数。

三、农民“双重”分化估计结果

本文运用 SPSS18.0 软件对上述模型进行估计,结果显示:两个模型均通过了似然比检验,似然比统计量对应的临界值远小于系统给定的置信水平 0.05,说明模型的拟合效果较好。考虑到文章的篇幅,这里仅给出对因变量影响显著因素的估计结果①。

(一)无序 Logistic 模型的估计结果:职业分化代际差异

估计结果显示,以农林牧渔业为参照组,在对农民职业分化影响显著的因素中,同一因素对农民分化到不同职业部门的影响程度不同,并且存在明显的代际差异。

就工业部门而言,非农就业比是影响农民进入该部门最大的因素,但对新一代的正向影响程度是老一代的 2 倍之多。其次是从业资质。其中,新一代除了体力没有通过显著性检验外,学历、技术、经验、关系分别通过了 1%、5%、10% 的显著性检验,其正向影响程度由大到小依次为学历、关系、技术、经验。显然,学历成为影响农民分化到该部门的首要因素。与之不同的是,老一代仅有关系和体力通过了检验。其中,关系成为新、老两代唯一全部通过显著性检验的从业资质,也是唯一对老一代实现职业分化具有正向影响的因素。说明以关系为主导的农村社会网络对农民职业分化的重要作用;另一方面也说明,与新一代相比,老一代在从业资质方面没有什么优势,仅能靠建立起来的社会关系实现职业流动;并且老一代体力越强者,越不倾向于分化。第三,是文化程度。只有大专及以上文化程度在新、老两代全部通过了检验,

① 读者有兴趣可以向作者索取全部变量的估计结果。

而老一代高中或中专文化程度就通过了检验，说明文化程度对老一代职业分化的影响要比新一代低一个层次。第四，性别对新、老两代的影响也高度显著，但对新一代的负向影响程度远大于老一代，说明相对于男性来说，新一代女性更不倾向于分化到该部门，这可能与调查数据主要集中在建筑业和制造业有关。第五，政策变量仅对新一代有显著的正向影响，说明35岁以下青年一代尤为关注的就业（或创业）以及工资待遇方面的政策。此外，外出时间越长，农民职业分化的可能性越大，尤其是老一代；技能培训能显著地促进新一代分化；地区变量显示，经济越不发达，农民职业分化程度越低（见表2）。

表2 职业分化代际差异

变量			新一代		老一代	
			系数	标准误	系数	标准误
工业		性别	-2.421***	0.425	-0.695***	0.257
		婚姻状况	0.870*	0.514	-0.429	0.79
		户籍性质	-0.744	0.511	-1.036*	0.592
		非农就业比	6.984***	1.26	3.368***	0.616
		外出时长	0.114**	0.046	0.163***	0.018
		培训与否	1.363***	0.434	0.026	0.275
	文化程度		小学及以下=参照组			
		高中或中专	-0.353	0.916	-1.265***	0.374
		大专及以上	-2.142***	0.815	-2.574***	0.619
	从业资质		其他资质=参照组			
		学历	3.109***	1.13	0.141	0.477
		技术	1.741**	0.878	0.037	0.415
		经验	1.555*	0.934	-0.342	0.474
		关系	2.291*	1.199	1.276**	0.587
		体力	-1.581	1.289	-2.274***	0.549
	政策变量		权益保护=参照组			
		就业与创业	1.763**	0.771	0.028	0.458
		工资待遇	1.968***	0.764	-0.241	0.439
	地区变量		皖南=参照组			
		皖中	-1.697	19.471	-0.525*	0.303
		皖北	-1.799	19.471	-0.545*	0.332

（续表）

变量			新一代		老一代	
			系数	标准误	系数	标准误
服务业		性别	-1.538***	0.419	0.767***	0.26
		户籍性质	0.143	0.532	-1.608***	0.57
		耕地面积	-0.178***	0.047	0.070**	0.032
		非农就业比	6.722***	1.259	3.371***	0.64
		外出时长	0.041	0.048	0.110***	0.019
		培训与否	1.125***	0.437	-0.818***	0.28
		生活意愿	-1.099***	0.398	-0.195	0.232
	文化程度		小学及以下=参照组			
		大专及以上	-1.660**	0.835	-1.471**	0.643
	从业资质		其他资质=参照组			
		学历	2.116	50.215	1.142**	0.578
	政策变量		权益保护=参照组			
		就业与创业	1.763**	0.775	-0.246	0.493
		工资待遇	1.439*	0.773	-0.478	0.468
	地区变量		皖南=参照组			
		淮北地区	-1.684	19.471	-0.816**	0.328
行政事业		性别	-1.829**	0.831	0.536	0.502
		耕地面积	-0.268**	0.111	-0.01	0.072
		人口负担率	-0.079	0.861	0.862**	0.371
		外出时长	0.102	0.078	0.087***	0.034
		培训与否	0.151	0.777	-1.467***	0.476
	文化程度		小学及以下=参照组			
		高中或中专	1.878	33.509	1.676***	0.621
	政策变量		权益保护=参照组			
		土地与户籍	1.806***	1.083	1.815***	0.664
		就业与创业	1.709***	0.862	1.870***	0.513
Chi-Square / χ^2_{LR}			346.975		646.660	
Sig.			0.000		0.000	
Pseudo *R*-Square			$R^2_{CS}(0.386)/R^2_N(0.442)$		$R^2_{CS}(0.435)/R^2_N(0.449)$	

注：(1)因变量以农林牧渔业为参照组；自变量中二分类变量以表1中赋值较大者为参照组。(2)年龄变量的影响体现在代际的划分上。(3)*、**、***分别表示10%、5%、1%的显著性水平。

与工业部门类似，非农就业比是影响农民到服务部门从业的第一大因素，并且对新、老代际的影响程度有两倍左右的差异。但从业资质中仅有老一代在学历上通过了5%的显著性检验，说明老一代稍有学历上的优势就能显著地促进其职业分化。与工业部门相比，文化程度的影响在下降，并且只有大专及以上文化程度通过了检验。耕地面积对新一代的负向影响更为显著，可能的原因是，新一代农民在农村拥有的耕地面积越大，越愿意留在农村发展规模经济，从事现代农业。此外，户籍性质对老一代有显著的负向影响，说明户籍性质对老一代的制约作用仍然存在；而未来生活意愿对新一代有显著的负向影响，说明农村青年一代更愿意选择在城市生活；政策变量对新一代仍有显著的正向影响，说明进一步的政策措施能显著地促进新一代分化。

与前面两大部门相比，行政事业部门通过显著性检验的因素并不多，说明可能是模型以外的因素（如人事体制等）决定了农民能否向该部门流动。相对而言，老一代通过显著性检验的因素明显多于新一代。与前面不同的是，政策变量对农民能否进入行政事业部门的影响最大，并且新、老两代农民均通过了1%的显著性检验，关注的政策除了就业与创业外，也由原来的工资待遇转向了土地与户籍政策，说明制约农民向正规部门流动主要还是传统的制度性因素。文化程度、人口负担率、外出时长均对老一代有显著的正向影响。其中，高中或中专文化程度的影响位居第二，说明拥有高中或中专文化程度的老一代进入该部门有明显优势，可能是拥有这一文化程度的老一代大多是当年的"老中专"的缘故。人口负担率越高，老一代越愿意选择在就近的乡镇部门工作，以方便照顾家人。技能培训对老一代的影响为负，说明相对于培训者来说，未经培训的人很难进入该部门，反映了该部门入职要求较高的事实。性别和耕地面积仅对新一代有显著的负向影响，说明新一代女性很难进入该部门，反映了这一部门具有较高的入职门槛；耕地面积越大，新一代分化到该部门的可能性越低，这与前面的结论是一致的。

（二）有序 Logistic 模型的估计结果：收入分化代际差异

估计结果显示，在对农民收入分化影响显著的因素中，同一因素代际存在明显的差异，并且老一代通过显著性检验的因素要远多于新一代（见表3）。从影响程度来看，从业资质对收入分化的影响最大，并且从业资质的所有变量在老一代全部通过检验，而新一代经验和体力没有通过检验，这符合青年一代的现实情况；从业资质中经验对老一代的影响位居第一，而关系对新一代的影响居于首位，超过了学历和技术的影响，再次体现了农村社会网络对农民分化的重要性。值得一提的是，户籍性质反而能够显著地促进新一代的收入分化，这可能与近年来政府出台了一系列有利于新一代农民发展的政策有关，使得他们拥有农村户籍，反而在就业、创业和城市融入等方面得到实惠。

表3　收入分化代际差异

变量		新一代		老一代	
		系数	标准误	系数	标准误
性别		0.530***	0.197	0.473***	0.166
健康与否		1.030***	0.322	0.034	0.145
户籍性质		0.654**	0.288	−0.391	0.375
耕地面积		−0.346***	0.029	−0.500***	0.029
人口负担率		−0.065	0.168	−0.176*	0.104
非农就业比		0.572	0.372	0.938***	0.311
外出时长		−0.031	0.021	0.017**	0.008
技能培训		0.218	0.177	−0.359**	0.159
文化程度	小学及以下=参照组				
	高中或中专	−0.101	0.242	0.762**	0.38
从业资质	其他资质=参照组				
	学历	1.470**	0.637	0.941***	0.339
	技术	1.446**	0.607	0.949***	0.306
	经验	0.979	0.62	1.090***	0.34
	关系	1.768***	0.656	0.783**	0.357
	体力	0.563	0.79	0.799**	0.373
政策变量	权益保护=参照组				
	就业与创业	−0.117	0.343	0.524*	0.277
地区变量	皖南=参照组				
	皖北	−0.836***	0.273	−0.440**	0.182
Chi-Square / χ^2_{LR}		295.214		620.949	
Sig.		0.000		0.000	
Pseudo R-Square		$R^2_{CS}(0.340)/R^2_N(0.385)$		$R^2_{CS}(0.422)/R^2_N(0.473)$	

注：(1)在收入分化的四个类别中，以非农户为对照组。(2)其他解释同表2。

四、结论与启示

本文运用安徽省农户调查数据，采用多分类 Logistic 模型，对农民“双重”分化的代际差异进行了分析。结果表明：(1)分化农民的职业大多集中在非正规的工业部门，服务业次之，正规的行政事业部门最少；新一代进入工业部门的优势显著，老一代留在农业部门的比例较高，具有高中或中专文化程度的老一代则更倾向于流向行政事业部门。未来农民向非农部门分化的主体主要是Ⅱ兼农户；Ⅰ兼农户主要倾向于在农业内部分化。(2)农民分化是众多因素共同作用的结果，并且这些因素的影响存在代际差异：非农就业比是影响新一代职业分化最大的因素，其影响程度远大于老一代；从业资质对老一代收入分化影响显著，尤其是关系，成为当前影响老一代收入分化的首要因素，说明以关系为主导的农村社会网络对当前农民分化的重要性。(3)文化程度对农民职业分化有显著的影响，并且存在明显的代际差异，其中以高中或中专文化程度对老一代的影响最为显著。然而，当前的农民文化程度普遍偏低：老一代以小学及以下文化程度为主，新一代初中文化程度高达一半以上；并且技能培训不能普惠到 35 岁以上的农民，从业者中有 3/4 的老一代农民没有参加过任何培训。(4)农民分化与地区经济发展水平相关，经济越发达，农民分化的可能性越大；户籍性质、耕地面积等传统因素对农民分化的制约作用仍然存在，但已非常有限；新一代期待国家在就业和创业以及工资待遇和社会福利方面有更多的政策出台，老一代则关注诸如户籍、土地等方面的政策，并期待国家在权益保护方面发挥更大的作用。

当前无论是农业新型经营主体的培育，还是以人为本新型城镇化发展，都会极大地促进农民分化。因此，政府首先要解决的不仅是帮助已经分化的农民实现彻底分化(市民化)，而且还应促进农民在农业内部分化，使之从业更加专业化；同时应大力发展第三产业，增强服务业对农民分化的拉力，并消除传统的地方特权对新一代农民进入正规部门的不利影响，让他们有平等的机会参与竞争。其次，提高农村人力资本水平，实行学校教育与技能培训同步发展；在强化基础教育的同时，重视高中及以上教育的发展；农民培训不仅仅局限于向非农产业转移，同时还应重视对农业从业者的专门培训；增加对农村从业者健康的投入与保护。第三，利用农民自行建立起来的社会网络，继续发挥“关系”在农民分化中的重要作用；拓展非农部门的就业渠道和就业空间，提高农民的非农参与率，让符合条件的农民在城市部门稳定就业，尤其是新生代；经济欠发达地区应充分利用地域优势、资源优势和政策优势，大力发展二、三产业，使产-城联动发展。第四，促进农民分化，制定进一步的政策措施很有必要：进一步消除诸如户籍、土地等制度性障碍，在放活农地经营权的同时，要赋予经营权的合法地位，为农民稳定从事规模经营，发展家庭农场、专业大户等现代新型农业经营主体提供支持；进一步消除来自城市部门的就业门槛，并在就业机会、工资待遇、社会福利、权益保护方面平等对待；进一步完善医疗、养老等保障制度，实行家庭养老、社区养老等多种方式并举的发展格局。

参考文献：

［1］周批改．改革以来农民分化研究的回顾与商榷［J］．前沿，2002，（11）：153-156.

［2］陆学艺．重新认识农民问题——十年来中国农民的变化［J］．社会学研究，1989，（6）：1-14.

［3］陆学艺，张厚义，张其仔．转型时期农民的阶层分化——对大寨、刘庄、华西等13个村庄的实证研究［J］．中国社会科学，1992，（4）：137-151.

［4］中共中央政策研究室、农业部农村固定观察点办公室．对农民职业分化的调查［J］．中国农村经济，1994，（3）33-38.

［5］中国城市，农村社会变迁的实证研究课题组．一个山村的农民职业分化——对农民结构变迁的个案研究［J］．农村经济与社会，1993，（5）：36-43.

［6］姜长云．农村非农化过程中农户（农民）分化的动态考察——以安徽省天长市为例［J］．中国农村经济，1995，（9）：50-56.

［7］姜长云．农民就业模式的分化与经济行为——对安徽省天长市农户的问卷分析［J］．调研世界，1995，（2）：32-35.

［8］韩梁，姜长云．农民就业模式分化和选择的影响因素分析［J］．农业技术经济，1996，（6）：38-44.

［9］［15］Walder A. Income Determination and Market Opportunity in Rural China，1978—1996［J］. Journal of Comparative Economics，2002，（30）：354-375.

［10］Xiaogang W，Donald T. The Household Registration System and Social Stratification in China：1955—1996，" Demography，2004，41（2）：363-384.

［11］刘洪仁，杨学成．转型期农民分化问题的实证研究［J］．中国农村观察，2005，（4）：74-80.

［12］［28］牟少岩，杨学成．农民职业分化微观影响因素的实证研究［J］．农业经济问题，2008，（11）：90-95.

［13］刘洪仁．世纪初农民分化的实证追踪研究——以山东省为例［J］．农业经济问题，2009，（5）：55-62.

［14］［20］Zhang QF，Donaldson JA. From Peasants to Farmers：Peasant Differentiation，

Labor Regimes, and Land-Rights Institutions in China's Agrarian Transition[J]. Chinese Geographical Science, ,2010,20(6):545-553.

[16] 陈柏峰. 土地流转对农民阶层分化的影响——基于湖北省京山县调研的分析[J]. 中国农村观察,2009,(4):57-64.

[17] 许恒周,郭玉燕,吴冠岑. 农民分化对耕地利用效率的影响——基于农户调查数据的实证分析[J]. 中国农村经济,2012,(6):31-47.

[18] 许恒周,郭玉燕,石淑芹. 农民分化对农户农地流转意愿的影响分析——基于结构方程模型的估计[J]. 中国土地科学,2012,26(8):74-79.

[19] 陆益龙. 户籍制度与社会分层和流动[J]. 中国社会科学,2008,(1):149-162.

[21] 陆学艺. 当代中国社会流动[J]. 北京:社会科学文献出版社,2004.

[22] 李强. 当代中国社会分层:测量与分析[J]. 北京:北京师范大学出版社,2010.

[23] 刘洪仁. 我国农民分化问题研究[D]. 泰安:山东农业大学,2006.

[24] 万能,原新. 1978 年以来中国农民的阶层分化:回顾与反思[J]. 中国农村观察,2009,(4):65-72.

[25] 张宛丽. 近期我国社会阶层、阶级研究综述[J]. 中国社会科学,1990,(5):173-180.

[26] 张晓辉. 农村劳动力就业结构研究[J]. 中国农村经济,1999,(10):68-72.

[27] 严善平. 市场经济体制下农户的收入决定与就业选择[J]. 管理世界,2005,(1):59-69.

[29] 陆文聪,吴连翠. 兼业农民的非农就业行为及其性别差异[J]. 中国农村经济,2011,(6):54-62.

[30] 宇传华. SPSS 与统计分析[M]. 北京:电子工业出版社,2007 年。

安徽省承接长三角农业产业转移的竞争力研究

赵　静

摘　要:农业产业承接不同于工业产业承接,农业产业承接竞争力的评价角度也就不同于工业产业承接力。论文基于产业承接竞争力和农业产业转移的理论基础,从农业要素资源、农业产业配套能力、投资政策环境、农业科研水平、区位优势、地区发展水平六个方面构建了地区农业产业承载力的评价指标体系。运用该评价指标体系,通过量化分析,对安徽省在中部六省中承接长三角农业产业转移的竞争力做了初步判断。最后,根据初步评价的优势劣势的客观分析,从产业承接的持续发展角度,就如何增强安徽省承接长三角农业产业转移的吸引力、夯实承接长三角农业产业转移的支撑力和打造承接长三角农业产业转移的发展力给出具体策略。

关键词:农业产业转移;评价指标体系;主成分分析;承载力

国际产业转移始于第一次科技革命后期的18世纪末至19世纪上半叶,伴随着经济全球化,产业转移的影响程度和范围也逐步加大。目前全球正经历着第四次国际产业转移,主要产业输入地是中国内地。国内,东部沿海地区部分产业面临着成本加大、产业结构严重趋同的压力,正在向中部、西部地区转移。农业产业转移的趋势明显,农业产业基地的建设和农业产业技术的转移使得我国的基础产业——第一产业萌发出新的活力与希望。但是农业产业承接有若干限制条件,如果承接不当同样会出现工业产业承接中出现的特色产业缺失、资源开发利用不当等问题。农业产业承接中不仅要做到引得进来,而且要做到与当地产业相融合、发展得起来,甚至抓住市场潜力走得出去,最终提高农民的收入水平,这是地区在进行承接中需要思考的持续性问题。

作者简介:赵静(1980—),女,安徽农业大学经济管理学院讲师,硕士。

一、相关理论综述

(一)农业产业转移

古典区位理论采取微观经济学的分析方法,研究不同生产要素对区位分布的影响,以及生产要素价格变动对区位选择的影响。杜能分析了地租、位置和资源配置对农业生产的影响,引入了运输成本作为农业区位选择的重要因子,从而形成农业区位论。

梯度转移理论认为,区域间经济发展的梯度差异是产业转移发生发展的客观基础。区域间经济发展水平的差异构成了不同的经济梯度,随着时间的转移,新兴产业、新产品、新技术等按顺序由高梯度地区逐步向低梯度地区转移。国内学者郭凡生在此基础上提出"反梯度"理论,主要着眼于技术的跨梯度转移问题。马海霞从区域传递的空间特征提出了区域传递的两种模式——梯度推进与中心辐射。朱有志和蓝万炼在其著作《农业产业空间转移论》中提出农业产业转移不同于其他产业转移的特点,并从空间经济学的角度研究农业产业空间转移问题。

在有关产业转移的研究中农业方面涉及较少,这显然有其本身的原因,如农业对于土地、劳动力、土壤、气候等因素依赖太强,难以迁移,而且我国农业还停留在小农生产方式,生产率低下,农业内部的生产部门并不存在明显的产业梯度差,难以被人们观察到。这些因素都导致对于农业的产业转移研究缺失。

(二)产业承接竞争力

展宝卫在《产业转移承接力的形成机理与动力机制》中,明确指出产业承接力的概念,产业承接力是一个国家或地区在一定时期和一定技术组织条件下所拥有的,凝聚吸引转移产业,准确选择转移产业,稳固接纳转移产业,融合发展转移产业,进而提升产业结构、促进区域经济发展的能力。

马涛、李东在《地区分工差距的度量:产业转移承接能力评价的视角》中从成本因素、市场潜力因素、投资环境因素、产业配套能力、技术研发水平、经济效益因素六个指标出发,定量化地对全国除台湾省以外的31个省的工业承接产业转移能力进行了比较分析。

笔者认为产业承接力分为吸引力、选择力、支撑力和发展力固然有其逻辑合理性,但是在做指标分析时,部分指标充当了双重角色,如要素资源、投资政策环境、基础设施建设既是吸引力也是支撑力,产业集聚程度和市场规模既是吸引力也是发展力,不能严格区分,指标具有延续性,在承接的不同阶段充当了不同角色。除此以外,目前关于产业转移承载力的研究主要集中于工业领域的资源承载力和生态承载力,对于农业产业承载力的研究是个空白。

二、农业产业承接的影响要素分析

基于以上产业转移方面的研究成果和农业产业转移的特殊因素的考量,影响农业产业承接的要素有以下几个方面:

(一)农业生产要素

企业进行地区投资决策选择的根本决定因素是利润最大化,成本与收益的取舍是他们思考的关键,而成本中首要因素是生产要素成本,生产要素的丰富与否和价格高低是农业产业转移的内在动力。土壤情况和气候资源是农业产业转移有别于工业产业转移的考虑要素,是特色农产品生产的稀缺性资源,同时也是限制农业产业转移的重要条件。对于无法进行大规模机械化的地区,劳动力成为其首要制约要素。

(二)经济技术梯度

经济技术梯度分为两个方面,承载地的经济发展水平和农业技术水平。区域间的经济发展水平的差异构成了经济梯度,承载地的经济发展水平越高承载力越强,因此发达国家在我国进行产业转移时选择承载地一般按照沿海—中部—西部的顺序。第二个因素是农业技术水平,由于我国农业生产基本上停留在小农生产方式,生产率普遍不高,梯度差不像工业表现得那么明显,即便如此,不同地区在农业科研水平、农业基础设施建设、农业加工业水平、农业标准化等方面仍存在技术上的差异。

(三)空间转移的可行性

杜能的农业区位论指出运输成本是农业区位选择的重要因子。按照这一理论,空间距离、交通便利性和物流水平构成了农业产业转移的决定因素。农业物流要求保质保鲜,成本大、风险高,对空间距离的邻近性要求相对于工业就高得多。

(四)农业产业的配套能力

以往对于产业配套能力的研究停留在工业领域,对农业产业配套能力的研究很少。实际上,农业产业转移对于承载地的农产业配套能力要求很高。从产业链的角度,农产品深加工能力(深加工和包装)、农产品生产标准化水平、市场营销能力、现代服务业(电子信息网络、物流、金融)水平等产业链上各环节的完善程度是需要具体考虑的。从产业基础的角度，需要重点考虑承接的产业是否与当地的特色农产业相配套，因为，特色农业经过多年的气候选择和发展沉淀，形成雄厚的产业基础，这些条件有利于当地的产业整合和升级。

（五）政府政策的支持

农业本身利润低，产业转移的先期大规模投入只能由政府部门来承担，持续的投入必须通过产业链高端的继续引进，停留在产业链底部会带来种种问题，如谷贱伤农问题。这就需要政府部门的政策引导，使得转移进来的农业资源向优势产业集中，从而带动产业链提升，带来利润的增加，引导投入的持续深入。因此，政府政策的导向作用、专业投入水平将会在很大程度上影响该地区的承载水平。

三、农业产业承载力指标体系构建及评价

（一）农业产业承载力指标体系构建

在构建该指标体系时，需遵循以下几个原则：一是尽量做到可量化，便于评价；二是全面性，指标体系不仅要体现吸引力，还要反映是否能带动承接产业共同发展的能力；三是特殊性，农业产业承接与工业产业承接不同，主要反映在农业产业承接对农业要素资源和区位物流的重视程度上。出于这些方面的考虑，构建了地区农业承载力的评价指标体系（见表1）。

表1　农业产业承接力评价指标体系

一级指标	二级指标	三级指标
农业要素资源	农业土地资源	耕地面积(2008)
	农业生物资源	农林牧渔业总产值
	农业劳动力资源	农业人口
	农业资金投入	农林牧渔业固定资产投资额
农业产业配套能力	农业社会服务能力	农产品综合市场成交额
	农村工业基础投入能力	农产品加工企业现价总产值
投资环境	农业基础设施建设	农用机械总动力
		有效灌溉面积

（续表）

一级指标	二级指标	三级指标
农业科研水平	农村人才资源	农业技术人员数
		农村居民家庭劳动力中中专（包括中专）以上文化程度所占比重
区位优势	物流、信息化水平	货物周转量
		邮电业务总量
地区发展水平	经济发展水平	人均地区生产总值
	社会发展水平	社会消费品零售总额

（二）安徽省农业产业承接力评价

由于农业产业转移对于地理位置要求很高，所以长三角的农业产业转移应选择区域位置优势明显的中部六省为重点考虑对象。对于安徽省承接长三角农业产业转移的竞争力评价，并不是在全国范围内进行，而是在中部六省的范围内展开的。之所以选择全国 31 个省（自治区、直辖市）的数据进行处理，主要考虑到主成分分析的准确性。以全国 31 个省（自治区、直辖市）为样本，以表 1 所列的 14 个指标为变量，用 SPSS18.0 软件对数据进行处理，结果见表 2。

表 2　旋转后因子载荷矩阵

	成　分		
	1	2	3
农林牧渔业固定资产投资额	0.940	−0.017	0.002
农用机械总动力	0.917	0.116	0.151
有效灌溉面积	0.902	0.168	−0.028
农林牧渔业总产值	0.878	0.412	0.004
耕地面积	0.833	−0.092	−0.242
农业人口	0.829	0.244	−0.132
农业技术人员数	0.746	0.078	−0.323
社会消费品零售总额	0.357	0.872	0.251
邮电业务总量	0.199	0.863	0.125

（续表）

	成 分		
	1	2	3
农产品加工企业现价总产值	0.334	0.794	0.191
农产品综合市场成交额	−0.232	0.766	0.154
货物周转量	0.198	0.152	0.895
人均地区生产总值	−0.429	0.406	0.736
农村居民家庭劳动力中中专以上文化程度所占比重	−0.407	0.323	0.704

提取方法：主成分。

旋转法：具有 Kaiser 标准化的正交旋转法。

a. 旋转在 5 次迭代后收敛。

1. 主成分分析和旋转后因子命名

从表 2 可以看出，因子 1 主要解释的是农林牧渔业固定资产投资额、农用机械总动力、有效灌溉面积、农林牧渔业总产值、耕地面积、农业人口、农业技术人员数七个指标，可命名为基础资源因子；因子 2 主要解释的是社会消费品零售总额、邮电业务总量、农产品加工企业现价总产值、农产品综合市场成交额四个指标，可命名为支撑能力因子；因子 3 主要解释的是货物周转量、人均地区生产总值、农村居民家庭劳动力中中专（包括中专，不包括高中）以上文化程度所占比重三个指标，可命名为发展动力因子。

2. 安徽省的农业产业承接力评价

根据附件 1. 附件 2 和表 2 的相关数据，计算各因子得分、综合得分。公式如下：

基础资源因子得分 = FAC1−1 X0.45493

支撑能力因子得分 = FAC2−1 X0.28507

发展动力因子得分 = FAC3−1 X0.07768

总得分 = (FAC1 − 1 X0.45493 + FAC2 − 1 X0.28507 + FAC3 − 1 X0.07768)/0.81767

农业产业转移对于地理位置和交通距离远近的要求相对于工业产业转移要高得多；在 2005 年 3 月，温家宝总理在政府工作报告中再次提出："抓紧研究制定促进中部地区崛起的规划和措施，充分发挥中部地区的区位优势和综合经济优势，加强现代农业特别是粮食主产区建设。”结合以上两方面原因，长三角农业产业转移，应重点考虑中部六省。表3是中部六省的各因子得分、综合得分以及各省份农业产业承接竞争力排名情况。

表3　中部六省农业产业承接力得分一览表

省份	综合竞争力		基础资源		支撑能力		发展动力	
	得分	排名	得分	排名	得分	排名	得分	排名
山西	−0.4153	6	−0.35452	6	−0.64703	6	0.07891	3
安徽	0.1595	2	0.42881	3	−0.37776	4	0.55402	2
江西	−0.3086	5	−0.19625	5	−0.51996	5	−0.19129	5
河南	1.1145	1	1.96176	1	−0.35659	3	1.55145	1
湖北	0.0274	4	0.22024	4	−0.26516	1	−0.02864	4
湖南	0.1582	3	0.53376	2	−0.31250	2	−0.31438	6

安徽省综合竞争力处于第二位，发展动力也处于第二位，而基础资源处于第三位，支撑能力处于第四位。安徽省耕地面积、有效灌溉面积较多，土地资源和水利工程建设处于优势；农用机械总动力较强，农机化水平较高，为农业产业承接提供了机械动力保障；农林牧渔业总产值处于偏后的位置，且农林牧渔业固定资产投资额排名倒数，说明农林牧渔业生产基础和效率较低，政府对固定资产投资重视程度和投资力量不够；农业人口虽然较多，但农业技术人员所占比重较少，同时农村居民家庭劳动力文化水平较高，需大力重视农业人才引进、加强技术资格培训力度。其次，农产品综合市场成交额处于领先地位，市场基础设施建设较为完善，农产品市场销售成交量大；农产品加工企业现价总产值排名靠后，农产品加工业支撑力薄弱，有待形成特色农产品加工产业集群，对于农业产业承接是个限制条件；社会消费品零售总额不高，产业转移中企业关注的一个重要方面是承接市场的消费能力，虽然农产品市场销售量高，但是零售总额不高，说明当地消费品市场不活跃。货物周转量较高，交通业发展水平较高，物流基础条件良好，安徽省相对于其他五省，在交通地理位置上最为优越，这无疑是个发展动力，但也须注意邮电业务总量不高，说明物流业和通信业总量水平不高，需注重物流业，特别是农业物流的发展；农村居民家庭劳动力中中专以上文化程度所占比重较高，整体学历水平较高对于培训、人才培养、科学管理等都有重大的意义；但是，人均地区生产总值处于倒数，经济发展水平较低。

四、提升安徽省农业产业承接力的对策建议

（一）增强承接长三角农业产业转移的吸引力

1. 生产要素吸引力

中部六省中安徽省耕地资源和有效灌溉面积处于前列，但农林牧渔业总产值并不高。应健全土地承包经营权流转市场，有条件的地方要培育规模经营主体，稳步推进土地适度规模经营。安徽省农业人口虽多，且农村居民家庭劳动力文化水平在中部六省中处于前列，但农业技术人员所占比重较少。对于农村劳动力应加强“质”的提升，加大培训工作力度，提高基层农业技术水平。依托高校、科研院所和骨干企业，以重大科研项目为载体，采用灵活的人才引进、培养、使用和服务保障机制，推动高层人才柔性跨区域流动。

2. 农业空间集聚吸引力

安徽农业产业化工程已发展成优质粮油、黄牛和肉鸡、水产品、蔬菜、水果、林特产品、中药材、茧丝绸等八大主导产业。发挥产业的聚集效应，构建产业聚集平台，引导同类企业向优势农副产品产区聚集，有利于形成产业链，提升产业结构。在承接产业转移的过程中，要坚持以优势产业为依托，围绕产业核心竞争力，发展产业集群。安徽省优势农产品区域布局见表4所列。

表4　安徽省16个农产品优势区布局

序号	农产品	优势区	序号	农产品	优势区
1	水稻	沿江江南水稻优势区	9	蔬菜	名特瓜菜和出口蔬菜优势区
		沿淮江淮水稻优势区			大棚反季节无公害蔬菜优势区
2	小麦	淮北中强筋小麦优势区	10	奶牛	奶牛优势区
		江淮中弱筋小麦优势区			
3	玉米	淮北玉米优势区	11	肉牛	淮北肉牛优势区
		江淮玉米优势区			
4	大豆	淮北沿淮大豆优势区	12	肉羊	淮北肉羊优势产区
5	棉花	淮北棉花优势区	13	肉禽	江淮肉禽优势区
		沿江棉花优势区			沿江肉禽优势区
6	油菜	江淮“双低”油菜优势区	14	生猪	淮北生猪优势产区
		沿江“双低”油菜优势区			江淮生猪优势产区
7	茶叶	皖南茶叶优势区	15	蜂产品	皖南蜂产品优势产区
		大别山茶叶优势区			
8	花生	淮北花生优势区	16	水产品	沿淮水产品优势产区
		江淮花生优势区			沿江水产品优势产区

资料来源：《安徽省优势农产品区域布局规划（2008—2015年）》

3. 政策吸引力

一是强化政策扶持力度。2012 年 3 月，安徽省人民政府和农业部签署《共同推进皖江城市带承接产业转移示范区现代农业发展合作备忘录》。重点围绕推进优质农产品基地建设、农业基础设施建设、农业科技进步、农产品质量安全、农产品流通体系建设、农产品加工业发展以及城乡统筹发展等七个方面开展合作，共同推进皖江城市带承接产业转移示范区现代农业发展。二是制定投资促进政策。投资企业在项目扶持资金、贷款优惠政策、技术服务、产销对接、税收减免、土地征用、金融、挂牌保护等方面享受相关优惠政策。发挥政府在引导空间开发格局、规范开发秩序、保护生态环境等方面的主导作用。

（二）夯实承接长三角农业产业转移的支撑力

1. 加大农业基础设施投入

国家政策多次提到，应“加大农业基础设施投入，提高农业生产能力”。尽管安徽省近年来农业产值增加得比较快，但农林牧渔业总产值较低，农林牧渔业固定资产投资额在中部六省中排名靠后，农村生产性基础设施贡献率不高。应进一步发挥政府和集体在大中型农业基础设施建设中的作用，要求政府和集体优化投资结构，进一步加大对农村公共基础设施尤其是生产性农业基础设施的投资力度①。

2. 农产品加工业承接地建设

农产品加工企业现价总产值在中部六省中排名靠后，应继续加大农产品加工业产业集群建设，提高主要农产品的加工转化率和精深加工的比重。农产品加工业产业集群建设要考虑当地资源优势，在保证加工原料供应的基础上进行承接项目建设。根据《安徽省农业产业化“671”转型倍增计划实施方案》，重点规划建设粮食、油料、肉制品、乳制品、水产品、蔬菜、水果、茶叶等加工产业集群。

3. 推进与长三角的顺利对接

推进与长三角在市场准入、质量互认、物流体系、贸易平台等方面的对接，促进配套产业的发展，构建统一开放的市场体系。

在质量互认和市场准入方面，从承接地的角度主要做好以下工作：完善长三角地区食用农产品互认体系；加快完善农产品质量安全标准体系建设，建立农业地方标准制定合作机制，促进地方标准的协调一致；实施检测互认；加快农产品标准化生产基地建设；发展安徽生态农业。在农产品贸易和市场

① 栾敬东. 加强农业基础设施投资，推进现代农业建设[J]. 安徽农学通报，2008，(1)：72-74.

体系建设方面，主要做好以下工作：首先，把安徽省农产业承接区建设成以苏浙沪为主的长三角地区的“菜篮子”基地、绿色食品基地和农副产品加工基地，做好产销衔接；第二，大力实施“皖优农产品进超市工程”；第三，积极推进安徽省与东部地区农产品贸易合作，建立企业与企业、企业与基地、企业与市场的农产品产销贸易关系；第四，建立相对稳定的购销网络平台。在农产品物流配送体系建设方面，主要做好以下工作：加强沿江地区交通基础设施建设，优化整合岸线资源，促进形成对接长三角的快速便捷的立体交通网络；筹建一批农产品交易集散、冷藏、拍卖、加工配送、交易配套服务于一体的多功能、综合型农产品物流园；建立鲜活农产品绿色通道和冷链物流体系；构建物流信息平台和农产品物流安全动态监测体系。

（三）打造承接长三角农业产业转移的发展力

1. 提高技术创新能力

把承接农业产业转移与推进自主创新结合起来，抓住“国家技术创新工程试点省”建设的重大机遇，从精深加工技术研发和运用、专用加工设备配备推广、加工标准体系和质量控制检测体系健全、研发人才平台建立、农产品产业链拓宽和环保低碳生产等方面加快农业产业化技术创新步伐。

2. 提高市场开拓能力

从农产品品牌建设和营销方式转变两个方面打造现代化的商业业态。对批量上市的农产品及其加工品，及时办理商标注册，并形成一批在国内有较大影响的名牌农产品。针对目前农产品品牌过多、规模较小的问题，采取整合的办法，集中力量做大做强若干品牌。每个主导产业培育一至两个全国知名品牌。加大对农产品商标和地理商标运用、管理与保护工作的指导力度，推行“龙头企业+商标（地理标志）+农户”的经营模式，建立运用农产品商标和地理商标促进农民增收的长效机制。在营销方式上，打造现代化流通体系，发展以“长三角”大中城市为重点的配送、直销和专卖；构建安徽名特优交易平台；实行产销互补、共赢发展。

参考文献：

[1] 肖雁飞，廖双红，刘友金．资源和环境约束下中部地区经济可持续能力研究[J]．湖南科技大学学报（自然科学版），2011，26（1）：119-124.

[2] 郑新奇，范纯增．农业土地资源可持续利用水平评估研究——以山东省为例[J]．经济地理，2000，20（4）：97-100.

[3] 陈丽佳，周海涛，翁锦玉．地区农业科技竞争力指标评价体系构建研究[J]．科技

管理研究,2008,(7):144-146.

[4] 马培荣,杨耀东,卢平. 关于农业产业化评价模型和指标体系的探讨[J]. 农业系统科学与综合研究,2000,16(4):299-302.

[5] 朱有志,蓝万炼. 农业产业空间转移论[M]. 长沙:湖南人民出版社,2003.

[6] 马涛,李东,杨建华. 地区分工差距的度量:产业转移承接能力评价的视角[J]. 管理世界,2009,(9):168-169.

[7] 苏伟忠,杨桂山,董雅文. 长三角区域发展的资源环境约束与调控[J]. 现代城市研究,2009,(10):19-23.

[8] 朱广其,赵家凤. 对外开放格局下承接农业产业转移对现代农业发展的影响研究[J]. 亚太经济,2011,(4):121-124.

[9] 羊绍武. 环境与资源双重约束下中国承接国际产业转移的对策分析[J]. 经济师,2008,(8):31-32.

[10] 王贵明,匡耀求. 基于资源承载力的主体功能区与产业生态经济[J]. 改革与战略,2008,24(4):109-111.

[11] 刘燕燕. 开放经济条件下我国的农业空间转移[J]. 经济师,2003,(4):161-162.

[12] 李小峰,左停. 试论我国农业产业转移方面的相关问题[J]. 中国集体经济,2008,(9):53-54.

[13] 孙世民,展宝卫. 产业转移承接力的形成机理与动力机制[J]. 改革,2007,(10).

[14] 约翰·海因里希·冯·杜能. 孤立国同农业和国民经济的关系[M]. 吴衡康,译. 北京:商务印书馆,2010.

[15] 蔡礼彬,王琼. 山东省文化产业竞争力评价体系构建与实证研究[J]. 华东经济管理,2012,(10):19-25.

第三专场

价值观引领和软实力提升

改革时代的文化的担当与使命

裴德海

伴随着改革开放和中国社会诸方面的进步，诸如“中国经验”“中国道路”“中国模式”等概括总结中国近三十年发展历程的概念，已成为国内外学界讨论评议的热词。毋庸置疑，中国之所以在发展中选择适合中国人自己的道路，其中一条重要的路径依赖便是中国文化的作用。中国文化在中国改革开放的历程中始终扮演着不可或缺的重要角色，持续不断地发挥重大影响。本文认为，中国文化是中国改革开放的内在驱动力。一方面，中国文化形塑了中国当下的存在；另一方面，作为中国文化之根的传统文化，也在改革进程中实现不断地自我更新和自我超越。

一、刚柔相济：中国传统文化内在特质

中国传统文化视域内影响最大的儒家，其在文化语境中首先体现出的刚性的一面便是“重现实、有为与入世情怀”，这已经深刻熔铸成中国人新的精神动力。儒家文化中崇德尚义、纲常有序、重视人伦，则可转化为时代责任感；关注社会现实，强调集体以及个人的道德诉求；儒家文化中现实感和进取意识，已渗透至中国人政治生活和日常化生活的各个角落。

纵观历史，中国人的积极进取精神贯穿其中，不管是“生于忧患死于安乐”的社会责任感，还是“初闻涕泪满衣裳”的国家荣誉感，以及“生当作人杰、死亦为鬼雄”的历史使命感，无不彰显着中华民族儿女心系国家、重视社会问题、积极进取的人生态度。这种积极的入世情怀经过中国历史上数次战争和动乱，已历练成为一种自强不息的社会核心价值元素——爱国主义。毛泽东曾充满激情地赞颂：“我们中华民族有同自己的敌人血战到底的气概，有在自

作者简介：裴德海(1959—)，男，安徽巢湖人，安徽大学哲学系教授，博士，博士生导师。

力更生的基础上光复旧物的决心，有自立于世界民族之林的能力。”①党的十六大报告中曾做过这样的概述，“在五千多年发展中，中华民族形成了以爱国主义为核心的团结统一、爱好和平、勤劳勇敢、自强不息的伟大民族精神。”“团结统一、爱好和平、勤劳勇敢、自强不息”作为中国传统文化精髓在当代的体现，表现出儒家文化语境中的“重现实、有为、入世情怀”。这些优秀品质是一个完整的统一体，它们各自有着不同的表现领域，但彼此间又相辅相成，无法割裂。

中国传统文化之所以薪火相传，尤其是在危机频发的历史重要关头都能保持不断不灭，也正是得益于中国人心中普遍具有的入世情怀，一种心怀天下的民族气息。民族兴旺之时，重视文化的引导作用；民族危难之时，重视文化的激励作用；民族融合之时，重视文化的黏合作用。中国人以儒家特有的重视当代问题的思维方式有效应对不同情况下的社会问题，使得五千多年的灿烂文化绵延至今。《诗经》有云，“周虽旧邦，其命维新”。一代代中国人始终怀揣维新使命，推动中国与时俱进地发展，并在发展中保持了文化的连续性。近代历史学家曾就中国历史文化的三大特征探讨过三个问题。第一，地域辽阔，人口繁盛，先民何以开拓至此？第二，民族同化，世界少有，何以融合至此？第三，历史长久，连绵不断，何以延续至此？他们认为，从上述三个特征来看，中华民族的历史发展必然有一种伟大的力量寓于其中。这个力量就是我们的中国文化，它给了中华民族伟大的生命力和内在的凝聚力②。

其次，中国传统文化中儒家的“厚德载物”的德治文化与理想人格的塑造，已潜移默化地构成当代中国改革的价值指向。厚德载物的德治文化对于当代中国的执政伦理仍然有着重要的借鉴意义。“厚德”在于强调道德的社会规范与社会调节作用，“载物”表明道德规范作用一旦体现，国家各项事业都会顺利进行。儒家重视德性养成和人格塑造的时代意义在于提供给我们一种“普世价值”：它不仅体现在超越时空限制而启发生活在现代社会的人们正确对待身边的人、物、事和自己，而且还体现在它对全球伦理的建构也能够发挥积极的参照与借鉴作用。尽管后现代的话语系统里，没有普世价值，或者说是否需要普世价值，是一个颇有争议的理论问题，但发生在不同时间、不同地区的种种危机与冲突，使得全球共识的建立越来越成为一种迫切现实需要。此时，恰恰只有“和”，才具有通约性。需要注意的是，在强调厚德载物的同时，还必须重视它的前一句：“自强不息”。即在个人自律与道德规范双管作用下，为个体建立人生观、价值观和世界观提供一种理想的范式。

---

① 毛泽东：《毛泽东选集》第二卷，501 页。人民出版社 1991 年第二版。

② 转引自陈来“构建我们的道德与伦理”，2009 年 7 月 29 日的《人民日报》。

再次,中国传统文化语境下的“天人合一”思想与“和合共生”的发展理论,可化作为中国改革的目标追寻。

人与自然的关系,从来就是中国传统文化的一个基本命题。“天人合一”是其核心思想。强调人与自然的统一,实现人和自然的和谐发展。这一思想对于反思现代工业文明和科技文明所产生的负面效应,重新构建人与自然之间的和谐关系,具有重要的借鉴价值。

在中国传统文化语境中,天人合一思想是经过一步步的演变而不断完善。这一思想最初起源于自然人对自然的敬畏和崇拜,之后,伴随着生产力的发展、经过思想教化和国家意识形态的引导,最终形成追求“天人合一”的理想境界。“天人合一”体现的不仅仅是一种世界观,同时还体现着西方社会“契约”的价值,是一种行为规范的“自然法”。本文指认的“天人合一”,是汲取其思想体系中将人与自然的和谐共处,以及将天地人作为生命共同体的价值元素。

最后,就是中国传统文化中柔性一面的无为与有为关系对立统一中的方法论自觉,这恰恰可以转换成中国改革中的方法论。

在中国传统文化语境中,儒家强调有为思想,道家强调无为之道。有为与无为之辩构成中国哲学乃至中国传统文化历史上的主要争论之一。有为与无为的辩证统一关系以及先哲们试图从矛盾中找到解决途径的探索,也为中国社会的发展提供了极为重要的方法论指导。

有为与无为的辩证关系主要表现为,在人与自然的关系上,“有为”论者主张改造自然、征服自然;“无为”论者则主张顺应自然、复归自然。在人与社会的关系上,“有为”论者主张认识社会,改造社会;“无为”论者则主张无为而治,顺世处势。在人的处世态度方面,“有为”论者主张积极进取,刚健有为;“无为”论者主张安然处世,逍遥自在,清静无为,甚至超世隐逸或遁入空门。二者的矛盾性和互补性,深刻影响着中国改革时代的思想维度。

因此在中国新一轮改革发展中,在处理人与自然的关系方面,要吸收“有为”的主观能动性,认识自然、利用自然,同时也要借鉴“无为”的客观规律性,利用自然之时要顺应自然发展之规律,以免违背甚至破坏行为的发生。在人与社会的关系方面,既要遵循“有为”思想,总结社会发展规律,推动社会全面进步,同时也要运用“无为”思想给“有为”过程中的过激行为以合理的纠偏。由此可见,落实科学的发展观的核心要义,就在于重视发展,同时更要重视规律,对违背自然规律和社会规律的不合理发展予以坚决的纠正。在人的处世态度方面,对于己,中国传统文化强调既要自强奋发,敢为人先,又要互帮互助,避免功利性;对于他人,我们既要有帮助他人的社会关怀,又要有尊重他人的社会存在和社会意识。

综上所述，中国传统文化中上述这些内在品质，在中国的改革发展过程中发挥了极大的动力作用。

二、和合共生："中国模式"的合法性生成

（一）文化的独立并不拒斥和合共生

雅斯贝尔斯在《历史的起源与目标》中首次提出世界文明史的"轴心时代"这一说法。雅氏称公元前800年至公元前200年之间，尤其是公元前600年至公元前300年间，是人类文明的"轴心时代"。在轴心时代里，各大文明都出现了伟大的精神导师——古希腊有苏格拉底、柏拉图、亚里士多德，以色列有犹太教的先知们，古印度有释迦牟尼，中国有孔子、老子等。他们虽处于不同的时空，但其相通的思想原则却塑造出不同的文化传统，且一直影响着人类的生活。

轴心时代国家的人们已经开始拥有关怀意识，对于国家、对于世界、对于宇宙有了理性的思考，同时在社会实践中不断生成各种超越性的文化意识产物，从而推动人类历史的演进。随着世界文明的发展，从爱琴海旁的古希腊文化翻山越岭抵达东方的伊斯兰、印度以及中国，推动着文明的对话、文化的碰撞和交融。在漫长的历史演变和过滤中，形成了当今世界的文化格局。尽管文化形态各异，价值观分野，但其互动以及各自在其地理范围内的沉淀和交互作用最终推动了整个人类文明的发展。

面对基于中西文化相异性的喧嚣，已演化成一种彼此对立的当下事实存在。应如何在一种西方文化强势话语体系面前，仍然保持中华文明发展过程中价值的独立、思想的独立、文化的独立？当然，回答这一问题的前提是这个文明具有其不可替代的优越性和相适性。基于此，讨论"中国模式"，不仅仅是价值的征候，更应是一种文化的表达。姑且不论"中国模式"这一说法的科学性和严谨性，毋庸置疑的事实是，中国自1979年以来三十多年的改革发展之路，已经表现出不同于其他国家的独特的行走路向，同时也呈现出诸多与其他国家和地区并无二致的共通性的问题域。这些表明，在世界文明共进的发展演变历程中，只有和合共生才能保持文化的独立和文化的再生。

（二）改革时代的"中国精神"锻造

毫无疑问，中国的发展除了具备经济等硬实力外，更需要软实力。现代化强国的标志绝不仅仅体现在GDP总量上，还要有一整套衡量软实力的"文

化强国”的标准置立。往往是否具有国家和社会的核心价值,便是衡量一个国家能否作为“文化强国”的根本标准和依据。从这个意义上看,中国核心价值的具体化表现,就在于形成一种“中国精神”。这是提升中国软实力文化话语的关键。

人们在谈论美国文化、美国精神时,总会说到自由、民主这样的关键词,甚至连最普通的一部美国动画片也能体现并传递出美国人强调的核心价值——自由。从中,我们不难得出这样的启示:要成为文化强国,首先必须形成一个文化符号,然后将这个符号加以深化,并潜移默化地影响大众和社会。因此,对作为中国核心价值具体体现的“中国精神”的锻造无法绕开以下几点。

首先,文化队伍的建构。软实力的打造、文化的发展归根结底需要以人为依托。何者能够引领社会发展的潮流,能够在思想的制高点发出时代的最强音,不是一两个思想家就能做得到的。与之相适应,还必须建构一支相匹配的文化队伍,文化队伍的构建犹如一支交响乐队,通过钢琴、提琴、管乐、弦乐、打击乐等多重音乐形式的相互配合,奏出美妙的共鸣。

其次,文化产品的生产。具有“中国精神”内蕴的文化发展不仅在于呼唤原创性的文化队伍,还在于创造现时代的文化经典。一本好书能够振奋人心给人启迪,一堆好书就能够给一个时代的国民带来思想的共鸣和文化的沉思。不仅仅是书籍,音乐、电影、绘画等都应该形成和遵循一种价值模式,向外传递当今中国的发展,给人民带来思想的洗礼。这样的文化产品应该是深深扎根于中国、来源于中国的,并吸取其他民族优秀文化元素,既符合中国传统又具有时代特色的精品。没有文化经典的标识是无法奢谈成为文化强国的。

再次,文化产业的推广。好的文化队伍,好的文化产品是中国文化强国的基石,与此同时,文化产业的发展与进步恰恰是中国文化传播的助推器。随着现代科技的进步,文化的传播扩散途径渠道众多,同时也更加迅速便捷。中国的文化产业建设尤其是传播手段的丰富化直接关系到中国文化的成果能否以积极的有效的姿态最快地呈献给世界。今天的文化传播,已不再局限于区域性文化。文化产业的发展和推广不仅可以使“中国精神”对外展示,同时也可以更好地借鉴世界先进文化理念和传播,从而推动中国文化的全面大繁荣。

最后,文化大众的文化素质的提高与文化的大众实践。大众的文化素质依赖于上述三个方面,同时,核心价值的践行又必须落实于大众的文化实践。大众文化实践的过程,也是价值观的培育壮大的过程。诚然,大众文化素质的提高,关键在于教育。与此同时,文化的发展和建设必须坚定不移地推进大众实践。国务院研究室2006年4月发布的《中国农民工调查报告》显示,农民工在我国第二产业从业人员占58%,第三产业占52%,已成为支撑我国工业化发展的重要力量。此外,我国农村劳动力中接受过短期职业培训的占20%,接受过初级职业技术培训或教育的占3.4%,接受过中等职业技术教育的占0.13%,而没有接受过技术培训的高达76.4%。这一报告的两个数据给我们以启示:农民工在国家经济发展过程中和文化实践事业中的身份属相发生新的位移。也即是,有文化的大众与受教育的底层社会阶层,已经并且在将来成为新文化传播的受众和生产者。

(三)中国改革的价值指向

中国改革正在进行之中,需要进一步深化,实现中华民族伟大复兴。这一宏伟壮丽的事业,其题中应有之义便是中国文化的复兴,而作为文化内核的价值,从来就是改革时代的精神支撑。

在中国又一轮的改革中,应重视以下几种价值:

其一,重拾艰苦奋斗精神。中国传统文化精神,尤其是新中国成立前的革命传统对人的精神的支撑是中国特色社会主义的道义原则。中国传统文化中勤俭廉正的道德取向是古人立身修德的基本要求,也是其他道德范式形成完善的原动力,体现了中华民族吃苦耐劳的良好品德和坚忍不拔的创业毅力,体现了传统文化崇尚勤俭戒奢、廉明正直的价值取向。

其二,坚持实事求是精神。"实事求是"一直是中国共产党政治哲学理念的核心内容。中国特色社会主义现代化的发展之路,从四个现代化到今天的"五位一体",从以阶级斗争为纲到和谐社会,从计划经济到市场经济,从发展是硬道理到科学发展观,一系列理论的形成、政策的调整和发展都反映了中国传统思想和文化中实事求是、与时俱进、和谐发展的品格。唯有尊重客观规律、从实际出发,才能真正实现社会的和谐发展。因此,坚持实事求是的理念和精神,对于中国社会的长久发展具有重要的理论价值和实践意义。

三、兼收并蓄:中国文化的再生性平衡

(一)外来文化的撞击

鉴于西方国家目前仍处于世界文化的话语主导权地位的客观现实,加之中国在改革开放中自觉或非自觉吸纳了与市场经济相适应的西方文化价值,因此,在当前中国文化中,既存在有来自于西方的正能量的价值,也包含有短

期无法消除的负能量价值，比如经济至上主义、消费主义、个人主义等。而且，这些负面价值也已成为中国改革进一步深化的障碍。在推进中国改革和中国文化复兴的进程中，必须保持对此有足够的认识，并采取切实的措施以应对。

其一，超越经济主义的负能量。一般指认的经济主义，是指19世纪末20世纪初形成于俄国工人运动内部的一种以单纯追求工人眼前经济利益为特征的机会主义思潮。这种思潮的观点主要体现为打着批评自由的旗帜，对于马克思主义恣意篡改，同时对于马克思主义的革命理论予以坚决否定，以崇拜经济改良，宣扬经济决定论而著称。经济主义对于我国的影响主要体现在，改革开放之初，面对经济发达的西方世界，经济落后的现实使得中国人自觉地坚持以经济建设的成绩来获得世界的重新认可和接受，这种强烈的主观动机以及西方世界经济发展所呈现的种种美好场景，让中国人无时无刻不想着一个关键词——以经济建设为中心。发展经济的强烈愿望，加上市场经济体制在创立伊始的不完善和人们在价值选择上的模糊，经济至上的思想在中国具有广泛的市场，当前社会层面的道德滑坡和腐败蔓延，与其不无关联。

其二，消费主义崇拜。中国经济社会的三十多年来的巨大进步产生了两个方面的直接后果：一是人均收入增加，人均消费支出增加；二是人们对服务和奢侈品的消费需求增加。国家统计局有资料显示：在11.4%的GDP的增长中，消费、投资、净出口分别拉动4.4、4.3、2.7个百分点。2007年，消费对GDP的贡献7年来首次超过投资。这一结构性变化，意味着中国经济增长方式出现拐点[①]。同时，中国的信用卡消费额也在逐年攀升，信用卡产品的生命周期也从2002年开始的成长期走入成熟期。历来崇尚节俭的中国人，在全球化浪潮中，不可避免地卷入消费社会的喧嚣中。避免市场经济的享乐主义、个人主义思潮对社会主义社会市场经济的侵害，依赖于建构合理的制度保障机制和“道德监护权”机制。规避炫耀性消费对于创建节约型社会以及深入可持续发展战略的影响，依然依赖于中国文化的疗救和文化自身的复兴。

（二）中国文化内在性动力有效供给不足

其表现在两个方面：

其一，兼容并包的思想内核没有被有效提取。中国传统文化的一大特征在于包容，这种包容在于两个方面，一是对于不同事物都有一种主动吸收的姿态，从而不断丰富自身，也正因为此，中国才得以在面积如此广袤的土地上绵延发展了五千多年。二是在吸收过程中重视自我文化的价值主体地位，这

① 中国证券报，2008年1月30日。

也是中国的文化长河绵延许久,但中华文化的主体性地位的坚实是其根本所在。可当下的文化选择,往往只是被动地吸收,而这种主体缺失下的吸收必然带有盲目性。事实上,这并非是中国传统文化的兼容并包思想内核的继承,这也是所谓中西价值冲突的重要原因。

其二,文化教育应以培养价值立场为旨归。文化的发展应该凸显教育的力量。而我们更多地重视了知识(器物)层面的宣传,缺失了对人性的深层思考。文化改革应着眼于人的人性教育和价值观的培育。特别是作为一种软实力的"文化领导权",深入人心和心悦诚服是其不可替代的两翼。当然,文化又是一种需要历史沉淀的社会现象,制度层面的改革取代不了社会范围内的教化。

(三)扩充文化动力源的路向选择

德国学者塞巴斯蒂安·海尔曼曾指出:"中国人脱离了西方的模式,他们致力于一种与传统、现代和民族主义元素有关的新领导模式。某些思想先驱完全公开地说,现在我们在建立一个自己的制度,我们不要个人主义、多元论和西方的自由概念;相反,我们需要一个强大的、关心我们的国家,他通过定期磋商的方式而不是选举的方式与公民的意愿相连。"①

中国领导人最近多次提出的"中国梦",一个重要指向就是中国应该对人类文明有更大的贡献。因此,自觉积极倡导并创造出一种新型文明体系,实现中华文明的复兴与重建,必须面对现代化、传统、社会主义文化的转换、创建和再生。

现代化是一种发源于西方但又不止于西方的生产与生活运动,现代化是动态化的存在。中国传统则是根植于以儒家为主体的历史与文化结构,是积淀于中国人心灵的精神家园。而社会主义却是以马克思主义指导下的思想方法、政治制度、社会制度与国家体系,通过六十多年的社会意识形态的主导,社会主义已经成为一种深入人心的理想追求。积极整合现代化、中国传统、社会主义三大思想资源,无疑应作为重建中华文明的动力源。

综上所述,传统意义上的中国主流文化都具有一个统一的价值向度,那就是重视协调性。这种协调性包含两个方面:一是人与自然的协调,二是人与人的协调。所谓现代文化尤其是指文艺复兴以来所提倡的"契约"文化,随着改革开放的深入,也深刻嵌入中国人的思维世界。因此,有效整合这两种资源,以中国传统文化的协调性与西方现代文化中的制度性原则有机融合,

---

① 塞巴斯蒂安·海尔曼:《中国人不久将把我们甩下》,《星期日法兰克福汇报》2008 年 7 月 13 日。

发挥前者的人伦规范作用,重视后者的法律约束作用,两者的统一,才能使得传统文化获得新的生长空间。

2012 年,十八大报告首次以 12 个词语概括由中国社会主义核心价值体系提炼出的核心价值观,即"倡导富强、民主、文明、和谐,倡导自由、平等、公正、法治,倡导爱国、敬业、诚信、友善,积极培育社会主义核心价值观"。这是继倡导"社会主义核心价值体系"后,首次以"价值观"这一易于为民众和世界所理解认同的概念进行表述。无疑,其本身就是一次汲取人类文明共同成果的文化相容性表达。但其内在的依据显然来自于中国文化的元素。社会主义核心价值观,决定了中国特色社会主义的意识形态性质和民族形态;同时也体现了当代中国的价值追求、价值理想、价值取向和价值规范。积极培育与践行社会主义核心价值,不仅意味着社会主义核心价值仍然是一个需要不断进行理论创新的过程,还应是一个不断的实践过程和自觉的创造过程的统一。

为更有力地推动中国改革和发展,中国文化的重要价值不言而喻。因此,应更加自觉地提炼和转化中国传统文化的历史内涵,使得社会主义文化事业的发展既有制度保证、价值支撑,又具有自身内源性的文化动力。这样的文化才是社会主义现代化进程所需要的,也是被实践所检验合乎历史发展规律的。

社会主义中国的发展历程给予人们诸多的启示,但最为深刻的也许就是不可或缺中国文化的参与和自觉武装,否则,将不会有所谓"中国道路""中国经验""中国模式"之辨的存在。因此,积极地反思中国文化在中国改革进程中的价值指向,以及合理有效地整合国内外的文化资源,中国的文化复兴之路才可能获得真正实现。

传承中国基本价值观
培育社会主义核心价值观

王国良

摘　要:社会主义核心价值观与中国基本价值观具有传承创新关系。核心价值观三个层面的绝大部分内容来源于对中国传统文化优秀成分的提炼,也就是对中国基本价值观念的提炼,在内涵方面有许多交叉融摄。发挥基本价值观的作用与影响,有助于核心价值观的培育与践行。基本价值观具有鲜明的中国特色,为人民群众喜闻乐见,构成中国文化软实力,依托基本价值观来培育和践行核心价值观,有利于广大人民群众尽快地参与到培育和践行社会主义核心价值观的时代实践中来。基本价值观的传承与创新能够增强中华民族的文化自信。

关键词:基本价值观;文化自信;软实力

一、借助传统文化培育和践行核心价值观

党的十八大提出"要深入开展社会主义核心价值体系学习教育,用社会主义核心价值引领社会思潮、凝聚社会共识",要培育和践行具有中国特色的社会主义核心价值观,就是要在国家层面"倡导富强、民主、文明、和谐",在社会层面"倡导自由、平等、公正、法治",在公民个人层面"倡导爱国、敬业、诚信、友善"。为了实现中华民族的伟大复兴,不仅要将中国建设成有中国特色的社会主义政治大国、经济大国、军事大国,也要将中国建设成为社会主义文化大国。核心价值体系是一个国家的国家实力的重要组成部分,属于国家的"软实力",特别是大国,如果缺乏软实力,就不能称为大国。一个没有深厚的

作者简介:王国良,男,安徽大学中国哲学与安徽思想家研究中心主任,教授。

文化底蕴和强大的文化竞争力的民族，很难说是一个有希望的民族。不仅要有道路自信、理论自信和制度自信，更要有文化自信。因此，我们不仅要建设强大的社会主义物质文明，也要不断培育和践行中国特色社会主义核心价值体系。

中国要不断接受西方文明中有进步合理意义的文化价值，但中国传统文化内容丰富，孕育了中华民族的民族精神与核心价值观，特别是经历了近百年欧风美雨的冲刷，经过近现代中国革命历程的锤炼，历史证明足以支撑中华民族昂然挺立，对中华民族不畏艰险、奋勇前进有积极推动作用，代表中国先进文化前进方向、适应新时代发展要求的价值观，要加以发掘和弘扬，提升其普遍价值与意义，与社会主义经济文化建设事业进一步相结合，建设社会主义核心价值体系。

培育和践行具有中国特色的社会主义核心价值体系，应以弘扬发展中国哲学为主，兼及哲学其他门类和文化理论，结合国际关系、国际战略理论进行跨学科研究。中国在新世纪要实现中华民族的伟大复兴，必须建设发展与西方价值观、美国价值观相对应的具有中国特点和中国气派的社会主义核心价值体系，同时又是具有普遍价值和意义的，能够为世界各国人民理解和接受的价值体系，能够充分地参与世界文化的竞争与交流。中国传统哲学的精华构成中华民族的核心价值观，是中华民族精神的支柱，是中华民族的伟大凝聚力所在，特别是经历近百年艰辛曲折革命历程考验的优秀文化价值观，代表中国先进文化的前进方向，构成社会主义核心价值的基础与精髓，值得系统总结、提升与弘扬。弘扬和培育以爱国主义为核心的伟大民族精神，不仅有利于建设社会主义核心价值体系，而且能极大地增强中国的综合国力。

培育和践行具有中国特色的社会主义核心价值观，首先是坚持以马克思主义为指导，尤其是以科学发展观、构建和谐社会为指导方针。其次是坚持以中国文化为主导，要弘扬和总结经过历史考验和证明的优秀核心价值，具有普遍意义的，为各国有识之士所关注和重视的价值观，努力为建设社会主义核心价值体系服务。第三，要注意社会发展中出现的新思潮、新动向、新问题，新挑战，注意传统价值观在社会发展中的变迁，与时俱进，综合创新，提炼能适应与推动社会主义建设的新观念，用以补充、丰富社会主义核心价值体系的建设。

二、依托基本价值观培育和践行核心价值观

培育和践行社会主义核心价值观，目前主要是宣传为主，对于怎样培育

和践行核心价值观还缺乏明晰的思路。培育和践行具有中国特色的社会主义核心价值观，要注意发挥基本价值观的作用与影响，不能忽略和遗弃基本价值观的传承与创新。所谓基本价值观，是指在中国传统文化体系中具有始基性的、原创性的价值观，由具有鲜明的中国文化特色的概念名词所组成，在几千年的中国历史发展中始终起着积极作用，特别是经历近百年艰辛曲折的革命历程考验证明仍然具有先进意义的价值观，这些基本价值观构成中国传统文化体系的基本要素。三个层面的核心价值观绝大部分来源于对中国传统文化优秀成分的提炼，也就是对中国基本价值观念的提炼，核心价值观与基本价值观有着直接的渊源关系，在内涵方面有许多交叉融摄，发挥基本价值观的作用与影响，有助于核心价值观的培育与践行。比如“富强”，在中国传统文化中就有《洪范》九畴先言富，《大学》十章半理财，孔子明确指出人口众多之后要“富之”“教之”，《周易·系辞上》说“富有之谓大业”。中国传统概念“民主”与现代民主概念内涵不同，但孔孟思想中民生民本的观念蕴含民主的思想，黄宗羲“学校”的功能已经具有近代民主议会制度的意涵。“文明”更是中国固有的传统名词，《书·舜典》：“濬哲文明，温恭允塞。”孔颖达疏：“经天纬地曰文，照临四方曰明。”《易·乾》：“见龙在田，天下文明。”《周易·贲卦》：“文明以止，人文也。观乎天文以察时变，观乎人文以化成天下。”文明表示个体的内在品德、修养、睿智与社会的和谐有序相结合。“和谐”直接来自基本价值观，春秋时期就有“和而不同”“和实生物”的提法，《周易·乾卦》说“保合太和，乃利贞”，都是指不同事物间保持平衡与有序，各正性命，协调发展。《中庸》说“致中和，天地位焉，万物育焉”，《论语·学而》说“和为贵”，“和谐”既是中国基本价值观，也是核心价值观。从社会层面上看，佛教道教思想中有丰富的自由平等的思想，儒家虽没有明确提“自由”概念，但儒家提倡自主自尊自觉，胡适认为孔子和老子思想中有自由精神，中国有自由主义传统，“三军可以夺帅，匹夫不可夺志”，舍生取义，“从心所欲不逾矩”，儒家提倡自律的自由，自律和他律相结合，自由与责任相结合；儒家主张人性平等，是世界文明史上最早提出人性平等的学派，在这方面形成许多基本价值观，有助于培育核心价值观。“公正”可以说是中国基本价值观“义”的现代用法。“义”者宜也，“行而宜之之谓义”，义具有正当性、适当、恰好、公正、公平等多种含义，经常与仁义、道义合用。这些基本价值观至今仍有巨大的生命力。在公民个人层面，爱国、敬业、诚信、友善也直接是中国基本价值观的提炼，弘扬基本价值观也就是培育和践行核心价值观。

依托基本价值观来培育和践行核心价值观，具有独特的优势。这优势在于，基本价值观在中国传承几千年，成为中国文化的基本要素，为广大人民所喜闻乐见、耳熟能详,已经转化为人民大众的基本思维方式和情感意念,成为人民讲道理、辨是非、论善恶的基本依据,传承和创新基本价值观,有利于广大人民群众尽快地接受与认同核心价值观,自觉地参与培育和践行社会主义核心价值观的时代实践中来。

三、基本价值观是洋溢天下的价值观

传承与创新基本价值观,有助于增强中华民族的文化自信,有利于塑造中国的"软实力"。一个没有文化自信的民族不可能有自己的道路,只能始终摸着石头过河。中国道路必须依托中国精神与中国力量。所谓"软实力",是指本国的文化所具有的影响力、号召力、吸引力。基本价值观是源生性的、本原性的价值观,传承和创新基本价值观,才能真正打造中国的软实力,才能真正打造发展中国的文化产业,诸如《断背山》之类,即使获得一百个奥斯卡奖,也无助于中国软实力的发展与弘扬,只能是抛却自家无尽藏,沿门托钵效贫儿,为他人作嫁衣裳而已。更为重要的是,基本价值观是放之四海、适宜天下的价值观。中国的许多基本价值观早在先秦时期就已经提出(正如西方许多价值观早在古希腊时期提出一样),当时的思想家都不是面对中国本土提出基本价值观和思想原理,都是面对全天下提出价值观念与思想原理。可以说,中国文化、中国基本价值观中蕴含天下主义传统。梁启超早在《先秦政治思想史》中就提出中国文化有天下主义精神,认为我国先哲言政治,皆以"天下"为对象,先秦学者皆是针对全天下而积极地发表其学理上的意见,这是世界主义之真精神。

天下主义,或者说世界主义,就是破除宗教、国家的界限,针对全天下而发表思想文化原理,以建立普适天下的世界和平与秩序、提高全人类的文明教养为自己的责任。

天下主义发端于春秋战国时代,许多思想家都不以种族国家为念,而是着眼于全天下提出政治原理、思想学说,思以其学易天下,以安定天下、引导天下从无序走向有序为己任。

孔子和老子最先表现出对天下主义观念的承认和接受。孔子说:"君子之于天下也,无适也,无莫也,义之与比。"(《论语·里仁》)君子对于任何国家、任何人,既不刻意亲密,也不随意疏远,而是根据道义准则做出选择判断,这是历史上第一次意义明确的天下主义的宣示,表达了天下主义的精华。天下主义是道义主义,也是文化主义。文化只有高低之分,没有国界畛域的区分。孔子曾欲“乘桴浮于海”，“欲居九夷”，当有人怀疑九夷之地愚陋不可居时，孔子曰：“君子居之，何陋之有？”（《论语·子罕》）这里传达的信息是很清楚的，君子所到之处传布文化教育，可以改变九夷之地朴野愚陋的境况。故孔门中有“四海之内皆兄弟”的思想。天下主义观念还蕴含着人文主义的伟大信念。“故远人不服，则修文德以来之”（《论语·季氏》），天下主义者处理对外关系，依靠高度的文明德教使“远人”心悦诚服地归顺，而不是凭恃武力战胜征服。在国家主义盛行、人们凭借武力强大而横行霸道的时代，天下主义不免相形见绌，充分暴露其弱点而不见用。但历史事实同样证明，如果没有较高的文明，仅仅凭借武力，谁又能够维持长治久安呢？当然，我们今天总结历史教训，已经可以明确地做出结论，要实行天下主义，必须以强大的军事力量作为后盾。道家以自然为宗，但所持天下主义之气象博大，丝毫不让于儒家。老子也是动辄言天下，“以天下观天下”，“以无事治天下”，“抱一为天下式”。庄子的“天下篇”总结百家学术之源流裂变，更是先秦学术史之名篇。墨子言兼爱，言尚同，也是突破种族国家观念而提倡国际和平。孟子和荀子已经完全是公开明白地主张天下主义，要在全天下实现普遍的和平与秩序，即“定于一”。孟子和荀子都是自任以天下之重，以“天下之归心”为己任，“达则兼济天下”，“夫天未欲平治天下也，如欲平治天下，当今之世，舍我其谁也（《孟子·公孙丑下》）。荀子活动于战国后期，此时已是”四海之内若一家”，“无幽闲隐僻之国”，荀子高举天下主义大旗，提出“仁眇天下，义眇天下，威眇天下”（《荀子·王制》），主张以文化统一天下。

天下主义通过《易传》《大学》《中庸》《春秋·公羊传》的阐释而成为系统的文化主义原理，对后世思想观念文化起到构造性影响作用。《易传》从天地人统一的普遍原理出发，提出普适天下的哲理观念：“观乎天文，以察时变，观乎人文，以化成天下”（《易经·彖传》），“举而措之天下之民谓之事业”（《系辞上》）。《易传》作者认为“天下同归而殊途，一致而百虑”（《系辞下》）。《大学》之道，就是个人从认知开始，以平治天下为最高目标，即格物致知、诚意正心、修身齐家治国平天下，这也是儒家核心内容的内圣外王之道。《中庸》提出要立天下之大本，“为天下道，为天下法，为天下则”，把文明教化向全世界传播：“是以声名洋溢乎中国，施及蛮貊；舟车所至，人力所通；天之所覆，地之所载，日月所照，霜露所坠；凡有血气者，莫不尊亲。”梁启超先生认为天下主义“其气象如何伟大，理想如何崇高”，即此数语，“已可概见”（《先秦政治思想史·本论》）。《春秋·公羊传》分“三世”说明天下主义的进化轨迹：第一是“据乱世”，“内其国而外诸夏”；第二是“升平世”，“内诸夏而外夷狄”；第三是“太平世”，“夷狄进至于爵，天下远近大小若一”（《公羊传·隐公元年注》)。

近代以来,采取天下主义的文化中国与采取集体利己主义和社会达尔文逻辑的西方"民族国家"相遇,中国遭受了一系列的战争失败。先进的中国知识分子在检讨批判中国传统文化时,发现其重大缺陷之一就是人民缺少民族意识,缺少民族凝聚力,因此要唤起民族精神,从此天下主义开始转变为民族主义。从洋务运动(也称自强运动)、戊戌变法,经辛亥革命、五四运动到现在,民族主义与爱国主义联系在一起,在中国已深入人心。从一定意义上说,正是中国民族意识的觉醒,才改变了中国灭亡的命运,使中国逐步走上成功富强之路。近代以来,持和平的天下主义的中国与好战的、掠夺的民族主义的西方相遇,没有以先进武器为后盾的天下主义遭到失败,开始转向民族主义而获得成功。但正如池田大作所说:"中国人的民族主义是对鸦片战争以来,包括日本在内的外国侵略势力,做出的不得已的反应"。"我想所谓民族主义是对外反应的一个方面,基本上还是大力推行这世界主义,中华主义。"①

天下主义内蕴于中国文化之中,与中国文化的其他优秀成分如水乳交融,密不可分。因此,推行基本价值观,就是推行普世价值,就是打造中国的软实力。没有天下主义理念的贯彻,世界和平的伟大理想就不可能实现。因此,中国的天下主义文化理当复兴,为世界和平做出贡献。

四、中国基本价值观主要内容

1. 仁义体系

中国基本价值观首先是仁义体系。仁义是中国基本价值观的第一原则。不讲仁义,离开仁义,中国价值观许多具体细目都将失去基础。"仁"从人从二,就是二人平等、亲近,"樊迟问仁,子曰'爱人'"(《颜渊》),平等爱人可说是仁的基本含义。"爱人"就是对一切人的尊重和爱敬之情,把人当作具有平等人格的人而对待,即"出门如见大宾,使民如承大祭"(《颜渊》),"居处恭,执事敬,与人忠"(《子路》)。孔子提出一条君子"可以终身行之"的基本社会交往准则是:"己所不欲,勿施于人"(《颜渊》)。这是推己及人的行为方式。即根据自己的思想情感意愿去类推他人,自己不愿意的,也勿强求他人。这了就是仁的品格体现在社会交往方面的含义。"夫仁者,己欲立而立人。己欲达而达人"(《雍也》)。这是从正面出发对他人的类推,表现出君子"厚德

① 《展望二十一世纪》,北京,国际文化出版公司,1985 年 11 月版。

载物”的襟怀风度。孟子也认为:“君子莫大于与人为善(《公孙丑下》)。这都可以说是“仁者爱人”的原则在社会交往中的运用。

孔子说:“君子义以为上”(《论语·阳货》),“君子喻以义”《里仁》,“君子之于天下也,无适也,无莫也,义之与比”《里仁》。《中庸》说“义者,宜也”,孟子把仁义连在一起使用,提倡行仁义,荀子提出“义之所在,不倾于权,不顾其利,举国而与之不为改视”(《荀子·荣辱》)。

唐代韩愈提出“博爱之谓仁”(《原道》),宋儒把仁解释为“生”和“生意”,“天地生物之心”,以仁作为生命本体。近代谭嗣同吸收佛教“众生平等”的学说,在《仁学》中把“仁”解释为“通”,仁就是众生平等,万物平等。毛泽东同志对“仁义”做出现代的解释发挥:“要特别忠于大多数人民,孝于大多数人民,而不是忠孝于少数人。对大多数人有益处的,叫做仁;对大多数人利益有关的事情处理得当,叫义。对农民的土地问题、工人的吃饭问题处理得当,就是真正的行仁义。”(《关于国民精神总动员的号召》)习近平同志说“亲仁善邻,国之宝也”(《在俄罗斯“中国旅游年”开幕式上的致辞》光明日报2013.3.23),把仁义拓展运用到国际关系,由此建立合作共赢、共同发展的国际关系新秩序。而有的国家却把国家间的政治定义为“争强权”,一味追求“强权统治下的和平”,实际上就是搞霸权主义。这种国际关系绝对不合理不公正,也不可能长久维持。只有建立亲仁善邻的国际关系新秩序,才能真正有利于世界和平。

由仁义形成一系列基本价值观,在中国历史上长期起着积极作用,并为广大人民所熟知:仁义、仁爱、仁民爱物、仁政、仁义礼智信、智仁勇、仁人志士、仁至义尽、仁厚、仁慈、义勇、当仁不让、恻隐之心、博爱、敬爱、忠信、与人为善、恭宽信敏惠、温良恭俭让、信义和平、礼义廉耻、正义、道义、仗义、有情有义、义不容辞、义无反顾、义愤填膺、见义勇为,仁义价值观在现代经济交往中创发出“互惠互利”“双赢”等新观念,在国际交往中创发出“共同发展”“和谐世界”等新观念。

2. 自强有为、生生不息体系

《易经·象传》提出“天行健,君子以自强不息”,《易经·系辞》提出“生生之谓易”。孔子提出“君子求诸已”(《卫灵公》)的论断,为仁由已,第一次表现出自我意识的觉醒。孟子反对“求于人者重”,而“自任者轻”(《孟子·尽心下》),并且“自任以天下之重”。自强不息是中华民族生存发展的动力,刚健有为是中国哲学的优良传统,生生不息渗透到中国文化的血脉中,“野火烧不尽,春风吹又生”。自强有为的精神激励中华民族自信、自尊、自强,致力于对至善理想的追求,在艰难挫折中奋发图强,为理想不懈奋斗。生生不息还表现为应变能力,崇尚变化革新,日新又日新,追求进步与发展。

仁义体系和自强体系是中国基本价值观中最重要的两大体系,中国不会灭亡,历经风雨,衰而复振,终能崛起,这两大基本体系深入人心,长期起着积极作用。据说拥有自由民主科学精神的古希腊,却早早就灭亡,直到近代才重新独立,而希腊的独立恰恰依靠的不是自由民主,而是民族主义和近代独立革命。罗马号称民主自由法治,却也早早灭亡,灰飞烟灭,再也不能恢复,为天下笑。中国的仁义和自强,一定能推动中华民族实现伟大复兴。

3. 人道民本

人最为天下贵。中国价值观珍视人的生命价值,人得天地之秀而最灵,人与天地相参,以人为本,以民为本,民胞物与,亲亲而仁民,仁民而爱物,与人为善,朋友情深,宽容团结。

4. 重视德性伦理,主张以德治国,以德服人

"厚德载物"是中国核心价值观之一。中国传统主张"立德、立功、立言","正德利用厚生","为政以德","以德服人","仁义礼智信","修辞立其诚"。

5. 天人合一

中国文化包含丰富的崇尚自然、热爱自然、利用自然又维护自然的思想,对关爱地球,维护自然生态平衡有积极作用,形成富有诗意的人生态度,对实践科学发展观有积极价值。

6. 追求崇高,坚持正义

中国人民历来追求崇高的人格理想,以君子、圣贤为理想,严于律己,正己正人,坚持正义,宁死不屈,宁折不弯,舍生取义,杀身成仁,路见不平、拔刀相助。中国人对崇高人格的追求与西方个人自由价值观各有特色。

7. 艰苦奋斗,发奋图强

中国人民为实现自己的志向,崇尚艰苦奋斗、愚公移山的精神,苦其心志,劳其筋骨,艰难困苦,玉汝于成。饱经沧桑,历经磨难,愈挫愈奋,奋发图强,以崭新的姿态重现光辉,不怕牺牲,前仆后继,不屈不挠,争取新的胜利,表现民族精神的伟大生命力。

8. 团结统一,爱好和平

中华民族珍惜团结统一,"二人同心,其利断金",四海之内皆兄弟,"亲仁善邻,国之宝也"。"协和万邦",表现中华民族爱好和平的风范。反对分裂,反对侵略,反对不义战争,反对暴力,反对霸道,热爱祖国,热爱家园,表现出强烈的爱国主义精神。

9. 天下为公,均富大同

中国文化中具有最充分的世界主义、天下主义传统。古代中国即是世

界，关怀天下与爱国情怀相一致，孔子立志“一匡天下”，墨子主张“兼爱”，孟子“以天下为己任”，顾炎武提出“天下兴亡匹夫有责”。邓小平提出的“共同富裕”是把古代“均富”“大同”的理想与社会主义本质相结合的典范。“共同富裕”能够成为全世界的共同理想追求，具有普世价值。

应该说明的是，现在的核心价值观还没有、也不能概括中国基本价值观的全部，社会主义核心价值观在当代社会实践中还要继续发展与延伸，也就是要弘扬核心价值观，中国基本价值观也要在当代继续发展与延伸，二者在当代社会实践中深度融合，最终形成中国当代自身的话语体系。

四、结　语

总之，培育和践行具有中国特色的社会主义核心价值观，要注意发挥基本价值观的作用与影响，不能忽略和遗弃基本价值观的传承与创新。核心价值观具有高度的凝练性，难以涵盖传统价值观的全部。依托基本价值观来培育和践行核心价值观，具有独特的优势。基本价值观在中国传承几千年，成为中国文化的基本要素，为广大人民所喜闻乐见、耳熟能详，已经转化为人民大众的基本思维方式、情感意念，成为人民讲道理、辨是非、论善恶的基本依据。传承和创新基本价值观，有利于广大人民群众尽快地接受与认同核心价值观，自觉地参与培育和践行社会主义核心价值观的时代实践中来。同时，借助培育和践行的活动，也能进一步推动中国传统基本价值观的传承与创新。

当代中国新哲学的建构路径

——对中西马融合会通的反思

陆建华

摘　要：当代中国新哲学的建构在方法、路径上应该是多种多样的。建构当代中国新哲学可以走中哲、西哲和马哲融合会通之路，可以走中哲和马哲、中哲和西哲、马哲和西哲融合会通之路，也可以走中哲、马哲和西哲各自内部生成之路。中哲、西哲和马哲融合会通时三者是否有主次之分，中哲和西哲、中哲和马哲、马哲和西哲融合会通时各自是否有主次之分，是不确定的，取决于建构者自己的选择。另外，中哲、西哲和马哲融合会通时以谁为主、以谁为辅，中哲和西哲、中哲和马哲、马哲和西哲融合会通时以谁为主、以谁为辅，同样是不确定的，同样取决于建构者自己的选择。从哲学发展的历史来看，建构新哲学有两种基本的方法、路径，即同一哲学系统、哲学类型的哲学的内部生成和不同的哲学系统、哲学类型的哲学的融合会通这两条路径，前者可以称作“内生”之路，后者可以称作“外生”之路。由“内生”之路和“外生”之路建构新哲学，前者对建构者哲学诠释能力有更高的要求，后者对建构者筛选、组合、利用不同哲学系统、类型的哲学的能力有更高的要求。

关键词：当代中国；新哲学；中哲；马哲；西哲；融合会通

当代中国新哲学的建构，是近年来学术界讨论的热点问题，马克思主义哲学的中国化、中国传统哲学的现代转化是其主要的表述形式，马哲、中哲乃至西哲等领域的学者均参与其中。如何建构当代中国新哲学，或者说，建构当代中国新哲学的方法、路径是什么？学者们一般认为建构当代中国新哲学要广泛汲取古今中外一切哲学的精华，因此，建构当代中国新哲学要走中哲、西哲与马哲融合会通之路，而且学者们表述观点的方式也基本一样；如何融

作者简介：陆建华（1965—），男，哲学博士，安徽大学哲学系、中国哲学与安徽思想家研究中心教授，中国哲学专业博士生导师，主要研究道家哲学和当代中国哲学。

合会通中哲、西哲和马哲？学者们一般主张以马哲为主、以中哲和西哲为辅，只是学者们的具体表述方式有些差异而已。这些，可以说是学界之共识，几乎没有不同的声音。问题是，当代中国新哲学的建构一定要走中哲、西哲与马哲融合会通之路吗？融合会通中哲、西哲和马哲一定要以马哲为主、以中哲和西哲为辅吗？换言之，当代中国新哲学的建构仅仅有这一种方法、一种路径吗？在我看来，未必一定如此。

一

哲学的发展，新哲学的建构，从来都是有同一哲学系统、哲学类型的哲学的内部生成和不同的哲学系统、哲学类型的哲学的融合会通这两条路径。以中国哲学为例，历史上，各个时期的道家和儒家哲学的建构，就是通过中国哲学内部生成的，属于同一哲学系统、哲学类型的哲学的内部生成，而现代新儒家的建构则是通过中国哲学尤其是儒家哲学与西方哲学融合会通而产生的，中国的马克思主义哲学则是通过马克思主义哲学与中国哲学融合会通而产生的，属于不同哲学系统、哲学类型的哲学的融合会通。这里，中国哲学、西方哲学和马克思主义哲学属于三种不同的哲学系统、哲学类型。既然如此，当代中国新哲学的建构就不仅仅有中哲、西哲和马哲三者融合会通这一种路径，还应该有另一种路径，那就是通过中哲、西哲和马哲各自的内部生成建构出新哲学。当然，这里所说的通过中哲、马哲和西哲各自的内部生成来建构当代中国新哲学，都是由中国哲学家自己独立完成的。只有由中国哲学家所建构出来的新哲学，才算是新的中国哲学；只要由中国哲学家所建构出来的新哲学，就算是新的中国哲学。这是判定建构出来的新哲学是否当代中国新哲学的唯一标准。至于中国哲学家建构当代中国新哲学时是利用中哲、马哲和西哲三者中的哪一种哲学，是通过中哲的内部生成，还是通过马哲、西哲的内部生成来建构新哲学，都不足以判定其所建构出来的新哲学是否当代中国新哲学，因为中哲、马哲、西哲只是建构当代中国新哲学的材料。例如，贺麟先生融合会通中西哲学特别是陆王心学与西方哲学所建构的“新心学”，是中国哲学；金岳霖先生主要凭依西方哲学所建构的“知识论”，也是中国哲学。由此可知，在我们讨论建构当代中国新哲学时，我们认为只有走中哲、西哲和马哲融合会通之路，是片面的。之所以造成这种片面，大概是因为讨论者以为当代中国新哲学的建构，要利用人类历史上最为典型的三种哲学系统、哲学类型，要吸取人类历史上所有优秀哲学的精华，因而，哲学资源越多越好。

其实,就新哲学的建构来说,哲学资源的多少与建构出来的新哲学的质量、水准之间并没有必然的、决定性的联系,关键在于建构者自身的建构新哲学的能力和信心①。

通过不同的哲学系统、哲学类型的哲学的融合会通建构新哲学,各种哲学在融合会通时所处的地位多数情况下是不同的,一般是以一种哲学为主,以其他哲学为辅,只有在极少数情形下,被融合会通的哲学没有主次之分。至于融合会通时,以哪一种哲学为主、以哪一种或几种哲学为辅,这不是确定的,更不是绝对的,主要取决于建构新哲学者的选择,这种选择都是出于所建构出来的新哲学的哲学系统、哲学类型的归属的考虑。再以中国哲学为例,中国现代哲学中各种新哲学的建构大都是以一种哲学为主,以其他哲学为辅,而且,以何种哲学为主、以哪些哲学为辅,都是出于建构者的选择。现代新儒家融合会通中西哲学尤其是儒家哲学与西方哲学时,以中国哲学尤其是儒家哲学为主,以西方哲学为辅;中国马克思主义哲学家融合会通马克思主义哲学与中国哲学时,以马克思主义哲学为主,以中国哲学为辅。现代新儒家融合会通中西哲学时之所以选择以中国哲学为主、以西方哲学为辅,是因为现代新儒家哲学的建构者要建构的中国哲学是现代形态的儒家哲学,其重心在“儒家哲学”;中国的马克思主义哲学家融合会通马克思主义哲学和中国哲学时之所以选择以马克思主义哲学为主、以中国哲学为辅,是因为中国马克思主义的建构者要建构的中国哲学是中国化的马克思主义哲学,其落脚点在“马克思主义哲学”。

具体到当代中国新哲学的建构,当我们讨论中哲、马哲与西哲融合会通时,我们可以以马哲为主、以中哲和西哲为辅,也可以以中哲为主、以马哲和西哲为辅,甚至也可以以西哲为主、以中哲和马哲为辅。以马哲为主、中哲和西哲为辅,建构出来的当代中国新哲学,乃是中国化的、又具有西方哲学元素的中国马克思主义哲学;以中哲为主、以马哲和西哲为辅,建构出来的当代中国新哲学,乃是借鉴和利用马哲、西哲的精华实现中国传统哲学现代转换的具有当代意义的中国哲学;以西哲为主、以中哲和马哲为辅,建构出来的当代中国新哲学,乃是产生于中国大地,具有东方特色、马克思主义因素的西方形态的中国哲学。那种认为中哲、马哲与西哲的融合会通,一定要以马哲为主、以中哲和西哲为辅,只是讨论了中哲、马哲与西哲融合会通的一种情形,而忽视了另外两种情形。之所以讨论者坚持以马哲为主,以中哲和西哲为辅,来建构当代中国新哲学,大概是因为讨论者认为当代中国只能有一种形态的哲

① 陆建华:《建构当代中国新哲学的实践维度》,《哲学动态》2008 年第 2 期,第 21 页。

学，那就是中国化的马克思主义哲学。其实，任何时代都应该有不同形态的哲学，任何具有时代精神的哲学都是那个时代的产物，都反映了那个时代的时代精神，而且，哲学的形态多样，不同形态的哲学之间的碰撞、交融或争论，恰恰是哲学繁荣、时代伟大的标志。另外，讨论者认为当代中国只能有中国化的马克思主义哲学，可能是立足于所谓"主流地位"的考虑。其实，大可不必。作为"主流地位"的哲学只能有一种，那就是马克思主义哲学，但是，作为学术形态的哲学，可以有许多种。当代中国形态多样的哲学，是哲学繁荣的标志，不但不能挑战马克思主义哲学在当代中国的主流地位，而且还凸显了马克思主义哲学在当代中国的主流地位，只要我们坚定不移地选择并坚持马克思主义哲学作为我们的指导思想。

由于在新哲学的建构中，哲学资源的多少与建构出来的新哲学的质量、水准没有必然的、决定性的联系。通过融合会通不同的哲学系统、哲学类型的哲学以建构新哲学，不一定要融合会通所有的哲学系统、哲学类型的哲学。因此，建构当代中国新哲学，不一定要融合会通中哲、马哲与西哲三者。我们既可以融合会通中哲与马哲，也可以融合会通中哲与西哲，还可以融合会通马哲与西哲。由于不同的哲学系统、哲学类型的哲学的融合会通，以哪一种哲学为主是不确定的，取决于建构者的选择，那么，当我们融合会通中哲和马哲以建构当代中国新哲学时，既可以以马哲为主、以中哲为辅，也可以以中哲为主、以马哲为辅；我们在融合会通中哲和西哲以建构当代中国新哲学时，既可以以中哲为主、以西哲为辅，也可以以西哲为主、以中哲为辅；我们在融合会通马哲和西哲以建构当代中国新哲学时，既可以以马哲为主、以西哲为辅，也可以以西哲为主、以马哲为辅。以马哲为主、中哲为辅，建构出来的当代中国新哲学，乃是纯粹的中国化的马克思主义哲学，邓小平理论即是其代表；以中哲为主、马哲为辅，建构出来的当代中国新哲学，乃是通过融汇马哲实现中国哲学现代转化的现代化的中国哲学；以中哲为主、西哲为辅，建构出来的当代中国新哲学，乃是通过融汇西哲实现中国哲学现代转化的现代化的中国哲学，当代新儒家哲学即是如此；以西哲为主、中哲为辅，建构出来的当代中国新哲学，乃是具有中国本土特色的西方形态的中国哲学；以马哲为主、西哲为辅，建构出来的当代中国新哲学，乃是吸取西方哲学因素的中国的马克思主义哲学；以西哲为主、马哲为辅，建构出来的当代中国新哲学，乃是吸收马克思主义哲学营养的、具有西方形态的中国哲学。不论中哲、马哲与西哲如何融合会通，也不论中哲与马哲、中哲与西哲、马哲与西哲如何融合会通，所建构出来的新哲学一定是当代中国新哲学，因为这些形态各异的新哲学是由中国哲学家创立的、建构的。这一点，是最重要的，也是最根本的。

由于通过不同的哲学系统、哲学类型的哲学的融合会通建构新哲学，在极少数情形下，被融合会通的哲学没有主次之分。通过中哲、马哲和西哲融合会通，建构当代中国新哲学，中哲、马哲和西哲在融合会通之时，其地位、位置可以是不同的、有主次之分的，也可以是相同的、没有主次之分的。当中哲、马哲和西哲在融合会通时的地位、位置相同，没有主次之分，建构出来的当代中国新哲学既有明显的中哲、马哲和西哲特色，又是超越了中哲、马哲和西哲之区别的新形态的中国哲学。通过中哲与马哲融合会通，或者中哲与西哲、马哲与西哲融合会通，建构当代中国新哲学，中哲与马哲、中哲与西哲、马哲与西哲在融合会通之时，其地位、位置可以是不同的、有主次之分的，也可以是相同的、没有主次之分的。当中哲与马哲、中哲与西哲、马哲与西哲在融合会通时地位相同、没有主次之分，建构出来的当代中国新哲学，要么是既有明显的中哲和西哲特色，又超越了中哲和西哲之分的新型态的中国哲学；要么是既有明显的中哲和马哲特色，又超越了中哲和马哲之分的新型态的中国哲学；要么是既有明显的马哲和西哲特色，又超越了马哲和西哲之分的新型态的中国哲学。

三

通过同一哲学系统、哲学类型的哲学的内部生成建构新哲学，只是表明所建构的新哲学仅仅利用某一哲学系统、哲学类型的哲学作为"生长点"，没有利用其他哲学系统、哲学类型的哲学作为依据、参照，并不意味通过这种方法、路径建构新哲学者不熟悉乃至排斥其他哲学系统、哲学类型的哲学，对其他哲学系统、哲学类型的哲学"无知"。事实上，正是因为洞悉其他哲学系统、哲学类型的哲学，才会更加清楚地体悟自己建构新哲学时所选择的哲学系统、哲学类型，也才会在建构新哲学时选择自己所依赖的哲学系统、哲学类型。这么说，对其他哲学系统、哲学类型的哲学的"陌生"，反而会"遮住"我们的双眼；精通其他哲学系统、哲学类型的哲学，则是通过同一哲学系统、哲学类型的哲学的内部生成建构新哲学所必需。通过同一哲学系统、哲学类型的哲学的内部生成建构新哲学，而不利用其他哲学系统、哲学类型的哲学，主要是指不系统、有意地利用别的哲学系统和哲学类型的哲学，零星地渗入其他哲学系统、哲学类型的哲学，在个别地方、在细枝末节处受其他哲学系统、哲学类型的哲学的影响，是在所难免的，因为通过这种方法、路径建构新哲学者不可能在建构新哲学时彻底"清空"其他哲学系统、哲学类型的哲学，而不受其他哲学系统、哲学类型的哲学的一丝一毫的影响。

通过同一哲学系统、哲学类型的哲学的内部生成建构新哲学，具体来说，又有两种路径，一种是直接从某一哲学系统、哲学类型内部的某一哲学学派或某一哲学学派中的某一哲学出发，以此为哲学建构之源头、基础，而不利用该哲学系统、哲学类型中任何别的哲学学派或别的哲学家的哲学，建构出新的哲学。例如，庄子以道家中的老子哲学为根基，不吸收其他任何哲学营养，建构出庄子哲学；孟子以儒家中孔子哲学为根基，不吸收其他任何哲学营养，建构出孟子哲学，即是如此。当然，通过这种方法建构新哲学，并不意味建构者只熟悉自己建构哲学时所凭依的哲学，而不了解其他学派的哲学，其实，恰是因为了解各家各派的哲学，才会更清楚地理解自己建构哲学时所依靠的哲学，才会在建构新哲学时更加坚定地选择自己所依靠的哲学。例如，庄子立足于老子哲学而建构新哲学——庄子哲学，但是，其对儒家、墨家、名家等的哲学均有精深的把握，其在《庄子・天下》中能够评判各家之学，即是证明。再如，孟子立足孔子哲学建构自己的哲学——孟子哲学，但是，其对道家、墨家等学说均有深入的研究，其从礼的角度批评杨朱和墨子学说在理论上的荒谬性、在政治上的危害性曰："杨氏为我，是无君也；墨氏兼爱，是无父也。无父无君，是禽兽也。"(《孟子・滕文公下》)这一阐述即是证据。

通过同一哲学系统、哲学类型的哲学的内部生成建构新哲学，其另一种具体路径是经由某一哲学系统、哲学类型内部的某几个学派的哲学的融合会通，来建构新哲学。例如，战国时期的黄老学即是道家、儒家、法家、名家与阴阳五行家等的哲学融合会通而成，魏晋玄学即是儒家与道家融合会通的产物，宋明理学即是儒家、道家乃至中国化的佛教三者融合会通的产物。由同一哲学系统、哲学类型内部某几个学派的哲学的融合会通来建构新哲学，被融合会通的这几个学派的哲学在融合会通时多数情况下有主次之分，少数情况下没有主次之分。有主次之分的原因在于建构者在以此方法建构自己的哲学之时，有明确的学派归属，而且这种学派归属直接决定了其融合会通时对被融合会通的各派哲学的主次之选择。例如，魏晋玄学的学派归属是道家，魏晋玄学的建构者建构玄学，选择儒家、道家哲学进行融合会通之时，儒家与道家哲学在建构者的心中当然就有主次之分，而且，当然是以道家为主，以儒家为辅。再如，宋明理学的学派归属是儒家，宋明理学的建构者建构理学，选择儒家、道家以及中国化的佛教进行融合会通之时，儒家、道家、中国化的佛教在建构者的心中当然也有主次之分，而且，当然是以儒家为主，以道家与中国化的佛教为辅。没有主次之分的原因则在于建构者在以此方法建构自己的哲学之时，没有明确的学派归属，同时，也不愿意自己所建构出来的哲学归属于任何已有的学派。不愿意自己所建构出来的哲学归属于任何已有的学派,其原因在于不满意于已有的各家各派的哲学,不仅力图在哲学思想上创新,还力图在哲学派别上创新。例如,王充、方以智在建构自己的哲学之时没有明确的学派归属,也不愿意自己的哲学归属于任何已有的学派,王充融合会通儒家、道家等哲学以建构自己的哲学时,儒家、道家等哲学在其心中就没有主次之分;方以智融合会通儒家、道家、中国化的佛教等哲学以建构自己的哲学时,儒家、道家、中国化的佛教等哲学在其心中也没有主次之分。因之,我们才感叹王充、方以智的哲学难以归结到中国哲学各学派中的任何一派。这同时也说明,试图将王充、方以智的哲学划归到中国哲学中的任何一派,不仅是徒劳的,而且是错误的。

对于当代中国新哲学的建构来说,我们可以立足于中国哲学中的某一学派甚至某一个哲学家的哲学,不利用其他任何别的哲学资源,来建构新哲学,也可以立足于马克思主义哲学或者西方哲学中的某一学派甚至某一个哲学家的哲学,不利用其他任何别的哲学资源,来建构新哲学。同时,我们还可以立足于中国哲学中的各家各派哲学,通过融合会通中国哲学中的各家各派哲学,来建构新哲学,在融合会通中国哲学中的各家各派哲学时,各家各派的地位、位置可以是有主次之分的,也可以是没有主次之分的。同理,我们也可以立足于马克思主义哲学或者西方哲学,通过融合会通马克思主义哲学中的各家各派哲学或者西方哲学中的各家各派哲学,来建构新哲学,在融合会通马克思主义哲学中的各家各派哲学或者在融合会通西方哲学中的各家各派哲学时,各家各派的地位、位置可以是有主次之分的,也可以是没有主次之分的。

三

我们知道,建构新哲学有同一哲学系统、哲学类型的哲学的内部生成和不同哲学系统、哲学类型的哲学的融合会通这两条路径。通过同一哲学系统、哲学类型的哲学的内部生成建构新哲学,具体来说,又有两种路径:一种是从某一哲学系统、哲学类型内部的某一哲学学派或某一哲学学派中的某一哲学家的哲学出发,而不利用该哲学系统、哲学类型中任何别的哲学学派或别的哲学家的哲学,建构出新的哲学;另一种路径是经由某一哲学系统、哲学类型内部的某几个学派的哲学的融合会通,来建构新哲学。

由于通过同一哲学系统、哲学类型的哲学的内部生成来建构新哲学,所建构的新哲学是从同一哲学系统、哲学类型内部生成的,其相比于通过不同哲学系统、哲学类型的哲学的融合会通来建构新哲学而言，这种方法、路径，可以称作广义的“内生”之路[①]。同一哲学系统、哲学类型内部有不同的哲学派别的哲学，有不同哲学派别中思想各异的各个哲学家的哲学，仅从某一哲学系统、哲学类型内部的某一哲学学派或某一哲学学派中的某一哲学家的哲学出发来建构新哲学；仅从某一哲学系统、哲学类型内部的某几个学派的哲学的融合会通来建构新哲学，是广义的“内生”之路的两种样式。相应地，通过不同哲学系统、哲学类型的哲学的融合会通来建构新哲学，所建构的新哲学是从不同哲学系统、哲学类型的哲学的融合会通而来的，其相比于通过同一哲学系统、哲学类型的哲学的内部生成来建构新哲学而言，这种方法、路径，可以称作“外生”之路。

从某一哲学系统、哲学类型内部的某一哲学学派或某一哲学学派中某一哲学家的哲学出发，而不利用该哲学系统、哲学类型中其他任何派别或哲学家的哲学，来建构新哲学，所建构的哲学是从某一哲学派别或某一哲学家的哲学内部生成的，其相比于经由某一哲学系统、哲学类型内部的某几个学派的哲学的融合会通，来建构新哲学而言，这种方法、路径可以称作狭义的“内生”之路。广义的“内生”之路同狭义的“内生”之路相比，前者主要是指建构新哲学只利用同一哲学系统、哲学类型的哲学；后者主要是指建构新哲学只利用同一哲学系统、哲学类型内部某一哲学学派的哲学乃至只利用某一学派中某一哲学家的哲学。前者包括后者，后者只是前者的一种样式。

通过某一哲学系统、哲学类型内部的某几个学派的哲学的融合会通，来建构新哲学，所建构的新哲学是从同一哲学系统、哲学类型内部几个学派的哲学融合会通而来的，其相比于通过同一哲学系统、哲学类型内部的某一哲学派别或某一哲学家的哲学内部生成来建构新哲学而言，也即相比于狭义的“内生”之路而言，这种方法、路径虽然也属于广义的“内生”之路，但是，同时也具有“外生”之路的某些特点。即这种“内生”之路与“外生”之路都是对不同哲学的融合会通，区别仅在于，这种“内生”之路融合会通的是同一哲学系统、哲学类型内部不同的哲学，而“外生”之路融合会通的则是不同哲学系统、哲学类型的哲学。这样，广义的“内生”之路包括狭义的“内生”之路和具有“外生”之路某些特点的“内生”之路。

相比于通过不同哲学系统、哲学类型的哲学的融合会通来建构新哲学而言，通过同一哲学系统、哲学类型的哲学的内部生成来建构新哲学，换言之，

① 本文对“内生”之路和“外生”之路的界定，不同于笔者在拙作《“内生”之路：中国传统哲学的另一条创新路径》（《河北学刊》2010 年第 5 期）中对“内生”之路和“外生”之路的界定，且差别较大。

相比于通过“外生”之路来建构新哲学而言，通过广义的“内生”之路来建构新哲学，在哲学资源的选择上比较纯粹，需要处理的哲学史料也比较集中，真正利用的哲学资料无论在派别还是在数量上都比较少，不太可能会为哲学资料的准备、利用而耗费较多的时间和精力。但是，由于所利用的哲学资源限定于同一哲学系统、哲学类型内部，采用这种方法建构新哲学，要求建构者必须有很强的创造性诠释哲学资料、催生新哲学的能力，否则，用这种方法、路径建构出的新哲学就没有创造性，甚或只是研究他人哲学的哲学史著作。在不同的哲学系统、哲学类型彼此隔绝、互不相知的时代，这种方法、路径是建构新哲学的最主要的乃至唯一的方法。

相比于通过同一哲学系统、哲学类型内部不同哲学学派的哲学的融合会通来建构新哲学，通过同一哲学系统、哲学类型内部某一哲学派别或者某一哲学家的哲学内部生成来建构新哲学。换言之，相比于通过具有“外生”之路某些特点的“内生”之路来建构新哲学而言，通过狭义的“内生”之路来建构新哲学，在哲学资源的选择上更纯粹，需要处理的哲学资料更集中，真正利用的哲学资料更为有限，不可能会为哲学资料的准备、利用耗费较多时间和精力。但是，由于所利用的哲学资源限定于同一哲学系统、哲学类型内部某一哲学派别或者某一哲学家的哲学，采用这种方法建构新哲学，要求建构者必须具有超凡的创造性诠释哲学资料的能力、超凡的百折不挠的毅力和超凡的不畏困难的勇气，还要具有强烈的创造新哲学的历史使命感，才有可能创造出新哲学，否则，用这种方法、路径建构出的新哲学就不具备原创性，甚或是关于某一哲学学派、某一哲学家的研究性著作。由于采用这种方法、路径建构新哲学最为艰难，哲学史上，运用这种方法、路径建构新哲学的哲学家并不多，以至于我们在讨论建构新哲学的方法、路径时会忽视这种方法、路径，这是可以理解的，因此而把这种方法、路径排除在建构新哲学的方法、路径之外，是不应该的。由此也可知，上文所说的在不同的哲学系统、哲学类型彼此隔绝、互不相知的时代，广义的“内生”之路是建构新哲学的最主要的乃至唯一的方法，不包括由狭义的“内生”之路来建构新哲学。

相比于通过同一哲学系统、哲学类型的哲学的内部生成来建构新哲学而言，通过不同哲学系统、哲学类型的哲学的融合会通来建构新哲学，换言之，相比于通过广义的“内生”之路来建构新哲学而言，通过“外生”之路来建构新哲学，在哲学资源的选择上非常庞杂，需要处理的哲学史料也非常庞大，真正利用的哲学资料无论在类型还是在数量上都非常多，为哲学资料的准备、利用而耗费的时间和精力可能会非常多。但是，由于有不同系统、不同类型的哲学资源可以利用，由于可利用的哲学资源种类和数量都丰富多彩，采用这种方法建构新哲学，要求建构者的创造性诠释哲学资料的能力不是很强，当然，有很强的创造性诠释哲学资料的能力最好；相反，要求建构者必须有高超的融合会通各种系统、各种类型的哲学，各种哲学派别的哲学，各个哲学家的哲学的能力，以融合会通出新的哲学，否则，用这种方法、路径建构出的新哲学就没有创造性，甚或是关于不同哲学系统、哲学类型方面的比较哲学类的哲学史著作。从不同哲学系统、哲学类型的哲学彼此交往开始，由这种方法、路径建构新哲学逐渐成为建构新哲学的主要方法，现代新儒家学者、中国的马克思主义者在建构新哲学时就是采用这种方法、路径，前者是将中国哲学与西方哲学融合会通，后者是将马克思主义哲学与中国哲学融合会通。

相比于通过不同哲学系统、哲学类型的哲学的融合会通来建构新哲学而言，相比于通过同一哲学系统、哲学类型内部某一哲学派别或者某一哲学家的哲学内部生成来建构新哲学而言，通过同一哲学系统、哲学类型内部不同哲学学派的哲学的融合会通来建构新哲学，换言之，相比于通过“外生”之路来建构新哲学而言，相比于通过狭义的“内生”之路来建构新哲学而言，通过具有“外生”之路某些特点的“内生”之路来建构新哲学，在哲学资源的选择上比通过“外生”之路建构新哲学要纯粹，比通过狭义的“内生”之路建构新哲学要繁杂；需要处理的哲学资料比通过“外生”之路建构新哲学要集中，比通过狭义的“内生”之路建构新哲学要庞大；真正利用的哲学资料比通过“外生”之路建构新哲学要有限，比通过狭义的“内生”之路建构新哲学要多许多；为哲学资料的准备、利用而耗费的时间和精力比通过“外生”之路建构新哲学要少，比通过狭义的“内生”之路建构新哲学要多。采用这种方法建构新哲学，要求建构者既要具有融合会通同一哲学系统、类型内部各种哲学派别的哲学的能力，又要有相对高超的创造性诠释哲学资料的能力，唯有如此才有希望建构出新哲学，否则，用这种方法、路径建构出来的新哲学就缺乏创造性，甚或是关于同一哲学系统、哲学类型内部的比较哲学方面的哲学史类著作。哲学史上，中国哲学、西方哲学在各自的系统、类型内主要是采用这种方法、路径建构新哲学。例如，中国哲学从战国时代开始，直至鸦片战争之前，即主要采用这种方法、路径建构新哲学；西方哲学迄今为止都依然采用这种方法、路径建构新哲学。由此也可知，上文所说的在不同的哲学系统、哲学类型彼此隔绝、互不相知的时代，广义的“内生”之路是建构新哲学的最主要的乃至唯一的方法，主要是指用这种具有“外生”之路某些特点的“内生”之路来建构新哲学。

综上所述，建构当代中国新哲学并非只有中哲、西哲和马哲融合会通这一条路，而且，融合会通中哲、西哲和马哲也并非只能以马哲为主、以中哲和西哲为辅。建构当代中国新哲学的方法、路径是多样的，可以走中哲、西哲和马哲融合会通之路，也可以走中哲和马哲、中哲和西哲、马哲和西哲融合会通之路，也可以走中哲、马哲、西哲各自内部生成之路。至于中哲、西哲、马哲融合会通究竟以谁为主、以谁为辅，是不确定的，取决于建构者自己的选择。同理，中哲和西哲、中哲和马哲、马哲和西哲的融合会通，以谁为主、以谁为辅，也是不确定的，也取决于建构者自己的选择。另外，中哲、西哲和马哲融合会通是否要有主次之分，中哲和西哲、中哲和马哲、马哲和西哲的融合会通是否要有主次之分，同样是不确定的，同样取决于建构者自己的选择。只有这样，当代中国新哲学的建构在方法、路径上才能多种多样，所建构出来的新哲学才有可能形态多样、精彩纷呈；反之，方法、路径的单一，可能会限制乃至扼杀所建构出来的新哲学的多样性、丰富性。当然，我们不能因为所建构出来的新哲学的形态多样而迷失方向，甚至"不知所措"。坚持马克思主义哲学作为我们的指导思想，是始终不可动摇的。从哲学发展的历史来看，建构新哲学有两种基本的方法、路径，即同一哲学系统、哲学类型的哲学的内部生成和不同的哲学系统、哲学类型的哲学的融合会通这两条路径，前者可以称作"内生"之路，后者可以称作"外生"之路。而"内生"之路又有狭义的"内生"之路和具有"外生"之路某些特点的"内生"之路这两种。由"内生"之路和"外生"之路建构新哲学，前者对建构者哲学诠释能力有更高的要求，后者对建构者筛选、组合、利用不同哲学系统、哲学类型的哲学的能力有更高的要求。

安徽公共文化服务社会化管理创新路径研究

——以安徽省基层公共图书馆社会化管理为例

陆和建　李祝启　毛　丹

摘　要：通过对安徽省基层公共图书馆现状的分析，找出了存在的供需矛盾、人力资源管理以及服务质量不佳等问题；在相关实证研究的基础上，提出了以政府提供资金保障、社会化专业机构管理以及相关评级机构和标准为核心的安徽省基层公共图书馆社会化管理机制。

关键词：公共文化服务；社会化管理；基层图书馆；公共图书馆；安徽省

一、引　言

党的十八届三中全会《决定》中明确提出要构建我国现代公共文化服务体系，引入竞争机制，推动公共文化服务社会化发展[1]。社会化管理是指社会组织依照法律或政府授权开展的社会管理活动，其有别于政府行政部门针对社会事务的管理[2]。公共图书馆作为政府的重要文化机构，当然也可以采用社会化管理的方式。其实早在21世纪初，图书馆界就已经在讨论服务外包的问题，但是这种讨论仅仅局限于一些业务流程如采编、后勤等。2007年，国家大力推行的"农家书屋"工程成为图书馆管理方式创新的典型实践项目。农家书屋是为满足农民的文化需要，在行政村建立的、农民自己管理的、能提供农民实用的书报刊和音像电子产品阅读视听条件的公益性文化服务设

作者简介：陆和建（1964—），男，安徽大学管理学院教授，系主任，研究方向：信息检索；李祝启（1984—），男，安徽省图书馆馆员、图书馆学硕士研究生；毛丹（1986—），女，安徽省委党校图书馆馆员、图书馆学硕士研究生。

施[3]。从定义中可以看出,农家书屋的管理主体变成了农民,但是这一变化的问题是农民自身管理与专业化的社会化组织管理比较明显缺乏相关专业化的管理知识、技能等条件,因而需要继续探索图书馆社会化管理的途径。

国内外学者对于公共文化社会化管理问题都进行过研究。作者从 CNKI 数据库中搜索到相关国内外研究文章百余篇。20 世纪 80 年代在西方新公共管理理论指导下的公共服务市场化是西方国家行政改革的重要内容,其中包括公共图书馆的总体外包。国外具有代表性的研究成果有:美国的马丁等人在 2000 年调查了河岸郡图书馆总体外包案例,对郡政府官员、图书馆工作人员和读者进行了访谈[4]。英国的 Ian Anstic 等学者指出,在图书馆外包服务中,一个运行良好的委员会可以做私营公司能做的一切,并避免给予私营公司 5%-15% 的利润[5]。日本学者重点研究了委托管理制度,该制度可以提高包括图书馆在内的公共设施服务效益和降低经营成本[6]。而在国内,体制创新一直是学者重点研究的问题,最初图书馆的外包工作仅仅设计采编、物业等环节,慢慢地扩大到基层图书馆管理等问题。随着 2007 年 3 月国家新闻出版总署、中央文明办、国家发改委等八部委联合印发《农家书屋工程实施意见》后,“农家书屋”工程建设开始在全国各地普遍展开,学者的研究重点开始转向农家书屋的建设。农家书屋的模式是政府投资,农民自主管理,其可以看成图书馆社会化管理的一种形式,对其的研究具有重要意义。马竹英等也提出了农家书屋建设中存在的重复建设、资源浪费严重,书屋图书数量少、实用性不强,过于标准化和模式化,以及不能创新服务方式等问题[7]。张涛指出,很多农家书屋仍停留在初建的水平上,形式大于内容,很少有读者利用,其作用根本没有得到充分发挥。经费问题成为制约其发展的较为普遍的因素[8]。一些学者除了研究农家书屋建设中出现的问题以外,还探讨了农家书屋建设的相关途径。李静指出,要将重点放在调查农民的真实需求上,为其配置特色资源并且开展各种特色服务[9]。张麦青提出了一种农家书屋与乡镇村图书馆合作的发展模式,即在整合各自的优势资源,构建乡镇村两级基层读物保障体系基础上,利用“全国文化信息资源共享工程”,增强农家书屋的电子阅读功能[10]。

二、安徽省基层公共图书馆现状

表 1 为 2013 年安徽省各市县区级图书馆数据汇总,此表从专业人才数量、图书藏量、举办讲座活动次数以及购书专项经费等几个方面体现现阶段

安徽公共图书馆存在的问题。

表1　2013年安徽省各市基层图书馆数据表

单位名称	专业人才	图书藏量	举办讲座活动	购书专项经费
安徽省图书馆	140	2211867	75	6000000
合肥市图书馆(四县一区)	30	327008	30	420000
芜湖市县区级图书馆(四县两区)	39	692271	89	2018000
蚌埠市县区级图书馆(三县)	14	151598	8	181000
淮南市县区级图书馆(一县一区)	2	93500	19	0
马鞍山市县区级图书馆(三县两区)	18	511665	66	460000
淮北市县区级图书馆(一县三区)	13	485553	15	195000
铜陵市县区级图书馆(一县三区)	8	204590	17	610000
安庆市县区级图书馆(七县一区)	67	652326	58	345000
黄山市县区级图书馆(四县三区)	30	605530	62	690000
滁州市县区级图书馆(四县两区)	35	312708	69	950000
阜阳市县区级图书馆(四县一区)	19	250631	75	350000
宿州市县区级图书馆(四县一区)	38	243162	40	20000
六安市县区级图书馆(五县一区)	59	641910	57	310000
亳州市县区级图书馆(三县一区)	40	301355	59	240000
池州市县区级图书馆(三县)	10	145052	67	150000
宣城区县区级图书馆(五县一区)	36	431938	45	838000

1. 基层公共图书馆规模扩大化与政府提供能力之间的矛盾

从表1中可以看出,截止到2013年年底,安徽省共有16个市拥有县区级公共图书馆,数量达到百余家。一些城市如宁国市等,暂时还没有县区级图书馆,但是现在有扩大化的趋势,一些经济基础好的城市区级图书馆不断增加。从政府的角度来说,政府的投入不可能每年有大幅度的增加,表1显示,有些图书馆的采购经费非常少,淮南市县区级图书馆甚至没有专项采购经费。由于投入不足,管理不专业,基层图书馆开展的读者活动也相当有限。这种图书馆规模扩大化与政府提供能力之间的矛盾问题,严重制约了基层图书馆的发展。

2. 人力资源管理存在诸多问题

人才是图书馆事业发展的基本保证,对于基层图书馆来说,人才的作用更加重要。由于图书馆属于事业编制,人才的引进需要经过一个复杂的招聘流程。此外,编制的数量也制约着人才管理工作的开展。从表1中可以看出,基层图书馆拥有职称的专业人才数量十分有限,有些馆的人员大部分是临时聘用人员。一些县级图书馆高级职称的评定较为困难,这一方面严重减弱了图书馆对于优秀专业人才的吸引力,另一方面也严重影响了员工的工作积极性。

3. 基层公共图书馆运行效率及服务质量不佳

由于现有的基层图书馆属于事业单位序列,因而其工作流程都是一套固化的模式,严重缺乏变通性和灵活性。政府既当裁判员又当运动员,造成图书馆运行效率不佳。此外,基层图书馆的服务质量也欠佳。从表1中可以看出,安徽省基层图书馆藏书量十分有限,就算财政收入良好的马鞍山、芜湖等地区的县级图书馆的藏书量也不足,这就难以开展下一步的阅读服务工作。然而对于一些诸如讲座、培训等图书馆延伸服务,安徽省基层公共图书馆也鲜有开展。即使如合肥、芜湖等条件较好的基层公共图书馆开展了相关服务,这些服务也没有持续性地开展,服务的质量和水平也不是很高。

三、无锡新区图书馆实证研究

无锡新区是在无锡国家高新技术产业开发区基础上于1995年成立的新区。2010年针对无锡新区没有图书馆,设立机构、增加编制困难同时又缺乏图书馆方面专业人才的实际情况,新区在全国率先尝试以政府购买公共服务的形式,通过招标,将无锡新区公共图书馆的建设、管理、运行和服务外包给图书馆方面的专业公司安徽儒林图书有限责任公司,彻底改变了过去完全由政府直接兴办公共图书馆的做法,鼓励文化企业参与公共文化服务,创新了政府在图书馆领域提供公共文化服务的模式,开拓了公共图书馆建设和服务的新路。2012年新区申报的《公共图书馆数字化建设与创新管理》获得第四届文化部创新奖。

1. 创新建筑模式,优化阅读环境

安徽儒林图书有限责任公司以国际先进的建设模式在内部设计上突破了传统的藏、借、阅的三大区划,采用国际流行的现代化布局、流线明晰、灵活隔断、富于变化的开放空间,以求营造温馨舒适的阅读环境。馆内设有传统阅读区、自由阅读区、视障阅读区、组团式阅读区、半敞开式阅读区、少儿阅读区、听阅读区和讨论室、视听室以及自助还书区等多项阅读区，可满足不同读者的多种需要。

2. 政府购买服务，实践社会化管理新模式

我国传统的公共图书馆管理体制属于纵向结构，从中央到地方各级公共图书馆都有各级文化职能部门在行政和业务等方面的统一领导，属于"集中式"的管理体制。无锡新区图书馆的管理体制不同于传统的"集中式"的管理体制，而采用了国际先进的"分散式"双轨制管理。除新区管委会委派馆长之外，其他图书馆工作人员乃至物业、保洁等各项工作亦都使用服务外包形式委托管理，这是国内地方政府首次将公共图书馆全部业务进行服务外包。新区图书馆实行全年无休，免费开放，开放时间为每天9:00到19:00。高强度的工作需要一支精干、专业的管理员队伍，而这些人员的聘用与管理都是由安徽儒林图书有限责任公司负责，他们大多是具有本科以上学历的图书情报专业人才，拥有专业的知识背景、先进的服务理念和高效的工作能力，为读者提供了更为专业的个性化服务，使政府投入的公共文化服务效益最大化，将管理和运行的风险降到最低，同时降低政府对图书馆每年管理运行的投入，实现社会效益与经济效益的双赢。

3. 优化资源管理模式，延伸个性化服务

作为一个区级图书馆，无锡新区图书馆面积只有区区2500平方米，面积上的不足严重制约了一些服务项目的开展。为了破解这一难题，安徽儒林图书有限责任公司将加强数字化资源建设作为重要的突破口，通过大量可共享的数字资源的建设，为新区图书馆这样的基层图书馆解决了因资金紧缺而不能为读者购置好书、新书、电子和声像资源的燃眉之急，然而，更为重要的是，这打破了空间和时间的限制，突破了传统图书馆阵地服务形式，将图书馆建造成"永不关闭的图书馆"。

在服务方面，新区图书馆将实体服务与网络服务、馆内服务与馆外服务相结合，普遍化服务与个性化服务相结合，静态化服务和动态化服务相结合，一般化服务与特色化服务相结合，从而大大提高了服务效果。新区图书馆通过提供图书馆技术服务、共建文献服务、电子书上门服务等形式，将相关服务送到社区、企业，送到千家万户。新区图书馆与企业及园区合作建设分馆，依托网络技术建立虚拟专网，针对企业和员工提供专业学术情报服务、商业经济数据服务、职业教育服务。新区图书馆还计划针对政府、企业以及园区增设社情汇总、商业资讯月报、竞争情报服务等新服务项目。图书馆馆员将走出馆舍，主动将服务送至读者身边。

四、安徽省基层公共图书馆社会化管理创新机制实现路径

公共图书馆社会化管理机制以其社会效应与经济效应双赢的特点,能够有效地解决安徽省基层公共图书馆存在的政府提供能力有限、人力资源管理不足、图书馆运行效率及服务质量不佳等问题。其管理机制如图 1 所示。

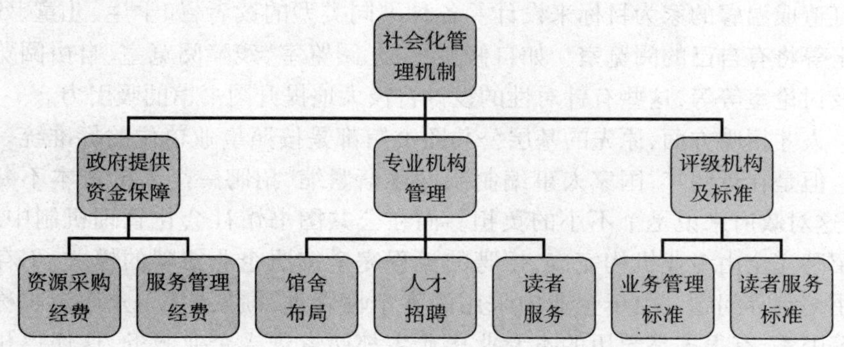

图 1　安徽省基层公共图书馆社会化管理机制图

1. 政府提供资金保障

充足的资金是图书馆事业发展的必要保障。对于公共图书馆社会化管理机制来说,资金的来源是政府财政。这与现有的图书馆资金来源渠道是相同的。政府财政所具有的稳定性、持续性、保障性等特点,有效地保证了公共图书馆的资金能够及时、足额地到位。在基层图书馆社会化管理机制中,资金共分为两部分:资源采购经费和服务管理经费。

资源采购经费主要的用于采购基本办公物资、图书、期刊、数据库等资源。这部分采购经费主要是依据图书馆的面积大小、读者数量、服务功能等指标确定数额,其中大部分资金的使用需要通过政府采购完成。服务管理经费主要包括后勤、图书馆管理、人员工资等经费。在基层公共图书馆社会化管理体制中,从图书馆工作人员到物业、保洁等各项工作都使用服务外包形式管理委托,政府只负责监督。这部分资金使用主要是在政府的监督下由委托的专业机构来完成。一旦年底相关绩效考核合格,这部分资金中剩余的项目就会成为基层图书馆管理公司的利润。

这种资金分块使用的方式,一方面明晰了不同功能的资金使用要求;另一方面也规范了资金使用的流程,有助于在提高基层图书馆的管理效率及服务质量的前提下,节省资金的使用。

2. 社会管理机构负责具体管理与运营

在安徽省基层公共图书馆社会化管理机制中，政府出资购买专业化社会管理机构的管理和服务是其核心内容。专业的社会化管理机构负责图书馆全方位的管理工作，例如馆舍的功能划分、人员的招聘以及开展相关的读者服务等。

图书馆功能划分方面，专业的图书馆管理公司一般会摒弃传统的图书馆藏、借、阅的布局格式，而是积极采用国际先进的图书馆布局理念，以将图书馆打造成温馨的家为目标来设计。各种不同类型的读者，如学生、儿童、残障人士等将有自己的阅览室。如自修室、少儿阅览室、残障阅览室、自由阅览室以及讨论室等等，这些有针对性的设计将极大地提升图书馆的吸引力。

人才招聘方面，原先的基层公共图书馆都是按照事业单位的标准统一招聘。但是在近两年，国家人事编制制度逐渐紧缩，招聘一个人的成本不断增大，这对政府来说是个不小的负担。而在公共图书馆社会化管理机制中，人才招聘完全由专业机构完成，招聘的流程完全按照企业招聘的模式，不存在占用编制等问题。由于企业中采用的竞争性管理、绩效奖励、允许走职称路线等因素，有很多高学历的本专业毕业生都愿意进入企业服务，这使得相关管理企业的人才基础雄厚。

服务读者方面，社会化管理机构按照企业营销模式宣传图书馆相关资源和服务，这比现有的读者被动接受相关服务信息更有效率。服务将以数字化的资源为基础，大力开展个性化、特色化的信息服务，如送资源上门、对企业开展信息情报服务等。在专业化企业管理体制中的馆员将走出图书馆，主动送服务上门。

3. 引入第三方评估机构，制定相关标准，保证服务水平

在基层公共图书馆社会化管理机制中，评估体系是衡量专业图书馆管理机构管理效能的重要手段，因而重要性不言而喻。在目前的图书馆评估体系中，《公共图书馆评估标准细则》以及《公共图书馆服务规范》是十分重要且成熟的评估标准，我们可以参照其中与基层公共图书馆实际情况相协调的条款，在管理、服务、业务等方面形成相关标准，最终形成《安徽省基层公共图书馆评估标准》，将其作为业绩倒逼机制的依据，通过季度业绩考核和年度业绩审计，很好地将读者的需求转化为企业发展的动力。

在《安徽省基层公共图书馆评估标准》中，业务管理标准主要包括馆舍的布局合理度、各种阅览室的配置完善度、藏书量、人员组成合理度、图书标引著录误差率、地方数据库数量与质量等。这些标准涵盖图书馆各基础业务流程，是评估社会化管理机构管理图书馆基本业务水平高低的重要手段。读者

服务标准主要是参照公共图书馆服务规范，从最基本的借阅服务指标如服务时间、排架效率、外借量及人均借阅量等，到一些高级的、个性化的服务指标如个性化参考咨询响应时间、读者满意度调查、各种读者活动次数、社会教育与读者培训次数、读者监督途径等等。《安徽省基层公共图书馆评估标准》将成为社会化管理机构在低成本的前提下提升安徽省基层公共图书馆效率的重要保障。

五、结　论

安徽省基层公共图书馆是安徽基层公共文化服务体系建设的重要组成部分。随着国家公共文化服务事业的发展，基层公共图书馆有着不断扩大的趋势。采用政府购买服务，引入社会化专业机构的方式管理基层图书馆，是提高基层图书馆服务质量的有效尝试。通过本文的研究可以得出以下结论：

第一，安徽基层公共图书馆社会化管理有效地减轻了政府的负担。在这种体系中，政府只当裁判员，将管理的工作都交给了专业机构，通过各种评估标准考察管理的效能，实现将有限的资金效用最大化。

第二，安徽基层公共图书馆社会化管理解决了政府人事编制问题。在现阶段国家提倡勤俭节约的大背景下，人事编制制度不断收紧，安徽各政府部门用人都倾向于非编制合同制。在公共图书馆社会化管理体制中，人员完全按照企业招聘流程完成，不存在占用编制问题，而且优厚的企业待遇也对人员的素质起到了重要的保障作用。

第三，安徽基层公共图书馆社会化管理提高了图书馆服务质量。专业的图书馆管理机构采用现代化的企业管理理念，极大地提高了图书馆运行效益。奖罚分明的激励制度完全激活了图书馆工作人员的工作热情，图书馆的服务质量得到极大的提高。

安徽省基层公共图书馆社会化管理体制有效地促进了基层公共文化服务的发展。但是对于如何在实践中完善管理体系，如何将这一体系推广到更多类型的图书馆中等问题，还需要进一步深入地研究和探讨。

参考文献：

[1] 中国经济网．十八届三中全会《决定》、公报、说明[EB/OL].(2013-11-18)[2014-04-16]. http://www. ce. cn/xwz x/gnsz/szyw/201311/18/t20131118_1767104. shtml.

[2] 百度百科．社会化管理[EB/OL].[2014-04-16]. http://baike. baidu. com/view/

2925 631. htm? fr=word search.

[3] 新闻出版总署农家书屋工程建设领导小组办公室．农家书屋工程实施计划[M].北京:中国书籍出版社,2008.

[4] Robert S Martin, eta1. Impact of Outsourcing and Privatization on Library Services Management[R/OI].(2000-06-01)[2012-02-21]. http://www. ala. org/ala/abuttal/of face/coif/iftoolkits/outsourcing/outsourcing_pdf.

[5] Ian Anstice. Privatized and volunteer libraries [EB/OL].[2012-04-10]. http://www. Public libraries new s. com/p/privatized and-volunteer-libraries. html.

[6] 鲍延明．日本公共图书馆管理变革与运营研究[J]．图书馆杂志,2007,(6):61-63.

[7] 马竹英,王荣,吴晓燕．如何建立农家书屋的长效运行机制——以咸阳市为例[J]．图书馆建设,2009,(10):74-77.

[8] 张涛．农家书屋工程建设的现状与对策[J]．图书馆学刊,2013,(7):107-109.

[9] 李静．农家书屋特色化发展路径之探析——从全覆盖到可持续的战略转向[J].新世纪图书馆,2013,(7):87-89.

[10] 张麦青．合作与借鉴:农家书屋与乡镇图书馆建设路径探索．图书馆建设,2009,(3):105-107.

自媒体涉皖舆情现状、传播特征及引导策略

刘 丽

摘 要:文章选取5种国内主要自媒体形式,通过内容分析方法研究国内涉皖舆情的传播内容和传播特征,认为:近年来安徽省区域事件频发,引发自媒体关注;自媒体对安徽的报道框架与传统媒体相比更加偏向负面,涉皖舆情中的经济、文化类往往呈现正面,涉皖政治、环境等问题多呈现负面。自媒体涉皖内容以转载国内主流媒体为主;安徽本地媒体引用率不高;传统媒体从业人员成为自媒体时代的舆论领袖等。在此基础之上,文章提出了针对自媒体涉皖舆论引导的策略和建议。

关键词:自媒体;舆情;传播

一、研究的背景

经过农业时代的精英媒体和工业时代的大众媒体,当今全球新闻传播已经进入信息时代的自媒体阶段。以网络论坛(BBS)、博客(Blog)、播客(Podcasting)、掘客(Digg)、即时通信(如QQ、MSN)、社交网络(SNS)、微博(Twitter)为主要形式的自媒体对当今全球新闻传播格局产生了广泛而深远的影响。2004年,美国专栏作家丹·吉尔默(DanGillmor)在《自媒体:民有民享

基金项目:安徽省高校优秀青年人才重点项目"自媒体环境下高校网络舆情监测与引导机制研究"(2013SQRW008ZD);安徽省高校人文社会科学研究基地项目"2014年度安徽省重大网络舆情案例研究"(SK2014A020)。

作者简介:刘丽(1981-),女,安徽蚌埠人,安徽大学舆情与地域形象研究中心研究员,安徽大学新闻传播学院讲师,博士,主要研究方向:新媒体与网络舆情治理。

的草根新闻》(*We the Media*:*Grassroots Journalism by the people*,*for the people*)中指出,自媒体就是以博客、播客、维客、新闻聚合、论坛、即时通信等新媒体为载体的个人媒体的统称[①]。自媒体(WeMedia)又称参与式媒体(participatory media)、社会化媒体(social media)和合作媒体(collaborative media),用户生产内容媒体(User-generated-content)。

与传统媒体相比,自媒体改变了传统的传者到受众的自上而下的"广播"的新闻传播模式,开始向传者与受众改变角色的点对点传播模式改变,即所谓的"互播"。自媒体的核心是基于普通民众对信息的自主提供与分享。国内学者喻国明教授将之归纳为"全民DIY"。丹·吉尔默(Dan Gillmor)对媒体进行了分类:媒体1.0是指传统媒体或说旧媒体(old media),媒体2.0是人们通常所说的新媒体(new media)或者叫跨媒体,而3.0就是以博客为趋势的自媒体(wemedia)[②]。

《中国新媒体发展报告》数据显示,至2012年下半年,从用户数量、访问次数、总访问量、总访问次数和时长等方面衡量,我国主流媒体的新闻网站在影响力方面已经大幅落后于商业新闻网站,博客、微博、社交论坛和社交网站的信息传播活跃度均远高于主流媒体网站[③]。从广义的新闻信息和舆论传播角度来看,我国已经形成了商业网站、新闻网站和社交自媒体叠加影响的新闻舆论传播格局。

区域竞争很大程度上是区域形象之间的竞争。在信息全球化的今天,传播媒介实际上已成为人们了解信息的第一途径,关于一个区域的"媒介形象"影响着人们对这一区域的认知与态度。基于上述原因,自媒体在传播、塑造和提升区域形象方面代替传统媒体,日益起着举足轻重的作用。在日趋多元的信息传播环境下,涉皖舆论呈现出与传统媒体时代不同的特点。本课题主要关注以下问题:

其一,自媒体涉皖舆情的现状与相关分析。由于自媒体是一种新兴的媒介方式,发展的时间并不长,因此目前从自媒体角度对地域舆情的研究不多。本文将系统分析自媒体博客、社交网站、微博等涉皖舆论的议题设置、报道视角、报道框架和基本立场,对地域舆论进行定性描述。其二,自媒体对安徽舆

---

① Dan Gillmor: We the Media: Grassroots Journalism by the people, for the people [M]. O'ReillyMedia,2006.

② Dan Gillmor: We the Media: Grassroots Journalism by the people, for the people [M]. O'ReillyMedia,2006.

③ 中国社科院新闻与传播研究所.中国新媒体发展报告(2013)[M].北京:社会科学文献出版社,2013:17.

论的塑造既可能带来机遇，同样可能带来挑战。在系统研究自媒体涉皖舆论现状、特点的基础上，本文尝试提出针对自媒体涉皖舆情的引导策略和建议。

二、研究的设计

基于上述背景，本文拟选择博客（搜狐）、微博（新浪）、社交网站（人人网）、网络论坛（天涯论坛）、微信（澎湃新闻）等5种主要的自媒体形态作为研究对象。考虑到该自媒体形式的影响力和代表性，选择搜狐博客、新浪微博为主要研究对象；其中社交网站选择人人网；网络论坛选择天涯论坛；微信以澎湃新闻平台为主要对象。以2013年8月至2014年8月全年为主要时间区间。在确认以上5种媒体之后，本文通过安徽大学舆情中心方正智思系统进行实时监测，并在一个月内自媒体网站上通过搜索“安徽”关键词获取数据，其中根据样本量的大小，每种媒体收集样本200～500条，共搜集1900条相关报道（见表1）。在此基础上对相关报道进行内容分析①。

表1　研究对象情况一览表

自媒体形态	具体研究对象	样本量
博客	搜狐博客	500
微博	新浪微博	500
社交网站	人人网	400
网络论坛	天涯论坛	300
微信	澎湃新闻②	200
总样本量		1900

① 由于自媒体内容具有时效性，除了天涯论坛与搜狐博客可以进行历年搜索，报道的数据库搜索时段是：2010年9月至2014年9月，其他3个平台数据均是2014年数据。

② “澎湃新闻”是《东方早报》的新媒体项目，微信推送服务于2014年6月10日整体上线。本文持续关注该微信及网页APP，共找到472个结果，去除不符合条件的非安徽新闻，与安徽相关的新闻共计200条，主要包括政类、法律、环保、环境、文化等方面报道。

三、自媒体涉皖舆情现状及特点

1. 近年来安徽省区域事件频发,引发自媒体关注

根据对发布动机的统计,在安徽相关的1900条新闻样本中,其中"事件发生引发关注"最多,有879条,占46.26%;其次是"传统媒体报道引发关注",有499条,占26.26%;紧接着是"自媒体用户娱乐分享"和"发布者自我报道",分别占总数据的13.29%和12.75%;最少的是"商业营销目的",仅有218条。

由此可以看出,自媒体上关于安徽的言论较少与重大事件有关(不管是否来自传统媒体的报道),类别上来看,大部分出现在自媒体上的信息类别是新近发生的事件。但一般只有与安徽有关的突发事件和重大事件才会在自媒体上形成聚合的话题和言论。近年来,安徽发生的重大事件逐渐增多,提升了自媒体对安徽的关注度。与2012年合肥少女毁容案、庐江官员不雅照等事件相比,2014年安庆地区殡葬改革、毛坦厂中学高考相关报道、安庆铜陵等地政府"救楼市"等事件引发了自媒体及全国范围内主流传媒的广泛关注。表2是2012年以来发生的部分具有全国影响的事件。

表2 自媒体关注的安徽主要事件及频次列表

事　　件	关注频次
合肥少女毁容案	133
安庆强推殡葬改革	73
铜陵宣城等地政府楼市"救市"	71
毛坦厂中学	50
凤阳县违规建政府大楼	23
安徽公安厅长暗访省会城市反恐防暴工作受质疑	19
合肥暴雨	33
淮南煤矿爆炸	12
淮南原市委书记方西屏腐败案	34
萧县原县委书记毋保良腐败案	18
滁州原市委书记江山案	7
安庆水面不明油污	6

（续表）

事　　件	关注频次
定远男子没钱看病用碎片自断双脚	7
祁门民警陪领导喝酒后身亡	6
安庆市委书记虞爱华旧日历做报告	4
铜陵有色金属污染	5
安徽萧县水污染村民井水引发群体性事件	6
安徽发现新基因	5
合肥房叔案	5
安医大一附院手术室前设收费雅座引发争议	4

2. 社会民生类和政治类话题成为两大主要话题

从关注的议题来说，社会民生和政治类问题是自媒体最为关注安徽的两大议题。根据统计，当前自媒体对安徽地区民生类主题关注度最高，共计436条，占22.97%，其中环境议题208条，占总量的16.21%；其次是与官员变动和反腐相关的政治议题，共计342条，占18.87%；再次是文化与旅游议题，占19.67%；占比非常低的是经济类议题，占4.24%；科技议题1条，占3.70%。

社会民生话题主要涉及群众上访、食品质量安全、疾病灾害、突发事件等，重点是部分地区发生的群体性事件。具体事件包括萧县、宿州等地的工厂污染村民井水造成的群体性事件，安庆水污染事件等；此外比较有影响的事件包括望江县留守儿童自缢身亡、定远男子没钱看病用碎片自断双脚等。政治类话题集中在官员腐败案件的审判上，2014年自媒体的焦点话题包括淮南、滁州、萧县多地一把手的“下马”及造成的后续影响，经济话题主要关注安徽经济发展的速度、规模、市场变化等，2014年的经济方面关注焦点是铜陵、宣城等地的“政府救楼市”事件。

3. 涉皖经济类舆情呈现以正面为主

整体说来，近年来在中部崛起的背景下，安徽经济发展提升了地区形象，自媒体对安徽经济的相关报道主要以正面报道为主，对安徽经济发展速度和发展成绩的肯定。成就类报道的受关注度普遍有了较大提高，其中中部第一、崛起等词成为定义安徽经济的关键词。在关于安徽经济的报道中，《2013年安徽省保障房建设和棚户区改造量中部第一》的新闻在自媒体上受到热议；2014年中国年度经济人物的评选中，安徽科大讯飞信息科技股份有限公司董事长刘庆峰和老乡鸡董事长束从轩等安徽企业家的亮相也给安徽形象大大加分。此外,在自媒体上引发关注的经济类信息包括2014中国安徽(合肥)农业产业化交易会和安徽部分地市楼市价格的走势报道。正面形象的政治类报道也在自媒体上引发了反响,如2013年10月由《安徽日报》率先报道安徽省委书记张宝顺题为"安徽书记下乡插黄瓜秧"的图文报道,在转发量和评论量均达到2000条以上。

4. 涉皖民生舆情仍普遍存在刻板印象

国内舆论涉皖舆情存在的刻板印象由来已久。以往落后、贫穷的地域形象,随着安徽经济地位的崛起虽然有所变化,但是自媒体的报道中,仍然在强调这样的负面安徽形象。安徽相关报道的主角以民工群体和留守儿童为主,以民弱官强背景下的官民冲突为主要报道框架,在国内关注度较高的是食品安全的"阜阳大头娃娃事件"、贫困问题的"定远男子没钱看病用碎片自断双脚"等。近年来的自媒体新的刻板印象体现在对于教育落后和的新的表达角度上。

最近较为突出的案例是关于安徽教育的相关报道。一是毛坦厂中学的相关报道和话题讨论。只在省内知名的六安毛坦厂中学,2013年以来学校师生万人送考的场面多次成为国内外媒体的报道焦点。这所学校的强调升学率和封闭式管理的教育模式,引发了对现行高考制度的普遍思考,并在2014年年中引发了一轮国内外舆论热议的浪潮。根据安徽大学舆情与区域形象研究中心关于该事件的电话访谈数据,受访的仅接触过省内传统媒体报道的合肥市民中有近七成认为该事件的报道能反映出安徽人重视教育、勤奋好学的良好形象,但受访的通过自媒体报道得知此事的市民则有近九成认为这种教育模式在一定程度上限制了学生的全面发展,反映出安徽教育理念的落后与封闭,是一种"影响安徽形象"的负面报道①。显示出自媒体受众在认知方面更多强调负面解读的特点。类似报道还包括6月份安徽考题被自媒体受众称为"全国最难考题"的事件。上述报道没有提及安徽作为教育大省和教育资源相对充足的地区的背景,仅以单一事件和负面解读为报道视角和框架,将安徽定义为教育理念落后封闭的地区,并在受众中强化"落后"这一标签化的印象。

5. 涉皖舆情环境问题成为新的负面标签

环境类议题占据自媒体议题的较大部分,环境问题成为安徽形象的新的负面标签。

---

① 见安徽大学舆情与地域形象研究中心2014年6月《合肥市民对毛坦厂中学的认知与高考舆情调查》课题组相关研究成果。

针对近年来频发的环境群体性事件，不但执政党和中央政府有全国层面的考虑，地方党委和政府有各自的应对和处置措施。从十一届全国人大常委会第二十八次会议上，全国人大首次对《环境保护法修正案（草案）》进行审议和修改开始，中央突出强调了政府责任，并提出将环保作为地方政府一把手考核的内容。在此大背景下，各级地方政府纷纷出台措施，加大对城乡污染防治的力度。如2014年安徽省出台的《落实安徽省大气污染防治行动计划实施方案》，在巢湖流域成为首批国家生态文明先行示范区后，巢湖治理工作也在加速进行。从2013年5月开始，安徽首期启动500亿的最大规模治理巢湖项目，2014年合肥市出台的《巢湖流域水污染防治条例》均获得了自媒体平台的各地环保部门的官微与环保组织的自动转发。

2014年新华社杨晓原配图的《安徽巢湖环湖河流污染严重》的报道被中国日报等传统媒体转载后，在自媒体平台上广泛评论和转发。一时间，关于合肥的母亲河蓝藻泛滥的话题开始受到热议。由于具有话题性，这些议论的转载量和评论量远大于对于上述治理巢湖的政府作为的讨论。2014年5月之后，安徽省公布的《2013年安徽省环境状况公报》中关于安徽环境总体尚好，巢湖水质轻度污染的结果，以及相关媒体陆续发出的《巢湖水质趋于好转》等报道在自媒体上则几乎没有引发任何反响。

除了巢湖水污染之外，层出不穷的县市级水污染事件成为2014年涉皖舆情的重头戏。先是2013年两会期间，安庆公益人士@华阳-公社举报安庆水污染事件受到新浪微博众多知名大V的关注。2014年中新网《安徽萧县一皮革厂疑因污染地下水遭村民围堵》的图文报道在自媒体平台上引发热议并持续发酵。

在关于巢湖、铜陵、合肥、淮南等地水污染的自媒体报道中，安徽水污染严重的程度在一定程度上被夸大，政府治理的难度难点、出台的法律法规、进行治理的一系列具体举措等在吸引眼球的水污染图片前被有意无意地遮蔽。安徽形象中落后贫穷的刻板印象加上了环境污染严重的新标签。

6. 涉皖舆情发贪腐话题仍是焦点问题

从全国范围来看，随着新一届中央政府的重拳出击，反贪腐成为舆论关注的焦点。涉皖舆情中，反贪腐历来都是焦点问题。“合肥房叔”等职务性腐败除了数额特别突出外，在自媒体上已经不再能够激起过多的讨论。与省级干部调动或人事变迁相比，县一级的书记落马更加引人关注。2014年的焦点是一系列县委书记的“落马”及其牵涉的一系列后续问题。“安徽书记”成为网络热词。其中淮南原市委书记方西屏腐败案、萧县原县委书记毋保良腐败案、滁州原县委书记江山案均在全国范围内引发影响。澎湃新闻等自媒体平台更是以较大篇幅针对后续事件进行报道,新浪微博和搜狐博客上所谓知情人士的爆料更是在贪腐案件的官方报道外提供了更多鲜活的却又无法经过核实的话题佐料。此外,寿县、安庆等地的"官场地震"也引发了不同程度的关注。

7. 文化和旅游话题呈现正面,数量有一定的增长

文化和旅游是安徽形象的名片,正面报道相对更多。尤其是皖南地区独特的古镇文化更是打响了徽文化的品牌。文化方面,近年由年轻学者倡导的改造皖南的山区"碧山计划"受到国内媒体关注。旅游类话题以安庆为主要关注点。黄山、天柱山等省内知名景点仍是关注的焦点。以新浪微博的"新浪安徽"等知名媒体为主要平台,近年来涉皖文化和旅游话题呈现正面态势,数量有一定的增长。例如,国内自媒体关注"黄梅戏之乡""徽班进京"以及徽派建筑、徽菜、茶叶之乡、徽学;知名旅游景点包括"黄山""九华山""天柱山"。2013 年影星成龙购徽派古建筑并捐赠一座给新加坡、黄山文化委致函请求留在国内的事件,是影响较大的舆情事件。

8. 涉皖自媒体舆情与传统媒体有较大区别

与传统媒体的一次报道"定性"不同,自媒体报道由于各类不同用户的互动而呈现出多元化和"无定向"特点,尤其是在自媒体的涉皖舆情中,事件方向往往呈现不同的发展方向,这在一定程度上体现出自媒体时代舆论引导的难度。典型案例如"交警朱小志"在新浪微博上发表的安庆市委书记拿废弃日历纸当讲稿的微博经过省内媒体的正面报道后,在自媒体平台却因为网民发现书记背后的"天价矿泉水"而遭到了质疑与批评。类似事件还包括安徽省公安厅厅长以拨打 110 报警的方式暗访测试省会城市反恐防暴工作,在主流媒体得到一致称赞,却在自媒体平台受到关于这种工作方法是否合法的批评和质疑。

与传统媒体的对于新闻价值的选择不同,自媒体报道由于需要强调用户黏性而特别关注事件的话题性。传统媒体在正面报道为主的报道方针下,常常会自觉地以宣导和正面引领作为主要新闻题材,但在自媒体平台上,上述原则常常让位于博人眼球的图片与报道。因此,自媒体对安徽的报道中,引发持续关注和较大范围关注的事件往往是以负面呈现为主。

四、自媒体涉皖舆情传播特征

1. 自媒体涉皖舆情以转载为主,而并非以原创为主

根据美国沙尼 · 伯曼(Shayne Bowman)和克莱斯 · 威利斯(Chris Willis)

的《自媒体:受众正如何影响新闻信息的未来》报告,到2021年受众将生产50%的新闻内容,届时主流新闻媒体也将不得不逐步采纳和实践这种全新的新闻传播形式。然而,事实上国内的自媒体平台涉皖舆情的原创内容并不多,仍是以转载其他媒体为主。根据统计,1900条数据中,转载的内容共计1071条,占56.39%;原创内容380条,占19.98%;原创加转载的有344条,占18.94%;没有注明相关来源的有89条,占4.69%。由此可见,自媒体涉皖舆情主要以转载为主,原创内容仅占所有内容的很小一部分。从这个角度来说,自媒体涉皖舆情并没有担负信息制造的角色,而仅仅是涉皖话题事件的再讨论和再传播。

2. 国内传统主流媒体设置自媒体涉皖舆情

根据对转载媒体类型的进一步统计,发现传统主流媒体在很大程度上设置自媒体涉皖舆情的议程。根据美国传播学家麦库姆斯和唐纳德·肖的议程设置理论,大众传播可能无法影响人们怎么想,却可以影响人们去想什么①。与此同理,传统主流媒体在很大程度上影响了自媒体用户关注、讨论哪个话题。

在所有1900条数据中,标有转载媒体类型来源的数据共有1332条。本文对媒体的具体类型进行了统计。根据统计,转载主流媒体的数量最多,有596条,占44.72%;其次是自媒体,202条,占15.16%;紧接着是官方媒体,174条,占13.03%;然后是国外其他来源,有36条,占10.92%。国内商业媒体和国内自媒体很少。因此,主流媒体很大程度上设置了自媒体议程。

从转引的具体媒体来看,是影响自媒体议程设置的主要媒体,自媒体对以上媒体的转载次数最高。其次,不同自媒体之间也相互转载,形成自媒体之间的议程同构。其中社交媒体天涯论坛、博客网站搜狐博客是转载频次较高的自媒体网站。

3. 安徽本地媒体引用率不高

根据对自媒体转载量的统计,尽管自媒体的议程很大程度上由传统媒体设置或影响,然而由中国外宣媒体设置的议题数量并不多。在所有转载的1332条数据中,转自省内媒体的仅有174条,占13.03%。其中中安在线的转载频次最多,达到109次;其次为新安晚报92次;安徽日报、安徽商报、安徽卫视的转载次数分别为74次、71次、18次。

4. 传统媒体从业人员成为自媒体时代的舆论领袖

从标注的自媒体用户职业身份特征来看,传统媒体从业人员成为自媒体

① McCombs, M. E. & Shaw, D. L. (1972). The Agenda - Setting Function of Mass Media[J]. Public Opinion Quarterly, 36(Summer), 176-187.

用户中的职业身份特征的数据共计1054条,其中媒体从业人员最多,有764条,占72.49%;其他职业所占比例很少,均为个位数。

五、自媒体时代涉华舆情的舆论引导策略

1. 加强省内主流媒体建设,充分发挥传统主流媒体的议程设置功能

自媒体的到来并不代表传统主流媒体的衰落。相反,二者相互作用,相互融合。本研究发现,自媒体内容来源很大程度上源于传统主流媒体;传统主流媒体设置了自媒体的议程,自媒体时代,我们更加需要加强对传统主流媒体的建设。目前,相对于国家级主流媒体来说,省内主流媒体的传播力和影响力亟待增强。加强省内一流媒体建设,打破现有媒介格局,发出安徽声音,引导涉皖舆论,塑造地区形象。尤其是在涉及安徽地区的负面舆情时,能够及时反应。

2. 自媒体时代涉皖舆论引导应关注受众的年龄和心理特点

根据安徽大学舆情与地域形象研究中心对目前安徽省内自媒体用户的研究表明,在标注年龄的278条数据中,自媒体用户的年龄段最主要集中在26~33岁,占29.67%;其次是34~45岁,占25.52%,以及19~25岁,占23.01%;然后是46~60岁,占15.34%。“60岁以上”和“13~18岁”较少。整体说来,自媒体发布者多集中在中青年,少年和老年人较少。

因此,社交媒体一代是涉华皖论、舆情引导的主要传播对象。涉皖舆情引导需要根据社交媒体一代的特点进行设计,在日常的事件话题性的设置、语言风格方面更加贴近他们的心理特征;同时也需要重视自媒体用户,充分发挥和利用国内自媒体用户涉华舆论引导中的力量和作用。除了不断开通针对社交媒体用户的政务微博外,更应该针对社交媒体用户进行更加细致的传播,

3. 重视省内网民和社交媒体用户在涉皖舆情引导中的力量和作用

根据此次研究,在所有涉皖报道相关帖子中,由安徽地区的自媒体用户发起的数量最多。而且,报道内容与用户的所属地来源有重要的关联关系。来自省内自媒体用户的相关帖子往往都是正面报道。因此,安徽自媒体用户在自媒体涉华舆论圈中起到了重要的引导作用。因此,在突发性事件和危机事件中更应重视提升安徽地区自媒体用户的自觉,发挥本地民众的自媒体宣传作用。

马克思主义大众化的哲学践行路径探讨

陈　红

摘　要:哲学践行,也称为"哲学咨询",由具备一定哲学理论和素养的哲学家或咨询师,依据各种哲学观点和咨询方法,帮助人们解决思想困惑方面的问题。哲学咨询遵循平等、互为主体的对话模式,有助于引导大众通过"做哲学"而澄清思想观念,解除人的精神困扰,进而发展出价值观的引领,可以成为马克思主义大众化的一条有效路径。哲学践行把理论化的世界观与人们现实日常生活、现实切身问题密切结合起来,用平等对话方法引导人们在实际生活中培养正确的世界观、人生观、价值观,实际上就是马克思主义大众化的有效普及。

关键词:哲学践行;路径;马克思主义哲学;大众化

一、当代哲学面临的困境与信仰危机

随着我国经济和文化的不断深入和对外开放,当代西方的各种社会思潮也纷纷进入我国,人们的价值观念开始向多元化发展,越来越多的人开始相信哲学无用,哲学逐渐脱离了日常生活。在西方和中国传统哲学中,哲学思考主要被看作是一种导向幸福生活的活动。但是因为历史原因拉开了哲学和广大群众的距离,在今天哲学已经严重地脱离社会实践,几乎完全变成了学院化哲学与理论化哲学。人们普遍认为哲学离现实生活遥远,只是从思辨到思辨的纯思维游戏,没有实际效用。哲学思考变成一种宏大、抽象的理论

作者简介:陈红(1967—)女,新疆石河子人,安徽大学哲学系副教授,南京大学哲学博士,硕士生导师,主要研究方向为:科学技术哲学,科技与社会,哲学践行,心理学哲学。

建构,学院化、学术化和专业化使哲学脱离大众,导致人们对哲学价值的怀疑,甚至形成“哲学无用”的共识。

当代哲学的处境与哲学自身的特性有关。哲学思考是形而上的,在某种程度上是思维的抽象。哲学的基本概念、范畴、命题和原理,都是经过思维的多级抽象才形成和表述的。哲学是思辨性的学问,是思辨性抽象的理论形式。这在一定程度上影响了普通大众对哲学的理解。很多的哲学研究者只重理论研究,不关注哲学的实际用途,这在很大程度上影响了哲学的普及。“把哲学的教育和教学混同于一般的非哲学学科的教育和教学,成了一种知识性的传授,远离了哲学的本性”①。因而,我们的哲学教育也只重视知识的传授,强调对马克思主义哲学原理和哲学史知识层面的识记,而忽视哲学思维的训练和哲学问题意识的培养。

随着社会的发展,自然科学日益发达,各种技术不断更新,人类社会正以日新月异的速度飞快向前发展,人们的生产生活越来越依赖于自然科学。现代人在享受高科技带来的便利时,心理上、精神上的问题也日益凸显。一方面由于伦理认知偏差、价值观念失范而导致的伦理道德行为失范问题越发严重;另一方面沉迷于精神享乐,迷失自我,精神世界越来越空虚,导致社会责任感淡化,以至于很多人看不清世界的真实面目,找不到人生的终极意义。这种现象直接导致了越来越多的中国人开始出现了信仰危机,对马克思主义哲学里的世界观及价值观不理解,马克思主义在中国的核心地位受到了质疑。在这种情况下,党的十七大明确提出“推动当代中国马克思主义大众化”。而哲学践行本身就属于哲学活动,是一种有效的普及哲学的方式,当代越来越多的人遭遇思想的困惑而非疾病,非常需要能够给予切实帮助的哲学营养,因而很适合于马克思主义哲学大众化。

二、国外哲学践行的几种模式

当代哲学面临现实的困境甚至终结的危机,人们在思想和行为上渐渐疏远了它。而另一方面却是越来越多的人遭遇思想的困惑,心理问题日益突出,我们的社会已成为亟待哲学践行的社会。而在西方兴起的以哲学理论和方法为个人和组织解决思想、观念等问题的哲学咨询则是一种实践哲学。哲学咨询的基本形式是在咨询师和来访者之间展开一种自由的对话。来访者

① 欧阳康. 以真正哲学的方式从事哲学教育和教学[J]. 教学与研究,2001,(10):69-72.

通过与哲学咨询师的对谈，了解自己的世界观、预设及偏见，在哲学探究的过程中澄清思想的纠结，找寻解决问题的哲学思考方式，并培养哲学探究的倾向，使哲学始终成为心灵及行动的指导，以使人们回归真实的自我和生活。

20世纪80年代，德国哲学家基德·阿肯巴哈(Gerd Achenbach)在科隆创办了一家"哲学实践"(Philosophical Practices)机构，提出了"超越方法的方法"(Beyond-method method)。他被称为"自苏格拉底以来创办哲学咨询实体的第一人"，用"苏格拉底式的对话"解决现代人的精神健康问题，他主张哲学咨询就是一种自由的对话。来访者是想寻求理解和被理解，因此咨询师的作用就是帮助来访者转换观念、不断打破常规，寻求思想观念方面的突破。阿肯巴哈没有提出一套明确完整的理论方法，只是提供了一种开放式的对话方法，即"超越方法的方法"，认为哲学咨询不应有固定的方法而要因地制宜[①]。

为了便于哲学咨询的具体操作，美国哲学咨询师马瑞诺夫(Lou Marinoff)提出了他的简称为"宁静法"(PEACE)的哲学咨询方，PEACE法的P、E、A、C、E这五个字母分别代表咨询过程的五种阶段和步骤。P指"问题"(Problem)，让来访者找出自己所面对的问题，先做一番观察而不忙于下结论，重新检视问题。E指"情绪"(Emotion)，让来访者了解和检讨由问题引发出的情绪。A指"分析"(Analysis)，分析并举出各种解决问题的路径选择，用类推的方法评估各种可能解决问题的方案。C指"沉思"(Contemplation)，运用哲学家的智慧，帮当事人将其见解统合、整理成有条理、可实行的个人哲学，并引导其利用个人哲学从整体的方向看待其困扰，并选出最佳的解决问题方案。E指"平衡"(Equilibrium)，个人利用其个人哲学找出适合解决问题的方案或观点时，其身体与心灵将逐渐趋于平衡[②]。

加拿大哲学咨询师P. 瑞比(Peter Raabe)在其所著的《哲学咨询和实践》中，将哲学咨询划分为四个阶段，将他的哲学咨询方法简称为"FITT"，并且每个阶段都须依当事人的需要及咨询师的观察而设定不同的情境。"F"为自由漂浮(Free-floating)，即摆脱成见和固执，让思想自由漂浮，让问题得到充分检视。"I"表示即刻问题的解决(Immediate problems solution)，帮助来访者找到最贴近的解决方案。第三个字母"T"即意向性的行为教导(Teaching as an intentional act)，针对性地提出一些哲学观点以供来访者参考。第四个字"T"代表超越(Transcendence)，即超越过去、现在的种种束缚，使自己不再沉溺于

---

① 陈红. 哲学咨询的兴起与发展[J]. 安徽大学学报,2012,(4):28-29.

② 陈红. 哲学咨询的兴起与发展[J]. 安徽大学学报,2012,(4):27-28.

过去的痛苦①。

台湾经辅仁大学黎建球教授提出的西撒法(C. I. S. A)法,既是一种过程,也是一种通向身心成熟的方法。C 是觉察(Consciousness)问题的能力。哲学咨询师要有觉察即刻问题(Immediate problems)的能力和洞察问题的深层原因的能力。I 即洞见(Insight)根源的能力,是指直接探寻问题根源的能力,不受其个人情绪或其他不相干问题干扰的能力。S 是指灵动(Spiritual moving)反诘的能力。哲学咨询师必须通过各种反诘和各种可能性的探测来处理问题。A 是指超升(Ascend)现状的能力。哲学咨询师必须拥有能面对情绪、价值观而超升的能力②。

此外,著名法国哲学践行家奥斯卡·博列尼菲(Oscar Brenifier)在法国创立了哲学践行研究所(Institut de Pratiques Philosophiques),并在多个国家进行过哲学践行活动;其践行对象从儿童到老人。荷兰哲学家与哲学践行家皮特·哈特劳③(Peter Harteloh)在荷兰积极创办了"伊拉斯姆斯哲学践行研究所"(Erasmus Institute for Philosophical Practice),提出的"哲学漫步"(Philosophical Walking)方法,促进了思考,提供了概念化方法,反思和改进自身的思维过程。法国哲学家 M. 苏特(Marc Sautet)在巴黎开办第一家"哲学咖啡馆"④,吸引了社会各阶层形形色色的人物来参加。

以上几种践行模式都是通过"对话"来发现问题、分析问题、解决问题,通过概念澄清与分析的方式,引导世界观与价值观,进而达到身体与心灵的平衡与宁静。无论是对于当事人的困境主题、价值观和世界观等,都必须先经历概念澄清的过程,而后才能够继续开展。

三、马克思主义哲学中的哲学践行思想

哲学践行模式就是通过澄清概念和对人们自身经历的洞察,缓和人们道德和存在的紧张关系,解决价值冲突、心理困惑等问题,提供心灵的宁静,这与马克思主义哲学的实践性与应用性是相一致的。

在马克思看来,哲学和现实生活紧密相关。日常生活是马克思主义的来

---

① 陈红. 哲学咨询的兴起与发展[J]. 安徽大学学报,2012,(4):28.

② 陈红. 哲学咨询的兴起与发展[J]. 安徽大学学报,2012,(4):29.

③ [荷兰]彼得·哈特劳. 哲学践行:西方哲学中的一种新的范式[J]. 安徽大学学报,2013,(5):33.

④ 陈红. 苏格拉底方法的复兴:一种新的哲学践行范式[J]. 安徽大学学报,2014,(3):26.

源地，同时，马克思主义的价值也体现在对于日常生活的指导万面。马克思主义大众化就是把马克思主义理论内化为人民群众认知的过程，就是将马克思主义理论由抽象到具体，由被少数人掌握到被大多数人理解和掌握，把马克思主义的世界观、人生观和价值观通过一定的方式使人民群众理解，并自觉内化为自己日常行为生活的指导思想。“任何真正的哲学都是自己时代的精神上的精华，因此，必然会出现这样的时代：那时哲学不仅在内部通过自己的内容，而且在外部通过自己的表现，同自己时代的现实世界接触并相互作用”①。

马克思在《关于费尔巴哈的提纲》中，用简明扼要的11条论纲进行了哲学的革命，即其哲学的实践本质。马克思不仅确认实践是人类世界的本体，而且确认实践是人的生存的本体，两者是同一个问题的两个方面，这就是马克思主义哲学的生存论的本体论，即实践本体论②。对现实生活的卓越研究，使马克思揭示了生活之谜，并由此确立了其整个哲学的出发点，即现实的人、现实的实践、现实的生活③。马克思主义哲学特别强调实践和应用，以为整个人类谋幸福为根本旨归，实践性与应用性是马克思哲学的本质特征。

哲学咨询与马克思的实践紧密相连。马克思主义哲学通过对人类实践及其在社会生活中的作用的分析，指出“全部社会生活在本质上是实践的”。这一思想说明了实践在人和人类社会生活中的重要地位。马克思的实践是一种哲学学科的实践，即理论批判活动，实践是哲学的世界化和世界的哲学化。

马克思的实践哲学从现实的人、现实的生活出发，归于现实的实践，实现了现实人、现实生活和现实实践的辩证统一，这对哲学咨询有着非常重要的理论和实践指导意义，而哲学咨询正是通过帮助人们思考和解决日常生活中的重要问题的方式来体现哲学的价值。

马克思主义哲学中的哲学践行思想曾经在革命年代发挥过非常积极的作用，然而在社会主义建设时期，由于社会主义制度在探索中遇到的反复曲折，马克思主义哲学践行思想的实行也几经迷途，马克思主义与大众的距离在增加。因此，当前开辟马克思主义大众化可行的新途径已成当务之急。

通过对国外哲学践行模式的分析，探索马克思主义大众化的一条可操作的新途径，对于推动马克思主义在建设社会主义精神文明中的实际指导作用

① 马克思恩格斯全集（第1卷）[M]. 北京：人民出版社，中文第2版：220.

② 杨耕. 关于马克思实践本体论的再思考[J]. 学术月刊，2004，(1)：80-95.

③ 崔唯航. 马克思生活观的三重意蕴[J]. 哲学研究，2007，(4)：3-10.

具有重要意义,对于解决人们因思想观念偏差导致的各种现实问题具有重要价值。

四、通过哲学践行实现马克思主义大众化的基本条件

通过哲学践行实现马克思主义大众化,首先应当具备两个条件:即人才条件与理论条件。人才条件就是培养一批具有合格素质的哲学咨询师,理论条件就是进一步深入开展哲学咨询的理论研究。

1. 培养哲学咨询师的基本素质

哲学咨询是帮助来访者找出问题的源头,重温哲人的智慧,让烦恼的心事得到解脱。从事哲学咨询师的工作不但要用他的知识和咨询技术为来访者服务,而且还要了解来访者的内心世界,洞悉来访者的真正困惑,帮助来访者澄清问题的真正原因,从而获得心理的宁静,达到生活的愉悦。

首先,人格素养是哲学咨询师最重要的素养,也是首要条件。一个合格的哲学咨询师必须具备心理健康、乐于助人、责任心强等人格条件。

其次,丰富的知识背景也是哲学咨询师必备的理论知识。哲学咨询不仅是倾听,而且还要帮助来访者解决问题,因为来访者的困境各不相同,需要解决问题的知识背景也就不同。

最后,哲学咨询师要有娴熟的咨询技巧。哲学咨询师要在最短时间内了解来访者的相关情况,通过理论知识和咨询技巧结合起来,有针对性地协助来访者分析问题、解决问题,引导来访者走出困境,重新获得新生。

2. 增强哲学咨询的理论基础

哲学践行是对世界观的一种诠释方式,是将哲学付诸实践的有力途径,来访者通过与哲学家的平等对话,了解自己的世界观、预设及偏见,在哲学探究的过程中澄清思虑,寻找适合解决问题的哲学思考方式,培养用哲学来探究问题的倾向,使哲学成为心灵及行动的指导,保持心灵的宁静,进而可以普及马克思主义大众化的价值观。

哲学咨询虽然是一个新兴的研究领域,也是一场哲学实践运动,尝试对哲学的理念与方法进行系统化与理论化的建构。哲学咨询若想成为一门真正的实践学科,那么必须进行相应的课程建设,达到普及马克思大众化的哲学咨询目的和意义。

首先,开设哲学践行相关课程,普及马克思主义哲学的核心价值观,使大学生了解哲学不再是抽象的概念,而是可以用来解决日常问题的一种思想治

疗形式,让大学生懂得各种咨询方法的运用,心理有了困惑,可以和哲学咨询师进行平等、真诚的“对话”,通过“做哲学”引导正确的价值观。

其次,撰写哲学践行方面的教材,普及马克思主义哲学的实践观,通过各种形式的践行模式,与马克思的实践论结合在一起,让哲学摆脱逐渐远离现实生活而产生的“空洞无用”危机,使哲学重塑对人类生活和人自身有实际而深刻作用的传统形象。马克思主义基本原理等课程基本上是传授理论知识,解决普遍的世界观人生观问题,较少涉及解决个人心理困惑等问题。因此,通过哲学践行范式普及马克思主义大众化必有可为。

最后,逐渐进行哲学践行方面的学科建设,使其成为一门应用学科,有助于马克思主义大众化的普及与应用,不但可以复兴古代的价值观和实践,而且也可以把马克思主义进行本土化的重建,有利于哲学家们的知识应用于实践。

五、马克思主义大众化的哲学践行实施模式

虽然哲学践行是将哲学付诸实践的有力途径,但是在开展“哲学践行”的实践过程中,具体实施还是有一些难度的,普及一门新学科,毕竟要有相应的推广与普及教育,如何让人们接受哲学践行,了解哲学践行,那就必须进行宣传,开设哲学践行培训班,进行理论指导与课堂模拟操作,掌握具体的方法后,进行具体实践操作。

1. 开设哲学咨询师培训班,成绩合格者可以颁发证书

哲学践行的普及教育,仅仅依靠学校教育是不够的,必须开设相应的培训班,进行哲学咨询师的专业训练,经过实践检验,成绩合格后,发给证书。哲学咨询师需要掌握一些具有可操作性的方法程序,以便应对各种不同的思想问题。在进行咨询师的培训时,必须澄清哲学咨询的原则,一是不能把来访者当作病人来对待;对于来访者来说,求助于哲学咨询是为了寻求问题的解决,而不是作为一个病人来治疗。二是要改变来访者的行为,不能将来访者求助的问题视为病症;哲学咨询虽不具备治疗的目的,但却有治疗的疗效。三是哲学思想治疗的目的是为来访者澄清概念、解决问题,而不是给一个标准答案。正如欧阳谦教授所言,哲学咨询师需要的不是“药箱”,而是装有各种思想方法的“工具箱”。在这种工具箱里面,至少需要配备以下的思想工具:观念的分析、批判的思维、思想的实验以及哲学观点的运用。

2. 制定哲学咨询规则

在进行实践模拟训练前,还必须制定一些规则。在模拟实践中,既有作为

哲学咨询师的指导者，也有作为来访者的参与者，两者也必须有相应的规则。

(1)哲学咨询师规则：第一，协助来访者澄清问题，与来访者达成共识；第二，不能按照主观意愿操纵特定的讨论方向；第三，不能在问题内容上采取个人主观立场；第四，维护设定的对话规则。

(2)参与者规则：第一，每一位参与者的案例必须是个人所经历的，而不是看到或者听到的；第二，询问问题和回答问题时必须诚实；第三，每一位参与者都要尽可能表达思想观点；第四，如果有参与者对所讨论的问题迷茫时，应该寻求其他参与者协助；第五，每一位参与者的陈述都应该建立在具体经验的基础上；第六，如果参与者对某一个问题没有澄清的话，那么每个参与者必须协助完成。

以上规则的制定，可以更加有效地实施哲学咨询的实践，也可以增加双方的职业道德守则，对于一个合格的哲学咨询师而言，遵守规则是守住底线的一道保障。

3. 制定哲学咨询程序

在进行哲学实践训练中，还必须掌握哲学咨询的方法与程序。在进行咨询师的培训中，要预先设定咨询主题，寻找相关案例进行分析，进行对话步骤设计。

预先设定主题是哲学咨询师在对来访者进行求助时所做的必要准备。来访者因有危机、麻烦、疑惑、困难、挫折或忧虑而寻求帮助。身为哲学咨询师，必须知道来访者的兴趣，了解他们存在的困惑，有义务在整个对话程序中进行事先设计与管理。

预先设定主题后，选定一个讨论主题，进行相关案例分析。每一个参与者要提供与本人相关的具体经验进行讨论，包括个人的经历、个人遇到的困惑，以及如何解决这些困惑等。

案例分析完毕后，紧接着就是进行对话程序设计。对话程序设计包括确定讨论组人数，选定讨论主题，列出所要回答的问题，澄清问题，达到哲学咨询的目的。

(1)制定讨论组人数：一对一式——即哲学咨询师与来访者之间的对话和讨论；小组讨论式——人数以 3 至 6 人较为合适，在哲学咨询师的引导下，围绕既定的问题进行思想交流和讨论；群体讨论式——人数以 10 到 20 人为宜，在哲学咨询师的引导下，对一些比较抽象的问题进行交流和辩论；主题沙龙式——人数以 10 到 15 人比较合适，可以对具体的问题展开讨论。

(2)选定讨论主题：根据来访者不同的诉求，进行不同的主题设定。

(3)列出所要回答的问题：根据来访者的具体问题，哲学咨询师要提前做准备，要对整个对话进行设计，并协助来访者发现思想盲区，清除成见，找到适合发展的路径。

这一部分具体讨论了哲学咨询的具体操作与实践，为哲学咨询的具体应用提供了具体的实践基础。通过哲学咨询这种对话模式，人们可以了解自己的世界观，在探究哲学的过程中澄清思虑，寻找到解决问题的方式，从而学会用哲学来探究问题、解决问题。

4. 推广马克思主义大众化哲学

哲学践行是一种明确可行的哲学实践的方式，为人生的困境找寻出路。哲学践行应用的范围很大，既有群体的哲学咨询、公司的哲学咨询、组织的哲学咨询以及儿童的哲学咨询，也有婚姻、家庭教育咨询等等。这些问题都可以用马克思的实践哲学指导人的生存。

实践是人的存在方式，人的存在就是实践。实践塑造人、创造生活，也改变人、改变世界。人的实践性也就是人之为人的基本规定性，人有什么样的实践性、从事何种实践活动，人也就有什么样的生存状态和生存特性[①]。这意味着有关人的问题都应该归于实践来解决，比如人的生活现状、人的理想状态，甚至人的思想困惑，都应归于实践来解决。人的生存与实践既是现实人生存的主要问题，更是解决人的问题的思路和契机，而哲学践行范式的基本点就是通过概念澄清与分析，引导咨询者深思自己的世界观与价值观，进而达到身体与心灵的平衡与宁静。

哲学践行处理人的问题，最终也要通过实践来解决。马克思主义大众化的普及，完全可以借鉴哲学践行范式，探索一条可操作的现实途径。因而，哲学践行是一种有效的普及哲学的方式。美国和欧洲的一些哲学家认为专业哲学正变得越来越技术化，局限于学术界的范围，使哲学丧失了它的生命力，因而他们也在努力推动哲学理论的实际应用，向普通民众普及哲学。

当前马克思主义哲学的大众化必须充分考虑如何将马克思主义哲学内化为大众的精神信仰并且能够指导大众的实践，马克思的实践哲学从“现实的人”“现实的生活”出发来思考存在的问题，最核心的关切就在人类的生存状况和精神困境，而只有实践能改变这一切。因此哲学和哲学践行的任务就是关注现实人，关照现实生活，引导人们通过实践去创造新的存在，找到适合自己的生存方式。

马克思主义哲学大众化的目的更为重要的是重塑精神价值，建立社会新认同的基础。在马克思主义哲学大众化的方法和途径上，充分利用哲学践行

① 贺来．实践与人的现实生命[J]．学术研究，2004，(11)：46-51.

这一模式，探索马克思主义哲学大众化的新途径，帮助大众树立社会主义核心价值观。

普及马克思主义大众哲学也是马克思主义大众化的价值观引领。正确认识人生的价值和意义，才能形成属于自己的生活智慧和人生哲学。人总是在实践中以及在对世界的认识中不断建构、重构自己的思想。在马克思主义哲学大众化的践行中，哲学咨询的对话方法能促进马克思主义哲学教育受众的主体认同。对话可以发现所思之物的逻辑及其存在的意义，而人的思想、观点和立场的转变，以及正确世界观、人生观的形成，正好都是哲学践行最为关注和可以提供帮助的方面。

关于中国传统文化现代化研究中的两个问题

——"群众"与"实践"的补课研究及其路径

刘伯山

摘　要：中国传统文化源远流长，但真的要在二十一世纪的今天及以后还传承，就存在一个如何实现自身的现代化以及如何内在契合马克思主义哲学的问题，对此，就需要我们对中国传统的文化进行重新的审视和有针对性的判断。基于唯物辩证法和唯物史观的立场、观点与方法，客观认真地考察中国传统文化史和中国传统文化研究史，我们就可发现：对中国传统文化还存在重新认识的问题，对中国传统文化的研究还有着诸多具有补课性质的再研究空间，其中尤为迫切和重要的是要强化对"群众"与"实践"的研究。对此，徽学的研究提供了一条切实可行和极为有效的研究路径。

马克思主义的中国化、中国传统文化的现代化，以及它们两者之间如何实现一体化，这是当今时代的重大课题。对第一个问题的研究，中国人民和中国共产党人已经有了近一个世纪的探索，理论上和实践上都有着重大发展，取得了举世瞩目的成就；对第二个问题的研究虽然早在二十世纪二三十年代就已经开始，显著成果是"新儒学"的研究，但总是存在"新瓶装旧酒"的嫌疑，真正的破题还是近些年的事情；而对第三问题的研究，目前还只是刚刚提出。实际上，马克思主义中国化命题的意义和实践之所指是中国的社会与文化，而源远流长、博大精深的中国传统文化至今还在深刻影响中国人，内禀于当下中国的社会与文化之中，因此，马克思主义中国化的真正实现是要深刻依赖于中国传统文化的现代化，两者是内在相依的共存，由之是直接导致如何实现一体化问题的存在。作为适逢当今时代的哲学社会科学工作者，应该秉承一种历史的使命感、社会的责任感和面对时代发展的紧迫性，自觉担

作者简介：刘伯山（1962—），男，安徽大学徽学研究中心研究员，研究方向为哲学和徽学。

当,进行如此重要的时代课题的研究。

中国传统文化源远流长,但趋于成熟是在中国的封建社会。中国传统文化本身就具有中国封建社会性质,尽管其有许许多多的优秀文化可以直接传承至今,但真的要在二十一世纪的今天及以后保证中国传统文化还在传承,就存在一个如何实现自身的现代化以及如何内在契合马克思主义哲学的问题,对此,就需要我们对中国传统的文化进行重新的审视和有针对性的判断。中国传统文化的根源十分深厚,对其的研究也是成果卓著,但基于唯物辩证法和唯物史观的立场、观点与方法,客观认真地考察中国传统文化史和中国传统文化研究史,我们就可发现:对于中国传统文化,我们确实还存在重新认识的问题,对中国传统文化的研究还存在诸多具有补课性质的再研究空间,依照笔者之所见,至少以下二方面就该予以重视:

其一,重视对"群众"的研究。马克思主义的唯物史观认为,社会存在决定社会意识,人民群众是社会历史发展的主体,他们是历史的创造者,既创造了社会的物质财富,也创造了社会的精神财富,是实现社会变革与发展的决定性力量。这正如毛泽东同志所说的:"人民,只有人民,才是创造世界历史的动力。"①社会是人的构成,文化是人的创造。中国传统文化是整个民族文化的大集合体,其内容博大精深,涉及社会的方方面面,所包括的人的群体是各个阶层。但既有的对中国传统文化的研究,却多是对仕宦文化、精英文化的研究,很少触及下层民众,较少问及平民布衣。中国的文史典籍浩如烟海,其数量之大、质量之高、历时性之长、持续性之强,为世界上任何其他民族或国家不可比拟。但一部二十四史,主要是关于帝王将相的历史,是有关国家层面、统治政权层面、上层社会层面的历史,即使是宫廷文书、野史、方志、逸文、杂记、笔记、小说等等,也很少问及民间和老百姓的事情,平民布衣阶层所占的地位和分量总是不高,诸如一些出自平民布衣的科技发明与文化创造等充其量是归为"方技"类;即使有些正直文人、学富五车的彦儒和文士记述、描述了一些下层社会的事件,也总难免受中国传统社会价值观念的内在不自觉的影响而存有偏见,或囿于一叶障目,于是,对反映中国这个世界农业大国的农村基层社会与文化的资料甚少,有则亦多有选择和文饰,由之直接导致了人们在利用这些历史文献资料进行各项研究时,这样那样地要淡漠了"人民群众",对民众的生产、生活、社会交往、精神意识、文化习俗等的实态缺乏全面、具体的把握。这是我们在研究上的一大缺憾,应该予以弥补。

其二,重视对实践的研究。马克思主义哲学的核心观点是实践的观点,

① 《毛泽东选集》第3卷,人民出版社1991年版,第1031页。

认为人类的社会生活尽管是由各种现象和事物构成，呈现出纷繁复杂性，但在本质上都还是社会实践的产物；实践活动是人特有的存在方式，人只有在实践中才能生存与发展。正如马克思所指出的："全部社会生活在本质上是实践的。凡是把理论引向神秘主义的神秘东西，都能在人的实践中以及对这种实践的理解中得到合理的解决。"①中国传统文化也非常重视"知与行"的关系，这是中国哲学史上一对古老的范畴，从春秋战国一直争论到近代。中国历史上有许多关于重视"行"的论述，如《礼记》中说："好学近乎知，力行近乎仁。"②荀子说："不闻不若闻之，闻之不若见之，见之不若知之，知之不若行之，学至于行而至矣。"③清代王夫之说："君子之学，未尝离行以为知也。"④尽管如此，但我们对中国传统文化的研究却还是过多地注重了"知"的言论而缺少了"行"的实践，在对中国国家政治制度与政策的研究上一般也只是过多考虑对它们本身的叙述及制定过程的研究上，缺乏对践行情况的把握等等，这就显得十分不足。如宋代以来中国历史出现过多次的"改革"。北宋仁宗庆历年间，范仲淹针对官僚队伍庞大、行政效率低、人民生活困苦、辽和西夏威胁着北方和西北边疆的时局，于庆历三年（1043）九月上奏仁宗《答手诏条陈十事》，提出了变法，是为"庆历新政"，但结果只推行了一年零四个月后就彻底失败了。原因很多，其中改革派过于主观、改革政策的制定和推行缺乏针对性和统筹性、改革政策的推行执行不力等践行性因素是最主要的因素，而我们目前的研究恰恰是对其变革的具体践行情况探究不足。到了北宋宋神宗熙宁年间，王安石为富国强兵、改变积贫积弱的现状，以"因天下之力以生天下之财，取天下之财以供天下之费"为原则，从理财入手，进行变法，但也推行不到十年就以失败而告终，原因很多，其中政策执行不力是关键，如青苗法、免役法的具体践行就与理想相去甚远，缺乏合理的操作性，而目前我们的研究也正是在新法的实践情况上缺乏具体的把握。明代万历年间张居正的变法尽管最后绝大部分也失败了，但针对中国封建社会赋役制度改革的"一条鞭法"却取得了长效推行，清代承继，康熙以后发展为"摊丁入亩"制度，之后一直影响到民国。这可算作变法的成功事例。但"一条鞭法"和"摊丁入亩"在中国的乡村究竟是如何实施的？它们具体践行的实态情况如何？对此，我们目前的研究都有所欠缺，而恰恰是这些对我们全面系统地了解与把握历史、总结历史的经验等都十分重要。

① 《马克思恩格斯文集》第1卷，人民出版社，2009年版，第501页。

② 《礼记·中庸》。

③ 《荀子·儒效》。

④ 《尚书引义》。

重视与关注“群众”和“实践”的实质就是要重视社会基础的本身，关注社会发展在各个时代的历史实态，这就传统中国是一个农业大国来说，重点就是要我们重视研究中国的乡村社会，关注传统中国的农村、农业与农民的具体情况。只有对中国乡村社会本身在各个历史时期存在与发展的真实情况全面、系统、准确地把握了，我们探讨中国传统文化的现代化才会落到实处，保证我们的文化归位于时代发展与社会的本身。这是一个时代的课题，是我们哲学社会科学工作者必须完成的任务。至此，也许有人会说这里存在了一个悖论：要研究就要有可供研究的资料与路径，而中国传统文化所遗存的文献资料鲜有关于乡村平民布衣的完整资料，则我们研究如何实现？对此，笔者以为：这是一个刚刚过时的看法了。

中国历史文献的概念不能仅仅是传统的经、史、子、集的概念，而是内容要包括更广，大凡谱牒、碑刻、文书等等皆在其中；可作为中国历史文化研究的资料也不应仅限于纸质、绢质等文献资料，还要包括更多，包括物质文化遗产、非物质文化遗产、口碑资料、风俗民情情况、传统村落和街区的综合文化等。其中民间和地方文书档案资料更显得重要。文书档案是人们在实际的生产、生活及社会交往过程中为各自切身利益而形成的原始凭据、字据和记录，它具有唯一性和真实性特征，近几十年来在中国许多地方都有发现，其中具有一定规模的就有徽州文书、贵州清水江文书、清顺天府宝坻县档案、东北和内蒙古地区土地文书、清河北获鹿土地文书、明清山东曲阜孔府档案、清江苏商业文书和太湖厅档案、明清浙江严州府土地文书、清兰溪鱼鳞册、安徽宁国府南陵县档案、明清福建契约文书、清四川巴县文书档案、清四川南部县衙档案、清四川自贡盐业档案、清云南武定彝族那氏土司档案、江西鄱阳湖文书、珠江三角洲土地文书、清香港土地文书、清台湾淡新档案等。这些民间文书档案及各种乡土文化遗产都根植于乡村民间，直接反映的是中国乡村社会与文化的实态，其内容本身就该是中国传统文化不可分割的一部分，对其研究也应该是中国“国学”研究不可或缺的另一面，是为我们进行中国乡村的古代、近代及当代的综合实态研究提供了可能与路径，借此可弥补既有的研究在“群众”和“实践”问题研究上的不足。

拿徽州的情况来说。徽州介于万山丛中，如世外桃源，历史上除太平军乱外，少有战祸。徽州人文荟萃，文风昌盛，教育发达，素有“东南邹鲁”“文礼之邦”“文物之海”之誉称，加上徽州人由于宗族观念强、文化素质较高，文物、文化的保护、保存意识极强，方法也极多、极有效，即使是“文革”的十年浩劫，也有许多历史文物资料保存、留存下来。在物质文化遗产方面，目前仅黄山市境内的徽州古代地面文物如古牌坊、古祠堂、古民居、古桥、古塔等就留存有5000多处，其中黟县的西递、宏村是世界文化遗产，有20处为国家级重点文物保护单位；在非物质文化遗产方面，仅黄山市登记立项的就有近两千项，涉及民间文学、民间手工技艺等14类，其中徽剧、万安罗盘制作技艺等17项已经成为国家级非物质文化遗产；在文献资料遗存方面，《中国家谱联合目录》著录的徽州家谱有700余部，而据笔者的调查，目前已经发现但尚未著录的至少有1000多部，散藏于民间的至少还有1000~2000部；特别是徽州古代文书的大量保留和发现，更称得上是世界一大奇迹。徽州文书最初的大规模发现是在20世纪50年代中期，当时就发现了十余万件，被誉为是20世纪继甲骨文、汉晋简帛、敦煌文书、明清大内档案发现之后中国历史文化上的第五大发现[①]。之后，徽州文书还在不断地被发现，特别是在进入20世纪90年代以后，徽州文书的发现进入了一个新的高潮，至今已发现的接近70万份[②]。如此量的徽州文书，内容丰富、种类繁多，所涉内容近乎包括了徽州的政治、经济、文化、社会生活、民间交往及习俗、信仰等各个方面，所涉种类近乎包括了中国传统社会后期农村社会与文化的发展所应形成和产生的文书种类的绝大部分；时间跨度大，持续的朝代多且系统完整，已知最早的文书原件是中国社会科学院历史所收藏的《淳祐二年休宁李思聪等卖田、山赤契》，较晚的为《歙县三十三都二图四甲柿木[illegible]吴氏文书》之《公元一九八八年元月吴金闪立卖房间厨房契》，时间跨度达746年，历经宋、元、明、清、民国和中华人民共和国；内容连续系统，有很强的归户性，往往一户的文书就达一百多份、几百份甚至上千份，时间跨度一般都达几百年甚至六七百年，个案研究价值极高。对徽州文化的研究价值，美国学者约瑟夫·麦克德谟特指出："徽州文书是研究中国封建后期社会史和经济史不可或缺的关键资料。"[③]日本学者臼井佐知子提出："包括徽州文书在内的庞大的资料的存在，使得对以往分别研究的各种课题做综合性研究成为可能，这些课题如土地所有关系、商工业、宗族和家族、地域社会、国家权力和地方行政系统、社会地位和阶级以及思想、文化等。这些资料是延至民国时期的连续不断的资料，给我们提供了考察前近代社会和近代社会连续不断的中国社会的特征及其变化的重要线索。""对于研究中国封建社会末期政治、经济、文化和探讨其发展规律方面，徽州文书具有很大

① 中国社会科学院历史研究所编：《徽州千年契约文书》，第1卷，"前言"，花山文艺出版社1991年。

② 刘伯山编著：《徽州文书》第4辑"前言"，广西师范大学出版社，2011年10月版，第1卷。

③ [美]约瑟夫·麦克德谟特：《徽州原始资料——研究中华帝国后期社会与经济史的关键》，中译文见《徽学通讯》，1990年第1期。

价值,起着任何东西无法替代的作用。"[①]已故的著名徽学家、中国社会科学院研究员周绍泉先生认为,徽州文书的研究"将给宋代以后的中国古代史特别是明清史带来革命性的变化"[②]。笔者认为,对徽州社会特别是徽州文书进行研究,至少是进行着一种中国后期传统社会的农村实态研究,借以可了解与弄清中国作为一个农业大国其后期传统农村社会变化发展的多维真实情况,具有不可替代的研究价值和深刻的意义。

利用徽州社会与文化的各种遗存所进行的各种研究目前已经有七八十年的历史,在二十世纪八十年代以后形成了一门独立的综合性学科"徽学",日益走向世界。探讨徽学研究的价值,其在多学科上的意义至少体现在以下四方面:

其一,在中国哲学研究领域。马克思说过:"任何真正的哲学都是自己时代精神的精华。""是文明的活的灵魂。"作为精华的哲学,其一般体现是一个哲学家或一群哲学家的思想及思想体系,它不是无缘无故和无根无据地产生的,而是一定时代的产物,是一定时代的时代精神的提升和结晶。而时代精神就是一定时期政治、经济、文化、科学的发展状况和发展水平,包括该时代全部的物质文明和精神文明的本质特征的集中表现。各个时代的,确切地说是各个历史时期的人的社会生活、社会交往与活动,一句话,人的社会实践,以及在此基础上形成的社会意识特别是代表着最大多数人的民众意识,又是时代精神形成和产生的根本基础,我们要研究作为时代精神精华的哲学,研究各个历史时期哲学思想的形成与发展,就不应该脱离这个基础的基础。而要做到这点,就必须有对社会存在及社会意识发展的最具体和实在的把握。而徽学的研究,至少是使我们进行中国宋元明清哲学的这种基础的基础研究成为一定意义上的可能。徽州社会与文化的上述特点,决定了我们对其挖掘和研究,是在进行着中国封建社会后期普通民众思想意识形态的研究,从而是直接地关注着宋元明清时期中国作为一个农业大国的中国农民的思想意识、思维方式、价值理念、价值判断等微观具体问题的,真实地再现了那个时期的社会最普遍的社会意识形态,这就可以弥补传统中国哲学的研究只注重几个大家和代表人物的思想意识这样一种点状的、充其量是线性的哲学史的研究,而忽视了其点状形成的厚实基础及线状所构成的网状序列之不足,使我们的研究真正地立足于"群众创造历史"这一基本的历史唯物主义立场。

其二,在中国伦理学研究领域。中国是个农业大国,更是个伦理大国。

---

① [日]臼井佐知子:《徽州文书与徽州研究》,《时潮》第32号,1993年;又载森正夫等编:《明清时代史的基本问题》,汲古书院,1997年。

② 周绍泉:《徽州文书与徽学》,《历史研究》2000年第1期。

在中国古代社会，其人伦关系的构成及人伦关系问题的解决是要受到作为统治者认可并推广的中国传统的以儒家伦理为核心的伦理思想体系的决定和影响。但伦理的要求与伦理的实践并非一回事，伦理的要求是伦理的期盼和呼唤，它是抽象的、理念性的，而伦理的实践则是伦理要求的具体展开和体现，它是具体的、有着可操作性的。中国社会的伦理主体是儒家所倡导的伦理，它作为普遍的伦理要求，在具体下沉的过程中是要转化为一个个的具体实践，在下沉到乡村社会时就会带有一定的乡土区域性，而再具体到每一个村民的身上则又要体现为行为的实在性以及个体行为的多样复杂性。一般地说，伦理教育和实践会影响习俗，但反过来，习俗也会影响、干预伦理教育和实践的具体展开。其中，可操作性是底层伦理教育与实践的关键。研究中国伦理不仅要研究中国伦理的要求，更要研究中国伦理的实践，而恰是后者，在我们以往的研究中是缺乏的。徽州是一个介于万山丛中的典型山区农村社会，历史上又是一个典型的"礼仪之邦"，徽州的社会与文化为我们进行综合伦理实态研究提供了可能，也提供了绝好的样本。

其三，在中国美学研究领域。审美问题是美学研究的一大课题，我们要进行中国人传统的审美理念和标准的研究，可以通过研究历史上一些大思想家、文人的著作和作品，研究刘勰《文心雕龙》的美学思想、王国维的美学意境论等来获得，但那些都只是代表着中国文人的审美意识和判断，尽管其中多少也反映了最大多数人的、平民的审美理念和判断，但毕竟还是带着强烈的只为极少数的文人服务的主观色彩，仅仅对此研究，还不能充分反映作为大多数人审美意识的一般。然而我们通过对徽州社会与文化的研究，通过对徽州文化在今天的大量遗存的考察，则可以认识和了解历史上徽州人审美意识、审美判断、审美价值标准选择，由之可以窥探出历史上中国民众审美情况的一般。如在今天还成千上万遗存的徽州古祠堂、古民居等徽派建筑，它们都是由历史上徽州民间工匠所设计和建造的，其建筑风格、装饰特点等无不直接凝结和反映徽州民间老百姓的审美情趣和追求；徽州遗存有大量的在今人看来是属于艺术的徽州砖雕、木雕、石雕，它们也都是由默默无闻的徽州民间匠人所创作的。还有，徽派盘景的"游龙式"为何在明末清初深受人们的喜爱，新安画派的枯、瘦、冷、涩等为何成为明清时期中国山水画的主流等等，对这些问题的研究，无疑是要开辟一个崭新的民众审美意识形态研究的空间。

其四，在中国法学史研究领域。古代中国的法即王法，如明代有《大明律》，清代有《大清律例》，几经修订，作为封建统治者规束世人的工具。但王法的制定是一回事，其在民间老百姓中执行又是另一回事，从国家的法律到官府的法律再到民间的法律，其每一次下行的执行，都是有差异的。并且更为重要的是，在王法的前提下，民间更是有习惯法，甚至习惯法在实在的民间社会实际是占据了主体，国家法最终也是要转向为习惯法。这个问题早已引起学界的关注，而在徽州，这个问题则是有着极其典型的体现。徽州既是一个“礼仪之邦”，更是一个“契约社会”，同时还是一个“诉讼社会”。历史上，徽州人发生了纠纷，一般不是采取械斗等暴力手段加以解决，而是首先进行协商，以契约的形式进行调和；再就是通过祠堂、乡约、文会等，进行一种社会的调解；最后就是采取诉讼方式，以维护各自的利益。徽州社会有着一千多年的稳定，其根本就在于它有着这么一个极为完善的社会内部调节机制。由之，徽州历史上有大量的社会契约文书和诉讼文书，在今天它仍有大量的遗存，这就为我们研究国家的法律的下行、研究民间习惯法等提供了绝好的条件，研究空间很大。

文化强省背景下的文化产业集聚区转型升级研究

邢 军 李宪奇

摘 要:文化产业强是文化强省的关键和标志,文化产业集聚区对经济结构调整和文化产业转型升级起到重要的引领和支撑作用。为全面了解安徽省文化产业集聚区发展状况,准确把握全省文化产业集聚区发展趋势,课题组先后赴安徽部分市县进行实地调研,发现经过十年的快速发展,全省文化产业集聚区正发挥着产业发展载体、集聚人才平台、文化产业支柱、产业集聚空间、文化科技融合引擎等作用,同时文化产业集聚区也面临着发展理念模糊、战略规划缺失、创新政策悬空、园区经营困难、市场主体减少等突出问题,提出通过加强顶层制度设计、划清市场与政府行为边界、构建科学的园区评价标准、打造园区全产业链、创新园区投融资机制等,打造安徽文化产业集聚区升级版。

为全面了解我省文化产业集聚区发展状况,准确把握全省文化产业集聚区发展趋势,研究提出打造安徽文化产业集聚区升级版的对策建议,省文化产业发展研究会课题组先后赴省委宣传部、省文化厅以及合肥市、芜湖市、淮北市、宿州市、安庆市等地进行调研,结合文献研究,完成如下研究报告。

一、我省文化产业集聚区发展现状分析

文化产业集聚是文化产业空间集中、要素集聚、经营集约为核心特征的现代文化产业生产方式。它借助文化企业、文化产品(服务)和文化要素连接

作者简介:邢军(1966—),男,安徽省社会科学院当代安徽研究所所长、副研究员;李宪奇(1958—),男,安徽省直党校教授、安徽省未来科技发展战略研究所所长。

方式的创新，产生了巨大的文化财富放大效应。十年来，我省文化产业集聚区建设增长迅速，仅文化系统统计的建成与在建的文化产业集聚区已达100余家，入园企业近2000家。文化产业集聚区作为文化产业项目和文化企业成长的重要载体，较好地发挥了集聚效应和孵化功能，加速了我省文化产业的规模化、集约化、专业化。

1. 文化产业集聚区正在成为我省文化产业发展的重要载体

据省文化厅统计初步统计，截至2013年年底，我省文化产业示范园区和示范基地共有113个，其中，国家级文化产业示范园区2家（1.77%），国家级文化产业示范基地（单体企业）7个（6.19%），国家级文化产业示范基地（集聚类）2个（1.77%），省级文化产业示范园区3个（2.65%），省级文化产业示范基地99个（87.61%）（见图1）。

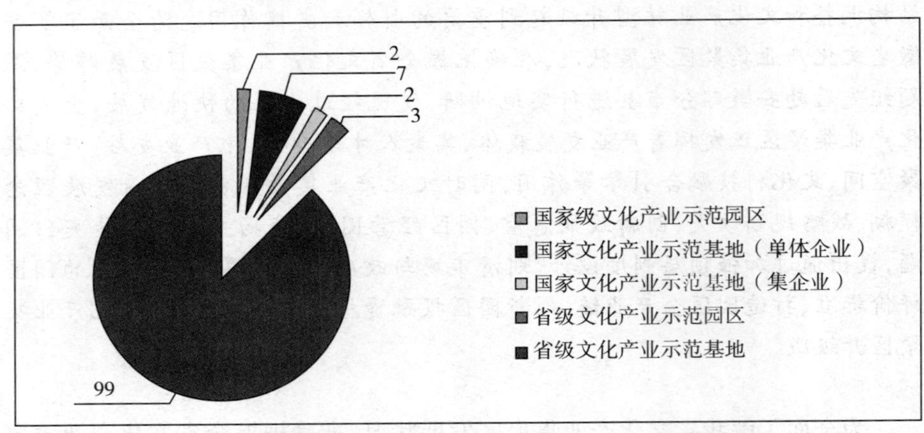

图1 2013年安徽省文化产业园区、基地分布情况

我省已经建成投入使用的文化产业集聚区主要涉及数字出版、图书印刷、图书发行与物流、广播影视、文化用品制造、休闲娱乐、民俗与非物质文化遗产保护开发、文化产品流通等多个行业，已经初步形成了一批具有一定示范引领作用的文化产业集聚区，正在成为全省文化产业发展的领头雁。在全省“民营百强文化企业”中，省文化产业示范基地占有51席。中国宣纸股份有限公司入选文化部“全国十大最具影响力国家文化产业示范基地”。

2. 文化产业集聚区成为我省聚集文化产业人才的坚实平台

2013年我省文化产业示范园区和示范基地从业人员约20万人，其中，国家级文化产业示范园区1766人，国家文化产业示范基地（单体企业）5468人，国家文化产业示范基地（集聚类）72人，省级文化产业示范园区1164人，省级文化产业示范基地195949人。文化产业园区（基地）已成为我省聚集文化产业人才的重要平台(见表1)。

表1　2013年安徽省文化产业园区、基地从业人员分布

园区类型	从业人员		大专以上学历		中级以上职称	
	人数	比例(%)	人数	比例(%)	人数	比例(%)
国家级文化产业示范园区	1766	0.86	530	5.42	0	0.00
国家文化产业示范基地(单体企业)	5468	2.67	2587	26.47	1112	40.88
国家文化产业示范基地(集聚类)	72	0.04	47	0.48	15	0.55
省级文化产业示范园区	1164	0.57	572	5.85	133	4.89
省级文化产业示范基地	195949	95.86	6036	61.77	1460	53.68
合　计	204419	100	9772	100	2720	100

3. 文化产业集聚区正在成为全省文化产业的有力支撑

2013年,我省文化产业示范园区和示范基地营业收入226.55亿元,主营业务收入191.78亿元。其中,国家级文化产业示范园区营业收入2.49亿元,占比1.10%,主营收入2.49亿元,占比1.30%;国家文化产业示范基地(单体企业)营业收入9.70亿元,占比4.28%,主营收入9.66亿元,占比5.04%;国家文化产业示范基地(集聚类)营业收入3.38亿元,占比1.49%,主营收入3.38亿元,占比1.76%;省级文化产业示范园区营业收入6.38亿元,占比2.82%,主营收入6.38,占比3.33%;省级文化产业示范基地营业收入204.60亿元,占比90。2013年我省文化产业示范园区和示范基地利润总额57.45亿元,其中,国家级文化产业示范园区1.02亿元,占比1.78%;国家文化产业示范基地(单体企业)2.43亿元,占比4.23%;国家文化产业示范基地(集聚类)1.69亿元,占比2.94%;省级文化产业示范园区0.37亿元,占比0.64%;省级文化产业示范基地51.94亿元,占比90.41%。

2013年我省文化产业示范园区和示范基地固定资产279.6亿元,其中,国家级文化产业示范园区22.46亿元,国家文化产业示范基地(单体企业)28.16亿元,国家文化产业示范基地(集聚类)14.30亿元,省级文化产业示范园区18.55亿元,省级文化产业示范基地196.13亿元,占全部文化产业园区基地固定资产总额的七成以上。

2013年我省文化产业示范园区和示范基地增加值80.24亿元,占全省同期文化产业增加值844.95亿元的9.50%。其中,国家级文化产业示范园区

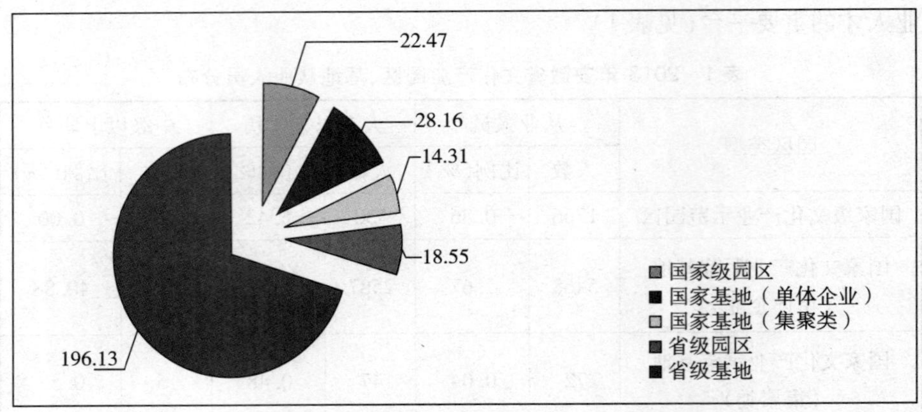

图 2　2013 年安徽省文化产业园区、基地固定资产分布

2.07 亿元，占比 2.58%；国家文化产业示范基地（单体企业）4.51 亿元，占比 5.62%；国家文化产业示范基地（集聚类）2.36 亿元，占比 2.94%；省级文化产业示范园区 1.11 亿元，占比 1.38%；省级文化产业示范基地 70.19 亿元，占比 87.48%。

4. 文化产业集聚区成为文化企业的聚集空间

2013 年，全省文化产业园区基地已经聚集了 1636 家文化企业，经营面积 2545 万平方米。从聚集企业的分布看，辖区内单体企业数最多的是省级文化产业示范基地达到 1367 家，占总数的 83.56%，其次是国家级文化产业示范基地达到 253 家，占总数的 15.47%；3 家省级示范园区辖区内单体文化企业仅有 41 家，占总数的 2.51%。

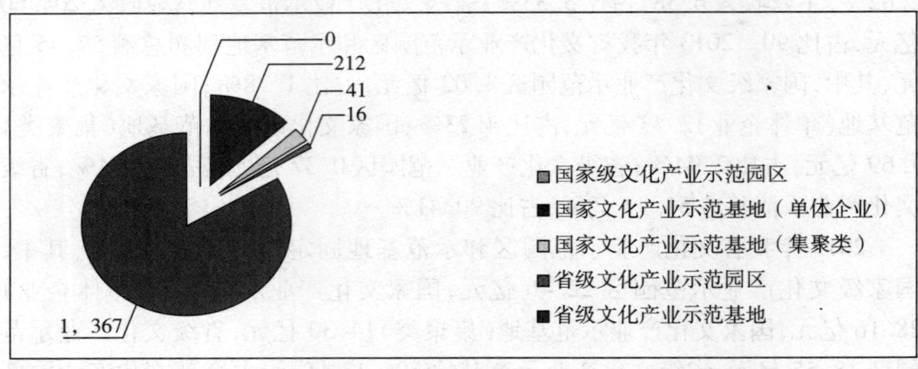

图 3　安徽省文化产业园区基地入园企业分布

5. 文化产业园区基地成为文化科技创新的重要引擎

2013 年全省文化产业园区基地累计获得国家级奖项 7427 个，其中，国家文

化产业示范基地(单体企业)7288 项,占 98.13%,省级文化产业基地 139 项,占 1.87%。获得著作权和发明专利 528 项,其中省级文化产业示范基地 514 项,占 97.35%,国家级文化产业基地(单体企业)获得 14 项,占 2.65%(见表2)。

表2 安徽省文化产业园区基地获奖项和专利分布

园区类型	获得国家级奖项		著作权,发明专利	
	总数(个)	比例(%)	总数(项)	比例(%)
国家级文化产业示范园区	0	0.00	0	0.00
国家文化产业示范基地(单体企业)	7,288	98.13	14	2.65
国家文化产业示范基地(集聚类)	0	0.00	0	0.00
省级文化产业示范园区	0	0.00	0	0.00
省级文化产业示范基地	139	1.87	514	97.35
合 计	7427	100.00	528	100.00

6. *文化创意产业园区成为新型城镇化的投资高地*

近两年,全省各市文化产业园区基地建设热情明显提高,步伐明显加快。在合肥、淮北、宿州、蚌埠、安庆、芜湖等地的调研过程中可以强烈地感受到,各地都不想错过这一轮文化产业园区建设的机会,也确实感到文化产业集聚区在招商引资和凝聚产业发展力量方面发挥的重要作用。

——合肥文化与科技融合示范园区、万达文旅城、包河国家广电科技创新实验基地、环巢湖文化旅游产业带等。合肥文化与科技融合示范园区以国家智能语音产业基地项目、国家级动漫产业基地项目和全球“音谷”声音创意产业基地项目等基础,重点培育智能语音、动漫游戏、数字出版、影视制作、文化旅游、文化会展及电子商务等新兴文化业态,文化企业近 80 家,年创造增加值超过 100 亿元。合肥万达文化旅游城是华东最大的文化旅游投资项目,项目建成后日最大接待量 10 万人次,预计年接待游客 2000 万人次,直接创造 3 万个就业岗位,文化旅游综合年收入 50 亿元。

——淮北市正在建设洪庄文化创意产业园、政通梦幻王国、国购汽车文化综合体、口子酒文化博览园和隋唐运河古镇等五个文化产业集聚区,其中,淮北市洪庄文化创意产业园规划用地 700 亩,是一个集文化创意休闲旅游与商业经营于一体的文化产业集聚区和城市文化综合体。目前该产业园已经完成废弃土地筑岛、喜庆文化景观广场、文化艺术品交易商业街、文化艺术品交易中心传统与民间技艺中心、婚庆拍摄基地等工程已经建成。

——宿州市建设了虞姬文化园、灵璧奇石文化园、钟馗文化产业园、磬云山国家地质公园和中卡通神游世界动漫园等五个文化产业特色园区。中卡通动漫股份有限公司依托当地楚汉垓下之战的历史文化资源,制作了78集动画片《楚汉风云》在央视播出。中卡通把《楚汉风云》的场景物化在神游世界动漫园,形成了动漫园的核心主题,填补了皖北地区科技游乐园空白。

——阜阳市积极推进文化产业集聚区建设,在从无到有建设八里河风景区、阜阳生态乐园和迪沟生态旅游景区的基础上,又开始建设阜阳印刷包装产业、黄岗柳编文化产业园、颍上文化产业园等一批文化产业园区。

——省文化厅和蚌埠市委、市政府整合蚌埠星宇文化产业园、花鼓灯嘉年华、大明文化产业园、中华古民居群等多处资源,打包形成"蚌埠市大禹文化创意产业园",申报"国家级文化产业示范园",已经通过文化部专家级考察初评,有望成为我省新的国家级文化产业示范园区。

——芜湖入选"国家广告产业园"实现我省零突破[①]。芜湖市近日被认定为"国家广告产业试点园区",这标志着我省在国家级广告产业园区建设上实现了零的突破。

——铜陵市2014年公布的18项招商引资项目,其中有10项属于文化产业集聚区项目。铜陵江南文化园将青铜文化、江南民俗文化、生态绿色文化、休闲娱乐文化有机结合,成为铜陵文化旅游业的新亮点。已经部分建成的大通影视基地,目前已引进入驻影视动漫公司8家、文化演艺公司1家、影视文化工作室18家。计划用5~10年的时间,最终建成占地约2平方公里的影视园区,年拍摄制作2000节部电影、电视剧。

——黄山市利用全国重点文物保护单位和"中国历史文化名街""屯溪老街"的资源优势,发展文化产业集聚区,目前已经有文房四宝、字画、根雕、旅游纪念品,以及博物馆、书画院、陈列馆等143家文化类经营单位落地发展。2013年,老街实现文化产业总收入4.5亿元,年利润总额7698万元,年纳税总额1800万元。

二、我省文化产业集聚区发展存在的突出问题

专题调研发现,全省各地在竞相投入文化产业建设项目、大力发展文化

① 见中安在线2014.5.15日报道。

产业集聚区过程中,也存在一些隐忧和问题,突出表现是规划缺失、良莠不齐、名实不副、治理不善和运营艰难,多数园区缺少主导产业,缺少自主知识产权,缺少有影响力的品牌,缺少创意人才队伍和领军人物。

1. 文化产业集聚区发展理念模糊,发展目标短视

目前全省各地建设文化产业集聚区的普遍做法是政府划出一定区域设立园区,给予一定年限的税收优惠,然后引导国有、民营企业进行基础设施建设,再引起文化企业设立公司。调查发现,多数地方政府官员是希望用文化产业集聚区的方式,为企业减免税收,尽可能集中一定数量的企业,安排就业岗位,增加更多的经济利益。还有一些地方明知引进来的企业不是做文化产业,但为了城市形象和官员政绩,变相允许或默许企业进行房地产开发,文化产业作为主业根本达不到80%的国家要求。

2. 文化产业集聚区建设缺乏统筹规划,低水平重复建设严重

随着文化产业集聚区的快速增长,诸如盲目发展、资源浪费、同质化竞争的问题开始显现。针对这种情况,全省至今仍然没有一个从战略产业空间布局的高度审视文化产业集聚和特色发展,以及实施产业集群和园区发展资源调度、协调、指导的机制。如果任由这种混乱现象发展下去,还势必会造成全省文化产业无序、低效、碎片化、高消耗等一系列问题,并将对全省文化产业的发展造成影响,而且越往后治理的成本就会越高。调研还发现,我省对文化产业集聚区评定管理存在体制障碍,文化产业园区基地的命名存在多头管理、多元标准、多家申报的现象,党委宣传部门命名的园区给予资金补助,其他部门评选的园区只是一个荣誉。

3. 由于土地等因素的制约,一些文化产业园区基地建设进展缓慢

近几年,尽管全省各地纷纷出台鼓励文化产业园区基地发展的政策措施,然而,由于文化产业的投资量级小,企业的投资回收周期长,项目产生的直接税收规模十分有限,对地方经济的带动性难以在短期内充分显现,以致在争取有限的土地资源指标的过程中一直处于劣势,甚至许多项目确定多年迟迟不能落地。这也导致有的项目不惜铤而走险,违规用地,对地方政府依法行政和社会信誉造成极为严重的影响。

4. 建成运营的许多文化产业园区运营困难

部分已经落地的园区基地建设资金不足,园区建设战线长,融资成本高,还贷压力大,后续资金供给成为十分严峻的制约因素,甚至资金链断裂,以致一期工程开工以后多年无法全部建成投入使用,成为文化产业园区中的“胡子工程”。多数文化产业集聚区经济效益的潜力难以充分发挥,许多文化产业集聚区(甚至包括2013年、2014年两批入选“省重点扶持的文化产业示范

园区”中的部分园区)经济效益不很理想。究其原因,尽管这些园区形式上打出了一些口号,意在彰显地域文化元素,注重文化科技创新,注重文化与生态、旅游、教育等领域的融合发展,但是,缺少专业的管理经营机构,少有明确的发展定位设计,发展思路不清,经营业态滞后,管理方式粗放,文化内涵单薄,要素融合欠缺,商业模式陈旧,管理和服务水平落后等影响因素,仍然严重地制约着园区经济效益的提升。如淮南志高文化科技动漫产业园(神州欢乐园)2010 年 3 月 25 日破土动工。2013 年 12 月,该项目因为违规用地、资金链断裂等问题突然停工,目前正面临重组。

5. 部分文化产业园区内的企业数出现回落

调查中发现,有些文化产业园区产业链不完整,人才、资金和技术等要素配套能力偏弱,产品孵化、项目孵化和企业孵化的功能都不健全,尤其是投融资平台、公共技术服务平台、中小企业交流服务平台、企业形象和产品展示平台等严重缺失,服务能力偏弱,无法充分发挥产业聚集的创新优势和成本优势,难以形成园区独特的核心竞争能力。这种现象直接导致各地争相依靠“优惠政策”抢夺有限的文化企业资源,以致文化企业面临在各地开出的条件中来回选择,充当“候鸟企业”现象时有发生。一旦优惠政策的能量释放殆尽,企业自然选择彻底远飞他乡,人去楼空。另外,还有的文化产业园区由于地方政府文化产业政策调整,原先招商引资时承诺的优惠政策无法兑现,也影响了企业扩大投资的热情。

三、加快安徽文化创意产业集聚区发展的思路与对策

影响文化产业集聚区的因素包括制度、环境、人才和文化。发展文化产业集聚区一定要合理布局、控制总量、突出特色,亟须认准“脚”、选好“鞋”、走好“路”,尽快从文化产业“1.0 版”提升到与全球化网络相结合的“3.0 版”。

1. 加强文化产业集聚区建设的顶层设计

编制安徽省文化产业集聚区发展规划,理清和明确以文化产业发展战略目标和总体布局为核心的全省文化产业集聚区建设的基本思路、目标和原则,加强对各地文化产业园区建设和运营的宏观管理和具体引导,加快形成优势文化企业集聚、产业配套功能完善、具有先导性和示范性的文化产业集群的总体格局。探索文化产业集聚区发展的新模式,打造一批布局合理、特色鲜明、功能完善、集聚效应显著、富有市场竞争力的文化产业集聚区,促进文化资源合理配置和产业分工,避免盲目跟风、追赶时髦,有选择地建立和完

善集创意研发、产业孵化、产品交易、人才培训于一体的文化产业示范园区，提高文化产业规模化和集约化。促进工业设计向高端综合设计服务转变，推动工业设计服务领域延伸和服务模式升级。重点鼓励文化产业战略领域和特色类园区基地的发展，鼓励有条件的社会机构依托旧厂房仓库、高校、开发区和社区发展特色文化产业集聚区。

2. 明确文化产业集聚区的管理职能，划清政府各有关部门的行为边界

改变目前“多龙治水”局面，通过各文化产业管理部门联席会议的形式，建立文化产业集聚区管理框架。制定全省统一的文化产业园区基地管理办法，细化管理责任，明确文化产业试验、示范园区（基地）认定与复核的主体、程序、规范、时限，明确文化产业试验、示范园区（基地）的权利、义务、责任、考核体系和奖惩办法。联合有关社会组织共同担负文化产业集聚区建设的评估、指导和帮助的责任，对于示范、辐射、带动作用发挥好的园区基地要给予相应的奖励，对于建设运营管理出现问题的园区基地要给予相应的指导和帮助；同时，对于违规或经营出现严重问题、不宜继续发挥示范作用的园区基地，要给予必要的惩处。要实行园区基地的动态管理，参照知名品牌的管理方式，明确我省文化产业聚集试验区、示范园区基地的四年有效期。

3. 构建文化产业集聚区评价标准

培育和引进具有先进园区管理经验的市场主体，借鉴国内外园区建设的经验，依据文化企业在产品（服务）发展、市场发展和战略发展三个阶段的特殊要求，整合企业急需的优质核心资源，促进文化企业健康、稳定、快速发展，从整体上提高园区基地管理水平。构建包括硬件服务要素指标、功能软件指标、创新驱动指标和资本驱动指标在内的文化产业集聚区评价体系，增加集聚区文化产业发展环境建设和经营管理绩效的评估权重。

4. 打造文化产业集聚区的全产业链

要积极利用文化产业包容性、扩展性强的特点，突出做好文化产业园区与科技、旅游、会展、餐饮、商贸、娱乐等产业行业的融合，实现文化产业与相关产业的集约式发展，打造完整的产业链，着力提升区域经济文化的整体竞争力。重视产业链的建设，抓好内容创意、内容创意复制，为内容创意输入和复制提供设备和市场营销等四个关键环节。注重引进与文化产业相关联的其他配套产业，整合产业链，使文化产业园区成为集设计、制作、展示和销售于一体的综合体，促进文化创意产业集聚，加快从企业集聚向产业集聚、从扩容到提质、从增量到增效的转变，增强园区竞争力和综合服务功能。

5. 创新文化产业集聚区的投融资机制

建立健全金融对接平台，通过政府担保、贴息融资（或无息融资）、知识产

权抵押或园区企业通过集体担保等形式，提供投融资服务，促进小微文化企业起步阶段的发展，使其稳健成长。在省委宣传部与交通银行安徽省分行全面战略合作暨文化银行试点的框架下，积极创新文化产业投融资机制，尽快细化金融支持文化产业集聚区的具体措施，落实文化金融合作对接机制。选择我省的文化产业重点园区基地和特色项目率先试验，为优秀文化企业和项目提供一体化、全方位、国际化的金融服务。依托文化产业园区基地，特别是省重点扶持的文化产业示范区（基地），积极探索建立文化产业专业融资和共同担保机制，借助金融机构的专业平台，搭建和切实运作版权、商标权、专利权等无形资产交易业务。探索设立由财政、银行、保险和文化产业协会（共同体）参与的文化产业信贷风险补偿和缓释基金等，取得经验，逐步推广，以期有效缓解文化产业集聚区内企业的资金、技术、品牌建设的压力。

参考文献：

1. 牛维麟，彭翊．北京市文化创意产业集聚区发展研究报告[M]．北京：中国人民大学出版社，2009.

2. 陆勤毅，邢军．安徽文化产业发展蓝皮书（2011、2012、2013）[M]．合肥：安徽人民出版社．

3. 花建．建设文化产业园区“3.0”版[N]．中国社会科学报，2014-7-8.

4. 文化部．国家级文化产业示范园区管理办法（试行）的通知（办产发〔2010〕19号）[EB/OL].（2010-07-28）. www. gov. cn.

5. 国务院．国务院关于推进文化创意和设计服务与相关产业融合发展的若干意见（国发〔2014〕10号）[EB/OL].（2014-03-14）. www. gov. cn.

6. 文化部，工业和信息化部，财政部．关于大力支持小微文化企业发展的实施意见（文产发〔2014〕27号）[EB/OL].（2014-07-11）. www. lawxp. com.

安徽省非物质文化遗产保护与传播模式探析

——以安徽省文博会为例

何红艳　王梦婕

摘　要:非物质文化遗产的保护是一项复杂而艰巨的任务,安徽省作为一个文化大省,其举办文博会为非物质文化遗产的保护和传播起到了重要的推动作用。文章从传播学的角度入手,以安徽省文博会为基点,试分析文博会在省内非物质文化遗产的保护和传播方面的不足之处,从主办方、企业参与和媒介宣传角度提出策略方案。

关键词:非物质文化遗产;安徽省文博会;保护和传播

一、安徽省文博会与非物质文化遗产概况

(一)安徽省文博会中的非物质文化遗产

2013 年 10 月 4 日至 7 日,安徽省第七届文化博览会(以下简称文博会)在省会合肥成功举办。历时 7 年的文博会在“工艺”“转型”“创意”等理念的打造上力求突破,不仅推动了文化理念的普及,也以较快的速度推动了文化产业的发展。有关资料显示,“十一五”以来,合肥市文化产业增加值以年均 31.3% 的速度快速发展[1]。在合肥文化产业的发展大潮中,文博会起到了引领、助力的作用。2013 年,安徽省文博会首次将非物质文化遗产作为一项重

基金项目:安徽省社科联 2104 年课题“非遗”视域下安徽传统文化传播模式探析——以安徽省文博会为例(B2014002)的阶段成果。

作者简介:何红艳(1969—),女,内蒙古科尔沁人,文学博士,合肥工业大学建筑与艺术学院副教授,硕士生导师,研究方向:文化与艺术传播、广告创意与策划;王梦婕(1989—),女,合肥工业大学建筑与艺术学院硕士生,研究方向:文化艺术传播。

要内容展示在观众面前。在本届文博会非物质文化遗产馆内,有三个合肥本土项目来到现场,分别是安徽省省级非遗项目吴山铁字、合肥市市级非遗项目马派皮影和三河羽毛扇。除此之外,鲁锦制造工艺表演、通草堆画表演、国家级风筝制作展演、曹氏香包等数十种国家级、省级等各类非物质文化遗产比较真实地呈现出来。非物质文化遗产传承人通过现场展示操作,为广大市民了解和关注非物质文化遗产提供了平台。安徽省文博会将非物质文化遗产的保护和传播列在比较重要的位置,这对于大众的精神世界的吸引力已经越发显现,对非物质文化遗产的保护和推广也起到了推动的作用。

安徽是中华文明的重要发祥地之一,是文化大省,不仅具有大量丰富多彩的物质文化遗产,更拥有众多珍贵的非物质文化遗产。截至目前,全省共建立国家级非物质文化遗产名录60项,其中,宣纸制造艺术和传统木结构营造技艺入选联合国教科文组织命名的人类非物质文化遗产名录。此外,还有省级非物质文化遗产名录273项,市级非物质文化遗产名录641项,县(区)级名录1728项,内涵丰富,是安徽劳动人民智慧的结晶,也是江淮儿女宝贵的精神财富,在中华民族的文化宝库中占有重要的地位。但是人们对这些文化遗产是哪里的、有什么特征、传承人是谁、目前文化保护是什么状态等并不了解。人们对于非物质文化遗产的保护的呼声越来越强烈,然而全省的这些文化财产,如何通过文博会这样一个平台去保护、传承和传播,怎样进行更好的发展和推广,都是我们需要思考的问题。安徽省文博会不仅要介绍"非遗",更是希望通过这个平台传播、传承非物质文化遗产,让全省乃至全国享受安徽省"非遗"文化盛宴,推动整个民众文化素养和提高民众的文化品位。

(二)目前安徽省"非遗"保护与传播存在的问题

基于非物质文化遗产的保护和传播,安徽省政府也做了很多尝试,特别是注重将非物质文化遗产的保护融入经济建设之中。就拿安徽省文博会来说,文博会不仅是一个供百姓欣赏品鉴的舞台,更是提供了一个买卖商品的平台。欣赏与购买相结合,体现的是文博会的"惠民性",更是让很多市民亲身尝到了文化的魅力。

安徽省在通过文博会的方式来保护和传播非物质文化遗产的途径中,仍然有以下几个方面的问题值得注意。

1. 对非物质文化遗产的宣传、普及程度不够

在国家和政府大力推进非物质文化遗产的保护和传播工作中,"非遗"的名字一度响亮,让很多国人开始关注这一概念。特别是2005年韩国江陵端午祭的"申遗"成功,一度在中国引起很大的反响,激发了国人对本民族传统文化保护工作的关注。但是,至今依然有很多人对于非物质文化遗产为何物、

安徽省的“非遗”项目有哪些、国家是从什么时候开始颁布“非遗”保护法令、非物质文化遗产和物质文化遗产有什么区别等问题知之甚少,概念模糊。笔者在合肥工业大学大学生中做过问卷调查,针对以上相关问题进行调研。结果显示,发放问卷200份,只有56%的大学生回答出这些问题,但回答得并不全面;还有44%的学生对非遗领域十分陌生,其中,理工科的学生更是对此类题目答非所问。

对于非物质文化遗产概念的认知缺失,在一定程度上反映了国家和政府对于该领域的宣传还不到位。中国的传统文化博大精深,徽州文化更是拥有自己独特的风景,这些非物质文化资源涵盖民间音乐、民间舞蹈、曲艺、民间美术、传统手工技艺等十个门类。在安徽省国家级非物质文化遗产中,人们也许知道宣纸、歙砚、黄梅戏,却不知庐剧、铁画、巢湖民歌。即便知道这些“非遗”项目的形象,却不知这些遗产的由来。文博会也不能将所有优秀的非物质文化遗产一一展现。与其他展区人们主动关注的状况相比,“非遗”展区的“被动关注”现象突出,远不及其他文化产品的吸引力强大。人们在欣赏的时候,大多也是出于猎奇的心理,很少有人会思考或研究这些遗产背后的故事。

在宣传和普及非物质文化遗产的进程上,我们起步晚,责任重,就怎样根据省情走出一条安徽省的非物质文化遗产深入人心之路,还有值得去研究的地方。现阶段乃至今后相当长的历史时期,是我国社会经济快速发展时期,在较晚起步的保护工作远远不能满足需要的情况下,需要加大宣传教育的力度,使更多的普通民众了解到此项遗产的价值。

2. 主题性、专业性不突出

文博会将非物质文化遗产作为一个比较笼统的概念,邀请了部分“非遗”传承人通过现场表演的形式将“非遗”展现给大众,但在主题性和专业性上不够深入,还没有能够系统地将“非遗”的内涵、类别、背景等体现出来。比如,一些“非遗”展区只是摆放了“非遗”的成品,有的展区只是传承人单独制作满足参观群众的好奇心,疏于和观众的交流,也无法形成很好的互动。本省的非物质文化遗产丰富多彩,内容广泛,组织者在利用文博会这个平台之时,应该做到有计划、有措施、有重点,特别是应该向大众普及为何这些文化遗产能够有所建树,激发大家对非物质文化遗产的保护意识,而不是流于形式,让参观者走马观灯。

非物质文化遗产的主体是传承人,客体是创作文化遗产过程中所处的环境和所使用的工具。我们不能跳出这一概念去理解非物质文化遗产。正如刘魁立教授所做的非物质文化遗产的定义:非物质文化遗产是指各族人民世代相承的、与民众生活密切相关的各种传统文化表现形式(如民俗活动、表演艺术、传统知识和技能,以及与之相关的器具、实物、手工制品等)和文化空间[2]。因此,非物质文化遗产是在特定的社会、历史、文化、环境下才能产生并且发展,不能像物质文化遗产那样整体搬迁到博物馆里陈列起来。因此,在文博会展示的过程中,应该更加注重以人为主体、以技术为向导来传播非物质文化遗产的精髓和灵魂。

3. 企业的参与度不够

保护非物质文化遗产就是保护人的智慧和思想,使得传承人的技艺不会消亡。但是随着老一辈艺人的年龄增长,年轻人对“非遗”的传承缺乏兴趣,很多“非遗”项目行将失传,永远消失。所以文化遗产传承的关键就是通过产业化的手段,增加企业投资、媒体宣传,以保证经济效益,从而吸引更多的人特别是年轻人参与“非遗”的保护中来。

“产业化视角下的非物质文化遗产是指把某些过去私相授受、零散学习的民间技艺形式,变成一个按照市场规律运作的经济形式,并达到相当规模、规格统一、资源整合、产生利润的过程”[3]。我国广西“非遗”产业化比较成功的是《印象·刘三姐》,2004 年首演至今已接待国际国内游客达 904 万人次,门票收入超过 9 亿元。安徽省在保护和传播非物质文化遗产的过程中,力图走出一条产业化道路,将社会效益和经济效益相结合。

但就安徽省来说,虽有像“合肥非物质文化遗产园”此类促进当地文化在旅游产业中发展的新尝试,但企业投资文化产业的力度和后劲不足,虽然有所创新,但形式分散,重点不突出,宣传力度不足,“非遗”产业化效果不明显。用企业投资的方式扶持发展非物质文化遗产,并不是简单的买卖,应该根据“非遗”的特点有目的、有方法地融入活动形式之中,既不能像白开水一样无味,又不能过分迎合市场使“非遗”失去原有的味道。就像电影里的植入式广告,植入到位,就为激发受众的兴趣和购买欲;反之,植入突兀甚至夸张,则会激起观众的反感甚至产生对电影的不好印象。

二、安徽省文博会与“非遗”保护传播的策略

安徽省文博会坚持的是“文化性、特色性、市场性”的原则,但是在文化传播力度、参与度、普及度上仍有待提高的空间,非物质文化遗产的传播需要一种良性的动态传播方式,需要人力、物力和财力的支持,真正起到文化传播、传承的品牌效应。

（一）有针对性地做好前期宣传工作

文博会作为文化的"大杂烩"，在"文化性、特色性"上也要有更为准确的体现。鉴于安徽省各市、县和其他各类地域级非物质文化遗产各有千秋，文博会主办方应该重点针对一个地方的非物质文化遗产，将其融入城市形象进行宣传。例如，安徽省桐城市是一个历史悠久、文风昌盛的城市，历代文人辈出，享有"文都"盛誉。其列入安徽省第一批省级非物质文化遗产名录的民间文学"六尺巷传说"是桐城人民耳熟能详的历史典故，褒扬了清代康熙年间的桐城籍宰相张英不以高官自居，主动退让三尺为邻的谦让之德，成为激励后人正直、宽厚、与邻友好的有形教材。那么，在找准该文化遗产所蕴含的历史底蕴之后，可以以该历史典故所体现的人文情怀为重点，将其融入城市的历史脉络进行系统化宣传。这样，人们对于这个地域的文化特性和文化产品就会了解得更为清晰、透彻，尤其是对宣传桐城市的文化形象能起到推动的作用。

文博会主办方在宣传非遗展区时，前期宣传中的财力投入必不可少，要改进宣传模式，如除了投放平面海报、招贴外，还可以使用影像宣传等动态的传播方式，真正让老百姓感受到，非物质文化遗产并不只是一块木头、一张纸或一个故事，就该让其文化产品融入特定的历史环境和氛围中去理解和感受。

（二）开拓主题性较强的研究交流活动

在对非遗的研究工作日益兴盛的背景下，文博会要收集好新的研究成果，利用好省内外人力资源，开设研究平台，为人们了解非物质文化遗产提供机会。例如，建立必要的学术研究机构，在相关学科的本专科课程中加入非物质文化遗产的相关知识教育[4]。安徽省图书馆、科技馆举办专题论坛，邀请省内外对非物质文化遗产的研究有所建树的学者做专题讲座，对群众加强相关知识的普及，同时，注重和普通百姓的交流，为普通百姓提供答疑解惑的机会。以安徽省宁国市云梯畲族乡为例，为加大畲族传统文化遗产的保护和传承力度，宁国市让民族传统文化进课堂，在畲族小学的课程中增加了手工制作课，培养小学生对学习民族优秀文化的兴趣。

文博会除了以合肥为主会场对非物质文化遗产进行宣传外，可以适当扩展文博会开展的空间，在各地域的公共文化场所开设文博会的分会场，邀请感兴趣的观众参与，探讨挖掘地域文化以及非物质文化遗产的现代传播方式，共同为各地的文化建设以及非物质文化遗产的保护献计献策。

（三）加大企业参与力度，走文博特色产业化道路

关于文化的产业化，上文已经有所表述，这里不赘述。文博会组织方要以政府为主导，以企业为支撑，以社会效益和经济效益结合为原则，加大企业

参与文博会的力度。组织者可以邀请当地或省内一些企业赞助参与,通过冠名、募捐等方式参与地方文化的推广传播。同时,可吸引一些有实力的企业、特别是文化企业投入非物质文化遗产的产业化建设,比如,通过建立博物馆、体验馆等公共文化设施以及办培训班等方式,为广大百姓提供了解"非遗"的场所。这样,企业可以帮助省内文化产业开拓市场,文化产业的发展也可以为企业带来盈利,从而推动社会的发展,达到双赢的目的。

在安徽省,"文王贡酒"因其质量优良、市场认可度高而成为家喻户晓的酒类品牌,在2013年阜阳市级非物质文化遗产名录中,文王贡酒的酿造技艺以及传说名列其中,其所属的文王企业也是中国白酒百强企业,企业赞助和开展的商业、公益活动也提高了品牌的美誉度。在文王贡酒品牌发展的过程中,文王企业是将品牌文化和企业发展有效结合的典范。

文博会在举办的过程中,可以走一条企业参与文化传播和建设相结合的道路。在"非遗"展馆内,通过加大展区建设的投资,扩大展区的规模和设置水平,提升该展区的吸引力,并通过更为互动的方式现场推动"非遗"商品的交易,提升人们参与和购买的热情。值得提醒的是,在企业投入非物质文化遗产产业化建设的同时,要注重度的把握,始终要以非物质文化遗产的传播效果为主体,维持健康的市场秩序。安徽省这么多丰富的文化遗产,为各企业开拓文化市场提供了方便,也期待产业集群的发展。

(四)建设"非遗"保护的数字化模式

从传播形态看,日后非物质文化遗产媒介建构应以建立多媒介协调的立方体化传播为方向。科学技术的发展为"非遗"多媒体、立方体化传播提供了保障和可能[5]。信息化时代的发展以数字化的迅速崛起为特点,这为寻找非物质文化遗产的保护和传播途径找到了新的突破点。在本届文博会现场,有一些高端前沿的文化产品的体验区,展示了现代科技和传统文化的融合,让很多观众过目不忘。这与"非遗"展馆传统的表现方式形成对比。因此,主办方要与时俱进,充分利用科学技术的进步所提供的宝贵机遇,做好相关宣传工作,改善传播效果。例如,和相关媒体协调好,在文博会开始前,专门开通"非遗"展馆的数字化的媒体网站,配之以检索软件,为市民参与活动搭建平台。在文博会"非遗"会场,除了现场的静态展示,还可以通过电子图像、视频播放、现场体验、影音教学等形式加强现场的互动传播。这样,可以有效地将民间传统文化的欣赏和学习融为一体,通过现场参与的乐趣激发人们对传承非物质文化遗产的兴趣。

在国家文化强国政策大力推进的今天,文化的保护和发展与经济、政治、社会建设等各个方面紧密联系在一起,在中国建设社会主义现代化强国的进程中有了越来越重要的地位。文博会是社会文化保护和传播成果集中展示的舞台,也是社会媒体共同打造的平台,无论是组织者、主办方、媒体还是大众,在保护非物质文化遗产的使命中都是主动参与者,共同努力配合是保护和传播非物质文化遗产的重点。

从非物质文化遗产的保护和传播历程来看,国家和政府也日益从人力、财力、物力各个方面加大投入。中国的社会处于一个思想碰撞频繁、文化交融广泛的转型期,中国在探索市场经济条件下确立社会主义核心价值观的过程中,要注重稳固中华传统文化的根本,保持清醒的头脑。保护和传播非物质文化遗产的关键,还是要加强人们对这个领域的关注,这将是一个长期的过程。

参考文献:

[1] 文博会,城市文化的助推器[N]. 江淮晨报,2013-09-04(B14).

[2] 王松华,廖嵘. 产业化视角下的非物质文化遗产保护[J]. 同济大学学报,2008,(2).

[3] 刘魁立. 论全球化背景下的中国非物质文化遗产保护[J]. 河南社会科学,2007,15(1).

[4] 樊嘉禄,贾靓. 非物质文化遗产保护的几点建议[J]. 安徽农业大学学报(社会科学版),2007,16(1).

[5] 黄海波,詹向红. 传播学视阈下非物质文化遗产保护的媒介建构——以合肥市非物质文化遗产保护为例[J]. 江淮论坛,2011,(2).

系统性、整体性与包容性的有机耦合

——"中国梦"的时代意蕴解析

何恩情

摘　要: 中国梦的时代意蕴凸显为路向的系统性、内容的整体性和文化的包容性。实现中国梦,完成中华民族伟大复兴的历史使命,要从系统性、整体性与包容性入手,实现三维度相辅相成、有机统一;要坚定不移地走中国特色社会主义道路,构筑中国特色社会主义"五位一体"总布局,厘清传统文化正能量,提升文化软实力,汲取人类历史上一切有益的文化基因。

关键词: 系统性;整体性;包容性;中国梦

2012 年 12 月 29 日,习近平总书记在参观"复兴之路"展览时,提出建设强大的社会主义现代化新中国的"中国梦"。在十二届全国人大一次会议闭幕上,他进一步全面阐述中国梦:"实现中华民族伟大复兴的中国梦,就是要实现国家富强、民族振兴、人民幸福。"因此,中国梦是中国未来发展道路的深刻表征,彰显为路向的系统性、内容的整体性和文明的包容性。

一、中国梦路向的系统性阐释

中华文化源远流长,有着光辉灿烂的历史,为人类文明的发展衍变做出了重要贡献。鸦片战争以来 170 多年的"中国梦",时至今日比以往任何时候都更为清晰、更为切近、更为现实。中国梦是 13 亿中国人民的共同梦想,凝聚着中华儿女的百年期盼,成为感召炎黄子孙奋勇争先、以时不我待的昂扬风貌投身现代化建设事业的一面精神旗帜。

作者简介: 何恩情(1989—),男,合肥工业大学马克思主义学院硕士生。

(一)中国梦彰显中华民族百年发展进程

"中国梦"是近代以来中华民族最伟大的梦想,描绘了中国近代以来历史发展的主轴,揭示了中华民族自强不息、顽强拼搏的奋斗历程。掀开人类历史的扉页,赫然发现,一直到1820年之前,中国占全球GDP的比重达30%以上,高居世界各国之首。然而,当鸦片战争击破天朝上国的自尊,当西方文明成果纷至沓来,令人眼花缭乱之际,中华儿女内心深处涌现一个梦想,一个民族复兴的梦想。170多年来,华夏大地上,无数志士仁人为实现这个梦想而上下求索。回首中华民族的近当代史,就是一部先贤追寻实现中国梦的历史①。1840年第一次鸦片战争爆发,打碎了"天朝上国"的迷梦,中国历史掀开了悲惨的一页。从此,中国逐步沦为半殖民地、半封建社会,被迫与西方列强签订一系列不平等条约。中华民族所遭受的屈辱和痛苦令无数仁人志士团结起来,探寻一条救国救民的时代道路。从洪秀全领导的太平天国运动到孙中山领导的辛亥革命,从洋务运动的高开低走到戊戌变法的昙花一现,历史以无可辩驳的事实证明:小农阶级和民族资产阶级领导的爱国救亡运动是不符合中国国情的,注定是要失败的。直到1921年,中国共产党成立,为中国革命掀开了崭新的一页。自诞生之日起,中国共产党便带领英勇的中国人民,在华夏大地掀起一场世所罕见的反帝反封建的民主革命,经过不懈求索,终于开辟出一条波澜壮阔的革命道路,实现了新民主主义革命的伟大胜利。伴随毛泽东主席在天安门城楼上向全世界郑重宣布:"中华人民共和国中央人民政府今天成立了!""中国梦"深情诠释了民族独立和人民解放的感人乐章,掀开了在中国共产党领导下为实现国家富强、人民富裕而奋斗的崭新一页。1978年党的十一届三中全会做出了"以经济建设为中心,实行改革开放"的伟大决策,此后,在以邓小平同志为核心的党的第二代中央领导集体的领导下,经过全国人民的共同努力,中国经济以排山倒海之势迅猛发展。时至今日,中国早已摆脱贫穷落后的旧面貌,一跃成为仅次于美国的世界第二大经济体。中国的国际地位、国际影响力以及在国际舞台上的话语权大为提升。中华民族的民族自信心和民族向心力、凝聚力空前增强。中国从来没有像现在这样与民族复兴的伟大梦想如此切近。改革开放以来我国取得巨大成就与进步的根本原因,归结起来就是:开辟了中国特色社会主义道路,形成了中国特色社会主义理论体系。因而,中国梦是照亮13亿中国人民前进方向的灯塔,折射炎黄子孙敢为人先、力争上游的精气神,凸显中华民族百年的发展历程。

① 黄广东. 一脉相承"中国梦"[N]. 辽宁日报,2013-03-19(A07).

（二）中国梦凸显中国特色社会主义道路自信

2013年3月23日，国家主席习近平在莫斯科国际关系学院的演讲中指出："鞋子合不合脚，自己穿着才知道；一个国家的发展道路合不合适，只有这个国家的人民才最有发言权。"[①]的确，中国特色社会主义道路是党领导人民在长期实践过程中总结出来的，是符合中国国情的正确路径。具体而言，中国特色社会主义道路契合我国社会主义初级阶段的基本国情，与当代中国发展的基本特点相吻合。中国特色社会主义道路，就是在中国共产党领导下，立足基本国情，以经济建设为中心，坚持四项基本原则，坚持改革开放，解放和发展社会生产力，建设社会主义市场经济、社会主义民主政治、社会主义先进文化、社会主义和谐社会、社会主义生态文明，促进人的全面发展，逐步实现全体人民共同富裕，建设富强、民主、文明、和谐的社会主义现代化国家。它是具有实践特色、理论特色、民族特色、时代特色的社会主义道路[②]。这条道路是解放和发展生产力、实现社会主义现代化、构建人民群众幸福生活蓝图的必由之路。改革开放以来，党领导人民沿着这条康庄大路，取得了一系列举世瞩目的成绩：中国经济以年均9.8%的速度迅猛增长，远高于世界同期平均3%左右的增长速度，社会生产力获得空前发展。与此同时，政治体制改革稳步向前推进，民主法治日臻完善，文化软实力水平显著提升，社会民生亮点频现，生态环境逐步改善。中国的综合国力和国际地位显著提升，负责任大国的国际形象得到世界多国认可。实践证明，中国特色社会主义道路充满旺盛的生机和活力，经得起国际环境风云变幻的考验。正因为实践上的巨大成功，人民对于走中国特色社会主义道路始终满怀信心。站在新的历史起点上，新一届中央领导集体提出要继续拓展、走好中国特色社会主义道路，彰显思想永不僵化、改革永不止步、发展永不停滞的饱满精神状态，使亿万中国人民有了更为强劲的奋斗动力。

中国特色社会主义道路在改革开放中不断酝酿、形成和发展，是对传统社会主义思潮的扬弃和超越，强调借鉴并吸收一切人类社会思潮有益的成果，具备开放包容的博大胸襟和自我革新的时代品格。

（三）中国梦绘就中华民族未来发展愿景

愿景是一种美好的愿望和远大景象，能激发内心的价值，召唤及驱使个体向前的使命[③]。实现中华民族伟大复兴的中国梦深刻诠释了未来的发展愿

---

① 国际社会高度关注习近平在俄发表重要演讲[N]．人民日报，2013-03-24.

② 胡锦涛．坚定不移沿着中国特色社会主义道路前进，为全面建成小康社会而奋斗[N]．人民日报，2012-11-18.

③ 薛丁齐．中国梦是中华民族的共同愿景[N]．陕西工人报，2013-06-14(03).

景。具体而言,可概括为“两个一百年”的奋斗目标。党的十八大报告指出:“在中国共产党成立一百年时全面建成小康社会;在新中国成立一百年时建成富强民主文明和谐的社会主义现代化国家。”①这两个一百年奋斗目标深刻概括了中国梦内涵,必将凝心聚力,激发广大人民群众的精气神,调动人民群众的主观能动性,成为指引中国未来发展方向的一面旗帜。2013 年 3 月 23 日,习近平在莫斯科国际关系学院的演讲中,再次诠释“中国梦”。他说,实现中华民族伟大复兴,是近代以来中国人民最伟大的梦想,称之为“中国梦”,基本内涵是实现国家富强、民族振兴、人民幸福。“13 亿个体表述和追求梦想的力量,足以构成这个国家的力量,由此衍生出的‘中国梦’,注定是五彩缤纷、色泽斑斓的”②。当前,中国梦通过三个维度展示三种面相③。从个体看,是富民梦;从集体看,是强国梦;从民族看,是复兴梦。富民梦是基石,强国梦是关键,复兴梦是目标,三者唇齿相依,缺一不可。唯有三个梦全都实现,“中国梦”才算完整、完美。从新一届中央领导集体关于“中国梦”的重要论述来看,“中国梦”不仅是全国各族人民奋斗目标的深刻阐释,更凝练了新一届中央领导集体的施政方针。中国梦是当代中国最具影响力、感染力,最具概括性、包容性的奋斗目标,反映了全体华夏儿女的一致期盼。在谱写中国梦、实现中华民族伟大复兴的时代进程中,13 亿中国人民众志成城,在不懈奋斗中,点燃祖国繁荣昌盛的豪情,共享梦想成真的喜悦。

二、中国梦内容的整体性解析

中国梦的整体性凸显在经济、政治、文化、社会、生态五个维度,它们相辅相成,构成有机统一的整体。

(一)经济奠定中国梦的物质基础

马克思主义认为,生产力是人类社会发展的决定性力量。物质资料生产方式是人类社会赖以生存的基础。只有不断发展经济,方能满足人民群众日益增长的物质文化需要。社会生产力不断提升,国民经济持续增长,综合国力不断增强,将为全面建成小康社会奠定坚实的物质基础。在经济全球化背景下,中国经济整体水平相对落后的现实和发挥社会主义制度优越性的需

① 胡锦涛. 坚定不移沿着中国特色社会主义道路前进,为全面建成小康社会而奋斗[N]. 人民日报,2012-11-18.

② 徐百柯. 我的中国梦[N]. 中国青年报,2012-12-05(09).

③ 程美东,张学成. 当前“中国梦”研究评述[J]. 中国特色社会主义研究,2013,(2).

要，是把经济置于基础性地位的一个重要原因。国民经济快速增长，才能不断满足人民群众的物质文化需要，不断巩固和完善社会主义制度。邓小平特别指出："贫穷不是社会主义，社会主义要消灭贫穷。不发展生产力，不提高人民的生活水平，不能说是符合社会主义要求的。"改革开放以来，中国政府不断深化经济体制改革，将马克思规范分析方法和西方经济学实证分析方法有机结合起来，开创了我国经济体制改革的新局面。经济基础决定上层建筑。随着经济体制改革的推进，我国经济迅猛发展。党的十八大报告描绘了全面建成小康社会，实现中华民族伟大复兴的蓝图，强大的经济是实现中国梦的物质基石。

（二）政治铸就中国梦的民主基石

民主是现代政治的核心理念。长期以来，我国政治体制改革不断深化，人民代表大会制度、中国共产党领导的多党合作和政治协商制度、民族区域自治制度以及基层群众自治制度日臻完善，中国特色社会主义法律体系基本形成，依法治国基本方略有效实施，社会主义法治国家建设取得重要进展，公民有序政治参与不断扩大，人权事业全面发展。爱国统一战线发展壮大，政党关系、民族关系、宗教关系、阶层关系更趋和谐。基层民主不断扩大，农村普遍实行村民自治，法治建设成就显著，以宪法为基础的中国特色社会的法律体系逐步完备。改革开放30多年来，民主法治建设逐步深化。现阶段深化经济、文化、社会等领域的改革，需要政治体制改革的配合与保障，因而政治体制改革必须积极推进。应继续大力推进社会主义民主政治建设，积极稳妥地推进政治体制改革，以保证人民当家做主为根本，调动人民积极性为目标，扩大社会主义民主，建设社会主义法治国家，坚定不移地走中国特色社会主义政治发展道路。

（三）文化凝聚中国梦的奋斗之魂

马克思主义认为，社会的全面发展是物质生产发展和精神生产发展的辩证统一。在我国五千多年文明发展的历程中，各族人民勤勤恳恳、自强不息，创造出源远流长、博大精深的中华传统文化，为中华民族发展壮大提供了强大的精神力量。繁荣的文化将对中华民族的发展产生强大的助推力。

文化深深融入每个民族成员的思想、意识、性格、情感和行为之中，具有物质难以匹敌的穿透力和持久力，要深入挖掘中华民族的传统文化资源。全面建成惠及十几亿人口的更高水平的小康社会，既要有发达的经济，也要有繁荣的文化；既要让人民过上殷实富足的生活，又要让人民享有健康丰富的文化生活。实现全面建成小康社会的奋斗目标，充分发挥文化对推动社会发展和文明进步中的意义是题中应有之义。随着人民群众物质生活水平的不断提升,文化越来越成为保障和改善民生的重要内容。要把提高国民素质和改善文化民生作为基点,实现文化发展贴近实际、贴近群众、贴近生活。坚持文化发展为了人民、文化发展依靠人民、文化成果由全体人民共享,促进人的全面发展。对于经济高速发展的中国而言,文化是经济社会发展的重要内容。文化产业作为第三产业的有机组成部分,不仅直接贡献于经济增长,而且在提升发展质量中发挥越来越重要的作用,文化创意和文化消费日益成为拉动经济增长的重要引擎。因此,要加快发展文化产业,推动文化产业成为国民经济新的支柱性产业。坚持把社会效益放在首位、社会效益和经济效益相统一,按照全面协调可持续的要求,推动文化产业跨越式发展,使之成为新的经济增长点。要大力构建现代文化产业版图,形成以公有制为主体、多种所有制共同发展的文化产业格局,推进文化科技创新和文化体制改革。

(四)社会和谐是中国梦的题中之义

马克思主义认为,人的需要是人的本性,需要通过社会关系表现为利益。因而,促进社会和谐,必须最大限度地满足人民群众的需要,把维护和实现最广大人民根本利益体现在党的大政方针中。社会和谐是中国特色社会主义的本质属性,是国家富强、民族振兴、人民幸福的重要保障,彰显建设富强、民主、文明、和谐的社会主义现代化国家的内在要求。当前,我国社会总体上是和谐的,但也存在不少影响社会和谐的矛盾和问题,如城乡发展不平衡,房价高企百姓安居难,人口资源环境压力增大,体制机制不完善等。中国梦是一个不断化解矛盾、消除矛盾的持续过程。我们要科学分析影响社会和谐的矛盾和问题及其背后的原因,积极主动地正视矛盾、化解矛盾,最大限度地增加和谐因素,减少不和谐因素,不断促进社会进步。

(五)生态文明打造中国梦的环境屏障

十八大报告把生态文明建设纳入中国特色社会主义事业"五位一体"的总体布局,提出建设美丽中国的全新的理念,描绘了生态文明建设的美好前景。生态文明是以可持续发展为特征、以循环经济和生态服务为标志,集竞生、共生、再生、自生机制于一体的高级文明形态。生态文明城市是以更新人的观念、调节人际关系、诱导人的行为、提高人的素质为抓手,通过观念更新、体制革新、技术创新和能力建设带动城市品质的升华和文化的彰显,推进社会的和谐进步、经济的高效运行、生态的良性循环和人与自然的持续共生的可持续发展。中国梦是国家富强、民族振兴、人民幸福的梦。实现中国梦,必须积极回应并不断满足人民群众日益强烈的环境诉求,实现生产发展、生活富裕、生态良好的发展目标。

三、中国梦文明的包容性诠释

中国梦的包容性，源于中华文明的包容性。“海纳百川，有容乃大”“君子和而不同”。中华传统文明历来主张兼收并蓄，借鉴和吸收一切有益的文明成果，以达到“天人合一”的境地。文明的包容性奠定了中国梦的底蕴。文明是社会发展的重要支撑，随着我国经济的快速发展，人民群众物质生活水平不断提升，精神生活日趋活跃。虽然目前我国人民的精神文化生活已大为改善，但高品位、高质量的文化产品和服务还不够，要求我们以更大的决心和勇气深化文化体制改革，努力提供更加优质的文化产品和服务，不断满足人民群众的精神文化需求。要加快发展文化产业，推动文化产业成为国民经济支柱性产业。要按照全面协调可持续发展的要求，推动文化产业跨越式发展，使之成为新的经济增长点、转变经济发展方式的着力点，为科学发展提供重要支撑。

（一）中国梦厘清传统文明正能量

正能量，是指能给予个体向上的希望、促进个体不断追求幸福的动力和感情。

文明是一个民族的血脉，是全体人民的精神家园，是一个国家进步的阶梯。传统文明的正能量，是指蕴藏在中华五千年传统文化中的一切有益的文化基因。对中国来说，中国传统文化就是中华民族的灵魂，中华民族的伟大复兴必然也是以中国传统文化的复兴为基础的，如果中国传统文化不能够站在科学的高度来证实它内在的科学性，那么中国的复兴就失去了最坚实的根基。

以儒家为代表的中华传统文化是人类文明历程中的一座丰碑，是炎黄子孙宝贵的精神财富。长期以来，传统文化潜移默化地助推一代代中华儿女成长成才，树立为国为民的时代抱负。润物细无声，是传统文化影响力的微观表征。然而，进入 21 世纪以来，伴随着网络技术的迅猛发展，海量的网络信息正以迅雷不及掩耳之势走入寻常百姓家。网络信息真假难辨，在此基础上形成的网络亚文化正逐步侵占传统文化的生存空间。网络亚文化是一种有别于网络主流文化、体现着独特的价值取向的网络流行文化，具有极强的渗透力和影响力。它对当代青年的思想意识、行为方式有着极为深刻的负面影响。由于主文化价值观和网络亚文化价值观之间互不兼容，缺少信息协调联动机制，二者相互排斥、相互挤压①。不少个体由于心理尚未成熟，缺乏足够的分辨能力，在主文化价值观和亚文化价值观相互冲突的时候，他们手足无措，无所适从。在此情况下，不少个体选择求助于网络。他们在网络虚拟空间排解迷茫与困惑。互联网上的负面信息便乘虚而入，影响正面价值观念的塑造。网络上充斥的西方人权理论认为，思想政治教育是一种阶级活动和洗脑活动，这种荒谬的观点给当代人们造成了严重的负面影响。同时，网络亚文化使大学生背离主流价值观。国内外一些不法分子或是对社会主义中国不怀好意的人或群体，充分利用互联网这一便利途径，大量散播反社会主义、反人民、反政府的宣传言论，甚至故意歪曲事实。在此时代背景下，亟须一种鲜明的时代理论来感召人们、凝聚人心，以打破网络负面信息对人们思维的束缚和封锁。"中国梦"在这样的时代背景下应运而生。笔者认为，"中国梦"承载着厚重的历史积淀，是改革创新时代特征的有力彰显：她是历史的回响，是近代以来仁人志士寻梦、筑梦、圆梦的力量源泉和精神支撑。"中国梦"以其自身所蕴含的丰厚文化底蕴为人们所接纳，她是中华传统文化核心思想的凝练，是五千年华夏文明的延续和升华，必将镌刻在人类思想史上。"中国梦"凝聚了几代中国人的夙愿，成为每一个中华儿女的共同期盼，确立了民族复兴的奋斗目标和文化依据，是对中华民族五千多年优秀文明的传承，凸显中华民族持久而强大的向心力和凝聚力。这种向心力何凝聚力必将唤醒传统文化"正能量"，一如久违的甘霖润泽干涸的心田，为人们带来思想的熏陶和灵魂的洗礼。这种正能量能有效抵御网络亚文化负能量的侵袭，为人们思想的健康发展保驾护航。当前，我国社会结构的利益多元化、利益分化程度日趋加深，一些领域存在利益固化的倾向，党要巩固执政地位，必须让社会各阶层流动更趋活跃，让每一个公民都能够通过辛勤劳动提升生活品质。为此，必须凝聚传统文化的正能量，调动一切积极因素，公平分享经济发展的成果，优化配置社会公共资源，减少各阶层的利益冲突，积极开创改革发展的新局面。由此可见，中国传统文化并未过时，她依然能以独有的魅力，在实现中国梦的进程中，彰显其文化价值，迸发鼓舞人心的力量，助推中华民族的伟大复兴。

（二）中国梦重塑文化软实力

"软实力"的概念是由美国哈佛大学教授约瑟夫·奈在20世纪90年代首先提出来的。他把软实力归结为文化影响力、意识形态影响力、制度安排上的影响力和外交事务中的影响力四个方面，指出一个国家的综合国力既包

① 曲洪志. 中国传统文化与新时期思想政治教育[J]. 马克思主义与现实，2004，(6).

括由经济、科技、军事实力等表现出来的“硬实力”,也包括以文化和意识形态吸引力体现出来的“软实力”,二者同等重要。但在信息时代,软实力正日益彰显其独特的作用。因为软实力凸显国家和民族内在的生命力,文化软实力主要是指文化的影响力、吸引力,是软实力的重要组成部分。文化软实力是一个国家综合实力和国际竞争力的主要体现,是一国的文化名片,是一国宝贵的战略资源。当代中国文化的软实力主要是指中国特色社会主义文化的影响力,其核心是社会主义意识形态的吸引力和凝聚力。

当今世界正处于大发展、大变革时期,经济全球化、价值观多元化渗透于社会生活的方方面面。以美国为首的西方发达国家受全球金融危机之累,经济萎靡不振,综合实力相对衰弱,以中国为代表的新兴市场国家迅速崛起,在全球政治经济舞台上发挥越来越重要的作用。同时,各种文化思潮相互碰撞、交融交锋,文化在综合国力竞争中的地位日益凸显。掌控“文化话语权”,维护国家文化安全的任务更为艰巨,增强中华传统文化软实力、提升中华文化国际影响力的要求更加紧迫。文化不仅构成综合国力,成为其重要组成部分,而且促进综合国力,是增强综合国力的重要力量。文化软实力可以产生乘数效应,扩充和放大硬实力,使综合国力变得更加强大,更加自觉地、主动地为人民提供更优质的精神食粮,转化为推动文化改革发展的实际行动,在世界发展进程中审视中华传统文化发展衍变的光明前景,支撑国家综合国力的竞争。如今我国已成为世界第二大经济体,但利用文化展示本国形象、拓展国家利益的能力以及文化的国际影响力、感召力与我国深厚的文化底蕴还不相称,与我国的国际地位不符。要在日趋激烈的国际文化竞争中赢得主动,绝不能照搬别国的文化发展模式,必须有自己独特的文化设计,选择适合我国国情的文化发展路径,深化文化体制改革,努力营造良好的文化氛围。要不断提升我国对外文化交流水平,增进其他国家对中华文化的了解,要深入实施中华文化“走出去”战略,力争在世界多国设立“孔子学院”,传播中华文化。要满怀信心地坚持走中国特色社会主义文化发展道路,推动与其他国家的文化互动,展现我国文明、民主、开放、进步的崭新形象,极大地焕发文化创新活力,把我国丰富的文化资源转化为强大的文化软实力,以提升我国的综合国力和国际竞争力。

(三)中国梦汲取人类历史上一切有益的文化基因

文化是社会发展的动力,是文明进步的标识[①]。文化基因是民族的血脉

① 刘云山.肩负时代赋予的崇高使命和历史责任,为推动文化大发展大繁荣贡献智慧力量[J].中共党史研究,2012,(1):5.

和凝聚人心的纽带,是引领国家和民族前进的旗帜。文化镌刻着时代的印记,寄托着人民的精神信仰。我国五千多年的历史文化传统积淀了中华民族最深层次的精神追求,蕴含着中华民族最根本的文化基因,代表中华民族最独特的精神标识。中华民族历经磨难而绵延不绝的重要原因就是具有深厚的文化传统、高度的文化认同和厚重的精神家园。以文化凝聚人心,以文化感召人魂,能够指引中华民族奋勇前行。实践证明,当代中国创造令人惊叹的发展奇迹,很重要的就在于正确把握文化发展规律,汲取人类历史一切有益的文化基因为我所用,主动担当文化传承的历史重任,体现高度的文化自觉。"纵观党的发展历程,文化自觉是我们党的鲜明特征和显著优势,正是有了高度的文化自觉,我们党才始终走在时代前列,保持旺盛的生机和活力,团结带领各族人民走上伟大的复兴之路"①。在国际交往日益频繁的情况下,"需要我们以理性、科学的态度进行文化的反思、比较、展望,正确看待自己的文化,正确对待别人的文化,充分认识中国文化的独特优势和发展前景,进一步坚定我们的文化信念和文化追求。做到文化自信,关键是不忘本来、吸收外来、着眼将来"②。中国梦的文化范畴要求它不但要吸收中华五千年文化的优秀成果,而且要汲取人类历史上一切有益的文化基因。

文化具有多样性,中国梦视域下的文化多样性要求我们以包容的心态正确对待外来文化。在深入挖掘中华民族传统文化资源,增强民众爱国意识的前提下,还要努力借鉴其他国家优秀的文化成果。在文化发展的进程中,坚持弘扬主旋律与提倡多样性的有机统一,不断巩固和强化社会主义主流文化成果,促进多种文化的和谐共生,为经济社会发展奠定坚实的文化基础。未来文化的发展,将在相互交往和相互联系中,日益走向融合。尽管各种社会制度不同,每一个国家、每一个民族的文化,都将在保持自身文化特色的同时,既继承本民族传统文化的优秀成果,又汲取人类历史上一切文化精华。

文化具有包容性。在全球化加速推进的视野下,文化发展受到各国政府高度重视,世界范围内各种思想文化交流交融日益频繁。文化是民族的也是世界的,一国文化发展与全球文化联系紧密;同时,世界文化的发展趋向亦是一国民族文化发展的宏观背景。进入新世纪以来,各国文化发展呈现出欣欣向荣的局面。美国制定了国家战略传播架构,欧盟多国发表各自的文化政策官方文件,日本和韩国也都提出了文化立国战略。"从世界范围内看,以美国

① 云杉. 文化自觉文化自信文化自强——对繁荣发展中国特色社会主义文化的思考(上)[J]. 红旗文稿,2010,(15):5.

② 云杉. 文化自觉文化自信文化自强——对繁荣发展中国特色社会主义文化的思考(中)[J]. 红旗文稿,2010,(16):4.

为首的西方商业文化裹挟其控制全球的意识形态已经在世界范围内从经济领域扩展到文化和意识形态领域,凭借科技优势以及由此构建的不平等的跨文化传播秩序,推销、宣扬和传播西方主流文化及其价值观念"①。因此,在我国文化的国际影响力与我国深厚的文化底蕴不相称的时代背景下,中华文化走出去与外来优秀文化基因"引进来"战略显得尤为重要。21世纪是各国文化软实力较量的时代,在这个凸显文化价值的时代,谁占据了文化发展的制高点,谁就拥有了强大的文化软实力,谁就能够在激烈的国际竞争中占得先机。因此,在实现中国梦的伟大进程中,要善于汲取人类历史上一切有益的文化基因,从文化的世界视角俯瞰先进文化的方向和中华文化的包容性,以更为积极的姿态肩负起文化大发展、大繁荣的时代重任,提升文化自觉和文化自信,助力社会主义文化强国建设。

综观全文,中国梦的时代意蕴凸显为系统性、整体性与包容性三个维度。唯有坚定不移地走中国特色社会主义道路,构筑中国特色社会主义"五位一体"总布局,提升文化软实力,汲取人类历史上一切有益的文化基因,方能助力中国梦的早日实现。

① 姜飞. 传播与文化[M]. 中国传媒大学出版社,2011:38.

农村公共文化服务体系的困境与消解

——以安徽省为例

张言民

摘　要:公共文化服务体系是为了保障公民文化基本权利的实现,探讨农村公共文化服务体系的概念及其意义。文章论述安徽农村公共文化服务体系的现状,通过数据反映安徽农村公共文化服务体系所取得的进步;分析农村公共文化服务体系建设中存在的困境:公共文化服务法律法规方面的冲突,公共文化服务资源配置的失衡,产品供给差异明显,公共文化服务效能不高,公共文化服务专业人员建设滞后;提出消解策略:制定《公共文化服务保障法》,完善文化法律法规建设,农村公共文化服务应体现出均衡性,构建农村公共文化服务体系的监督机制,通过合约予以设计与规范,构建农村公共文化服务体系的法律救济制度。

关键词:农村;公共文化服务;公共文化服务体系;法律保障

党的十七届六中全会通过对文化体制改革的决定和国家在"十二五"期间文化发展规划纲要的设计,理论界涌动对"文化改革"的探讨,以"公共文化服务"为标杆的实践探索也随之展开。不同的专家学者从政治学、社会学、经济学等领域对公共文化服务进行研判,笔者以"公共文化服务"为主题在中国知网检索,搜出1484篇文章,其中于2011年至今发表的文章共有981篇,占了66%。而对农村村民公共文化需求现状的量化研究不多,尚未构建科学的农村公共化服务体系的评价指标体系,尤其是新农村文化服务体系建设中的供给制度与财政制度的研究。探讨农村公共文化服务体系与新农村建设之间的"共生效应",是当下文化建设与乡村建设契合的新视点。以安徽省为例

作者简介:张言民(1965-),男,安徽省濉溪人,淮北职业技术学院电大部副教授,硕士,研究方向:知识产权法。

探视农村公共文化服务体系的困境，消解当前农村公共文化服务建设的冲突，对完善农村公共文化服务体系的建设是大有裨益的。

一、公共文化服务体系的界定及其意义

公共文化服务通常是指政府作为掌握公共资源的重要主体，为了满足社会公众的文化需求，通过公共资源的配置进行服务社会的过程。与经营性文化不同，公共文化服务不以营利为目的，其关注重点在于社会效益，努力为社会提供不具竞争性、非排他性的公共文化产品，其中包括电影电视、报刊文物、艺术演出等众多领域。

农村公共文化服务体系是指为了满足农村的文化需求，由政府作为主要力量所举办的非营利性的公共文化服务的制度和系统的总和。该体系既是新农村建设的重要内容，也是文化建设的重要组成部分。农村公共文化服务体系在内容上需要包含几个要素：可行的政策和制度建构，公共文化基础设施的建设、丰富多彩的公共文化产品、经验丰富的梯队专业人才和足够的资金支持。

在现代文明社会，公共文化服务体系已经成为衡量社会文明发展的重要标杆，体现了政府的行政文明水平，同时也是保障社会全面可持续发展的基础性要素。因此，在当前阶段，建设完善公共文化服务体系具有深刻的现实意义。一是履行国际义务，保障公民的文化权利的客观要求。我国政府已经加入并批准了《经济、社会和文化权利国际公约》（以下简称《公约》），根据《公约》第 15 条的规定："1. 本公约各缔约国承认人人有权：(1)参加文化生活。……2. 本公约各缔约国为充分实现这一权利而采取的步骤应包括为保存、发展和传播科学和文化所必需的步骤。"人人享有精神文化需求的权利，缔约国有义务为保障民众实现该权利而采取逐步的实施程序。不断完善公共文化服务既是我国政府履行国际义务的需要，也是为了能够更好地提高公众的精神文化素质，弘扬社会主义核心价值理念，并最终提高国家文化的"软实力"。二是有利于建设服务型政府。"服务行政"是当前我国政府一直在倡导的理念，在建设和完善公共文化服务体系过程中需要政府积极履行职责，回应公众的文化需求，这将从客观上推动政府服务水平的提高。

二、安徽农村公共文化服务体系的现状

从2006—2010年，安徽省农村文化专项资金由1000万元增加至2000万元。2007年后实施的广播电视“村村通”工程、乡镇综合文化站建设、“农家书屋”工程等陆续成为民生工程。设立的农村基层服务点已有28000个，基本实现了文化信息的资源共享，村村通工程辐射全省；纳入国家项目库的1240个乡镇综合文化站已建成772个；基层新增流动舞台车63辆、农村流动数字放映车74辆、数字电影放映设备172台①。

以2013年6月，安徽省文化厅财务处、社文处提供的资料显示，安徽省实施免费开放的乡镇综合文化站有1410个，其中纳入省民生工程任务建成的有1305个。1305个民生工程项目总投入达5.22亿元。安徽率先在全国开展乡镇综合文化站等级评定工作。2010—2012年，全省分3批评定等级站1121个，其中：一级站273个、二级站400个、三级站448个。等级站占1410个免费开放乡镇综合文化站的79.50%，占民生工程项目的90.40%。从等级站占民生工程任务的百分比看，占95%以上的有8家，分别是合肥、淮北、宿州、淮南、芜湖、宣城、广德和宿松县；占90%～95%的有6家，分别是蚌埠、阜阳、滁州、六安、马鞍山、铜陵市；占80%～90%的有2家，分别是池州、黄山市；占80%以下的有2家，分别是亳州、安庆市（见表1）。

截至2014年4月，安徽省公共文化场馆免费开放105个图书馆、120个文化馆、1294个文化站，举办文艺演出活动3769场。各县（市、区）积极组织开展送戏下乡、文化活动、电影放映、“非遗”展示、下基层慰问演出和农民体育比赛等活动，丰富农村文化生活。2014年实施的“送戏进万村”项目，得以迅猛发展，结合本地的特点和群众的实际需求，积极联系演出团体，制订演出方案，组织开展活动，实施农村文化建设专项补助，补助每村4400元的农村文化活动经费（见表2）。

① 中安在线-安徽日报．文化强省谱新章　绘就美好安徽新蓝图，2012年06月24日。

表 1　安徽省各市乡镇综合文化站等级站一览表

地　区	2012 年纳入免费开放乡镇综合文化站数	2009-2011 年纳入民生工程任务数	等级站				等级站占纳入免费开放文化站比例(%)				等级站占民生工程任务数比例(%)			
			合计	一级站	二级站	三级站	等级站合计数	一级站	二级站	三级站	等级站合计数	一级站	二级站	三级站
合　肥	122	83	81	29	23	29	66. 39	23. 77	18. 85	23. 77	97. 59	34. 94	27. 71	34. 94
淮　北	91	21	20	4	3	13	95. 24	19. 05	14. 29	61. 90	95. 24	19. 05	14. 29	61. 90
亳　州	89	85	60	11	18	31	67. 42	12. 36	20. 22	34. 83	70. 59	12. 94	21. 18	36. 47
宿　州	102	73	72	15	23	34	70. 59	14. 71	22. 55	33. 33	98. 63	20. 55	31. 51	46. 58
蚌　埠	55	54	49	15	15	19	89. 09	27. 27	27. 27	34. 55	90. 74	27. 78	27. 78	35. 19
阜　阳	173	156	146	20	80	46	84. 39	11. 56	46. 24	26. 59	93. 59	12. 82	51. 28	29. 49
淮　南	48	46	44	19	16	9	91. 67	39. 58	33. 33	18. 75	95. 65	41. 30	34. 78	19. 57
滁　州	101	96	91	29	16	46	90. 10	28. 71	15. 84	45. 54	94. 79	30. 21	16. 67	47. 92
六　安	164	148	136	16	59	61	82. 93	9. 76	35. 98	37. 20	91. 89	10. 81	39. 86	41. 22
马鞍山	36	34	32	8	13	11	88. 89	22. 22	36. 11	30. 56	94. 12	23. 53	38. 24	32. 35
芜　湖	64	46	56	14	77	20	87. 50	21. 88	34. 38	31. 25	121. 74	30. 43	47. 83	43. 48
宣　城	89	76	74	20	20	34	83. 15	22. 47	22. 47	38. 20	97. 37	26. 32	26. 32	44. 74
铜　陵	14	14	13	7	4	2	92. 86	50. 00	28. 57	14. 29	92. 86	50. 00	28. 57	14. 29
池　州	53	54	44	6	15	23	83. 02	11. 32	28. 30	43. 40	81. 48	11. 11	27. 78	42. 59
安　庆	147	124	91	32	34	25	61. 90	21. 77	23. 13	17. 01	73. 39	25. 81	27. 42	20. 16
黄　山	101	101	84	16	29	39	83. 17	15. 84	28. 71	38. 61	83. 17	15. 84	28. 71	38. 61
广　德	9	9	9	5	2	2	100. 00	55. 56	22. 22	22. 22	100. 00	55. 56	22. 22	22. 22
宿　松	22	20	19	7	8	4	86. 36	31. 82	36. 36	18. 18	95. 00	35. 00	40. 00	20. 00
合　计	1410	1240	1121	273	400	448	79. 50	19. 36	28. 37	31. 77	90. 40	22. 02	32. 26	36. 13

备注:等级站中 2012 年 65 个民生工程任务数不在其中。

表2　2014年4月文化类民生工程进展情况表

地　区	公共文化服务信息化建设			公共文化场馆开放					农村文化建设专项补助			
	目标任务	完成情况		免费开放场馆数(个)					政府采购演出(场)	放映电影(场)	开展体育活动(场)	农家书屋更新出版物(册)
	项目数(个)	已建成(个)	完成率%	图书馆	文化馆	文化站	美术馆	博物馆				
合肥市	飞9	10	31	8	10	85	1	9	402	3182	2690	2100
淮北市	1	–	–	5	5	21	–	5	87	1979	349	–
亳州市	56	–	–	5	4	87	–	9	457	4450	3470	30575
宿州市	55	–	–	6	5	99	1	4	97	3320	1611	–
蚌埠市	9	–	–	4	8	55	–	3	177	1597	702	2978
阜阳市	42	–	–	7	9	158	–	4	853	9875	–	–
淮南市	6	–	–	4	8	46	–	9	455	2096	1012	–
滁州市	13	1	8	8	9	107	–	7	257	3812	496	–
六安市	18	–	–	6	7	157	–	9	268	4862	–	–
马鞍山市	16	16	100	7	7	29	–	4	–	1691	–	–
芜湖市	11	9	18	7	8	42	–	5	260	2652	804	8756
宣城市	20	–	–	7	7	79	–	5	30	2858	289	–
铜陵市	7	–	–	4	5	12	1	1	–	264	298	–
池州市	11	–	–	5	6	53	–	3	100	1244	264	–
安庆市	飞9	–	–	9	11	132	9	11	553	5125	1411	3200
黄山市	7	1	14	10	8	101	9	12	10	3381	–	6800
广德县	9	–	–	1	1	9	–	1	20	399	–	–
宿松县	1	–	–	1	1	77	–	1	–	274	–	–
省　直	–	–	–	1	1	–	–	1	–	–	–	–
全省汇总	339	30	9	105	120	1294	7	89	3769	49249	12900	54409

备注:广德县、宿松县数据单列,宣城市、安庆市对应栏数据不包含广德县、宿松县。

三、农村公共文化服务体系建设中的困境

从微观上说，从表1数据分析，乡镇综合文化站等级率较低；从宏观上来说，还存在法律的不足、资源的失衡、效能不高等其他因素的影响。

(一)公共文化服务法律法规方面的冲突

从当前我国公共文化服务立法来看，并没有专门的统一立法，只是在相关法律中有些散见的关于公共文化服务的条款，或者是表现在位阶较低的法规、规章中的相关规定。例如，《文物保护法》规定政府对文物负有保护的职责，并提供设施进行展览以供公众观赏；还有文化部颁布实施的《乡镇综合文化站管理办法》和国务院颁布的《公共文化体育设施条例》等。客观地说，《文物保护法》是目前反映我国文化领域效力层级最高的法律，而该法的条款主要内容体现在对文物的保护方面，较多地关涉行政机关的审批与监管，实质上把文物作为公共文化服务产品供给公众的规定条款较少，较为典型的有第四十条第一款："文物收藏单位应当充分发挥馆藏文物的作用，通过举办展览、科学研究等活动，加强对中华民族优秀的历史文化和革命传统的宣传教育。"其后的第二款也是对文物收藏单位举办展览如何按程序报行政机关审批的规定。这样的规定，重点还是在于维系行政机关的监管，而不是基于对公共文化服务产品的提供。以这类简单的依据、零星散落的条文而没有相关法律的措施来保障，是很难进行公共文化服务体系建设的。当然，位阶较低的《公共文化体育设施条例》及《乡镇综合文化站管理办法》的法规规章，对于公共文化服务所需的不同要素规定得较为完善，基于其效力较低，影响范围的广泛性不够，很难有发挥的空间，作用和收效不大。当下我国公共文化服务法律建设还是较为滞后的，与当前我省公众诉求的公共文化产品的满足还有差距。法律、法规、规章的重点内容应体现在硬件设施的建设和保护方面，对于如何鼓励社会群众力量参与公共文化服务建设仍然处于法律的边缘。因此，有效地激励社会群众共同参与公共文化服务建设，对于该项工程具有重要的意义。

(二)公共文化服务资源配置的失衡，产品供给差异明显

随着经济的快速发展和人口数量的增多，公众对文化设施建设的诉求提高，公共文化设施因地区不同存在差异，进而使资源配置失衡，导致供给问题凸显。近几年来，城市的农民工数量加剧，而他们享受当地的公共文化服务却很少，而家乡的公共文化服务设施又不能充分使用，难免出现文化服务的

真空。公共文化服务是否真正起到应有的作用，是否能深入公众心中，其有效性是最为核心的衡量指标。换言之，政府在努力建设的公共文化产品能否契合公众的真实需求，关系到公共文化服务体系建设的成败。然而，我省当前的公共文化产品在此方面却还有很多需要改进的地方。以农家书屋为例，当前我省很多农村都建有图书站或者农家书屋，本意在于希望村民能在空余时间进行学习阅读，然而现状却是农家书屋建在村部大楼，钥匙多半由村干部保管，图书站的大门长期紧锁，使得农家书屋的使用率很低。有学者曾对全国农村图书站或者农家书屋进行问卷调查并且最终得出结论：农村各类文化资源整合利用不够，村文化活动室的总体利用率不超过30%①。一方面，政府在积极投入资金建设相关的文化设施；另一方面却是相关设施并没有真正让老百姓受益，或者没有契合百姓的需求。虽然说公众的需求是多元而又富有个性的，众口难调，政府很难完全满足。但是政府还是应当多一些实际调查，尽量提供一些一般性的而且公众参与热情较高的文化产品。

产品供给不平衡主要是指公共文化资源配置相差甚大，主要表现为东西部之间和城乡之间的差异，城乡之间资源配置显得很不平衡。而乡镇综合文化站设施呈现的“空壳”现象尚未得到改善②。据笔者观察发现，许多农村村民的业余娱乐方式就是打牌、看电视，有些老年人甚至几乎没有任何文化活动，农村的文化需求是极为迫切的，然而现状却是政府的投入更多地集中于城市地区，忽视了农村，这带来的将是更大的城乡文化鸿沟。虽说政府的预算资金有限，但是制度的安排应当考虑对弱者的关怀，这也是政府“以人为本”执政理念的题中应有之义。

（三）公共文化服务效能不高，公共文化服务专业队伍建设滞后

基于现有文化事业单位的公共服务水平，确实具有效率不高、资源不能有效利用的现象，而在实质上担当起公共文化服务功能的民间社团，既得不到政府有关部门的认可，也得不到政府财政的支持。因此，公共文化服务方面的政策难以激发公民的参与意识。结构合理的人才队伍是支撑公共文化服务事业发展的重要环节，安徽省文化产业人才队伍建设较为落后，无论是质量上还是数量上，都难以满足当前公共文化服务事业发展的需求。从整体上来说，我国长期忽视于文化产业专业人才的培养，尤其是高端复合型人才的培养，比如既懂中国传统文化知识，又知晓市场运作规律的文化资本运营

① 顾金孚：《农村公共文化服务市场化的途径和模式研究》，载《学术论坛》2009年第5期，第172页。

② 李忠峰：《我国基本实现公共文化服务体系全覆盖》，载《中国财经报》，2011年9月17日。

人、文化产业经营管理人等。不仅如此,我省文化事业人才管理机制缺乏创新,以致队伍建设不合理。省级文化服务单位一般是事业单位,而受制于编制、待遇等因素,许多单位吸引不到需要的人才,甚至还造成了人才队伍的流失。另外,由于受到编制、经费的限制,有些传承传统文化的机构亟须建立可是却无法建立(例如戏曲研究机构等),这对于具有特色的文化产业以及特色人才的培养产生了很大的影响。

三、农村公共文化服务体系的策略消解

物质水平的提高会不断催生人们对于文化消费的欲望。随着我省社会经济发展水平的不断提高,人们的物质生活水平得到很大的提高,农村的文化消费欲望正不断地被激发出来。因此,加快推进我省农村公共文化服务体系的建设已经迫在眉睫,而该体系能否有序推进并取得成效,必须有健全、合理的制度做支撑。

(一)制定《公共文化服务保障法》,完善文化法律法规建设

公共文化服务体系建设是一项系统性建设工程,在这个庞大的体系下又可以细分成图书馆、博物馆等相对独立的子系统。我国目前的立法现状,更多的是基于各个子体系进行单独立法,各自为政,彼此之间缺乏共享合作机制,致使资源无法得到充分整合利用。同时,当前这些法律法规效力层次普遍较低,不利于进行全国性的推广运用。因此,笔者认为应当制定一部全国性的法律——《公共文化服务保障法》,将公共文化提供服务的各个环节、各项制度统一进行规范调整。制定统一的法律能够对各级政府公共文化服务建设给予更多的约束,尤其是在经费投入和资源配置方面能够趋于合理。

当前,我国关于公共文化服务的立法对于激励和评估机制尚处在"无人区",因此,制定《公共文化服务保障法》尤其要注意这两方面制度的设计。首先是设置奖励性规范。所谓奖励性规范,是指对行为人实施某种行为加以肯定,并且制定相关的物质和精神方面的奖励措施,起到一种导向作用。奖励性规范针对的对象可以多元化,凡是促进公共文化事业发展的力量都可能成为奖励的对象,包括各级政府、企事业单位、民间团体以及公民个人。这方面的立法已经有很多成熟的做法可资借鉴,例如,《科学技术进步法》就设立了专章,对科学技术奖励加以规范;《民办教育法》也专门规定了"扶持与奖励"的措施。同时,有些地方政府制定的条例也包含了许多奖励性规范。我省应制定《安徽省公共文化服务促进条例》,政府对在公共文化服务促进工作中做

出显著成绩的单位和个人,应当给予表彰和奖励。

(二)农村公共文化服务应体现出均衡性,构建农村公共文化服务体系的监督机制

公共文化服务的均衡,具有两层含义:所有的民众都有机会享有最为基本的公共文化服务;所有民众所获得的基本的公共文化服务是均等的。何为"均等"?目前学界较为流行的观点是三种标准,即最低公平标准、中等平均标准、结果相等标准。三种标准的水平依次逐步提高,其中最低公平标准是着眼于全社会最低限度的公平,所提供的公共文化服务是最基本的要求,较高的文化消费需求则交由市场主体提供。当前我省人均经济发展水平仍较低,因此宜采用最低公平标准。政府应当统筹协调,创新机制,不断提高均等化服务水平。具体而言,应从两个方面努力:一方面通过财政的转移支付,加大对皖北地区的公共文化服务体系建设资金的扶持力度,同时可以采用长三角地区"帮扶"的举措,改善落后地区文化事业人才紧缺以及文化管理机制较为落后的局面,从而缩小不同市县之间的差距。与此同时,可以鼓励落后地区发展特色文化,比如民族文化产业,形成优势产业并且逐步"走出去"。另一方面,加大对农村公共文化服务体系建设的政策倾斜度,缩小城乡之间的差距。近年来,我省农村公共文化服务建设资金投入不断增多,公共文化基础不断完善,有些村庄已建有篮球场、公园等娱乐场地,但是关键的是这些设施经常处于闲置状态,缺乏管理和维护。因此,在农村公共文化服务体系建设中,除了应继续加大资金投入外,关键还要加强对已建造设施的评估和维护。与奖励性规范相匹配的必须有健全的监督评估机制。要鼓励公民参与监督舆情,完善公共文化服务的监督机制,实行多元化的监督,促进政府主体积极履行职责,尤其是加强对服务型政府的监督,促进政府打造的农村公共文化产品能够更为有效地同农民的需求相衔接。评估制度能否真正发挥功能,很大程度上取决于评估报告的效果,因此确立独立、公正的评估主体尤为关键。对此,笔者认为可以由高校或者科研机构来承担相关的评估事项,同时严禁政府或者其他团体进行不适当的干预。

(三)通过合约设计与规范,制定农村公共文化服务体系的法律救济制度

以农民文化乐园为载体,探寻农村公共文化服务的新路径。2013 年 5 月,安徽主动申报建设农民文化乐园项目,通过先试行再推广的方式,初步确定 6 市 20 个中心村为首批省级试点,11 市 25 个县(区)参照省里的标准,自行确定 83 个行政村进行同步试验,深受农民的喜爱。2014 年 4 月,在实验的基础上新增 80 个中心村为第二批省级试点,使试点范围覆盖全省 16 市,预计到 2016 年,将在全省建成 500 个农民文化乐园。

随着"服务型"政府理念的提出和发展，公共文化服务通过市场运作来体现，就要通过合约的法律形式予以设计与规范。公共文化服务体系建设历来被认为是服务型政府的重要职能；同时，受到计划经济时代观念的影响，我国公共文化服务体系建设一直由政府统包统揽。"政府包办"的做法有利有弊，好处在于能够集中力量，资金充足；坏处则在于囿于体制的僵化，造成专业人才匮乏。因此，政府应当转变观念，科学管理，实行以政府为主导、以市场多方主体共同参与的运作机制，实现农村公共文化服务公益化与市场化的有机结合。这不仅能够促进专业人才队伍的建设，同时也能够激发农村公共文化服务的活力和创新力，最终将有效提升公共文化服务水平。首先，政府部门要壮大自身的公共文化人才队伍，将培养专业文艺人才和公益性社会文化服务人才作为发展农村公共文化服务的重要工作，不仅要从数量上提高专业人才队伍的规模，同时要在质量上提高专业人才队伍的服务水平和公益意识。省市县各级政府均要能够出台相关培养人才的具体措施，可以鼓励人员接受在职教育，或者采取专业技能比赛等方式提高人才素质。其次，政府要明确定位，发挥引导作用，鼓励市场多方力量参与公共文化服务体系的建设。实践表明，有些农村公共文化活动由社会团体组织开展，同样能够达到享用公共文化资源的社会伦理目标。政府只需在此过程中发挥宣传、引导以及适当的培育作用即可。无形之中，这也是在激发民众的创造力和想象力，一定意义上也有利于人才的培养。最后，政府要积极探索新型人才管理机制，实现科学管理。对于专业人才队伍的建设，应当坚持以人为本、符合实践的专业管理模式，对于需要的人才能够留得住、引得进，对于不适合的人才应当有合理的淘汰机制。要建立政府农村公共文化服务法律救济制度，公共领域中农民的合法权益在不能有效地得到保障时，应予以法律救济。要建立农村公共文化服务体系领域的救济制度，尤其是农村公共文化权益的保护问题，从制度上保障农民的文化权益①。完善农村公共文化服务体系建设是为了更好地保障农民文化权利的实现，而农民文化权益要有相关的法律来维护。

① 杨奎臣，谭业庭，李凤兰：《公共文化服务立法基本问题定位：社会法范畴与促进型模式》，载《云南行政学院学报》2013 第 1 期，第 171 页。

新时期巩固马克思主义意识形态指导地位的方法论探析

霍广田

摘　要:随着国际国内环境的深刻变化,马克思主义在意识形态领域的指导地位面临着全新的时代境遇及严峻挑战。巩固马克思主义在意识形态领域中的指导地位,必须积极构建以"个体-社会"为标准的马克思主义意识形态教育方法论体系。个体维度下方法论体系的构建,应注重个体主体性及内化作用的发挥;社会政治体系维度下方法论体系的构建,应注重主流意识形态主导性及教化作用的发挥。从而增强马克思主义意识形态的吸引力、亲和力和凝聚力,进一步增强民众的理论自觉和理论自信。

关键词:马克思主义意识形态;指导地位;方法论;个体维度;社会政治体系维度

任何国家和社会都有占统治地位的意识形态,在我国居于指导地位的意识形态就是马克思主义。新时期,利益分化严重、社会格局已做重大调整、价值取向多元化,意识形态领域的工作正面临着新的挑战。事实表明,做好意识形态的工作难度很大,马克思主义在意识形态领域中的指导地位只能加强、不能削弱。如何巩固马克思主义在意识形态领域的指导地位,习近平总书记在全国宣传思想工作会议上的讲话中强调,宣传思想工作要积极探索有利于破解工作难题的新举措、新办法,把创新的重心放在基层一线。因此要积极构建马克思主义意识形态教育方法论的新标准及新形态,以破解当下意识形态教育工作的难点、热点问题。

作者简介:霍广田(1982—),男,安徽新华学院思想政治理论课教研部讲师,研究方向:思想政治教育原理与方法。

一、马克思主义意识形态指导地位面临的现实境遇

随着国际国内环境的深刻变化,马克思主义在意识形态领域中的指导地位面临着场域的变化及严峻挑战。这昭示着巩固马克思主义意识形态指导地位的紧迫性和必要性。在意识形态领域中,巩固马克思主义的指导地位,要将其置于全新的时代境遇和国际国内环境中,要以面临的现实挑战为出发点,以现代人的思想政治状况为考察对象,以坚定马克思主义信仰为目标。具体内容如下。

(一)从国际环境看,国际思想文化领域的斗争日益复杂

一是当今世界,大国间的战争主要是在思想领域。西方国家把中国的发展壮大视为对其价值观和制度构成的挑战,如今各国之间思想文化的交流、交融、交锋更加频繁,在强调对文明进行交流互鉴的同时,也要警惕西方思想文化对我国主流意识形态主导地位的影响。二是互联网成为信息强国推行霸权的手段与利器。习近平总书记在全国宣传思想工作会议上的讲话中强调,宣传思想工作就是要巩固马克思主义在意识形态领域的指导地位。互联网无疑成为各国做好宣传思想工作的重要途径和工具。但从国际环境看,西方发达国家已掌控互联网国际话语权,通过媒体、网络危害我国的意识形态安全。三是西方制造和抛出了各种思潮来西化和分化中国,例如:宪政民主思潮、普世价值的思潮、新自由主义的思潮等等。西方国家通过利用境外电台、学者交流、基金会资助、报刊影响等手段,大肆宣传他们的价值观,对社会主义国家搞"攻心战"。

(二)从国内环境来看,意识形态领域出现新的情况

一是主体遭遇信仰危机,马克思主义作为主流意识形态被"边缘化"。目前,多元的利益格局、文化、经济成分的存在,使马克思主义在意识形态中的话语权面临严重的失语状态,有被逐渐"边缘化"的危险。尤其是在马克思主义意识形态教育的重要群体领导干部和青年中出现理想信念动摇、信仰缺失等问题。二是当前马克思主义意识形态面临"悬空化"问题,即当前马克思主义意识形态与社会现实之间存在脱节。对一些民众疑惑的重大理论和实际问题,缺乏有力的解释,表现为理论回应乏力。如共产主义是遥远未来的社会形态,那么它与当今现实有什么关系?当前利益多元化、社会思潮多样化是客观事实,是否还需要立主导、谋共识等。三是马克思主义意识形态建设手段滞后。手段、方式是实现民众认同主流意识形态的关键因素,但在马克

思主义意识形态建设的过程中,却存在宣传教育的教条化、空洞化、方法的效率递减等问题。因此,要通过更新手段、创新方法来树立马克思主义主流意识形态的理论权威,进而解决现实中存在的各种问题。

二、马克思主义意识形态指导地位的方法论体系构建及依据

马克思主义在意识形态领域中指导地位的巩固,需要不断加强马克思主义意识形态教育。马克思主义意识形态教育过程是指教育主体依据人的思想品德形成发展规律和对人们进行意识形态教育的规律,将马克思主义这一主流社会意识形态传输给教育对象;教育对象认同并自觉接受这一主流意识形态,并内化为自己的个人意识的过程。在这一过程中主要涉及教化和内化两个环节。马克思主义意识形态是一种理论性的思想体系,必须通过切实有效的方法才能让民众接受。因此,应在遵循宏观与微观相结合的原则下,积极构建以"个体-社会"为标准的马克思主义意识形态教育方法论体系。个体维度下方法论体系的构建,应注重个体主体性及内化作用的发挥;社会政治体系维度下方法论体系的构建,应注重主流意识形态主导性及教化作用的发挥。

(一)个体内化马克思主义意识形态的运行过程

内化是指将外部的思想政治信息输入人的头脑之中,通过一系列的吸收、组合、繁殖等方式转变成个体意识的过程。内化过程实质是认识过程从感性认识到理性认识的渐次发展过程,是从思想政治信息的输入到个体心理的形成再到思想观念的完善,从而最终转化为自己思想品德认识的变化发展过程①。在马克思主义意识形态教育的内化过程中,要充分发挥个体的主体性,要注重个体认知、情感、信念、意志、行为的均衡发展和内在转化,要注重主体内在的思想矛盾运动转化,使个体对马克思主义进行反映、选择、理解、解释、整合、内化及外化践行,使马克思主义意识形态教育更具生命力。这是个体维度下巩固马克思主义意识形态指导地位方法论体系构建的依据。

马克思主义意识形态教育是个体思想政治品德社会化和社会主流意识形态个体化的过程。个体与社会之间是相互影响、相互竞争与相互制约的交互关系,两者通过相互作用而依存于对方,共同作用并推动两大运行过程的运转,以实现受众坚定马克思主义信仰的目标。

---

① 霍广田. 高校思想政治教育中的内化机制探析[J]. 安康学院学报,2012,(5):95-96.

（二）自身及人的社会政治化的运行过程

自身及人的社会政治化运行过程是指人们在特定的政治关系中，通过社会政治生活和政治实践活动，逐步获得政治认知和能力，形成和改变自己的政治心理、政治思想和政治行为模式的能动过程①。马克思主义意识形态教育过程与社会政治化的运行过程是同构的，最终目标是将个体模塑成具有一定政治认知、政治情感、政治信仰、政治行为取向的社会人和政治人。其基本结构模式为教育主体—教育内容—教育介体—教育对象。其中教育主体包括三个层次，即国家主体、群体主体（如党政各级组织、工会、共青团等）、个体主体（领导者及具体工作者）；教育内容即政治社会化的信息（如马克思主义意识形态）；教育介体即方法与途径（侧重于由外及内的传递、管理、宣传）；教育对象即个体与群体。

在这一模式运行的过程中，要注重马克思主义传播的积极灌输与引导的结合，要强调现实政治和社会的需要，体现出工具价值理性及国家意识形态的阶级性、政治性、权威性，要着眼于思想意识的宏观驾驭、战略导引，这是社会政治体系维度下巩固马克思主义意识形态指导地位方法论体系构建的依据。

三、个体维度下巩固马克思主义意识形态指导地位的方法探析

把马克思主义由外在的理论规范内化为人们的坚定信仰，以巩固马克思主义在意识形态领域的指导地位，这是一个复杂过程。在这一过程中，既要重视对马克思主义理论的不断研究和发展，又要重视主体内在的自觉认同，要不断完善内化机制，积极构建马克思主义意识形态教育方法体系。在方法实施过程中，注重从个体内化运行机制出发，考虑受众的主体性。在方法选择方面，注重对接受法、自我教育法、心理咨询法等的研究。具体方法探析如下。

（一）接受法

接受是关于思想文化客体及主体相互关系的范畴。它标志的是人们对以语言象征符号表征出来的思想文化客体信息的择取、解释、理解和整合以及运用的认识关系和实践关系②。接受法是接受主体出于自身需要，对马克

① 陈义平．思想政治教育学原理［M］．合肥：安徽大学出版社，2008：54.

② 胡木贵、郑雪辉．接受学导论［M］．沈阳：辽宁教育出版社，1989：1.

思主义意识形态进行择取、整合、内化、外化及践行，从而不断完善和发展主体的接受图式及其运行状态的一种方法。在方法的实施过程中应注意以下几点：(1)要增强受教育者对马克思主义教育的接受效果，必须以马克思主义人学思想为理论基础，研究人的本质的社会性、现实性、具体性。(2)要注意满足接受主体不同层次的需要以及满足不同接受主体的需要。在马克思主义意识形态教育过程中，要不断推进马克思主义的中国化、大众化、时代化。(3)要加强对接受内涵、接受机制、接受过程、接受心理、接受特点、接受影响因素等内容的研究，探讨不同教育模式的接受效果，为增强接受法的实效性提供学理支撑。

(二)自我教育法

自我教育法是在教育者的启发和引导下，受教育者按照一定的社会要求，通过自身内在的思想矛盾运动，自觉接受外界的积极影响，克服外界的消极影响，主动进行思想政治道德认识转化和行为控制，以培养良好的思想政治品德的方法①。具体实施过程中应做好以下几点：(1)充分发挥教育者的主导性。教育者要激发受教育者自我教育的动机，引导受教育者自我学习，明确自我教育的目标和要求。(2)充分发挥受教育者的主体性。自我教育要求个体能够高度自觉地接受新思想，使自我与社会有机融合。因此要充分发挥受教育者的自主性、能动性、创造性。(3)发挥自媒体在自我教育中的作用。自媒体依托博客、论坛、即时通讯等新型个人媒体这种网络载体，是达到传递信息、加强交流、坚定信念目的的一种新方式。要加强对自媒体的使用和管理，充分发挥自媒体的正面作用，提升自我教育能力。

(三)心理咨询法

现代社会正处于阶层分化、利益格局及价值观念多元化的时期、容易导致思想矛盾激化。因此，加强马克思主义意识形态教育必须与心理咨询法相结合。要充分考虑到接受主体的心理特点，把马克思主义意识形态教育与人的心理活动规律结合起来。所谓心理咨询法是指运用心理学的专门知识和技术，通过各种媒介对受教育者进行心理干预，使其认知、情感、态度、信念等发生变化，解决其心理问题，达到心理健康教育目的的方法。心理咨询法在马克思主义意识形态教育中的运用，要具体做好以下几点：(1)全面辩证地分析受教育者的心理特征，增强针对性。随着时代的变化，教育对象开始运用特定的信仰体系或道德标准推论世界，表现出对传统知识、信仰的挑战。这就需要对个体进行问诊把脉，寻找矛盾点，然后有针对性地进行心理辅导。

① 陈成文. 思想政治教育学[M]. 长沙：湖南师范大学出版社，2007：223.

(2)探索适合我国社会发展需要的心理咨询法。如疏导咨询法、交友谈心法，从而将主流意识形态与个人意识有机结合，进行相互转化。(3)加强心理咨询队伍建设，完善配套设施，同时将其与思想政治教育、实践教育相结合。

个体维度下巩固马克思主义在意识形态领域中的指导地位的方法构建应关照社会。在当前思想活跃、观念碰撞、文化交融的时代背景下，需要明确个体内化马克思主义意识形态必须以社会政治化目标作为指导，加强对主流意识形态的传播和建设。马克思主义作为一元化的指导思想，必须突出其主导地位，否则，社会主义意识形态就会被解构。同时要尊重差异、包容多样，充分发挥主流意识形态对个体价值观念的凝聚力与向心力。

四、社会政治体系维度下巩固马克思主义意识形态指导地位的方法探析

从系统论的角度来说，马克思主义意识形态教育是一个以传输为主的系统过程，是教育主体将马克思主义意识形态传输给教育对象的过程。因此，社会政治体系维度下巩固马克思主义意识形态的指导地位，必须从社会政治层面进行马克思主义意识形态教育方法论的研究。方法的构建依据应侧重于教化层面；方法的特性应体现宏观战略性、意识主导性、方法原则性；方法的运行方向应侧重于从外到内；在方法的具体运用上，应注重对实事求是的方法、理论灌输法、导控型方法、信息转化法、控制论方法等的研究。具体方法探析如下。

(一)实事求是的方法

毛泽东在《改造我们的学习》一文中对“实事求是”做了马克思主义的全新解释。他说：“‘实事’就是客观存在着的一切事物，‘是’就是客观事物的内部联系，即规律性，‘求’就是我们去研究。”①在马克思主义意识形态教育过程中，坚持实事求是的方法，就是在马克思主义科学理论的指导下，坚持理论和实际相结合，按照人的思想品德形成、发展规律和对人进行意识形态教育的规律办事，加强马克思主义意识形态教育的针对性。具体做好以下几点：(1)要吃透理论，对马克思主义理论体系进行深入研究，尤其加强对马克思主义经典著作的研读，从中获得马克思主义的真精神，这是实事求是方法运用的前提。(2)既要联系社会生活实际，又要联系受教育者的思想实际。在保持

① 毛泽东．毛泽东选集：第3卷[M]．北京：人民出版社，1991：801.

理论原旨的基础上着眼于对象的实际需要,最大限度地反映、表达人民群众的利益需求,在传播理论的过程中有效地解答人民群众在现实中迫切关心与急需解决的问题。(3)要讲究科学的方法,注重调查研究,做好党的群众路线教育实践活动,防止教条主义、主观主义的发生。

(二)理论"灌输"法

列宁在《怎么办?》一书中系统论述了灌输理论。他指出:"工人本来也不可能有社会民主主义的意识。这种意识只能从外面灌输进去,各国的历史都证明:工人阶级单靠自己本身的力量,只能形成工联主义的意识。"①这是理论灌输法形成的理论依据。运用理论"灌输法"这一马克思主义意识形态教育的方法,必须讲求科学性。具体做好以下几点:(1)"灌输"在这里体现的是这种方法的本质特征,而不是具体形式。灌输不是单向度的理论传达,而是在充分发挥受教育者的主体性、强调受众意识基础上的双向互动式的一种传输模式。(2)坚持"灌输"内容的科学性与针对性。目前,部分理论工作者对马克思主义的研究内容存在不足,对马克思主义经典著作的编译和研究还非常不充分,无法有力地回应来自现实中其他理论的挑战。因此,马克思主义理论工作者本身要不断地发展和完善,要不断提高教育主体的理论水平。(3)实现"灌输"方式与途径的多样性。要注重理论灌输、实践灌输、显性灌输、隐形灌输等的结合,实现从统一灌输形式向多层灌输形式转变,从静态演说思想灌输到参与实践、有效内化理论灌输转变,以增强实效性。

(三)导控型方法

目前,党的意识形态工作出现了前所未有的变化,多元利益格局、多元政治阶层、多元价值选择,导致主流意识形态被边缘化的境地。因此,必须构建导控型方法体系。所谓导控型方法体系,是指以巩固马克思主义在意识形态中的指导地位为宗旨,以反馈和调控为核心,具有对社会整体意识形态宏观驾驭的性能和引领社会思潮的统率以及导向功能的现代政治方法体系。具体在实践中应做好以下几点:(1)不断完善国家及党政机构的制度、体制建设,充分发挥构建导控型方法体系的主体优势。(2)在遵循社会发展规律和人的思想品德变化发展规律的前提下,创新一批导控性的具体方法。如调控方法、评估方法、决策方法等。(3)在构建导控型方法体系过程中,防止政治禁锢、思想僵化等问题的出现。在尊重差异、包容多样的基础上,发挥主流意识形态的聚合效应。

① 中共中央马克思恩格斯列宁斯大林著作编译局. 列宁选集:第1卷[M]. 北京:人民出版社,1995:317.

马克思主义意识形态教育的目标能否实现,教育者的教育活动只是外在条件,关键取决于教育对象的认同和自觉接受程度。因此,社会政治体系维度下巩固马克思主义意识形态指导地位方法的构建和实施,应关照个体,对个体的心理、情感、信仰等影响个体社会政治化的微观因素,必须进行全面系统的分析,以便为制定社会政治体系维度下巩固马克思主义意识形态指导地位的方法提供借鉴。

总之,目前对马克思主义意识形态教育方法论的研究还存在一些问题,如重方法的实践性特征、轻理论性特征,研究的时代特征不明显等。尤其在方法结构的逻辑性、方法思想的体系性、方法运行机制的实践性方面有待提升。通过马克思主义意识形态指导地位的方法论研究,有助于构建一套巩固马克思主义意识形态领域指导地位的方法理论体系,拓展意识形态宣传途径,创新宣传形式;有助于增强马克思主义意识形态的吸引力、亲和力和凝聚力;有助于增强民众的理论自觉和理论自信。

融合·互动:桐城派文化旅游解困之路

程大立　樊　璠

摘　要:桐城派文化旅游是以了解、感知和体察桐城派文化为目的的旅游活动,是传承优秀传统文化、促进区域经济发展、提升现代旅游水平的必由之路。桐城派文化旅游面临散点布局、不成体系,保护不力、阐发不深,静态呈现、活力不足等问题,需要与普及阐释、创意创新、多种艺术、多种业态以及科技应用、示范区建设、人才培养等多元素相融合,通过情境再现、故事呈现、静态动化、内涵发掘等手段让游客参与互动,构建现代的、生态的文化旅游体系,建立文化旅游的成功示范。

关键词:文化旅游;桐城派;融合;互动

现代旅游业已进入文化旅游时代。借助异地异质文化观察、感知和体验行动,来达到扩大眼界、增长知识、娱悦身心、提高审美等生活追求的现代文化旅游,是以高科技为手段、以文化产品为载体、以旅游为方式而进行的精神和文化享受的过程。现代文化旅游一个重要的载体就是传统文化及其文化产品,且已创意形成"盘古生态文化旅游区""印象刘三姐""中华五千年文博园"等多个成功范例。

桐城派是清代最大的散文流派,是中国文学史上最具魅力的文化奇观,是中华传统文化最具特色的个例。桐城派文化是桐城派发生发展过程中所形成的物质与精神文化总和,是桐城文化的重要组成和内涵特质。近年来,借文化旅游市场的兴起,桐城派文化旅游呼声渐高,地方文化和旅游行政部门、社会旅游机构也在尝试开展桐城派文化旅游。然而,这一最具魅力的地

作者简介:程大立(1966—),男,安徽桐城人,在读硕士,桐城师范高等专科学校图书馆馆长,桐城派学术研究中心研究馆员,研究方向:桐城派文化;樊璠(1984—),女,安徽桐城人,桐城师范高等专科学校教育系讲师,研究方向:桐城派文化旅游。

域传统文化与旅游的联姻并不如意,既没有实现游客的美好期待,也没有达到预期效果,反而进入了"欲进不得,欲退不能"的尴尬境地。本文拟从桐城派文化旅游的困境分析入手,提出解困设想,以作探讨。

一、桐城派文化旅游概念、特征和意义

桐城派文化旅游是以了解、感知和体察桐城派文化为目的的旅游活动。"桐城派文化"是对旅游行为的效用和目的所做的定性,主要体现在四个层面:桐城派经典文章及其所表现的当时的历史、政治、经济、文化等社会情况,桐城派作家生活经历和人生故事,桐城派作家的遗迹、遗物和遗存,桐城派作家的道德思想与精神品质。

桐城派文化旅游是现代科技和文化背景下的文化旅游,具有四个方面的特征:

其一,创意性。与普通意义上的旅游不同,文化旅游不仅仅追求旅游资源本身,而是综合各种因素,包括在资源、环境、市场、社会背景等诸多方面进行创造,亦即创意。

其二,科技性。科技的发展改变了人类的生活,21 世纪是科技时代、信息时代。现代文化旅游借助现代科技手段活化静态的物,再现过去的事。

其三,互动性。现代文化旅游建立在体验的基础之上,要让游客在互动的过程中获得知识、愉悦和美感。

其四,综合性。现代文化旅游是商业消费,也是精神休闲,是娱、购、玩的结合,也是学、思、行的统一。

桐城派文化旅游在社会主义文化大发展、大繁荣的背景下具有丰富的意义。体现在三个方面:

一是顺应社会发展和旅游市场需要。现代社会经济高速发展,生活节奏加快,工作压力增大,旅游休闲成为人们放松心情、缓解压力的方式。随着文化水平的提高,人们更愿意在休闲娱乐的同时,获得新知识、新体验、新感受,因此,文化旅游应运而生。桐城派文化具有深厚的文化积淀、丰富的人物谱系和巨大的历史影响,但由于时间久远和政治因素,大多数游客并不知晓却又渴望揭开她神秘的面纱,更希望在对桐城派文化感知和体验过程中提升自己的文化修养和情操。

二是带动区域经济文化的发展。桐城派文化旅游是一项系统工程,包括旅游资源的建设、旅游体系的建构、旅游产品的开发以及旅游设施的配套,这

样势必带动区域经济文化的共同发展。

三是促进桐城派文化的传承和创新。桐城派是散文流派，是书斋学问；桐城派文化是雅文化，是士大夫文化。但是，桐城派文化所承载的精神，应该是民族的、大众的。从"阳春白雪"到"妇孺分享"，既是文化传承，也是文化创新。

通过对桐城派文化旅游概念、特征和意义的分析，我们认识到：桐城派文化旅游正当其时，大有作为。可是，现实情况并非如此，桐城派文化旅游面临困窘的现状，需要我们去反思、去研究、去探索、去创新。

二、桐城派文化旅游的现状、困境

随着经济的发展和人民文化生活需求的提高，近年来，桐城旅游获得了长足的发展。从政府层面来说，规划设计了红色旅游、生态旅游、文化旅游等特色路线，相继建成龙眠山、嬉子湖、孔城老街、黄梅戏文化园、中国活海欢乐世界、中国桐城文化博物馆等精品景点。据统计，2014 年春节小长假期间，桐城市域内旅游达 31.8 万人次，实现旅游综合收入 1.51 亿元[1]。尽管有如此骄人的成绩，但桐城旅游因为没有打出"桐城派文化牌"，没有形成独具一格的文化旅游特色，而泛同于一般的地域旅游模式，没有创造出更加奇特的旅游景观。

（一）桐城派文化旅游的现状

桐城派是桐城文化的杰出代表，是桐城文化的精髓。桐城派是以散文流派在清代显赫传世，其1200 多位作家和2000 多部著作构建的文化体系，涉及历史、政治、经济、文化、艺术、教育等各个领域，尤其是其最本质的"儒家思想"内涵，至今仍有积极的时代意义。因此，桐城派是"好大一座文化富矿"，需要开采和发掘；桐城派文化是中国传统文化中最有特色的文化，应该成为文化旅游的一个成功典型。然而，我们看到，桐城派文化旅游存在着不容乐观的问题。

1."有史可讲，无景可看"

走进桐城的游客，带着对桐城派灿烂历史的感佩而来，他们希望能在桐城看到"桐城派"。然而，令他们失望的是，只能听到对桐城派历史的再述，不过比自己的了解系统一些而已，能看到真实的"景"并不多。

2. 真景不堪，"新"景内伤

桐城派作家也留下了一些遗迹，然而，呈现给游客的要么是芳草萋萋的墓地(如吴汝纶墓),要么是斑驳失修的故居(如姚元之旧馆),要么是孤立突兀的风景(如姚鼐手植的银杏),要么是残缺不全的建筑(如桐乡书院)。真实的旧景大多破败萧条,改建的新景却物非昨日,孔城老街这座有着1800多年历史的古建筑群,在改建过程中,不仅毁损了近2万平方米的建筑,而且在老街建设度假酒店破坏了建筑的明清风格,阉割了历史文化;另一方面,孔城老街的开发,也没有抓住桐城派文化精神来精心打造,难以突出文化个性特征。

3. 走马观花,印象平淡

“走文化桐城,看片断风景”,这是外地游客的突出印象。也就是说,桐城派文化景点是孤立而静止的,很难让人驻足停留,更不能深入体味,所以,只能留下平淡的印象。

上述现状反映了一个突出问题,在文化旅游的新形势下,桐城派文化并没有令人神往的“桃花源”,反而走入了艰难的困境。

(二)桐城派文化旅游的困境

1. 散点布局,不成体系

桐城派文化的实景是分散布局,广而不成体系。从地域上看,桐城派作家只有一小部分生在桐城,其中终身守在本土的也不多,大部分外出求学或为官、为幕;另一方面,现在的桐城行政区划比清代要小得多,已部分划归庐江、舒城、安庆,新中国成立后设置的枞阳县也是从旧桐城划出去的。从景点分布上看,桐城派作家大部分诞生在农村,其中有少数曾集中生活在县城,但也不是聚居一起,这就让他们的故居和遗迹分散,难以形成一条完整有序的旅游线路。如此情形,游客“看不全、走不周”,没有完整感,也没有整体感。

2. 保护不力,阐发不深

前文已述,桐城派文化遗迹,要么缺乏保护,要么未完整修复。清中叶的书画家、桐城派作家姚元之旧馆位于桐城市北街小学内,为典型清代士大夫雅居标本,虽然已列入县级文物保护单位,但修缮经费一直没有着落,不仅因失修濒临毁损,而且,还住着十数户退休教职工,炉灶常烟,电线蛛网,令人担忧。清末教育家、桐城派晚期作家吴汝纶墓,虽列入省级文物保护单位,因淹没在深幽的荒草丛中,难以寻访,少有人问津。

另一方面,桐城派大量的作品和作家品格没有深入阐发,更没有与当下的文化传承与文化创新相结合,使其焕发活力。这也是桐城派文化还局限于“雅文化”“士大夫”文化,总是以“阳春白雪”的姿态呈现,难以走进平凡百姓之中。

3. 静态呈现,活力不足

桐城派文化最精华的部分——桐城文章和作家人生还停留在书本之中,

还是以文字的形式呈现。而现存的文化遗迹遗存,也是静态呈现,缺乏活力,不能吸引人,不能打动人,更不能留住人。

三、桐城派文化旅游的解困之路

旅游业的兴起,是经济发展的必然,也是人民精神生活的需求;旅游业的兴旺,既能促进经济发展,又能提高公民的文化消费水平。文化旅游是旅游业可持续发展的重要路径。虽然桐城派文化旅游在当下还面临诸多困难,但桐城派文化旅游是区域旅游的重要增长点和不竭动力源。因此,认真研讨并切实探索解困之路,桐城派文化旅游才能走出困境、焕发生机。

桐城派文化是本区域旅游业的重要内涵,是独一无二的文化资源。桐城派文化在当下的文化旅游中具有独将魅力的文化价值:弘扬地域优秀的传统文化,打造区域文化个性品牌,发展地方旅游经济,提升人民文化生活水平,等等。因此,树立桐城派文化旅游的自信心,构建桐城派文化的精神体系,整合各种桐城派文化资源,走“融合 · 互动”的发展之路,是桐城派文化旅游解困的必由之路。

(一)融合

1. 与普及阐释相融合

桐城派文化旅游在桐城派故乡没能“热”起来,一个重要因素就是二者的“貌合神离”,也就是桐城派文化没有真正融入旅游设计之中。其根本原因是桐城派文化“高高在上”,人们只能仰慕而难喻其义;普通民众,特别是青少年一代,只知其名之赫,只叹其誉之显,而不知其为何物。其实,桐城派并不是高深莫测,作家来自民间,关心民众疾苦,积极经世用世;作品雅洁通俗,关怀理想民生,倡导和谐生活。让桐城派走下高高的“神坛”,让普通民众知晓其历史发展、作家故事、作品情感,人格品质,让桐城派精神内涵与当下社会主义核心价值观相融合,才能让桐城派走进民众生活之中,走进民众心里。这是桐城派文化旅游的基础性工作,也是桐城派文化旅游兴起的前提。

除了通过学校教育、社会宣传、艺术表现等方式,桐城派文化的普及阐释与旅游业的融合,主要体现在桐城派文化精神与旅游景点推介和旅游产品形象设计相融合上。景区的命名融合桐城派文章的雅言,景点的布置融汇桐城派历史典故,景物的塑造融入桐城派作家的故事等,泛在且精致、通俗又典雅、质朴更高尚,游客由景读史,融情入景,流连忘返,兴致勃勃。

2. 与创意创新相融合

文化旅游在一定程度上摆脱了资源的束缚,它能够综合各种因素,包括资源、环境、市场、社会背景等诸多方面进行创造,亦即创意。传统旅游以“山水流连”为基本方式,文化旅游则是追求形式的创新。“梦回唐朝”式的情境再造,“休闲度假”式的轻松愉悦,“身历其事”式的体验回味,“按图索骥”式的猎奇追踪……博大精深的桐城派文化,与上述创意相融合,必然会创新旅游产品和营销方式,带来显著的旅游效应。“梦桐城文学笔会”“翰墨桐城商业街”“桐城文化博物馆”等设计已初显思路。

3. 与多种艺术形式相融合

文化旅游对桐城派文化的呈现不仅仅是文学艺术,还可以与书画、雕塑、影视、戏剧、动漫、建筑、音乐、舞蹈等艺术形式相融合,呈现出五彩缤纷、美轮美奂的生动情景。国家级非物质文化遗产桐城歌、黄梅戏与桐城派文化的融合,既有深厚的文化土壤,也有茁壮的文化新芽。桐城歌与桐城散文,孕育于同一片土地,一个是田野菊花,是俗文学的代表;另一具是雅室芝兰,是雅文学的典范。黄梅戏是地方戏的精品,是五大国剧之一,蕴含丰富的桐城派文化基因。在桐城派文化旅游中,穿插以桐城派文辞创新桐城歌表达,以桐城歌的吟诵表现桐城派的文章;把桐城派故事戏剧化,让家喻户晓的黄梅戏唱出桐城派。桐城文化旅游与多种艺术的融合,一定会吸引和留住更多的游客,产生巨大的品牌效应。

4. 与多种产业相融合

“吃、住、行”和“娱、购、玩”是旅游的基本内容。桐城派文化旅游同样不能仅做文化文章,但又不能落入传统旅游的俗套之中,这就要求将桐城派文化融入上述六要素之中。“吃”桐城味道,是哺育桐城派作家的农耕美食;“住”桐城意境,门前有画,屋后有诗,房中有文;“行”桐城街巷,穿街走巷之中读出桐城生活;“娱”桐城风情,歌桐城,唱黄梅,体验民间清纯之美;“购”桐城特产,与桐城文章一样雅致的桐城小花,与桐城文人一样洁质的桐城丰糕;“玩”桐城快乐,士子之交,文友之聚,清高淡雅。只有立体式地将桐城派文化融入多种业态中,才能让游客有“不虚此行”的满足感和愉悦感。

5. 与科技应用相融合

现代科技的发展为文化旅游注入了生机与活力。旧景可以再造,往事可以再现,人物可以复活。桐城派文化旅游可以借助计算机网络和移动APP,运用全媒体技术将实景与3D动画、视频音频剪辑等技术融为一体,最大限度地丰富景点内涵,拓展游客思维空间,获得更多的知识和快乐。

6. 与旅游示范区相融合

桐城派文化旅游最合适的区域是以桐城市为中心,向枞阳、怀宁、宜秀等安庆市县、区辐射。然而,如果在理念上只局限于这一片“天空”,桐城派文化旅游这块“蛋糕”难以做大。因此，要以桐城派开放包容的胸怀和积极进取的精神，主动融入“皖南国际文化旅游示范区”。从地域上看，安庆亦属皖南；从示范区建设上看，安庆是示范区七城市之一；从行政区划上看，安庆、池州曾为同一地区，文化上有悠久的亲缘关系。但是，在示范区建设上，禅宗文化已作为重要元素列入建设方向，而桐城派文化并没有重点打造，这是一个缺憾。且不说桐城移民大多来自江西、皖南，单就桐城派与徽州密切的血脉联系，就不可以将二者割断。桐城文化与徽州文化有着历史同源关系，徽州文化离开桐城文化就不会完整，桐城文化离开徽州文化就无法说清。因此，桐城派文化旅游一定要将程朱理学文化、皖南民俗文化以及徽州商业文化联系起来，构成清代安徽文化的缜密体系，再构建当下的安徽文化旅游的文化体系。“一体化才能国际化”。桐城派文化旅游必须融入“皖南国际文化旅游示范区”，走出安徽，走向世界。

7. 与人才培养相融合

文化旅游最基础的是文化资源，最重要的是文化人才：文化旅游资源开发人才、文化旅游服务人才、文化旅游体系建设与保障人才等等。建立稳定和持续成长的人才队伍，是桐城派文化旅游保持不竭生命力的保证。要借助安庆师范学院、桐城师范高等专科学校、安徽省黄梅戏艺术职业学院等高校资源，培养文化创意、市场营销、导游服务、旅游管理等人才，提升桐城派文化旅游产品品质和管理服务水平，推进桐城派文化旅游“走出去”战略的实施。

融合是一个渐进的过程，前提是系统规划和资源整合。把名贵的“珍珠”串成品牌“项链”，建立起桐城派文化生态旅游区，多元素、多业态、多形态、多技术的充分融合，整体构建，才能更好地推广，才能更好地融入文化旅游大世界。

(二)互动

文化旅游的多极融合，只是一个前提性条件。对于旅游实务来说，要让游客“有地可游”，“有景可看”；还要“游有收获”，“看出名堂”。传统旅游只是一种重温性的观瞻，文化旅游需要调动旅客的文化积累和智慧潜能，再创“风景”发掘其意义内涵。如此而来，浮光掠影式的“浅”旅游难以达到效果，只有深度体验式的“深”旅游才能实现文化旅游的终极目标。因此，在旅游过程中建立并实施“互动”是非常必要的。具体设计有以下方面：

1. 情境再现，深度体验

体验旅游以文化作为旅游吸引点，在旅游产品中融入情感性、差异性、参与性、本真性特点，用文化表征方法揭示旅游资源的文化内涵，提高旅游产品和旅游活动的文化含量，使游客通过旅游活动获得开阔眼界、增长知识、增强文化精神等各种体验。“体验旅游是旅游者在旅游供给者营造的环境和氛围中,获取一系列舒畅和愉悦的新鲜感受,并在内心深处留下深深‘烙印’的经历”[2]。

桐城派文化是清代文化,是历史,是过往。今天的人并不知道又最想知道桐城派作家当年是怎样生活、怎样读书、怎样考试、怎样交往的。如果只是复原他们的故居、家具、庭院等,或者做几尊蜡像,即使能再现当年的真实情景,但难以让游客进入当时的真实情境。因此,要借鉴“鲁镇”旅游区设立模拟县衙的经验,在桐城派文化旅游区设立私塾、学堂、书院、科场等现实场景,模拟当年的学习、生活和考试情景,让游客参与其中,真切体验一回清代文人生活;在桐城派名家所描写的山水间,让游客聆听或吟诵着桐城派美文同步进入;模拟刘大櫆的八十寿诞,让“姚鼐”朗诵《刘海峰先生八十寿序》,放怀高呼“天下文章,其出于桐城乎!”把桐城文与桐城景完美地融合在一起,让游客亲身体验,用心感受,才能获得深度感悟,终生难忘。

2. 故事呈现,真切感知

桐城派是有故事的,故事是有情节的,情节生动逼真就能引人入胜。桐城派文化旅游要将桐城派作家成长故事、桐城派作家交游故事、桐城派作家经世故事和桐城派文章中的人物故事等精选创造,以戏剧、影视、动漫、歌谣等形式表现出来,让游客在观看、鉴赏、体验的过程中,感知文化内涵和人物思想。桐城派文化旅游需要打造《新安家族》式的大型电视连续剧,塑造文化形象;还要创作《徽州女人》式的现代黄梅戏,建构思想体系。

3. 静态动化,引人入胜

以时光链条和历史线索将一个个孤立的、静态的景点串联起来,建立桐城派文化旅游线路,在精心营造和设计的文化空间里,如果游客相继产生“下一个”的强烈欲望和期待,就会让景点自己“动”起来,而且是在游客的主动追求下“动”起来的。比如,走进中国桐城文化博物馆,人们可以从宏观上了解桐城派,人们更希望去桐城中学的银杏树下“聆听”姚鼐的讲学,希望去“姚元之旧馆”参加一场别开生面的清代文人雅聚,还希望去孔城红庙拜谒戴名世墓,感受一下“鬼塘”的历史剧痛。遗憾的是,现在呈现给游客的是一个个孤立的、静止的景点。因此每一个景点又必须是“动”的,创造如前所述的参与性、体验性条件,也可以借助移动多媒体技术,实现同步传播、异地交流,“E动”更迅捷,能大大拓展桐城派文化旅游的社会效应。

4. 内涵发掘,游客参与

文化旅游与传统旅游的最大区别是“文化性”,也就是通过旅游能让游客在身心愉悦的同时获得文化熏陶和文化教化。这一目标的实现需要一定的基础条件,就是在文化普及的基础上建立高端论坛。全国桐城派学术研讨会、文都讲坛、、惜抱人文讲坛、文化艺术节、《桐城派大辞典》出版、桐城文化博物馆布展等为代表的学术和出版、宣传活动,可以吸纳全国高端游客共同发掘桐城派文化内涵,其成果可以成为桐城派文化旅游的新资源。这不仅从更高层次上发展了桐城派文化,也提升了桐城派文化旅游的品位和水准。

综上所述,经过融合、互动,构建桐城派多元立体的旅游体系,必能使桐城派文化得到发展,使桐城派文化旅游走出困境,从而传承和发展中国文学史上最具魅力的文化奇观。

参考文献:

[1] 旅游中国网 http://www.china.com.cn/travel/txt/2014-02/10/content_31423100.htm.
[2] 宋咏梅. 关于体验旅游的特点与设计原则[J]. 特区经济,2007,(1):177.

沿淮民间歌舞艺术的生态化机制

戎龚停

摘　要：尽管当下有些传统艺术曾经一度出现边缘化趋势，但以花鼓灯为代表的沿淮民间歌舞艺术传承传播态势良好，这种局面就是由玩灯人横向自然普及机制、花鼓灯传承培养推动机制以及相关文化部门的策略助势等生态化综合因素而形成。在大力发展群众文化事业的社会语境下，相关文化部门以及群众文艺工作者应把握民间歌舞艺术的生态化规律和机制，并在以后的文艺工作实践中不断认知、完善它，从而更好地服务于当地的公共文化艺术事业。

关键词：民间歌舞；花鼓灯；生态

花鼓灯在沿淮各地之所以形成繁荣勃发的大众化趋势，这与沿淮歌舞艺术相应的时空生态机制是分不开的，这种稳定的歌舞艺术生态维持更离不开主体中的个体、群体以及群落各个层次的歌舞艺术实践行为。笔者在借鉴民族音乐学家蒂莫西·赖斯的历史构建、社会维持和个人的创造与体验①三者互促关系的基础上，针对沿淮花鼓灯歌舞艺术的研究个案，进一步将"社会维持"引申为"社会文化生态大环境的维持"，将"个人的创造与体验"引申为"各类花鼓灯艺术个体的艺术传承与实践"，在二者之间，笔者离析出多个过渡性衔接层次，即群体与群落，也就是说个体的传承实践行为构成各种类型群体综合演艺行为，各个类型群体的演艺行为又形成主体群落的民俗文化动态景观，主体群落的民俗动态景观又成就了社会文化生态大环境的维持（如图1所示）。

从社会文化生态机制作用来看，花鼓灯歌舞艺术主体中的各类个体、各种群体、各地主体群落在既定的文化生态环境与社会应用场合中发挥着一定

作者简介：戎龚停（1978—），男，阜阳师范学院副教授。

① 参见蒂莫西·赖斯．关于重建民族音乐学[J]．汤亚丁编译．中国音乐学，1991，(4)：120.

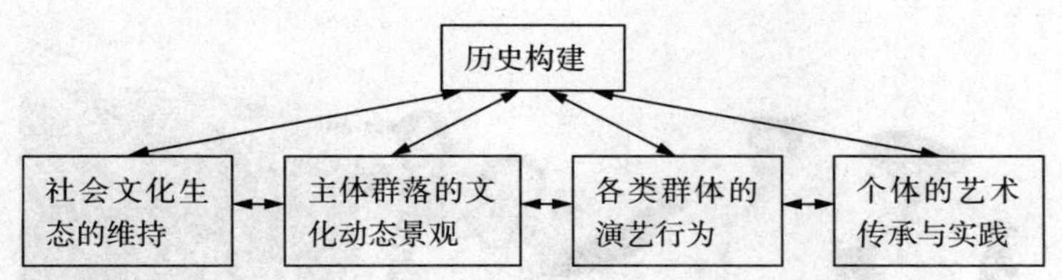

图1　沿淮花鼓灯歌舞艺术传承传播的时空生态机制

的生态机制，这种生态机制基本上可以分为玩灯人普及现象的自动机制、花鼓灯传承培养的推动机制以及地区经济文化交往与政府文化部门策略助势机制三个方面。

一、玩灯人普及现象的自动机制

自动机制即原生机制、自生机制，属于内在的力量。这种机制是成就地方文化的最基本先天条件，原生机制为地方文化活动提供最基本的引擎和动力，玩灯人的全民化现象为花鼓灯活动构筑了天然基础。之所以成为人类共同体的民族，必定有着共同的文化共同体，沉浸于这种文化共同体，文而化之的人群才具有和谐的基础、融洽的保障。沿淮各地都是花鼓灯歌舞赖以生存的基地，灯窝子的村民代代相传其歌舞活动，形成潜在的隐形传统惯制，载歌载舞，代代繁衍，互为“帮腔”，共同传承，歌舞演艺技艺便在神不知、鬼不觉的自然活动中慢慢陶冶而习得，这种自动机制成就了花鼓灯歌舞演艺的有机自然传承方式。另外，花鼓灯歌舞演艺从来都不是一尊不动的石像，而是一条洋溢着激情的洪流，在沿淮民众的奋然搏击下，它的力量和魂魄才被人所感知。花鼓灯歌舞艺术在全民的共同实践参与下，民众才成了玩灯人，花鼓灯歌舞艺术才成了沿淮民俗歌舞活动。沿淮各类花鼓灯民俗演艺活动是沿淮民众不可或缺的精神食粮，沿淮民众是沿淮花鼓灯民俗演艺的保障群体，两者密不可分、互为滋养，玩灯人、灯窝子、灯班子等群体构成的自然文化环境便彰显出趋于“活性”的自然特征。这种活性特征主要表现在以下各个方面：

第一，玩灯人和传承教育者角色互相转换，因花鼓灯活动的需要而各处往来、灵互活动，如梅连社、宋敏、黄金玉等，各项演出活动离不开他们，在传承教育活动中也少不了他们，他们有着较强的综合演艺技能。

第二，花鼓灯生态环境中的技艺流动不断更新。如冯嘴子除了有本村自然的传统花鼓灯传承之外，还有通过外出演出交流吸收其他动作技艺，并且也实施了有效的花鼓灯教学传承，聘请各地花鼓灯艺术家来指导培训。如郑

图2　玩灯人与文艺工作者田间切磋技艺　刘军提供

军(专业花鼓灯艺术演员)曾来该村花鼓灯培训基地授课,冯开堂也在积极学习灯歌演唱,不断拓展艺路,这使得艺术之水自体动态循环回流,促成了花鼓灯艺术有机体健康成长。

第三,灯窝子的家族传承、邻里帮带等传统习惯成就了玩灯人普及现象的自然生态机制。家庭联带也就联带促进了花鼓灯传承活动,如玩灯人冯开皖、王军、王林、常金山等家族都较好地传承了老一辈的花鼓灯艺术。

图3　灯窝子莲花村灯场上互动交流　2010年5月11日摄

第四,灯窝子的花鼓灯活动场域是自动机制的核心体现。在灯窝子的灯场上,玩灯人无形之中都在自动交流花鼓灯演艺,自然地形成了花鼓灯的普及机制。图3[①] 是2010年5月11日在河溜镇莲花村,灯场上的交流彰显花鼓灯主体群落的有机立体化生态特征,受众群体、玩灯人主体、教师、学者等构筑浑然一体的花鼓灯生活。只要在花鼓灯活动中,一切皆为玩灯人。

花鼓灯玩灯人主体群落的构筑是动态的新陈代谢过程,其表现出若干特征,有社会不同行业、不同年龄段、不同家庭背景以及不同情形的民众逐渐不同程度地参与花鼓灯各类型的演艺娱乐活动中。

玩灯人在灯窝子以及沿淮广大地区的普及现象,构成了花鼓灯歌舞艺术的原生态环境传承,这是一种偏重自然环境传承的自动机制或内在机制。除此之外,当下花鼓灯歌舞艺术的衍生态环境传承不容忽视。

二、花鼓灯传承培养的推动机制

花鼓灯歌舞艺术的衍生态环境传承,也可以称为次生态环境传承,偏重社会活动人为传承,比较显性化和规模化,这是一种强大有力而又卓有成效的推动机制,这种传承培养的推动机制对于构筑社会文化生态环境中优势传承人群落(多数量传者、多倍量承者以及再多倍量的受众与推动者聚合而成的相依共生的群体集合)的形成,具有持久的、强烈的效用,其行为方式有旅游区景区环境、舞台传媒环境、学校教育环境等。

推动机制即外在机制,但是在内在机制与外在机制的辩证关系中,二者互相联系,相得益彰,外在机制只有在内在机制的基础上才能发挥更大的效能。在灯窝子大量玩灯人玩灯的全民活动传统习惯中,花鼓灯相关歌舞艺术活动的群体生态构成本身就是立体的,有老艺人,有中年玩灯人,也有青少年爱好者。颍上县花鼓灯传承梯队组成情况如下:

第一代花鼓灯艺人有唐佩金(颍上花鼓灯改革、创新、传承人);

第二代花鼓灯艺人有黄西城、王传先(安徽省花鼓灯十大老艺人之一、国家级传承人)、王传烈、王德泽、黄华山、李四海、张少白、蒋茂轩、燕传统、杨昌武、刘淮先、李庆康、陈耀华(女)等;

第三代花鼓灯艺人有曹树芝、王传实、王传图、宋红莲、王传现、王传社、王传叶、刘继成、李文政、吴新德、何长芬(女)、杨桂兰(女)等;

---

① 图3左一:玩灯人石春采;中:花鼓灯教师孙超;右一:花鼓灯专家高倩。

第四代花鼓灯艺人有陈玉华(女)、李国全、荆学礼、孙维国、王以学、吴玉英(女)、王传荣(女)、朱兰英(女)、李素芳(女)、胡志新(女)等;

第五代花鼓灯艺人有颍上花鼓灯传习所学员李艳、王玉、焦丹丹、何明珠、赵晓曼、刘强、杨天、刘昌盛、梁修林等。

尤其是花鼓灯艺术家群体的艺术贡献与传承理念非常值得关注,他们以强力的花鼓灯艺术实践行为把传承工作做到了一定的深度。如高倩老师,她在花鼓灯艺术的传承和教学方面做出了突出的贡献,编有中国传统民间舞蹈选《安徽花鼓灯》,2009 年被授予“中国舞蹈艺术卓越贡献舞蹈家”称号。她曾得到花鼓灯艺术家陈敬芝的言传身教,收集整理了大量花鼓灯传统节目。

社会各界和政府文化部门大力倡导花鼓灯艺术的传承培养,形成由少儿、学生、艺术团演员、艺术家和工作者等共同构筑的演艺传承群体;尤其是在民俗土壤的滋养下,在相关文化部门的支持下,花鼓灯艺术工作者也通过中国民族民间舞蹈网(安徽部分)传承培养花鼓灯后继人才,相比来说,点击率不断攀升,增幅较高。这种借助于新时代网络传媒的远程培养推动机制对花鼓灯的传承与发展同样发挥了重要的作用。再者,相关院校也看上了沿淮这块热土,中国舞蹈学院的新农村舞蹈教室在安徽有 18 个单位,遍布在沿淮地区花鼓灯歌舞流行区域的乡镇,如凤台的新集镇、阜阳的临泉土坡等。花鼓灯玩灯人多条传承路径、多层次传承体系有机融通为一个整体,因而花鼓灯及其相关歌舞艺术事象具有多种功能性,艺术主体践行者也具有多种目的性。

沿淮各地的少儿花鼓灯培训基地、青少年花鼓灯艺术学校、成年花鼓灯艺术团和花鼓灯艺术传媒演艺公司等花鼓灯传承与培养机构,均在沿淮地区灯窝子玩灯人群体的自然生态传承基础上而运作、彰显效能。从另一层面来看,沿淮地区这种立体性花鼓灯传承培养机制可以说是贯穿了沿淮青少年的整个学习期,不仅仅保障了沿淮灯娃的花鼓灯演习事业,也锻造了沿淮青少年乃至民众的身心素质。之所以当下淮中、淮下花鼓灯文化区的发展势头强于淮上花鼓灯文化区(该地区的传统民俗事象对花鼓灯歌舞等演艺滋润有加),主要就在于他们在现当代的传承培养环节中所展现的行为较为强势所致,从而展现了花鼓灯在新发展时期的阶段性特征。

三、文化、商业等部门的策略助势

除了花鼓灯主体基础力量之外,政府文化工作者、社科文化研究工作者群体以及受众群体的助推、呼应作用都不容忽视。随着当下文化生态机制以及文化艺术传播方式的不断更新,在具体花鼓灯艺术实践工作中,文化部门工作者和研究工作者都是在为民间艺术家主体的核心权益而开展工作的。在传统民俗活动的基础上,以政府文化部门为主导的大型文艺活动和以市场为动力的商业演艺活动等现代大型集群性文化活动都促进了文化艺术的传承与传播,加速了艺人群体、受众群体等群际的交流,有利于文化艺术本体样态的整合与创新。尽管以网络、广播电视传媒为核心的文化传播方式也存在一定的局限性,即观众、演员群体缺乏互动性,这种潜在的割裂性对文化艺术生态的活性构筑有一定影响。但是,自然生态与现代传媒下的文化传承传播环境可以取长补短、相得益彰地作用于文化艺术的传承与传播。

图4　第三届花鼓灯歌舞艺术节——舞台抵灯场景　2010年摄于蚌埠

在唐、宋之际,宫廷组织城乡民众举行的节日欢庆活动就比较频繁。沿淮各地依然继承了这种全民同乐的历史传统。在玩灯人普及现象的基础上,在沿淮花鼓灯传承培养机制的推动下,沿淮各地经济文化活动在不断加强,政府文化部门的策略助势行为也得到进一步的强化。当下,沿淮花鼓灯及其相关歌舞活动的民众演艺行为在一定程度上得到了文化部门的大力支持和引导,社区的花鼓灯艺术团、专业的花鼓灯艺术团以及民间的灯会组织等花鼓灯演艺群体都得到了政府文化部门的相应支持和管理。例如固始县诸多社区艺术团的音响设备、舞具服装以及额外的基层宣传演艺活动补助费用都由县文化局统一负责;颍上花鼓灯等民间歌舞活动繁荣热烈,社会广大成员热心支持并参与,颍上县文化局备案的颍上县城业余民间花鼓灯班子就有五个,他们的演艺活动在很大程度上活跃了民众的精神文化生活。

从整个花鼓灯的大众化活动态势来看,之所以安徽在花鼓灯的发展上有所成就,很大程度上得益于地区经济文化的交往和政府文化部门的策略助势。在相关政府政策信息的正确引导推动下,全省各层次的演艺活动在稳步推进并取得了一定的成绩。

（一）文化部门推动的城乡花鼓灯艺术活动

由政府文化部门主导的大型花鼓灯活动在20世纪90年代便大规模展开，安徽省的花鼓灯大赛和花鼓灯会定期举行，这就推动了全省花鼓灯的传承与传播。从2006年起，颍上县每年都在国庆节举行民间艺术节即花鼓灯艺术节，届时都会调集全县花鼓灯民间艺术团体、资深艺人和新生代艺人来集中展演，这些大小型活动都在某种程度上促进了经济的繁荣与发展。通过安徽各种类型的民间舞蹈会演，花鼓灯的新生命被不断唤起，大量的花鼓灯舞台作品不断产出，如《打鼓扇》《牧羊归》《小灯谜》《三月三》《妈妈要跳花鼓灯》《大花场》《夕阳新姿》《花鼓娃》《踏鼓新姿》《瞧这帮鼓架子》《兰花嫂》《春到花鼓乡》《千里长淮一条线》等等。2006年蚌埠市文化局出台"三千双百"工程计划，即五年内在民间培养一千个兰花、一千个鼓架子、一千个锣鼓班子、一百个花鼓灯班子和一百个花鼓灯艺人。在淮南地区，凤台县政府文化部门全力支持"两团一校"（推剧艺术团、花鼓灯艺术团和花鼓灯艺术学校）的发展。文化部门和文化工作者确实对花鼓灯的发展起到了一定的助势作用。

文化部门主导的花鼓灯活动有安徽省花鼓灯会以及淮河流域的各个地市的花鼓灯歌舞艺术节等等。这些活动不仅锻造了一批批花鼓灯专业歌舞人才和花鼓灯编导艺术家，同时也升华了群众对花鼓灯的热情和亲情。如蚌埠市花鼓灯艺术家赵新盟、娄楼、金明等带动起来的李跃、郑军、易赵娜、潘星宇等花鼓灯演艺群体不断更新，他们的花鼓灯演艺也在传统的基础上融入了时尚、个性的元素，充分体现了当下玩灯人的开放胸怀与时代魅力。

（二）花鼓灯非物质文化遗产工作

当下，花鼓灯非物质文化遗产名录与传承人的审批工作非常棘手，因为这牵扯到地方县区乃至乡镇的名利问题，尤其是各级各类传承人的审批直接牵扯到花鼓灯玩灯人的切身利益问题。尽管有非物质文化遗产保护工程的各级各类专项资金，但这不仅仅是资金能够解决的问题，需要深入领会沿淮民众传统文化的传承传播理念，把握传承传播传统文化的综合方式，尤其要重视护理传统文化所赖以生存的民俗生活土壤。

在花鼓灯非物质文化遗产的保护与发展工作上，蚌埠市和淮南市政府文化部门表现较为积极。蚌埠市在2010年评出了蚌埠市十大优秀花鼓灯班子，十大民间优秀兰花，十大优秀鼓架子、鼓手、锣手、镲手等。

尽管花鼓灯各级各类非物质文化遗产保护的专项资金很少，对传承人的传承工作和经济生活起不了多大效用，实为杯水车薪，但意义重大，由此所带来的精神支持，在一定程度上扩大了传承人的声誉和艺术影响。

（三）艺术工作者的花鼓灯创作与研究

花鼓灯艺术工作者对花鼓灯的传承与发展所起的作用也应给予关注。吴晓邦1958年创立了专业舞蹈研究组"天马舞蹈工作室"，带领该组成员在安徽各地灯窝子采访大量的花鼓灯艺人，并组织人员研究和总结花鼓灯艺术，统计了花鼓灯三百多个舞蹈语汇和五十多种步法，从而在研究、教学和创作上取得了突出的成就。在沿淮花鼓灯艺术团的运行过程中，艺术工作者的力量与贡献不容忽视，成就显著者有李长士（已故淮河音乐作曲家）、高倩、汤兆麟、郭铁、晨见、宁小双[①]等。

图5　花鼓灯艺术工作者和玩灯人合影　2011年11月摄

蚌埠市在文化局局长谢克林（玩灯人出身）带动下，花鼓灯艺术工作者积极投身到花鼓灯演艺工作中去。蚌埠花鼓灯演艺界的"蚌埠三导"（金明、娄楼、高小平）普遍被大家所认知和认可，蚌埠市相关花鼓灯的演艺活动少不了他们的身影。

近年来，蚌埠市采取了有力措施来加大对花鼓灯艺术的保护、传承、创新、推广工作。2006年，花鼓灯被列入"国家非物质文化遗产"后，花鼓灯艺术的演出活动开始逐渐增加。其中影响比较大的是怀远县一年一度的农历三月二十八涂山庙会花鼓灯会演、怀远常坟镇清明节花鼓灯祭祖和冯嘴子村的正月十五灯会等定期举行的花鼓灯表演活动，这集中反映了花鼓灯的原生态

① 宁小双，女，生于1956年。最初跟随"一条线"陈敬芝学习花鼓灯，后参加阜阳市文工团。现为阜阳市舞蹈家协会主席，阜阳市文化馆馆长，曾经荣获"群文之星"荣誉称号。

文化特色。

四、余　感

综上所述,历史与当下的花鼓灯艺术传承传播大众化态势根深蒂固,花鼓灯主体群落的各个立体层面广泛而有机相联系,灯窝子、基地学校、艺术团体和沿淮受众群体因花鼓灯而统一在一起,共同构筑了立体化的主体群落,该群落的各个层次群体的传承行为造就了花鼓灯艺术大众化创造、传承和传播的良好态势。传承民间歌舞艺术的主体群落,更是促进传承与发展民间歌舞艺术事业的核心对象,沿淮花鼓灯歌舞艺术传承与发展态势是否持续,核心问题取决于生态环境中主体群落的生存状态,传授人与承继人群体合二为一才具有生态学意义上的“传承人概念”①,传授人与承继人群体传承在社会生态大环境的文化需求下才具有突出的功能应用性。在花鼓灯歌舞艺术传承的生态系统构成中,传承是一个行为过程和动态结构,“传”与“承”相辅相成、相依相生。当下,农民观念、农村社会、农业劳作方式在变化,与沿淮其他民间艺术相比,花鼓灯主体生态群落却表现出趋强的态势,花鼓灯艺术生活体现出多功能倾向性特征,主要原因应是由花鼓灯主体群落的立体化布局促成。

花鼓灯歌舞艺术传承态势的良好形成,离不开主体群落的滋养行为,这种行为方式主要侧重于为扩展壮大文化生态群落而展开的推动民俗文化、规范政策制度、深化研究创作等行为。城乡各类民俗事象的滋养促进了主体生态群落的凝聚与维系。另外,相关部门与文化工作者的群落净化行为也很重要,这种行为方式对阻碍文化传承与发展的不利因素进行调整或治理,为其走上良好的传承轨道也发挥着重要的作用。恢复、支持城乡群众性的民俗事象开展,是培育、生成、壮大民间表演艺术主体人群的文化生态途径。我们应积极主动地适应民俗移易的进程,合理开展各项城乡民俗活动,灵活地把花鼓灯文化资源导引到当下的民俗应用场中,使新时代的民间表演艺术主体人群在构筑新时代的民俗生活应用场过程中得以茁壮成长,从而承传民族的、科学的、大众的花鼓灯文化艺术。通过考察研究,相比于其他民间艺术,花鼓灯歌舞艺术的确是“在生存环境范围内与物质文化和精神文化的构成及其运动变化趋势相协调、相适应的音乐事象,也就是说,它在与环境所构成的关系

① 伍国栋．原生态民歌保护的“生态群落”观[J]．人民音乐,2012,(1):62.

上不断处于最佳选择状态”[①]。沿淮花鼓灯事象呈现出生态化良性态势就不足为怪了。

现代民众所需求的花鼓灯演艺形式吐故纳新、花枝招展,成为花鼓灯新生的风景线[②],花鼓灯新生文化的自然重构就潜在地促进了社会和谐,在承传过程中突出了“以人为本”的特质。从需求的层递性来看,花鼓灯作为生存、生活需求(或物质、精神需求)文化事象,不依赖于尊卑敬畏式的说教,而是在沿淮民众集体参与的玩乐中陶冶着人们的性情,发挥着教化民众、变风正俗的作用(通过灯会活动、商业表演、娱乐竞技活动达到文化认同、社会交流目的等),寓教于乐。花鼓灯文化历史动态变迁使音乐史不再失音,文化生态意识(群体和个体)已经深入人心,以“百花齐放”的承创理念来绽放“花”的花鼓灯,这也是花鼓灯新生命的必然体现特征之一。

现代就是传统的延续,花鼓灯事象“艺不单行”的基本特质[③]在循着传统文化时空长河流变中愈显膨胀,沿淮综合多样文化相融影响、彼此消长,民俗事象移易不断,中国文化传统在中国民众主体中根深蒂固。沿淮花鼓灯彰显着强烈的娱乐功能,蕴含着独特的文化价值,犹如沿淮家常菜在滋养着沿淮人民的身心,其承传过程就是其文化主体的娱乐教育过程,承传行为的动力程度也决定着群体娱乐教育的程度和层面。为丰富优化当下民众的精神文化生活,我们应该引导花鼓灯文化的承传行为向着更好地服务于沿淮民众当代生活的方向发展。

① 伍国栋. 民族音乐学概论[M]. 北京:人民音乐出版社,1997:71.

② 在田野工作过程中曾经结识到花鼓灯玩友葛松,受他父亲葛士静的影响,他曾学习过泗州戏和花鼓灯,现工作于怀远县文体局。他在和笔者交流时曾谈到他关于花鼓灯现状的观点,他倾向于“花鼓灯灭亡论”,即有两种灭亡:一种是消失,一种是升华,转化为其他形式。但灭亡并不是坏事情,反而对花鼓灯是好事。他说花鼓灯就是“贱”,20 世纪 30 年代是花鼓灯的第一次高潮期,而国民政府又不喜欢,民不聊生,花鼓灯为何那么盛行;第二次高潮期是 20 世纪五六十年代,人民饿肚子,锣鼓一响震四方。而现在民间有谁看到过花鼓灯的正常活动呢? 哪有观众? 哪有演员? 人民群众里没人看,没人演,那花鼓灯的生命在哪里呢? 鉴于此类观点,笔者希望以本文的相关考察和研究与其相互交流和讨论。

③ 花鼓灯与泗州戏、卫调花鼓戏、凤阳花鼓、清音、淮北民间音乐、沿淮民歌等互相影响,演艺形式愈加多样化,风格也兼有其特征;花鼓灯艺人受人生经历影响,一般多才全能,集花鼓灯、推剧、各种灯舞艺术于一身,其才艺也影响着他们对花鼓灯的创新动机;同样,在花鼓灯艺术学校,学生学习也是多学科的,不仅主要学习花鼓灯,还学习现代舞和其他乐器等。那么花鼓灯艺术团里团员不仅主要演出花鼓灯,还可以根据文化市场的需要演一些其他类型的节目,如现代舞、乐器演奏等。因此笔者将其归为花鼓灯事象之“艺不单行”基本特质。

马克思主义大众化的大众文艺视角

张晓亮

摘　要：大众文艺是马克思主义大众化的有效载体，不仅推动了马克思主义在中国的早期传播，而且使马克思主义在革命与建设时期深入人心。在价值观念多样化的新时期，应继续关注马克思主义大众化的大众文艺视角，以马克思主义的大众文艺引领大众，学习群众的语言推进马克思主义大众化，选择合适的文艺载体推进马克思主义大众化。

关键词：马克思主义；大众化；大众文艺

马克思主义只有中国化才能大众化，只有大众化才能更好地中国化。推进马克思主义大众化，不能仅仅停留在理论术语层面，必须实现马克思主义理论向“大众话语”的转换。中国共产党在新民主主义革命与社会主义建设的语境下，运用文艺（尤其是大众文艺）载体成功地将深奥的马克思主义理论渗透到普通群众的日常生活中，实现了理论、群众与实践的有效互动，推动了马克思主义在中国的普及。

一、大众文艺是推进马克思主义大众化的有效载体

马克思主义大众化的过程，就是用通俗易懂的方式向人民传播马克思主义理论，让群众理解、接受并掌握的过程，就是马克思主义这个精神武器与人民群众这个物质武器互相结合的过程。可是，对于广大人民群众来说，他们对马克思主义理论本身的兴趣并不是很浓厚。要使马克思主义得到有效的传播，必须采取一种“既能够实现政治传播功能，又能够突破政治传播局限性

作者简介：张晓亮，男，内蒙古翁牛特旗人，博士，安徽省委党校党史党建教研部教员；主要研究方向：毛泽东思想。

的大众化传播形式”[①]。要突破政治传播的局限，使马克思主义为广大人民群众喜爱和接受，首要的问题就是“将抽象的理论具体化，深奥的理论通俗化，使其与人民群众的科学文化素质、理论水平、日常生活经验等相适应”[②]。“从哲学的角度看，人作为一种对象性存在，日常生活是最接近人的本真存在的对象化形式，日常生活对于人的其他存在方式来说具有前提性和先在性，从这个意义上说，日常生活是人类存在之根”[③]。大众文艺作为人民群众的文艺实践形式，它最接近普通群众的日常生活领域，通过大众文艺向日常生活原发状态的积极渗透，必将有助于更新原有的日常生活的内涵，使其增加与时代精神相符的人文含量。实现马克思主义意识形态与大众社会生活经验有机结合，需要有效的沟通桥梁。文艺尤其是大众化的文艺以广大人民群众为服务对象，而人民大众也具有特定的阶级和政治立场。所以，在某种意义上说，“政治传播必须借助文艺传播的形式，才能真正实现自己的政治目的和主张”[④]。文艺最鲜明的特点就是以真挚的情感动人，用生动的形象说话，借助能够有效沟通理论、群众与实践三者的文艺载体可以由情入理、由浅入深地向人民群众阐释和宣传马克思主义，大众文艺是推进马克思主义大众化的有效载体。

二、以大众文艺推进马克思主义大众化是中国共产党的优良传统

中国共产党一贯重视文化建设，在关于发展文化运动的多次指示中都强调“要把运输文化粮食看得比运输被服弹药还重要”[⑤]。在实践中，也十分重视大众文艺在向人民群众“运输”马克思主义的载体作用。

（一）大众文艺推动了马克思主义在中国的早期传播

中国共产党自创立起，就尝试运用不同方式将马克思主义理论尤其是革命精神与理想传达给广大受压迫与受剥削的人民群众，文艺特别是大众化的文艺受到格外关注。马克思主义在中国早期传播时，知识分子与青年学生群体在积极开展马克思主义理论研究的基础上，就通过杂志、报纸、演讲、传单等媒介，为马克思主义大众化做了初步尝试。如《劳动者》《新青年》《妇女

① 王锦刚：《文艺大众化与马克思主义大众化的中国经验》，《现代传播》，2011 年第 1 期。

② 姚迎春：《运用文艺载体推动马克思主义大众化》，《思想政治工作研究》，2009 年第 6 期。

③ 邹广文：《当代中国大众文化论》，沈阳：辽宁大学出版社，2000 年 12 月第 1 版，第 31. 32 页。

④ 王锦刚：《文艺大众化与马克思主义大众化的中国经验》，《现代传播》，2011 年第 1 期。

⑤ 李明德：《接受与反思：延安文学价值浅析》，《甘肃社会科学》，2011 年第 4 期。

声》、《少年》等工人刊物都发表了大量工人创作的叙事诗、歌谣等,以通俗易懂的形式翻译和介绍了大批马克思主义著作。劳动补习学校的教员还教工人学唱类似"北方吹来十月的风,惊醒了我们苦弟兄。无产阶级快起来,拿起铁锤去进攻"等用革命知识编成的歌曲。苏区时期,鉴于在宣传艺术即文化传播方式上,传单、布告、宣言等陈旧不新鲜,壁报出版得很少,没有革命歌谣、画报,含有士兵娱乐和接近工农群众两个意义的俱乐部没有办起来等情况,毛泽东于1929年12月在《中国共产党红军第四军第九次代表大会决议案》中要求:"征集并编制表现群众情绪的各种歌谣",充实"宣传科的艺术股","把全军的绘画人才集中工作","出版石印的或油印的画报","以大队为单位在士兵会内建设俱乐部"、"要把革命故事、革命歌曲及各种图报艺术地编成课本发给士兵"[①]于是,"生动活泼、通俗易懂的风格,便于群众参与的简便娱乐方式,包括喜闻乐见的传统艺术样式",如墙报、玩会、戏剧、"唱歌、图画、花鼓调(因为湖南籍官兵较多的缘故)、旧剧、双簧、快板、俱乐部的游艺"[②]等文艺活动在苏区得以普及。广大农民在"天地间,人最灵。创造者,工农兵。男和女,都是人。一不平,大家鸣"[③]这样的最为契合穷人心意的文艺形式以及《十骂国民党》《十骂蒋介石》这些充满阶级仇恨的通俗歌曲的感召下,"不再公开地烧香拜佛,进步一些的,则把家里供奉的'天地君亲师'牌位换做了马克思、列宁"[④]。这些刊物、口号、标语、漫画、诗歌以及文艺活动以通俗易懂的方式向工农大众宣传了马克思主义的革命主张,宣传了俄国十月革命的成果,宣传了中国共产党的政纲、政策法令,使得马克思主义在当时复杂的思潮斗争中脱颖而出,深入普通群众的日常生活,大大提高了他们的思想觉悟。

(二)大众文艺使马克思主义在革命与建设中深入人心

在革命战争年代,文艺推动马克思主义大众化主要是通过人民群众所喜闻乐见的文艺形式宣传马克思主义基本理论,宣传党的政策和主张,教育并发动工农群众抵制反马克思主义的政治宣传。一些红色经典作品如《三大纪律八项注意》《洪湖赤卫队》《义勇军进行曲》《晋察冀的乡村》《党的女儿》《黄河大合唱》《保卫延安》《活在新社会里》《革命家庭》《红旗谱》《青春之歌》《江姐》《上海的早晨》等,鼓舞和教育了整整一个时代的人民,使他们经历了马克思主义思想的洗礼。"《北方吹来十月的风》给中国传来了马克思主义,

---

① 《毛泽东文集》(第一卷),北京:人民出版社,1993年12月第1版,第101页。
② 陈晋:《从农村文化到苏区文化——革命家毛泽东的文化探索》,《湖湘论坛》,2002年第2期。
③ 陈晋:《从农村文化到苏区文化——革命家毛泽东的文化探索》,《湖湘论坛》,2002年第2期。
④ 陈晋:《从农村文化到苏区文化——革命家毛泽东的文化探索》,《湖湘论坛》,2002年第2期。

《打倒列强除军阀》是国共合作时北伐军战士的战歌,《会师歌》鼓励红一、二、四方面军完成了二万五千里长征,《到敌人后方去》是红军建立敌后抗日根据地的代表歌曲,《南泥湾》是我军自力更生的真实写照”[1]。这些表达情感最直接、最生动的革命歌曲汇集在一起,组成了一部新民主主义革命史,将马克思主义的革命精神蕴含其中;在社会主义建设时期,社会主义新文艺在推动马克思主义大众化方面主要表现为生动而形象化地展现中国共产党领导中国革命胜利的艰苦历程、阐释中国化马克思主义的基本理论、宣传中国共产党在各个阶段的具体政策方针、歌颂社会主义改造和社会主义建设成果、颂扬社会主义社会的先进典型等。这些优秀的文艺作品在增强马克思主义意识形态的感召力、坚定人民对马克思主义的信仰、激发群众建设社会主义的热情方面发挥了重要作用。以文艺尤其是大众文艺为载体推进马克思主义大众化是中国共产党的优良传统,中国共产党“借助于丰富多彩的文艺作品和文艺活动,将理论的内容形象化,书面的语言日常化,革命的生活艺术化”[2],真正使马克思主义理论宣传达到了寓教于乐的艺术效果。

三、继续关注马克思主义大众化的大众文艺视角

马克思主义大众化的过程是一个复杂而漫长的过程。在全面建设小康社会的历史语境下,马克思主义大众化面对的社会文化背景和受众心态较革命战争年代均发生了很大变化,推进马克思主义大众化的任务也更加艰巨。尽管理论学习活动此起彼伏,但人民群众对马克思主义及中国化的马克思主义仍然知之不多。文艺(尤其是大众化的文艺)的自身特征较为契合当代人求新、求乐的思想倾向,这使得文艺载体在新形势下推进马克思主义大众化的优势更加突出。

(一)以马克思主义的大众文艺引领大众

必须清醒地看到,20 世纪 90 年代以来,我们在前进的道路上面临着新的挑战。从国际看,“苏东剧变后,国际共产主义运动处在低潮时期,西方国家各种反动言论甚嚣尘上,他们利用经济上、科技上的优势,大肆推行文化霸权主义,抛售‘意识形态终结论’、‘历史终结论’、‘社会主义失败论’,加剧分

① 陈兰兰、聂茜:《毛泽东对马克思主义大众化的贡献》,《理论观察》,2009 年第 4 期。
② 姚迎春:《运用文艺载体推动马克思主义大众化》,《思想政治工作研究》,2009 年第 6 期。

化、西化中国的图谋”[①]。尤其是在文艺方面，美国等西方国家以大众娱乐为载体，将其意识形态在全球范围扩张渗透，企图制服或控制人的头脑，作为改变他国政权的工具。从国内看，我国正处于社会转型的关键时期，社会结构的变动、利益格局的调整、市场经济的发展、社会思潮的活跃，致使一部分人在新旧及不同价值观念的剧烈冲突中放弃共产主义信仰，物质主义、享乐主义和极端个人主义等思潮泛滥。在文艺方面，虽然大众化的节目“琳琅满目”，但与西方发达国家相比，我国在文艺传播方面处于“边缘化”境地。仅就电视节目而言，“我国每年播出的电视节目近950万个小时，而自己的制作能力仅为200万个小时，大量依赖进口”[②]。而美国的音乐、电影、电视与软件已普及全球，它们影响着几乎所有国家的审美观、日常生活和思想。这表明，在各种思想文化激荡、不同意识形态斗争长期存在的情况下，如果我们不用马克思主义理论占领意识形态领域甚至是文艺阵地，各种非马克思主义，甚至反马克思主义思想就会更加猖獗。

五四时期文艺大众化的价值取向意在促进思想启蒙。“鲁迅的文艺大众化着眼于改造国民性和改造大众思想，使文艺成为引导国民精神前行的灯火”[③]。毛泽东的文艺大众化也在于唤醒民众，推动人民群众实现大联合，并引领他们进行改造自己环境的革命斗争。“改革开放初期具有广泛群众性的大众文艺运动，也与新时期的思想解放进程紧密联系在一起”[④]。由此可见，文艺尤其是大众文艺，除了娱乐大众，还要引领大众。而如何将群众喜闻乐见的娱乐方式与健康向上的精神价值引领更好地结合起来，真正实现“春风化雨”、寓教于乐，这是当下借助大众文艺载体推进马克思主义大众化亟须解决的首要问题。毛泽东在延安提出文艺“为什么人的问题，是一个根本的问题，原则的问题”[⑤]，就是要求我们共产党的文艺工作者，决不能等同于一般群众，决不能把我们的“教化”功能转化为“赚钱”“营利”功能；更为重要的是，我们的文艺工作者也绝不能成为西方文化的俘虏，有意无意地充当其义务宣传员。“文艺工作者应该学习文艺创作，这是对的，但是马克思列宁主义是一切革命者都应该学习的科学，文艺工作者不能是例外”[⑥]。“大炮摧毁了封建

① 吴远：《灌输理论与当代中国马克思主义大众化》，《马克思主义研究》，2010年第9期。

② 吴琦：《意识形态与国家安全》，华中师范大学出版社，2011年7月第1版，第117页。

③ 参见中国新闻网，2009年4月30日。

④ 参见中国新闻网，2009年4月30日。

⑤ 《毛泽东选集》（第三卷），北京：人民出版社，1991年6月第2版，第857页。

⑥ 《毛泽东选集》（第三卷），北京：人民出版社，1991年6月第2版，第852页。

制度，墨水正在摧毁当今的制度”①。作家、艺术家应该有一种紧迫的时代感和神圣的责任感，在文艺创作中努力体现马克思主义的价值取向，用马克思主义的大众文艺去陶冶和教育一代新人，使人们的心灵更美好，精神境界和品德更高尚，去为科学发展与美好中国建设贡献一份力量。

(二)学习群众的语言推进马克思主义大众化

在学习人民群众语言普及马克思主义方面，毛泽东为我们树立了光辉的榜样。他用“逼上梁山”表述“造反有理”；用“星星之火，可以燎原”表述“革命力量由小变大的发展规律”；用“知己知彼，百战不殆”表述“努力把握矛盾各方的特点”；用“矢与的”的关系表述“革命的理论与革命的实践的关系”；用“吃一堑，长一智，失败是成功之母”表述“实践是检验认识与检验真理的标准”；用“不入虎穴焉得虎子”表述“实践是认识的来源”；用“兼听则明偏信则暗”表述“认识的全面性”；用“一阴一阳之谓道”表述“对立统一规律”。“革命要有根据地，好像人要有屁股”“枪杆子里面出政权”“一切反动派都是纸老虎”“万里长征才走完了第一步”“自己动手，丰衣足食”“解剖麻雀”“十个指头弹钢琴”“到什么山唱什么歌”“实事求是”等等，都寓深刻的马克思主义道理于生动的中国境遇的普通群众的话语之中。毛泽东诗词用的是旧体，但里面却大量运用生动活泼的人民群众的语言，以一种明白浅畅的笔调，将马克思主义革命理论及中国共产党的政治主张直接明了地道了出来，如“分田分地真忙”；“军叫工农革命，旗号镰刀斧头”；“红军宗旨，民权革命”；“全国工农，风发雷奋，夺取政权，为期日近。革命成功，尽在民众，布告四方，大家起劲”；“妇女解放，突起异军。两万万众，奋发为雄。男女并驾，如日方东。以此制敌，何敌不倾”；“民主阵线，救国良方。四万万众，坚决抵抗。民主共和，改革内政。亿兆一心，战则必胜”等等，不胜枚举。可以说，毛泽东诗词是“中国特色又打破陈旧东西的新文艺”②，是马克思主义在中国的感性形式。诗人饱含深情地用中国人惯用的思维习惯、语言表达方式和审美习惯阐述了中国人民的革命与建设实践，用中国人喜闻乐见的语言形式对马克思主义进行形象的阐释，使中国民众对起源于欧洲文化背景的马克思主义产生了一种理论上的亲近感和文化心理上的认同，起到了生动活泼地宣传马克思主义，激发人民群众起来投身革命和建设伟大事业的激励、感奋作用。毛泽东以诗人的身份对马克思主义中国“话语”的大众化，进行了一次成功尝试。

---

① 此句为拿破仑的一句名言，意思是国家的意识形态一旦分裂，民族精神就会解体，国家制度就会在顷刻之间土崩瓦解。

② 龙剑宇：《毛泽东诗词对于推动中共伟业所曾经起到并将继续起到的推动作用的历史考察》，《毛泽东思想研究》，2012 年第 2 期。

在毛泽东看来,“马克思主义从来就不是书斋中的学问,不是时代之外的遐想,不是遨游于太空的‘不明飞行物’”①。那些貌似高深、晦涩难懂的“宣传马克思主义”的作品是庸俗的,因为它们不能说明实际问题,而是“无的放矢,不看对象”②,“空洞连篇,言之无物”③,“装腔作势,借以吓人”④。那些密切联系实践,用百姓听得懂的语言阐明深刻的马克思主义道理的作品,才是写作的最高境界,才是马克思主义大众化的正确方向。“要实现马克思主义大众化,首先要实现理论创新主体的大众化”⑤。同样,以大众文艺推进马克思主义大众化,也需要马克思主义文艺创造者的大众化。为此,文艺家应当认真学习群众的语言,如果我们写的东西群众不爱看,我们讲的东西群众不爱听,那么实现马克思主义大众化就是一句空话。新时期的文艺创作者必须熟悉并掌握一些群众生动活泼、有表现力的语言,尽量采取人民群众的语汇、名词,甚至是方言、歇后语,去叙述和阐明马克思主义真理。少数民族的语言也是“中国话”,应当认真应用国内其他民族的语言来写作,使各兄弟民族都能用自己的语言写成文艺作品,并表现马克思主义在其各自民族文化中的独特气派和作风。我们不但要实现马克思主义中国化,还要努力开创马克思主义在中国的民族化。

综上所述,马克思主义文艺工作者只有深入文艺作品的接受者(人民群众)的现实生活,“联系群众最为关心的问题,运用群众习惯的语言、习惯的思维方式、习惯的审美模式进行理论宣传,最大化地调动和满足人民群众内在的理论需求”⑥,才能使马克思主义理论真正融入普通群众的内心。

(三)选择合适的文艺载体推进马克思主义大众化

马克思主义大众化的对象是所有人,而每个人的生活环境、工作环境、文化程度等方面都存在不同程度的差异。当代马克思主义从内容和属性而言也是分层次的,如有的内容理论性深,有的内容政治性浓,有的内容则政策性强,这就要求马克思主义普及工作者用差异化的方式来进行理论宣传。人民群众的艺术审美需求多种多样,文学艺术的题材、流派、样式也精彩纷呈,这也要求不能用千篇一律的文学样式、用一成不变的艺术手段进行马克思主义

① 石云霞:《关于马克思主义中国化时代化大众化的若干思考》,《马克思主义研究》,2010年第9期。

② 《毛泽东选集》(第三卷),北京:人民出版社,1991年6月第2版,第836页。

③ 《毛泽东选集》(第三卷),北京:人民出版社,1991年6月第2版,第833页。

④ 《毛泽东选集》(第三卷),北京:人民出版社,1991年6月第2版,第834页。

⑤ 孙显元:《马克思主义大众化的指称、内涵和途径》,《合肥师范学院学报》,2011年第2期。

⑥ 姚迎春:《论马克思主义大众化与国家文化软实力》,《科学社会主义》,2010年第1期。

理论宣传。“马克思主义大众化的差异化原则是指在马克思主义大众化的过程中根据受众群体的不同而采取差别普及的方式”[①]。根据受众的差异，媒体上可以采用多媒体、影视、著作、报纸、刊物、大众广播、卫星电视、互联网、手机等各种载体。体裁上可以采取诗歌、歌曲、图文、连环画、动漫等。采取多种形式的目的就是使大众化避免单纯的理论灌输，引起广大群众的兴趣，激发他们的学习动力。

“为了消除群众与政治、群众与理论之间的疏离感，运用文艺载体宣传马克思主义时要力求避免公式化和空洞化，要力求艺术性和思想性、娱乐性和教育性的有机结合”[②]。一些读物的编写可以通过图片来丰富普及内容，按文插图，以图说文。如业已出版的《画说共产党宣言》《画说马克思》《画说恩格斯》《画说毛泽东思想》《画说邓小平理论》《画说“三个代表”重要思想》等系列图书，《科学发展观学习读本》《理论热点面对面》《十七大热点通俗读物》等普及读本[③]都以其篇幅精短、观点准确、风格活泼的优点赢得了基层党员及广大群众的喜爱；对先进典型和案例的宣传进行艺术化的创作，以多样的文艺形式如通过影视、舞台剧等展示出来。近年来推出的一些优秀文艺作品，如歌曲《春天的故事》《乡恋》《歌唱祖国》《今天是你的生日，中国》，电影《风声》《张思德》《建国大业》《建党伟业》，电视剧《恰同学少年》《辛亥革命》等。这些艺术化的典型和案例，从集中统一的“一刀切”模式，转变为分散的多样化形式；从自上而下的单向灌输和被动接受，转变为多向的直接交流和互动；从单调的指示、命令及说教，转变为图文并茂、生动活泼的思想和情感的交流。这些作品既来源于现实，让人民群众觉得马克思主义就在身边，又高于现实，使群众在欣赏艺术的同时，又接受了一次马克思主义理论教育。总之，“通俗文艺和高雅文艺、传统文艺和现代文艺、本土文艺与外来文艺等一切文艺样式在作为马克思主义理论宣传载体方面不存在优劣之分，但要根据具体的场景和内容择优选用和组合运用，以求寻找到文艺载体形式和马克思主义理论内容之间的最佳结合点”[④]。

“在某些国家地区，马克思主义之所以在革命战争年代兴盛起来，是因为它以‘民间立场’为根基；而之所以在和平建设年代逐步衰落，则是因为它作为意识形态以及学术研究的对象，逐步背离了‘民间立场’”[⑤]。历史与现实都

① 高奇:《马克思主义大众化的十四个原则》,《当代世界与社会主义》,2011 年第 1 期。

② 姚迎春:《运用文艺载体推动马克思主义大众化》,《思想政治工作研究》,2009 年第 6 期。

③ 姚迎春:《论马克思主义大众化与国家文化软实力》,《科学社会主义》,2010 年第 1 期。

④ 姚迎春:《运用文艺载体推动马克思主义大众化》,《思想政治工作研究》,2009 年第 6 期。

⑤ 程广云:《马克思主义的民间立场和田野研究》,《江海学刊》,2004 年第 2 期。

证明大众文艺使马克思主义更加接近民间立场,加强马克思主义意识形态与大众文艺的有机结合,既显示了马克思主义中国化意识形态的理论威力和话语优势,又赢得了广大群众的心理认同。新时期,我们应在继承中不断开创人民群众喜爱的新型文艺形式,并将与时俱进的马克思主义融入其中,从内容到形式为广大群众及时提供具有时代气息、富于马克思主义精神的文艺作品,推进马克思主义大众化。

安徽手工技艺类非物质文化遗产的保护与创意开发

——以徽墨为例

黄 辉

摘 要:徽墨是古徽州手工技艺、文房艺术、区域经济和地域文化的重要载体。然而清末以来,徽墨产业因市场萎缩导致了产业的衰微,这给徽墨产业的延续发展带来了致命的打击。因此,文章试图在我国大力发展文化创意经济的良好契机下探讨徽墨这一非物质文化遗产活态保护的传承对策,同时在品牌营销和产业集群化、创意化的视域下,尝试将徽墨与徽州旅游等产业进行整合,通过开拓和发现潜在市场来解决市场缺失的难题,以期对徽墨及相关传统产业的创意产业化转型略有助益。

关键词:徽墨;民间艺术;创意产业化

徽墨因产于古徽州府而得名,是我国首批录入非物质文化遗产目录的传统技艺,也是闻名中外的文房四宝之一。跟我国其他著名地域性手工技艺类似的是,徽墨虽然在过去几百年里获得了市场的高度认可,并蜚声海内外,甚至形成了强大的品牌效应,但时代变迁、民俗和文化习惯的改变,致使传统市场萎缩和消费文化缺失,不得不面对由此导致"人亡艺绝"的生存困境。在此背景下,如何对这些技艺进行有效保护和传承,乃至在当今和未来市场中焕发昔日的光辉,是当下急需解决的命题。因此,在我国大力发展文化创意产业和创意经济的契机下,系统整理徽墨的发展沿革与特征,并以现代营销学和品牌学等多学科的视野进行观照,既是实现其可持续发展的客观要求,也是顺应我国创意产业兴国的必然趋势。

作者简介:黄辉(1980—),男,安徽师范大学传媒学院讲师,主要研究方向为传统文化与品牌传播。

一、民间徽墨发展概述

（一）徽墨的发展沿革

我国制墨中心一直集中在北方陕西一带，只到唐末五代，由于战乱频繁，社会动荡，制墨名家奚氏南迁歙州，带动了南方制墨的发展，徽墨才初露端倪①。到宋代，徽州墨工在原松烟墨的基础上创造了油烟墨和漆烟墨，墨的质量也得到了显著的提高，并成为贡墨；此外，文人士大夫对墨制品的追捧带动了徽墨的快速发展，成为我国制墨史上的一个高峰。明清时期，我国制墨产业开始向古徽州地区集中，特别是商品经济和资本主义萌芽的刺激，徽墨产业竞争激烈，开始向多元化发展：商家进一步对产品进行市场细分，从实用、纪念、礼品等多角度对产品线进行拓展；在注重产品实用性的同时还强调造型和包装设计；另一方面，文人士大夫制墨、品墨和藏墨成为一种风尚，徽墨已经超越其实用性，上升到文人雅玩、寄情言志的文化高度，由此徽墨迎来了我国制墨史最为鼎盛的时期。从清末至今的一百多年里，制墨技术的不断更新和人们生活方式的转变，如墨汁的发明、计算机的普及导致书写方式的转变，使得徽墨传统市场正日益缩小，徽墨产业也因此遭受重创，从此一蹶不振。

（二）徽墨的产业特征

徽墨产业是指传统徽州地区制墨产业链的统称，包括制墨材料、制作流程、产品设计、品牌与营销等多个环节。它不仅是我们非物质文化遗产视域中的传统手工技艺，也不限于美术学概念中的审美艺术主体，而是集实用性、技术性、艺术性、经济性和文化性于一体的统一综合体。

1. 实用性

从徽墨产业发展史来看，徽墨能在发展过程不断创新，并备受文人士大夫的喜爱，是其实用性决定的。因为徽墨是传统书写绘画不可或缺的材料，是传统文人和书画文化中的重要组成部分，而这也是徽墨得以延续传承的生存基础。即使是徽墨后期发展出了药墨、纯收藏用的集锦墨和礼品墨，也是在实用的基础上对墨的药用和精神审美功能的拓展。反观现代徽墨产业的衰微，人们书写方式的转变是其根本原因。

2. 技术性

从徽墨的制作过程来看，包括浸油、烧烟、合胶、用药、样制、印脱、描字着

---

① 王俪阎、苏强，明清徽墨研究［M］. 上海：上海古籍出版社，2007.

彩等近二十项工艺[①],主要依靠匠人的言传身教进行传承,有很强的技术性。应该说,明清时期徽墨的飞速发展跟打破传统"家传世袭"的技术垄断有直接关系,资本主义萌芽使家庭作坊式的经营变得非常困难,因此不得不雇佣劳力扩大生产,这一方面让制墨不再为少数人垄断,让越来越多的人掌握了制墨技法,很快地推动了徽墨的发展和传承;另一方面也加速了徽墨之间的良性竞争,迫使徽墨技术不断革新,为徽墨质量的提升提供动力。

3. 艺术性

从徽墨的表现题材和形式来看,徽墨非常注重墨的装饰性,甚至请知名书画和雕刻大师来完成墨模的设计与制作,使之成为将实用性和艺术性融为一体的特殊商品。在明代起,徽墨就开始在实用的基础上兼顾墨的形式美,创新出了造型各异的集锦墨,受到各阶层的热烈追捧。演变到清朝,有的徽墨更是结合了书法、绘画、金石、雕刻等艺术手法,其艺术价值早已超过使用价值,成为文人士大夫收藏和雅玩的对象。

4. 经济性

从徽墨对地域经济的发展来看,徽墨的蓬勃发展和良好的经济收益拉动了周边区域经济的增长,促使产业集群化的初步形成。如明清时期歙县周边的休宁、婺源、绩溪都在经济效益的驱动下开始涉足制墨,并形成了差异性定位的歙派、休宁派和婺源派三大风格,极大地丰富了徽墨的产品层次,巩固了徽墨的领导地位,促进了古徽州的经济发展。

5. 文化性

从徽墨的制作主体和环境来看,文人士大夫不仅直接参与制墨,他们对墨的认知也逐渐脱离实用和把玩层面,提升到比德的新高度,徽墨因此也是地域文化和传统徽州文人审美情趣的结晶,具有鲜明的文化属性。

(三)徽墨的营销策略

徽墨的营销方式从最早的作坊式经营,发展到家族式的品牌连锁,再到产业自觉集群化的发展,呈现出灵活化和多元化的特征。

1. 品牌化发展策略

注重品牌化发展是徽墨营销的基本特征,也是徽墨能主导我国墨制品市场的根本原因。自古以来,徽商就具有诚实守信和儒雅好义的文化特质[②],他们非常注重产品的质量和品牌形象的建设。即使是市场定位最低端的婺源派,其制墨特点也是质优价廉、朴实少文,并且必定在产品上注明店主的姓名,当支系众多时还必须加上支系的标记号,以示区别。至于定位更高的歙

① 张海鹏王廷元,徽商研究[M]. 合肥:安徽人民出版社,2010.

派和休宁派,不仅从产品设计和包装上进行品牌包装,还通过上层社会和社会名人进行口碑传播,使徽墨形成了很强的品牌力,产品成为市场追捧和收藏的对象,甚至出现“千金易得,一墨难求”的现象,这不能不说是徽墨品牌营销的成功。

2. 差异化发展策略

徽墨产业能打破我国传统手工业固有的恶性竞争,实现互补性可持续发展,产业自发性的差异化定位起到了重要作用。如前所述,徽墨在发展过程中形成了歙派、休宁派和婺源派三大派系,歙派因与上层社会关系密切,地理位置优越等优势占据高端市场;休宁派工艺精良形式创新,以新兴的商人阶层为目标,占据中端市场;婺源制墨质朴价廉,被普通百姓和小知识分子所接受。这种互补定位满足了不同市场需求,丰富了产品层次。

3. 产业集群化发展策略

徽墨产业集群化的发展策略形成了较强的规模效应和区域品牌效应,促使徽州逐步取代我国其他制墨中心,奠定了不可动摇的主导地位。徽墨的产业集群化发展得益于四个主要因素:一是由于歙州制墨带来经济效益的驱动,为休宁、屯溪、婺源等周边地区涉足制墨提供了原始动力;二是明清时期资本主义萌芽催生的制墨学徒和雇佣制,有利于大量制墨人才的培养和流动,为徽墨产业的扩大提供了技术保障;三是徽州良好的原材料优势为产业提供了资源保障;四是徽商的诚信和儒商文化为产业差异化竞争提供了必要的土壤,促进了产业的良性竞争。以上多因素的有机组合促使产业自觉地由作坊式经营向产业集群发展,并成就了徽墨产业的龙头地位。

二、徽墨产业现状与挑战

(一)徽墨产业的现状

跟我国其他传统技艺演变类似的是,徽墨传承至今经历了曲折的发展过程,从新中国成立初期的公私合营、国营化运作,到20世纪90年代濒临破产转为私营,再到目前的举步维艰,无不体现了徽墨产业的没落和式微。

笔者调查发现,明清时期最负盛名的曹、二汪、胡四大制墨名家,到现在只残存曹、胡两家,即使是规模最大、名气最盛、传承最久的胡开文墨坊,其专业技术人员也不过六十,高级技工则屈指可数,生产经营更是断断续续,难以为继。从墨作的数量来看,现在整个绩溪县仅十二户,并呈现逐年被市场淘汰的趋势,这与当年成千上万的鼎盛场面反差巨大。至于徽墨企业的产值,据2009年政府发布的统计数据,徽墨产业年产值约为1500万元左右,直到近年才稍有改善。即便如此,由于市场萎缩,大部分作坊是半工半农、间歇性生产。所以,我们不难看出徽墨产业正面临着传承发展的诸多挑战。

(二)徽墨产业面临的挑战

由上可知,徽墨产业历经几百年的辉煌传承至今,虽然还没有陷入失传的悲惨境地,但显而易见,随着时代的变迁,徽墨正面临着一系列关乎生死存亡的挑战:

1. 传统市场日渐消失

徽墨目前面临最致命的挑战是传统市场的日渐消失,这也是徽墨产业自清末至今不断萎缩的根本原因。清代末年,由于墨汁的发明、国外工业墨制品的冲击,徽墨在使用便利性和经济性上都不占优势,受到严重冲击;到了新中国成立至20世纪六七十年代,虽然国家一度重视徽墨的生产和传承,但由于国人书写习惯的改变,徽墨丧失了作为实用品的广大市场,几乎淡出了普通人的视野;特别是在20世纪末新世纪初,随着新媒体技术高速发展和普及,电子化办公和记录成为主要的方式,传统徽墨市场被压缩在极少数的书画市场和收藏领域。至于明清时期与云南白药、漳州片仔并称中华三大奇药之一的墨药恐怕早已无人知晓。这让原来多元的徽墨市场日渐单一,形成持续的恶性循环。

2. 技艺传承出现危机

①徽墨市场的萎缩,使产业大部分作坊和制墨艺人不得不另寻发展,产业链以往的良性循环被打断,徽墨面临原材料匮乏、后继乏人的传承危机。宏观地讲,"后继乏人"是我国传统手工艺现代发展面临的共同难题:一是在当下金钱至上的社会背景下,年轻人对短时间内不能给他们带来较高经济回报的传统技艺很难产生兴趣,更何况徽墨的制作需要绝对的耐心和强健的体质,对很多人而言是一项又脏又累又没前途的苦力活;二是徽墨的制作与传承有其系统性,从原材料的收集、墨模的雕刻到和料制作等都有明确的分工,只要其中一个环节出现断层,都将影响徽墨能否顺利地传承。然而徽墨原材料由于多年的消耗和缺乏循环利用的观念,以及黄山国家风景区的保护政策,都让徽墨产业面临着"无米之炊"的困境;墨模雕刻作为徽墨传承中的核心组成部分,是制墨过程中难度最大的工序,要求艺人掌握良好的美学素养和雕刻技法,但这一技艺目前也濒临失传的境地。除此之外,行业内的恶性竞争和墨料配方缺乏创新都制约了徽墨产业的发展。虽然政府和民间都已

① 林升栋. 区域产业品牌案例研究[M]. 厦门:厦门大学出版社,2011.

意识到问题的严重性并采取系列措施，但如何让徽墨实现活态传承并创新发展，依然是个无法回避的难题。

3. 市场环境不容乐观

相比于传统相对单纯的市场环境，现代特有的“山寨文化”和价格战是制约徽墨产业持续发展的现实障碍。以徽墨为代表的地域性传统手工产业普遍面临着“公地效应”的悲剧③。由于徽墨是徽州地区产墨的统称，缺少明确的知识产权保护对象，因此徽州地域内的制墨作坊都能以“徽墨”品牌进行营销，甚至周边区域也通过劣质的产品和价格优势来抢占本来就狭窄的市场。传统优质的徽墨产品却在价格排挤和品牌被抹黑的环境中难以为继。如“天津泥人张”“天津大麻花”等案例给我们提供了传统产业在知识产权和山寨竞争中挣扎的现实案例。纵观整个行业，如何促进知识产权立法、如何确保立法得到有效执行、如何在保护区域品牌的基础上进行开发、如何规避行业陷入价格战的恶性循环，建立良性竞争机制，都是徽墨产业在现代市场环境下亟待解决的现实问题。

4. 营销模式有待转型

随着电子商务的飞速发展，我国传统产业都在探索线上经济的发展模式，以追赶时代的步伐，徽墨要实现新时代的可持续发展，就必然要经历营销模式转型的阵痛，完成符合市场需要的蜕变。事实上，徽墨的营销已经达到了传统营销模式的顶点，如从经销渠道来看，徽墨尚在明清时期就开设了全国连锁店，做到全国质量和价格的同步，以建立畅通的供销渠道和一致的品牌印象；在品牌建设方面，徽墨已经能非常熟练地运用名人和口碑效应进行广告宣传，还通过新颖的产品设计和精美的包装来进行品牌识别，以增强品牌力；另外，徽墨还在家族品牌伞的基础上开发系列子品牌，按照材质和价格对市场进行细分，以抢占市场空间，巩固市场地位。这些都是徽墨在传统市场中确保主导地位的制胜法宝，但在线上经济日益盛行的当下，大量实体专卖店和营销人员的维护费用已成为转型的负担。调查显示，截至 2014 年 6 月，即使是徽墨产业中占据垄断地位的胡开文墨业，也没有建立行之有效的网上营销体系。因此，如何在既有的营销模式上去粗存精，快速适应现代营销环境，是整个徽墨产业都需要反省的问题。

三、徽墨创意产业化发展策略研究

穷则思变，徽墨产业在现代传承和发展的压力下不得不另寻出路，然而要在当下以创意经济为主的市场中保持核心竞争力，就不得不对本体的独特文化和技艺进行深挖、保护和符合市场化需要的创新。

(一)可行性分析

从宏观环境来看，随着信息革命的不断深入，全球市场由原来制造经济向创意经济转型，企业文化和创意能力成为企业核心竞争力，这给具备独特地域文化和产品创意优势的徽墨产业提供了发展方向和广阔的市场前景。事实上，已经有很多国家在这个方面给我们树立了良好的榜样。日本、韩国、西班牙等发达国家都已经将创意产业列为国家扶持的支柱型产业，它们在对待本国传统手工艺产业时，一方面注重原生态的保护，一方面实施符合现代生活需要的创意化产业开发，两者并行不悖，都取得了较好的文化传播和市场效果。因此，我们有理由相信徽墨产业也能在创意产业化的过程中实现传承和发展。

从国家政策和产业环境来看，我国“十二五”规划将文化创意产业设置为重点发展产业，并形成了国家引导、省级规划、市县落实的多层次扶持政策，这为徽墨的创意产业化提供了现实可行的政策保障。以安徽省优秀传统手工技艺类为例，国家一方面从非物质文化遗产保护的角度给这些技艺进行梳理，并提供资金、培训上的扶持；另一方面在经营上给予税收、用地、推广等方面的优惠和引导，特别是在知识产权上加强立法和维权，意在减轻企业负担，为传统优秀技艺的现代传承和发展营造良好环境。

从市场前景来看，随着我国国民消费能力和文化素养的不断提高，旅游消费市场和文化复古的潮流为徽墨的文化创意产业化提供了广阔的市场。据专业统计机构统计，我国旅游人口和旅游每年都在大幅上升，特别是对具有地域特色的旅游产品需求不断在扩大，但现实矛盾是我国各地的旅游纪念品普遍缺乏地域特色和文化内涵，这恰恰为具备地域文化和独特制作技艺的徽墨创意市场化提供了契机。此外，从国民文化认同感和生活来看，经过西方文化冲击和快速生活节奏的磨炼，国民开始回归传统文化并向往传统诗意栖居的生活状态。如广大民众已经将书画当作修身养性的一种方式①，教育系统也开始将传统书画列为学生的必修课程。磨墨这种“低效率”的过程也被赋予与茶道类似的内涵，是宁心见性达到天人合一的有效途径。当然，作为我国书画艺术中重要的组成部分，徽墨占据着书画材料的高端市场，只要这些艺术能够传承，徽墨也必然会持续发展下去。

---

① 黄辉，从猫福的前世今生看民间造型艺术与旅游纪念品的研究[D]. 长沙：湖南师范大学，2009.

从行业发展来看,行业内部传承的需要和经济效益的驱动为产业的转型提供了动力;产、学、研互动和一体化趋势则为徽墨的创意产业化提供了不可或缺的技术支持。经过多年的市场考验,制墨作坊已经从无休止的价格战和杀鸡取卵式的开发模式中感受到难以为继的困顿,很多艺人已经自觉地从产品开发、技艺传承、行业规范等多角度来思考徽墨产业的出路。但问题是,他们往往发现自己不但要精通市场,还要掌握日新月异的销售技巧,并投身产品的广告和品牌推广,真正能进行产品研发和制作的时间反而寥寥无几。所幸的是,由于国家政策的引导,市场专业化运作趋势让徽墨行业、教育机构、文博单位、设计公司和策划推广等部门开始合作,这有效地整合了社会优势资源,从根本上解决了徽墨从人员培养、技术传承、产品研发、市场营销和品牌推广等一系列以前无法逾越的难题。

综上,徽墨产业在面对现代创意产业化的命题时,有着良好的市场环境和前景,行业本身的发展需要和区域经济提升的现实要求为产业的发展提供了强劲的动力,而产学研的一体化趋势则为具体的实施提供了有力的技术保障,因此徽墨的创意产业化具有较强的可行性。

(二)策略性分析

1. 向旅游纪念品的转化发展

徽墨蕴含独特的地域文化,具有较高的审美价值,是实用与收藏兼备的地域性特产,这为徽墨向旅游纪念品转型提供了必要的转化条件。众所周知,随着国民收入的不断提高,我国旅游经济得到迅猛发展的同时,也暴露了旅游景点模式化和旅游纪念品雷同化等弊端,特别是旅游纪念品市场“无物可购”的现象已成为广大旅客的心理写照④。由此,在以差异文化体验为核心的旅游经济中,能否保护区域优秀传统文化,对具有深层地域性手工技艺进行旅游纪念品的开发,成为制约当前旅游经济发展的关键因素。在具体策略上,徽墨产业一方面可以在宏观上大力弘扬古徽州文房文化,通过举办论坛和文化节等形式来提高公众对笔、墨、纸、砚文化的了解和兴趣,形成持续的文化热点;另一方面可以通过产品设计大赛等形式来整合设计界和旅游界的优势资源,有利于产品的推陈出新和提高社会关注度。简而言之,徽墨产业向旅游纪念品转化的过程中,一方面要在传承的基础上对产品进行符合现代审美需要的创新,同时还要对其赖以生存的文化背景进行保护和推广。

2. 差异化定位的可持续发展

徽墨产业要摆脱目前高度同质化、价格战的恶性循环,就必然要实施产品差异化定位,进一步细分市场,形成独特的品牌力,实现多领域、多层次的可持续发展策略。这种差异化定位一方面需要企业有高度的市场敏感度,能根据市场的需要和企业情况选定目标市场,不断进行拓展与创新。如徽墨在市场细分时,既可以分为高端艺术实用墨、收藏墨、纪念墨、学生用墨、工艺品墨等诸多层次,又可以在每一个细分中有上品、中品、下品的质量区别。这种策略有利于每一细分市场形成独特的销售力,使徽墨产业进入良性竞争。另一方面,徽墨行业需要内部的联动和自我管理,还需要政府政策的引导与规范,以利于形成良性的市场环境。徽墨行业是一个庞大的产业链,行业的自我规范和管理有利于实现资源的优势分配、资源共享,达成统一的技术标准,形成强大的品牌效应。而政府各项政策的引导、知识产权保护等措施的有效执行,是营造良好市场环境的必要条件。因此,要确保徽墨产业差异化策略的实施,不仅对企业的经营管理能力提出了较高的要求,政府也应该在政策、法律构建、执法能力等配套方面提供全面的支持。

3. 创意产业的品牌化发展

徽墨产业在发展过程中积累了深厚的品牌资源,形成了广为人知的区域品牌形象,为徽墨的现代创意品牌化发展奠定了坚实的基础。但由于徽墨产业的衰微,其品牌影响力已经大不如前,这是不争的事实。因此,如何在我国大力发展文化创意产业的背景下,促进徽墨产业向符合现代市场需要的品牌化改造,是徽墨产业急需解决的命题。就具体措施而言,一方面要积极发掘徽墨的既有优势,对"徽墨"这一区域品牌进行保护和开发,整合业界、设计界、学术界和行政等多方资源为徽墨产业的振兴贡献力量,通过产业集群形成强大的品牌效益;另一方面,通过政策引导、市场拓展、人才培训、多方合作等方式加大徽墨人才培养,支持徽墨微小型企业、作坊的建设,在"徽墨"地域大品牌保护伞下实现多品牌发展的策略,形成多层次、全覆盖的品牌效应,极大地增强徽墨品牌的竞争力和品牌力。

四、结　论

综上,徽墨产业的发展有其特殊性,它不仅是古徽州独特文化和传统技艺的载体,也是地域经济发展的实体,对其传承与创新有重要的意义。面对市场的现实挑战,徽墨产业只有理清发展中的利弊关系,不断突破自身的局限,找准并开发潜在市场,整合优势资源,促进产业升级,才可能实现符合现代市场需要的创意产业化转型。

皖江流域历史文化资源保护与开发实践刍议

——以安徽省芜湖市为例

汪 注

摘 要:安徽地域历史文化资源的保护与发掘,离不开各地对这项事业的大力投入与积极参与。20世纪90年代至今,芜湖市通过多方搜集文物、辑录口述自传、构建名录体系等途径扩大文保规模,从而初步建成文保体系。以此为契机,芜湖市借助建立专属文化区、增强开发的社会性等方式,对现有的历史文化资源实施可持续开发并取得了良好的社会效益和经济效益。展望未来,芜湖市必将围绕历史文化资源保护与发掘工作进一步深化机制建设、优化体制建设、强化人才队伍建设,继而有效地管控整体开发格局,发挥各类保护组织活力,提升后备力量的从业素养,以科学发展观为指导,拓宽地方文保开发之路。

关键词:历史文化资源;保护;开发;芜湖

皖江地区以扬子江为枢纽、以青弋江为襟带,合芜、马、铜、安、池之钟秀,区域文化生态自成一体、底蕴深厚,涵盖历史、文学、戏曲、书画、宗教、民俗等领域。相应而论,作为皖江文化的重要载体,芜湖以鸠兹为名肇始于上古先秦,历东吴政权之开发,沐衣冠南渡之风气,成明清两代之巨埠,集皖省人文财富之精粹。因此,为了在新的历史时期更好地发掘、保护皖江流域历史文化资源,我们不妨以芜湖为切入点,研讨相关的基本原则与实践例证,以资芹献。

作者简介:汪注(1981—),男,安徽芜湖人,安徽职业技术学院讲师,安徽师范大学博士研究生,研究方向为中国近现代文学思潮。

一、多管齐下，保护文物资源

（一）多方搜集文物，扩大文保规模

实体意义上的文物和非物质文化遗产共同构成历史文化资源发掘、保护的基石，皖江流域亦不出其右。为了在真伪相参、鱼龙混杂的文物领域去伪存真、沙里淘金，芜湖市文管部门在寻找、搜集文物的过程中主要采取的方式、方法包括墓葬发掘（含抢救性发掘）、上门收购、实地访求、依法收缴、集中征集等。20余年来，芜湖市陆续发掘历代墓葬一百余处，出土各类文物4000余件[①]。其间仅2010年一年便发掘汉代、唐代、明代、清代墓葬共计7处。当年4月，镜湖区左岸C区工地东汉晚期贵族墓葬群重见天日，出土昭明镜1枚、青龙白虎镜1枚、博山炉盖1只、灰陶罐1只、玉琀2件、玉鼻塞2对、印章1枚，另有200余枚五铢钱和部分铜器、陶器残片。当年7月，镜湖区东方砻城工地古墓群清理出土战国至明清时期各类文物共计481件。器物类别涵盖陶器、瓷器、青铜器、金银器、玉器、骨器等，器型包括壶、罐、瓿、盆、豆、灶、釜、鼎、盂、杯、俑、凭几、研石、璧、琀、鼻塞、耳塞等30余种及不同朝代铜钱数百枚。其中，以战国玉璧、汉代铜博山炉、汉代青铜剑、六朝三足瓷砚、唐代青瓷罐、宋代影青瓷器和28枚不同时代的青铜镜最为珍贵。由于考古收获数量多、质量高，2010年也因此在芜湖考古史上写下了浓墨重彩的一笔，被誉为地方考古丰收年[②]。此外，值得一提的是亲赴文物市场“捡漏”这一搜集方式。这儿聊举一例：20世纪90年代初至2004年的10年时间内，芜湖市文物界的专家、学者、收藏爱好者以保护文物为己任，依靠自身过硬的文物鉴别能力密切关注地方文物交易流通走向，努力寻获散落在民间的珍贵文物逾60件[③]，“打捞”并“拯救”了一部分文物珍品乃至孤品，极大地推动了芜湖本地的文化建设，可谓善莫大焉。

（二）辑录口述自传，扩充无形库藏

一般而言，口述自传以人生经历还原历史，个体记忆、侧重微观、不可再生、难以验证；而历史典籍则以既有资料归纳历史，集体叙事、基于宏观、允许更正、崇尚实证，两者之间兼有并存与相悖关系。现代中国将口述自传纳入

---

① 相关数据来源：《芜湖汉代古墓与出土文物探究》，叶润青等著，芜湖新闻网，2010年9月2日（网络链接：http://www.wuhunews.cn/folder1150/folder88/2010/09/2010-09-02211032.html）。

② 具体情况参见：《芜湖年鉴2010》，芜湖市地方志编纂委员会编纂，黄山书社，2011年版。

③ 参阅：《芜湖收藏·创刊号》，芜湖市收藏家协会编，芜湖市收藏家协会，2004年印制。

治史体系的传统初创于20世纪60年代初①,资料显示,芜湖地区口述自传的出现为1985年,其文本起点应为芜湖文史资料研究委员会编纂的《芜湖文史资料·第一辑》②。该系列的最大优点在于集中记录了历史参与者的回忆片段,一定程度上具有口述实录不可或缺的“在场感”。但不足之处有二,一是较受时代话语,尤其是阶级斗争话语的影响,对具体的历史人物、事件的评价带有观念先行的偏颇(譬如,对清末、民国时期民族工商业者在芜湖的创业与活动情况颇多鞭笞);二是未脱离革命语境的话语范畴(例如,对新中国成立后芜湖地区的镇反、土改运动的开展情况着墨甚多且评价相对单一)。诚然,故纸在今人的眼光打量之下必然会出现这样或那样的瑕疵,因此,不必“回过头来”多加苛责。但审视过去为的是开拓未来,眼下,我们需要重拾《芜湖文史资料》系列所打下的基础,与文物搜集相同步,抓紧时间,深入基层,与尚存于世的老人做细致的交流、沟通,将他们的集体记忆、个人记忆转化为鲜活的文字并对其加以严谨的考证与修缮,借以恢复和振兴芜湖本土的口述自传/口述实录传统。颇令人慨叹的是,现有的、寄存于报刊边角的“知青回忆”、诸文仅代表冰山一角,规模化的辑录工作有理由在政府的支持和文管机构的襄赞之下有序展开,而不应仅仅停留在构想阶段,令人望“图”兴叹。

(三)整理现有资源,构建名录体系

1978年至2014年的36年中,芜湖文化、文物资源的整理、建档工作一直在开展之中,在这段岁月里,较有系统、耗时较长的整理至少有三次,依次发生在20世纪80年代后期、90年代早期和21世纪第一个十年行将结束时。这三个时期各自呈现出了里程碑式的文字成果,它们为芜湖市文化志办公室编写的《芜湖市文化志》(芜湖人民出版社,1987年版)、芜湖市教育科学研究所编写的《芜湖历史》(芜湖镜湖书社,1994年版)、安徽省文史资料研究委员会、芜湖市政协合作编纂的《安徽文史资料·芜湖卷》(安徽人民出版社,2008年版)。在这三本专著当中,第三本最具权威价值,这不仅表现为其在所辑录的芜湖地区文物的名称勘定、年代确认等方面理据充分,更表现为它在内容、体例上集前两者之大成,有力修正了前两者的某些不足,并因书籍自身的出版规格而提高了芜湖地区文保的社会认可度及影响力,故而价值不菲。类似的情况还有,在它们之外,出现过诸如《鸠兹遗韵——芜湖县非物质文化遗产田野调查》(芜湖县文化局非物质文化遗产保护办公室编纂,2009年5月印

① 其标志为台湾“中央研究院”历史研究所以郭廷以为领衔者创办的《传记文学》系列期刊,代表作包括《胡适口述自传》《李宗仁口述自传》等。

② 芜湖市档案馆藏的《芜湖文史资料》共五辑,编者为芜湖文史资料研究委员会,出版社为芜湖人民出版社,出版年份分别为1985年、1986年、1987年、1990年、1992年。

发)一类的内部发行资料以及部分协会自发印制的文物研究书籍(如芜湖市钱币学会于2013年编写的《芜湖中国历代钱币藏品精选》),它们一般篇幅精悍,行文生动,客观上不失为一支芜湖地区文物、文化资料整理搜集的奇兵。

二、多元并举,实施有效开发

(一)养、育兼备,维持开发的可持续性

当文物搜集处于有序、稳定状态之后,由芜湖市相关部门组织牵头、民间收藏协会参与,共同开启文物管理的后续流程,即文化景观修复与文物修补(含登记归档与入库保存)、可持续文化资源开发。可以说,该流程侧重于"养"(养护)、"育"(开发)并重、相互促进。以"养"为例,除了修补文人字画之外,芜湖还主动顺应城市文化保护与发展的迫切需要,加大名人旧居、故居、墓庐等的修复工作并对部分具有历史意义的桥梁实施限制使用、加固重修。例如:重新修造南宋词人张孝祥早年读书处,修建阿英(钱杏邨)纪念馆及资料室、重修王莹墓园、封闭双溪河大桥等;以"育"为例,芜湖近年来积极筹划,希望借助以兴建名人堂等途径竭力将芜湖现当代名人,尤其是活跃在经济社会建设领域、文学艺术领域的本土英才如葛绍棠(南京审判日本战犯法庭五位主审大法官之一)、杨西光(著名新闻人、《实践是检验真理的唯一标准》的主要撰写人之一)、濮之珍(著名语言学家)、徐惟诚(原中宣部常务副部长、现任中国大百科全书出版社总编辑)、王元青(中国古脊椎动物与古人类研究专家)、卢强(电机专家、电力系统最优控制理论的开创者、中国科学院院士)、黄纬禄(自动控制专家、"中国固体战略导弹之父"、国际宇航科学院院士、中国科学院院士)、吴奇(高分子化学家、中国科学院院士)等名人[①]悉数囊括,从而为芜湖增添更为璀璨夺目的文化地标。整体而言,地方历史文化资源的培育和生成宛如森林草木的培植与呵护,需要投入时间与精力,从头计议、从长计议,切忌涸泽而渔、急功近利,而应以"养"哺"育"、以"育"供"养",促使地方文化资源更生,免除其枯竭之虞。

(二)多方参与,增强开发利用的社会性

一旦前述环节一一得以保障并有所收获,那么,对其加以有效开发便可以顺理成章地提上行动议程。在芜湖,这一步骤的开展有赖于政府主导、多

① 相关人物简介可参阅:《芜湖名人录踪》(全两册),芜湖市政协文史资料办公室编,黄山书社,2008年版。

方联动的合作机制能够富有成效地运行。围绕这一机制，芜湖在2000年前后开始大力构建城市展览馆体系，并在这一体系初见规模之后打造历史文化游览示范区。2005年9月开放并对外营业的陆和村茶馆（安徽省重点文物保护单位、国家3A级旅游景点）、2013年7月开放的徽商文化博物馆（芜湖市重点文物保护单位）以及开馆至今已有26年的（镜湖）烟雨墩艺术展览馆便是这一机制结出的硕果。以前两者为例，它们都是在新的历史、社会条件下，由民间资本投资并经营、受政府文物保护部门监管的徽派文物收藏馆舍，集徽州文化的特有代表——徽式木雕、砖雕、石雕、古典家具、古瓷字画于一体，并以兼容并蓄的眼光和胸怀收纳了包括清朝石鼎、魏晋石像、近代庙祝用具等杂项在内的各路藏品，且善加呵护、辅以解说，融汇了展示、保护、宣传、商业性游览等功能，真正达到了经济效益、社会效益的和谐统一①，为芜湖本地甚至皖江地区的文物价值的开发与增值树立了值得效法的标杆。

（三）串珠成链：串联文化故迹，建立专属文化区

芜湖自古属于长江流域的历史名城，在它的核心地域及周边地区，各种文化遗存无论在数量上，还是质量上都不容小觑。这里不妨以时间为序，开列一份大致的名录：繁昌人字洞、南陵新石器时期遗址（形成于旧石器时代早期），干将、莫邪铸剑处（“眉间尺”故事为底本，乃楚文化之余绪），周瑜点将台、小乔梳妆台、孙权洗马池（脱胎于三国时期东吴文化），芜湖米市遗址②、长街、花街及翰林街旧居群落（明清时期所形成的商业-仕进文化）。除“本土”文化古迹大量留存之外，芜湖还保留了各个时代尤其是开埠以来所衍生的宗教、建筑文化实体，如芜湖老海关、英商驻芜代办处、圣雅各堂、天主教堂、基督教堂、大清真寺、小九华禅寺、白马寺、城隍庙等③。此外，就新文化运动时期所形成的启蒙文化而言，不可不提的几处遗址则为：亚东书店旧址、陈独秀故居、楚江中学旧址、安徽旅湘公学旧址、甲种实业学堂旧址、省立第一甲种商业学校旧址等等。凡此种种，目不暇接。面对这些林林总总的文化故迹，不分轻重、不辨主次地“胡子眉毛一把抓”显然不足为训。芜湖市则以建立专属文化区为着眼点，以古迹的典型性、完整性、观赏性为选取标杆，兼采众意

---

① 关于陆和村茶馆基本情况的简介，可参阅：《芜湖市陆和村茶馆》，卢茂村撰，《农业考古》，2006年第2期，第147页。

② 芜湖米市的发展轨迹及芜湖城市经济在江南地区的地位可参阅：《芜湖市金融志》，芜湖市金融志编纂委员会编写，1999年印制。

③ 本段所涉及文化遗存的名单来源：《芜湖市历史文化遗存保护规划文本图集》，芜湖市文化委员会编，2010年印制。另参阅：《安徽文史·芜湖海关专辑》（附：《近代芜湖海关大事记（1882—1992）》《芜湖海关十年报告》），中国人民政协安徽省文史资料研究委员会编撰，安徽人民出版社，1993年版。

民声，于2009年5月初开始以老城隍庙[1]为圆心，结合老城区改造工程，兴建徽文化特色游览区，占地面积达92000平方米[2]，涵盖了近1/3的老城故迹，集中了芜湖本土文化精华，对后续的保护与开发起到了提纲挈领的作用。其中最值得提及的是，该文化区在复建、修缮古旧建筑的过程中还采取了合理拷贝、精制原物，达到原、仿和谐并存的施工思路，尊重原型的神韵兼具、总领全局，力求仿制物画龙画骨、穷形尽相，进而以点带面：再现历史现场，丰富其人文底蕴。在这一思路的指导下，点将台主体、城隍庙主殿严格按照清代中期的形制予以复制，尽可能忠实遵从"修旧如旧、精工细作"的操作路径。时至今日，这一文化区的建设雏形已成，但细节尚需推敲、打磨。在此情况下，串联本土文化故迹的初步成效究竟如何，我们不妨静观在侧、拭目以待。

三、科学发展，拓宽地方文保开发之路

(一)深化机制建设，有效管控整体开发格局

地区历史文化资源开发格局的合法性必须建立在有效管控、严谨布局的基础之上。对于这些惠及后代的前人之恩泽，今天的我们在面对、运用它们的过程中理当怀有虔敬之情。因此，开发格局的设计与改良自然深受关注。芜湖市文管机构在具体的实践当中贯彻的是相对稳健的执行思路，以免过犹不及。譬如，前述的徽文化特色游览区在筹建之前便曾数易其稿，并从严建立与该地区开发相关联的招商机制与监管机制，对参与开发的文物单位、建筑设计及施工单位等对象的情况、资质进行了多方位的把握，淘汰不良、优中选优，确保文物古迹的生命力得以再度焕发。不仅如此，当细部的处理程序出现变数时，与其贪功冒进，倒不如合理规避。这样的例子在芜湖曾有过数起。1996年5月，芜湖市北门菜市场在道路整修时意外发掘出保存完好的明代晚期石质牌坊一座，其体量庞大、不易做现场整修和化学处理。最终，这座牌坊被加以快速回填，利用原有的土壤环境对其封存，等待在条件、时机更加成熟时再使其重见天日。可以说，这样的处置措施的确有碍眼福，但相较于唐突挖出、连根拔起、加速其氧化受腐来说，则不啻为上策。换言之，文物脆弱的一面决定了它所受的污损、破坏无法弥补，稍有不慎，保护的缺失必将导

---

① 按照《芜湖县志》的描述，城隍庙的鼎盛期自明嘉靖年间至清同治年间，其规模、规制一度在华东地区位居榜首，后因洪杨战事而走向衰落。详见：《芜湖县志》(六十卷)，余谊密等修，鲍寔等纂，民国八年(1919)石印本，成文出版社，1978年版。

② 数据来源：《芜湖市城市建设志》，芜湖市城市建设委员会编，2013年印制。

致开发无从谈起。因而，保护、开发的总体格局在编制、拟定和修正的各个环节都应慎之又慎，以防挂一漏万、轻重失当。

（二）优化体制建设，发挥各类保护组织活力

如果说，布局如绘制棋谱，依靠的是科学的理论指导，那么，棋子的运筹则依靠过人的睿智和卓越的见地。开发、利用文化资源离不开各级、各类机构、组织的协同与合作。当下，行"棋"者是政府文管部门，而从增强地方历史文化资源利用的公众性和提高透明度的角度出发，理论上，"棋子"应不拘一格、各显神通，从而发挥与文保全局有关的社会组织、机构，尤其是公益性组织的活力。未达成这一目标，优化体制建设势在必行。围绕体制建设，芜湖市政府自20世纪90年代以来便有意识地增进文保组织、团体之间的互动性，推动集邮爱好者协会、收藏爱好者协会等民间组织的成立和壮大，并在政府、各类协会、科研院所所辖历史（考古）专业之间搭建沟通与交流的平台，借助文物鉴别、公益讲座、文保政策宣讲等途径密切彼此关系。但必须指出的是，随着时代的变迁和地方历史文化资源开发情势的变化，这一平台的功能愈显单一、总体运行态势因循不前，且平台上的各方的活力并没有得到有力的增长。笔者认为，这一不足的改观，有待于新的准入体制、运行体制的改革和创新。前者要求平台对加入者能严格审核与督导，实现"严进"；后者要求平台对已加入者之间的组织形态适时"松绑"，让加入者彼此从现实利益等初衷出发，因势利导，依照市场经济的运作模式投入文物的收藏、流通、交换流程，提高各方的积极性，为保护、开发地区历史文化资源备好排头兵、生力军。

（三）强化人才建设，提升后备力量从业素养

保护、开发历史文化资源需要参与者心境淡泊、甘于寂寞。然而，在浮躁风气的侵袭之下，发掘、运用芜湖地区历史文化资源所不可缺少的后备人才供应状况堪忧。人才储备的不景气集中体现为：首先，从业者能力与年龄之间存在层级差，以各类协会而言，多数专业人士已入暮年，新近入行者良莠不齐，因而后续无力；其次、一部分从业者迫于报酬不佳等因素转行的情况较为突出，以本地高校历史考古专业毕业生的就业情况为例加以粗略估算，受专业入职面狭窄的影响，加上原本的就读生基数较少，实际入行者不足1/5，致使最终进入专业领域者寥寥无几；再次，地方（民间）工艺承递性不佳，老艺人、老匠人通过先人口授心传而获得的技艺如编织篾器、吹制糖人、打造木铁器具等，多因后代缺少继承兴趣、精力抑或现实压力而日渐失传。

显然，这一系列不景气理当引起各方的高度关注并拿出具有针对性的举措来予以缓解。在笔者看来，值得尝试的途径至少包括以下几种：其一，政府相关部门提供政策与资金支持，在解决民间工匠、艺人基本生活需求的基础

上，与之达成合作协议，记录其表演、锻造、编织经过和程序，从资料层面对技艺加以保存并在条件允许的情况下聘请其传道授业；其二，助推民间工艺的市场化步伐，采取现场制作、网络销售等形式提高相关产品的公众接受度和经济回报率，帮助其延续生命（芜湖铁画是这方面的成功例证之一）；其三，根据其技能的类别，将他们安置在旅游文化区内，转为薪资待遇较为稳定的工作人员，专事传统工艺的表演与再现，确保其有固定场地（如铁匠铺、油坊等）、工具、材料维持生计、留存手艺。

四、结　语

区域历史文化资源的保护与开发情况与该区域内经济社会发达程度、人口素质等主客观因素休戚相关。随着皖江流域建设事业的勃兴，包括芜湖在内的流域内城市、区县必将加大本地历史文化资源保护、开发的力度。以此为背景，笔者以粗浅的笔触大致梳理了芜湖在参与这一事业时的主要做法、经验并提出了个人见解与建议，以资参考，敬候方家。

淮河地区花鼓灯艺术发展困境与对策研究

周 丹 王婉婉

摘 要:淮河地区的花鼓灯艺术是最具代表性的汉民族民间艺术,它涉及文学、艺术、民俗等多个方面,是我国艺术长河中不可或缺的艺术瑰宝。改革开放以来,淮河地区花鼓灯艺术的发展遇到了三重困境:表演者、创作者的流失导致艺术质量下降;艺术质量的下降,导致大量欣赏者的流失;艺术生存环境恶劣,艺术发展遇挫。对此,文章提出了三条建议:通过培养人才和完善表演队伍来提高艺术质量;加大政府对花鼓灯艺术的扶持力度;走文化产业化之路。

关键词:淮河地区;花鼓灯艺术;困境;对策

花鼓灯艺术是一种集灯歌、舞蹈、音乐、剧情于一体的民间艺术,主要流行于安徽中北部、河南南部,“安徽淮河流域的花鼓灯是汉族民间歌舞艺术的代表和重要舞种之一,较集中地体现了汉族民间歌舞艺术的主要特点,被确认为我国首批518项国家级非物质文化遗产保护名录之一”[1]。流传于淮河两岸的花鼓灯艺术是非常典型的农耕型广场艺术,它流传和兴旺的土壤是传统的农业文明。改革开放初期的大型歌舞剧《玩灯人的婚礼》《摸花轿》是花鼓灯歌舞剧的双璧,代表了迄今为止花鼓灯艺术创作的最高成就。近年来,随着城市化的进程,原流行于淮河两岸农村的花鼓灯走入城镇。在这一过程中,其“优质基因”[2]不断弱化,导致了艺术发展的三大困境。

基金项目:2013年安徽省质量工程项目:AH201310364086《淮河地区花鼓灯艺术发展困境与对策研究》;安徽农业大学培育学科(2013zdxk-16)、学位点建设项目(xkxwd2013031)阶段成果。

作者简介:周丹(1992—)蚌埠人,安徽农业大学人文社科学院学生;王婉婉(1979—)宿州人,安徽农业大学人文社科学院中文系副教授,研究方向为中国古代文学、中国文化。

一、花鼓灯艺术发展困境

(一)创作者、表演者的流失导致艺术质量下降

首先,创作者流失,创作水平滞后。花鼓灯艺术表演由前期创作者和后期表演者共同完成,然而越来越多的农村居民进入城市生活,花鼓灯艺术失去了优良的生存根基,艺术质量下降。现在能潜心扎根民间从事创作的花鼓灯编剧极少,现存最新的花鼓灯灯歌集出版于1990年,其表现内容已远离了当下时代。

其次,表演者流失,表演技术下降。据笔者在蚌埠地区的实践调查,以吴台花鼓灯艺术团为例,就出现了明显的"断档"。团队成员男女比例为9∶7,年龄最大为69岁,最小为51岁,仅3/32的成员曾学习过正规的花鼓灯艺术(见表1)。目前有13名艺人被定为花鼓灯艺术的传承人,但无一人能表演老一辈艺术家的绝活。随着冯派冯国佩(小金莲)、陈派陈敬之(一条线)、郑派郑九如(小白鞋)等著名老艺人的去世,他们的绝技,像"一条线""三道弯"和鼓艺等难以再现世人。冯国佩因总跟在农村女性身后,观察、模仿她们的动作和神态而一度被人误解。鼓乐演奏大师常春利(老蛤蟆)曾在经济极度困难时期,用买米的钱买了一只花鼓。陈敬之老先生92岁高龄之时,平日走路困难,可只要跳起花鼓灯,必会让在座的宾客叹为观止。早期花鼓灯艺术表演中的绝活,如"斜塔""野鸡溜子""颤颠步"等绝艺都未及时采用摄像技术保存下来,这些让人拍案叫绝的舞蹈动作都随着老艺人的离世而永久地湮没在历史长河之中。

表1　吴台花鼓灯艺术团成员情况调查表

姓　名	分　工		性　别	年　龄	正规训练	
	乐手	表演者			是	否
马明(团长)	√(鼓手)		男	62		√
吴同昌	√(锣手)		男	57		√
吴家俊	√(锣手)		男	56		√
吴溪柳	√(大钹)		女	55		√
张志祥	√(大钹)		男	59		√
陶夕英	√(小钹)		女	54		√

（续表）

姓　名	分工		性　别	年　龄	正规训练	
	乐手	表演者			是	否
张华兰	√（小钹）		女	58		√
朱玉芝	√		女	58		√
张万顺	√		男	61		√
魏敬先	√		男	64		√
董玉俊	√		男	65		√
陈敬林	√		男	60		√
陈丽华	√		女	61		√
周少明	√		男	64		√
肖东生	√		男	68		√
李家真		√（伞把子）	男	55	√	
李安侠		√（兰花）	女	51	√	
胡善玲		√（小兰花）	女	53	√	
胡庆侠		√	女	56		√
肖　芳		√	女	58		√
郑怀平		√	男	59		√
朱会侠		√	女	56		√
朱贵田		√	男	62		√
卢玉凤		√	女	61		√
张　林		√	男	63		√
卢道良		√	男	69		√
安秀华		√	女	63		√
毛玉凤		√	女	61		√
冀银铃		√	女	58		√
史　立		√	女	58		√
康鹤云		√	男	67		√
史源松		√	男	68		√

（二）艺术质量的下降，导致大量欣赏者的流失

第一，表演完整性下降。由于创作者和表演者的流失，花鼓灯表演的完整性受损，技巧性下降，欣赏群体萎缩。表演的完整性是花鼓灯艺术这一民族瑰宝的魅力所在，它不仅属于戏曲或舞蹈或锣鼓等单一方面，更是一门独一无二的综合性民间艺术。原本的花鼓灯班子由"锣鼓队""演员""灯主""灯混子"组成，角色分工细致。它有完整的一系列演出程序，演出前先敲"开场锣"，"文伞把子"或"丑鼓"出场唱才算是正式开场，之后是"转场歌""坐楼歌""小花场""盘鼓"，以"后场小戏"为演出结束的标志。现在我们能看到的花鼓灯表演省去了绝大多数环节，日趋朝"群舞"的模式发展演变。

第二，表演技巧性下降。表演技艺的高难度性是花鼓灯艺术的另一个典型特点，尤其是"兰花"的木制小脚——"衬子"鞋，是花鼓灯舞蹈区别于其他民族民间舞蹈的重要特征。"衬子"对角色"兰花"的舞步的平衡感和韵律性要求非常高，扮演"兰花"的男艺人在台下的辛勤苦练可想而知。"压花场"等舞姿甚至看起来类似杂技，其震撼之美也是依靠日积月累的磨炼才得以呈现的。老一辈花鼓灯艺术家几乎人人有艺名，这些形象的艺名基本上来自他们各自的绝活或个性化的外形，然而目前的花鼓灯艺人（包括被定为传承人的13位）无一位具备艺名。"随着改革开放的不断进行，花鼓灯艺术的一部分已脱离原始的自娱性，但又不是戏剧的雏形"[3]。

第三，表演团队不完善。近些年来绝大多数的花鼓灯队伍是临时聚集的，甚至于专业性的花鼓灯艺术团体在表演时也常常省去相当一部分原表演成分中的人员、流程和道具。坐落于花鼓灯艺术名城——安徽凤阳的安徽科技学院有一支花鼓灯艺术表演团队，在2014年前全队都是女性，无一男性，这对花鼓灯艺术整体性的发展很是不利的。目前，在广场、公园上活动的花鼓灯班子基本上由老年群众自发组合而成，以"自娱"为目的，作为市民生活和娱乐的一个表现而存在，这是值得鼓励和倡导的。然而，从另一方面，我们可以看出，这些表演的技巧性和审美性有待提高。他们省去了完整花鼓灯艺术表演的人员、流程和道具，仅仅由一位"兰花"或"鼓架子"演唱灯歌。在蚌埠市的珠园，现长期活动的花鼓灯班子——吴台花鼓灯艺术团中共32人（长期参加表演的），其中仅3位曾经学习过系统的花鼓灯表演艺术。如果花鼓灯艺术的表演仅仅局限在艺术性低的"自娱"这个方面，那么它不可能得到广大人民群众（尤其是初次接触花鼓灯的城市居民）的支持，因而也不可能有长远的发展。

（三）艺术生存环境恶劣，艺术发展遇挫

社会大环境的变化和花鼓灯艺术自身的缺陷使它在新时代的发展举步

维艰。而此时,政府、企业、民间团体也并未给予它充足的物质和精神支持。

第一,当地政府存在“重申报,轻保护”的问题。国家和许多地区政府,如凤台、凤阳、怀远等地已经出台了一些保护民间艺术的政策和措施。2006 年,安徽花鼓灯正式名列第一批国家级非物质文化遗产保护名录。同年,“安徽省花鼓灯研究基地”也在凤台挂牌。蚌埠市制定了《花鼓灯传承扶持办法》并成立了花鼓灯歌剧院和中国花鼓灯博物馆。但是,基层政府存在“重开发,轻管理”的现象。对于民间艺术的保护是见效缓慢的劳人重任,许多政府部门均未将其列入政府政绩考核项目当中,因而导致了当地政府不作为或少作为的现象。政府拨给花鼓灯艺术的发展经费远远不够,如国家级传承人一年仅 8000 元生活补贴,省级传承人一年仅 5000 元。

第二,文化艺术界对于花鼓灯艺术的研究还远不充分。针对淮河地区花鼓灯艺术的学术书籍和论文寥寥无几。有专家指出,研究花鼓灯艺术的“部分书籍和文章大多还停留在介绍阶段,这与花鼓灯艺术迷人的魅力是不相称的”[4]。在研究花鼓灯艺术的作品和论文中,被当作重点介绍的往往是舞蹈部分。中国权威工具书《辞海》把“花鼓灯”介绍为“汉族民间舞蹈形式之一”,忽略了花鼓灯艺术的综合性和全面性。它是一种集歌、舞、乐、剧于一身的艺术,除舞蹈外,其包含的丰富文学价值和社会价值还未被发掘出。此外,前人对灯歌的忽视使得艺术的发展多面受挫。“灯歌中蕴载着深厚的农耕文化,内容丰富多彩,题材广泛,爱憎分明,乡土气息浓厚。”[5]灯歌是即兴的,由艺人结合生活实际随口唱出,如果不及时加以收集、整合,那么灯歌的文化和历史价值不免流失殆尽。

二、花鼓灯艺术发展困境的对策研究

花鼓灯艺术在 20 世纪 80 年代中后期迅速衰落,到 2003 年国家启动民族民间文化保护工作,花鼓灯艺术的传承出现了近 20 年的断档。在这 20 年间,艺术的发展陷入泥沼,举步维艰。“随着城乡一体化进程的加快,城市的民俗逐渐输入流行,并与传统的乡村民俗相融合,形成城乡民俗共存共融的局面”[6]。但是,花鼓灯艺术作为农耕文化的产物,必然面临着生存空间转变而带来的不适应感。当下,全社会应在“政府主导、社会参与、明确职责、形成合力”的非物质遗产保护原则下,对花鼓灯艺术进行“多方联动”的救治,以至一种古老的民族民间艺术可以在不同的文明时代获得不同审美主体的喜爱。

(一)提高艺术质量

第一,进行艺术人才培养。其一,壮大表演队伍,提高表演水平。淮河流域为花鼓灯的重点传播区,当地政府和花鼓灯艺术院校要做好宣传工作,如定期开展文化艺术节,开展送戏下乡活动,让花鼓灯艺术走进家家户户。只有使更多的居民了解这门艺术,才能对其产生兴趣,并有学习的热情和信心。此外,民间组织应保质保量地向专业表演队伍输送人才,并积极举办各类开放式的民间艺术活动。

花鼓灯艺术有很多高难度的专业动作,如"小转弯""大转弯""端扇起步"。目前的花鼓灯艺人多半是临时加入的业余人员,年老体弱,缺乏艺术技能,几乎无法呈现专业动作。成就花鼓灯艺术,必须从早做起,艺人应当"小龄化",从身体可塑性强的阶段开始练习,在热爱花鼓灯艺术、有一定表演能力、自愿的前提下,全身心投入对花鼓灯艺术的学习、钻研当中去。学校和政府要给学生配备专业教师,保质保量地进行指导,以保证知识、艺术技巧的传播和输入。

其二,优化剧本质量。每一种艺术都有其深厚的内涵,尤其是花鼓灯这种结合了舞蹈的民间艺术。剧本的内容一定要契合时代,与社会的发展相适应,才能获取更多的响应。很多的花鼓灯经典节目,像20世纪的剧目《算盘声声》《送郎参军》等都具有很强的时代气息,已经反映不了当今社会的风貌,因而很难在群众中得到回应。

2014年初上演的作品——《珠城的传说》,它将珠城的历史和现今面貌用歌舞剧的形式生动活泼地呈现给观众,获得了极大的成功。花鼓灯剧作家们需要面对社会现实,深入民间,把握时代脉搏,编写出与当下人生活息息相关的趣味故事,以获得更多的欣赏者。

第二,完善表演队伍。几十年前,花鼓灯表演时的服装由乡村小裁缝根据顾客的要求制作而成,或者有的艺人自己可以制作服装。现在的艺人基本不会缝制技术,加之裁缝铺的消失,花鼓灯艺人的服装大多不够美观,这导致了一部分城市居民不愿意欣赏表演。还有一些花鼓灯班子的服装、道具和剧场设置属于"半舶来品",一部分是中国农村元素,另一部分又吸收了其他文化元素,却没有将其融入、利用恰当,失去了艺术本身涵盖的底蕴和价值。

花鼓灯团体应有专项经费来支持团队包装支出,要根据团队特色和剧目特点量身打造适合自己的配置。不同的艺术团体之间可以借鉴。比如,专业花鼓灯艺术和民间花鼓灯艺术的优秀部分可以相互借鉴,也应学习其他表演艺术的成功之道,如黄梅戏、孔雀舞、西方芭蕾、日本阿波舞等。

现在的团队要增强分工意识。团长一人承担各项团队事宜,小到服装,大到演出安排。这不仅降低了工作效率,还无法保证表演质量。队伍应该设专人负责包装,专人管理财务,专人募集赞助,这样才能保证该队的长效发展。

(二)政府的培育和政策支持

首先,政府要聘请专家教学,并进行政策引导。政府要引导当地的艺术团体在广场、公园里创建固定的花鼓灯艺术示范点,由花鼓灯研究单位、院校带头,面向大众展示并传播花鼓灯艺术。"在安徽省各师范院校和艺术院校的相关专业加大对花鼓灯艺术的介绍,并在花鼓灯艺术传播区开设课程,由花鼓灯专家面授教学。在淮河流域中小学课程当中创建、学习花鼓灯考级教程,按九年义务教育的时间制订教学考级的学制,尤其是花鼓灯保护区试点单位的学校更要注重花鼓灯的传与学。"[7]

其次,政府要加快对剧目、灯歌的搜集和整理。随着老艺人的去世而断传的绝活,我们已无法弥补。而眼下民间剧目和灯歌也在被缓缓地遗忘,加之剧目和灯歌是口头的、即兴的,当务之急是派遣艺术工作者深入民间进行采风活动,抢救即将遗失的非物质文化遗产。

再次,政府要给予花鼓灯艺术财力支持,尤其要给花鼓灯艺人以尊重。老一辈身怀绝技的艺人晚年的生活处境绝大多数都是极其凄凉的。已逝的老艺人杨再先晚景凄凉,家中仅一张床,床下零落着玩灯用的扇子、舞鞋和服装。目前,国家给予花鼓灯艺术国家级传承人一年的经济补贴为8000元,省级传承人仅5000元,花鼓灯播布区的政府应向各级传承人提供充足的生活补贴。

此外,政府必须开放花鼓灯艺术的传播点,脚踏实地地发展艺术。2006年"非遗"申请成功之后,淮河流域建立了不少与花鼓灯艺术关联的场所,如中国花鼓灯艺术博物馆、中国花鼓灯影像室。花鼓灯博物馆根本不对市民开放,这就失去了它本身的意义。甚至影像室、展览室无人值班,参观者根本无法进入。民间艺术需要与人民群众亲密接触才能有新鲜的血液,才能获得长久的发展。因此,政府在建设了艺术场所之后,更需要明确这些优势的用途,这才能将它们的社会效益和经济效益展现出来。

(三)走产业化之路

安徽省出台的《安徽省文化产业蓝皮书》,对花鼓灯艺术及其他文化艺术的发展有很大的促进作用。"在2012年蚌埠市的'一节三会'上,文化产业首次作为独立招商板块亮相,签约达到26.75亿元"[8]。这对花鼓灯艺术的产业化发展来说是一次机遇。

第一,让花鼓灯艺术作为歌舞剧,走进各大剧院。在为社会带来丰厚的经济利益的同时,更产生了巨大的社会效益。《珠城的传说》作为最新的大型歌舞剧,已经上演了十多场,几乎场场座无虚席,这起到一个榜样作用。大型歌舞剧不仅对表演者、编剧、导演要求甚高,还依赖于产业投入的充足财力,没有财力的保障,各项方案都无法实现。各大艺术团体应该积极引导花鼓灯艺术走向剧场化,用这种流行的形式打动大众,吸引目光,为日后的发展创造更大的空间。

第二,打出自己的文化招牌。蚌埠市的花鼓灯嘉年华主题公园项目是2011 国家文化创新工程重点项目,投入经费达 10 亿元。然而花鼓灯艺术并没有和花鼓灯嘉年华紧密结合,游乐园同质化倾向明显。

"郑州方特欢乐世界和《熊出没》同属深圳华强集团旗下产业,郑州方特欢乐世界携手《熊出没》团队共同打造六月欢乐月。《熊出没》的助阵,使得儿童节当天郑州方特吸引了近两万名孩子和家长前来游玩。同时,公园内《熊出没》主题商店也已盛大开业"[9]。

花鼓灯嘉年华是皖北最大的综合性文化旅游区,花鼓灯艺术完全可以借鉴郑州方特欢乐世界的成功经验,将花鼓灯元素融入嘉年华当中,以获得丰厚的社会效益和经济效益。如可以举办"游园会",挑选优秀的花鼓灯艺人定期参加游园表演,与游客合照,借此佳机宣传花鼓灯艺术。还可以开设"花鼓灯"主题商店,用花鼓、玩偶、扇子等物件弘扬民间的花鼓灯文化,打造自己的文化品牌。

第三,当下社会的"旅游热"也为花鼓灯艺术的发展带来契机。"安徽省乡村旅游开始于上世纪 80 年代,近年来全省乡村旅游发展速度较快,规模持续扩大。安徽乡村优美的自然风光、丰富多彩的风俗民情、情趣盎然的文化艺术、风格迥异的民居建筑都是安徽乡村旅游的资源"[10]。主要的花鼓灯播布区,如怀远、凤台、凤阳地区就比较适宜开发"特色乡村旅游"产业,将旅游与花鼓灯艺术相结合,实现经济效益与社会效益的双赢。凤阳地区有得天独厚的旅游资源,可以组织"凤阳一日游""凤阳两日游"等套餐活动,将花鼓灯表演穿插进去,在风景区进行大小规模的花鼓灯开放式表演。

参考文献:

[1] 潘丽,资华筠. 花鼓灯的现时调查与保护思考[J]. 北京:中国艺术研究院,2007.

[2] 韩枫. 浅论花鼓灯当前的生存困境. 大众文艺[J]. 2012:165-166.

[3] 谢克林. 中国花鼓灯艺术[M]. 合肥:安徽人民出版社,2006.

[4] 朱万曙. 花鼓灯灯歌的艺术功能和文化、审美价值[J]. 淮北煤炭师范学院学报(哲学社会科学版),2008,29(6):47-52.

[5] 蚌埠市艺术研究所．花鼓灯歌选[M]．蚌埠:蚌埠市艺术研究所,1990.

[6] 郭其智．安徽新农村乡风民俗的新模式新特点探析[J]．安徽农业大学学报(社会科学版),2013,22(3):13-17.

[7] 赵士军．中国花鼓灯学术论文集[M]．合肥:安徽人民出版社,2006:35-49.

[8] 蚌埠市文化广电新闻出版局．2012 年政风行政风建设情况汇报材料[B]. 2012. 11.

[9] 大河报[N]2013-06-04.

[10] 吴惠敏．乡村旅游视域下农村土地利用的生态安全探析[J]．安徽农业大学学报(社会科学版),2013,22(2):14-19.

“三合作、一延伸”:农村社区老年群体阅读促进研究

洪　丽　夏维奇

摘　要:全民阅读促进形势下,农村社区老年群体是不容忽略的对象。其阅读条件近年来已有相当程度的改善,但仍存在诸多障碍。“农家书屋”(村文化室)应采取“三合作、一延伸”策略,深入开展“屋校合作”“屋院合作”“屋协合作”,大力推行“延伸100米”行动,广泛激发农村社区老年群体的阅读兴趣,让他们从能够阅读、亲近阅读,最终过渡到享受阅读。

关键词:阅读促进;农村社区;老年群体;屋校合作;屋院合作;屋协合作;延伸

一、引　言

自20世纪90年代末以降,党和政府便积极促进全民阅读。至2012年11月,十八大报告中明确要求“开展全民阅读活动”[1]。翌年,全民阅读立法列入国家立法工作计划。为此,新闻出版广电总局于2013年3月拟出《全民阅读促进条例》(初稿),现正在全国范围内征求意见,以臻完善[2]。这一切使得全民阅读促进拥有了前所未有的地位与规格。党和政府的大力倡导与促进,凸显其对全民阅读活动的高度重视与殷切期望,同时也为该活动的促进工作创造了难逢机遇和良好条件。

作者简介:洪丽(1973—),女,淮南师范学院图书馆馆员,南京大学图书馆学硕士;研究方向:图书馆学;

夏维奇(1970—),男,淮南师范学院政法系教授,北京大学历史学博士;研究方向:社会史学。

全民阅读促进中，农村社区老年群体是不容忽视的对象。至2012年年底，我国60岁及以上人口为1.94亿，占总人口的14.3%。按国际标准，该群体人口占总人口逾10%，即表示这个国家或地区进入老龄化，足见我国现已进入深度老龄化阶段[3]。其中，农村老年人口已达1.01亿，占老年总人口的56%，占农村总人口的14.98%。可见，我国农村地区老龄化现象更为严重。而这一庞大群体的阅读状况着实堪忧，而包括学界在内的社会各界对之关注却严重不够，工作十分薄弱。有鉴于此，本文拟对农村社区老年群体阅读促进做一初步研究，以助益于该项活动的推展①。

二、农村社区老年群体阅读促进的意义

从国家层面言，促进农村社区老年群体阅读，是深入贯彻新时期国家发展战略的不可或缺的组成部分。进入新世纪以来，我国相继提出“全面建设小康社会”“推进社会主义新农村建设”“构建社会主义和谐社会”等重大发展战略。这些发展战略的实施与推进，皆离不开包括农村社区老年群体在内的广大农民的参与学习，提升科学文化素质，繁荣社会主义文化。2002年11月，十六大报告《全面建设小康社会，开创中国特色社会主义事业新局面》指出：“我们要在本世纪头二十年，集中力量，全面建设惠及十几亿人口的更高水平的小康社会，使经济更加发展、民主更加健全、科教更加进步、文化更加繁荣、社会更加和谐、人民生活更加殷实。”可见，文化繁荣是全面建设小康社会的重要指标。而文化繁荣即包括国民科学文化素质的提高。正是在此意义上，报告又指出，“全民族的思想道德素质、科学文化素质和健康素质明显提高”。为此，报告提出，“形成全民学习、终身学习的学习型社会，促进人的全面发展”。[4]可见，全民学习、终身学习乃是建成全民族科学文化素质明显提高、文化更加繁荣的小康社会的重要基础。2005年12月，中共中央、国务院印发《关于推进社会主义新农村建设的若干意见》指出：推进社会主义新农村建设，要“繁荣农村文化事业。各级财政要增加对农村文化发展的投入，加

---

① “农村社区”现已成为我国农村建设的重要取向。2006年10月，十六届六中全会通过《关于构建社会主义和谐社会若干重大问题的决定》，提出“全面开展城市社区建设，积极推进农村社区建设”。2007年10月，十七大再次明确要“把城乡社区建设成为管理有序、服务完善、文明祥和的社会生活共同体”。同年，民政部在全国确定了304个农村社区建设实验县（市、区）。2009年3月，民政部又开展了“农村社区建设实验全覆盖”活动。这些重要的决议和举措表明，党和政府已把农村社区建设作为社会主义新农村建设的重要平台和依托。

强县文化馆、图书馆和乡镇文化站、村文化室等公共文化设施建设……满足农民群众多层次、多方面的精神文化需求"[5]①。可见,加强农村公共文化设施建设,繁荣农村文化事业,以满足农民的精神文化需求,是实施社会主义新农村建设战略的重要内涵。2006年10月,十六届六中全会审议通过《关于构建社会主义和谐社会若干重大问题的决定》,将"全民族的思想道德素质、科学文化素质和健康素质明显提高,良好道德风尚、和谐人际关系进一步形成"作为构建社会主义和谐社会的基本目标和主要任务,为此提出要"加快发展文化事业和文化产业,满足人民群众文化需求"②。可见,新世纪以来我国的重大发展战略皆把繁荣文化事业、提高全民族的科学文化素质作为其重要组成部分,甚至明确提出要加强农村地区的文化建设。而在推进文化建设、提高全民族的科学文化素质的过程中,尤其是在加强与推进农村地区的文化建设当中,倘缺乏广大农村社区老年群体的文化参与和素养提升,则这些发展战略实施的内涵与质量将大受影响,甚至无法完成严格意义上的小康社会、社会主义和谐社会以及社会主义新农村的建设。

从社会层面言,促进农村社区老年群体阅读,是增强农村现代性、缩小城乡差距、推进社会公平的重要内容与基本路径。在我国的社会发展过程中,农村较城市明显滞后,城乡差距呈逐步扩大之势,渐形成二元结构,此已成为现今我国社会两极分化的主要根源和重要表征。而此二元结构的社会,从现代性角度看,实为现代性因素累积较多的城市和现代性因素累积较少的农村并存。所谓现代性因素,据杨春时研究,包括感性、理性和反思-超越三个层面[6]。其中,感性层面的现代性因素主要包括基于人的生存和享乐而形成的物质需求。理性层面的现代性因素主要包括现代科学知识与科学思维、现代生活方式与生产技术等。反思-超越层面的现代性因素主要包括科学的人生观、价值观与世界观以及高尚的艺术情操、审美情趣与鉴赏能力等。三个层

① "社会主义新农村建设",早在2005年10月十六届五中全会审议通过的《关于制定国民经济和社会发展第十一个五年规划的建议》即提出:"要从社会主义现代化建设全局出发,统筹城乡区域发展。坚持把解决好'三农'问题作为全党工作的重中之重,实行工业反哺农业、城市支持农村,推进社会主义新农村建设,促进城镇化健康发展。""建设社会主义新农村是我国现代化进程中的重大历史任务。要按照生产发展、生活宽裕、乡风文明、村容整洁、管理民主的要求,坚持从各地实际出发,尊重农民意愿,扎实稳步推进新农村建设。""加快发展农村文化教育事业"。参见:中共中央. 关于制定国民经济和社会发展第十一个五年规划的建议[EB/OL]. [2005-10-15]. http://www.gmw.cn/01gmrb/2005-10/19/content_319048. htm.

② 2004年以来,党和政府不断提出推进社会主义和谐社会建设。这年9月,十六届四中全会提出,要"坚持最广泛最充分地调动一切积极因素,不断提高构建社会主义和谐社会的能力",明确提出"构建社会主义和谐社会"战略。

面的现代性因素相互关联,共同构成社会现代化的驱动力。依张成林分析,当下中国农村随着市场经济的发展,感性层面的现代性因素虽在不同区域存在较大差异,但大抵皆有一定程度的培育,而理性和反思-超越层面的现代性因素在各区域的缺失严重。故而,解决当前农村问题的基本路径就是向农村移植、灌输理性和反思-超越层面的现代性因素,如现时所开展的各类“送书下乡”“文化下乡”等活动[7]。可见,促进农村社区老年群体阅读,增进其科学知识与文化水平,是向农村移植现代性因素,缩小其与城市差距的重要内容与基本路径。再者,十六大报告指出:“人民的政治、经济和文化权益得到切实尊重和保障”。在这里,文化不仅是作为一种需求被提出,更被视作人民的基本权益。既是权益,那么从社会公正角度言,全体人民则均应有平等享受的机会,并应“得到切实尊重和保障”。约翰·罗尔斯(John Rawls)曾指出:“公正观念的本质就是个人权利。”[8]罗纳德·德沃金(RonaldM. Dworkin)亦指出:“正义是给予每个人按权利应当获得的东西。”[9]由此观之,作为一项长期的文化普及与推广活动的全民阅读促进,倘忽略农村社区老年群体,在政治学与社会学意义上,显然有失社会公平,甚至可说是在某种程度上剥夺了该群体的文化权益。可见,在全民阅读促进的形势下,向广大农村社区老年群体推广阅读,凸显出的是社会公平、正义理念的秉持与贯彻。

从公民层面言,促进农村社区老年群体阅读,是提升该群体生活品质、改善其精神状态的必要内容与重要方法。截至2013年,我国尚有8249万人属贫困人口,他们当中的多数为农村社区老年群体。其生活除基本解决物质生存问题即前所述的感性层面的现代性因素稍有培育外,精神文化生活非常贫乏。闲暇时间,串门、聊天、打麻将、听广播,几乎成为他们精神文化生活的全部,足见其生活品质尚十分低下。更有甚者,农村社区老年群体中有相当一部分人还存在精神健康问题。丁克兰于2012年在对甘肃省定西市1区6县28个行政村825位60岁以上老年人的一项调查中发现,该地区农村老年人受家庭状况不如意(如丧偶、患病、收入少、不和睦等)以及子女长期在外等因素的影响,有33.5%的人患有抑郁症(其中,轻度者占23.3%,中、重度者占10.2%)[10]。这一发生率已相当高,虽不能代表整体,但在我国农村,部分老年人存在精神健康方面的问题,当是不可否定的事实,应引起全社会的高度关注与重视。故促进农村社区老年群体阅读,让他们的思想在闲暇时间也能在各类书籍所蕴含与构筑的丰富多彩的“人文世界”中畅游,不仅有助于提升他们的生活品质,而且能够减轻其孤独感与焦虑感,从而有效抑制老年人抑郁症的发生,改善其精神状态。

三、农村社区老年群体阅读促进的条件与障碍

近年来，党和政府加大了农村文化建设的力度，积极为包括老年群体在内的农民创造阅读条件。2005 年 11 月，中央办公厅、国务院办公厅联合印发《关于进一步加强农村文化建设的意见》（以下简称《意见》），确立的基本目标为：经过 5 年努力，构建出县、乡、村三级文化基础设施较为完备的格局，解决农民“看书难”等问题。《意见》进而提出了明确的任务：到 2010 年，实现“乡镇有综合文化站，行政村有文化活动室”。为此，《意见》又设计出解决方法：其中，在乡的层面，“可结合乡镇机构改革和站（所）整合”，组建集图书阅读、科技推广等于一体的综合性文化站，“配备专职人员管理”；在村的层面，“村文化活动室可‘一室多用’，明确由一名村干部具体负责”[11]。这一切使得加强农村文化建设，具有了极强的可操作性。

为深入贯彻落实上述文件精神，2007 年 3 月，新闻出版广电总署等八部委联合印发《“农家书屋”工程实施意见》，明确提出：“从 2007 年开始在全国范围内实施‘农家书屋’工程”。所谓“农家书屋”，是指“在行政村建立的、农民自己管理的、能提供农民实用的书报刊和音像电子产品阅读视听条件的公益性文化服务设施”。可见，“农家书屋”建设，深入到行政村（社区）这一层级，旨在促进农民读书，“改善农村文化环境，提高农民整体素质、文化生活质量和农村文明程度”。具体任务是：外延建设方面，要求“‘十一五’期间计划在全国建立 20 万家‘农家书屋’，到 2015 年基本覆盖全国的行政村”；内涵建设方面，要求“每一‘农家书屋’原则上可供借阅的实用图书不少于 1000 册，报刊不少于 30 种，电子音像制品不少于 100 种（张）”。对于这些出版物，该文件规定：“由相关部门参照‘农家书屋’工程协调小组办公室公布的推荐目录，结合本地实际情况，组织采购和配送。”[12]

在上述文件要求与指导下，“农家书屋”（村文化室）在东至江苏、西至西藏、南至广东、北至黑龙江等广大区域建设起来。经济发达地区率先达标。如 2010 年，江苏实现“农家书屋”行政村全覆盖[13]。广东“中山市全面完成 278 个行政村（社区）的农家书屋建设任务”。这些省市提前 5 年达标，走在全国前列[14]。翌年，天津市“3706 个行政村全部建成农家书屋或村文化室，实现全覆盖”[15]，亦是较早达标地区。经济欠发达地区紧随其后。2012 年 4 月，西藏全区共建成 5451 个农家书屋，提前完成建设任务，“走在了西部地区的前列”[16]。同年 11 月，黑龙江“建成农家书屋 10040 个，提前三年超额完成

了全省农村村级区划单位农家书屋建设任务”[17]。不过从总体上看,经济欠发达地区“农家书屋”(村文化室)建设要滞后一些,条件要欠缺一些。至目前离国家任务完成的最后期限仅剩一年半时间,一些地方才刚起步,而一些“农家书屋”(村文化室)虽已建成,但存在“管理不尽完善,图书品种欠缺、数量少,资金投入不够充足等问题”,显然有待改进与提高。另一方面,一些经济发达地区如江苏省已开始在原有的基础上实施“提升工程”。[18]山东省青岛市亦于2013年5月发出《关于实施“农家书屋”提升工程的意见》,提高了“新型农村社区‘农家书屋’建设标准”,具体包括三个方面:一是环境建设,可使用面积一般不少于100平方米,配套设施包括书柜、桌椅、电脑等完备;二是图书资源,“提升”主要表现在可供借阅的图书上,要求不少于5000册,具备条件的地方可增加一定比例的网络书报刊;三是管理,不仅要完善相关制度,而且要求有专、兼职人员,规范运行[19]。“提升工程”的实施,使得一部分“农家书屋”建设在内涵上有较大推进。而上述一切为包括老年群体在内的广大农民提供了较好的阅读条件,极有利于农村社区老年群体阅读促进工作的开展。

但是,农村社区老年群体阅读促进存在众多障碍。首先,从“农家书屋”(村文化室)的管理人员看,多由一名村委会干部兼职,故而阅读促进受人力资源不足的严重制约。其次,从“农家书屋”(村文化室)的服务对象看,一是农村社区老年群体中相当一部分人员在经济上还较窘迫,从而严重制约其阅读兴趣。以安徽省寿县为例,调查显示,该县“农村老年人的月收人很低,基本不足500元,少数甚至不足200元”。而“高龄老人由于劳动能力有限,无法从事体力劳动,往往只能靠养老金和子女救济度日”,生活更加贫困。[20]二是相当部分的农村社区老年群体的文化水平低,成为制约其阅读兴趣的又一重要因素。据段联峥等对昆明市官渡区矣六乡付家营村(昆明市城乡接合部)和晋宁县新街乡安江村(离昆明市较远)109位60岁以上(含60岁)老年人的随机调查,未受教育者25人,占被调查总人数的22.7%;小学文化者74人,占67.3%;初中文化者10人,占9.1%[21]。可见,文盲占1/4,而小学文化者为绝对的主体。三是农村社区老年群体的闲暇时间较城市社区老年群体要少得多,此成为又一制约因素。农村老年人除高龄者外,多承担一些农业生产劳动,此外还常因“中青年夫妇外出打工,将年幼的子女托给父母照料,这样的老人不仅需要照顾自己,还需要照料孙辈的饮食起居甚至操心他们的学业成绩”[22]。需补充的是,宅基分散、居住偏远也是不容忽视的制约因素。一些居住在偏僻地区尤其是山区的农村老年人,因离村委会所在地较远,且相当分散,也制约着该群体的阅读兴趣。

可见,在党和政府的积极倡导与推动下,绝大多数农村社区都建立了“农家书屋”(村文化室),从而为包括老年群体在内的农民创造了有利的阅读条件。但是,农村社区老年群体在阅读方面尚存在众多制约因素。此既成为该群体阅读促进的障碍,也为该群体的阅读促进工作提出了更高的技术要求。

四、农村社区老年群体阅读促进的策略

针对农村社区老年群体阅读促进存在的诸多障碍,“农家书屋”(村文化室)应积极采取“三合作、一延伸”策略,充分调动各类社会资源,努力做好阅读促进工作。

从阅读促进的方式看,应采取“三合作”策略,充分调动各类社会资源,以解决“农家书屋”(村文化室)的管理人员严重不足问题。所谓“三合作”,是指“屋校合作”“屋院合作”“屋协合作”。“屋校合作”,即“农家书屋”(村文化室)应积极与当地学校合作,充分发挥教师乃至高年级学生的作用,推进阅读活动。在农村,学校作为知识传承的重要载体,具有一般机构或组织无法比拟的文化传播优势。而教师不仅具有丰富的阅读经验,还有较多业余时间。倘“农家书屋”(村文化室)积极、主动地与当地学校合作,邀请一些教师,并由教师组织部分高年级学生,加入阅读促进队伍,参与各类阅读促进活动,既可丰富农村教师乃至高年级学生的课余生活,也可稍解“农家书屋”(村文化室)阅读促进中人力不足问题。

“屋院合作”,即“农家书屋”(村文化室)应积极与当地敬老院合作,充分发挥敬老院中有能力的老年人的作用,推进阅读活动。当下,中国多数乡村都建有敬老院,吸纳了当地的一些老年人。在这些老年人当中,有相当一部分不仅自身有着较强的阅读需求,而且还有能力(智力与体力)参与阅读促进活动,帮助他人阅读。故而,“农家书屋”(村文化室)在阅读促进中,首先尽量提高敬老院里的老年人的阅读兴趣,让其参与阅读活动;进而让敬老院组织院内一些有能力的老年人走出敬老院,参与“农家书屋”(村文化室)所开展的农村社区老年群体阅读促进的各类活动之中,充分发挥与拓展敬老院这类组织的社会功能。此既可丰富敬老院老年人的日常生活,并满足其“老有所用”的心理需求,而且同样可缓解“农家书屋”(村文化室)阅读促进中人员不足问题。

“屋协合作”,即“农家书屋”(村文化室)应积极与当地各类协会合作,尤其是老年人协会合作,充分发挥这些协会成员尤其是老年成员的作用,促进阅读活动。当下,中国多数乡村都建立了一些民间协会等非营利组织,如老

年人协会、专业经济技术协会、红白喜事协会等①。这些组织尤其是老年人协会,较充分地吸纳了本地"五老"(老党员、老干部、老模范、老教师、老复员军人),这一群体知识层次稍高,威望影响较大,不仅自身具有较强的阅读需求,而且还具有较强的组织力与号召力。充分发挥这类组织的社会功能,特别是调动其中"五老"人员的积极性,让他们广泛参与到阅读促进活动之中,既可丰富这类组织成员的社会生活,而且同样可缓解"农家书屋"(村文化室)阅读促进中人员不足问题。

从阅读促进的内涵看,应采取"一延伸"策略,使农村社区老年群体接近阅读、能够阅读,由此引导其阅读需求,激发其阅读兴趣。所谓"一延伸",即开展"延伸100米"行动。此处的"100米"是一约数,主要是指"农家书屋"(村文化室)将其服务由农村社区中心向周边延伸、扩散,努力削弱老年群体的阅读障碍,让更多老年人参与阅读。如前所论,农村社区老年群体因存在一系列阅读障碍,其阅读兴趣由之大受制约。故该群体的阅读促进工作,"农家书屋"(村文化室)在努力以"三合作"方式扩充促进队伍的基础上,积极采取"走出去"策略,将其藏书以"农家书摊""农家书车"等活动形式,由农村社区中心向边缘延伸,积极、主动地为居住分散、障碍较多的老年群体推送阅读服务。

当然,"农家书屋"(村文化室)的上述阅读促进策略的实施,需建立在书籍数量较丰且内容与形式皆比较合适的基础上。故政府应"推动服务'三农'的出版物出版发行"[23],组织力量创作、出版一批从内容到形式皆为农村社区老年群体所喜闻乐见的书籍,真正做到"送书下乡""文化下乡",让"农家书屋"(村文化室)有丰富而又合适的书籍可以推送,这是需要补充强调的。

五、结　论

老年群体是全民阅读促进不容忽略的对象。在党与政府的努力下,"农家书屋"(村文化室)在各地农村社区逐步建立起来,此为农村社区老年群体的阅读促进工作创造了极为有利的条件。但是,当下中国农村社区老年群体仍存在诸多阅读障碍,故而其阅读兴趣较城镇社区老年群体要弱得多。此显

---

① 据俞可平研究,全国乡村两级的民间组织至少有300万个,占全国民间组织总数的2/3以上。俞可平. 中国农村民间组织与治理的变迁[C]//俞可平等. 中国公民社会的兴起与治理的变迁. 北京:社会科学文献出版社,2002:30.

然不利于“全民阅读促进”工作的推展,最终影响小康社会、社会主义和谐社会以及社会主义新农村的建设。因此,“农家书屋”(村文化室)在农村社区老年群体阅读促进工作中,应深入开展“屋校合作”“屋院合作”“屋协合作”,以解决管理人员严重不足的问题。在此基础上,大力推行“延伸100米”行动,引导农村社区老年群体的阅读需求,激发其阅读兴趣,让该群体从能够阅读、亲近阅读,最终过渡到享受阅读,促进小康社会、社会主义和谐社会以及社会主义新农村建设。

参考文献:

[1] 胡锦涛. 在中国共产党第十八次全国代表大会上的报告[EB/OL]. [2012-11-08]. http://politics. people. com. cn/n/2012/1118/c1001-19612670-1. html.

[2] 璩静、王帅.《全民阅读促进条例》列入国家立法计划[N]. 中国文化报,2013-08-05(1).

[3] 吴玉韶. 中国老龄事业发展报告(2013)[R]. 北京:社会科学文献出版社,2013:2.

[4] 江泽民. 在中国共产党第十六次全国代表大会上的报告[EB/OL]. [2002-11-08]. http://www, china. com. cn/chinese/2002/Nov/233921. htm.

[5] 中共中央、国务院. 关于推进社会主义新农村建设的若干意见[EB/OL]. [2005-12-31]. http://www. gov. cn/gongbao/content/2006/content_254151. htm.

[6] 杨春时. 现代性与中国现代性的总体构成[J]. 求是学刊,2003,(1):44.

[7] 张成林. 信息化视角下的农村社区建设和治理研究——主要以J镇农村社区为考察个案[D]. 苏州:苏州大学,2012:2.

[8](美)John Rawls. A Theory of Justice[M]. Belknap Press,1999:6.

[9](美)罗纳德·德沃金. 认真对待权利[M]. 北京:中国大百科全书出版社,2006:264.

[10] 丁克兰. 定西市农村老年人抑郁状况调查研究[J]. 卫生职业教育,2013,(19):115-116.

[11] 中办国办. 关于进一步加强农村文化建设的意见[EB/OL]. [2005-11-07]. http://news. xinhuanet. com/politics/2005-12/11/content_3906616. htm.

[12] 新闻出版总署. “农家书屋”工程实施意见[EB/OL]. [2007-03-06]. http://www. gov. cn/zwgk/2007-03/28/content_563831. htm.

[13][18] 沈建华、李文博. 江苏精心实施农家书屋提升工程[N]. 农民日报,2014-05-06(1).

[14] 中山文广新局. 中山:村村建起农家书屋和农村文化室[EB/OL]. [2010-01-19]. http://www. gdwht. gov. cn/show. php? id=23327.

[15] 佚名. 天津3706个行政村实现农家书屋和村文化室全覆盖[EB/OL]. [2012-

10-17]. http://news. enorth. com. cn/system/2012/10/17/010141616. shtml.

[16] 玉珍. 西藏农家书屋、寺庙书屋工程建设综述[EB/OL]. [2012-04-26]. http://www. tibet3. com/news/content/2012-04/26/content_814930. htm.

[17] 郭铭华. "文化粮仓"香飘农家——全省农家书屋工程建设综述[N]. 黑龙江日报,2012-11-05(2).

[19] 青岛市文广新闻局. 关于实施"农家书屋"提升工程的意见[EB/OL]. [2013-05-21]. http://www. qingdao. gov. cn/n172/n24624151/n24627795/n24627809/n24627823/29183615. html.

[20][22] 曹姗姗、钱晶. 安徽省农村老年人现状调查研究[J]. 佳木斯教育学院学报,2013,(8):436.

[21] 段联峥、傅再军. 近郊和远郊农村老年人精神状况分析——以昆明市付家营村和安江村为例[J]. 云南农业大学学报(社会科学版),2014,(1):26.

[23] 中办国办. 关于进一步加强农村文化建设的意见[EB/OL]. [2005-11-07]. http://news. xinhuanet. com/politics/2005-12/11/content_3906616. htm.

中国现在的历史方位与努力方向

陶富源

摘　要: 中国经过60多年的发展,现在正处在由大向强、将强未强的历史方位上。规避中等收入陷阱,实现由大到强的转型升级,是我国现在所面临的历史难题和努力方向。我国有人民民主规范下共产党领导的强大国家组织力、放眼长远的战略规划、社会主义市场经济的发展模式、超大型经济体的规模集成等独特优势,以及长期发展所形成的内生新型动力。因此,在实现中华民族伟大复兴的征程中,面对种种困难和干扰,我们有理由满怀自信,从容应对;有能力刚劲有为,稳步前进。

关键词: 历史方位;转型升级;独特优势;从容应对;刚劲有为

1840年鸦片战争以来,中国人一直在做着一个梦,即国家富强、民族振兴、人民幸福的梦。经过170多年的奋斗,特别是新中国成立以来60多年的奋斗,现代中国人比以往任何时候都更接近这个梦想的实现。这从而意味着我国正处于一个重要的战略机遇期,抓住这个机遇,转型升级,就可能梦想成真;不过,这同时也意味着我国正处于复杂的干扰多发期,犹如登山,越上越难,如果举措失当,也会功亏一篑。当然,对这里的难度也不能夸大其词,更不能惊慌失措。西方有些论者的"中国崩溃论"、中国某些论者的"危险边缘论",都属不实之辞,不可听信。我们认为,中国梦的实现有困难、有办法、有希望。这里,就此谈以下四个方面的问题。

一、中国现在的历史方位

历史方位,是指在一定历史坐标系体系中,相关事物所处的位置。关于中国的历史方位,在社会主义坐标系体系中,它处于社会主义初级阶段;在世

作者简介: 陶富源(1945—)安徽师范大学马克思主义研究中心教授、博士生导师。

界现代化坐标体系中，它是一个发展中国家。把二者综合起来，可以说，中国是处于社会主义初级阶段的发展中国家。关于中国这一历史方位的确定，到目前为止仍是切合实际的、正确的，对此，必须有清醒的认识。但关于中国这一历史方位的确定，也必须随着中国社会主义现代化事业的推进，依据其不同发展时期的实际，加以丰富和充实，这样才能获得更为具体的说明。

按照邓小平中国社会主义现代化"三步走"的发展战略部署，从1980—1990年，中国人的温饱问题已经解决；从1990—2000年，初步小康的目标也已实现；我们现在正在为达到中等发达国家水平，即到21世纪中叶，为把中国建设成一个富强民主文明和谐的社会主义现代化国家而奋斗。

作为这第三步的前20年，即从2000—2020年的发展目标是全面建成小康社会。从党的十五大到十八大，再到十八届三中全会，关于全面建成小康社会的目标和要求，不断得到丰富和充实。十七大设想的到2020年实现人均GDP比2000年翻两番的目标，已经提前10年，即于2010年实现。也是在2010年，我国已超过日本成为世界第二大经济体。按照汇率法计算，我国GDP占到世界总量的1/10；与美国的相对差距也从2000年的8.3倍，急剧缩小到2.06倍。

2013年我国人均GDP已上升到6700美元。中国经济总量在全球经济中的比重已占到12.3%；与美国的相对差距也进一步缩小到1.79倍。

随着我国生产力、经济实力的快速发展，我国的科技实力也有了显著提高，人民生活水平、居民收入水平、社会保障水平得到了长足发展，综合国力、国际竞争力、国际影响力迈上了一个新台阶。也就是说，我国已处在一个由大向强、将强未强的历史节点上，这就是中国现在的历史方位。

这里的"大"主要是指数量或规模巨大。即从幅员、人口，特别是经济总量来说，我国已经是一个世界性大国。但从作为质量或内涵标示的"强"的角度来衡量，我国的人口素质、科技创新能力、经济发展质量，以及在国际格局中的话语权分量等方面，与世界强国特别是与美国相比还存在很大差距，因而我国现在还称不上是一个世界性强国。准确地说，我国正走在建设世界性强国的道路上。

比如，我国已成为世界主要农产品生产量第一大国，农业增长率第一大国，也是世界上目前现代农业生产要素——农用电力、农用机械、化肥、农药、现代育种等要求的使用大国。也就是说，我国农业生产力已有了显著提高，但也应该看到，我国农业基础薄弱的局面还没有从根本上得到改变，天气状况还在很大程度上制约着我国农业的发展。

又比如，我国现在已成为世界第一大制成品出口国，第一大制造业增加值国。2010 年已经打破了美国自 1890 年以来所占据的长达 120 年的世界头号工业大国的地位。2012 年中国已超过美国成为世界贸易冠军。美国的外贸总额为 3.83 万亿美元,中国则为 3.87 万亿美元。但在世界工业产业链条中,除机电产业和重型机械产业以外,中国还处于中低端向中高端的提升之中,我国产品的国际知名度还比较低。也就是说,到目前为止,产业链的高端基本上还是掌握在发达国家手中。

再比如,我国高等教育人口已从 1956 年的几十万扩大到 2011 年的 1.2 亿人,从事科技工作的专业人员也从 1956 年的近 100 万,扩大到 2012 年的 5800 万;中国的发明专利申请量已经居世界第二位,国际发明专利申请量已居世界第四位;在国际学术期刊发表论文数居世界第二位,占世界总数的比重也已从 2001 年的 4%,上升到 2011 年的 15%,科研论文被引用次数跃居世界第六位,研究和试验经费支出占世界第二位。到目前为止,中国特色国家创新体系建设已取得重大进展,我国科技创新能力显著提高。但也应该清醒地看到,我国科技工作总体上仍以跟踪模仿为主,原创科学成就和自主创新的关键核心技术还比较少,要走出一条中国特色的科技创新之路,还要付出艰苦的努力。

最后,从国际影响力来说,中国对世界发展做出了重大贡献,被世界上越来越多的人所看重。这里的贡献可以归纳为四个方面。一是增长贡献。即中国已成为世界经济增长的第一大发动机。以 2012 年为例,按汇率法计算,中国对世界 GDP 增长的贡献率为 31.73%,是美国 10.20% 的三倍。二是贸易贡献。即中国已成为世界贸易增长的第一大引擎。以 2011 年为例,按汇率法计算,中国对世界贸易增长的贡献率为 19.48%,是美国 7.31% 的 2.66 倍。三是减贫贡献。即中国是全球减贫的最大贡献国。1981—2005 年,世界发展中国家贫困人口共减少 6.56 亿人,其中中国减少 6.24 亿人,对全球减贫的贡献率为 91.5%。同期印度减贫 2960 万人,其贡献率为 4.5%。四是发展经验贡献。这里主要是指中国没有重演西方崛起的血腥历史,而是用和平方式走进了世界文明的制高点,不仅给中国人民而且给世界人民带来了实实在在的利益。这对现代化的西方模式及其长期所占据的统治地位构成了巨大挑战,将极大地吸引广大发展中国家学习借鉴中国发展的经验。然而毋庸讳言,到目前为止,中国对世界的贡献还不大,中国在完善全球治理体系的建设中,所提出的中国方案、贡献的中国智慧、提供的公共产品还不多,中国的国际影响力还不强①。

① 玛雅:《中国自信——中国为什么能》,北京:联合出版公司,2013 年,第 9、10 页。

由于我国正处于由大向强、将强未强这样一个历史方位，因而实现由大到强的转型升级，也就成为我国所面临的历史难题和努力方向。

二、中国面临的历史难题和努力方向

为什么要把由大到强的转型升级称为中国所面临的历史难题？这是因为：由大到强在经济上主要表现为，要从人均收入的中等收入阶段进入高收入阶段。而发展中国家现代化的历史表明，在人均收入进入中等收入阶段以后，原先的发展模式已经不可持续，需要创新发展模式。这个阶段一般会持续 15 年左右，如果措施得力，就会从中等收入国家跃升为高收入国家，从而得以从发展中国家上升为发达国家；反之，则会陷入“中等收入陷阱”。

“中等收入陷阱”，是世界银行于 2006 年发表的《东亚复兴——关于经济增长的观点》的研究报告中首次提出来的。这个概念一经提出，就引起了广泛的关注。

中等收入是相对于低收入和高收入而言的。世界银行于 2009 年依据人均收入把世界上的国家和地区分为四类：一是人均 GDP 低于 995 美元的低收入国家和地区；二是人均 GDP 从 996—3945 美元的下中等收入国家和地区；三是人均 GDP 从 3946—12195 美元的上中等收入国家和地区；四是人均 GDP 在 12195 美元以上的高收入国家和地区[①]。按照这个分类，所谓中等收入大体是指人均 GDP 从 1000 美元到 12000 美元这样一个区间的收入。

中等收入陷阱是指一些国家和地区从低收入过渡到中等收入阶段以后，以往快速发展中所积累的各种矛盾会集中爆发，如果不能实现发展方式的转变，将难以产生新的增长动力，于是经济增长回落和长期停滞，从而导致社会问题突出，以致社会动荡。

可见，中等收入陷阱，对处于中等收入阶段的国家和地区来说，这是一个不容回避的发展风险，是一个必须认真面对的历史课题。当然是否落入中等收入陷阱，则应另当别论。即它不是必然的命运，比如日本和东亚“四小龙”就曾在发展中规避了中等收入陷阱；但它也绝非偶然的例外。比如包括巴西、阿根廷、哥伦比亚等在内的不少拉美经济体，几乎同时在 20 世纪六七十年代进入中等收入阶段，但经过 30 多年的发展，至今还没有一个进入高收入国家的行列。又比如，包括马来西亚、印尼、泰国等在内的不少亚洲经济体在许

---

① 王珺：《中国经济的发展阶段，企业组织与金融体制改革》，载《新华文摘》2012 年第 22 期。

多年中也徘徊、停滞于中等收入阶段。

那么世界上不少发展中国家和地区为什么会落入中等收入陷阱呢？就表层原因来说，是其经济的内在驱动力和国际竞争力不足。在这个表层原因的后面还有一些深层原因。其中最根本的原因是政府干预不力。

这些经济体的内在驱动力不足，表现为投资动力不足，或是消费动力不足，或二者兼而有之。造成投资动力不足的原因是各式各样的，归纳起来大体有二：一是资金缺乏，不能从银行获得需要的贷款，没有钱办不了事。二是投资环境不利。比如，政治不稳定、法制不健全、行政不当干预、腐败盛行，以及基础设施落后等，都会削弱或消解投资动力。另外，造成消费动力不足的原因也是多方面的。比如，一个国家或地区的失业率过高；或收入分配不公，收入差距过大；或缺少必要的社会福利保障等，都会导致消费动力不足。总之，经济发展须有投资和消费两轮驱动，不然，就走不稳、走不快、走不远。

这些经济体的国际竞争力不足，也有两个原因：一是这些国家和地区进入中等收入阶段以后，由于劳动力和资源的成本上升，产品的价格优势不再，因而其在低端市场上，这些国家也就难以与那些仍处在低收入阶段的国家进行竞争。二是这些进入中等收入阶段的国家和地区，由于自身创新能力长期得不到提高，因而也就难以实现发展战略调整和产业结构的升级，长期处于产业链的中低端。于是在国际市场上，这些国家也就无法与处在高端的西方发达国家抗衡，从而导致出口受阻。不仅如此，这些国家还势必会成为西方高收入国家进行经济掠夺和转嫁危机的对象。如此一来，在低收入国家和西方发达国家的双重抵压下，中等收入国家的经济发展必然举步维艰，甚至陷入困境。

我国 2001 年人均 GDP 为 1042 美元，2010 年达到 4000 美元，已进入上中等收入国家行列。我国面临的问题与其他发展中国家有不少相似之处，也就是说，我国也有落入中等收入陷阱的风险。那么出路何在呢？出路在于要千方百计提高我国经济的内在驱动力和国际竞争力。这里有几个方面的问题要解决好。

第一，正确处理政府与市场的关系，进一步激发市场活力。党的十八大报告指出，“经济体制改革的核心问题是处理好政府和市场的关系”①。这个关系有两个方面：一是要发挥市场在资源配置中的决定作用，其实质也就是让价值规律、竞争和供求规律等市场经济规律在资源配置中起决定作用；二

① 胡锦涛：《坚定不移沿着中国特色社会主义道路前进为全面建成小康社会而奋斗》，北京：人民出版社，2012 年，第 20 页。

是要加强政府对市场经济的驾驭能力。要针对市场失灵的方面,实施相应的政策、法律和行政管理,促进经济社会全面协调可持续发展,不断提高政府管理经济和促进社会发展的水平。

改革开放30多年来,随着市场化改革的不断深入,我国绝大多数领域的资源配置已基本通过市场进行。但在经济的一些环节上,政府干预过多、干预不当的情况还严重存在。这表现在从上到下各式各样的行政审批制度的设置,和为着地方政绩的各种限制政策和优惠政策的实施。比如,低价供地、税收减免、财政补贴等的举措,从而导致价格扭曲、资源低效配置,乃至产生浪费。同时这也为一些政府工作人员利用手中握有的行政审批权搞权力寻租提供了空间。现在中央提出要部分取消和简化审批事项,实行"非禁即入、非禁即行"的原则。即在没有法律明文禁止的范围内,人们可以自主择业,自主选择经济活动。这就有利于最大限度地激发广大群众的积极性,激发各类市场主体的创业、创新活力,进一步解放和发展生产力。

第二,调整经济结构,促进持续发展。我国经济的飞速发展,付出的代价也很大,从而引发和积累了一些深层矛盾,突出表现在动力结构失衡、产业结构不协调、要素利用率低下、环境损害大、空间布局不够合理等方面,因而需要通过经济结构调整来加以解决。

从动力结构看,我国经济发展的三驾马车:投资、出口、内需在匹配上很不均衡。多年来,我国经济增长形成了对国际市场的过度依赖。我国出口占总需求的比重,与世界上其他一些大国相比,要高出1~2倍左右,这是不可持续的。同时,投资率偏高,消费率偏低。中国的消费率从1978年的62.1%降低到2010年的47.4%,而同期投资率则从38.2%上升到48.6%①。消费不足又与收入分配结构不合理相关。居民收入在国民收入分配中的比重偏低,影响了居民消费水平的提高。因此,我国经济要得到健康发展,必须实现由主要依靠投资、出口拉动,向主要依靠内需拉动转变。

从产业结构看,主要是三产发展不协调。这表现在农业基础薄弱、工业大而不强、服务业发展滞后,部分行业产能过剩。比如,2013年,我国一、二、三产业占GDP的比重分别为10%、43.9%、46.1%。第三产业首次超过第二产业,这是可喜的。不过,这也才达到一般低收入国家的水平。第三产业包括生产服务和生活服务两类。如果这两类服务不到位,那么也就对促进生产和拉动消费造成不利影响。第二产业在国内生产总值中所占比重过高,也加大了资源环境压力和就业压力,制约着国民经济总体素质的提高和经济的持

① 中国国家统计局:《中国统计年鉴2011》,北京:中国统计出版社,2012年。

续发展。

从城乡结构看，世界上所有发达经济体，都不是以农业经济为主，而是以城市经济为主。也就是说，城市经济是高收入经济体的共同特征，也是拉动经济发展的主引擎。城市经济能使各种生产要素流向城市，达到集约、规模、高效使用，从而极大地促进经济发展。因此工业化总是伴随着城镇化。据统计，发达国家城市化率一般已接近80%，人均收入达到上中等的发展中国家，城市化率也在60%以上。到2013年，我国的城镇化率才达到53.73%。这种状况也就制约着产业结构的升级，影响着国内需求的扩大。因此，加快我国的城镇化进程是经济结构调整的重要内容。

第三，提高自主创新能力，提升国际竞争力。多年来，我国利用后发优势，极大地促进了经济增长。所谓后发优势就是利用廉价劳动力资源，引进初级和中级技术，即可缩小与发达国家的技术差距，提升劳动生产率，从而带来人均收入的增长。而且在这个阶段上，我国低附加值的低端产品的生产和出口，对发达国家也起到了不可或缺的补充作用。因为中国为发达国家生产的这些产品是其不再愿意生产或已经不能生产的。另外，这些产品物美价廉，既改善了发达国家人民的生活，又有助于消解其通胀压力。可现在情况变了。中国经济发展把中国科技带动了起来，我国的科技水平与国际技术前沿的距离正在逐渐缩短。这就对发达国家长期占据的高技术产业的垄断地位构成了挑战，产生了威胁。如果说，当年的日本和东亚"四小龙"在崛起的过程中，因其处于东西方冷战的前沿位置，西方发达国家为了借力，不仅未对其打压，而且还给予种种优惠的话，那么对社会主义中国的崛起来说，则不会有这种便宜事。也就是说，以美国为首的西方发达经济体一定会制造种种借口，比如会借安全为由搞贸易保护主义，搞技术封锁，特别是限制对中国高技术产品的出口。

面对此种状况，我们别无选择，只有持续增长人力资本（教育）与科技创新（研发）的投入，增强自主创新能力，培育自主品牌，发展高科技工业，增强国际竞争力。这在高速铁路工程建设和装备研制等方面已有不少令人称道的成功例子。

需要指出的是，关于政府与市场关系的正确处理、经济结构的调整，以及创新能力的提高等，都需要多种力量，包括政府力量、企业力量和社会力量的协同作用。但其中起核心作用的只能是政府的力量，或政府的有效干预。因此，从根本上说，进入中等收入阶段的经济体能否规避中等收入陷阱，其关键在于政府能否进行有效的干预。在这方面，日本和东亚"四小龙"提供了正面的经验。这些国家和地区的政府对促进经济发展阶段的顺利转型、保持经济持续稳定发展发挥了重大作用。与日本和东亚“四小龙”相比,拉美国家则提供了政府干预不力的反面教训。这些国家在进入中等收入阶段以后,没有根据经济发展阶段的变化和工业化进程的演进,推动发展战略和经济结构的调整,导致生产的低层次重复,经济增长乏力,贸易状况逐渐恶化;没有采取有力措施,合理调整收入分配,某种程度上放任了分配不公和收入差距扩大的趋势;没有从宏观上采取措施,控制通货膨胀和债务风险,导致宏观经济不稳,经济社会矛盾积累和激化。总之,国家组织力薄弱所导致的政府干预不力,是拉美国家落入中等收入陷阱的一个根本原因。

现在中国也正面临着规避中等收入陷阱这一历史任务。在这个过程中,中国无疑要吸取借鉴世界上一些国家和地区在这方面的经验教训,但更重要的是,要注意总结和发挥中国自己的独特优势。因为这些外来的经验教训,只有在发挥中国自身优势的基础上,才能真正变成对自己有用的东西。不仅如此,还因为中国自己的独特优势是中国自信和中国力量的根基和源泉。很显然,如果没有中国自信和中国力量,那么所谓规避中等收入陷阱,实现中国从大到强的转型升级,也就只能是说说而已。因此,科学概括和说明中国的独特优势以及以此为前提所孕育的内生新型动力,意义重大。

三、中国的独特优势及内生新型动力

中国的独特优势和内生新型动力植根于中国特色社会主义实践。这里的中国特色并非中国特异,而是对世界上一切优长的中国式社会主义的集成、创新。因此,中国的独特优势和内生新型动力是中国特色社会主义本质内涵的集中体现和表现。下面就此从五个方面来展开具体说明。

(一)人民民主规范下共产党领导的强大国家组织力

近代以来的政治是政党政治,即政党主导的政治。政党政治,从其实质来说,有国家型政党政治与派别型政党政治的分野。所谓国家型政党政治,即由代表广大人民利益和维护国家整体利益的政党所主导的政治;所谓派别型政党政治,是由代表家族利益,或地方利益,或集团利益等的派别型政党所主导的政治。

中国的政党政治,是在人民民主规范下共产党领导的政治。人民民主制度规定,全国人民代表大会是国家最高权力机关;共产党的执政权来自人民的赋予;它必须在作为人民意志体现的国家宪法和法律的范围内活动;它必须接受人民的监督。在中国,人民民主制度从根本上保障了中国共产党所领导的政治是国家型政党政治,从而与世界上那些资本主义国家的派别型政党政治从根本上划清了界限。作为一个根本原因,也使中国共产党没有像苏联、东欧社会主义国家的共产党那样蜕变为"贵族党""特权党",从而保持了国家型政党的本色。

中国共产党作为国家型政党,这一根本性质决定了它能够为广大人民的利益和国家的整体利益,带领、团结、组织各民主党派、各社会界别、广大人民群众,通过民主制度安排,特别是协商民主的制度安排,有序参政、议政、理政。这样既保证了共产党一党执政所具有的权威和效率,又避免一些国家一党执政的专横和腐败;既保证了共产党一党执政的开明和包容,又避免了一些国家两党或多党政治的纷争和恶斗。在这个问题上,西方主流观点脱离人民民主规范,把中国共产党的一党执政说成是一党独裁,或一党专政,这实在是对中国政党政治的一种误读,是必须予以澄清的。

诚然,人民民主规范下的共产党一党执政制,也是在曲折中不断总结经验而获得改进和完善的。以毛泽东为代表的中共第一代领导集体确立了人民民主规范下共产党一党执政的基本制度安排;以邓小平为代表的中共第二代领导集体为了防止个人专断和继承危机,进一步落实了中共中央集体领导制,逐步建立了干部任期制和接班制;以江泽民为总书记的中共第三代领导集体为解决执政能力问题,进一步创新和发展了人才选拔和内部竞争机制;以胡锦涛为总书记的中央领导集体和以习近平为总书记的中央领导集体为提升党的组织领导能力和反腐防变能力,进一步加强了全党的统筹、协调、权力监督制衡和反腐倡廉等的机制建设。当然,到目前为止,人民民主规范下的共产党一党执政制还有许多不足和缺陷,还有待进一步发展和健全。但从总体上说,人民民主规范下的共产党一党执政制不仅不是我国的负资产,而且还是一笔极大的正资产,它构建了强大的国家组织力这一中国特有的政治优势。

正因为有了这个优势,才维护了全国的团结和统一,而没有像苏联那样一分为十五,像南斯拉夫那样一分为六,像捷克斯洛伐克那样一分为二;才维护了大局的稳定,而没有使敌对势力所希望的"颜色革命"在中国发生;才使大政方针的决策更有效率,也更有执行力,从而战胜了前进道路上的种种困难,用60多年走过了西方发达国家一百年,以至两三百年才走完的工业化道路。中国共产党领导的强大国家决策力和执行力,它的杰出表现和巨大成就,已为世界上越来越多的有识之士所肯定和赞扬。这就难怪美国《纽约时报》著名专栏作家托马斯·弗里德曼在其《地球是平的》一书中会呼吁:在二十一世纪,"让我们做一天中国"。其意思是说,在二十一世纪,美国哪怕有一天能像中国那样进行高效决策,该有多好!当然,这里表达的只是作者的一个良好愿望。

我国走过的历史启示我们:大力发挥人民民主规范下共产党领导的强大国家组织力这一中国的独特优势,必将从政治上保证我国能规避中等收入陷阱,实现从大到强的转型升级。在这里,对那种"多党制"的蛊惑,要有清醒认识,要坚决加以抵制。不然,不仅谈不上所谓独特优势,相反,恰是民族的灾难。因此,切不可上当受骗。

(二)放眼长远的战略规划

在国家型政党政治中,作为执政党的中国共产党,由于能化解和超越派别性利益的干扰,因而能对符合国家长远利益的问题做出规划并付诸实施。这是中国共产党领导的强大国家组织力的一个方面的重要体现。比如,毛泽东在1954年第一届人大开幕词中所提出的经过几个五年计划把中国建设成伟大国家的战略、其后邓小平提出的"三步走"发展战略,都是这种伟大而长远的战略。说其伟大,是指它力图改变全中国人民的命运,使国家强大起来;说其长远,是指其宏伟设想时间跨度大。比如,邓小平的"三步走"发展战略其时间跨度竟有70年之长。

邓小平的"三步走"发展战略,在中国早已家喻户晓,甚至习以为常,实际这是一件很了不得的事情。澳大利亚前总理霍华德曾认为,这是一个了不起的设计。瑞士学者胜雅律也认为:中国人善于进行长远规划,这一点西方人有所不及,应该向中国人学习。那么在这一点上,西方人为什么会有所不及呢?在我看来,不是因为他们不聪明,而是其政党制度使然。按西方的政党制度,每4年或5年进行一次大选。通过大选,不仅可能换人,而且可能换党,因而在这种不定中,不要说搞长远规划,就是搞五年规划,也属多此一举。一届政府最多5年,第一年忙于熟悉情况,最后一年又忙于下届大选,实际能真正放手做事的也就三年左右时间。在这两年或三年中,每届现政府所热衷的既不是为前届政府的未竟之业续写辉煌,也不是为后届政府的未启之业铺路搭桥,而是短平快地创造自己的政绩。正如美国学者道格·格思里所指出的:"西方国家往往无法摆脱短期思维,而且缺乏对决策后果的担当"①。

是囿于短期思维,还是放眼长远进行规划,这对一个国家的发展来说,事关重大。因为长远规划是一个宏伟蓝图,有了这个蓝图,就像走路有了目标和方向,就可以在思想统一和行动统一上起凝心和聚力的作用。每个社会成员对社会有了预期,就可以把个人发展目标与国家发展目标协调对接,

---

① 参见《参考消息》2012年7月4日。

从而在国家发展中找到自己的位置,激发自己的积极性,也使整个社会充满生机和活力。有了长远规划,就可以为一些重大问题寻找一流、长远的解决方案,而不纠缠于一时得失,不满足于权宜处置;就可以分清轻重缓急,合理利用各种资源,有步骤地开展工作。人们往往惊叹“三北防护林建设工程”、三峡工程,以及西电东输、西气东送等大工程、大项目的成就与壮观,然而追溯起来,可以说,如果没有长远规划,这些大工程、大项目的实施,是不可想象的。

从以往的历史看,进行长远规划是我国取得巨大成就的一条基本经验。坚持运用这一基本经验,对我们提高理性自觉,通过规划统筹各种力量,提高规避中等收入陷阱的应对能力,实现从大到强的转型升级也将发挥重要作用。

诚然,在社会主义现代化建设中,共产党领导的强大国家组织力和长远的战略规划都必须通过一定的经济发展体制或模式来体现和落实。经过长期探索和实践,我国找到了实现现代化的发展模式:社会主义市场经济。这是中国的又一独特优势。

(三)社会主义市场经济的发展模式

什么是社会主义市场经济,有种观点认为,社会主义市场经济就是计划+市场的经济。这种观点早已被邓小平所否定。他说,计划不是社会主义的本质特征,资本主义也有计划。另有观点认为,社会主义市场经济,就是包括计划在内的国家宏观调控+市场的经济。这一观点也不能成立。因为现代资本主义市场经济也是进行国家宏观调控的市场经济。可见,无论是计划,或宏观调控,还是市场,都只是发展经济的手段,而不是目的。社会主义市场经济的目的,就是全中国人的公平生活水准的提高。在经济生活上,就是邓小平所讲的共同富裕。简单地说,社会主义市场经济,就是用市场经济手段来提高效率,用社会主义制度来保障公平。

公平是社会主义社会的本质特征,是社会主义社会区别于以往剥削阶级社会,包括资本主义社会的一个根本标志。然而苏联模式的社会主义在否定阶级差别的同时,又否定了劳动差别和市场竞争原则,及其对生产力发展的推动作用。于是这种脱离生产力发展所一味追求的公平,实际搞的是平均主义,因而这种模式的社会主义也就成为没有前途的社会主义。正是总结了这一经验教训,因而开放搞活建立市场经济,也就成为中国改革开放的首要目标。然而中国拒绝市场原教旨主义,坚持社会主义市场经济的改革方向。这样,既使中国坚持了社会主义,又克服了苏联模式的封闭、僵化,使中国社会主义成为充满生机和活力的社会主义;既发挥了市场在资源配置中第一位的作用,又避免了非洲一些国家自由市场导向的“结构调整”和俄罗斯“休克疗法”的失败,还成功抵御了国际金融危机的冲击。不仅如此,还使中国在解决矛盾、化解风险的过程中获得了巨大发展。

中国社会主义市场经济为什么能取得如此佳绩,其中一个根本原因在于,社会主义在这里不仅是价值导向,而且是体现和实现这种价值导向的制度安排和雄厚实力。中国社会主义市场经济坚持公有制为主体,多种经济成分在市场竞争中共同发展。所谓公有制为主体,主要是指关系国家安全和国民经济命脉的基础性、战略性、前瞻性产业,包括金融、石油石化、电力、通信、运输、矿业、水的生产和供应业,以及高新技术产业等,实行国有,或发挥国有资本的支撑、引导和带动作用。社会主义市场经济体制下,国有企业和私营企业扮演着不同角色,发挥着不同作用。国有企业像强大的野战军,在经济社会发展、民生改善和风险防控等方面起着稳定大局的作用。也就是说,中国市场经济的宏观调控不仅与现代西方市场经济宏观调控的目的不同,而且其手段和效果也不可等量齐观。西方国家所能采用的手段,超不过财政政策和货币政策的范围。除此之外,中国政府还可以采用手中掌握的土地资源、战略资源、金融资源,以及一大批表现不俗的大型国有企业,来实现宏观调控的目标。国有企业,特别是大型国有企业也是中国经济国际竞争力的主要载体,是可以与国际知名企业一争高下的中国经济的航空母舰。据《财富》杂志数据库 2014 年 7 月 8 日公布的资料,中国内地国有企业跻身世界 500 强的已有 83 家(加上香港和内地私营企业共入选 91 家),内有三家跻身十强。这样中国已成为入选前十强最多的国家(美国有两家)。正因为中国有这么一大群经济航空母舰,才使中国经济保持了自主型而非依附型经济的地位,才使中国经济在世界经济海洋中破浪前进,而没有像许多发展中国家的经济那样沦为外国跨国公司的附庸和拿捏的对象。私营企业在中国经济中就像地方部队,其数量庞大,且灵活性、创新性不让其他,有的已在国际竞争中崭露头角。中国的国有企业和私营企业之间的相互竞争、相互合作,已经形成了相互带动、共同发展的新格局。改革开放 30 多年来所取得的巨大成就说明:国有经济与私营经济这两条腿在市场竞争中共同作用,比公有经济(以国有经济为主)一条腿起绝对支撑作用的苏联社会主义经济模式,以私营经济一条腿起绝对支撑作用的资本主义经济模式要走得快、走得好。可以预见,中国社会主义市场经济发展模式这一优势,对中国规避中等收入陷阱、提升中国的国际竞争力、实现由大到强的转型升级也将发挥关键作用。在这里,对私有化的喧嚣,要有鲜明的立场,要坚决予以反对。公有制为主体,这是社会主义的制度安排,是社会主义的命根子。如果把它搞丢了,中国也就没有希望了。因此，对此绝不能掉以轻心。

(四)超大型经济体的规模集成

“大”并不必然是优势。俗话说，大有大的难处。其难在构成因素多、矛盾多。如果不加组织、协调，以至杂而乱，那么大就不仅不是优势，而恰恰是劣势、是包袱。一盘散沙的旧中国就表现了这种劣势。中国共产党领导的强大国家组织力，其一个方面的表现就是实现了全国人民的大团结，实现了中国作为一个超大型经济体的规模集成，干成了一些中小国家甚至一些大国不能干或干不好的事情，从而形成了巨大的规模效应和整体竞争力。

1. 利用规模优势，经济而高效地推进全国联通的基础设施建设

中国的高速公路网、高速铁路网、全国输电联网和“输电高速公路”、海运、港口、光缆线路等的建设，都极大地节约了资源，提高了整体效率，改善了中国的投资环境，促进了各种资源的便捷流通。对此，美国前能源部长比尔·理查森颇有感触。他曾在美国《能源日报》网站上发文，抨击美国输电系统被地方利益集团分地而治，以致造成电力一地过剩而另一地不足并存的状况。他推崇中国的“输电高速公路”建设，以经济高效的方式实现电力横跨全国的远距离输送[①]。不过，他要美国在这一点上学中国，至少在目前情况下尚无可能。

2. 利用规模优势，支撑和拉动高技术产业发展

现代产业的发展，有两个必备条件：一要技术领先，二要有相当的国内市场规模。因为高技术产业往往也是特别费钱的产业，如果没有与一定市场规模相联系的高市场回报，特别是其成长阶段的国内高市场回报，那么它是发展不起来的。比如新加坡和我国的台湾地区，就不可能建立自己的航天工业，也不可能建立一个高铁产业系统。相比之下，由于中国大陆市场规模巨大，我国上述产业虽然与世界上一些先进国家相比，起步较晚，但一旦起步，发展会很快。中国的再生能源技术和产业与上述情况类似。中国现在已经成为世界上风电、太阳能发电技术的领跑者，以及太阳能电池板、风轮机的主要出口国。

3. 利用规模优势，作为提升国际竞争力的筹码

中国市场对外资为什么具有吸引力，其中一个主要原因是中国人口多、市场规模大。这样一来，中国就可以对外资的进入设立很多特别的、在一般情况下跨国公司不能答应的条件。比如投资方向、技术转让等条件。中国高铁的跨越式发展，就是利用国内市场的巨大规模，推动外方整体性、系统性的

---

① 参见《参考消息》2014年1月16日。

技术转让,通过再创新而实现的。不过,在这方面,我们也有不少教训,因而有待进一步提高理性自觉。

4. 利用规模优势,促进中国形成了世界上少有的较为完整的科技体系和产业体系

不管是苏联、南美一些国家、西欧的中等国家、将来的印度,都不可能搞成中国如此庞大、完整的科技体系和产业体系。其原因,一是中国规模大,有这样的需要;二是人家逼的。一些世界性强国不愿看到中国强大,实行封堵,迫使中国自力更生,走自我完善之路。不过,坏事变成了好事,有了这样一个体系也就大不一样。犹如一块荒地,把它修整成了可排可灌的熟地,至于在上面种什么作物,如何提高产量,那就容易得多了。这个较为完整的科技体系和产业体系,就是中国学习、模仿甚至超越世界先进技术的一个根本性基础。我国进入世界科技前列的卫星导航技术、以“天河二号”为代表的超级计算机技术、铁基高温超导技术、特高压输电技术等,就是在这个基础上发展起来的。

5. 利用规模优势,提升中国国际影响力

如前所说,到目前为止,中国仍然是一个处于社会主义初级阶段的发展中国家,中国的人均收入还位列世界80多位,但中国人多体大,因而中国的崛起,既不同于19世纪人口以千万为单位计的英法德等国的崛起,也不同于20世纪人口以亿为单位计的美日的崛起,而是21世纪人口以10亿为单位计的一个超大型经济体的崛起。加之,中国在共产党领导下上下一心,举国向前,因而作为一个发展中国家,它在国际舞台上担当了一些发达中小国家所不能担当的重要角色,成为多极世界中重要的一极而发挥着举足轻重的作用。

(五)长期形成的内生新型动力

中国上述独特优势的形成和彰显,在这过程中,孕育了中国勃勃的内生新型动力,即促进中国由大到强的转型升级的力量。这表现在以下几方面:

1.“东中西”互动发展的格局已初步形成

通过西部大开发和中部崛起战略的实施,东部沿海地区在中国发展中一马当先的格局已经改变,现在中西部地区的投资增速和经济发展速度已经超过东部沿海地区,其承接东部产业转移的能力已有大幅提高,其开放型经济也已驶入快车道,而成为中国经济新的增长板块。

2. 城乡融合发展的条件已经具备

中国的城镇化率刚刚达到世界平均水平,其上升空间很大。从中国三产的比例结构和城乡的就业结构来看,劳动的就业分布大体为,第一产业不足10%,第二产业约40%,第三产业约50%。也就是说,已有超过三亿的农村户

籍人口目前在城市居住和就业，使这部人逐渐成为城镇居民，将有助于经济的稳步增长，有助于促进城乡一体化发展。

3. 综合竞争优势开始显现

我国经济的传统优势，是劳动力和资源的廉价优势，现在这一优势已经弱化。通过加强知识产权运用和保护、健全技术创新激励机制、大力培育和引进高层次人才、创新对外投资方式、鼓励企业并购等的措施，代之而起的人才、资本、技术、服务、品牌等为核心的综合优势正在逐步形成。据国家统计局公布的数据，2013 年规模以上工业增加值增长 9.7%，其中高技术制造业增加值增长 11.8%，后者高出前者 2.1%。这一发展势头现在正进一步向好。2014 年上半年，规模以上工业增加值增长 8.8%，其中高技术制造业增加值增长 12.4%，后者高出前者 3.6%。

4. 经济和社会建设同时并进已初步取得成效

过去许多年中，追求超高速经济增长，社会公共事业发展滞后。近 10 年，特别是近 5 年来，这种情况已有所改变。公共住房、医疗、低保、教育等的保障体系的建设已取得阶段性成就，社会需求潜力正在得到释放。近年来，内需已成为拉动我国经济的主要动力。据统计，2014 年上半年最终消费对 GDP 增长的贡献率为 54.4%，已超过 48.5% 的投资贡献率 5.9%。

5. "走出去"步伐加快

从贸易大国到投资大国，从商品输出到资本输出，是开放型经济转型升级的必由之路。为了促进这种转变，国家采取了一系列措施，支持企业加快走出去的步伐。近 10 年，我国对外投资以年均 40% 以上的速度高速增长，累计对外直接投资超过 5000 亿美元，现已跻身对外投资大国的行列。这一趋势的发展，必将带动中国商品输出、技术输出和劳务输出的发展，必将对我国改革开放和现代化建设产生深远影响。

总之，中国的独特优势明显，内生新型动力抢眼，以往所取得的成就举世瞩目。因此，面对内外困难和干扰，当代中国人最没有理由自卑，而应从中华民族振兴的这一根本利益出发，以宏大气魄和胆识，坚持自己的应对策略选择。

四、中国的应对策略选择

邓小平曾经说，不发展是问题，但发展起来问题可能更多。他的这一预言现已获得证实。比如，过去的平均穷不行，可当一部人一部分地区先富裕起来以后,又导致了贫富差距的拉大;过去工业不发展,田园风光,山清水秀,可现在工业化、城镇化的推进,又造成了环境污染,生态恶化;过去在解决温饱的时候,需求单一,满足起来相对简单,可现在生活水平提高了,需求向多样化、高档化发展,这样一来,与实现条件的矛盾突显起来,不满也就随之增加。所谓"举起筷子吃肉,放下筷子骂娘",就是对这种状况的一种生动写照。又比如腐败问题,尽管党和政府以最坚决的方式打击腐败,但腐败依然频发。从外部因素看,当今世界正发生着前所未有的复杂变化,一方面,新兴国家和广大发展中国家群体性崛起;另一方面又充满许多不确定,存在许多威胁,既有传统威胁,也有新的威胁。崛起的中国虽然奉行的是和平发展战略,但仍然面临着美国及其盟友日本的挑衅、威胁和遏制。面对内外种种困难和干扰,中国老百姓最担心的是"变""乱""战"。即担心出现苏联那样的"变天","阿拉伯之春"那样的"动乱",以及美日把战争强加到中国人头上。怎样看待这些担心呢?这里有几个问题提出来,谈一些体会。

(一)中美可以避免重蹈老路

这里的老路,是指历史上那些世界性大国在相互关系处理上的冷战对抗冲突之路;新路,是指中国领导人所提出并得到美国总统奥巴马回应的建设新型大国关系之路,即和平发展合作之路。

中美为什么可以避免重蹈老路呢?因为:第一,战争不解决问题。中美冲突没有赢家,只能两败俱伤。当年美苏两个超级大国,虽然冷战对峙 40 多年,但冷战并没有发展为热战,其原因也在这里。在现代,不要说大国之间的矛盾不能通过战争解决,就是大国与小国的矛盾也不一定能遂大国之愿,通过战争来加以解决。比如,如此强大且得到盟国支持的美国,十多年前先后入侵人口只有区区 2800 多万的小国阿富汗、伊拉克。在一般人看来,岂不是巨石击卵,易如反掌。然而谁曾料到,前者耗时 13 年,后者耗时 8 年,竟没有能把骨头啃下来,结果只能带着巨大伤痛和无尽烦恼卷铺盖走人。如此看来,时代真的变了,进步了。何况中国不是伊拉克、阿富汗。我想,这一点,美国人会掂量。第二,中美关系不同于当年的美苏关系。美苏都想称霸世界,因而在战略上互为对手,一切行动都是以制服对方为目的,又由于相互间经济联系很少,以至于下起狠手来毫无顾忌。与之不同是,中国永远不称霸。中国党和政府只想把自己的国家建设好,使中国人民过上踏实、安宁和幸福的生活,并真心希望与美国和世界其他各国共谋和平发展合作。更为重要的是,中美利益交融不断增强。在经济上,中美经济依存度不断提升,两国经济交流合作日趋紧密,共同利益不断增多。这将推动美在对华关系上采取审慎务实的态度。在安全上,中美分别作为最大的发展中国家和最大的发达国家，在维护和促进国际与地区和平稳定，应对反恐、防核扩散，处理全球性挑战以及一些地区热点问题上，都需要相互间的合作与支持，因而中美两国可以在战略上实现互利双赢。

不过话说回来，美国作为世界上唯一的超级大国，自命不凡、高高在上久矣。因而它对中国的快速崛起，必然会感到不习惯、不舒服，甚至产生危机感。按照以往冷战思维的惯性逻辑，为了维护其霸权，美国不会容许世界上有一个国家或地区组织不听使唤，甚至与其平起平坐。不管是当年作为对手的苏联，还是作为盟友的20世纪70年代风头正盛的日本，或现在的欧盟，在这一点上，美国是从不手软的。因此，对于中国的崛起，美国也决不会坐视不理。虽然其国力下降，也颇有些力不从心，但它还是要在亚太地区加强军事部署，强化同盟，以及实施亚太再平衡战略。其目的倒不是挑起战争，而是对中国加以牵制防范、施压遏制。可见，要美国摆脱冷战战略，真正对中国平等相待，并不是一件容易的事，还真要假以时日。对此，中国要有战略耐心，要沉着淡定。首先，中国的相对优势在上升，美国的相对优势在下降，这是一个不争的事实，因而时间在我一边。其次，随着中国综合国力的极大提升和中国全方位外交格局的形成，任何用武力围堵中国的努力都不能得逞，都必然会失败的。再次，要坚持与美国合作共赢的战略不动摇，为新型大国关系的建构不断增加正能量，同时对美国的遏制、施压展开有理有利有节的斗争，尽量减少和排除影响中美关系健康发展的负能量。最后，也是最主要的，中国要把自己的事情做好。要坚信，在中国不断强大、足够强大之后，美国为着自己的利益，也会不得不从对中国的战略遏制转向战略接纳。在这一点上，美国人不傻。

(二)今日之中日非以往之中日

日本曾经是东方的战争策源地，是给中国人民和亚太地区人民造成深重灾难的加害国。在中国抗日战争和全世界反法西斯战争中，日本遭到惨败。但在急于开展冷战的美国的庇护下，日本的军国主义没有得到应有的清算，成为当今日本军国主义抬头的因素和土壤。日本利用美国的庇护，经过自身努力，获得了世界第二大经济体的地位。但又由于它盲目迎合美国，唯美国马首是瞻，放弃了自己曾有的优长，又缺少对自身缺陷的正视和改革的精神，因而使20世纪六七十年代如日中天的日本经济陷入了90年代以来的长期停滞之中。原来拥有的世界第二大经济体的地位和荣耀又落入中国之手。不仅如此，而且照此发展下去，到2016或2017年，中国的经济总量可能达到日本的两倍。因此，日本人担心因其国力衰退而沦为亚洲二流国家，由此国民心态普遍感到失望、迷茫和焦躁不安，甚至对中国的崛起，不甘心、不服气。

于是，日本右翼势力利用这种国民情绪，大肆宣扬“中国威胁论”，煽动民族主义，并迎合和利用美国的亚太再平衡战略，否定侵略历史、扩军修宪、解禁集体自卫权，在中国东海挑起事端，企图一步步复活军国主义。美国在利用日本作为封堵中国的马前卒的同时，又自我标榜不选边站，借以从中国获得经济利益和谋取战略优势，同时又利用日本对自己的依赖，加强对日本的控制，以求一举两得。

然而今日之中国非晚清和民国时期积贫积弱之中国；今日之日本也非当年雄视亚洲之日本。对于这样一个右倾化的日本，中国必须有两手：一是对日本右翼势力的卑劣性、冒险性必须有充分认识，要切实做好应对战争偷袭和不测事件的充分准备，励精图治，强国强军，不打第一枪，但绝不容许它打第二枪。以中国现在的国力军力，足以应对任何复杂局面。二是做一个负责任的大国，为地区稳定和世界和平做出自己的贡献。要联合俄罗斯、韩国、英美和东南亚各国，以至日本的和平力量，揭露日本军国主义在二战中反人类的法西斯战争罪行，来共同维护二战成果、战后秩序和国际正义；要对美国晓以利害，对日姑息养奸，战略从容，终将祸及自身；要以中日邦交正常化的四个文件为基础，为重归中日友好而努力，促进日本和平力量的壮大，要结成广泛的制止日本军国主义复活的国际统一战线。

（三）制度建设可以遏制腐败

腐败的基本特点是以权谋私。即运用公权力，谋取一个家族，或一个群体，或一个党派，或官员个人之私利。腐败在原始社会后期有了私有制和私有观念以后就产生了。估计到共产主义社会实现以前，腐败现象也难以完全绝迹。对这一点，要有充分的思想准备。

但腐败存在是一回事，腐败蔓延或腐败严重则是另一回事。这与制度安排不当，或制度安排滞后有关。

制度安排不当，表现为制度怪胎。例如，英国19世纪上半叶各级议会诸多议席甚至标价竞卖，候选人贿买选民成司空见惯。西方搞竞选民主，而竞选要有钱。政治人物接受了财团的支持，获胜后，必然要给予回报。在苏联，勃列日涅夫晚年为了所谓“稳定”干部，把官僚阶层日益膨胀的利益固定化、制度化。这样做，所形成的也是一种制度怪胎。如此因制度安排不当所造成的腐败，其根源在制度本身，因而这类腐败可称之为制度腐败。也就是说，只有改革造成腐败的制度，才能根除这种腐败。

制度安排滞后，表现为制度漏洞。一些公职人员利用制度漏洞，钻制度的空子，以权谋私，行贿受贿，贪赃枉法。当然，制度漏洞并非必然导致腐败。因为有空子，是否钻，主要还是取决于为官者的官心如何。也就是说，这种与制度安排滞后相联系的腐败说到底是一种官心腐败。如果把权力关进制度的笼子里,官心腐败也就失去了必要的前提。

中国的腐败问题确实比过去严重,如不加遏制,可能亡党亡国,此即老百姓所担心的"变天"。但在看到腐败严重危害性的同时,也应认识到,中国的腐败主要不是制度腐败,而是与制度建设滞后相联系的官心腐败。即一些官员上任后,经不住诱惑,私欲膨胀,加之收入不高和法规监督不健全,侥幸心理作怪,结果走上腐败之路。在经济起飞、发展是第一要务的情况下,监督一时顾不上或跟不上,这是一个过渡性、阶段性的问题。可以预见,随着制度法规的健全、监督的到位、打击力度的加大、贪腐成本的上升,以及全体人民包括官员在内的收入的增长,特别是中国特色社会主义事业一步步走向成功等多方面因素的综合作用,必然会逐渐形成一个官员不想贪、不愿贪、不敢贪的环境和氛围。20 世纪 70 年代的香港也曾是贪腐的重灾区,不花钱办不了事。当年的港英殖民政府成立廉政公署进行打击。香港的警察认为,这断了他们的财路,于是暴动,甚至占领廉政公署。但毕竟邪不压正,经过多年努力,终于大见成效,香港廉洁度上升至亚洲第二(新加坡第一)。鉴于中国的腐败不是制度腐败,而是与制度建设滞后相联系的官心腐败,因而坚持和不断健全中国的现行制度,同时辅之以道德教育和引领,必定能对腐败进行有效打击和遏制。中国近年来反腐运动广泛和深入地开展,很有起色,获国内外正面评价,就是一个很好的证明。

(四)发展中的问题可以用科学发展的方式加以解决

中国现在面临的困难和干扰,大体有两类:一是中国的发展作为导因所触发的问题。上文所言的中美关系、中日关系的问题,以及与经济发展为前提的经济社会转型中腐败突出的问题,都属此类。二是中国经济社会发展进入新阶段所必然发生的问题,这类问题也可称为发展中的问题。前文所言的中等收入陷阱,就属这类问题。或者说,因为有了发展才有了这些问题。因此,在看到这些问题的同时,更为重要的是要认清这些问题的性质。即它是发展中、前进中的问题;是以取得巨大成就为前提的作为发展代价的问题;是可以利用已取得的成果,在发展中科学加以解决的问题。因为发展总要经过一个从片面到全面、从不协调到协调、从重数量到重质量、从重眼前到重长远(或曰重可持续),以及从低层次到高层次的发展过程。就拿片面发展来说,片面发展首先是一种发展,因而它比不发展要好;其次,片面发展有欠缺,因而要从片面发展前进到全面发展。但片面发展又为前进到全面发展创造了条件和基础。可见,中国经济社会发展中的问题,并不可怕,它是必然要产生的,也是通过发挥主体能动性,完全能够加以科学解决的问题。所谓科学解决,也就是按照科学发展观所要求的,坚持以人为本,实现全面协调可持续发展。随着全党和全社会关于科学发展观的学习和践行活动的不断深入,中国经济社会发展中的问题,比如把蛋糕做大又要做好、同时还要公平分享好的问题正在逐步解决,并且已卓有成效。中东和北非一些国家之所以会发生"阿拉伯之春"那样的"动乱",其根源主要在于社会不平等的加剧。这一点,我国要引以为戒。

总之,中国普通老百姓所担心的上述三个方面的危险是存在的。因此,不能放松警惕,不仅现在不能放松,就是将来强大了,也不能放松,不能高枕无忧,而要有备无患。但上述危险,到目前为止,尚没有成为巨大的现实危险。因此,不可高估,高估了,就会影响我们对国内外形势的正确判断,由此也会付出代价,甚至沉重的代价。在新中国历史上,我们有过这一方面的教训,这是要认真记取的。中华民族当前最根本的利益,就是要紧紧抓住这个难得的可以大有作为的战略机遇期,实现中华民族的伟大复兴。为此,我们要充分发挥自己的独特优势,以恢宏的气魄,从容应对各种困难和干扰,朝着自己的既定目标,刚劲有为,稳步前进。

图书在版编目(CIP)数据

全面深化改革与安徽实践:安徽省社会科学界第九届(2014)学术年会文集/安徽省社会科学界联合会编.—合肥:合肥工业大学出版社,2014.12
(兴皖学术文库)
ISBN 978-7-5650-2073-5

Ⅰ.①全… Ⅱ.①安… Ⅲ.①社会科学—文集 Ⅳ.①C53

中国版本图书馆CIP数据核字(2014)第288188号

全面深化改革与安徽实践
——安徽省社会科学界第九届(2014)学术年会文集

安徽省社会科学界联合会 编　　　　责任编辑 朱移山

出　版	合肥工业大学出版社	**版　次**	2014年12月第1版
地　址	合肥市屯溪路193号	**印　次**	2014年12月第1次印刷
邮　编	230009	**开　本**	787毫米×1092毫米 1/16
电　话	总　编　室:0551-62903038	**印　张**	41
	市场营销部:0551-62903198	**字　数**	736千字
网　址	www.hfutpress.com.cn	**印　刷**	合肥现代印务有限公司
E-mail	hfutpress@163.com	**发　行**	全国新华书店

ISBN 978-7-5650-2073-5　　　　定价:68.00元